KB238329

독도
영유권
분쟁

과거 현재 그리고 미래

독도 영유권 분쟁

과거 현재 그리고 미래

이진호 지음

한국학술정보㈜

글쓴이의 말

독도에 관한 한국인의 공통된 생각은 한마디로 '독도는 우리 땅'으로 요약할 수 있다. 독도가 한국 땅이라는 것은 너무도 당연한 사실이기에 새삼 설명이나 근거, 논리가 필요 없다고 생각하는 사람도 많다. 그러나 세상은 우리 것을 우리 것이라고 주장한다고 그것이 바로 우리 것으로 인정되는 것은 아니다. 타인과 더불어 사는 세상에서 공인을 받으려면 절차와 기준 등 제반 요건을 갖추어야 한다. '독도는 우리 땅'이라는 단 한마디 주장만으로 세계의 여론이 모두 우리를 지지해주는 것은 아니다.

독도 문제는 어디까지나 일본과의 관계 속에서 전개되는 것이다. 우리 정부와 학자들의 말을 들으면 독도가 당연히 우리 것이라는 데 문제가 없는 것으로 말하지만, 일본의 주장을 들어보면 그렇지만도 않다. 그러므로 우리의 자료를 분석하는 것도 중요하지만, 일본의 주장에 대해서도 관심을 두고 조목조목 분석해 그들의 논리에 대응할 때 비로소 한국의 논리와 주장이 국내는 물론 국제사회에서도 인정받을 수 있다. 독도가 우리의 영토라는 논리에 무엇인가 부족한 점은 없는지 반성해볼 필요도 있다. 상대방의 눈에는 문제점이 보이는데 우리는 그것을 제대로 보지 못하면서 우리 영토라고 주장만 한다고 해서 문제가 해결되는 것은 아니다. 문제를 바로 보지 못하고, 상대는 물론 우리의 잘잘못을 제대로 알지도 못하고 감정적으로 대응하면 싸움에서는 질 수밖에 없다. 우리는 그동안 우리의 치부(恥部)에 대해 애써 모르는 척하며 언급하기를 꺼려 왔지만, 일본은 그것을 정확하게 꿰뚫고 있다.

분쟁에서 공격을 당하는 쪽은 우리는 분란을 먼저 일으키지 않았으므로 문제가 없고, 도발하는 쪽에만 문제가 있다고 생각하기 십상이다. 오늘날 우리 정부관계자와 상당수 국민도 그렇게 생각하는 것 같다. 그러나 항상 분쟁이 발생하는 데는 한쪽의 일방적인 문제보다는 양쪽에 동시에 문제가 있는 경우가 많다. 그런데 독도 문제는 왜구의 침탈과 세금

포탈을 막기 위해 공도정책을 건의하고 시행한 황희와 태종에 의해 시작되었다고 해도 과언이 아니다. 국민의 일상적인 삶을 차단했기 때문이다. 국민이 살지 않는 땅은 진정한 우리 땅이 되기 어렵다. 그리고 수토정책에 의해 파견된 많은 관리가 아무도 독도를 제대로 관리하지 않았다. 이외에도 우리에게 상당수 문제가 있었다.

이제 우리 스스로 안고 있는 원인을 제공하는 문제가 무엇인지 파악하고, 그것을 제거함으로써 독도 문제를 해결하려는 방법적 전환을 모색할 때이다. 그러기 위해서는 철저한 자기점검과 문제점에 대한 분석이 이루어져야 한다. 이 책은 5년간 연구를 통해 독도를 둘러싸고 나타난 과거의 문제에서 시작하여 현재 상태, 미래의 예상되는 변화를 점검하고 해결방안을 제시하기 위해 우리가 안고 있는 문제와 일본의 의도를 동시에 파헤쳐 독도 문제에 대한 다양한 정보를 제공, 균형적인 안목을 갖도록 하고 궁극적으로 평화적인 해결방안을 모색하도록 하는 데 있다.

한국이 현재 실효적으로 지배하고 있다는 것만으로 독도의 영유권을 장래도 계속 유지할 수 있을 것이라고 장담하기는 쉽지 않다. 분쟁의 발전은 항상 우리가 원하는 방법이나 방향으로 진행되는 것이 아니다. 인류는 공존공영(共存共榮)하는 방법을 몰라서 대립하고 마찰을 빚는 것만도 아니다. 평화공존이 안 되는 것은 모두 이기주의와 탐욕 때문이다. 우리는 평화를 원하지만, 상대가 시비하고 공격해온다면 그것을 피하려고 한다고 해결되지 않는다. 때로는 침략 국가들과 전쟁도 불사하겠다는 각오와 결연한 의지가 있어야 한다. 동시에 이론이나 논리적 대결, 경제적 대결, 문화적 대결은 물론 모든 부문에서 침략과 공격에 대응할 수 있는 체계를 갖추어야 한다. 평화공존은 상대가 보장하는 것이 아니라 우리 스스로 보장하는 것이다. 우리가 국력이 약하고 상대보다 많이 알지 못할 때의 평화는 언제든지 강자에게 짓밟힐 수 있다는 것을 염두에 두어야 한다.

세상 모든 일은 관심에서 시작되고 관심 속에서 이루어진다. 우리가 내부에서 분열하고 허점을 보일 때마다 열강은 가차 없이 이를 자국에 유리하게 역이용했음을 잊지 말아야 한다. 그리고 우리에게는 100년 전이나 오늘날이나 상대에 대한 정확한 정보도 없이 사태를 우리에게 유리하게만 해석하려는 경향이 있다. 전쟁은 돈으로 막아지는 것도 아니고 몇 시간의 회담이나 문서 교환으로 막아지는 것은 더욱 아니다. 힘이 있어야만 막을 수 있다. 국력의 증강만이 전쟁 방지도 가능하고 열강의 강요와 규제로부터 자유로워질 수 있음을 역사는 알려주고 있다. 때로는 상대방의 도발과 자극적인 행동에 대해 뜨거운 가슴에서 솟아나는 애국심과 열정에 의한 감정적인 대응도 필요하다. 그러나 우리가 궁극적으로 일본을 극복하는 방법은 폭발하는 감정으로 일본의 행동을 비난하는 것이 아니라 우리 자신의 실력을 쌓고 성장을 통해 위상을 제고하는 것이다.

인간 삶에서 생존과 번영은 주변의 여건이 아니라 우리 자체의 노력과 능력에 의해 좌우된다. 역사가 증명해주듯이 우리 민족은 위기극복에 뛰어난 잠재력이 있지만, 그것은 뭉쳤을 때만 힘을 발휘했다. 모든 국난은 민관이 합심하고 단결할 때 극복되었다. 독도를 지키기 위해 국민이 해야 할 일은 관심을 두고 인내하며 노력하고 협동하는 것이다. 우리 역사 속에는 독도를 지키기 위해 노력해온 많은 분이 있었다. 때로는 목숨을 내걸고 온몸으로 맞선 분들도 적지 않다. 그분들이 그렇게 용기 있는 행동을 할 수 있었던 것은 오직 내 나라 내 땅을 지키겠다는 굳은 각오와 의지의 발로에서였다. 오늘날도 수많은 국민이 독도를 지키기 위해 노력한다. 이렇게 국민이 관심을 두고 노력을 지속하는 한 독도는 영원히 우리 땅이다. 영토 수호에서 최고의 무기는 국민의 관심과 노력이다.

2011년 6월 15일

이 진 호

■ 차례

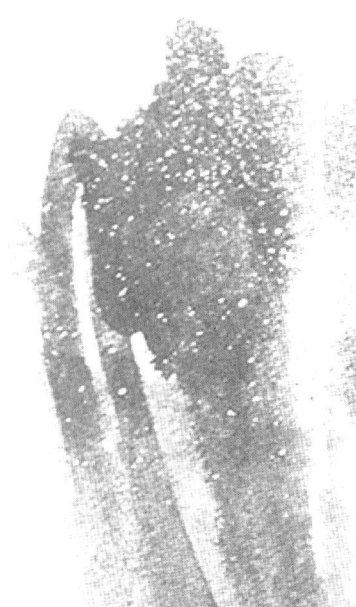

제6장 국제기구에 의한 조정 가능성 검토 247

제8장 잃어버린 해결기회와 남아 있는 해결책　369

표 · 그림 목차

제1장

독도

제1절 독도의 자연과 생태

1. 독도 일반

1) 독도의 위치와 자연경관

　독도는 동도 삼각점 기준으로 북위 37° 14′ 26.8″, 동경 131° 52′ 10.4″에 위치한 우리나라 최동단의 섬으로, 행정구역상 경상북도 울릉군 울릉읍 독도리 1−96번지(101필지)이다. 2008년 기준 독도의 공시지가는 848,247,923원으로 알려져 있다. 독도를 기점으로 울릉도와의 거리는 87.4㎞, 울진군 죽변에서는 216.8㎞이다. 해도상 기점으로 독도에서 오키군도까지 최단거리는 157.5㎞로 한국과 일본 사이의 동해에 위치한다. 그리고 죽변에서 울릉도까지 최단거리는 130.3㎞이다.[1] 총면적은 187,554㎡로 동도 73,297㎡, 서도 88,740㎡, 89개의 돌섬·암초 25,517㎡로 이루어져 있다.[2]

　독도의 전체 둘레는 5.4km로 동도는 2.8km, 서도는 2.6km이고, 동도와 서도의 거리는 폭 151m, 길이 약 330m이며, 수심은 10m 미만[3]으로 깊지 않다. 독도는 단층을 따라 생성된 수많은 해식동굴, 바위 위에 첨탑처럼 솟아 있는 암초(sea stack), 용암이 식으면서 만들어진 주상절리 등 아름다운 경관이 옹기종기 모여 있다. 촛대바위, 독립문바위, 닭바위, 탕건봉 등도 돋보이지만, 바다사자가 살았던 가제바위, 얼굴바위, 한반도바위 등이[4] 제각기 독특한 자태를 뽐낸다. 해안의 일부는 날카롭고 가파른 절벽인 해식애가 형성되고, 서도의 북쪽과 서쪽 해안은 파도에 깎여 만들어진 파도 침식지대여서 자연경관이 빼어나다.[5]

2) 기후

　독도와 울릉도 부근의 기후는 난류의 영향을 받는 전형적인 해양성기후로 연평균기온

---

1) 해양경찰청, 사이버 독도지킴이.

2) "울릉군지"(2007), 울릉군청, pp.60~61.

3) 국립중앙박물관(2006), "가고 싶은 우리 땅, 독도", 통천문화사, p.10.

4) "과학으로 지키는 독도", 과학동아(2008년 9월호), p.53.

5) 국립중앙박물관(2006), "가고 싶은 우리 땅, 독도", 통천문화사, p.12.

이 약 12℃, 가장 추운 1월 평균기온 1℃, 가장 더운 8월의 평균기온 23℃로 따뜻한 편이다. 독도의 연평균 풍속은 4.3㎧로 여름에는 남서풍, 겨울에는 북동풍이 많이 분다. 안개가 잦고 연중 흐린 날이 160일 이상이며, 강수일수는 150일에 달한다. 독도의 연평균 강수량은 약 1,240mm로 비교적 많은 편이나, 겨울철 강수는 대부분 적설의 형태로 폭설이 많이 내린다.[6]

3) 시설 및 거주자

(1) 시설현황

독도의 시설물은 동도에 접안시설(2,390㎡)을 비롯하여 경비대 막사, 정수, 통신, 삭도, 헬기장, 지정통로가 있으며, 서도에서는 어민대피시설(선착장, 숙소), 발전기, 저수탱크, 기상측정기, 지정통로가 있어 해양경비와 어민들의 대피 공간 등 독도 관리와 경비에 필요한 제반시설을 확보해두고 있다.[7]

(2) 주민과 거주현황

독도에 처음으로 주민등록을 이전하여 거주한 사람은 최종덕으로 1965년 3월 울릉도 주민으로 도동어촌계 1종 공동어장 수산물 채취를 위해 독도에 들어가 거주하기 시작하였으며, 1968년 5월 독도에 시설물을 건립했다. 그 후 1981년 10월 14일 독도를 주소로 주민등록에 등재했고, 1987년 9월 23일 사망할 때까지 독도에서 살았다. 최종덕은 수중창고를 마련하고 전복 수정법, 특수어망을 개발하고, 서도 중간분지에 물골이라는 샘물을 발굴하는 등 많은 노력을 기울였다.

그 뒤 최종덕의 사위 조준기가 1987년 7월 8일 같은 주소에 전입하여 거주하였다가 1994년 3월 31일 전출하였다. 이외도 지금까지 울릉군 울릉읍 독도리 20번지에서 거주하였던 주민은 최종찬(1991년 6월 21일~1993년 6월 7일), 김병권(1993년 1월 6일~1994년 11월 7일), 황성운(1993년 1월 7일~1994년 12월 26일), 정상보(1994년 10월 4일~12월 18일) 등이 있었다. 그리고 실제 거주하지는 않지만, 호적상 등재된 가구와 인원은 149가구에 531명에 달한다. 현재는 1991년 11월 17일 이후부터 김성도·김신열 부부 1세대 2명이

---

6) 국립중앙박물관(2006), "가고 싶은 우리 땅, 독도", 통천문화사, p.160.

7) "울릉군지"(2007), 울릉군청, pp.60~61.

울릉읍 독도리 20번지에서 어로 활동에 종사하고 있으며, 독도경비대와 포항지방해양수산청 등대원, 울릉군 공무원 등이 독도에 상주하고 있다.[8]

2. 자연과 생태

1) 독도의 생성, 지형 및 지질

울릉도와 독도 사이의 바다는 폭 87.4km, 최대 수심 2,300m 정도의 심해통로이다. 이 통로의 동쪽 끝에 독도가 위치하는데, 바다 밑바닥에서 산처럼 솟아 있어 독도해산이라고 부른다. 독도해산은 크게 3개로 구성되어 있다. 이 중 2개는 물속에 잠겨 있고, 1개는 정상부가 물 위로 솟아 있어 그 섬을 독도라 부른다. 독도는 바닥 부분이 약 25km, 정상부의 폭이 약 13km이다.[9] 또한 독도는 동도의 가장 높은 곳은 해발 98.6m이며, 서도의 물 위에 가장 높게 노출된 부분의 높이는 168.5m[10]이지만, 수면 아래 바다 속에 있는 부분이 물 위에 돌출된 부분보다 훨씬 많아 독도 대부분은 물에 잠겨 있다.

화산암은 침식 속도가 빠른 지질학적 특성이 있다. 독도는 원래 하나의 화산암이었는데 수십만 년의 세월이 흐르면서, 지속적인 침식과 풍화작용으로 비교적 무른 성질의 돌이 깎여 동도와 서도로 분리되었다. 독도 주변의 해저는 수심 90~175m까지는 아주 완만한 경사를 이루며 넓고 평탄한 정상부로 이어지지만, 수심 200m 이상 깊어지면 급경사를 이룬다. 반면에 동도와 서도 사이에는 노출 암이나 수중 돌출 암 등이 불규칙하게 분포되어 있다. 독도는 울릉도와 함께 신생대 3기 말에서 신생대 4기 초에 바다 밑의 화산활동에 의해 형성된 화산암이다. 독도와 울릉도의 화산암은 방사선동위원소 분석으로도 구분할 수 없을 정도로 일치하고 있지만, 해수면 위의 독도(270~210만 년 전)가 울릉도 (140~1만 년 전)보다 200만 년 정도 오래전에 형성된 것으로 추정하고 있다.[11]

◇ 생성과정

지금으로부터 460만 년 전, 동해 밑바닥 한 곳에서 뜨거운 용암이 물속으로 분출해 식

---

8) "울릉군지"(2007), 울릉군청, pp.72~73.
9) 국립중앙박물관(2006), "가고 싶은 우리 땅, 독도", 통천문화사, p.12.
10) "울릉군지"(2007), 울릉군청, pp.60~61.
11) 국립중앙박물관(2006), "가고 싶은 우리 땅, 독도", 통천문화사, p.12.

으면서 산처럼 쌓이기 시작했다. 수백만 년에 걸쳐 꾸준히 성장한 해산(독도해산)은 높이가 2,000m에 육박했다(수중 성장단계). 250만 년 전 독도해산에서는 해수면 위로 마그마가 폭발적으로 분출되며, 커다란 화산이 생겼다. 화산은 돌조각과 화산재를 분수처럼 뿜어내며 차례로 주변에 쌓여 독도가 탄생했다(전이단계). 물 위에 솟은 독도는 대규모로 또 소규모로 용암이 함몰된 분화구에 채워지고 소규모로 용암이 분출한 뒤 화산활동이 멈췄다(육상 성장단계).

◇ 암석분포

독도는 해산[12] 진화의 전 과정을 한눈에 보여주는 매우 드문 사례이며, 특히 전이단계에서 생긴 화산재와 각진 돌조각으로 이뤄진 암석인 각력암과 모래 입자 크기의 화산재가 쌓여 만들어진 암석인 응회암이 독도의 가장 큰 특징이다.

◇ 해저지형

거대한 화산체의 일부인 독도해산은 상부가 여의도보다 10배나 넓을 정도로 평평한 평정해산이다. 독도해산 동쪽에는 우리가 심흥택해산, 이사부해산이라고 부르는 2개의 해산이 더 있다. 하지만 이사부해산은 이미 '국제해저지명집'(Gazetteer)에 일본식 이름인 '순요퇴'라고 올라 있다. 독도와 울릉도 남쪽에 있는 수심 2,000m의 해저분지도 우리는 울릉분지라 부르지만, 국제적으로는 쓰시마분지로 통용되고 있다. 일본이 1980년대 중반까지 우리나라 동해의 구석구석을 탐사하며, 국제수로기구(IHO)에 순요퇴, 쓰시마분지라고 등록했기 때문이다. 우리나라가 제안한 2007년 10곳, 2008년 3곳 등 총 13곳의 동해 해저지명도 해저지명소위원회(SCUFN)를 통과해 국제해저지명집에 등재되어 있는데, 강원대지, 울릉대지, 우산해곡, 우산해저절벽, 온누리분지, 새날분지, 후포퇴, 김인우해산, 이규원해산, 안용복해산, 그리고 왕돌초, 죽암해저융기부, 우산해저융기부 등이다.[13] 독도의 지질과 모양은 [그림 1-1]과 같다.

---

12) 해산(海山)은 바다 밑에 독립해 솟은 바다 속의 산으로 1,000m 이상의 것을 말함.

13) "과학으로 지키는 독도", 과학동아(2008년 9월호), p.52.

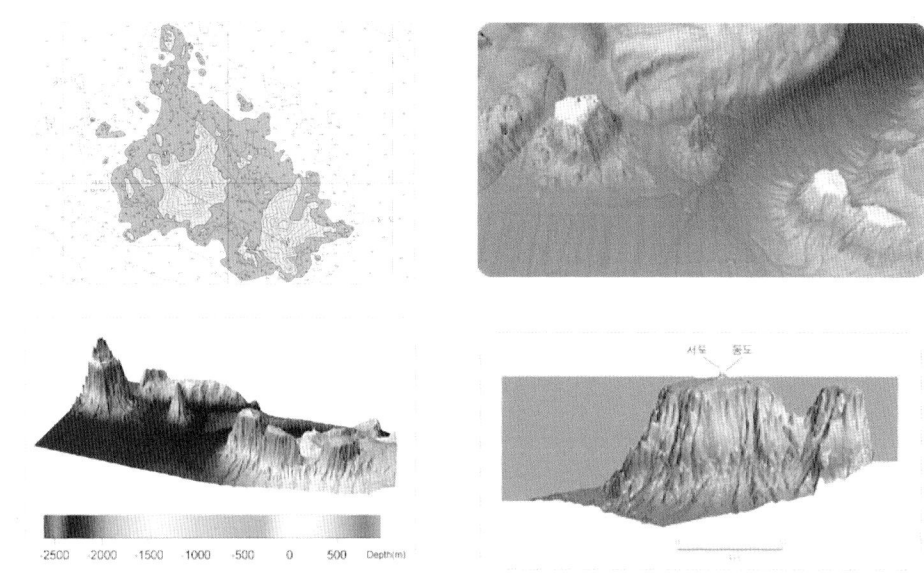

출처: 국토해양부, 우리 땅 독도.

[그림 1-1] 독도의 지형과 모형

2) 자연 생태

(1) 육상 생태와 환경

독도는 강한 해풍과 암석류의 척박한 토질, 경사가 급하고 토양층이 발달하지 못해, 강수량은 많은 편이지만, 그대로 흘러내려 늘 수분이 부족하기 때문에 자생하는 식물의 종류는 많지 않다. 하지만 철새 이동 경로의 중간 피난처 및 휴식처로서, 우리나라 생물의 기원과 분포를 연구할 수 있는 생물·지리학적으로 중요한 도서이다. 토질이 건조하지만, 독도에는 울릉도 등지에서 씨앗이 날려 와 살게 된 70~80종의 풀과 나무가 있다. 독도에 사는 식물은 키가 작아서 강한 바닷바람에 잘 적응하며, 잎이 두텁고 잔털이 많아 가뭄과 추위에도 잘 견딘다.

민들레, 괭이밥, 섬장대, 강아지풀, 바랭이, 쇠비름, 명아주, 질경이, 가마중, 억세군, 왕기털이, 우정 등 육지에서 흔히 볼 수 있는 초본류가 살고 있으며, 동도의 분화구 주변 및 동쪽과 남쪽 암벽에는 도깨비쇠고비 등이 자생하고 있다. 목본류는 해송, 바위수국, 사철나무, 개머루, 곰솔, 붉은가시딸기, 줄사철, 보리장나무, 가새잎, 동백 등이 있으나 조림한 것이 많다. 잠자리, 집게벌레, 메뚜기, 매미충, 딱정벌레, 파리, 나비 등 여러 가지의 곤충도 서식하고 있다.

조류는 바다제비, 슴새, 괭이갈매기, 황조롱이, 물수리, 노랑지빠귀 등이 서식하며, 황로, 흑비둘기, 흰갈매기, 까마귀, 노랑발도요, 딱새 등 철새들의 쉼터가 되고 있다. 특히 바다제비, 슴새, 괭이갈매기 등의 번식지로서 독도는 천연기념물 제336호로 지정되었다. 최근에는 슴새의 수는 감소하고, 바다제비 수는 증가하고 있으며, 괭이갈매기는 동도의 남서 암벽에 2,000~3,000여 마리가 서식하고 있는 것으로 알려졌다. 이들의 번식지를 보호하기 위해 1982년 11월 16일 울릉군 울릉읍 도동리 산42번지 임야 34필지, 독도 일원 178,781m²가 문화재보호법에 따라 천연기념물 제336호 독도해조류번식지로 지정되었고, 1999년 12월 10일 에는 문화재청 고시 제1999−25호로[14] 독도천연보호구역으로 명칭이 변경되었다. 독도를 천연보호구역으로 지정한 이유는 독도의 지리적 특수성이 반영된 것으로 민간인의 출입이 가능하기는 하지만, 직접적인 인간 활동의 영향을 받지 않아 천연의 생물상을 유지하고 지질상이 특수할 뿐만 아니라, 역사·문화 등 학술적·유산적 가치가 매우 크기 때문이다.[15]

대구지방환경청이 독도 자연생태계 보전을 위해 2008년 4월부터 10월까지 3차례에 걸쳐 지형·경관, 식물상, 군락, 조류, 포유류, 곤충류, 해양 무척추동물 등 7개 분야로 나눠 실시한 독도 생태계 모니터링[16](monitering: 관찰) 결과 때까치, 물총새, 붉은가슴울새, 바다비오리, 지느러미발도요 등 조류 5종과 민집게벌레, 애땅노린재, 빨강촉각장님노린재 등 21종의 곤충류, 갈색군소, 갈색반점군소, 무늬애기배말, 보름달물해파리를 비롯한 4종의 해양 무척추동물 등 기존 문헌조사에서 기록되지 않았던 생물 30종이 새롭게 발견됐다. 이로써 독도를 터전으로 생활하는 생물은 식물 51종, 조류 45종, 곤충류 71종, 해양 무척추동물 6개 동물문에서 70종 등 모두 186종으로 확인됐다. 그리고 갓, 쇠비름, 큰이삭풀, 쇠무릎 등 외부 유입식물 27종이 확인됐다. 외부 유입식물은 2006년 울릉군에서 실시한 외래식물 제거사업 후에도 계속 증가해 지속적으로 확대되는 추세다.[17]

1900년대 초까지만 해도 바다사자(강치)가 대량으로 서식했으나, 일본인들의 남획으로 자취를 감추었다. 독도에 서식하는 자연산 포유류는 없다. 2003년 현재 육지에서 데려와 독도 경비대가 키우고 있는 삽살개가 독도에 존재하는 유일한 포유류이다. 1973년 경비대에서 토끼를 방목하였으나, 지금은 한 마리도 없다.[18]

---

14) 국토해양부, 우리 땅 독도.

15) "울릉군지"(2007), 울릉군청, pp.60~61.

16) 모니터링(monitering)은 방송국·신문사 또는 일반 회사 등의 의뢰로, 방송 내용·기사 또는 제품 따위에 대하여 의견·평을 제출하는 일.

17) 조선일보 2009. 1. 13.

(2) 해양 생태와 환경

독도 주변해역은 동해 남부의 난수역과 북부 냉수역의 경계가 되는 극전선 남쪽에 있어 연중 대부분 난류수의 영향을 받는다. 동해로 유입되는 난류수는 적도에서 기원하는 쿠로시오[19](Kuroshio)로 불리는 대양 해류로부터 갈라진 대마난류(Tsushima Current)에 의해 운반되는데, 대마난류는 동해에 열과 염분을 공급하는 매우 중요한 해류이다. 대마난류는 대한해협을 통해 동해로 유입된 후 우리나라 동해안을 따라 북상하는 동한난류와 일본연안을 따라 북동향 하는 해류로 나뉜다. 동한난류는 극전선 남쪽에서 연안으로부터 떨어진 후 비스듬히 동쪽으로 흐른다. 이 과정 중에 난수성 혹은 냉수성의 중간규모 소용돌이를 형성하지만, 독도는 극전선의 남쪽에 있어 연중 대부분 난류수의 영향을 받으며, 주변해역의 표층 수온은 연중 섭씨 9~25도이다.[20]

동해는 대서양에서와 비슷하게 바닷물이 솟아오르는 용승 현상과 심층수가 동해 내부에서 순환하는 현상이 일어난다. 수심 2,000m의 심해에는 독도 서쪽을 벽처럼 타고 최대 30㎝/s로 북동진하는 심층 해류가 흐른다. 동해 북부의 심층수가 울릉도 동쪽에서 폭넓게 울릉분지로 들어와 반시계방향으로 순환한 뒤 독도 서쪽으로 빠져나간다. 독도 주변에서는 섬 주위에 물이 흐르면 지형 마찰로 난류가 생겨 상·하층의 물이 잘 섞이는 독도 효과가 나타난다. 이 효과 덕분에 하층에서부터 플랑크톤[21]의 먹이인 영양염(무기질)이 풍부한 찬물이 올라와 독도 주변에 물고기가 살기 좋은 환경이 만들어진다. 남서 계절풍이 불 때 울진과 감포 앞바다에서 심해의 바닷물이 위로 올라오며 영양염을 끌어올리면 플랑크톤이 번성해 해류를 타고 울릉도와 독도로 이동하기 때문에 울릉분지 바다의 기초생물인 식물성플랑크톤 생산량이 동해의 다른 곳보다 20~30%가 높아 어장이 형성된다.[22]

독도에는 다양한 수중생물이 살고 있다. 오징어를 비롯하여 명태, 대구, 문어, 새우, 전복, 소라, 해삼, 분홍성게, 보라성게 등 다양한 어패류와 남조류 5종, 홍조류 67종, 갈조류

---

18) 국토해양부, 우리 땅 독도.

19) 쿠로시오해류(Kuroshio current)는 북태평양 서부와 일본열도 남안을 따라 흐르는 해류이다. 일본해류(日本海流)라고도 한다. 대서양의 멕시코만류에 필적하는 강한 난류로, 시계바늘방향으로 환류하는 북태평양환류의 일부를 이루는데, 그 원천은 필리핀 동쪽 해상에서 북전(北轉)하는 북적도해류이다. 그 흐름은 타이완과 류큐제도(琉球諸島)의 이시가키섬(石垣島) 사이를 지나 동중국해로 들어와서 오키나와 서쪽의 대륙붕 외연(外緣)을 따라 북상하다가 아마미오섬(奄美大島)과 야쿠섬(屋久島) 사이의 도카라해협(吐噶喇海峽)을 거쳐 다시 태평양으로 나오는데, 일부는 오키나와 서쪽에서 갈라져 쓰시마해류(對馬海流)·제주해류가 되어 동해와 황해로 북상한다. 일본열도 동안(東岸)을 북상하는 흐름은 조오시(銚子 : 千葉縣東端) 앞바다에서 양분되어, 본류는 쿠로시오 속류(續流)로 동쪽으로 흐르고, 다른 분류는 북동쪽으로 향하여 남하하는 오야시오(親潮 : 쿠릴해류)와 마주친다.

20) 국립중앙박물관(2006), "가고 싶은 우리 땅, 독도". 통천문화사, p.160.

21) 플랑크톤(plankton)은 어류의 먹이가 되는 수중에 부유(浮游)하는 미생물의 총칭이다.

22) "과학으로 지키는 독도". 과학동아(2008년 9월호), p.53.

19종, 녹조류 7종 등 모두 102종의 해조류가 서식하고 있다. 다시마, 미역, 김 등이 해중림을 이룬다.[23] 특히 대황, 말미잘후카우라히드라는 국내에는 독도에서만 발견된다. 독도는 오징어와 문어의 산란장으로도 유명하다. 오징어는 수심 10m 이내의 바위 밑 물이 잘 흐르는 곳에, 문어는 수심 10~30m의 암반 굴속에 각각 알을 낳는다. 2000년대 들어 독도에서 어업활동이 활발해지면서 전복과 홍합이 감소하고 불가사리가 늘고 있다.[24] 1981년 서울대 식물학과 이인규 교수팀의 조사에 의하면, 독도의 해조 군락이 남해안이나 제주도와 다른 북반구의 아열대 지역이나 지중해 군락형으로 볼 수 있기 때문에, 별도의 독립생태계 지역으로 분리할 수 있을 정도로 특유의 생태계를 구성하고 있다고 한다.[25]

2005년부터 2008년까지 독도 토양과 주변 해수에서 총 4속 34종의 박테리아가 발견돼 국제미생물계통분류학회지(IJSEM)에 발표됐으며, 이 중 3속 10여 종에는 독도라는 이름이 붙여졌다. 독도니아 동행시스(Dokdonia donghaensis), 독도넬라 코리엔시스(Dokdonella koreensis), 피시코쿠스 독도넨시스(Phycicoccus dokdonensis) 등이 대표적인 예이다. 그리고 2006년에는 바다 밑바닥에서 건져 올린 퇴적물에서 세계적으로 보고된 적이 없는 중형 저서동물의 일종인 선형동물 2종이 발견돼 각각 '프로카에토소마 독도엔스(Prochaetosoma dokdoense)', '파라드라코네마 코리엔스(Paradraconema coreense)라고 명명됐다.[26]

제2절 독도의 가치

1. 경제적 측면

독도를 땅값만으로 계산하면 2008년 공시지가를 기준으로 8억 4천8백만 원이다. 그러나 독도는 단순히 땅덩어리 그 자체가 아니라 경제적으로 천문학적인 가치를 지니고 있는 것으로 평가되기도 한다. 독도의 경제적 가치는 ▲에너지원 확보 ▲풍부한 어족자원

---

23) 국토해양부, 우리 땅 독도.

24) "과학으로 지키는 독도", 과학동아(2008년 9월호), p.53.

25) 국토해양부, 우리 땅 독도.

26) "과학으로 지키는 독도", 과학동아(2008년 9월호), p.51.

▲해양과학 전초기지 측면에서 매우 중요한 의미가 있다.

　한일 간 미해결 상태로 남아 있지만, 독도를 기점으로 우리가 배타적 경제수역(EEZ)을 선포하면 경상북도 정도의 해양면적(약 2만㎢)을 얻을 수 있다. 독도는 해양자원 개발의 전초기지로서도 중요한 의미를 지닌다. 한국가스공사가 발표한 바로는 울릉도와 독도 인근 동해 해역에는 일종의 고체 천연가스로 개발 기술만 발전하면 곧장 에너지원으로 활용할 수 있는 가스 하이드레이트 매장량이 대략 6억 톤으로 추정된다. 2005년 기준으로 한국의 천연가스 소비량이 연평균 2,000만 톤 정도인 점을 고려하면 30년 동안 사용할 수 있는 엄청난 양이며 경제적 가치는 1,500억 달러에 이른다. 독도는 해양과학 전초기지로서도 중요한 가치를 지닌다. 삼면이 바다로 둘러싸인 우리나라는 남해, 서해, 동해에 각각 해양과학 전초기지를 구축하면 더욱 정확한 기상예보를 할 수 있고 해양 생태계를 심도 있게 연구하는 데도 크게 이바지할 수 있다.[27] 그러나 현실을 반영한 경제적인 측면에서 독도의 가치는 수산업이 가장 큰 비중을 차지한다.

　독도 주변 해역이 풍성한 황금어장이라는 것은 이미 널리 알려진 사실이다. 북쪽에서 내려오는 북한 한류와 남쪽에서 북상하는 쓰시마 난류계의 흐름이 교차하는 해역인 독도 주변 해역은 플랑크톤이 풍부하고 회유성어족이 다양하여 좋은 어장을 형성한다. 어민들의 주요 수입원이 되는 연어, 송어, 대구를 비롯해 명태, 꽁치, 오징어, 상어가 주종을 이루고 있다. 특히 오징어잡이 철인 겨울이면 오징어 집어등의 밝은 불빛이 독도 주변 해역의 밤을 하얗게 밝히곤 한다.

　국내 전체 오징어 어획량 중에서 독도 연안과 대화퇴어장의 어획량이 60% 이상을 차지하고 있다. 유자망 어업으로 잡는 가오리, 광어 등 잡어 어획량과 홍게, 새우를 대상으로 하는 통발어선의 어획량도 연간 수백억 원대에 이른다. 독도 어장에는 주로 경상북도, 경상남도, 강원도, 부산 등 4개 시·도의 어부가 조업한다. 해저 암초에는 다시마, 미역, 소라, 전복 등 해양 동물과 해조류들이 풍성히 자라고 있어, 어민들의 주요한 수입원이 된다.[28] 독도의 주요 어장으로는 제1종 공동어장인 마을어장과 대화퇴어장이 있다.

---

27) 매일경제 2005. 3. 17.
28) 국토해양부, 우리 땅 독도.

[표 1-1] 도동어촌계 공동어장 생산실적

(단위: 톤, 천 원)

연도	계		해삼		전복		문어		소라	
	수량	금액	수량	금액	수량	금액	수량	금액	수량	금액
93	6.6	52,979	4.0	25,228	0.5	26,087	0.4	1,343	0.9	3,959
94	5.9	46,163	4.9	30,266	0.2	12,941	0.5	1,794	0.3	1,162

출처: 민족문화연구소(2005년). "울릉도 독도의 종합적 연구". 영남대학교출판부. pp.167~168.

1) 마을어장

마을어업에서 규정하고 있는 독도어장은 마을어장 90.8ha와 협동양식어장 78.2ha를 포함하는 것이며, 독도어장은 오징어를 비롯한 해산물 등의 어족 자원이 풍부한 동해안의 어업 전진 기지이기도 하다.[29] 마을어장은 일정수심 이내의 수면을 구획하여 조개류·해조류 또는 국토해양부 장관이 정하는 정착성 수산 동물을 관리·조성하여 포획 채취하는 마을어업의 면허를 받아 어업을 하는 일정한 수면어업이다.

독도에서의 마을어업은 독도가 울릉도 울릉읍 도동에 소속하고 있으므로 도동어촌계에서 면허하고 있으며, 어장 수심은 어업 관행으로 15m로 정하고 있다. 우리나라의 1995년 오징어 연간 어획량은 선어 18만 톤, 활어 2만 톤 등 합계 20만 톤 정도이었으며, 그중 60% 이상이 독도 마을어장과 대화퇴어장에서 잡히고 있다. 또한 독도 마을어장에서는 해삼, 전복, 문어, 소라, 성게 등을 포획·채취하고 있으며, 도동어촌계가 공동어장에서 1993년과 1994년 생산한 실적은 대체로 [표 1-1]과 같다. 독도주변 바다에는 녹색조류 18종, 갈색조류 32종, 홍색조류 115종 등 총 165종의 해조류가 서식하는 것으로 조사됐다.[30]

2) 대화퇴어장

독도 근해에는 동북부 340km 부근에 대화퇴어장이 있다. 이 어장은 얕은 바다로 대마난류와 북한 한류가 교차하는 해역이다. 대화퇴어장은 플랑크톤이 넉넉하여 회유성어족[31](回游性魚族)이 풍부하기 때문에 동해안에서 가장 중요한 황금어장으로 울릉도와 동

---

29) 한국학중앙연구원, 디지털울릉문화대전.

30) 민족문화연구소(2005), "울릉도 독도의 종합적 연구", 영남대학교출판부, pp.167~168.

31) 회유성어족(回游性魚族)은 큰 무리를 지어 주기적으로 이동하면서 사는 물고기 종류. 멸치, 꽁치, 정어리, 방어 따위가 이에 속한다.

해안 어민들에게는 중요한 어장이 되고 있다. 오징어, 명태, 대구 등 다양한 어종이 서식하고 있으며, 특히 오징어가 많이 잡힌다. 1991년에는 연간 1천 척 이상의 어선이 출어 2만 톤이 넘는 어획량을 기록했다.[32] 2008년 현재 대화퇴어장은 한일 양국이 공동으로 관리하는 공해 성격의 중간수역이 약 50% 정도를 차지하고 있으며, 양국 어선들이 모두 조업이 가능하다.[33]

2. 에너지 측면

에너지 측면에서 독도가 국민적인 관심 대상이 되는 것은 주로 동해에 매장된 대량의 하이드레이트 때문이지만, 너무 지나치게 정치적으로 이용되고 과장된 측면이 있다. 정확하게 말하면 독도 인근에 하이드레이트가 얼마만큼 매장되어 있는지도 모르고 매장되어 있더라도 채취는 거의 불가능에 가까울 정도로 어렵다. 이제까지 공개된 자료를 보면 우리나라의 하이드레이트 시험채취 지역은 독도와는 상당한 거리가 있다.

1) 동해의 가스전 개발과 규모

지도에서 국내 대륙붕 및 인접지역에 있는 중국과 일본의 석유 발견 지점을 보면, 동중국해에서 동북 방향으로 울산 남동쪽, 독도 인근 해역을 거쳐 일본 서부연안을 향해 유전지대가 펼쳐진다. 30만 km²의 광활한 대륙붕[34]에 우리나라는 30개소를 대상으로 시추하였는데, 일본은 38만 km²의 대륙붕에 175개소를 시추한 것으로 알려졌다. 그나마 우리나라가 시추한 것 중 12개는 외국계 회사에 의해 시추가 이루어졌으며, 가끔 가스층이 발견되었지만, 대부분 경제성이 미흡한 것들이었다.[35]

우리나라의 석유탐사 역사는 1960년대 후반 '유엔 극동 경제위원회', '미국 해양연구소'에서 국내 대륙붕에 석유와 가스의 매장 가능성을 시사한 데서 시작되었다. 이에 따라 정부는 1970년부터 대륙붕에 7개의 광구를 설정 미국의 셸(Shell) 사 등 외국기업을 동원하여 석유탐사에 들어갔다. 일부 시추공에서 가스의 매장을 확인하였으나 경제성 문제로 생산을

---

32) 민족문화연구소(2005), "울릉도 독도의 종합적 연구", 영남대학교출판부, pp.167~168.

33) 한국학중앙연구원, 디지털울릉문화대전.

34) 대륙붕(大陸棚)은 대륙이나 큰 섬 주위의 바다 깊이가 평균 200m까지의 완만한 경사면.

35) 국토해양부, 우리 땅 독도.

포기하고, 1983년부터는 대한석유개발공사(유개공)에 의한 자주적인 물리탐사가 시작되었다. 1987년 6-1광구 돌고래 3공에서 천연가스를 발견 활기를 띠게 되었고, 1998년 7월 27일 울산 동남쪽 50㎞ 해상의 대륙붕 6-1광구 고래 브이(Ⅴ)구조에서 1,700억~2,000억㎥(340만~400만 톤) 규모의 천연가스층을 발견했다. 이는 국내 액화천연가스[36](LNG) 소비량의 4~5개월분에 해당하는 것으로 금액으로는 7억~8억 달러에 이르는 것으로 알려졌다.[37]

그 이후 동해의 인근 지역에서 추가로 가스층이 발견되기도 하였지만, 매장량이 그렇게 많은 편은 아니었다. 가스층이 발견되기 훨씬 이전에 이미 동해에는 배사구조[38]가 거의 없어 대규모 석유매장은 없다는 것이 학자들과 전문가들의 공통된 견해였다. 그럼에도 당시 김대중 정부는 경제성 있는 가스층 발견이라고 대대적으로 홍보했다. 하지만 환율과 화폐의 가치 변화를 고려하더라도 동해 천연가스전의 평가된 가채매장량은 한국의 연간 예산이나, 수출규모를 생각해보면 우리가 가스전[39]을 보유했다는 자부심이 얼마나 미미한 것인가 하는 것은 금방 드러난다.

석유는 대부분 지하 150~7,600m 암석층에서 발견되는데 액체, 기체 또는 이들의 혼합물로 존재한다. 석유와 가스층을 탐사하기 위해 시추공 하나를 박는 데는 수심과 굴착 깊이, 작업 환경 및 기간에 따라 상당한 차이가 있지만, 해상은 시추선을 이용해야 하므로 대략 50억 원에서 200억 원 정도가 소요되는 것으로 알려졌다. 수심과 굴착 깊이가 깊어지는 등 작업환경이 좋지 않으면 훨씬 더 큰 비용이 들 수도 있다. 매장 예상지역 수십 개소를 대상으로 시추해야 겨우 한 군데 정도에서 석유가 발견되고 다행히 경제성 평가를 통해 생산하게 되더라도 생산설비 구축은 물론, 구축된 설비의 가동에도 운영비가 소요되므로 웬만한 규모의 유전이나 가스층이 아니면 탐사에서 생산까지의 과정에 소요되는 제반 비용을 모두 제외한 실질적인 순수익을 기대하기가 쉽지 않다. 그래서 투입된 비용 대비 산출된 매출에 대한 평가에서 수익이 크게 기대되지 않는 유전은 생산이 포기되는 것이다.

---

36) 액화천연가스(LNG, liquefied natural gas)는 천연가스를 정제하여 얻은 메탄을 냉각 액화한 것이다. 천연가스를 -162°C의 상태에서 약 600배로 압축하여 액화시킨 상태의 가스로서 정제 과정을 거쳐 순수 메탄의 성분이 매우 높고 수분의 함량이 없는 청정연료이다. 하지만 운반비가 비싸 산지와의 거리에 따라 경제성이 결정된다. 우리나라의 경우 해외 천연가스 산지의 LNG공장에서 액화한 것을 LNG선으로 도입하여 이를 LNG공장에서 기체화 시킨 후 파이프를 통해 발전소나 수용가에 공급하고 있다. LNG는 기화할 때의 냉열에너지를 전력으로 회수할 수가 있고, 또 식품의 냉동 등에도 이용한다. 1950년대 이후 도시가스 등은 석탄가스에서 천연가스로 전환되고 있으며, 또한 전력·공업용으로도 사용되고 있다.

37) 독도역사찾기운동본부(2003), "독도 영유권 위기 연구", 백산서당, pp.233~247.

38) 배사구조(背斜構造)는 지각(地殼)의 변동이나 압력으로 생긴 낙타의 등과 같이 된 지질 구조 또는 습곡작용을 받은 지층의 산봉우리처럼 볼록하게 올라간 부분으로 석유는 신생대 제3기층의 배사구조에 주로 매장되어 있다.

39) 가스전(gas field)은 천연가스를 산출하는 지역 또는 천연가스 광상(鑛床)이 있는 지역.

우리 정부가 동해 천연가스전에 대한 생산을 결정한 것은 일정한 수준의 순수익이 기대되었기 때문으로 볼 수 있으며, 현재 생산되는 가스는 울산지역에 소재하고 있는 화력발전소 등 일부 지역에 공급하고 있다. 동해 천연가스전의 중요성과 의의는 경제성보다는 우리 노력과 기술로 가스층을 발견하고 생산까지 하는 일관된 체계를 갖추었다는 점이다. 기술과 경험은 다른 곳에 활용할 수 있으므로 그 자체로서도 충분한 의미와 가치가 있다. 그런데 발견 당시에는 경제성을 집중적으로 부각한 정치성 홍보에 의해 경상남도가 15년여를 사용할 수 있는 분량으로 언론을 통해 대대적으로 홍보됐다. 거짓은 아니지만, 국내 가스소비량의 4~5개월 분량에 해당하는 것을 경상남도 수요를 빌어 15년간 사용될 양으로 홍보가 되었다는 점은 뭔가 뒷맛을 씁쓸하게 한다.

에너지 문제는 국가는 물론 인류의 영원한 해결과제이다. 이 중차대한 에너지 개발에 때로는 막대한 국민의 세금이 사용되기도 하는데, 국가에 이익이 되는지 손해가 되는지는 제대로 밝히지도 않고, 실속도 없이 마치 정부의 대단한 실적인양 정치성 홍보에 이용되는 일은 더는 없었으면 하는 바람이다.

2) 동해에 매장된 메탄 하이드레이트

그동안 어업 측면의 경제적 가치와 군사적 가치로 주목받던 독도에 대한 가치가 재평가되기 시작한 것은 동해에 대규모 하이드레이트 매장 사실이 알려지면서부터이다. 최근 몇 년 사이 언론의 잦은 보도로 이제 웬만한 우리나라 사람들은 동해나 독도 하면 하이드레이트를 떠올리는 사람들이 많다. 그러나 외국에서는 이미 우리보다 훨씬 먼저 이 사실을 알고 있었다.

1997년 12월 러시아 과학원 무기화학연구소에서 연구한 경상대 화학과 백우현 교수는 연구소장 쿠즈네초프(Kuznetsov)로부터 '한국의 동해 한 지점에 붉은색으로 하이드레이트 분포 추정 지역임을 분명히 표기하고 있는 지도'를 선물로 받았다. 러시아 과학원 무기화학연구소에서 제공한 동해의 '하이드레이트층'의 분포 추정 지도나 석유 발견 지도를 통해서 볼 때, 독도 주위 해역의 해양 석유 자원 보유 가능성은 매우 크다고 추정된다. 그리고 일본의 독도 영유권 주장은 독도 주위 해역의 경제적 가치와도 관련된 것으로 보인다.[40]

동해의 하이드레이트는 우리나라가 30년간 사용할 수 있는 양으로 에너지 보유국의 직

---

40) 국토해양부, 우리 땅 독도.

위와 위상을 공고히 하고 석유파동 같은 에너지 시장의 급격한 변화에 대해 한시름 놓을 수 있는 소중한 자원인데, 독도를 빼앗기면 이것을 일본에 고스란히 내어 주는 것이 아닌가 하고 생각하는 사람들도 있을 것이다. 하지만 아직은 채취를 위한 연구와 탐사단계로 갈 길이 너무 멀다. 그런데도 왜 이렇게 국민의 관심을 끌게 되었는지 알 수 없는 일이다. 혹시 일부 연구자들이 정치적인 의도에 편승해 지나치게 내용을 부풀려 발표한 것이 아닌가 하는 의구심마저 들게 한다.

원래 석유 시추는 해상이나 육상 모두 매장량을 확인하고 경제성을 평가하기 위해서는 지질조사와 탐사를 통해 매장 가능성이 가장 큰 곳을 시추하고 존재가 확인되면 동서남북 중 필요에 따라 최초 발견지점을 기준으로 최소 두 개나 세 개 방향의 시추가 이루어져야 그 폭과 양을 어느 정도 가늠할 수 있다. 이는 일반적으로 말하는 배사구조와 같이 석유의 매장이 큰 공간이나 특정지역을 중심으로 넓은 지역에 모여 있는 상태의 탐사에 해당한다. 그러나 우리나라 동해의 가스전과 같이 직사각형 판형의 유전은 가령 동서남북과 중앙의 총 5곳을 시추해도 판의 진행방향과 크기를 확인하기가 쉽지 않아 더 많은 곳을 시추해야 하는 때도 있다. 정부 발표처럼 동해에 대규모의 하이드레이트가 매장되어 있다고 하더라도 채굴할 수 있는 기술을 개발 중이어서 최종적으로 어느 정도 경제성을 가진 생산이 가능할지는 장담할 수 없다. 추정은 가능하지만, 결과는 끝까지 가보아야 알 수 있다.

천연가스처럼 95% 이상이 메탄으로 구성된 하이드레이트[41]는 1930년대에 그 존재가 알려졌다. 그러나 이때는 원유나 천연가스가 풍부해 별다른 관심 대상이 되지 않았다. 점차 석유 등 에너지 자원이 고갈되고 세계 각국의 환경보호정책에 따라 연소할 때 지구온난화 (global warming) 물질인 이산화탄소 배출량이 적은 청정에너지에 대한 요구가 확산하면서

---

41) 메탄 하이드레이트(methane hydrate)는 21세기의 신에너지자원으로, 빙하기 시대 이후 해저 또는 동토지역에서 고압, 저온으로 형성된 메탄의 수화물이다. 해저에는 지하에 매장된 석탄, 석유, 가스양의 거의 2배에 가까운(탄소기준) 메탄 하이드레이트가 존재하는 것으로 알려져 있다. 1cc의 메탄 하이드레이트는 표준상태의 메탄 160cc에 해당하므로 농축시킨 천연가스로 볼 수 있다. 이러한 에너지가 알려진 것은 1930년대였으나 이때는 원유나 천연가스가 풍부해 하이드레이트 개발에는 별다른 관심을 갖지 못했으나, 점차 석유 등 에너지자원이 고갈되어 가고 있고 세계 각국의 환경보호 정책에 따라 연소할 때 지구온난화물질인 이산화탄소의 발생량이 적은 청정에너지에 대한 요구가 확산되면서 하이드레이트에 대한 관심이 많아졌다. 이는 천연가스처럼 95% 이상이 메탄으로 이루어진 하이드레이트가 기존 천연가스의 매장량보다 수십 배나 많고 연소 시 이산화탄소 발생량이 석탄, 석유의 절반에 불과한 청정에너지원이기 때문일 뿐만 아니라, 석유자원이 매장되었는지를 알려주는 표시물이기도한 특성이 있는 까닭이다. 그러나 메탄 하이드레이트는 불안정하기 때문에 심해저에 매장된 메탄 하이드레이트를 채해할 때는 압력과 온도를 그대로 유지한 채 채취해야 한다. 만약 용해될 경우 대량의 메탄을 대기 중에 방출, 이산화탄소 이상의 온난화 원인이 되어 지구환경에 악영향을 줄 수도 있다. 세계적으로 볼 때 메탄 하이드레이트의 개발은 아직 기초연구로 진행되며 자원을 탐색하는 단계에 머물고 있다. 따라서 아직은 이용하지 못하고 있는 잠재적 에너지원으로서, 러시아의 시베리아와 같은 영구동토 지대와 심해저의 퇴적물 또는 퇴적암에 광범위하게 분포되어 있는 것으로 알려져 있다. 현재 세계에는 천연가스로 환산할 때 250조㎥에 이르는 메탄 하이드레이트가 있는 것으로 추정되고 있으며, 독도 주변 등 한반도 해역에도 엄청난 양이 매장된 것으로 알려지고 있다.

하이드레이트에 대한 관심이 높아졌다. 매장량이 천연가스보다 수십 배 이상 많고, 연소할 때 이산화탄소 발생량이 석탄, 석유의 절반에 불과한 청정에너지 자원이기 때문이다.[42]

이러한 특성이 있는 하이드레이트(hydrates)는 화학적으로는 물 분자들 내에 메탄분자가 끌려들어 간 셔벗[43](Sherbet) 같은 결정체, 즉 메탄이 주성분인 가스가 고체화되어 있는 메탄 수화물을 말한다. 시베리아 같은 툰드라지역과 심해저의 퇴적물 또는 퇴적암층에 광범위하게 분포되어 있다. 온도가 매우 낮고 압력이 높은 고압상태에서 버섯거리는 살얼음과 같은 고체 상태로 존재하지만, 그동안 수요도 많지 않고 개발기술이 축적되어 있지 않아 주목을 받지 못했다.

우리가 독도해역을 주목하는 이유는 가까운 일본은 약 80년간 사용할 수 있는 막대한 양의 하이드레이트가 매장돼 있다는 사실을 확인한 상태이며, 상당히 오래전 정부 주도하에 시험생산을 위한 시추에 들어갔기 때문이다. 미국과 러시아를 비롯한 세계 주요 국가들도 하이드레이트 개발에 박차를 가하고 있다.[44] 미국 지질연구소(USGS)에 따르면 전 세계에 매장된 하이드레이트는 약 10조 톤에 이른다. 국내에는 약 6억 톤가량이 매장돼 있을 것으로 가스하이드레이트 개발사업단은 추정했다. 이 예측이 제대로 이루어진 것이라면 이는 2005년 기준으로 한 해 국내에서 소비되는 가스양의 30배에 이르는 규모다.[45]

1970년 이후 우리나라 해역의 대륙붕을 중심으로 석유시추작업을 위한 지질학적인 조사와 탐사 결과 경제성이 있는 석유는 발견하지 못했으나, 하이드레이트의 매장 가능성은 80, 90년대에도 인식되고 있었다. 당시에는 석유 탐사와 개발이 주목적이었기 때문에 메탄이 주성분인 하이드레이트에 대한 탐사는 이루어지지 않았다. 그러나 부존 가능성은 입소문을 타고 이미 1990년대에 세간에 널리 퍼져 있었다. 2000년대 들어 국내 에너지와 해양관련 기관에 의해 동해지역의 하이드레이트에 대한 본격적인 기초조사가 이루어져 매장 가능성을 확인하였다. 이를 바탕으로 노무현 정부 시절인 2005년 7월 한국석유공사와 한국가스공사, 지질자원연구원으로 구성된 가스하이드레이트 개발사업단을 만들어 동해에서 탐사를 추진했다. 2007년 동해지역에 대규모의 하이드레이트가 존재한다는 사실을 거듭 확인하고, 그 결과를 같은 해 11월 22일 산업자원부(현 지식경제부)가 발표했다. 심

42) 전흥신 · 김형택(2006), "에너지 · 연소 · 환경", 한티미디어, pp.102~103.

43) 셔벗(sherbet)은 빙과의 일종. 과즙이나 과일을 가는 체로 거른 것에 설탕과 양주류. 경우에 따라서는 유제품 등을 가하여 냉장고에서 식혀 얼린 것.

44) 독도역사찾기운동본부(2003), "독도 영유권 위기 연구", 백산서당, pp.233~247.

45) 이데일리 2007. 6. 24.

출처: 한국일보 2007. 11. 22

[그림 1-2] 동해에서 채취한 하이드레이트와 시추위치

해저에서 가스 하이드레이트 실물 채취에 성공한 것은 미국과 일본, 인도, 중국에 이어 우리나라가 다섯 번째였다.[46)]

　[그림 1-2]에서 보는 바와 같이 당시 발표 자료를 보면 2007년 6월 동해 심해저에서 처음 발견된 가스 하이드레이트가 동해 울릉분지에 광범위하게 존재하는 것으로 확인됐다. 9월 25일부터 54일간 수심 1,800m의 동해 울릉분지 해역을 시추한 결과, 포항 동북쪽 135㎞ 지점에서 130m에 걸친 초대형 가스 하이드레이트 구조를 발견했다고 밝혔다. 산업자원부 이재훈 제2차관은 "이 구조는 우리보다 앞서 가스 하이드레이트를 발견한 일본, 인도, 중국보다 훨씬 큰 대형구조"라고 말했다. 이 지점에서 북쪽 9㎞ 지점과 남쪽 42㎞ 지점에서도 각 100m, 1m 구간의 가스 하이드레이트 구조가 발견됐다. 가스하이드레이트 개발사업단 박근필 단장은 "14곳의 시추 후보지 중 지질구조별로 대표성을 갖는 3개 지점에서 모두 가스 하이드레이트가 발견된 점에 미루어 기본탐사에서 예상한 6억 톤 이상이 매장돼 있다는 것이 전문가들의 평가"라고 밝혔다.

　이 차관은 "저온 고압에서 얼음 속에 갇혀 있는 가스를 뽑아내는 기술은 아직 세계적으로 완성되지 않아 당장 상업성 여부를 판단하기는 어렵다. 다만 고유가 상황에서 화석연료를 대체할 새 에너지자원 개발경쟁에서 한발 앞설 전기를 마련했다는 데 의미가 있다"고 설명했다. 정부는 2단계 가스 하이드레이트 개발계획에 따라 2008년부터 4년간 가스

---

46) 연합뉴스 2007. 6. 24.

하이드레이트 상용화 기술을 개발하고, 2015년부터 상업 생산키로 했다. 영구동토나 심해저 등에 존재하는 가스 하이드레이트는 화석연료를 대체할 차세대 에너지원으로, 세계적으로 석유 등에 포함된 메탄의 25배나 되는 10조 톤이 있는 것으로 추정된다.[47]

산업자원부의 발표와 계획처럼 동해에 하이드레이트가 많이 매장이 되어 있다면 당연히 기뻐해야 할 일이고, 개발이 잘되어 우리가 활용할 수 있다면 분명히 다행스러운 일일 것이다. 그러나 2007년 11월은 대통령 선거전을 불과 얼마 남겨 놓지 않은 상황이었음을 고려할 때, 당시 정부와 여당의 정치적 홍보 목적 때문인지 알 수는 없지만, 자원보유 가능성에 대해 지나칠 정도로 국민에게 기대하게 만들고 앞서 가는 것 같은 모습이 보였다.

대규모 자원보유에 대한 국민의 기대와 흥분이 훗날 실망으로 돌아오지 않도록 하기 위해서는 자원보유 결과에 대한 발표가 이루어지기 전에 정밀한 탐사, 채굴방법과 기술 및 경제성에 대한 평가가 필요하다. 매장을 확인한 것은 사실이지만, 매장량이나 매장규모, 생산방법과 기술이 확정된 것이 아니었는데도 시험시추 결과를 바탕으로 국민의 관심을 고조시킬 수 있는 내용으로 서둘러 발표된 것이다. 아직 세계적으로 하이드레이트 기술을 상용화한 나라가 없으므로 대규모로 매장되어 있다고 하더라도 그 경제성을 평가하기가 쉽지 않다.

생산기술이 개발되어도 다른 에너지를 그대로 수입해 사용하는 것이 좋은지, 아니면 동해의 하이드레이트를 개발해야 하는 것이 좋은지, 기존 연료의 가격과 경제상황에 따라 생산 여부는 달라질 수 있다. 이러한 사실은 4년 내, 즉 2011년까지 상용화 기술을 개발하고 2015년부터 상업 생산키로 했다는 정부 당국자의 발표내용을 통해서도 바로 확인할 수 있다. 그러니까 한마디로 계획을 발표한 것이라 할 수 있는 수준이었다. 그런데 2008년 들어 정권이 민주당에서 한나라당으로 바뀐 이후 정부의 동해 하이드레이트 개발에 대한 내용이 상당히 달라져 있음을 볼 때 자원개발이 바로 정권이나 특정 정부의 홍보용으로 이용되고 있음을 확인시켜주고 있다.

석유공사와 가스하이드레이트 개발사업단은 2008년 8월 21일 서울 르네상스호텔에서 제1차 해저광물자원개발 심의위원회 회의를 통해 2008년 142억 원을 투입 포항 동쪽 140㎞ 해역에 대한 3차원 물리탐사를 벌이는 등 가스 하이드레이트가 매장된 것으로 확인된 울릉분지 유망지역에서 2010년 제2차 시추를 하고, 2012년에는 시험생산정 위치를 골라 시추한 뒤 2014년께 시험생산을 추진한다는 계획을 보고했다.[48]

47) 한국일보 2007. 11. 22.

2011년 4월 가스하이드레이트 개발사업단의 추진사업 가스 하이드레이트 개발 기본계획에 보면, 2015년 상업생산을 목표로 하여 단계별로 사업을 추진한다. 1단계(2005~2007년)는 유망지역 I 정밀조사 및 시추, 부존자원 확인, 2단계(2008~2011년)는 유망지역 II 정밀조사 및 시추, 부존자원 확인 그리고 생산기반기술연구, 3단계(2011~2014년)는 시험생산 및 상업생산을 위한 생산방법 도출로 되어 있다.[49] 2015년 상업생산 목표에는 변화가 없지만, 상업생산은 물처럼 그냥 호스를 꽂아 뽑아 올리면 되는 것이 아니다. 생산시설이 필요하다. 그러한 생산시설을 아직 만들어 본 나라가 없다. 그것이 있다고 하더라도 설비는 예산을 확보하고 만드는 데 상당한 시간이 필요하다. 즉 언제 실현될 수 있을지 현재로서는 그 정확한 시기를 가늠하기 어렵다. 이러한 정부의 자원 개발에 대한 정권 차원의 이용은 박정희 대통령 시절인 1976년 경북 포항 석유 발견 발표에서 시작되었다.

지하자원은 육상에 있는 것이든, 해양에 있는 것이든 현대의 과학과 기술로는 그 정확한 양을 쉽게 가늠할 수 없다. 단지 그동안 축적된 기술과 경험을 바탕으로 어느 정도 근사치를 측정할 뿐이다. 실제량과 유사한 근사치를 파악하더라도 채굴은 매장 규모와 양, 채굴 기술, 채굴된 원재료의 운송과 가공 등 여러 단계의 사전 기술능력 평가, 실제 채굴에 들어가더라도 생산비가 만만치 않게 들므로 경제성 평가를 거쳐야 채굴을 할 것인지 하지 않을 것인지 결정된다. 즉 자원이 매장되어 있다고 모두 채굴되고 실제 에너지원으로 활용될 수 있는 것은 아니다. 그리고 경제성과 기술적 분석을 통해 상업적 가치가 없거나 에너지를 수입하는 것이 오히려 싸고 경제활동에 도움이 될 때는, 그 자원의 양이 아무리 많더라도 경제성이 확보될 때까지는 채굴되지 않는다. 그동안 하이드레이트에 대한 채굴기술이 제대로 개발되지 않은 이유도 여기에 있었다.

이뿐이 아니다. 전체 매장량 중 실제 채굴할 수 있는 양은 대폭 줄어든다. 석유는 유층 내 압력에 의한 자연적 분출에 의해 원유를 생산하는 것을 1차 회수(primary recovery)라고 한다. 1차 회수에 의해 생산되는 석유는 20~30%에 지나지 않는다. 나머지는 유정(油井) 내에 가스를 주입하거나 혹은 물을 주입하여 강제적으로 석유를 회수하는데 이를 2차 회수(secondary recovery)라고 한다. 이 방법으로는 40~50%까지 채유된다. 또 유층에서 석유 일부를 연소시켜 무거운 석유를 분해, 증류 등의 과정을 통해 유정으로부터 끄집어내는 3차 회수법(火攻法, fire flooding)도 고려되고 있다. 이것에 의하면 65~75%까지 채유가 가

---

48) 매일경제 2008. 8. 21.
49) 가스하이드레이트 개발사업단.

능하다.[50]

일반적인 석유 채굴은 1차적인 방법이 가장 많이 쓰이며, 2차 회수 방법까지를 고려하더라도 인간이 탐사한 석유의 절반인 50%만 생산해 사용할 수 있다. 그런데 하이드레이트는 1차 회수 방법 적용은 물론 액체가 아니므로 2차 방법에서 가스나 물을 이용하기도 용이하지 않다. 관련 기술도 아직 완성되어 상용화되어 있는 것이 없는 상태여서 매장량 중 어느 정도 회수해 사용할 수 있을지 가늠하기가 쉽지 않다. 아직 연구단계인 가스 하이드레이트 개발 방법은 감압법, 열처리법, 억제제 주입법 등이 있다. 이 가운데 감압법은 가스 하이드레이트층과 하위의 퇴적층 사이에 큰 공극 또는 단열이 존재할 때, 단열 또는 공극의 내압을 감소시켜 가스 하이드레이트의 해리를 촉진해 가스를 생산하는 방법이다. 모형연구 결과에 의하면 천연가스 하이드레이트가 해리되면 단열팽창에 의해 저류층이 냉각되며 주변으로부터 열이 유입되어 해리가 더욱 촉진되며, 하이드레이트층 하위에 자유가스가 존재할 때 회수되는 가스의 약 30% 정도를 하이드레이트의 해리로부터 얻을 수 있다는 결과가 얻어졌다.[51] 감압법을 적용해 생산한다고 가정했을 때, 매장량이 6억 톤이라고 하면 실제 채굴량은 2억 톤 정도가 될 것으로 추정해 볼 수 있다.

자원을 채굴하면 환경 파괴는 필연적이다. 일반적으로 자원의 소재지를 잘 알고 기술적으로 완벽하게 추출하여 처리하는 상황을 생각하지만, 채굴과정에서 어느 정도의 환경 파괴가 이루어질지 채굴기술과 존재하는 지역이 육상이냐 아니면 해상이냐에 따라 크게 달라질 수 있다. 자원 종류에 따라 목적물 1톤을 얻기 위해 1,000톤의 표층을 옮겨야 하는 때도 있는 등 오염에 대한 편차가 극심하므로 단정적으로 말하기는 어렵다.

동해는 평균수심 약 1,350m, 최대수심이 약 3,700m로 주변해로서는 수심이 깊은 해양 퇴적분지인 데다 시추결과 가스 하이드레이트는 니질층에서는 단괴(nodule), 맥(vein), 층(layer)의 형태로 존재하고, 사질층에서는 공극을 채우는 형태로 존재한다. 그러나 동해에 매장된 하이드레이트는 현재로서는 일부 존재 형태만 파악된 데다 채굴기술이나 방법이 확정되지 않았으므로 정확한 환경오염 발생 정도를 예측할 수 없다. 지하자원의 추출이나 채굴은 육상의 노천식 또는 표면 절개식 채굴, 해상 플랫폼의 수갱작업이나, 유정 땅파기 작업 할 것 없이 모든 채굴작업은 국지적인 생태계를 심각하게 교란한다. 하이드레이트는 금속 채굴과 그 특성을 달리하지만, 암석 속에 고형화된 양이 많다면 환경오염발생량은

50) 정운혁·노태익(2006), "에너지의 기초", 동아대학교출판부, pp.267~268.
51) 가스하이드레이트 개발사업단.

탐사와 시추가 이루어지면 금속채굴의 예에서 어느 정도 가늠할 수 있을 것으로 보인다.

가령 미국 애리조나 사막에 있는 구리 광산은 구리 광물을 분쇄하여 협잡물을 분리하는데 일반적으로 금속 1kg당 1L의 물이 필요하며, 다른 금속도 물 사용량이 비슷하다. 채굴에 사용된 물은 당연히 수질환경이나 토양 오염은 물론 제련과정에서 아황산가스 등을 배출, 대기를 오염시키고 포집하지 않으면 산성비를 내리게 하는 원인이 된다. 또한 광석과 함께 추출된 부스러기 암석인 광석찌꺼기도 채굴되는 자원의 종류에 따라 강산성이나 독성을 띠는 경우가 많아 광산배수는 환경영향의 심각한 원인이 될 수 있다.[52] 이러한 문제 외에도 동해의 하이드레이트는 독도 분쟁의 해결이라는 측면에서 볼 때 한국인의 자원 보유에 대한 자부심이 일본이 끝까지 독도 영유권 분쟁을 이끌어가게 하는 원인이 될 수도 있음을 경계해야 할 것이다.

3. 군사적 측면

1) 전략적 가치

인류 역사상 대륙세력은 대륙의 협소성에서 벗어나 해양의 광대성을 지배하기를 욕구했다. 그 욕구에 따라 해안 너머에 있는 육지로 진출했고, 해양세력도 끊임없이 바다를 통하여 대륙에 진출하는 길을 모색해왔다. 동해와 독도를 중심으로 볼 때 해양세력의 주축은 미국, 일본이고, 대륙세력의 주축은 러시아라고 할 수 있다. 독도는 대륙세력과 해양세력의 요충지인 동해의 중심에 위치함으로써 양 세력이 서로 반대방향으로 진출하려 할 때 충돌지점이 될 수도 있지만, 동시에 양 세력의 확장을 억제할 수 있는 전략적 위치에 있다.

한국과 일본의 관점에서 볼 때 동해는 양국 모두 대양으로 통항하거나 물자를 수출입하기 위해 필수적이거나 결정적인 해상 요로는 아니므로 한국과 일본이 동해에서의 세력 충돌이 불가피한 것은 아니다. 그렇지만 일본은 대륙진출을 위해 한반도를 이용한 사례가 있다. 그리고 여전히 일본은 한반도를 이용하기 위해 동해를 지배하려 한다. 독도는 동해의 중앙에 있어 일본의 한반도 진출을 억제하는 전략적 가치를 가진다.[53]

과거 러일전쟁에서 러시아의 발트함대[54](발틱함대)와 일본 해군이 동해에서 해전을 벌

---

52) 조영일 역(2004), "산업생태학", 도서출판 한산, pp.60~66.
53) 김명기(2007), "독도강의", 책과 사람들, pp.46~47.

일 수밖에 없었던 것은 동해가 양 세력이 충돌하는 전략적 지점에 위치하고 있기 때문이기도 하지만, 한국이 동해의 주권을 제대로 행사할 수 있는 국력을 보유하지 못한 데 원인이 있었다. 오늘을 사는 우리가 과거와 같이 러시아의 남하를 막기 위해 동해에서 일본과 공조해야 할 것인가 아니면 일본의 대륙진출을 억제하기 위해 러시아와 공조해야 할 것인가의 문제로 고민하지 않기 위해서는, 한국이 국력을 신장시켜 양대 세력을 모두 제압하고 스스로 전략적 위치를 향유하는 주도적인 상황으로 전환할 과제와 의무가 부여되어 있다.

2) 군사적 가치

독도는 해양법상 도서로서 12해리의 영해를 가진다. 이 영해를 기초로 하여 한국군의 작전 수역과 방공식별구역(Air Defense Identification Zone, ADIZ)이 그만큼 확대된다. 이는 독도가 있으므로 공역에서 인접국인 러시아, 중국 및 일본 해·공군의 군사작전이 배제되어 우리의 영해와 영공은 그만큼 넓어지고 본토에 대한 공격을 사전에 탐지 차단할 수 있는 안전거리를 확보하게 되는 등 국가 방위에 유리한 이점을 제공하는 가치를 가진다. 독도를 군사적으로 활용할 방안은 전함통항감시기지 등의 조기경보 전초, 잠수함 작전기지 등의 해군기지, 긴급해난구조를 위한 기지 건설에 적합한 것으로 알려져 있다.[55]

군사적 측면에서 독도의 활용 가치는 상당히 크고 중요하다. 일본이 과거 러일전쟁에 활용하기 위해 망루를 설치한 것에서 이미 입증된 바 있듯이, 러시아의 태평양함대와 공군이 대한해협을 통과해 인도양으로 가기 위해서는 독도 주변해역을 통과하지 않을 수 없는 길목에 자리 잡고 있다. 또한 1960년대 말 이후 미국은 필요할 때마다 동해에 정보선을 배치하여 러시아 함대와 북한에 대한 첩보를 수집했고, 한반도 유사시 항공모함을 배치한 바 있다. 이렇게 독도는 동해 위의 모든 움직임을 관측할 수 있는 요로(要路)에 자리 잡고 있어, 러시아 함대뿐만 아니라 동해를 통항하는 각종 선박의 감시와 안전 항행 유도는 물론 일본 해상자위대의 접근을 조기에 감지할 수 있는 기지로 유용하다. 현재는 과거보다도 훨

---

54) 발트함대(발틱함대)는 제정 러시아의 유럽 방면을 지킨 주력함대이다. 당시 흑해함대·동양함대와 함께 러시아의 3대 함대의 하나였다. 러일전쟁 때 일본원정의 임무를 띠고 1904년 10월 15일 리예파야항(港)을 출항하였다가 1905년 5월 27일~28일, 일본함대와의 전투에서 전멸하였다. Z. P. 로제스트벤스키 중장을 사령관으로 전함 8척을 비롯한 각종 군함 34척과 공작선·병원선 등을 포함한 38척의 함정 세력을 가지고 있었다. 그러나 일본 근해에 도달할 때까지 무려 3만 7,000km 해상을 9개월에 걸쳐 항해하여 최악의 상태로서, 최상의 상태로 대기하던 일본의 연합함대와 동해상에서 해전을 벌인 결과 겨우 2척만이 온전했다.

55) 김명기(2007), "독도강의", 책과 사람들, pp.46~47.

씬 더 고도화된 전자 장비를 보유하고 있어 더욱 효율적인 활용이 가능하다.

우리 정부도 이러한 독도의 특성을 활용, 해경을 상주시키고 독도에 고성능 방공레이더 기지를 구축, 전략적 기지로 관리하고 있으며, 이곳 관측소에서 러시아의 태평양함대와 일본 및 북한 해·공군의 이동 상황을 손쉽게 파악하여 동북아 및 국가안보에 필요한 군사정보를 제공하는 등 조기경보 전초와 긴급해난구조의 용도로 활용해왔다. 그리고 독도주변 해역의 해양상태를 보다 명확하게 파악 기상예보에 활용하고 지구환경 연구, 해양 산업 활동 지원, 러시아가 1993년 10월 북한 청진항 동쪽 300km 해상에 투기한 핵 폐기물질의 이동, 확산, 분해, 해저 침적과정에 대한 이해와 정확한 예측 등 과학기술적인 측면에서의 활용 가치도 높아[56] 과학기지 건설 추진 등 다각적인 활용방안이 검토되고 있는 것으로 알려졌다. 따라서 앞으로 독도는 기존에 추진해온 사업과 연계하여 군사적 가치뿐만 아니라 지형적 특성과 위치가 갖는 특수성을 반영, 국가 발전을 위한 전략적 차원에서 국익에 도움이 되는 방향으로 활용하는 것이 바람직할 것으로 보인다.

제3절 독도 문제의 가장 손쉬운 접근 쟁점 파악

독도 문제를 이해하고 접근하는 데 있어 가장 손쉬운 방법은 그 쟁점을 파악하는 것이다. 이를 위해 현재 한국과 일본 정부 간에 또는 한국 내에서 쟁점이 되고 있는 사항들을 개략적으로 간추려보면 다음과 같다.

독도의 영유권 귀속에 관하여 양국 간에 분쟁이 존재하는가, 존재한다면 그것은 사법적 해결에 적합한 법률적 분쟁에 해당하는가? 독도의 영유권 귀속을 판단하는데 적용되어야 할 국제적 규범 또는 국제법은 어느 시기의 어떠한 국제법인가? 독도의 영유 귀속에 관하여 분쟁이 있다고 한다면, 결정적 기일은 언제가 될 것인가? 일본은 독도 선점 요건으로서의 '실효적 점유'를 충족시키고 있는가? 1905년 이전 한국이 독도 영유권을 가졌다는 것을 입증할만한 실효적 지배의 실적이 있는가? 독도를 일본의 고유영토라고 하면서 한편으로는 무주지 '선점'으로 영토 편입 조치한 일본 정부의 행위는 어떻게 설명할 수

---

56) 해양경찰청. 사이버 독도지킴이.

있는가?

1905년 일본이 독도를 영토로 편입하는 조치를 할 때 독도 영유 의사를 공시하는 방법은 적절하였으며, 공개적이었는가? 한국에 독도 편입 사실을 제때 통고하지 않았으므로 국제법상 일본의 독도 '선점'은 무효가 아닌가? 일본이 독도를 자국 영토로 편입하였음에도 불구하고 대한제국이 아무런 항의를 제기하지 않은 것은 어떻게 이해하여야 하는가? 그러한 항의의 결여는 독도의 영유 기속에 관하여 어떠한 법적 효과를 발생시키는가? 일본은 독도를 선점한 이후에 실효적으로 지배하였다고 하는데 그러한 실효적 지배의 내용은 무엇이며, 어떠한 법적 의미가 있는가? 지리적 근접성에 기초하여 독도를 울릉도의 속도로 보는 것은 법적으로 지지될 수 있는 주장인가?

독도를 일본의 통치권과 행정권으로부터 제외한 연합국 최고사령부지령(SCAPIN) 제677호는 독도 영유권 처분과 관련하여 법적인 의미가 있는 조치인가? 샌프란시스코 평화조약 제2조(a)항에 일본이 독립을 승인한 한국에 속하는 것으로 제주도, 울릉도, 거문도가 열거되어 있지만, 독도가 누락되어 있는 사실은 어떻게 해석되어야 하는가? 샌프란시스코 평화조약 발효로 연합국 최고사령부지령(SCAPIN) 제677호는 무효가 된 것으로 보아야 하는가? 독도 문제를 해결하는 가장 합리적인 방법은 무엇인가? 국제사법재판소에 독도 문제를 넘겨 재판하자고 한 일본의 제의를 한국이 거부한 것은 어떻게 평가해야 하는가?[57]

1965년 한일어업협정과 1999년 신한일어업협정은 독도와 관련하여 무엇이 문제이며 왜 논란의 대상이 되는가? 평화선, 배타적 경제수역, 중간수역은 무엇이며 독도와 어떤 연관이 있는가? 독도가 한국의 고유영토라면 그것을 입증할 사료에는 어떠한 것들이 있고 어떤 역할을 해왔는가? 독도의 지명은 왜 그렇게 여러 가지이고 그 이유는 무엇인가? 청일전쟁과 러일전쟁은 또 왜 거론되는가? 조선 정부에서 파견한 관리들은 왜 하나같이 독도에 가지 않았는가? 공도정책과 수토정책이란 무엇인가? 안용복은 무슨 일을 했는가? 대한제국은 독도가 일본에 넘어갈 때 왜 손을 놓고 있었는가? 미국이 독도와 무슨 상관이 있는가? 일본이 독도를 고유영토라고 하면서 내세우는 사료는 어떠한 것들이 있는가? 한국의 사료들이 독도 고유영토를 입증하는데 어려운 점이 있다면 그 이유는 무엇인가? 일본은 아무런 근거도 없이 독도 문제로 한국에 대해 시비를 하고 있는가? 일본의 도전에 대해 한국 정부는 적절하게 대처하고 있는가? 일본이 독도 문제에 저토록 집착하는 이유는 무엇인가 하는 점이다. 특히, 독도 문제 해결을 위해 가장 중요한 것은 1905년 시마네

---

57) 박배근 · 이창위(2007), "독도 영유권에 관한 일본 국제법학자의 주장 분석", 한국해양수산개발원, pp. v～vii.

현의 다케시마 편입 조치 이전에 한국이 독도에 대한 영유권을 확립하고 있었다는 사실, 즉 실효적 지배를 하고 있었다는 사실을 증명할 수 있는가 하는 것이다.

위에 제시된 의문을 갖고 독도 문제를 대하다 보면 그 의문은 하나하나 풀리고 왜 오늘날 독도 문제로 한국과 일본이 이렇게 첨예하게 대립하게 되었는가 하는 이유를 자연스럽게 알 수 있을 것이다. 한국 정부의 대응방식과 일본의 의도를 파악하면서 제시된 문제점과 해법을 검토하다 보면 자연히 독도 문제를 해결할 수 있는 지혜가 생기고 엉킨 매듭을 푸는 좋은 방안이 제시될 수 있을 것으로 생각한다.

제2장

독도 영유권 분쟁의
성격과 특성

제1절 독도 영유권 분쟁의 성격 및 특성

1. 영토와 영해, 영공 전 영역에 걸친 영토 분쟁

독도 영유권 분쟁은 독도만의 단순한 문제나 분쟁에 머물지 않는다. 만약 일본이 독도를 침공한다면 영토와 영해, 영공 전 영역에 걸친 영토 전쟁이 되는 것이다. 여기에 독도 문제의 중요성과 심각성이 있고, 어떠한 일이 있어도 독도를 한국의 영토로 지켜내야 할 이유가 있다. 한 국가가 영유하고 있는 땅으로, 그 나라의 통치권이 미치는 지역을 영토(領土)라 하고, 그 나라의 둘레에 있으며, 영역에 포함되는 바다를 영해(領海)라 한다. 영토와 영해의 상공으로, 그 나라의 주권이 미치는 공간이 영공(領空)이다.

섬인 영토를 잃게 되면 그에 부속되는 영해와 영공은 자동으로 주권을 상실하게 된다. 그러므로 독도를 잃는다면 영공의 방위를 위해 영공외곽 일정지역의 상공에 설정되는 공중구역으로서, 한반도 지역으로 접근하는 비행물체에 대한 사전 탐지, 식별 및 적절한 조치를 위해 설정된 방공식별구역도 자동으로 영향을 받을 수밖에 없다. 즉 인가된 비행계획에 따라 비행할 때 항공 지도상의 규정된 지점에서 의무적으로 위치보고를 하여야 하며, 외국 항공기가 진입하려면 24시간 이전에 합참 허가를 받아야 하는 우리나라의 영공방위를 위해 비행을 통제하는 구역으로 국방부에서 관리하는 한국방공식별구역[1](Korea Air Defence Identification Zone, KADIZ)도 온전하게 유지되기 어렵다.[2]

2. 역사 인식의 차이와 역사적 사실에 대한 논쟁

1) 역사 인식의 차이

오늘날 한국과 일본의 대립과 반목은 민족주의에 바탕을 둔 역사 인식의 차이, 한 걸음

---

1) 한국방공식별구역(KADIZ, Korea Air Defence Identification Zone)은 우리나라의 영공방위를 위해 군사분계선(MDL)을 기준으로 동·서·남해 상공에 설정된 일정한 공역을 의미한다. 국방부에서 관리하며 한국방공식별구역 내로 진입하는 적성 항공기 및 주변국의 미식별 항공기에 대한 식별과 침투 저지를 위한 공중감시 및 조기경보체제를 24시간 유지하고 있다. 외국 항공기가 진입하려면 24시간 이전에 합참 허가를 받아야 한다. 그리고 인가된 비행계획에 따라 비행할 경우에 항공 지도상의 규정된 지점에서 의무적으로 위치보고를 하여야 한다. 한국방공식별구역은 1951년 미태평양공군사령부에서 극동방위 목적으로 설정되었다.

2) 블로그 조선닷컴.

더 나아가서 역사 왜곡에 그 근원이 있다. 독도 문제도 그 연장선상에서 비롯되었다. 한국과 일본의 역사는 많은 부분에서 결부되어 있으므로 떼어 놓고는 정확한 기술이 쉽지 않다. 그런데도 국가 중심주의가 정착되어 있는 현실에서 각국은 자국의 역사를 나름대로 정립한다. 한국과 일본도 마찬가지다. 양쪽의 역사가 결부되지 않은 상황에서는 각각 독립된 기술을 하면 된다. 그런데 한쪽은 피해자, 한쪽은 가해자가 되어 있는 하나의 사건에 대해 기술할 때는 문제가 생긴다.

각각 자국의 입장에 유리한 해석을 하려고 노력할 수밖에 없다. 한국과 일본의 역사 인식의 차이와 역사 왜곡 문제가 발생하는 이유가 바로 여기에 있다. 동일한 사건에 대해 일본은 일본인의 입장에서 평가하고 유리한 방향으로 해석해 역사를 정립하려 하고, 한국은 한국인의 입장에서 해석해 정립하면 동일한 사건에 대해 견해 차이가 발생한다. 더욱 정확한 기술을 위해서는 공동의 역사 인식이 필요하다는 것을 알지만, 통제할 수 있는 조정기구나 수단이 현실적으로 존재하지 않는다. 이런 속에서 자국에 유리한 기술은 상대국 역사의 왜곡으로 나타날 수 있다. 이것이 오늘날 한국과 일본의 역사 왜곡문제이다.

가령 한국의 입장에서는 한반도에서 징병제를 강행하여 많은 한국의 젊은이들을 일본의 침략전쟁터에 내몰아 죽게 하고, 한국의 젊은 여인들을 종군위안부로 강제로 끌어내 여성 인권을 유린하였다. 또한 많은 한국의 남자들을 노동자로 징용하여 전쟁터로 내보낸 장본인인 고이소 쿠니아끼(小磯國昭) 전 조선 총독 같은 자를 국가적 호국 영령으로 모시고 있는 야스쿠니신사[3]를 일본의 총리가 공식 자격으로 참배하는 것과 같은 행위는 일본이 한국과의 상호존중, 상호신뢰 관계를 수립하는 것을 거부하는 것으로 해석할 수밖에 없다.

우리의 주권적 실체를 유린하고 우리의 강토를 침략하여 착취했으며, 우리의 애국자와 부녀자에게 비인도적 만행을 저지른 엄연한 역사적 사실들을 합법적이고 정당한 행위였다고 강변하는 일본의 공식적 주장과 인식을 수용할 수 없기 때문이다.[4] 그러나 일본인,

---

3) 야스쿠니신사(靖國神社, やすくにじんじゃ)는 일본 도쿄도 지요다구에 있는 신사로, 천황을 위해 싸우다 목숨을 잃은 사람들을 신으로 모시고 제사를 지내는 곳이다. 야스쿠니를 한국식 한자발음으로 읽은 정국신사라고도 부른다. 일본에 있는 신사 중에서 가장 규모가 크다. 영미권의 언론에서는 '전쟁 신사(war shrine)'란 용어를 주로 사용하고 있다. 1869년(메이지 2년), 군 희생자의 넋을 달래기 위해 설립한 초혼사가 그 전신이다. 지금의 이름인 '야스쿠니(靖國)'는 '나라를 안정케 한다'는 뜻을 담고 있다. 벚꽃의 명소로도 잘 알려져 있다. 보신전쟁, 세이난전쟁, 러일전쟁, 제1차 세계대전, 제2차 세계대전의 병사 이외에 도조 히데키 등의 A급 전범이 안치되어 있어서 대한민국이나 중국 등의 아시아 여러 나라는 야스쿠니신사와 그곳에 참배하는 정치인 등을 비난하고 있다. 고이즈미 총리가 2001년 8월 15일에 야스쿠니신사를 참배할 의향을 표시한 것에 대하여, A급 전범이 모셔져 있는 야스쿠니신사에의 참배는 인정할 수 없다며 중국 정부는 강력히 반발하였다. 결국, 고이즈미 총리는 15일을 피하여 13일에 참배하였다. 그런데, 그 후에도 2002년 4월 21일, 2003년 1월 14일, 2004년 1월 1일, 2005년 10월 17일, 2006년 8월 15일에 고이즈미 총리는 야스쿠니신사를 참배하였기 때문에, 아베 정권 탄생까지 중·일 간의 수뇌 교류는 정체되었다. 일본 경제 신문의 일본 여론 조사에서는, 총리대신의 참배에는 46%가 찬성으로 반대가 38%이다. 일본의 우익 단체, 신토 신앙자, 전몰자 가족 등이 찬성하고 있다.

4) 독도학회(2002), "독도 영유권 연구론집", 독도연구보전협회, p.91.

특히 보수우익의 입장에서 볼 때 한국의 젊은이들이 전쟁에 참여한 것은 일본이 강제적으로 한 것이 아니라 한일합방조약에 의해 통치를 하는 과정에서 자발적으로 정당하게 이루어졌으며, 자국의 선조를 야스쿠니신사에 모시는 것은 당연한 일이고, 총리가 방문하는 것도 선조를 기리는 뜻있는 일인데, 한국이나 중국이 항의하는 것은 내정 간섭을 하는 것으로 받아들인다. 이러한 상반된 입장은 역사 인식과 해석의 차이 때문이며, 그 차이를 그대로 반영하면 왜곡이 된다.

그럼 이러한 역사 인식의 차이와 왜곡은 어디서 오는가? 그것은 두 가지 측면에서 설명이 가능하다. 첫째는 일본이 의도성을 갖고 침략 행위를 했음에도 원인을 한국이나 중국 등 상대나 타인에게서 찾으려고 하는 것은 일본 내부의 모순이나 양심불량 등 잘못된 부분이 노출되어 오히려 약점으로 작용할 수 있다는 점을 우려하는 자기보호 본능의 작용에 따른 행동으로 볼 수 있다. 둘째는 침략전쟁을 벌인 일본인들이 자신과 직접 관련이 되는 자국의 정치 지도자나 선조로 그들의 행동에 대한 비판적 평가는 스스로 당당하지 못한 나라로 받아들여야 하는 부담을 해소하기 위해 자국의 입장을 두둔하고 정당화하려는 데서 발생한다.

선조에 대한 평가에서 좋은 이미지를 가진 것으로 결과가 나오면 평가자 자신도 긍지와 자부심을 느낄 수 있지만, 부정적인 결과는 선조는 물론 평가자 자신도 질타의 대상이 되거나 잘못에 대한 책임 내지는 죄의식을 느끼게 할 수도 있다. 그리고 선조가 가령 좋지 않은 일을 했다고 하더라도 그것이 자신의 결정에 따라서 한 경우와 그렇지 않은 경우도 있는데, 개인적 선택에 의한 행동은 불명예를 감수할 수 있다고 하더라도 국가 명령에 의해 저질러졌을 때 개인이 떠안게 되는 불명예의 평가는 쉽지 않다. 개인으로서는 선택의 여지가 없는 상태에서 이루어진 것이므로 잘못으로 인한 불명예는 억울한 측면이 있기 때문이다. 그런데 많은 일본인의 불명예와 오명이 국가의 정책이나 명령과 연관이 있다. 하지만 국가 정책의 잘잘못에 대한 판정은 기준이 없고, 국가의 명령은 시대상황이 반영된 것이다. 당시의 상황은 당시의 여건에 영향을 받은 것으로 국가 정책을 후대에서 판단하는 것 자체에 한계가 있다. 이것을 제대로 판단하지 못하는 상황에서 국가 명령에 의해 개인이 떠안게 된 오명은 더욱 판단이 쉽지 않다. 타국에 대해 피해를 주거나 특정한 개인에게 치명적인 아픔을 겪게 했다는 사실이 확인되었더라도 결과는 마찬가지다.

상황논리에 따라 일본이 침략하지 않으면 일본의 안전은 보장될 수 있었는가? 서양은 왜 일본에 강제수교로 불리한 조약들을 맺게 했는가? 일본의 안전을 확보하기 위해 전쟁을 할 수밖에 없는 상황을 만든 것은 일본이 아니라 서구열강이었고, 청나라와 러시아였다. 일본은 그들의 도전을 당당하게 일본의 힘으로 극복한 것이다. 미국, 영국, 프랑스와 같이 동양 침략에 나선 나라는 전혀 심판을 받지 않고 오히려 일본을 전범국으로 몰았다. 그럼 아편전쟁을 일으킨 영국과 청일전쟁을 한 일본 중 누가 더 나쁜가? 비슷한 시기에 전쟁을 시작하고 그 과정에서 동맹을 맺기까지 한 나라인데 일본을 전범국으로 재판하는 것이 합당한가? 아니다. 그것은 일본에 잘못이 있는 것이 아니라 일본이 세계를 제패하는 것을 두려워한 나라들이 연합국을 만들어 대항한 전쟁에서 일본이 패했기 때문이다. 이것이 일본의 역사인데 그러한 위대한 일을 꿈꾸고 실행한 선조에 대해 자부심을 느끼고 존경하지는 못할망정 왜 비판하고 전쟁범죄자로 죄악시해야 한다는 말인가 하는 생각이 일본인에게 작용하고 있다.

그렇기 때문에 일본의 전쟁 책임과 역사 인식에 대한 기본적 태도는 첫째는 태평양전쟁이 침략전쟁이었음을 부인, 둘째는 1910년 한일합방을 일본과 한국의 합의에 따라 성립된 합법적 조약으로 일본의 한국 침략을 정당화 합법화 함, 셋째는 2차 세계대전 기간 중 일본군의 잔학행위나 한반도와 동남아시아에서의 인적 물적 자원의 약탈행위에 대해 역사적 사실로서 그러한 범죄행위의 존재 자체를 부인, 넷째는 중국의 난징(南京) 대학살에 대해 '이 사건의 의문점은 많고 지금도 논쟁이 계속되고 있다. 전쟁 중이었으므로 얼마간의 살해(殺害)가 있었다 하더라도 히틀러 나치 정권에 의한 홀로코스트[5](인종 대학살)와 같은 것은 아니다'라고 주장한다.[6]

일본인 중에는 이렇게 국가 정책에 동조, 선조의 행위에 정당성을 부여하며, 나아가 영웅시하는 보수우익이 있는가 하면, 전쟁을 일으킨 주된 역할을 한 전범자들을 미화해서는 안 된다는 평화와 인류 공동의 발전을 기원하는 사람들도 있다. 즉 역사 인식과 왜곡의 문제는 한국이나 중국과의 문제이기도 하지만, 일본 내부의 과거사 청산의 문제이기도 하다. 그러므로 한국과 중국의 항의에 대해 '내정간섭을 하지 마라'는 용어를 사용하게 된다.

한국과 일본은 역사 교과서의 기술 방식도 다르다. 한국의 국사 교과서가 한국사를 한민족이라는 선험적 주체가 살아온 과정으로 서술하는 데 반해 일본 역사 교과서는 민족이라

---

5) 홀로코스트(Holocaust)는 '완전히 타버리다'는 뜻의 희랍어인 holokauston에서 나온 말로, 사전적 의미로는 짐승을 통째로 태워 바치는 '번제' 혹은 '번제물'이란 뜻이다. 하지만 일반적으로는 '엄청난 대재앙' 혹은 '파괴', '대학살'이란 의미로 쓰인다. 그리고 홀로코스트가 고유명사로 쓰이는 경우도 있는데, 주로 나치가 제2차 세계대전 중 유태인 및 피점령 국민들을 대상으로 자행한 대량학살을 지칭한다. 그러나 이 외에도 보스니아 내전, 르완다 종족분쟁, 캄보디아 내전에서 발생한 대량학살 등을 지칭하기도 한다.
6) 김영구(2008), "독도, NLL문제의 실증적 정책분석", 다솜출판사, p.494.

는 표현을 자제한다. 2005년 후소샤 발행 일본 중학교 역사 교과서는 일본사를 이렇게 정의한다. '지금부터 배우는 역사는 일본의 역사이다. 바꾸어 말하면 이것은 여러분의 가장 가까운 조상은 여러분의 부모다. 부모의 앞에는 네 사람의 조부모가 있다. 이렇게 세대를 거슬러 올라감에 따라 여러분 조상의 숫자가 계속 증가한다. 이 일본 열도에 살았던 사람들은 현재 교실에서 책상을 맞대고 있는 여러분의 공통 조상이라는 사실도 알 수 있다. 일본의 역사는 어느 시대를 잘라보아도 모두 우리들의 공통 조상이 살았던 역사인 것이다.'

양국의 역사 교과서를 비교하면 두 가지 중요한 차이가 난다. 첫째는 민족이라는 선험적 주체로 정의하는 방식이 아니라 나로부터 거슬러 올라가 조상의 역사로서 일본사를 정의한다는 것이다. 민족이라는 막연한 주체보다는 나의 정체성을 시간상으로 확대하여 조상의 역사라고 하는 편이 훨씬 더 구체적이다. 둘째는 일본사는 과거에서 현재가 아니라 현재에서 과거로 소급해서 정체성을 정의하는 방식이다. 역사라는 말은 '일어난 역사'와 '쓰인 역사'라는 이중적 의미가 있으며, 이에 따라 역사의 주체도 이중적이다. 먼저 일반적으로 역사의 주체는 첫 번째 '일어난 역사'의 주체로 이해된다. 한국사란 한국인의 역사로 일본사는 일본인의 역사로 말해진다. 여기서 한국인, 일본인은 엄밀하게는 현재의 우리가 아니라 과거의 그들이다. 두 번째로 '쓰인 역사'의 주체란 '일어난 역사'의 주체가 아니라 역사 서술 주체로서 현재의 우리이다.

역사 인식론의 근본 문제는 '일어난 역사'와 '쓰인 역사'의 불일치를 어떻게 극복하느냐다. 결론적으로 말해 이 둘 사이의 불일치를 결코 극복할 수 없고, 둘 사이의 틈새로부터 역사는 계속해서 다시 쓰이고 있다. 전자는 역사의 과거로서 역사이고, 후자는 역사의 담론으로서 역사이다. 담론으로서 역사는 관점과 이데올로기[7]를 가진 역사 서술 주체에 관한 구성물이다. 역사교과서도 예외는 아니다.[8]

독도 문제도 마찬가지다. 일본 제국주의가 한국 땅인 것을 알면서도 끊임없이 잠입 불법 어획을 저지르고 러일전쟁의 승리를 위해 마음대로 독도를 일본에 편입했다는 것을 인정하면, 모든 문제는 해결된다. 그런데 태정관의 문서가 이미 독도가 일본 땅이 아니라는 판정을 내렸음에도, 그런 부분에 대해서는 언급을 피하면서 무주지를 정당하게 편입했다고 강변하며 탈환을 부르짖고 있는 것이다. 그러므로 물의를 빚고 있는 일본의 독도 영유권 주장은 궁극적으로 그들의 오도된 역사 인식에서 비롯되었다고 볼 수 있고, 문제의

---

7) 이데올로기(Ideologie)는 어떤 사회 집단의 사상, 행동을 근본적으로 제약하거나 이끄는 관념이나 믿음의 체계.

8) 김기봉(2006), "역사를 통한 동아시아 공동체 만들기", 도서출판 푸른역사, pp.111~112.

종극(終極)적인 해결도 역시 그들의 역사 인식을 교정해야 한다고 생각된다.[9]

2) 교과서 문제와 역사 왜곡

그동안 독도 문제에서 일본 정부의 가장 큰 고민거리는 꿈쩍도 하지 않는 일본인들의 지지였다. 국민의 지지를 받지 못하는 정책을 정부 단독으로 수십 년째 추진하는 것은 무모하기 그지없는 행동이다. 국민으로부터 정당성을 지지받을 때 모든 정책과 행정행위는 힘이 실리고 지속성과 확대 발전의 길을 걸을 수 있다. 하지만 국민의 지지를 받지 못하면 언젠가는 물거품처럼 조용하게 사라지게 된다. 그동안 일본 정부는 무모하게도 국민의 지지 유인책을 한국과의 마찰을 유발하는 강경정책으로 달성하기 위해 여러 차례 시도한 적이 있다.

교과서 문제도 초기에는 그러한 유인책의 하나로 시작되었으나, 일본 정부가 의도한 만큼의 성과를 올리지는 못한 것으로 보인다. 그러므로 현시점에서 볼 때, 일본 정부의 입장에서는 독도 영유권 분쟁화 정책이 중대한 고비를 맞고 있는 것으로 분석된다. 일본 국민을 논리적으로 납득시킬 역량은 부족하고, 그렇다고 이제 와서 논란을 중지하자니 명분도 마땅한 것이 없다. 성과가 나오지 않는데 장기적으로 계속 국민의 지지 없는 정책을 끌고 가는 것은 너무 힘겹다. 국민의 관심을 유도하기 위해 나름대로 강경발언과 강경책을 구사하기도 했지만, 경제 의존도 증가와 국제정세 등으로 극단적인 행동도 어렵다. 어쩔 수 없이 일본 국내 정치상황이 어려울 때마다 강경책을 사용하면서 차근차근 공격 명분을 축적하는 장기전을 선택했지만, 실익은 없고 양국 국민 간 감정의 골만 깊어진다. 하지만 국제사회의 따가운 시선을 의식하면서도 일본 국내에서 정부와 집권당이 수세에 몰리고 상황이 어려우면 일본 정치인들은 한국을 자극하기 위해 여전히 독도가 일본 영토라는 주장을 되풀이한다.

2008년 8월 14일 세계일보 보도에 따르면 일본 국립 도쿄가쿠게이대학 교육학부 이수경 교수와 구사가베 료타로(日下部龍太) 연구원은 1868년 일본 메이지유신 이후부터 1950년대까지 초·중·고교 지리 및 역사 교과서 30여 종에 실린 독도 관련 기술을 샅샅이 뒤진 결과 독도 영유권 분쟁의 실마리로 간주되는 1952년 샌프란시스코 평화조약 이전까지 일본은 독도를 교과서에 거의 싣지도 않고 관심도 없었다는 결론을 얻었다고 한다. 이 교

---

9) "독도연구"(1996), 한국정신문화연구원, p.34.

수 등이 작성한 연구논문 '일본 역사·지리 교과서에서 보는 근대사 과제'에 따르면 전후 처음으로 문부성이 1946년 중·고교용으로 펴낸 '중등 일본지도'에서도 독도 언급이 빠져 있었다. 이후 1949년까지 역사·지리 교과서에 독도는 한 줄도 언급되지 않았다. 1905년 펴낸 중등 국정 지리 교과서의 경우 그해 2월 22일 시마네현이 독도를 일본 영토로 편입시키고, 일본이 러일전쟁에서 승리했지만, 독도는 일본 교과서에 반영되지 않았다.

1918년 펴낸 지리 교과서에서는 '(시마네현의) 섬에는 오키섬만 있을 뿐'이라고 기술돼 있고, 조선총독부가 1934년 편찬한 역사 교과서 '심상소학국사'에도 독도가 표시돼 있었지만, 조선 영토와 같은 색깔로 표시돼 있었다. 이에 대해 이수경 교수는 "일본은 1877년 태정관(당시 총리 격) 공문서 이래 울릉도와 독도를 영토 개념에서 배제했으며, 1905년 시마네현이 독도를 편입시킨 이후에도 별 변화가 없었다. 1930년 후반 조선총독부는 의도적으로 독도를 일본 영토로 선전했지만, 교과서 표기에는 별 변화가 없었다"고 말했다.[10]

패전 직후인 1945년 9월 일본 문부성은 '새로운 일본 건설의 교육방침'을 제정하고 '군국적 사상 및 시책을 불식할 것'이라는 구체적인 방침을 제시했다. 그리고 이전과는 다른 '전후 교육'의 새로운 출발 표시로 우선 군국주의적 기술이나, 전의를 고양하는 내용을 담고 있는 교재를 바꾸기로 했다. 일단 기존 교과서를 대상으로 정정·삭제할 부분을 지시했고, 학생들은 교사의 지시에 따라 교과서의 문제가 있는 부분에 종이를 붙이거나 막으로 칠해 지운 후 교재로 사용했다. 그 후 국사관에 기초한 교과서는 패전 이후 한동안 잠잠해졌다.

전쟁 전의 일본을 둘러싸고 본격적인 자기비판에 나섰던 중심세력이 군국주의 시절 국가에 대해 가장 비판적이었던 좌파세력이었으나, 1950년대 이후 냉전이 본격화되면서 좌파사상에 대한 적개심이 표면화되면서 교과서를 둘러싼 보수 세력과 진보세력 간의 극심한 대립이 있었다. 그리고 1964년 올림픽대회를 치르고, 1968년 국민총생산(GNP) 세계 2위의 나라가 된 일본은 패전으로 잃었던 자신감을 회복하기 시작하면서 보수·민족주의적 경향이 강해지게 된다. 1980년 자민당이 선거에서 압승한 것은 이러한 사회적 심성의 결과였고,[11] 1982년 일본 중·고등학교 교과서 개편 때 일본 문부성은 검정인의 요건으로 "다케시마(竹島)는 일본 영토인데 현재 한국이 불법 점령 중이다"는 요지의 서술을 삽입하여 가르치게 했다.[12] 이른바 1982년의 교과서 사태는 이러한 시대적 흐름이 만든 사건이

10) 세계일보 2008. 8. 14.

11) 박유하(2005), "화해를 위해서", 도서출판 뿌리와이파리, pp.20~23.

었다. 1986년 우익단체가 만든 고등학교 역사 교과서가 검정에 합격하면서 또 한 차례 파문이 일어났다.

1996년 2월 5일 자 동아일보 보도에 따르면 일본의 소학교(초등학교)에서 사용되는 지리부도에 독도가 일본 영토인양 버젓이 표시돼 있는 것으로 확인됐다. 교육부가 입수한 일본의 소학교 4, 5, 6학년용 사회과지도(帝國書院, 東京서적 발간)에 따르면 축적으로 표기하기 어려운 독도를 의도적으로 한 점 크기로 표시한 뒤 '다케시마'(竹島)로 표시하고 빨간색 점선을 그어 일본 영토임을 분명히 하고 있다.[13]

일본 후소샤(ふそうしゃ) 교과서에 한국인들이 분노하고 반대한 이유는 그것이 일본사를 넘어서 한국사의 문제이기 때문이다. '동아시아 속의 한일 2000년사'의 일본인 저자는 "일본이 한국의 역사를 어떻게 파악하는지는 일본 스스로 자신의 나라를 어떻게 인식하는가 하는 문제와 밀접한 관계가 있습니다"라고 썼다. 일본 후소샤 역사 교과서에 기술된 한국사는 일본인들에게는 자신의 역사적 정체성을 비추는 거울이며, 마찬가지로 한국 국사 교과서에 서술된 일본사는 한국인의 역사적 정체성을 비추는 거울이다. 자국의 정체성을 정립할 목적으로 한국과 일본이 상대방 역사의 상을 만드는 국사가 존립하는 한, 국가 간의 역사분쟁은 결코 종식될 수 없다.[14] 그리고 역사 교과서 문제가 동북아시아에 있어 중요한 쟁점(issue)으로 재등장한 것은 2001년 일본 우익단체인 '새 역사교과서를 만드는 모임'이 만든 중학교 역사 교과서가 문부과학성의 검정을 통과하면서였다.

한일 공동 월드컵축구대회 개최를 앞둔 2002년 4월 일본 문부과학성이 한국 영토인 독도를 일본 영토로 규정, 임나일본부 등 역사를 왜곡한 '최신 일본사'를 검정 통과시키는 사태가 벌어졌다.[15] 2005년 3월 나카야마 나리아키 당시 문부과학상은 독도 기술과 관련해 "다음(2008년) 학습지도요령에는 제대로 반영해야 한다"고 주장했으며, 일본 정부는 중학교 교과서를 개정하여 일본의 죽도를 한국이 불법으로 점령하고 있다는 식으로 수정했다.[16] 2006년에는 고등학교 교과서도 관련내용을 같은 식으로 기술하도록 지시했다.[17]

2007년도 고등학교 교과서 검정과 관련하여 일본 문부과학성은 "일본의 독도 영유권

12) 정갑용 외(2004), "독도 영유권에 관한 국제법적 쟁점 연구", 한국해양수산개발원, p.2.

13) "독도연구보전활동"(2004), 독도연구보전협회, p.3.

14) 김기봉(2006), "역사를 통한 동아시아 공동체 만들기", 도서출판 푸른 역사, p.142.

15) "독도연구보전활동"(2004), 독도연구보존협회, p.70.

16) 배진수, "일본의 전방위 독도공세 무얼 노리나", 월간 조선(2008년 7월호).

17) 최장근(2008), "독도의 영토학", 대구대학교출판부, pp.276~277.

주장을 명확하게 기술할 것"을 출판사에 요구했다. 2008년 3월에는 보수파 의원들로 구성된 '일본의회 국회의원 간담회'가 독도의 일본 영토 기술을 학습지도요령에 포함할 것을 촉구했다. 그리고 2008년 7월 14일 문부과학성이 중등교과서 학습지도요령 해설서(문부과학성이 과목별로 교사가 수업할 때 지침을 제시하는 '학습지도요령'에 대해 보완용으로 별도 작성되는 해설서)에 '독도 영유권'을 명기, 공식 발표했다. 그 내용은 "우리나라(일본)와 한국 사이에 독도를 둘러싸고 주장에 차이가 있는 점 등도 다루어 북방영토와 동일하게 우리나라 영토·영역에 관하여 이해를 심화시키는 것이 필요하다"는 것이었다. 일본이 이렇게 독도 문제에 대해 공세적인 태도를 취하는 근본적인 배경은 일본이 그간 지속적으로 제기해온 독도 문제의 국제분쟁화 시도의 일환이라고 볼 수 있다.[18]

일본 정부가 중학교 사회 교과서 해설서에 독도 영유권을 명시하기로 확정한 이후 일본의 32개 도·도·현(都道縣) 등이 주최하고 있는 102건의 한일 교류 행사가 중지, 연기 또는 규모가 축소된 것으로 교도(共同)통신이 2008년 7월 27일 집계했다. 행사 중지 이유는 대부분이 국내의 반일 여론이 고조된 점을 고려한 한국 측의 요청에 따른 것으로 조사됐다. 대상 행사(event)는 초·중·고교생이나 교원, 자치단체장의 한국 방문이나 스포츠 대회 등이 전체 102건 가운데 63건에 달했다. 또한 한일 공동사업 연기가 14건, 사업 동결 또는 조정 중인 것이 16건 그리고 일본에서 개최하는 행사 등에 한국 측이 불참하는 사례가 5건이고 규모가 축소된 것이 4건 등이었다. 광역자치단체별로 보면 돗토리(鳥取)현이 사업 중지 12건, 한국 측과 조정 중 4건 등 모두 16건으로 가장 많았다. 이어 기후(岐阜)현 7건, 아키타(秋田), 가나가와(神奈川), 후쿠오카(福岡)현 각 6건 등이었다.

후쿠오카시립 후쿠오카여자고교의 경우는 7월 25일부터 학생들의 부산 시내 자매학교 방문이 예정됐으나 한국 측이 "주변 상황이 진정될 때까지는 교류를 삼가 하는 것이 좋겠다"고 통보해옴에 따라 계획을 급거 취소했다. 8월 중 강원도에서 열리는 국제교류 축전(festival)에 참가할 예정이었던 도야마(富山)현의 청소년 재즈발레단도 7월 20일 한국 측으로부터 "초대를 할 수 없게 됐다"는 연락을 받았다. 일본 자치단체 관계자들은 "정치적 문제가 여름방학을 이용한 한국 방문을 기다리던 아이들에게도 영향을 준 셈이 됐다"고 곤혹스러워했다고 한다. 그러나 일본 정부는 이런 문제에 대해서는 별로 신경을 쓰지 않는다.

---

18) 배진수, "일본의 전방위 독도공세 무얼 노리나", 월간 조선(2008년 7월호).

[표 2-1] 독도 한국이 불법점거 표기한 일본 교과서 4종

출판사	'독도, 한국이 불법점거' 표기한 日 교과서 **4종**	
	종전 내용 ————————————————→ 검정통과 내용	
교육출판 (지리)	지도상 독도 서편에 국경선을 그어 일 본 영토로 표시	"일본과 한국과의 사이에도 독도를 둘러싼 영토 문제가 있다. 한국 정부가 불법점거를 계속하고 있다."(본문)
동경서적 (공민)	시마네현 오키제도의 북서에 위치한 다케시마는 일본 고유의 영토	"독도는 일본 고유의 영토이다. 그러나 한국이 불법으로 점거하고 있기 때문에 일본은 한국에 대해 항의를 계속 하고 있다."(본문)
이쿠호샤 (공민)	사진과 지도 등으로 독도를 소개하고 한국이 불법점거하고 있다고 주장	"한국에 의한 독도의 점거는 불법점거"(본문) "일본 고유 영토임에도 불구하고 한국이 불법점거하고 있는 독도."(본문)
지유샤 (공민)	없음	"북방영토, 독도 등 영토문제가 있고 일본 고유의 영토 이나 러시아와 한국이 불법점거하고 있다"(본문)

출처: 조선일보 2011. 3. 31.

일본의 독도 전략은 더욱 노골화하고 있다. 2011년 3월 30일 발표된 일본의 중학교 사회과목 교과서 검정 결과는 1990년대 중반 이후 10여 년간 치밀하게 진행되고 있는 '교과서 공정(工程)'의 결과다. 이 과정을 볼 때, 일본은 2012부터 3년 동안 학년별로 검정이 진행될 고등학교 교과서에도 같은 표현을 담을 것이 확실시된다. 2011년 3월 일본 중학교 교과서의 독도 영유권 기술은 2008년에 개정된 '학습지도요령 해설서'에 근거한 것이다. 출판사가 교과서를 기술할 때 반영하는 정부 지침인 이 해설서는 대략 10년마다 한 번씩 교육의 물줄기를 바꾸는 역할을 한다. 그러므로 앞으로 10년간 독도와 관련된 일본 교과서의 내용이 달라질 가능성은 거의 없는 상황이다.[19]

외교통상부와 시민단체 '아시아평화와 역사교육연대'의 분석에 따르면 일본 정부의 검정을 통과한 중학교 사회과 교과서 중 최소한 12종이 독도가 일본 영토라는 왜곡된 주장을 담고 있다. 이번에 검정을 거친 전체 사회과 교과서 18종 중 66%에 해당한다. 기존 사회과 교과서 23종 중 독도에 관한 내용을 포함한 책이 10종(43%)이었던 것에 비해 대폭 늘어났다. [표 2-1]에서 보는 바와 같이 '한국이 독도를 불법 점거하고 있다'는 표현을 쓴 교과서도 기존 1종에서 4종으로 늘어났다. 특히 과거 후소샤(扶桑社) 등 우익단체와 연관 있는 일부 출판사만 왜곡된 서술을 했던 것에 비해, 과목별 교과서 점유율이 40~60%를 넘는 대형 출판사인 동경서적(東京書籍)도 이런 흐름에 동참했다. 일본의 중학교 사회과는 지리, 역사, 공민(公民) 3과목으로 나뉜다. 공민교과서는 검정을 통과한 7종 모두 독

---

19) 조선일보 2011. 3. 31.

도에 대해 다뤘고 그중 3종이 '불법 점거'라는 표현을 사용했다. 예전엔 8종 중 4종에만 독도에 대한 내용이 있었고, 후소샤만 불법 점거라는 표현을 썼다. 후소샤의 자회사인 이쿠호사(育鵬社)는 이번에도 앞장서서 왜곡된 기술을 했다. 본문에 "한국에 의한 다케시마의 점거는 국제법상 근거가 없는 불법 점거"라고 적었다. 독도 사진을 싣고 "일본의 고유영토임에도 한국이 불법 점거하고 있는 다케시마"라고 설명했다.[20]

교과서에서 독도를 일본 영토로 명기하는 것은 크게 보면 세 가지의 문제가 있다. 첫째는 역사의 왜곡문제이고, 둘째는 독도 문제를 청소년들에게 의식화시켜 독도가 일본 영토가 될 때까지 대를 이어 대립과 마찰을 이어가겠다는 의도이다. 셋째는 한국이 독도를 강점하고 있다는 것을 교육함으로써 일본의 전후 세대에게 일본이 한국에 가한 잔혹한 것들은 지우고 한국에 의해 일본이 오히려 피해를 보고 있다는 피해자로 인식하게 하여 반감을 갖도록 하는 등 우경화하려는 데 목적이 있다. 학창시절에 받은 교육은 한 인간의 평생에 영향을 주는 지식으로 남는 점을 고려할 때 한국에 대한 적개심을 갖는 일본인들의 양성은 분명히 우려할 일임이 틀림없다.

현재 상태에서 일본의 왜곡된 교과서 문제를 해결하는 유일한 해결책은 왜곡된 역사를 버리고 한국과 일본 공동의 거울을 함께 만드는 일이다. 이 방법은 우리가 일본에 역사를 왜곡한다고 항의하고 왜곡하지 말라고 요구한다고 해결될 문제가 아니다. 오로지 한국 스스로 일본이 왜곡하는 사실을 충분히 입증할 수 있는 단계의 역사학적 이론 등 실력을 갖출 때만 가능한 일이라는 것을 주지할 필요가 있다.

3) 역사 논리와 해석 논쟁의 실례

독도의 영유권 분쟁은 보는 관점에 따라 그 성격이 달라진다. 현재 나타나고 있는 현상을 기준으로 보면 단순한 영토분쟁이라고 할 수 있다. 하지만 한국과 일본 양국이 자국의 영토라는 점을 입증하기 위해서는 과거의 역사 속으로 거슬러 올라갈 수밖에 없다. 한국의 고유영토라는 주장에 대해 일본도 여러 가지 문헌을 들어 자국의 고유영토라는 점을 부각하게 되면 양국의 주장은 충돌하게 된다. 결국 역사를 근거로 한 논리 경쟁에서 밀리는 쪽은 자국의 영토라는 정당성을 상실하게 되므로 영토분쟁이 발생하면 어느 곳이든 논리와 역사 분쟁으로 발전하게 되는 경향이 나타난다.

---

20) 조선일보 2011. 3. 31.

한국과 일본이 벌이고 있는 역사교과서 문제와 역사 왜곡의 출발은 우리의 삼국시대 역사서 부존과 일본서기에서 시작되고 있다. 핵심적인 내용은 임나일본부설, 광개토왕 비문해석, 칠지도 해석 문제가 대표적이다. 우리나라에는 삼국사기와 삼국유사가 있기는 하지만 내용이 많지 않고 고구려, 백제, 신라, 가야에서 기록한 당시의 역사서가 아직 발견되고 있지 않아 삼국시대의 정확한 영토와 역사, 대외 관계를 알 수 없다. 우리의 역사서가 유실(遺失)된 사이에 일본은 일본서기의 기록에 근거해 일본민족 우월주의 이론을 만들었다. 그 후 정한론[21] 등 침략 논리로 발전시켜 실행에 옮겼고, 그 과정에서 독도 편입 결정도 이루어졌다. 일본의 이러한 야욕은 결국 조선 강점까지 성공함으로써 한국인들에게 식민사관[22]을 주입하면서 역사를 왜곡시켰다. 따라서 독도 문제는 별도로 존재하는 것이 아니라 한국과 일본의 과거사 문제, 역사 인식의 문제 등과 맞물려 있기 때문에 양국의 역사 인식의 일치 없이는 완전한 해결도 쉽지 않을 수밖에 없다.

일본이 내세우는 일본민족의 우월주의라는 것도 따지고 보면 별것이 아니다. 원래 일본 민족이라는 것은 그 실체가 없다. 한반도에서 가야, 신라, 백제, 고구려의 각축 속에 많은 유민이 일본으로 건너갔고, 그들이 오늘날 일본인들이 말하는 일본민족의 원류이고 주류이다. 일본 북부지방에 살고 있는 키가 작고 몸집이 왜소한 아이누[23]와 남태평양과 동남아 등 남방에서 들어온 소수를 제외한 왕조 설립 초기 일본인의 최소 80% 이상은 도래한국인이다. 그것은 이미 발굴과 유전자 조사 등에서 그 실체가 밝혀져 있다. 그런데도 일본인들은 독자적 민족 개념을 도입해 끊임없이 역사를 왜곡하려고 시도한다. 이러한 일본의 태도는 일본 정부와 학자들에게도 문제가 없지는 않다. 하지만 우리나라 정부와 학자

---

21) 정한론(征韓論)은 1870년대를 전후하여 일본 정계에서 일어났던 조선 정복에 관한 주장이다. 조선을 무력 침공한다는 침략적 팽창론으로 도쿠가와 시대(德川時代)에도 제기되었으나, 1868년의 메이지 유신을 전후하여 본격적으로 제기되었다. 이들은 왕정복고와 존왕양이(尊王攘夷)를 주장하며 도요토미 히데요시(豊臣秀吉)의 유업(遺業)을 계승하여 대륙을 공략해야 한다고 주장했다. 1869년 초 일본 기도(木戸孝允)는 대신 산조(三條實美)와 이와쿠라(岩倉具視)에게 "조선을 정벌하면 일본의 국위가 세계에 떨쳐지고, 국내의 인심을 국외로 향하게 할 수 있다"며 정한론을 주장했다. 또한 쓰시마 도주에게 조선외교 실패의 책임을 전가시키며, 조선외교교섭권한을 회수하기 위해 외교의 실황을 조사하러 왜관에 파견한 사다 하쿠보(佐田白茅)는 귀국보고에서 정한론의 구체적 건백서(建白書)를 정부에 제출하면서, "조선은 불구대천의 적으로 반드시 정벌해야 하며 정벌하지 않으면 황위(皇威)가 서지 않는다. 30개 대대의 병력만 동원하면 4로(路)로 나누어 공격해 50일 내에 정복이 가능하다. 지금 프랑스와 미국이 조선침공을 계획하고 러시아가 호시탐탐하는데 일본이 우유부단하면 기회를 잃을 것이다. 재정 면에서도 군사비는 50일 이내 회수가 가능하며, 조선은 쌀·보리 등 곡물이 풍부하고 조선인을 홋카이도(北海道) 개척 사업에 전용(轉用)하면 일거양득이다"라며 즉시 출병을 주장했다. 출병 방안이 나오자 병부대보(兵部大輔) 기무라(木村永敏) 등의 동조를 얻은 기도는 "군대·함선·군자(軍資)·기계(器械)를 미리 준비하여 완급(緩急)에 대비하여야 한다"는 건백서를 정부에 제출했고, 7월 외무대승(外務大丞) 야나기하라(柳原前光)는 "북은 만주에 연하고, 서는 청과 접해 있는 조선을 우리의 영역으로 만들면 황국보전(皇國保全)의 기초로서 장차 만국경략진취(萬國經略進取)의 기본이 된다"고 하였다.

22) 식민사관(植民史觀)은 일제강점기 한국인에 대한 통치를 용이하게 하기 위하여 일제에 의해 정책적·조직적으로 조작된 역사관을 말한다. 대체로, 한민족을 역사적으로 다른 나라에 지배되어 왔고 스스로 자립할 능력이 없는 정체된 민족으로 부각시켜 일본의 한국 병합을 정당화하였다. 종종 민족사관과 대비되는 말로서 인식된다.

23) 아이누(Ainu)는 일본 홋카이도(北海道)와 사할린에 사는 한 종족이다. 인종적으로 유럽 인종의 한 분파에 황색 인종의 피가 섞인 종족으로, 일본인과의 혼혈에 의하여 본래의 인종적 특성과 고유의 문화를 점차 잃어 가고 있다.

들이 일본 정부와 학자들의 주장이 억지를 부리고 있다는 것을 논리적으로 입증하지 못하면 논쟁은 지속될 수밖에 없다. 즉 상대의 주장과 논리를 반박하고 잘못된 점을 입증할 수 있는 능력이 없으면 논쟁은 끝나지 않는다. 한일 간에 쟁점이 되고 있는 몇 가지 역사 왜곡 사례를 살펴보면 다음과 같다.

(1) 임나일본부설

임나일본부설(任那日本府說)은 '일본서기'(日本書紀) 신공기(神功紀) 49년의 왜 왕권이 한반도 남부로 출병하여 임나 7국을 평정했다는 기사를 사실로 보고 이때부터 562년 대가야가 신라에 멸망할 때까지 지배하였다고 주장한다. 임나일본부는 역사적 사실로 야마토 정권에 의한 출선기관(出先機關)이라는 주장이다. 일본 측이 주장하는 임나일본부설의 주요 근거는 첫째는 광개토왕 비문, 둘째는 일본서기의 기록, 셋째는 송서(宋書)의 기록, 넷째는 칠지도 명문 내용을 들고 있다. 일제강점기 때부터 식민사관의 일종으로 일본인들뿐만 아니라 한국인들에게도 강요된 임나일본부설은 당시의 문화수준 차이, 670년 12월 왜국이 왜 자를 싫어하여 국호를 일본이라 고쳐 부른다는 삼국사기와 구당서 기록, 칠지도 명문의 하사설이 내용상 타당한 것으로 볼 때 억지주장에 불과하지만, 아직도 일본 내에서는 맹신하는 층이 있어 종종 한일 간에 마찰이 일기도 한다.[24]

임나일본부설은 2010년 3월 한일 역사공동연구위원회에서 공식 폐기를 선언한 것인데도 2011년 3월 일본 정부 검정을 통과한 중학교 사회과 교과서에서 또다시 들고 나왔다. 지유샤, 이쿠호샤, 교육출판, 동경서적 등은 역사 교과서를 통해 4~6세기 한반도 남쪽에 '왜국(倭國)의 통치기구'인 임나일본부(任那日本府)가 실제로 존재했던 것처럼 썼다. 이쿠호샤 교과서는 '일본은 임나에 대해 영향력을 갖게 됐다'고 했으며, 지유샤 교과서는 당시 지도에서 '임나'가 한반도 남부를 차지한 것으로 표시했다.[25]

(2) 광개토왕 비문해석

광개토왕 훈적비문[26](통상 광개토왕릉비 또는 호태왕 비문으로 불림)은 4~5세기 동아

---

24) 장팔현(2005), "일본 역사와 외교", 도서출판 아진, pp.34~35.

25) 조선일보 2011. 3. 31.

26) 호태왕릉비(好太王陵碑): 호태왕비는 서기 412년 호태왕이 서거하자 그의 아들 장수왕이 선왕의 위업을 기리고 주변국에 대한 고구려의 위엄을 과시하기 위하여 414년 현재의 만주 집안에 조성한 기념비이다. 호태왕릉비는 불규칙하고 장방형으로 높이는 6.39m, 폭은 1면(동남쪽)이 1.48m, 2면(서남쪽)이 1.35m, 3면(서북쪽)이 2m, 4면(동북쪽)이 1.46m 크기이다. 오랜 세월 풍화를 겪으면서 글자가 탈락되어 본래의 모습을 확인할 수 없는 글자가 141자에 달한다. 글자의 크기는 일정치 않아 큰 것은 16cm, 작은 것은 11cm이며, 대부분 14~15cm

시아의 국제관계를 생생하게 증언해주는 아주 귀중한 사료이다. 그중에서도 신묘년 기사야말로 당시의 국제정세를 함축적으로 시사하는 내용을 담고 있다. 그런데 19세기 말 사카와 가게아키에 의해 한 벌의 호태왕 비문 탁본이 일본군 참모본부에 전해진 이후 일본인들은 엉뚱하게도 이를 침략논리 합리화와 역사침략에 이용하기 위하여 가능한 모든 방법을 동원하였다.

어떤 글자는 변조하고 어떤 글자는 쪼아내어 삭제하고 어떤 글자는 탁본을 수정하기도 하였다. 이렇게 하여 일본서기에 나오는 신공황후의 신라정벌과 임나일본부를 통한 고대 일본의 한국 지배가 역사적 사실임을 이 비의 내용이 증명한다는 자의적 해석을 이끌어 내었던 것이다. 이것이 소위 말하는 '일본 통설'이라는 호태왕 비문에 대한 그들의 해석이다. 따라서 일본인들의 호태왕 비문에 대한 해석은 식민주의 사관과 그 맥을 같이 한다. 그러므로 소위 '일본 통설'이라는 일본인들의 호태왕 비문 해석을 바로 잡지 못하면 식민주의 사관을 극복하였다고 말할 수 없다.27)

호태왕비에 대한 기록은 용비어천가(1447년)와 동국여지승람(1486년)에 보이고 있다. 그러나 호태왕비가 최초로 발견된 것은 개간 작업을 하던 농민에 의해서였다. 청나라 왕조 말 봉금령이 거의 실효를 상실하고 있을 때, 이곳에 이주한 농민이 1880년 이를 발견하여 지현(知縣: 지사)인 장월에게 보고하였고 보고를 받은 장월은 이듬해에 금석학에 밝은 관월산을 시켜 이를 조사하게 한 후 현지에 가서 글자를 읽을 수 있는 곳을 골라 몇 문자만 탁본해 가지고 와서 애호가들에게 나누어 주었다. 이 중 하나가 이미생이라는 사람에 의해 1885년 북경의 금석학자 반조음에게 전해졌다.

일본군 참모본부는 반조음에게 전해지기 2년 전인 1883년 이미 일본 육군 포병장교 사카와 중위에 의해 비의 존재와 비문 전체에 대한 탁본을 가지고 돌아갔다. 북경에 전해진 비문은 30~40매의 종이에 베껴 만든 쌍구가묵본이었기 때문에 그것을 연결하여 비문 전체를 판독한다는 것은 매우 힘든 일이었다. 그래서 1889년 이운종을 집안으로 보내 정탁본을 만들게 했는데, 그 해에 일본에서는 이미 참모본부에서 해독을 마치고 비문의 해독본인 회여록(5집)을 출판하였던 것이다.

비문의 탁본을 입수한 일본군 참모본부는 6~7년간 비밀리에 이를 연구한 후 1888년

범주로 총 1,775자가 새겨져 있다. 이 가운데 정복전쟁에 관한 내용이 897자에 이르고 있다. 그중에서 이른바 신묘년(辛卯年) 기사는 일본인들이 가장 많이 예를 들어가면서 호태왕비문의 관련 기사야말로 고전연구에 나타난 한국침략 논리가 역사적으로 정당하다는 것을 입증하는 대표적인 금석문 사료라고 주장하는 부분이다.

27) 이도상(2003), "일제의 역사침략 120년", 경인문화사, pp.306~308.

해석결과를 세상에 내놓았다. 이후 이것은 일본의 역사학계가 한국 침략 및 지배논리를 펴는데 좋은 자료로 활용되었으며, 한일 간의 고대 한일관계사 연구의 쟁점이 되고 있다. 일본은 1883년 비문이 전해진 직후부터 참모본부 편찬과원 겸 육군대학 교수인 요코이 츄우지키가 중심이 되어 여러 학자를 동원, 상세한 연구를 비밀리에 진행하였다. 그리하여 1889년 6월 비문연구의 특집호로 '회여록' 제5집을 간행하였다.[28]

신묘년 기사의 내용을 일본 측에서는 "백제와 신라는 옛 속국 백성으로서 조공을 해왔다. 그리고 왜는 신묘년(391년)에 바다를 건너와 백제, □ □, 신라를 파하고 신민으로 삼았다"는 것이다. 그런데 이 문장은 각각의 글자를 어떻게 해석하며 어디에 구두점을 찍느냐, 탈락한 글자를 무슨 글자로 판독하느냐, 그리고 동사의 주어가 되는 행위의 주체를 누구로 보느냐에 따라 해석이 크게 달라질 수 있는 문장이다. 한국 측에서는 "백제와 신라는 옛 속국 백성이었는데 아직도 조공을 바치지 않고, 왜는 신묘년부터 건너오기 시작하였다. 그러므로 왕은 백제와 왜를 공파하고 신라는 복속시켜 신민으로 삼았다"는 뜻으로 해석한다.[29] 양국의 해석이 정반대이다. 여기에 비문도 변조되었다.

비문 변조설은 재일 사학자 이진희 씨에 의해 제기됐다. 비문 변조설의 중요한 쟁점 중 하나는 석회를 바른 사실인데 일본 참모본부가 처음부터 비밀리에 연구를 추진하였고, 연구결과를 발표하면서 이 비가 땅속에 묻혀 있었다는 등 허위 사실을 유포하여 세상을 속이려 하였다는 의혹을 받을 만한 행위를 한 것만은 틀림이 없다. 그리고 의도적이든 아니든 여러 번에 걸쳐 비면에 석회를 바른 것도 사실이다. 일부 탁본에서 횟가루가 묻어 있는 흔적이 뚜렷하고 비문에도 석회를 바른 흔적이 나타나고 있다. 1913년 현지를 조사한 이마니시 료우와 1918년 비를 조사한 쿠로이타 카츠미도 이를 인정했다.[30]

(3) 칠지도 명문 해석

아직 칠지도[31] 명문 전부가 확실하게 판독된 것은 아니다. 하지만 칠지도 해석의 핵심

28) 이도상(2003), "일제의 역사침략 120년", 경인문화사, pp.312~316.

29) 이도상(2003), "일제의 역사침략 120년", 경인문화사, pp.315~316.

30) 이도상(2003), "일제의 역사침략 120년", 경인문화사, p.324.

31) 칠지도(七支刀): 일본 나라현 덴시리(天理市)의 이소노카미신궁(石上神宮)에는 칠지도(七支刀)라 불리는 보물이 전해져 오고 있다. 칠지도는 일본의 국보로 지정되어 특별한 전시가 있기 전에는 쉽사리 관람할 수 없는 고대 유물이다. 쇠로 만들어진 긴 몸체 좌우에 여섯 개의 가지가 엇갈리게 배열되어 몸체 부분을 포함하면 모두 일곱 개의 가지를 가진 창과 같은 형상이다. 칼날에 해당하는 가지의 가장자리가 얇고 중심부가 두꺼워, 칼(刀)이라기보다는 검(劍)이라 불러야 좋을 듯하지만, 몸체에는 금상감(金象嵌)으로 칠지도라 새긴 명문(銘文)이 있다. 칠지도 몸체의 양면에 홈을 파고 금실을 박아 글자를 새긴 이 금상감 명문은 백제에서 칠지도를 만들 때 새긴 것으로, 백제(百濟)가 왜(倭)에 전달하였던 일종의 외교문서였던 셈이다. 따라서 이 명문은 그 당시의 역사적 사실, 특히 고대 한일관계사의 단면을 보여주는 사료적 가치가 매우 높은 것이다. 그러나 칠지도 명문은 그 존재가 세상에 알려질 때부터, 금상감의 글자가 심하게 떨어져나간 상태였기 때

은 헌상품인가 아니면 하사품인가이다. 일본 학자들은 일본서기(日本書紀)에 진구 49년 (369년) 왜(倭)가 가야를 정복하여 백제에 주자, 진구 52년(372년) 백제는 이에 감사하는 뜻으로 구저 등을 사신으로 보내 칠지도를 왜에 바쳤다는 헌상설(獻上說)이 통설적 지위를 차지하고 있다. 이에 반해 북한의 김석형은 '태화'(太和)는 백제의 독자적인 연호로 '후왕' (候王)은 백제왕에 대한 왜왕의 지위를 나타내는 것으로, 백제왕이 4~5세기경에 이소노카미신궁 일대를 영역으로 하는 백제계 분국의 왜왕에게 하사한 것으로 보는 하사설(下賜說)인데, 한국의 연구는 대체로 북한과 같다.

칠지도 명문 존재를 처음 확인한 것은 이소노카미신궁의 대궁사(大宮司: 주지)였던 스가 마사토모(菅政友)였다. 그는 1874년부터 1877년까지 약 4년간 이소노카미신궁에 재직하면서 신궁의 보물창고에 대대로 보관돼 오던 칠지도를 조사하였다. 1,500년가량이나 봉인되어 소장돼 오던 칠지도가 다시 세상의 빛을 보게 되었다. 칠지도를 처음으로 접한 그는 심한 녹에도 불구하고 약간씩 빛나고 있던 금분을 통해 명문의 존재를 확인하였고, 칠지도를 덮고 있던 녹을 쇠줄로 연마하여 금상감의 명문을 드러냈다. 이로써 칠지도는 이전까지 일본 신도의 신령스런 경배 대상이었던 것에서 고대사 연구의 기초적인 자료로서 그 의미를 더하게 되었다.[32]

이렇게 일본의 왜곡된 역사 인식과 우월주의는 한국과 일본의 동질성을 부정함으로써 대결구도를 조장하고 독도를 쟁취하기 위한 도구로 역사를 활용하고 대응논리를 개발, 동일한 내용을 두고도 정반대의 주장으로 상대의 역사적 사실을 부정하는 경향까지 나타나고 있다. 일본의 잘못된 역사 인식이나 왜곡도 문제지만, 일본서기와 칠지도는 일본에 있어서 그렇다고 하더라도 광개토왕비는 만주 집안에 있다. 그런데도 조선의 사대주의 정책과 유교 숭상이 결국은 우리 역사를 우리 스스로 연구하지 못하는 잘못을 범하게 하였고, 한국의 학자들이 일본이나 중국으로부터 공감 받을 수 있는 증거를 밝히지 못하고 있는데서 비롯되고 있다는 점을 우리는 반성해야 할 필요가 있다. 우리가 우리 것에 대해 제대로 알지 못하면 시비하거나 다른 주장을 하는 일본을 미워하고 적대적으로 대한다고 역사는 바로 세워지지 않는다. 특히 우리가 무엇을 잘못했는지 그것을 알고 보완하는 일이 가장 중요하다. 독도를 둘러싼 한국과 일본의 기본적 역사적 사실은 [표 2-2]와 같다.

문에 그 내용을 알아보기가 쉽지 않았다. 이러한 칠지도의 상태와 자료적 가치로 인해 그 해석과 역사적 의미 규명을 둘러싸고 거의 100여 년에 가까운 한일 간의 뿌리 깊은 논쟁이 계속되었다.

32) 한일관계사학회(1998), "한국과 일본, 왜곡과 콤플렉스의 역사 2 정치·경제·군사편", 자작나무, pp.37~43.

[표 2-2] 독도를 둘러싼 한국과 일본의 역사적 사실

연도	한국	일본
512년	신라의 장군 이사부 우산국(于山國) 정벌	
1416년	김인우(金麟雨)를 무릉등처(武陵等處) 안무사로 삼아 부역을 피하여 울릉도에 들어간 사람들의 쇄환을 임무로 파견	
1425년(세종 7년)	김인우가 우산무릉등처 안무사로 파견되어 우산 무릉도의 피역민(避役民) 20인을 데리고 돌아옴	
1426년	일본인에게 조선의 3개 항구 개방	
1472년 (성종 3년)	박종원(朴宗元)을 삼봉도(三峯島) 경차관에 임명하여 삼봉도의 수토(搜討)를 명함	
1476년 (성종 7년)	영흥 사람 김자주(金自周)가 삼봉도를 찾기 위하여 출항하였으며 삼봉도에 관하여 보고	
1510년	일본인 폭동으로 한국 수역에서 일본의 어업 금지	
1618년 (광해군 10년)		5월 오야(大谷)와 무라카와(村川) 양가에 대하여 바쿠후로부터 도해면허의 봉서가 내려짐
1667년 (현종 8년)		일본 이즈모(出雲) 관원인 사이토 호센(齊藤豊仙)이 '은주시청합기'를 저술하여 독도에 관하여 기술함
1692년 (숙종 18년)		3월에 울릉도에 출어한 오야와 무라카와의 배가 울릉도에서 많은 수의 조선인과 조우하여 아무런 수확도 얻지 못하고 귀국; 4월에 울릉도에 출어한 오야와 무라카와의 배가 안용복과 박어둔 두 사람을 잡아 일본으로 데려감
1693년 (숙종 19년)	안용복 송환됨; 대마도주(宗義倫)가 조선 어민의 죽도(울릉도) 출어금지를 요청하는 서계를 보내옴	
1696년 (숙종 22년)		1월 바쿠후 울릉도에 대한 일본인의 출어를 금지함; 안용복이 2차로 일본에 도해하여 독도가 조선 땅임을 확인하는 활동을 벌임
1697년 (숙종 23년)		2월 일본 어민의 울릉도 출어를 금지한 바쿠후의 결정을 대마도주가 서계로써 조선에 알림
1853년		3월 3일 미일화친조약(일본 개항)
1864년	고종 즉위, 흥선대원군 섭정	
1866년	병인양요	
1868년	메이지유신 단행	
1870년 (고종 7년)		4월 일본 외무성의 '조선국교제시말내탐서'에 독도를 조선에 부속된 섬으로 기술
1873년	고종 직접 정사	
1876년 (고종 13년)	2월 강화도조약(한일수호조규) 체결	
1877년 (고종 14년)		3월 29일 일본 태정관 지령이 독도를 일본과 "관계가 없다"고 명기
1882년 (고종 19년)	4월 30일 울릉도 검찰사 이규원 울릉도 서면 소황토구미 도착	
1883년 (고종 20년)	3월 16일, 김옥균을 동남제도개척사 겸 관포경사(東南諸島開拓使兼管捕鯨使)로 임명	

연도	한국	일본
1894년	1월 갑오농민전쟁(고부민란)	6월 청일전쟁 발발
1895년	1월 울릉도 수토제 폐지, 전임 도장 임명 10월 8일 새벽 중전 민 씨 살해	4월 17일 청일강화조약(시모노세키조약)
1896년	2월 아관파천	
1897년	8월 12일 대한제국 선포	
1900년 (광무 4년)	10월 25일 대한제국 칙령 제41호로써 독도를 울도 군수의 관할하에 두는 행정 조치를 취함	
1904년	2월 23일 한일의정서 체결 8월 22일 한일협약 체결	2월 8일 러일전쟁 발발
1905년 (광무 9년)		1월 28일 일본 각의 독도 영토편입 결정 2월 22일에 시마네현(島根縣) 고시 제40호로써 독도를 편입 태프트-가쓰라조약 9월 5일 포츠머스강화조약, 러일전쟁 종료
1906년 (광무 10년)	3월 29일 심흥택이 긴급보고를 올림: 대한제국 내부대신의 독도 편입조치 부정과 참정대신의 항의 지령	3월 28일 일본 시마네현 소속 공무원인 간다(神田由太郎) 일행이 울도 군수 심흥택에게 일본의 독도 편입사실을 통지
1910년	8월 22일 한일합방	
1943년	12월 1일 발효, 카이로선언 연합국 수뇌 한국 독립 약속(회담 11월 22일~26일 개최)	
1945년	7월 26일 포츠담선언 8월 15일 광복일	8월 15일 일본 연합국에 무조건 항복 9월 2일 항복문서에 조인
1946년		1월 29일 연합국 최고사령부지령(SCAPIN) 제677호가 독도를 정치 및 행정상 일본으로부터 제외함 6월 22일 동 지령 제1033호가 어업 및 포경을 위하여 일본 어민이 독도의 12해리 내에 접근하는 것을 금지함
1947년	8월 한국산악회 주관으로 울릉도와 독도의 종합학술조사 실시	3월 20일 연합국 대일본 강화조약 미국 초안(제1차 초안) 작성, 독도 한국령 표기
1948년	8월 15일 대한민국 정부수립 독도를 경상북도 울릉군 남면 도동 1번지로 지번 부여	
1951년	9월 8일 샌프란시스코 평화조약(대일 평화조약) 체결할 때 독도 명칭 조약문에서 삭제	9월 8일 샌프란시스코 평화조약 체결
1952년	1월 18일 국무원고시 제14호로 대한민국 인접해양의 주권에 관한 대통령의 선언(해양주권선언)공포	1월 28일 해양주권선언에 독도가 관할수역으로 포함된 것에 대해 일본이 한국에 구술서로 항의 4월 28일 샌프란시스코 평화조약 발효 7월 26일 미일안보조약 실시를 위한 미일합동위원회에서 독도를 미 공군 군사연습지역으로 지정
1953년	2월 27일 한국 정부의 요청으로 독도를 미 공군의 연습지역에서 제외(3월 19일) 1953년 4월 20일 독도의용수비대 독도점유(홍순칠을 대장으로 하는 민간인 의용단체의 독도 방위활동) 7월 국회가 독도 경비대 상주를 결정	일본이 시마네현 고시로 독도 연안 수역 해면의 공동어업권을 은기도 어업협동조합연합회에 면허함

연도	한국	일본
1954년	8월 18일 독도에 등대 설치 10월 28일 일본의 국제사법재판소 제소제의에 대한 한국의 항의	2월 26일 히로시마(廣島) 통산산업국장이 독도 연안 수역에서의 인광채굴권을 허가 9월 25일 일본 독도 문제를 국제사법재판소에 회부할 것을 제의하는 구술서를 한국에 보냄
1955년	독도에 새로운 등대 설치	
1956년	12월 25일 독도경비대 주둔	
1965년	6월 22일 한일기본관계조약 체결/한일어업협정 6월 22일 서명되고 동년 12월 28일 효력을 발생 '분쟁 해결에 관한 교환공문'도 교환됨	
1968년	3월 독도 국유지 등재	
1977년	영해법 제정으로 독도 주변에 12해리 영해 설정	
1981년	독도 주민등록 최초 전입(최종덕, 울릉도 도동리 산 67번지)	
1982년	11월 4일 독도 해조류 번식지의 천연기념물 제366호 지정/유엔해양법협약 체결	
1990년	독도를 자연환경보전지역으로 지정	
1994년	유엔해양법협약 발효	
1996년	1월 29일 유엔해양법협약 비준	5월 일본 정부 배타적 경제수역(EEZ) 구획선 기점 서변 독도 발표 6월 20일 유엔해양법협약 비준
1997년	독도에 접안시설과 어민 숙소 건설 7월 한국 정부 배타적 경제수역(EEZ) 구획선 기점 울릉도 발표	
1998년	유인등대 설치	1월 23일 한일어업협정 일방적 파기
1999년	1월 23일 신한일어업협정 발효	
2001년	3월 21일 헌법재판소 신한일어업협정 비준 위헌 판결	
2005년	3월 독도관리기준안(기존 독도관리지침 폐지) 및 독도(동도) 개방 5월 '독도의 지속 가능한 이용에 관한 법률' 제정	2월 22일 시마네현 의회 다케시마의 날 조례 상정, 3월 16일 다케시마의 날 제정 조례 통과
2008년		7월 14일 중학교역사교과서 해설서 독도 문제 명기

출처: ① 박배근·박성욱(2006), "독도 영유권과 '결정기일'에 관한 연구", 한국해양수산개발원, pp.60~62;
② 한일관계사연구회(1996), "독도와 대마도" 지성의 샘, pp.216~228 등을 참고하여 정리함.

(4) 한국이 안고 있는 역사 정립의 문제점

오늘날 일본의 역사 왜곡에 제대로 대응하지 못하게 하는 등 그동안 한국의 역사 정립에 걸림돌이 된 것은 여러 가지가 있지만, 그중에서 우리 내부의 문제를 살펴보면 두 가지 뚜렷한 문제점이 드러난다. 첫째는 삼국사기(三國史記), 삼국유사(三國遺事), 제왕운기(帝王韻紀) 등을 제외하면 대부분의 한국 고대사서가 각종 전란 중에 망실되어 실물이 존재하지 않는다는 점이다. 고구려의 유기(留記)·신집(新集), 백제의 서기(書記)·백제기(百濟記)·백제본기(百濟本紀)·백제신찬(百濟新撰), 신라의 국사(國史), 가야의 개황역(開皇歷) 등이 이에 해당한다. 이들은 관구검(毌丘儉)에 의한 고구려 환도성 함락, 소정방에 의한 백제 사비성 함락, 이적(李勣)에 의한 고구려 평양성 함락과 그 이후의 여러 전란 때 소실되었을 것으로 보인다. 즉 우리 스스로 우리의 역사서를 제대로 지키고 관리하고 연구하지 못했다. 둘째는 스스로 민족사에 관한 사서를 유지하려는 의지가 부족하였을 뿐만 아니라 경우에 따라서는 함부로 없앴다. 삼국사기와 삼국유사에는 분명히 옛 사서와 기록들을 인용하였다고 밝히고 있으면서도 그 구체적 사서의 명칭이나 그에 관한 설명을 하지 않고 주석마저 무시해버렸다. 특히 조선 초기 세조(世祖)는 자주적 입장에서 한국고대사를 정리할 목적으로 고대사에 관한 서적들을 전국적으로 수집한 일이 있었다. 그러나 그의 사후에 이것들은 사대모화주의(事大慕華主義)적 유교사관(儒敎史觀)에 배치되는 사서라는 이유로 사대주의 유학자들에 의해 없어지고 말았다. 한국고대사가 새롭게 정리될 수 있는 절호의 기회가 사라진 것이다.[33)]

역사 정립의 문제점은 독도 문제에서도 여실히 드러난다. 독도 영유권에 대해 역사적 권원과 정황에 비추어 보면 독도가 한국의 고유한 영토가 확실한 것처럼 보이지만, 일본의 주장을 보면 그렇게 간단하지 않다. 독도가 한국의 고유영토라면 실효적으로 지배한 구체적인 물증을 제시해야 한다. 일반적으로 생각하기에 우리 영토에 우리가 주권을 행사하는데 무슨 입증이 필요하냐고 생각할 수도 있지만, 분쟁의 대상이 되었을 때는 이러한 상식이 통용되는 것이 아니라 증거 능력에 따라 결과가 크게 바뀔 수 있다.

일본은 독도를 17세기에 인식하고 1905년 시마네현에 편입해 일본의 고유영토라고 주장하면서 그 근거로 각의 편입결정과 고시 그리고 행정행위로 어업권 허가와 그 후 실제 독도에서 어업활동을 한 기록 등을 통해 실효적으로 지배한 사실을 증명할 수 있는 증빙자료를 갖추고 있다는 점을 내세운다. 그런데 한국은 1905년 이전 독도에 대한 주권을 구체적이고 실효적으로 영유권을 행사한 자료를 아직 제대로 제시하지 못하고 있다. 그러므로 논리전개 과정에서 무조건 한국이 유리하다고 장담하기 어렵다.

지금이라도 1800년대에 독도에 대한 실효적 지배권을 행사한 구체적 자료를 확보할 수 있다면 일본의 고유영토에 대한 주장은 결정적인 타격을 입을 것이다. 그러나 한국이 조선시대에 독도를 실효적으로 지배했다는 자료를 제시하지 못하는 것은, 안데르센의 동화 중에 나오는 벌거숭이 임금님[34)]이 옷을 입지 않았는데도 옷을 입었다고 생각했다가 진실

---

33) 이도상(2003), "일제의 역사침략 120년", 경인문화사, pp.198~199.
34) 벌거숭이 임금님은 안데르센의 단편 작품이다. 왕에게 두 명의 재봉사가 찾아와 근사한 옷을 지어주겠다고 하였으나 이들이 지어준 옷은

이 탄로나 망신을 당하는 것처럼, 우리도 국제적인 망신을 당하지 않으려면 조선이 독도를 지배했을 것이라는 생각을 실증적 증거로 내보여야 한다. 일본은 이것을 요구하며 노리고 있다. 그러므로 우리는 어떻게든 독도에 관련된 것뿐만 아니라 한국의 역사를 조속한 시일 내에 독자적인 체계로 제대로 정립할 수 있도록 진력해야 한다.

3. 국제법적 법률 이론과 해석 역량의 각축

국내 분쟁과 국제적인 분쟁에는 결정적인 차이가 있다. 국내는 헌법이나 법률 등이 명문화되어 있어 재판의 판단 기준이 명확히 제시되어 있지만, 국가 간은 그러한 기준의 명문규정이 존재하지 않는다. 존재하는 것은 단지 ① 국가 간의 조약류, ② 현재까지의 국제관습, ③ 법의 일반원칙 등이고 이것을 총칭해서 국제법이라고 한다. 따라서 ①의 조약류 이외에는 거의 성문화되어 있지 않다. 특히 ②의 국제관습은 과거 사례들의 모음이며, 오늘날의 가치 기준과는 반드시 일치하지 않는다는 것이 특징이다. 그 좋은 예가 전쟁이지만, 제국주의 시대의 국제법은 약육강식 시대에 패권을 추구한 대국들이 탐욕으로 영토 확장을 감행했을 때 서로의 이해 조정을 도모하며 만들어졌기 때문에 제2차 세계대전 이전의 침략전쟁은 대부분 합법으로 여겨졌다.[35]

독도 문제에서 법률이론과 해석 역량의 각축은 두 부분으로 나누어 고려되어야 한다. 첫째는 원천적으로 독도의 영유권에 관한 문제, 둘째는 배타적 경제수역 획정을 위한 독도의 지위가 섬이냐 아니면 암석이냐 하는 문제이다. 영유권에 관한 문제는 고유영토에 대한 개념을 국제법이나 역사적 측면에서 누구나 인정할 수 있는 수준으로 정리하여 상대국 논리의 허구성을 입증하면 독도 문제가 국제사법재판소에 가기 전에 사실상 결과가 정해져 국제사법재판소에 가더라도 이미 승리를 하고 가는 것이 되므로 허구성이 드러난 쪽은 전의를 상실하게 될 것이 분명하다. 그러므로 한국과 일본 양국 정부는 물론 연구단체, 국민 간 치열한 역사적 권원에 대한 논리 경쟁이 진행되고 있으며, 동시에 법률적 논쟁과 권원 확보, 자국의 고유영토라는 것을 입증할 논거를 찾기 위해 진력하고 있다. 또한 독도가 섬으로서의 지위를 인정받을 때 동해 배타적 경제수역 결정에서 독도와 오키섬

'눈에 보이지 않는 옷'이었다. 임금님이 이 옷을 입고 길거리에서 행차를 하자 사람들은 처음에는 칭송을 하였으나, 한 아이가 "임금님이 벌거벗었다"는 진실을 말한 뒤에야 진실을 이야기하기 시작하였다. 이 작품은 수십 개 이상의 언어로 번역되었다.

35) 박병섭 · 나이토 세이추(2008), "독도=다케시마 논쟁", 도서출판 보고사, p.172.

사이가 될 수 있지만, 암석으로 인정받을 때 울릉도와 오키섬 사이에서 배타적 경제수역의 경계선이 획정될 수 있으므로 법적 해석 역량은 독도 문제 해결과 배타적 경제수역 결정에 중요한 변수로 작용할 수밖에 없다. 김대중 정부 당시 체결된 신한일어업협정에서 독도를 중간수역에 들어가도록 한 것은 한국 정부 스스로 독도를 암석으로 해석하는 잘못을 범한 것이 아닌가 하는 의구심을 갖게 하기에 충분하다.

4. 과거 · 현재 · 미래 복합 개념의 분쟁

일본이 독도 영유권을 주장하며 도전을 지속하는 한 한국과 일본의 역사는 제대로 정립될 수 없다. 일본이 주장하는 독도 영유권의 허구성을 밝혀야 하는 책무가 현재 이 땅에 사는 우리에게 주어져 있으므로 독도 문제는 현실의 문제이기도 하지만, 과거와 연계된 분쟁이라 할 수 있다. 그리고 현재 일본이 의도하고 있는 독도 영유권 주장과 분쟁지역화 추진에 맞서 한국이 실효적으로 지배하고 있는 상태를 응고시켜야 하므로 당연히 오늘날의 분쟁에 속한다. 앞으로도 우리가 독도를 지키느냐 못 지키느냐 하는 일은 국가와 우리 민족의 장래가 걸린 아주 중대한 일이다.

미래에 우리가 일본의 도전에 의해 어떠한 경우든 독도를 내어주는 일이 생긴다면, 그것은 한국에 있어서는 치욕적인 일이 되지만, 일본에는 좋은 기회로 작용할 수 있다. 일본은 그동안 한반도를 둘러싸고 영향력을 발휘해온 미국과 중국, 러시아와의 힘의 경쟁에서 일본이 이들 강대국의 영향력을 따돌리고 홀로 힘의 우위를 확보하게 되는 것을 의미한다. 이는 일본이 동아시아는 물론 세계 패권을 장악하고 초강대국으로 부상하는 길과 직결되어 있다. 역으로 일본의 야욕을 한국이 제압하고 한반도와 주변지역에서 주도권을 장악하게 되면 한국이 세계적인 강국으로 부상했음을 뜻하는 것이기도 하다. 그러므로 독도 분쟁은 단순한 독도의 문제가 아니라 한국과 일본의 역사와 현실, 그리고 미래 동아시아와 세계 패권 경쟁을 향한 복합적인 분쟁으로 진행 양상에 따라 일본과 한국의 국가 흥망이 달린 중차대한 문제로 발전할 가능성도 배제할 수 없다.

5. 감정과 자존심 대결

1) 독도, 42개 영토분쟁지역 중 적대감 매우 높은 곳

역사적 적대감이 높을수록 영토분쟁이 더욱 심화된다는 주장이 나왔다. 특히 이러한 경향은 독도, 센카쿠열도, 쿠릴열도 등을 놓고 분쟁을 벌이고 있는 한국, 중국, 일본, 러시아 등 동아시아 국가에서 더욱 두드러지는 것으로 드러났다. 이들 지역은 당사국 간 적대감이 매우 높아 위험하지만, 당사국 간 힘의 균형이 있으면 극단적인 사태는 막을 수 있기 때문에 대한민국은 국력을 기르는 일이 중요한 요소인 것으로 분석됐다.

최운도 · 배진수 동북아역사재단 연구위원은 2011년 초 발표한 '민족주의와 영토분쟁: 이론적 논의와 경험적 분석'이라는 논문에서 세계 영토분쟁관련 전문기관인 영국의 IBRU(International Boundary Research Unit, 국제경계연구단위) 분석 결과를 전했다. IBRU가 세계 42개 영토분쟁을 대상으로 총 22개 국제정치적 변수를 측정한 결과 '역사적 적대감(historic animosity)' 지표가 분쟁의 심각성에 영향을 미치며, 독도, 센카쿠열도, 쿠릴열도를 둘러싼 동아시아 지역의 영토분쟁이 다른 지역에 비해 역사적 적대감이 높은 것으로 분석됐다. 역사적 적대감은 민족주의 요소를 의미하며, 분쟁의 중요도를 평가하는 분쟁의 심각성(intensity) · 규모(magnitude) · 속성(nature) 등 3가지 요소 중 분쟁의 심각성에 영향을 미치는 것으로 나타났다.

역사적 적대감 항목에 대한 42개 분석대상 지역의 AHP(분석적 계층화기법)를 분석한 결과 동북아시아 영토갈등 지역들 모두 역사적 적대감이 '매우 높음'으로 나타났다. IBRU는 분석 결과를 정도에 따라 ▷매우 높음 ▷약간 높음 ▷보통 ▷낮음으로 구분하고 있다. 실제로 AHP 결과 0.547 이상으로 '매우 높음'으로 분류된 영토분쟁은 전체 42개 중 15개였다. 이 중 동아시아 지역에서 발생한 영토분쟁은 7개이며 한국과 일본의 독도 분쟁, 일본과 중국의 센카쿠열도 분쟁, 일본과 러시아의 쿠릴열도 분쟁이 모두 포함됐다. 논문은 역사적 적대감을 민족주의 요소로 해석하며 영토 분쟁을 겪고 있는 국가 간의 역사적 적대감 또는 증오감이 크면 클수록 분쟁이 더욱 심화될 가능성이 크다고 분석했다. 지난 20여 년 동안 한국, 중국, 일본의 민족주의가 강화됐으며, 3국을 둘러싼 영토분쟁의 추이도 민족주의의 변화와 깊이 관련돼 있다는 주장이다.

최운도 연구위원은 논문을 통해 "최근 동아시아에서의 영토분쟁은 냉전시기부터 존재해온 동일한 분쟁의 연장이 아니라 새로운 동력을 가진 분쟁이라고 인식할 필요가 있다.

민족주의의 지지를 받는 이상 영토분쟁은 민감성과 폭발력에서 기존의 분쟁과는 다른 차원의 갈등으로 나타난다"고 설명했다. 영토분쟁 해결을 위한 대안으로 최 연구위원은 "분쟁국 간의 세력균형이 영토분쟁의 평화적 해결의 필수조건이다. 또한 분쟁 관련국 사이의 공통의 동맹국 존재가 분쟁의 폭발성을 조절할 수 있으며 동아시아 상황에서는 미국의 존재를 의미한다"고 주장했다.[36]

2) 감정과 자존심 분쟁 해결에 별로 도움 안 돼

한 나라의 국가와 국민에게 감정과 자존심은 아주 중요한 것이다. 하지만 영토분쟁에서 문제를 해결하는 데는 별로 도움이 되지 않는다. 오히려 상황을 더욱 악화시키기 십상이다. 미래를 예측하고 상대의 의도를 파악하는 안목, 이해득실 계산, 철저한 상황 분석, 냉정한 판단, 철저한 준비와 관리 등 이성적 대응이 필요하다. 그럼에도 독도 문제를 둘러싼 한일 양국의 경쟁과 대립은 때로는 실질적인 지배나 국제법적 증거 능력과는 상관이 없는 감정과 자존심 대결의 형태로 나타나기도 한다. 독도에 대한 본적지 이전이 그 전형적인 사례라 할 수 있다. 독도 문제에 대한 쌓였던 묵은 감정이 신한일어업협정 체결 이후 한일 양국 간 국민의 자존심과 감정적 대립으로 표출되면서 2000년에서 2005년 사이 5년 동안 독도 문제는 본적 이전 경쟁을 촉발시켰다.

(1) 독도 본적 이전 경쟁

부산에서 활동하고 있는 독도사랑문학회의 한 관계자는 "일본은 고위층을 중심으로 1960년부터 꾸준히 독도 본적 이전운동을 펼쳐 2003년도에 3천 명을 넘었고, 2004년 한 해에만 300여 명이 독도로 본적을 옮겨 2004년 말 일본인들이 시마네현을 통해 독도에 본적을 이전한 수가 3천300여 명에 이르고 있다"고 밝힌 바 있다. 이는 한국인이 비슷한 시기에 울릉군 울릉읍 독도리(산1 번지에서 산37 번지까지)에 본적을 옮긴 수 272가구 992명(전산 입력현황)의 3배 수준이었다.

한국은 2000년 3월 25일 82가구 299명에 비해 3배 이상 늘어난 것이지만, 일본보다는 여전히 적은 숫자였다. 그러나 2005년 3월 시마네현 의회의 다케시마의 날 조례 통과를 계기로 한국 사회 일각에 '만약 독도 문제가 국제사법재판소에 제소된다면 본적 가구 수가

---

36) 헤럴드경제 2011. 4. 11.

영향을 미칠 수 있다. 우리도 본적 이전운동을 대대적으로 전개해야 한다'는 법적 효력이나 근거가 없는 소문이 퍼지면서, 한국인의 독도 이전이 봇물처럼 터져 나와 한때 독도로 본적을 옮긴 사람이 2,400명에 달했다. 그렇지만 개인적인 사정으로 300여 명이 다시 본적지를 이전, 2005년 7월 17일 기준으로 독도에 본적을 두고 있는 한국은 2,053명, 일본인은 3,300여 명에 달하는 것으로 집계되기도 했다. 중요한 것은 새로 이전하는 사람과 퇴거하는 사람이 존재하면서 이러한 일들이 2011년 현재까지도 지속되고 있다는 점이다.

실제 살지도 않고 거기 본적을 옮긴다고 달라질 것도 아무것도 없지만, 양국 국민 사이에 영토 수호와 탈환에 대한 애국심의 발로가 본적 이전이라는 행동으로 이어진 것이다. 상대국의 본적 이전 움직임이 자국민들 사이에 전파 확산되면서 너도나도 참가해 일본은 한국에 지기 싫고, 한국도 일본에 지기 싫은 마음에서 한동안 독도 본적 이전이 그렇게 유행처럼 진행되기도 했다.

(2) 유끼노 문서 확산과 논란

우리 국민을 자극하고 관심을 끈 것 중 하나가 유끼노 문서이다. 유끼노 문서가 정확하게 언제부터 유포되기 시작했는지는 알 수 없지만, 신한일어업협정 체결 이후 국내에서 잘못된 협정 파기 서명이 본격화되기 시작한 시점인 것은 확실하다. 실제로 이 문서는 1999년 신한일어업협정 발효 1년 후인 2000년부터 한국의 모든 인터넷사이트와 이메일에 수도 없이 뿌려진 일본 제작 판 글을 약간 고친 것이다. 특히 유끼노 문서는 한일어업협정 파기 및 재협상 촉구 국민서명운동본부의 서명운동을 저지시키기 위한 목적도 있었다. 동 본부가 벌인 서명운동 상황을 알아보면, 2001년 7월 초부터 같은 해 11월까지 웹[37] 사이트[38]를 통한 한일어업협정 재협상 서명자 수가 70만 명을 넘었다고 한다. 유끼노 괴문서는 국민의정부 그리고 참여정부에 걸쳐 위력을 발휘했다. 유끼노 문서는 독도 영유권과 관련하여 우리 정부의 조용한 외교를 유도, 지지하고, 공세적 전략을 무력화시키기 위한 고도의 정치성이 있는 전략적 문건이다.[39] 유끼노 문서가 2007년경까지 대략 8년간 유포되면서 인터넷과 학계에 격렬한 논란을 불러일으킨 이유는 김대중 정부와 노무현 정부의 독도에 대한 잘못된 대응을 옹호하고 일본의 주

---

37) 웹(web)과 같은 말 - 월드 와이드 웹(World Wide Web: 동영상이나, 음성 따위의 각종 멀티미디어를 이용하는 인터넷을 이르는 말).
38) 사이트(site)는 인터넷에서 사용자들이 정보가 필요할 때 언제든지 그것을 볼 수 있도록 웹 서버에 저장된 집합체.
39) 이장희(2006), "유끼노 문서의 부작용에 대한 우리의 대응방안", 독도본부 제6회 학술토론회 자료, pp.18~19.

장에 정당성을 부여할 수 있는 내용으로 구성되었기 때문이었다.

독도본부는 2006년 4월 19일(수) 제6회 독도본부 독도 위기 학술토론회[독도 위기-묵인으로 이끄는 매국 논리들과 그 비판] 이장희 교수(한국외국어대학교 대외부총장, 전 대한국제법학회장) 발제 내용을 인용하여 유끼노 문서는 독도를 넘기려는 흉계라고 규정했다. 『한국 언론은 일본 측의 독도 영유권 주장 행위에 대해 한결같이 일본이 '분쟁수역화'를 노리고 있다고 보도한다. 자칫하면 분쟁수역화를 노린 일본의 작전에 말려들기 때문에 무시 정책과 조용한 외교를 고수해야 한다는 논리를 세워왔다. 그리고 이런 정책은 반세기 동안 외교통상부, 학계를 압도적으로 지배하여 왔다. 2006년 4월 일본의 한국 배타적경제수역(EEZ)에 대한 무단 탐사계획 통보는 신한일어업협정(1999년)의 독도 영유권 관련 모호한 규정의 허점을 노리고 일본의 입장을 국제사회에 공론화하는 데 있다고 본다. 이처럼 과거 한국 정부의 무대응 및 조용한 외교를 유도하는 데는 일본의 치밀한 작전이 국내외적으로 이루어진 것으로 추측된다. 2000년 이후 바로 '유끼노 문서'도 이러한 작전의 하나로 한국의 독도정책에 대한 적극적 대응을 무력화시키는 데 큰 몫을 한 것으로 보인다. 유끼노 문서란 '유끼노'라는 아이디를 쓰는 일본에 깊은 연고를 가진 한국 사람이 일본에서 의도적으로 창작한 것으로 보이는 글이다. 이 글은 인터넷의 지식검색 코너나 토론 게시판에 광범위하게 퍼져 있다. 유끼노의 글은 순진한 한국인의 애국심을 이용하여 독도 위기를 못 본 척하게 만들고 더 나아가 일본 침략을 경계하는 사람을 나쁘고 무식한 사람으로 취급하게 한다. 또 일본의 우경화, 군사대국화를 어린이 장난처럼 가벼운 눈으로 쳐다보게 한다. 더 나아가 일본은 독도를 가질 욕심도 없고 단지 일본을 강하게 만들 핑계거리로 이용하고 있다고 일본을 옹호한다. 이 글의 요지는 한국이 일본하고 전쟁하면 무조건 지니까 독도를 우리 영토로 만들자면 독도 문제를 국제사법재판소로 끌고 가서 재판을 받아야 한다는 것이다. 그러자면 오랫동안 실제 소유했다는 기간만 채우면 되니 조용히 있는 것이 좋다는 주장이다. 이 주장은 역대정부의 '조용한 외교'를 지속시키기 위한 고도의 일본 전략을 그대로 반영했다. 그러나 유끼노 문서에 거론된 주장을 따르게 되면 일본의 불법적 독도 침탈 망언에 대해 우리가 아무 대응도 안 해야 옳다. 결국 일본의 왜곡된 주장만 국제사회에 전파되어, 국제법상 묵인의 효과가 발생하여, 일본의 독도 영유권 훼손 행위를 합법적으로 인정하여 주는 부정적 결과를 가져오게 된다. 유끼노 문서의 핵심주장은 다음과 같다. 한일어업협정 파기반대 및 재협상반대이며, 이것을 위해 한국 정부는 조용한 외교를 지향해야 한다는 것이다. 또한 협정을 파기하면 무협정 상태로 인한 혼란 및 심각한 어업분쟁이 발생하고 이에 따른 어민 피해 등을 강조하면서 협정을 그대로 유지해야 한다는 주장을 되풀이하고 있다.[40]』 독도 위기 학술토론회에서 이장희 교수는 "유끼노 문서의 부작용에 대한 우리의 대응방안"을 통해 [표 2-3]과 같이 분석했다.

[표 2-3] 유끼노 문서 일부 내용 및 이장희 교수의 분석

◆ **유끼노 문서의 개략적 원문 내용**

참고로, 저는 대학 졸업 논문 때, 독도관련으로 논문을 제출할 정도로 독도에 관한 관심과 애정을 가진 사람의 하나로서, 님처럼 독도에 관한 애정은 있으면서도 한국의 독도정책에 대한 이해를 못 하고 있는 사람들을 보면 좀 답답합니다. 그래서 한국의 독도정책이 얼마나 유효하고, 적절한 것인지에 대해서 말해 보고자 합니다. 참고로, 제가 친하게 지내는 일본인 친구와 독도에 관하여 얘기를 많이 나누는데, 그 친구는 오히려 한국의 독도정책을 "지나칠 정도로 교활하다"고 합니다. 자, 이제 하나씩 풀어가 봅시다. 한국이 국제사회에서 정말로 독도는 우리 땅이라는 것을 인정받는 방법이 무어라고 생각하십니까? 강(그냥), 무조건 우리 거라고 바득바득 우기고, 전쟁도 불사할 것처럼 일본에 대해 엄포를 해대면 될 거라고 보십니까? 설마, 우리나라가 일본하고 전쟁을, 그것도 해상전을 벌여서 이길 수 있다고 믿으십니까? 안타깝게도 우리가 정말로 독도를 '공인된 우리 땅'으로 만들 수 있는 유일무이한 방법은 국제사법재판소에서 재판해서 이기는 방법뿐입니다. 실제 소유 10년만 되어도 100% 우리 땅입니다. 그리고 국제사법재판소에서 재판할 때 가장 중요시하는 것은 역사적인 문제도, 힘의 강약도 아닌 누가 얼마나 오랫동안 '실제 소유'해왔나 하는 점입니다. 우리나라는 이미 50년이나 독도를 실제로 소유해 오고 있고, 사법재판소에 상정되기 전에 최대한 오랫동안 '분쟁지역'이 아닌 '실제 소유 영토'로 유지할 필요가 있는 겁니다. 그래서 한국 정부는 일본의 도발에 응하지 않고, 이를 이슈화하지 않으려고 노력하는 겁니다. 한국 정부가 일본의 도발에 발끈해서 독도를 '분쟁지역'으로 만들어 버리면 50년의 공든 탑이 허사로 돌아가게 되는 겁니다. 그리고 최대한 국제사법재판소에 상정되는 걸 늦추어서 상정 때의 '실제 소유기간'을 늘려 놓는 게 유리한 겁니다.

실제 소유 100년이면 100% 우리 땅 된다고 장담할 수 있습니다. 또한, 이러한 한국 외교부의 정책은 박정희 이전부터의 일관된 정책으로 국제적으로 약소국인 한국이 택할 수 있었던 최선의 방안이었다고 개인적으로 평가합니다. 또 하나, 여러분이 오해하고 있는 것에 대해 얘기해 드릴까 합니다. 독도에 해병대가 아닌 전경이 지키고 있다는 것…… 몇몇 분들이 오해하고들 계시는데, 일본인들은 오히려 이걸 못마땅해 합니다. 경찰이 지킨다는 것은 '외치(外治)'가 아닌 '내치(內治)'를 뜻합니다. 세상 어느 나라에서 자기 땅이 아닌 곳에 군인이 아닌 경찰을 보낸답니까…… 참고로, 울(우리)나라 남해나 서해에 있는 작은 섬들에도 대부분 군인은 없지만, 경찰이 있습니다. 국경지대니까 해병대가 가야 한다고들 하시는데, 적국과의 경계선, 즉 백령도 같은 곳이 아닌 이상 경계지역의 섬이라도 경찰이 지킵니다. 즉 경찰이 지킨다는 것은 분쟁할 필요도 없는 '당연한 한국 땅'이라는 의미도 있는 겁니다. 일본인들이 보기에는 화가 날 정도로 지혜롭고, 현명한 판단들을 우리나라 사람들이 오해하는 게 안타까워서 설명해 드립니다. 참고로, 한국 정부에서 저처럼 자세한 설명을 회피하는 것도 사실은 '이슈화'를 최대한 막아보려는 뜻입니다. 이런 숨은 뜻도 모른 채 오히려 일본인들을 위한 일인지도 모르고 자꾸 '이슈화'를 시도하려는 분들… 정말 안타깝습니다. 지금 상황에서 독도가 '분쟁지역'이 되고, 국제사법재판소에 상정되면 이길 확률 매우 낮습니다. 현명한 장수는 자기가 유리한 때와 장소를 골라서 전쟁을 치르는 법입니다. 이만……[41]

◆ **유끼노 문서에 대한 이장희 교수의 분석**

⇨ 유끼노 문서는 역대정부의 "조용한 외교"를 지속시키기 위한 고도의 일본 전략을 반영한 괴문서이다.

⇨ 유끼노 문서는 일본 측의 부당한 주장을 한국의 보통사람이 모두 주장하는 것처럼 거짓 선전하고 있다.

⇨ 유끼노 문서는 독도 위기에 침묵을 지키게 유도하는 문서이다.

⇨ 일본의 속셈이 독도 영유에 있지 않다는 주장은 전혀 이해가 가지 않는다.

⇨ 조용한 외교는 분쟁수역화를 통한 일본의 계략에 말려들지 않기 위함이라고 합리화하고 있다.

⇨ 유끼노 문서에서 국제법상 영토는 현 소유자가 일단 주인이라는 단정적 주장은 모순. 군사적 점령자도 진정한 주인이 될 수 있는지?

⇨ 우리 정부가 독도가 한국령이라고 주장한다고 해서, 일본 정부가 이 문제를 가지고 국제법정에 자동 제소하는 것을 매우 두렵게 보는 것은 지나친 기우이다.

⇨ 설사 일본이 제소한다 하더라도 국제사법재판소 관할권은 임의관할권이기에 한국 정부의 합의 없이는 국제사법재판소가 강제적 관할권을 행사할 권리가 없다.

---

40) 독도본부.

41) 독도본부.

⇨ 일본의 불법적 독도 침탈 망언에 대해 우리가 아무 대응도 안 하면 일본의 왜곡된 주장만 국제사회에 전파되어, 국제 법상 묵인의 효과가 발생하여, 일본의 독도 영유권 훼손 행위를 합법적으로 인정하여 주는 부정적 결과를 가져온다.
⇨ 민간단체는 일본의 왜곡 주장에 좀 더 공세적으로 대응하는 것이 효과적. 반면 정부는 좀 더 신중하고 종합적이고 전 략적으로 응대하는 것이 좋음. 특히 정부가 종전처럼 민간단체의 적극적 대응을 막을 필요는 없다.
⇨ 일본 독도망언의 진의가 일본자위대 강화용과 국민적 관심 돌리기용에 있다는 강변은 너무 단순 논리이며, 현실성이 없다.
⇨ 일본의 독도망언은 일본 주류사회의 지도층이 아직도 식민지 및 제국주의 역사 인식을 반성하지 않고 바꾸지 않고 있 다는 데 근본적 원인이 있다.
⇨ 현재 참여정부는 유끼노 문서와는 달리 2005년 3월에 4기조 5개 대응방안을 제시하여 독도 문제에 대해 발상의 전환 을 이미 하고 있다. 유끼노 문서는 한국 정부의 정책이 변화하고 있는 것을 제대로 인식하지 못하고 있다. 다만 해양수 산부와 외교통상부의 일부 관료들이 과거 타성에서 벗어나지 못하여 4기조 5개 대응방안을 제대로 실현하지 못하고 있다.
⇨ 유끼노 문서의 핵심 주장은 한일어업협정 파기반대 및 재협상반대이며, 이것을 위해 한국 정부의 조용한 외교를 유도 하는 데 힘을 실어주고 있다.
⇨ 그 명분으로 무협정 상태로 인한 충돌 야기 ─ 심각한 어업분쟁 ─ 어민 손실 ─ 독도 분쟁수역화의 논리로 끌어가고 있다.[42]

과거 한국 정부의 무대응 및 조용한 외교를 유도하는데 일본의 치밀한 작전이 국내외 적으로 이루어졌다. 유끼노 문서도 이러한 작전의 하나로 한국의 독도정책에 대한 적극적 대응을 무력화시키는데 큰 몫을 한 것으로 추정된다. 하지만 처음 게재된 후 시간이 많이 흘러 정확한 출처는 확인되지 않고 있다. 실제 일본이 유끼노 문서를 작성해 배포했든 아 니면 글에서 밝히고 있는 것처럼 일본정책에 동조하는 한국인이나 한국에 유학 중인 일 본인과 제3국인 또는 한국과 일본의 불편한 관계를 바라는 제3국의 짓이든 중요한 점은 내용 구성을 간교하게 해 한국 정부와 한국인 또는 한국과 일본을 이간질할 목적으로 만 들어진 것으로 보이지만, 정확한 동기는 알 수 없다. 작성자가 누구든 독도 영유권에 대한 주장과 비판, 논쟁은 근거를 가지고 정당하게 해야지 사술(邪術)로 양국을 이간질하는 문 장을 만들어 국민을 혼란스럽게 만드는 것은 옳은 방법이 아니다.

6. 일본의 간교함 · 한국의 치밀하지 못함, 문제 확대 재생산

일본인들이 외교에서 보여준 특징은 끈질김, 치밀함, 간교함이다. 간교함은 항상 책략 을 바탕으로 하기 때문에 일본과의 외교에는 같은 내용이라도 일본의 입장에서 재해석해 문제가 없는 것으로 인식되지 않을 경우, 즉 일본이 손해를 보는 내용일 때는 해석상의 차이로 언제든지 내용의 본질을 호도할 수 있음을 상기해야 한다. 이에 반해 한국의 외교 는 느슨하고 치밀하지 못한 면이 곳곳에서 발견된다. 2011년 한국과 유럽연합(EU) 자유무

---

42) 이장희(2006), "유끼노 문서의 부작용에 대한 우리의 대응방안", 독도본부, pp.2~3.

역협정[43](FTA) 협정문의 한글본 번역 오류 소동이 이를 잘 입증해준다. 양국의 이러한 특성이 오늘날의 독도 문제를 확대 재생산시켜왔다.

임진왜란이 끝나고 일본이 조선에 국교 재개를 요청하자 휴전 8년 만에 조선과 일본 사이에 국교가 정상화되었다. 그런데 일본에 보낸 국서에서 '조선은 일본과 더불어 2백 년간 린교(隣交)를 계속해왔다. 그런데 임진년에 이르러 까닭 없이 병(兵)을 일으켜 참화를 극(極)하였다. 우리나라로서는 뼈에 사무치는 통한지사였다. 정의로 따진다면 불구대천의 원수라 할 것이다. 그러나 귀국이 이제 전대의 죄를 뉘우쳐 국교를 바란다고 하니, 만일 그것이 진심이라면 참으로 양국 국민의 복이라 할 것이다'라며 국교 재개를 허락한다고 끝을 맺었다. 그러나 이 국서는 교활한 대마도주의 위작으로 인하여 당시 일본 측의 덕천 막부에 전달되지 않았다.[44]

일본 측이 조선 측에 보낸 국서(國書)에서 분명히 잘못한 사실을 명기하여 사죄하였다. 그런데 그것도 당시의 대마도주에 의해 개필되었다는 사실이 최근 밝혀져 이제야 일본의 간교한 수법에 놀라움과 분노를 토로하고 있는 것이다.[45] 이 점은 1965년 조인한 한일기 본조약[46]과 형태는 다르나 똑같은 결과를 빚었다고 할 수 있다. 한일기본조약 제2조에서 는 1910년 8월 22일 이전에 체결된 한일 간의 모든 조약은 이미 무효라고 규정되어 있다. 1910년 8월 22일은 경술국치, 즉 한일합병조약[47] 체결이 강제된 날이므로 이 조약의 유무 효는 매우 중요한 문제이다. 그런데 "이미 무효"라고 하는 동일한 조항을 해석하는 데에 서 한국과 일본은 현격한 이해의 격차를 나타내고 있다.[48]

---

43) 자유무역협정(free trade agreement)은 FTA라고도 한다. 특정국가간에 배타적인 무역특혜를 부여하는 협정이다. 가장 느슨한 형태의 지역 경제통합 형태로, 지역무역협정(Regional Trade Agreement, RTA)의 주요 형태 가운데 하나이다. 자유무역협정은 체결 국가에 따라 상당히 다르지만 일반적으로 상품 분야의 무역 자유화 또는 관세인하에 중점을 두는 경우가 많다. 그러나 1995년 세계무역기구(WTO)가 출범하면서 상품의 관세 철폐뿐만 아니라 서비스, 투자 자유화까지 포괄하며 자유무역협정의 적용범위도 크게 확대되었다. 그 밖에도 지적재산권 · 정부조달 · 경쟁정책 · 무역구제제도 등 정책부문까지 협정범위가 점차 확대되고 있다. 다자간 무역협상 등을 통하여 전반적인 관세수준이 낮아지면서 다른 분야로 협력 영역이 늘어난 것이 이러한 원인 가운데 하나이다. 자유무역협정으로 대표되는 지역주의는 오늘날 국제경제의 주요 특징이며 점차 확산되고 있다.

44) "독도연구"(1996), 한국정신문화연구원, p.37.

45) "독도연구"(1996), 한국정신문화연구원, p.33.

46) 한일기본조약(韓日基本條約) 또는 한일협정(韓日協定)은 대한민국과 일본이 서로 간에 일반적 국교관계를 규정하기 위해 1965년 6월 22일에 조인한 조약으로 한국에 대한 역사적 식민 통치 관계를 청산하고 국교를 정상화하기 위한 것이다. 4개 협정과 25개 문서로 되어 있다. 대한민국에서 사용하는 정식 명칭은 대한민국과 일본국 간의 기본관계에 관한 조약(大韓民國과日本國間의基本關係에관한條約, 조약 제163호)이며, 일본에서 사용하는 명칭은 일본국과 대한민국과의 사이의 기본 관계에 관한 조약(日本国と大韓民国との間の基本関係に関する条約)이다. 대한민국과 일본은 1951년 이후 5차례에 걸쳐 회담을 가졌으나 서로 의견이 엇갈려 제대로 되지 않았다. 우선 일본은 개인 배상을 제안했지만, 정부는 이것을 거부했다. 반대로 정부는 국가에 대한 배상을 일본에 요구하고 논의가 진행되었다. 결국 1964년 박정희를 위시한 군부 정권은 일본과의 외교 관계를 수립하였다.

47) 한일병합조약(韓日併合條約)은 한일합병조약이라고도 한다. 대한제국 융희 4년(1910년)에 우리나라가 일본과 맺은 조약이다. 전문 팔조(八條)로 대한제국의 통치권을 일본에 넘겨주고 합병을 수락한다는 내용이다.

48) 김영구(2003), "독도문제의 진실", 법영사, p.21.

한일합병조약이 무효라고 하면 35년간에 걸친 일제 식민통치는 당연히 불법이요 무효인 셈이다. 그러나 여기서 일본은 어떤 속임수를 썼는가 하면 1910년 8월 22일 이전의 '이전－before'과 '무효 －null and void' 앞에다 '이미 －already'라는 부사를 붙임으로써 이 문장을 엄청나게 다른 의미로 해석하게 만들었다. 즉 첫째는 '이전'이라고 할 때 8월 22일은 포함되지 않는다는 것이고, 둘째는 '이미 무효'란 말은 1910년 8월 22일로 소급해서 무효란 말이 되는 것이 아니라 1948년 대한민국이 수립됨으로써 비로소 무효가 된다는 것이다. 어처구니없는 해석이다. 한일기본조약 제2조 '1910년 8월 22일 및 그 이전에 대일본제국과 대한제국과의 사이에 체결된 모든 조약 및 협정은 이미 무효임이 확인된다(1910年 8月 22日 以前に大日本帝國と大韓帝國との間で締結されたすべての 條約および協定は、もはや無效であることが確認される)'고 하였다.

여기서 또 하나 놀라운 사실은 한국어로 쓴 글과 일본어로 쓴 글의 내용이 다른 것이다. 한국어에는 "1910년 8월 22일 및 그 이전에 대한 조약 및 협정은 무효"라고 되어 있는데 일본어에는 그렇게 되어 있지 않다. 일본어에는 "1910년 8월 22일 이전의 조약 및 협정은 무효"라고 되어 있기 때문이다. 즉 한국 측 조약문에는 1910년 8월 22일에 체결된 합병조약은 무효라 했는데 일본 측 조약에는 합병 조약 이전의 조약만 무효라고 되어 있는 것이다. 보통 우리 방식대로 해석하면 1910년 8월 22일 이전이라 했을 때, 이전(以前)은 기준이 되는 때를 포함해서 그전이다. 그러므로 8월 22일까지 포함되는 법인데 이것을 영문으로 번역하여 이전을 before라 했을 때 22일이 포함되지 않는다. 그래서 제7조에 보면 한국어와 일본어 사이에 해석상의 차이가 나면 영어본에 따른다고 부기해 놓았다. '1965년 6월 22일 동경에서 동등이 정본인 한국어, 일본어 및 영어로 본서 2통을 작성하였다. 해석상의 상위가 있을 때는 영어본에 따른다'고 하였다.

1965년의 한일기본조약은 폐기되어야 한다는 국회의 결의가 있었다. 앞뒤 문맥이 맞지 않을 뿐만 아니라 한국 측 문서와 일본 측 문서의 내용이 다르다. 1910년 8월 22일에 체결되었다는 합병조약도 한국 측 문서에는 합병조약이라 해 놓고 일본 측 조약문에는 병합조약이라 되어 있다. 합병과 병합은 전혀 다른 외교용어인데 이것을 혼용하고 있는 것이다. 왜 이런 어처구니없는 사기극이 연출되었으며, 당시 우리 측 외무부는 그것을 보고 그냥 버려두었을까? 알고 그랬을까? 모르고 그랬을까? 그 진상은 아직 밝혀져 있지 않다.[49] 신한일어업협정도 독도를 중간수역에 포함시켜 한국의 치밀하지 못함을 보여주는

---

49) "독도연구"(1996), 한국정신문화연구원, pp.31~33.

사례이다. 협정문 속에 '어업에 관한'이라는 말만 삽입해도 영토 문제로까지 발전하지 않는다. 이렇게 한국의 치밀하지 못함이 일본의 간교함과 어우러져 양국관계에서 문제를 해결보다는 오히려 확대 재생산하는 경향이 있다. 독도 문제도 마찬가지다.

제2절 독도 영유권 분쟁의 발단

1. 논쟁과 분쟁에 대한 개념 차이

독도 문제를 이해하기 위해서는 가장 먼저 논쟁으로 볼 것인가 아니면 분쟁으로 볼 것인가 하는 점을 정리하고 접근하는 것이 바람직하다. 논쟁과 분쟁은 그 개념이 다르고 어느 쪽으로 규정하느냐에 따라 그 성격은 물론 대응방식이나 전략과 전술적 개념도 크게 달라진다. 논쟁은 쟁점 사항에 대한 논리의 대결이 핵심적인 내용을 구성하므로 장기간 대립하는 것도 있지만, 일반적으로 어느 한 쪽에 대한 정당성이 입증되면 그것을 인정하거나 수용하면 끝나므로 별로 문제 될 것이 없다. 분쟁은 소극적으로 진행될 때는 논쟁적 성격도 내포하지만, 힘의 논리에 강하게 영향을 받기 때문에 완력 또는 무력에 의한 대결이나 충돌까지 수반할 수 있으며, 상황이나 결과에 따라 권리나 기존 질서의 변화를 초래할 수 있다는 점에서 단순한 논쟁과는 그 성격을 달리한다.

논쟁(論爭)은 서로 다른 의견을 가진 사람이, 각각 자기의 설(說)을 주장하면서 다투는 것을 말하며 주로 토론 과정에 논쟁이 벌어진다. 분쟁(紛爭)의 개념은 우리가 생활 속에서 사용하는 국어사전적 의미와 국제법적 의미는 차이가 있다. 우리가 일상에서 사용하는 분쟁(紛爭)은 말썽을 일으켜 시끄럽게 다툼을 뜻한다. 그리고 국제법적 의미는 상설국제사법재판소(Permanent Court of International Justice)가 Mavrommatis Palestin Concessions case에서 분쟁이라고 하는 것은 '2 주체 간의 법률 또는 사실의 논점에 관한 불일치, 법률적 견해 또는 는 이익의 충돌(A disagreement on a point of law or fact, a conflict of legal views or interest between tow persons)'이라고 정의했으며, 이 정의는 그 이후 국제사법재판소(International Court Justice, ICJ)에서 그대로 계승되었다. 국제분쟁의 존부(存否)는 객관적으로 결정될 문

[표 2-4] 국제분쟁의 전개 발전 과정

1단계 문제 발생	2단계 갈등상태	3단계 긴장상태	4단계 위기 국면	5단계 무력 분쟁	6단계 전쟁
이해관계 주체 간에 경쟁과 대립을 형성시키는 사건들이 발생한다.	이러한 사건들이 연속적 또는 간헐적으로 반복되어 상호 간에 대립관계가 심화된다.	대립관계가 심각한 상태로 발전된다.	긴장상태가 고조된다.	간헐적으로 무력 충돌이 일어난다.	조직적이고, 법적인 무력 충돌로 발전한다.

출처: 김영구(2006), "독도 영토 주권의 위기", 다솜출판사, pp.29~30.

제이며, 양 당사국이 '어떤 문제에 관하여 명백히 반대되는 견해를 취했을' 경우에 존재한다고 생각되는 것이고, 분쟁의 본질적 요소는 '결정적인 점에 관한 당사국 간 견해의 차이'라고 할 수 있다.[50]

일반적으로 분쟁이란 양립할 수 있는 이해관계에 관해서 서로 다른 주체 간에 의사의 대립이 지속되는 상태를 말한다. 실제로 국제분쟁은 [표 2-4]에서 보는 바와 같이 몇 가지 단계적 과정을 거쳐서 전개 발전된다. 한국과 일본 간의 독도 문제는 이 분류에서 보면 제2단계에서 제3단계에 해당하며, 한국의 의사와는 관계가 없이 국제사법재판소에 제소되거나 또는 국제기구가 개입하게 되는 것은 제5단계의 후반에 일어날 수 있는 일이다.[51]

독도 문제의 성격을 규정하는 데 있어 논쟁으로 보느냐 아니면 분쟁으로 보느냐 하는 것은 객관성이 필요하므로 특정인이 논쟁이라 규정하면 논쟁이 되고 분쟁이라 규정하면 분쟁이 되는 것은 아니다. 한국 정부와 학자들은 대체로 분쟁이라는 표현보다는 논쟁이라는 표현을 많이 사용하는 편이다. '독도 영유권 귀속에 관하여 한일 양국에 분쟁이 존재하는가?'라는 문제와 관련하여 한국 정부의 공식적인 입장은 독도와 관련된 법적 분쟁은 존재하지 않는다는 것이다. 이에 반해 일본 정부는 독도의 영유권 귀속이 분쟁의 대상이라는 정반대의 입장을 취하고 있다.[52] 그러나 영토의 영유권은 논쟁에서 출발하더라도 분쟁으로 발전할 수 있다. 한국이 실효적으로 지배하고 있지만, 일본도 영유권을 주장하면서 마찰이 일어나고 있는 것이 사실이다. 한국과 일본 간에 독도 문제를 둘러싸고 벌어지는 문제를 분쟁이 존재하지 않는다는 입장을 따르면, 나타나는 현상을 설명하는 것은 물론 해법

50) 독도학회(2003), "한국의 독도 영유권 연구사", 독도연구보전협회, pp.46~49.

51) 김영구(2006), "독도 영토 주권의 위기", 다솜출판사, pp.29~30.

52) 박배근 · 박성욱(2006), "독도 영유권과 '결정적 기일'에 관한 연구", 한국해양수산개발원, p.56.

을 제시하기 어렵다. 따라서 실제 발생하는 문제에 접근하고 분석하여 대응과 해결 방안을 제시할 필요가 있다는 점을 고려할 때 독도 문제는 분쟁으로 이해할 필요가 있다.

분쟁은 대상이 되는 이해관계의 내용, 상대되는 개인이나 단체, 국가 등 상황에 따라 달라진다. 분쟁이 발생하는 이유는 특정한 이익을 선점해 독점적으로 향유하려는 측과 이 이익을 뒤늦게 공유하거나 탈취하려 할 때 발생하는 것이 일반적인 현상이지만, 한쪽이 자신들의 힘 과시나 상대방이 되는 다른 한쪽이 가진 것을 침탈하려고 일부러 도발을 하거나 시비를 할 때 발생할 수도 있다. 그러므로 스스로 분쟁을 회피하기 위해 노력을 한다고 쉽게 해결되는 것이 아니다. 사람이 살아가는 데는 제한된 자원을 많은 사람이나 국가가 그것을 확보해 자신들의 풍요와 안정을 위해 사용하기를 갈망하므로 항상 크고 작은 분쟁이 생길 수밖에 없다.

2007년 말까지 세계에서 발생한 다양한 형태의 분쟁 중 영토분쟁을 집중적으로 정리한 ICOW(The Issue Correlates of War) 데이터뱅크에서 집계된 분쟁 사례 수는 총 413건에 달한다. 이 가운데 318건은 어떤 식으로든 종결됐지만, 86건의 영토분쟁은 미해결된 상태이다. 188건에 달하는 영유권 분쟁 중 1회 이상 군사 충돌이 있었던 지역은 72건이고, 5회 이상 군사 충돌이 있었던 지역만도 10여 건이나 된다. 한국과 일본이 대립하는 독도 문제도 이 가운데 한 사례이다. 전쟁까지 벌이며 치열한 다툼을 벌이는 곳에 비하면 특별할 것이 없는 그저 그런 평범한 분쟁 중 하나라고 생각할 수도 있다. 단지 독도의 영유권 분쟁이 우리 자신의 문제이고 우리가 한국인이기 때문에 느낌이 다르고 중대한 문제라고 생각될 뿐이다.

2. 독도 영유권 분쟁의 발단과 전개

대한민국헌법 제3조 대한민국의 영토는 한반도와 그 부속도서로 한다고 영토의 범위에 대해 규정하고 있다. 따라서 부속도서인 독도는 당연히 우리의 영토이다. 그런데 일본이 1905년 내각회의에서 다케시마(죽도=독도) 편입을 결정함으로써 양국 간 독도 분쟁의 씨앗이 만들어졌다. 이 분쟁의 씨앗은 일본의 무조건 항복으로 제2차 세계대전이 끝나고 한국과 일본의 영토 범위를 결정하는 내용이 포함된 샌프란시스코 평화조약의 초안 작성과정에서 불거져 나왔다.

샌프란시스코 평화조약의 제1~5차 초안에는 일본 영토에서 제외되는 범위, 즉 한국 영토에 독도가 명시되었으나, 1949년 12월 8일 작성된 제6차 초안에서는 일본의 로비로 제3조의 일본 영토를 다룬 조항에 독도(리앙쿠르암=다케시마)가 일본 영토에 포함되었다. 일본은 샌프란시스코 평화조약 체결의 당사국이었으므로 독도의 영유권을 포함한 조약 내용은 물론 전반적인 변화과정에 대한 접근이 가능했다. 하지만 한국은 당사국이 아니었으므로 초안의 내용 등 전후 사정과 변화되는 내용에 대해 잘 모르는 상태에서도 나름대로 정보를 수집하며 연합국에 한국의 입장을 전달하려고 애를 썼다. 독도를 두고 한국과 일본 양국은 샌프란시스코 평화조약 초안에서 독도가 자국의 영토에 포함되게 하려고 다양한 노력을 벌였지만, 결국 독도에 대한 언급이 삭제된 내용으로 조약안이 완성되었다.

이때까지만 하더라도 독도를 둘러싼 한국과 일본 간의 신경전은 연합국, 특히 미국을 통해 독도에 대한 영유권을 확보하려는 로비와 설득 등의 간접적인 방식으로 이루어졌다. 그러나 1951년 9월 8일 샌프란시스코에서 48개 연합국과 일본 간에 '샌프란시스코 평화조약'이 체결된 이후 양국은 독도 영유권 확보를 위한 당사자로 직접 격돌하기 시작했다. 1952년 4월 28일 샌프란시스코 평화조약 발효에 앞서 대한민국 정부가 1952년 1월 18일 '인접 해양의 주권에 대한 대통령선언'(평화선 선포)을 발포(發布)했는데, 그 범위 안에 독도와 그 영해가 포함되자, 일본이 열흘 뒤인 1952년 1월 28일 평화선 선포에 항의함과 동시에 독도의 한국 영유를 인정할 수 없다는 외교문서(구술서)를 한국 정부에 보내옴으로써 한국과 일본 사이의 독도 영유권 분쟁이 공식화되었다.[53]

그 후 일본은 순시선을 보내 독도 상륙을 기도하는 등 독도(다케시마) 영유권 확보를 위해 실력 행사에 들어갔다. 그러나 일본의 공세는 독도의용수비대의 용맹한 활약으로 번번이 좌절되어 실현되지 못했다. 1953년 4월부터 7월까지 지속한 제2차 한일회담 어업분과위원회에서 일본이 평화선을 부정하기 위해 독도가 일본 영토이며, 일본 영토까지 포함한 평화선은 불법적인 구획선이라는 점을 강조하면서 독도 문제를 제기했다. 그러나 1954년 한국 정부의 등대 설치와 독도 경비대 배치로 일본의 독도에 대한 직접적인 상륙기도와 공격은 주춤해졌다. 대신 해상에서 영해 침범문제를 두고 양국의 어선 나포는 대폭 늘어나 새로운 쟁점으로 부각되었다. 이러한 마찰과 대립은 1965년 '한일기본관계조약' 체결과 '분쟁해결에 관한 교환공문', '한일어업협정' 체결을 통한 평화선 철폐로 소강상태에 들어가기까지 계속 이어졌다.

1962년 2월 22일 김종필 당시 중앙정보부장과 고사카 젠타로(小坂善太郎) 일본 외상의

---

53) 신용하(2005), "한국과 일본의 독도 영유권 논쟁", 한양대학교출판부, pp.15~16.

한일회담에서 고사카 외상이 "독도 문제를 국제사법재판소에 제소하고 한국 측이 응소하길 바란다"고 제의하는 등 한국 측의 반대에도 일본 측이 집요하게 독도 문제를 거론하며 다시 쟁점화를 시도[54]하는 등 60여 년이 지난 오늘날까지 분쟁의 대상이 되고 있다. 일본은 일찍부터 독도를 인식(認識)해 그 존재를 깨달아 알고 있었다. 조선이 공도정책을 취한 것을 주인이 없는 땅인 무주지(無主地)라고 억지 주장을 하며 남보다 앞서 차지했다는 무주지(無主地) 선점(先占)을 내세워 자국 영토에 편입했고, 현재까지 영토 등을 점령하여 소유하는 권리인 영유권(領有權)을 주장하고 있다. 따라서 독도 영유권 분쟁은 도전국가인 일본이 스스로 한국의 영토임을 인정하고 포기하는 것이 가장 바람직한 해결 방법이다. 그렇지 않고 지금까지 해온 것처럼 앞으로도 도발이나 망언을 계속 일삼는다면 언제 이 지루한 분쟁이 끝날지 가늠하기 어렵다.

3. 한 · 미 · 일의 역학관계가 만든 문제

독도 문제는 다른 나라의 영토분쟁에서는 볼 수 없는 특이한 점이 있다. 그것은 미국과의 연관성이다. 샌프란시스코 평화조약 체결을 통해 영토문제가 해결되거나 주권을 되찾은 많은 나라 가운데 독도처럼 미국의 국익이 고려되어 영토 범위 설정과정에서 내용이 여러 차례 변경되거나, 이해관계가 첨예하게 얽혀 있는 지역이 폭격기 연습장으로 사용된 곳은 없다.

미국은 20세기 국제관계에서 중립을 취하는 것 같은 행동을 하면서도 은근히 일본의 입장을 두둔했다. 현재도 사실상 일본의 입장을 지지하는 것과 다름없다. 미국의 학자들은 역사적으로 한국이 더 유리하고, 국제사법법원이 한국 측의 주장을 받아들일 가능성이 크다고 하면서도, 일본해 단독표기를 인정하거나 배타적 경제수역을 양보하여 영유권 문제를 해결할 것을 조언하기도 했다.[55]

미국 정부문서는 한일관계를 양국관계뿐만 아니라 한국, 일본, 미국이라는 3국 관계 속에서 조망해야 할 필요성을 잘 보여주고 있다. 또한 한국과 일본의 정치 · 경제 · 사회 · 문화 등 각 분야에 대한 현지 공관의 인식과 평가, 국무부의 인식과 지시사항 등이 풍부하게 담겨 있다. 그중 주한 미국대사관과 주일 미국대사관은 한국과 일본과의 관계문제를

---

54) 연합뉴스 2005. 8. 26.

55) 최장근(2008), "독도의 영토학", 대구대학교출판부, pp.104~105.

따로 주제철로 관리할 만큼 중시했다. 제2차 세계대전 종전 이후 해방국 한국과 패전국 일본은 미국의 가장 중요한 반공 동맹국으로 부상하였다. 한국과 일본의 관계 정상화는 동아시아에서 전략적 목표 달성을 위한 필수사항이었다.[56] 따라서 미국은 1954년 8월 15일 미국대통령의 특사로 한국을 방문한 반 후리가 비공식적으로 독도 문제를 국제사법재판소에서 해결할 것을 제안[57]하는 등 양국 관계 정상화를 위해 때로는 직접 개입을, 때로는 중재와 중재 보류 등 다양한 정책을 사용했다.

독도가 샌프란시스코 평화조약 체결문에서 언급되지 않은 것은 독도가 일본 영토라는 미국 안건과 독도를 한국 영토로 주장하는 영국 안건의 조정 과정에서 최종적으로 일본 영토라는 안건도 삭제되어 독도라는 글자는 조약에 언급되지 않게 되었다. 그런데 독도가 명기되지 않은 또 다른 이유가 미국의 한국 문제 연구자인 로브모 씨에 의해 발견된 주일 미국대사관의 비밀자료 '리안코트암과 한국인'에 의해 밝혀졌다. 미국 국무부는 독도의 역사를 과거 몇 차례 검토한 결과 미국은 역사적으로 '조선왕조의 일부'였던 독도를 일본 정부가 '제국지배의 과정에서 이 영역을 일본 본토에 편입'한 사실을 파악하고 있었다.

미국은 조선이 독도를 역사적으로 영유한 사실을 중시해야 할지, 혹은 일본의 제국지배를 중시해야 할지 결론을 내릴 수 없었던 모양이다. 일본의 역사적 영유권을 인정하고 싶어도, 만약 제국주의적 영토 획득을 부정한다면 제2차 세계대전 처리는 대혼란에 빠져 수습이 안 될 가능성이 컸다. 그렇다고 강압적으로 점유했다는 증거도 찾기 어려워, 미국으로서는 독도 문제를 모호하게 남길 수밖에 다른 길은 없었다고 생각된다. 그러나 그러한 모호한 처리가 오늘날 독도 문제의 화근이 된 것은 말할 나위도 없다.[58]

독도 문제뿐만 아니라 한반도와 동북아정책에서 미국의 행동은 궁극적으로 일본이나 한국이 아니라 역학관계나 자국의 이익과 필요성에 기초하므로 활용 가치나 상황에 따라 때로는 한국을 지지하기도 하고 때로는 일본을 지지하기도 한다. 즉 미국의 가장 큰 관심사는 한국이 아니라 미국의 국가이익이고 그것이 최우선이다. 미국이 우리의 우방이기 때문에 우리 손을 들어줄 것이라는 기대는 순진한 생각이다. 미국의 지지는 한국의 노력에 비례한다는 사실을 염두에 둘 필요가 있다.

---

56) 박진희(2008), "한일회담: 제1공화국의 대일정책과 한일회담 전개과정", 선인, p.25.
57) 최장근(2008), "독도의 영토학", 대구대학교출판부, p.69.
58) 박병섭·나이토 세이추(2008), "독도=다케시마 논쟁", 도서출판 보고사, pp.33~35.

제3장

독도 영유권 분쟁의 원인

제1절 한국의 원인 제공

1. 조선의 공도정책

1) 공도정책 독도 문제 잉태하다

(1) 신라와 고려의 우산국 관리

울릉도와 독도는 삼국사기 권4, 신라본기4, 지증마립간 13년 6월 조목에 따르면 우산국이 512년 6월 여름 귀복(歸復)하여, 매년 토산물을 공물로 바치기로 하였다고 기록하고 있다. 이렇게 신라에 복속된 이후 [표 3-1]에서 보는 바와 같이 고려 조정에 의한 우산국(울릉도와 부속도서)의 주민과 영토의 보존 노력으로 계속 우산국의 영역이 통치되고 있었다는 사실을 확인할 수 있다.[1] 그러나 우리가 역사적 영토 근원으로 내세우는 이 중요한 독도 영유권의 기록은 거의 울릉도에 관한 것이고 독도는 울릉도의 부속 섬으로 본다는 점에 유의할 필요가 있다. 이것은 독도에 관한 직접적인 기록과는 그 가치가 현저하게 차이가 난다. 그나마 조선시대로 넘어오면서 황희와 태종에 의해 울릉도에 사람이 살지 못하도록 하는 공도정책으로 관리정책이 바뀌었다.

[표 3-1] 고려시대 울릉도와 독도 관리

연대	출전	기록 내용
1018년	고려사 권4, 세가4(현종 9년 11월 병인 조목)	우산국(于山國)이 동북 여진(女眞: 두만강 하류 지금의 연해주와 북간도)의 침입을 받아 농업을 폐하므로 이원구(李元龜)를 보내어 농기구를 내려 주었다.
1019년	고려사 권4, 세가4(현종 10년 7월 기묘 조목)	기묘(己卯)에 우산국의 민호(民戶)로서 이전에 여진에 잡혀갔다가 도망쳐온 자를 모두 고향으로 돌아가게 하였다.
1022년	고려사 권4, 세가4(현종 13년 7월 병자 조목)	도병마사(都兵馬使)가 주(奏)하기를, "우산국 백성으로 여진의 노략질을 피하여 도망하여온 자는 예주에 두고 관(官)에서 양식을 나누어 주도록 하여 아주 편호(編戶)하소서" 하니 이를 받아들였다.
1032년	고려사 권5, 세가5(덕종 1년 11월 병자 조목)	우릉(羽陵) 성주(城主)가 그 아들 부어잉다랑(夫於仍多郞)을 보내 토산물을 바쳤다.
1141년	고려사 권17, 세가17(인종 19년 7월 기해 조목)	명주도 감창사 이양실(李陽實)이 사람을 보내어 울릉도에 들어가 과핵과 목엽이 이상한 것을 취해 오게 하여 바쳤다.
1273년	고려사 권27, 세가27(원종 14년 2월 계축 조목)	첨서추밀원사 허공(許珙)을 울릉도 작목사로 삼아서 이추와 함께 가게 하였다.
1379년	고려사 권134, 열전47(신우 5년 7월 조목)	왜(倭)가 무릉도(武陵島)에 들어와 보름이나 머물다 돌아갔다.

---

1) 김병렬 외(2005), "독도자료집 Ⅰ", 동북아의 평화를 위한 바른역사정립기획단, p.25.

(2) 조선의 공도정책

우리가 일반적으로 말하는 울릉도의 공도정책은 조선 태종이 시행한 쇄환[2]정책(刷還政策)을 쇄출정책(刷出政策)또는 공도정책(空島政策)이라 하는 데서 유래한 것이다.[3] 조선에서 공도정책을 취하게 된 배경은 실록에 의하면 1403년(태종 3년) 8월 11일 태종이 울릉도 주민이 왜구의 침략 위험 아래에 있는 것을 걱정하던 중에 울릉도 거주민을 육지로 이주시키자는 강원도 감사[4]의 건의를 받아들여 같은 해에 거주민을 육지로 이주시켰다는 기록이 있다.[5]

태종 12년(1412년) 4월 15일에는 울릉도 사람 백가물[6](白加勿) 등 12인이 강원도 고성 어라진(於羅津)에 배를 타고 들어왔는데, 자기들은 원래 울릉도에서 태어나 성장했으며, 현재 울릉도에는 조선인 11호 60명이 거주하고 있다고 보고하였다. 조선조정은 백가물 등이 울릉도로 도망하여 돌아가지 못하도록 하고 통주, 고성, 간성(杆城) 등지에 나누어 살게 하였다. 이렇게 잇달아 울릉도 관련 일들이 발생하자, 1416년(태종 16년) 9월 2일 태종이 울릉도민에 대한 대책을 신하들에게 물었다. 이때 강원도 관찰사를 지낸 호조참판 박습[7](朴習)이 울릉도 사정을 잘 아는 전 삼척만호(前三陟萬戶) 김인우(金麟雨)를 천거했다.[8]

태종이 김인우(金麟雨)의 의견을 물었다. 김인우는 울릉도는 바다 가운데 멀리 떨어져 있는 섬이므로 사람들이 서로 통하지 못하고 군역을 피하여 도망해 간 자가 많이 있으며, 울릉도에 주민이 많이 거주하게 되면 왜인의 노략질이 있게 되고, 이는 왜인이 강원도까지 침입할 것이라고 했다. 김인우의 의견을 들은 태종은 김인우(金麟雨)를 무릉등처접무사(武陵等處接撫使)로 임명하여 울릉도에 파견하여 울릉도 주민과 두목을 설득하여 데려오도록 그에게 명했다. 태종 17년(1417년) 2월 5일 울릉도에서 귀환한 김인우[9](金麟雨)는 주민에 대한 조사를 한 결과 울릉도에 15가구 86명이 거주하고 있으며, 그중 3명만 데리고 나왔다.[10]

---

2) 쇄환(刷還)은 조선 때, 외국에서 유랑하던 동포를 데리고 돌아오던 일.

3) 김명기(2007), "독도강의", 책과 사람들, p.59.

4) 조선왕조실록[태종 6권, 3년(1403 계미/명 영락(永樂) 1년) 8월 11일(병진) 2번째 기사].

5) 김병렬(2001), "독도논쟁", 다다미디어, p.108.

6) 조선왕조실록[태종 23권, 12년(1412 임진/명 영락(永樂) 10년) 4월 15일(기사) 3번째 기사].

7) 조선왕조실록[태종 32권, 16년(1416 병신/명 영락(永樂) 14년) 9월 2일(경인) 1번째 기사].

8) 신용하(2005), "한국과 일본의 독도 영유권 논쟁", 한양대학교출판부, pp.55~60.

9) 조선왕조실록[태종 33권, 17년(1417 정유/명 영락(永樂) 15년) 2월 5일(임술) 3번째 기사].

10) 김명기(2007), "독도강의", 책과 사람들, pp.59~60.

사흘 뒤인 1417년 2월 8일 여러 신하와 우산·무릉도 주민의 쇄출[11] 문제를 논의하였다. 우의정 한상경(韓尙敬)이 육조(六曹)·대간(臺諫)에 명하여, 우산(于山)·무릉도(武陵島)의 주민(居民)을 쇄출(刷出)하는 것에 대한 편의 여부를 의논케 하니, 모두가 말하기를, "무릉(武陵)의 주민은 쇄출하지 말고, 오곡(五穀)과 농기(農器)를 주어 그 생업을 안정케 하소서. 인하여 주수(主帥)를 보내어 그들을 위무(慰撫)하고 또 토공(土貢)을 정함이 좋을 것입니다"라고 하였다. 그러나 공조 판서 황희(黃喜)만이 유독 불가하다 하며, "안치(安置)시키지 말고 빨리 쇄출하게 하소서"라고 했다. 임금이 "쇄출하는 계책이 옳다. 저 사람들은 일찍이 요역(搖役)을 피하여 편안히 살아왔다. 만약 토공(土貢)을 정하고 주수(主帥)를 둔다면 저들은 반드시 싫어할 것이니, 그들을 오래 머물러 있게 할 수 없다. 김인우(金麟雨)를 그대로 안무사(按撫使)로 삼아 도로 우산(于山)·무릉(武陵) 등지에 들어가 그곳 주민을 거느리고 육지로 나오게 함이 마땅하다"라고 하고, 인하여 옷(衣)·갓(笠)과 목화(木靴)를 내려 주고, 또 우산 사람 3명에게도 각기 옷 1습(襲)씩 내려 주었다. 강원도관찰사(江原道觀察使)에게 명하여 병선(兵船) 2척(隻)을 주게 하고, 도내의 수군만호(水軍萬戶)와 천호(千戶) 중 유능한 자를 선간(選揀)하여 김인우와 같이 가도록 하였다.[12]

위에서 보는 바와 같이 울릉도 거주민을 강제로 나오도록 명령하지 말고 곡식과 농기구를 공급하여 평안히 농사를 짓도록 하고, 군대를 파견하여 그들을 보살피며 또 토산물의 공납 액수를 정하여 세금을 납부하게 하자는 다수 대신의 안과, 공조 판서 황희(黃喜)의 울릉도 거주민을 강제로 데려오자는 안이 제시되었다. 국왕 태종이 여기서 쇄출(刷出)해야 한다는 황희의 안을 받아들여 울릉도 공도정책이 확정되었다. 태종이 황희의 안을 채택한 이유는, 울릉도 거주민에게 농사를 짓게 허락하면서 세금을 토산물로 정하여 납부하게 하고, 군대를 파견하여 주민과 함께 섬을 지키게 해 보았자 군대를 싫어하여 오래 주둔시킬 수 없게 될 것이기 때문이라고 태종실록에 설명되어 있다.[13]

세종대왕도 부왕 태종의 울릉도 공도정책을 답습하여 실행했다. 울릉도에 몰래 또 들어간 주민 28명이 있다는 보고를 받자 1425년(세종 7년) 10월 20일 김인우[14]를 우산무릉등처안무사(于山武陵等處按撫使)로 다시 울릉도에 파견 역(役)을 피해 간 남녀 20인을 수색하여 잡아 데리고 왔다.[15] 그리고 1438년(세종 20년) 7월 15일에는 남회(南薈)와 조민[16](曹

---

11) 쇄출(刷出)은 샅샅이 조사하여 찾아냄.

12) 조선왕조실록[태종 33권, 17년(1417 정유/명 영락(永樂) 15년) 2월 8일(을축) 1번째 기사].

13) 신용하(1996), "독도, 보배로운 우리영토", 지식산업사, p.47.

14) 조선왕조실록[세종 30권, 7년(1425 을사/명 홍희(洪熙) 1년) 10월 20일(을유) 3번째 기사].

敏)을 무릉도순심경차관(武陵島巡審敬差官)으로 임명 파견하여 66명을 수색하여 본토로 송환했으며, 이들은 본국 모배죄(謨背罪)로 처벌되었다.[17] 이로써 울릉도에 사람이 살지 않도록 한 조선의 공도정책은 태종대에서 시작되어 세종대에 와서 정착되는 단계로 접어든다. 인용하는 사람에 따라 태종 3년인 1403년부터 세종 20년인 1438년까지 각각 선택적으로 기록을 인용하므로 조선에서 공도정책이 시작된 해가 다르게 나타나기도 한다. 하지만 조선의 공도정책은 조정에서 공식적으로 쇄환정책을 확정한 태종 17년(1417년)에 시작되고 1881년 5월 일본사람들의 울릉도 잠입 벌목에 대한 강원감사 임한수의 수토 내용 보고, 1882년 6월 조정에서 파견된 검찰사(檢察使) 이규원(李奎遠)의 현지 탐사 보고, 1882년 8월 20일 영의정 홍순목(洪淳穆)의 울릉도 개척 건의가 채택되어 8월 말 도장(島長) 전석규(全錫奎)가 임명되기까지 465년 동안 지속되었다.

세금 부과를 피해 섬으로 도망하거나, 왜구(倭寇)에 의한 피해로부터 보호될 수 없다는 이유로 울릉도로의 도항을 금지하고 섬에 사는 사람을 본토로 연행한 공도정책에 대해 한국 측은 행정관서에 의한 정기적인 순시가 계속되었던 까닭에 영유권 방기(放棄)는 아니었다고 주장하고 있으며, 일본 측도 이에 직접 이론을 주창(主唱)하지 않고 있다. 그렇지만 울릉도의 공도화는 독도의 인식을 막연하게 아는 것으로 그치게 한 것은 사실이다. 공도정책은, 특히 독도를 관제문헌(官製文獻)에 제 각각으로 나타나게 한 원인이 되었으며, 17세기 들어 일본인이 울릉도에 도래하게 하였다.[18]

(3) 대마도주의 흉계와 공도정책의 폐해

조선왕조가 울릉도와 그 주변해역을 제대로 돌보지 못할 뿐만 아니라 울릉도에 대한 공도정책을 계속 취하고 있음을 기회로 쓰시마(對馬島)의 최고행정관인 한슈(藩主)는 아예 울릉도를 빼앗을 계획을 세웠다. 그래서 광해군 6년이던 1614년 조선 동래부(東萊府)에 서계[19](書契)를 보내 자신이 도쿠가와의 '분부'로 이소다케시마(磯竹島: 당시 일본 사람들은 울릉도를 기죽도 또는 죽도라고 불렀음)를 탐견(探見)하려고 하는데 큰 바람을 만날까 두려우니 길 안내

---

15) 신용하(2005), "한국과 일본의 독도 영유권 논쟁", 한양대학교출판부, pp.55∼60.

16) 조선왕조실록[세종 82권, 20년(1438 무오/명 정통(正統) 3년) 7월 15일(무술) 2번째 기사].

17) 김명기(2007), "독도강의", 책과 사람들, p.61.

18) 임영정 역(2003), "독도 영유권의 일본 측 주장을 반박한 일본인 논문집", 경인문화사, pp.62∼63.

19) 서계(書契): 주로 일본과의 교린관계(交隣關係)에 대한 문서를 말하는데, 일본 사행(使行)의 임무 내용, 사절(使節)과 상왜(商倭)의 구별, 왜구(倭寇) 여부의 식별 등 다양한 역할을 했다. 이의 발신인은 우리나라의 경우 국왕을 비롯하여 예조 판서·참판·참의와 동래부사 등이 막부 장군(幕府將軍)·대마 도주·거추(巨酋) 등에게 보내는 것으로 대별되고, 일본의 경우는 막부 장군 등 국가에서 보내오는 공신(公信)으로의 서계와 거추 등이 보내오는 사신(私信)으로서의 서계로 대별됨. 그것은 때로로 신임장이나 입국허가증으로 쓰였음.

를 내어달라고 요청했다. 조선 정부는 이를 거절했다. 그러나 이듬해인 1615년에 일본사람들이 동래부를 찾아와 다케시마(竹島; 울릉도)를 탐험하고자 하니 허락해달라고 요청했다. 이번에도 동래부는 정부의 방침에 따라 거절하는 일이 발생하기도 했다.[20]

1618년 돗토리번 호우키노쿠니 요나고(鳥取藩伯耆盧朴國米子)의 주민인 오야 진키치(大谷甚吉), 무라카와 이치베(村川市兵衛)가 돗토리 번주(藩主)를 통해 막부[21](바쿠후)로부터 바다를 건너 울릉도에 들어가도 좋다는 울릉도(당시의 다케시마) 도해면허(竹島渡海免許)를 받았다. 그 이후 양가는 80여 년에 걸쳐 봄에 수척(數隻)의 수십 인의 선단(船團)을 조직하여 울릉도로 건너가 1~2개월 채취활동을 한 후 순풍을 기다려 돌아가는 방식으로 매년 한 번 울릉도에 도항해 전복 채취, 강치 포획, 대나무 등의 삼림 벌채에 종사했다. 그런데 오야 진키치(大谷甚吉), 무라카와 이치베(村川市兵衛) 양가의 울릉도 조업은 1693년 집단적으로 경상도 방면에서 울릉도에 출어한 조선 어민 안용복(安龍福) 등과 대규모의 투쟁을 불러일으켰다. 안용복이 울릉도와 독도가 조선영토라고 주장하면서 일본인을 쫓아내고 1693년과 1696년 두 차례에 걸쳐 추격하여 일본에 건너가 조선 정부의 관명을 자칭하며 외교교섭을 하는 우여곡절을 겪은 후 일본과 한국의 외교현안에 올려져 1696년에 이르러에도 막부(江戶幕府)는 울릉도가 조선의 영토인 것을 확인하여 일본인의 도항을 금지하는 조치를 취하였다.[22]

에도 막부가 조선과의 외교적 마찰을 피하려고 울릉도를 조선영토로 인정한 후 울릉도에 대한 영유권 주장이 제기되지 않는 것은 그나마 다행스러운 일이지만, 그 후에도 일본인들의 울릉도 잠입은 계속돼 울릉도에서 어업과 삼림벌채를 일삼았다. 일본 측은 울릉도가 조선조의 '공도정책'(空島政策)으로 465년간 무인화해 있는 사이에 오야 진키치(大谷甚吉) 등이 울릉도를 발견, 그곳에서 벌목에 종사하면서 독도에서 어로 활동을 한 것을 중시한다. 가와카미와 같은 '실효적 경영론자'들은 수백 년 동안 비어 있던 울릉도로 본토의 한국인들이 직접 나가서 개발에 손을 댄다는 것은 불가능했으므로 더 멀리 떨어진 독도

20) 김학준(2003), "독도는 우리 땅", 도서출판 해맞이, pp.77~78.

21) 막부(幕府, bakufu)는 중국에서 왕을 대신하는 지휘관이 편 진지를 가리키는 말이며, 이 뜻에서 대장군의 진영, 나아가 무관의 임시 정청으로 그 의미가 파생되었다. 일본에서는 바쿠후라고 하며, 12세기에서 19세기까지 쇼군을 중심으로 한 일본의 무사 정권을 지칭하는 말이다. 초기에는 군사 지휘 본부라는 의미였으나 군사령관인 쇼군이 실질적인 국가의 통치자가 되고 그의 본부가 정치, 행정, 경제권을 장악하게 되면서 정부라는 뜻으로도 쓰이기 시작했다. 미나모토노 요리토모가 세이이타이쇼군(征夷大將軍, 정이대장군(오랑캐를 정벌하는 대장군), 나중에 쇼군(장군))이 되면서 세이이타이쇼군의 원정 시의 본진을 가리키던 말이던 것이, 전시의 사령부가 전후에도 정치적 기관으로 존재하게 되면서 실질적으로 무가 정권의 정청을 말하게 되었다. 일본의 역사에는 크게 세 개의 막부(가마쿠라 막부, 무로마치 막부, 도쿠가와 막부)가 있었다. 19세기 후반 메이지 유신으로 인해 사라졌다. 하지만 사실 막부라는 말이 무가 정권 자체를 가리키게 된 것은 에도 시대 중기 이후의 일로, 유학자들이 창안한 용례이다.

22) 임영정 역(2003), "독도 영유권의 일본 측 주장을 반박한 일본인 논문집", 경인문화사, pp.68~69.

로 나가는 일은 더더욱 어려웠다는 주장이다.

결국 조선의 공도정책은 관리들이 가끔 순찰을 하고 동해지역 어민들이 고기잡이를 했다고 하더라도 일본인들이 울릉도까지 자유로이 출입하고 어업을 할 수 있도록 하는 빌미를 제공했기 때문에 일본이 독도를 주인이 없는 땅, 즉 무주지로 인식하도록 한 근거가 되었다는 사실을 부인하기는 어렵다. 그리고 독도에 대해 명확하고 뚜렷한 지명 사용 정비가 이루어지지 않아 우산도, 삼봉도, 가지도 등 여러 지명을 사용함으로써 그 위치와 정확성에 대한 해석상의 논란을 불러일으키는 요인이 되었다.

국내에서 지명의 변경에 대한 근원은 어느 정도 근거가 있으면 그러려니 하고 이해하거나 인정하고 넘어갈 수 있는 문제인지도 모르겠다. 그렇지만 독도와 같이 일본이라는 상대국가가 있을 때는 사정이 다르다. 일본의 주장을 반박하기 위해서는 독도에 대한 영유권을 실제로 발휘한 구체적인 근거를 찾아내고, 그 근거를 명백히 드러낼 필요가 있다. 당시 과학기술과 측량기술의 한계를 인정하더라도 지명이 사용되지 않았다면 모를까 사용된 지명의 근원 관리에 대한 일관성 부족은 오늘날 주소의 기존 동 명칭을 거리명칭 부여를 통해 헷갈리게 하고 여기에 더하여 행정구역 개편까지 거론하는 현재의 구상이 미래에 부작용 없는 바람직한 결정으로 귀결될지 한 번 더 생각해 보게 하는 좋은 교훈이 되고 있다.

2) 공도정책 수정 제안 모두 거부, 수토정책 시행

(1) 공도정책 폐지와 울릉도 유인도화 건의

조선의 공도정책은 시작단계부터 여러 차례 그 부당함이 지적되고 시행 중에도 폐지 건의가 이루어졌지만, 모두 받아들여지지 않았다. 태종이 공도정책 결정을 논의할 당시에도 많은 관료가 울릉도에 주민을 살게 해야 한다고 주장했으며, 세종 시대에도 강원도관찰사 유계문(柳季聞)이 공도정책의 수정을 제안했다. 1436년(세종 18년) 6월(윤유월) 19일 무릉도의 우산에 마을을 만들자는 건의를 했으나 받아들이지 않았다. 강원도 감사 유계문(柳季聞)이 아뢰기를 "무릉도(武陵島)의 우산(牛山)은 토지가 비옥하고 산물도 많사오며, 동서남북으로 각각 50여 리 연해(沿海)의 사면에 석벽(石壁)이 둘러 있고, 선박이 정박할만한 곳도 있사오니, 청컨대 인민을 모집하여 이를 채우고, 인하여 만호(萬戶)와 수령(守令)을 두게 되면 실로 장구지책[23]이 될 것입니다"라고 하였으나 윤허하지 아니하였다.[24]

1437년 2월 8일(세종 19년) 강원 감사에게 왜노의 침략에 대비할 것을 명했다. 강원도 감사 유계문(柳季聞)에게 전지하기를 "1436년 가을에 경이 아뢰기를, '무릉도(茂陵島)는 토지가 기름져서 곡식의 소출이 육지보다 10배나 되고, 또 산물이 많으니 마땅히 현(縣)을 설치하여 수령을 두어서 영동의 울타리를 삼아야 한다'고 하였으므로, 곧 대신으로 하여금 여러 사람과 의논하게 하였더니, 모두 말하기를 '이 섬은 육지에서 멀고 바람과 파도가 매우 심하여 헤아릴 수 없는 환난을 겪을 것이니, 군현을 설치하지 않는 것이 마땅하다'고 하였다. 그러므로 아직 그 일을 중단하였더니 경이 이제 또 아뢰기를 '고로(古老)들에게 들으니 옛날에 왜노들이 와서 거주하면서 여러 해를 두고 침략하여, 영동(嶺東)이 빈 것 같았다'고 하였다. 내가 또한 생각하건대, 옛날에 왜노들이 날뛰어 대마도에 살면서도 오히려 영동을 침략하여 함길도에까지 이르렀었는데, 무릉도에 사람이 없는 지가 오래니, 이제 만일 왜노들이 먼저 점거(點據)한다면 장래의 근심을 또한 알 수 없다. 현을 신설하고 수령을 두어 백성을 옮겨 채우는 것은 사세로 보아 어려우니, 매년 사람을 보내어 섬 안을 탐색(探索)하거나 혹은 토산물을 채취(採取)하고, 혹은 말의 목장을 만들면 왜노들도 대국의 땅이라고 생각하여 반드시 몰래 점거할 생각을 내지 않을 것이다. 옛날에 왜노들이 와서 산 때는 어느 시대이며, 소위 고로라고 하는 사람은 몇 사람이나 되며, 만일 사람을 보내려고 하면 바람과 파도가 순조로운 때가 어느 달이며, 들어갈 때에 장비(裝備)할 물건과 배의 수효를 자세히 조사하여 아뢰라"고 하였다.[25] 유계문이 늙은이(古老)들에게 들었다는 말의 내용에 대해 조사하여 보고하라는 명령을 내렸을 뿐 현을 만들자는 건의는 받아들여지지 않았다. 울릉도 공도정책은 세종 20년(1438) 들어서 더욱 강화되어갔다.

1457년(세조 3년) 4월 16일 전 중추원 부사(副使) 유수강(柳守剛)이 영동 방어를 위해 우산도와 무릉(武陵)도에 읍을 설치할 것을 건의했다. 전 중추원 부사(中樞院副使) 유수강(柳守剛)이 상서(上書)하여 말하기를, "신(臣)은 일찍이 강릉 부사(江陵府使)로 재임(在任)했으므로 영동(嶺東)을 방어(防禦)하는 일에는 귀로 듣고 눈으로 보았으니, 삼가 조목별로 진술하겠습니다. 강릉(江陵) 사람의 말에, '우산도(牛山島)와 무릉도(茂陵島)의 두 섬에는 읍(邑)을 설치할 만하니, 그 물산(物産)의 풍부함과 재용(財用)의 넉넉함은, 저목(楮木)·저상(苧桑)·대죽(大竹)·해죽(海竹)·어교목(魚膠木)·동백목(冬栢木)·백자목(栢子木)·이목(梨木)·시목

---

23) 장구지책(長久之策): 같은 말은 장구지계(어떤 일이 오래 계속되도록 꾀하는 계책).
24) 조선왕조실록[세종 73권, 18년(1436 병진/명 정통(正統) 1년) 윤6월 19일(갑신) 6번째 기사].
25) 조선왕조실록[세종 76권, 19년(1437 정사/명 정통(正統) 2년) 2월 8일(무진) 2번째 기사].

(柚木)과 아골(鴉鶻)・흑색 산구(黑色山鳩)・해의(海衣)・복어(鰒魚)・문어(文魚)・해달(海獺) 등의 물건이 있지 않은 것이 없으며, 토지가 비옥하여 화곡(禾穀)의 생산이 다른 지방보다 10배나 된다. 동서남북이 상거(相距)가 각각 50여 리(里)나 되니 백성이 거주할 수가 있으며, 사면(四面)이 험조(險阻)하여 절벽(絶壁)이 천 길이나 서 있는데도 또한 배를 정박(停泊)할 곳이 있다. 수로(水路)는 삼척(三陟)에서 섬에 이르는 데 서풍(西風)이 곧바로 불어온다면 축시(丑時)에 배가 출발하여 해시(亥時)에 도착할 수가 있지만, 바람이 살살 불어도 노(櫓)를 사용한다면 하루 낮 하룻밤에 도착할 수가 있으며, 바람이 없어도 노를 사용한다면 또한 두 낮 하룻밤이면 도착할 수가 있다'고 하니, 엎드려 바라건대 현읍(縣邑)을 설치하여 사람을 골라서 이를 지키게 하소서" 하니, 임금이 병조(兵曹)에 명하여 이를 의논하게 하였다. 병조(兵曹)에서 아뢰기를, "우산도(牛山島)와 무릉도(茂陵島)의 두 섬에 현읍(縣邑)을 설치하는 일은 두 섬이 수로(水路)가 험하고 멀어서 왕래하기가 매우 어려우며, 바다 가운데의 고도(孤島)에 읍(邑)을 설치하면 지키기도 또한 어렵습니다. 위의 조건(條件)을 아울러 거행(擧行)하지 마소서. 다만 본도(本道)의 인민(人民)이 두 섬에 방랑하여 우거(寓居)할 폐단이 없지 않으니, 청컨대 바람이 순할 때를 기다려 조관(朝官)을 보내어 쇄환(刷還)하도록 하고, 그 모래가 메인 여러 포구(浦口) 안쪽의 병선(兵船)은 오로지 배가 드나들 수 없는 곳에는 그 도(道)의 관찰사(觀察使)로 하여금 옮겨 정박(停泊)할 곳을 살펴보아서 아뢰게 하소서" 하니, 임금이 그대로 따랐다. 다만 두 섬에 유랑하여 우거(寓居)한 사람은 쇄환하지 말게 하였다.[26]

몇 차례 주민 쇄환으로 1472년 5월(성종 3년) 삼봉도경차관 박종원(朴宗元) 휘하의 곽영강[27](郭永江) 등이 29일 울릉도에 상륙하여 3일 동안 머무르면서 도내를 수색한 결과 거민은 보이지 않고 다만 옛 집터가 있을 뿐이었다고 보고했다.[28] 결국 울릉도는 정부의 잘못된 정책에 의해 사람이 살지 않는 섬이 되었다. 공도정책이 계속 실시되어 거민들을 쇄환하고, 또 그들을 '본국(本國)을 모배(謀背)한 죄(罪)'를 적용, 처형한 결과 연해 주민의 왕래가 끊기게 되고, 그리하여 우산・울릉도는 점차 잊혀 갔다. 그렇지만 언제부턴가 다시 내륙 사람들의 왕래가 시작되었다. 1694년(숙종 20년) 7월 16일 전(前) 무겸선전관(武兼宣傳官) 성초형[29](成楚珩)이 상소하여 국장강화를 위해 예비해야 할 계책 여섯 가지를 진달(進

---

26) 조선왕조실록[세조 7권, 3년(1457 정축/명 천순(天順) 1년) 4월 16일(기유) 3번째 기사].

27) 조선왕조실록[성종 19권, 3년(1472 임진/명 성화(成化) 8년) 6월 12일(정축) 5번째 기사].

28) 송병기(2000), "울릉도와 독도", 단국대학교출판부, pp.23~24.

29) 조선왕조실록[숙종 27권, 20년(1694 갑술/청 강희(康熙) 33년) 7월 16일(임오) 1번째 기사].

達)했다. 그중 첫째 항목에서 울릉도에 진을 설치하는 제안이 포함되어 있었다. 숙종은 이 제안들을 병조에 점검하도록 명령했지만, 채택되어 시행된 것은 아무것도 없었다.[30]

1708년(숙종 34년) 2월 27일 부사직 김만채[31](金萬採), 1710년(숙종 36년) 10월 3일 사직 이광적[32](李光迪)이 울릉도에 진을 설치할 것을 건의했다. 1726년(영조 2년) 10월 20일 강원도 유생 이승수[33](李昇粹)가 울릉도에 사람을 살게 하도록 제안했다. 1734년(영조 10년) 1월 13일 훈련원 판관 윤필은[34](尹弼殷)도 울릉도 개척 등에 대해 건의했으나 채택되지 않았다. 1884년(고종 21년) 11월 26일에는 전 오위장 이경렬[35](李京烈)이 울릉도 개간을 상소했지만, 고종은 자신의 생각과 비슷하다며 칭찬을 하였으나, 이 역시 실행되지 않았다.[36]

1882년(고종 19년) 8월 20일 영의정(領議政) 홍순목이 아뢰기를, "지난번에 검찰사(檢察使)가 복명(復命)할 때 울릉도(鬱陵島)의 지도와 서계(書契)를 삼가 이미 보셨으리라 생각합니다. 이 섬은 바다 가운데 외딴곳에 있는 하나의 미개척지로서, 들자니 땅이 비옥하다고 합니다. 우선 백성을 모집하여 개간하게 해서 5년 후에 조세를 물리면 절로 점차 취락(聚落)을 이루게 될 것입니다. 그리고 양남(兩南)의 조선(漕船)들이 여기에 가서 재목을 취해다가 배를 만들도록 허락한다면 사람들이 번성하게 모여들 것이니, 이것은 지금 도모해 볼만한 일입니다. 그러나 만일 도맡아 다스릴 사람이 없어 잡다한 폐단을 막기 어렵다면, 성실하게 일을 주관할만한 사람을 검찰사에게 문의하여 우선 도장(島長)을 차송(差送)하여 창립해서 규모를 제정해 두어 후일에 진(鎭)을 설치할 뜻을 미리 강구하도록 도신에게 분부하는 것이 어떻겠습니까?" 하니, 윤허하였다.[37] 이처럼 영의정 홍순목의 울릉도 개발 건의가 받아들여져 울릉도에 대한 본격적인 개발이 시작되었다.[38]

실질적인 공도정책 폐지는 이렇게 1882년 8월 20일 영의정 홍순목(洪淳穆)의 울릉도 개척 건의가 채택되고 8월 말 도장(島長) 전석규(全錫奎)가 임명됨으로써 이루어졌지만, 공식적인 폐지는 1894년에 이루어졌다. 1894년(고종 31년) 12월 27일 경상도 위무사 이중하(李

30) 김병렬 외(2005), "독도자료집Ⅰ", 동북아의 평화를 위한 바른역사정립기획단, pp.437~438.
31) 조선왕조실록[숙종 46권, 34년(1708 무자/청 강희(康熙) 47년) 2월 27일(갑진) 3번째 기사].
32) 조선왕조실록[숙종 49권, 36년(1710 경인/청 강희(康熙) 49년) 10월 3일(갑자) 1번째 기사].
33) 조선왕조실록[영조 10권, 2년(1726 병오/청 옹정(雍正) 4년) 10월 20일(무인) 5번째 기사].
34) 조선왕조실록[영조 37권, 10년(1734 갑인/청 옹정(雍正) 12년) 1월 13일(경인) 2번째 기사].
35) 조선왕조실록[고종 21권, 21년(1884 갑신/청 광서(光緒) 10년) 11월 26일(병인) 10번째 기사].
36) 김병렬 외(2005), "독도자료집Ⅰ", 동북아의 평화를 위한 바른역사정립기획단, pp.455~706.
37) 조선왕조실록[고종 19권, 19년(1882 임오/청 광서(光緒) 8년) 8월 20일(계유) 3번째 기사].
38) 김병렬 외(2005), "독도자료집Ⅰ", 동북아의 평화를 위한 바른역사정립기획단, pp.684~688.

重夏)의 보고를 검토한 총리대신, 내무대신, 탁지대신 등의 건의로 월송 만호의 울릉도 수토제도가 폐지[39]되었다. 이중하는 '울릉도(鬱陵島)를 수토(搜討)하는 선격(船格)과 집물(什物)을 바치는 것을 영영 없애는 문제입니다. 그 섬은 지금 이미 개척되었는데 좌수영(左水營)에서 동쪽 바닷가 각 읍에 배정하여 삼척(三陟) 월송진(越松鎭)에 이속하는 것은 심히 무의미한 일입니다. 수토하는 선격과 집물을 이제부터 영영 없애라고 경상도와 강원도(江原道)에 분부하는 것이 좋겠습니다'라는 건의를 했고 고종은 이를 윤허하였다.[40]

(2) 안용복 사건과 본격적인 수토정책 전환

조선 조정에서 울릉도가 다시 주목받기 시작한 것은 조선후기로 들어선 17세기 말엽(숙종 통치기간, 肅宗朝)부터였다. 그 직접적인 계기가 된 것은 1693년(숙종 19년) 안용복의 도일(피랍)사건이었다. 이 사건을 계기로 울릉도의 영유권문제가 한일 간의 외교현안으로 대두하고 조선조정 내에서 이를 처리하는 과정에서 자연히 울릉도 비어책(備禦策)에 대하여 관심을 두기 시작한다.[41] 조선과 일본 간의 울릉도 영유권 분규는 일본 막부가 울릉도가 조선의 지계임을 인정하여 일본 어선의 왕래를 금한다는 명령을 내리고(1696년, 숙종 22년), 대마도주가 이 사실을 동래부(東萊府)에 알려오자[42] 1697년(숙종 23년) 4월 13일 조선조정은 울릉도를 지키기 위한 수토문제를 다시 논의하게 되었다. 비변사 당상들과 같이 입시한 영의정 유상운(柳尙運)이 말하기를, "울릉도(鬱陵島)에 대한 일은 이제 이미 명백하게 한 곳으로 귀착되었으니, 틈틈이 사람을 보내어 순시하고 단속해야 합니다" 하니, 임금이 2년 간격으로 들여보내도록 명하였다.[43] 즉 유상운의 건의가 받아들여져, 수토사로 2년에 1차례씩 관원을 파견하여 수토하는 조선 조정의 울릉도 관리정책인 수토정책이 정식화하였다. 그러나 수토사 파견은 여러 가지 사정으로 2년 간격이 항상 지켜지지는 못했다.

3) 조선·일본 닮은꼴 실정 울릉도 다시 유인도 만들다

울릉도 도항금지령으로 한동안 뜸했던 일본인들이 일본 정부의 허가를 받지 않고 울릉

---

39) 김병렬 외(2005), "독도자료집 I", 동북아의 평화를 위한 바른역사정립기획단, pp.719~722.
40) 조선왕조실록[고종 32권, 31년(1894 갑오/청 광서(光緖) 20년) 12월 27일[기사] 3번째 기사].
41) 송병기(2000), "울릉도와 독도", 단국대학교출판부, pp.37~50.
42) 송병기(2004), "독도 영유권 자료선", 한림대학교출판부, pp.222~224.
43) 조선왕조실록[숙종 31권, 23년(1697 정축/청 강희(康熙) 36년) 4월 13일[임술) 1번째 기사].

도에 도항하는 일이 명치유신(明治維新) 이후 대외진출 분위기를 틈타 재현되었다. 울릉도에는 느티나무가 많았는데 일본 사람들은, 특히 이것을 탐내 벌목사업을 하고자 했던 것이다. 일본 사람들의 이러한 움직임은 다행히 조선조정에 의해 포착됐다. 조정은 1881년(고종 18년) 5월 수토 관원(搜討官員)을 울릉도에 보내 현장을 조사하게 했으며, 울릉도 현지에서 벌목하던 일본 사람을 발견하고 조정에 보고했다. 조정은 일본 사람들이 울릉도에 밀항한 사실을 처음으로 확인하고 일본 정부에 항의하였다. 1882년 4월에는 부호군(副護軍) 이규원(李奎遠)을 '울릉도 검찰사'로 파견해 섬을 탐사하도록 했다. 이규원의 실태조사에 근거해 같은 해 6월 조선 정부는 일본 외무성을 상대로 일본 사람들의 울릉도 무단 침입과 삼림 벌채를 금지하도록 강력히 항의했다.[44]

일본인의 울릉도 밀입국(도항) 사건은 수백 년간 이어져 온 조선 정부의 공도정책(空島政策)을 폐지하고, 역으로 적극적인 울릉도 개발정책으로 전환되는 계기가 되었다.[45] 1881년 5월 수토 결과보고와 1882년 6월 검찰사(檢察使) 이규원(李奎遠)의 울릉도 탐사 보고 이후 8월 20일 영의정 홍순목(洪淳穆)의 울릉도 개척 건의가 채택되어 마침내 울릉도개척령(鬱陵島開拓令)이 발하여졌다. 8월 말 전석규(全錫圭)를 울릉도 도장(島長)에 임명하고 강원도 평해군(平海郡)으로 하여금 감독하게 하는 등 이민입식정책이 시작되었다. 1883년 3월에는 개화파지도자인 김옥균을 '동남제도개척사'에 임명해 울릉도 일대의 개척을 시도하였다.[46]

게다가 제물포조약 비준을 위해 일본에 가 있던 수신사 박영효(朴泳孝)도 11월 2일의 조약비준 석상에서 이노우에 카오루(井上馨) 외무경에게 일본인의 울릉도 밀입국에 대해 강하게 항의했다. 양국 외교관계 악화를 우려한 일본 외무성의 수목벌채 금지 취지에 따라 1883년 3월 1일부로 태정대신이 내무경과 사법경에 대해 일본인의 울릉도 도항 상륙을 금지하는 비공식적인 지시를 발송하였다.[47] 9월 일본 정부는 울릉도 재류 일본인을 소환하기 위해 내무성 서기관과 기선을 직접 파견 주로 벌목에 종사하고 있던 254명의 일본인 전원을 강제로 귀국시켰다. 이때 귀환한 일본인들은 원래 밀입국과 밀무역의 범죄자였으나, 실제로 전원이 면소 또는 무죄가 되었다.[48]

---

44) 김학준(2003), "독도는 우리 땅", 도서출판 해맞이, pp.131~133.

45) 임영정 역(2003), "독도 영유권의 일본 측 주장을 반박한 일본인 논문집", 경인문화사, pp.164~167.

46) 김학준(2003), "독도는 우리 땅", 도서출판 해맞이, p.133.

47) 나이토우 세이추우 저, 권오엽·권정 편주(2011), "일본은 독도(죽도)를 이렇게 말한다", 한국학술정보(주), pp.241~242.

48) 임영정 역(2003), "독도 영유권의 일본 측 주장을 반박한 일본인 논문집", 경인문화사, pp.164~167.

조선이 공도정책으로 울릉도를 비워둔 것은 왜구의 침범 우려도 있었지만, 세금을 피해 울릉도로 도망친 사람들 때문이었다. 일본에서 울릉도로 무단 침입해 벌목을 한 자들 역시 일본 정부의 실정에 힘들어하며 밀입국과 밀무역을 한 범죄자들로 조선 정부와 닮은꼴의 일본 정부 실정이 울릉도를 조선이 다시 유인도로 만들고, 한국이 독도 영유권을 주장하는 근거가 되는 1900년 대한제국 칙령 제41호 반포의 배경이 되었다. 하지만 울릉도를 왕래하고 어업활동을 통하여 독도 주변해역이 고기와 강치가 많이 잡힌다는 사실을 안 일본인들이 때로는 불법적으로 때로는 합법적으로 갖은 수단을 동원하며 어업활동을 계속해 일본에 편입되도록 함으로써 결국 오늘날 독도 영유권 문제를 만들어 내는 원인이 되었다.

2. 조선의 총체적 부패와 분열 그리고 대원군 쇄국정책

1) 개혁 실패와 권력투쟁 격화, 난국 수습책 부재

일본인들의 울릉도 밀입국이 확인되고 실질적인 수토정책이 막을 내리면서 울릉도 개척이 시작된 1882년의 조선은 세도정치[49]와 쇄국정치[50] 여파, 권력 투쟁, 개혁의 실패와 삼정문란 등으로 인한 부정부패가 극에 달한 혼란의 시기였다. 국가에서 군대에 급료를 제대로 지급하기 곤란한 총체적 난국 상황이었다. 그래서 터진 것이 임오군란이다. 임오군란은 이후 갑신정변, 청일전쟁과 러일전쟁, 갑오경장, 을미사변, 아관파천 등으로 이어지는 조선과 대한제국 멸망의 서곡으로 작용한다.

1882년(고종 19년) 6월 개화정책과 급료지급과정의 불만으로 구식군인들이 일으킨 난인 임오군란(壬午軍亂)이다. 고종을 비롯한 민 씨 척족정권이 개화정책을 추진하여 일본, 구미제국 등과 교섭통상관계가 이루어짐에 따라 개화파와 수구파의 반목이 점차 심하여지고, 제도개혁에 따라 개화파 관료가 대거 등장하자 수구파의 반발이 격화되었다. 특히 5영(營)을 폐지하고 무위(武衛)·장어(壯禦)의 2영을 설치하는 동시에, 소규모이긴 하나 신식군대로 별기군(別技軍)이 창설되자 수구 세력의 불만이 고조되어 있었다. 구(舊) 군영소

---

49) 세도정치(勢道政治)는 왕실의 근친이나 신하가 강력한 권세를 잡고 온갖 정사(政事)를 마음대로 하는 정치. 조선 정조 때 홍국영에서 비롯하여 순조·헌종·철종의 3대 60여 년 동안 왕의 외척인 안동 김씨, 풍양 조씨 가문에 의하여 이루어졌다.

50) 쇄국정책(鎖國政策)은 다른 나라와의 통상과 교역을 금지하는 정책. 자국의 이익이나 국가 안보를 지키기 위하여 문호를 닫는 것이다. '통상 수교의 거부'의 전 용어.

속 군인들은 군량이 풍부하였던 대원군 집정 시대와는 달리 13개월 동안 군료(軍料)가 밀려 불만이 쌓여갔고 이러한 사태의 원인이 위정자들에게 있다고 생각하였다.

1882년 6월 초 전라도 조미(全羅道漕米)가 도착하자 6월 5일 선혜청 도봉소(都捧所)에서는 우선 무위영 소속의 구(舊) 훈련도감 군병들에게 1개월분의 급료를 지급하게 되었다. 그러나 선혜청 고직(庫直)의 농간으로 겨와 모래가 섞였을 뿐만 아니라 분량도 절반 정도밖에 되지 않아 군료의 수령을 거부하고, 포수(砲手) 김춘영(金春永)·유복만(柳卜萬) 등이 앞장서서 선혜청 고직(庫直)과 무위영 영관에게 항의하여 시비가 격렬해졌다. 당시 궁중에 있던 민겸호(民謙鎬)는 이 소식을 듣고 김춘영·유복만 등 주동자를 잡아 가두고 처형하도록 하였다. 이 소식을 전하여 들은 김춘영의 아버지 김장손(金長孫)과 유복만의 동생 유춘만(柳春萬)이 통문을 발송, 군병의 결집을 호소하였다. 6월 9일 김장손과 유춘만을 선두로 한 무위영 군병들은 민겸호의 집에 들어가 가재도구와 가옥을 모두 파괴하고 폭동을 일으켰다.

그들은 민 씨 정권의 보복이 있을 것이라 예상하고 운현궁(雲峴宮)으로 올라가 대원군에게 진정한 후 진퇴를 결정해주기를 요청하였다. 대원군은 이러한 군·민의 소요사태에 대해 표면상으로는 달래는 태도를 취하여 밀린 군료의 지급을 약속하며 해산하도록 하고, 한편으로는 김장손과 유춘만 등을 불러 밀계(密啓)를 지령하고 심복인 허욱(許煜)을 군복으로 변장시켜 군·민들을 지휘하게 하였다. 사태수습 과정에서 국왕의 자책교지(自責敎旨)가 반포되고, 대원군은 이를 계기로 군·민을 무마하여 사태수습에 나섰다.

우선 군병의 요청에 따라 무위영·장어영과 별기군을 혁파하고 5영을 복구시키도록 하였으며, 통리기무아문(統理機務衙門)을 혁파하고 3군부(三軍府)를 설치하였다. 또한 군병들에 대해 군료의 지급을 공약하고 척족의 제거를 위한 인사 조치를 단행하여 이재면으로 하여금 훈련대장·호조 판서·선혜청 당상을 겸임하게 하여 병(兵)·재(財) 양 권력을 장악하게 하고 중앙의 각 부서와 지방의 관찰사 등 수령에 새로운 인물을 등용하였다. 그러나 일부 난병들이 민비의 처단을 주장하고 해산을 거부하자, 대원군은 민비 상(喪)을 공포했다.

이에 민 씨 일파는 큰 타격을 받았으나 곧 톈진(天津)에 주재하고 있던 영선사(領選使) 김윤식(金允植) 등에게 통지하여 청나라의 원조를 청하였다. 통지를 받은 김윤식 등은 대원군의 존재 위험성과 함께 난당(亂黨)의 소탕, 조선과 일본과의 사이에 청국이 조정해 달라고 요청하였다. 청국 정부는 김윤식의 의견에 따라 일본과 대항하기 위해 오장경(吳長

慶) 등으로 하여금 4,500명의 군대를 거느리고 곧 출동하게 하였다. 그리고 13일 정오 우선 대원군을 예방하여 안심시킨 다음, 오후 4시경 답례를 하기 위해 온 대원군을 강제로 납치하여 남양만의 마산포(馬山浦)로 호송, 청나라 병선으로 톈진에 이송시켰다. 이렇게 하여 대원군 정권은 하루아침에 무너지고 말았으며, 청군은 16일 난당의 소탕을 구실삼아 왕십리와 이태원 방면에 출동하여 군·민을 학살하고 170여 명을 체포하였으며, 그중 11명을 참수하는 것으로 매듭 되었다.

군란이 수습된 이후 민 씨 척족정권은 고종의 유신선언에도 불구하고 구태의연한 정치 풍토 속에서 오로지 정권 유지에만 급급하였다. 따라서 진정한 개혁은 실현되지 않았고, 다만 무정견한 개화정책만 되풀이된 것이다. 군란 이후 청국과 일본의 압력이 가중되었고 특히, 청은 조선의 내정·외교 문제에 적극적으로 개입함으로써 종주권을 강화하였다. 이에 따라 조선 정부 내에는 새로운 대립과 반목이 생기게 되었고 이것은 갑신정변의 원인이 되었다. 결국 임오군란은 민 씨 척족정권의 성급하고도 무분별한 개화정책 추진에 대한 반발과 모순에서 일어난 군민의 저항이었다고 할 수 있다.[51]

정부와 국민의 관심이 혼란된 정국으로 쏠리는 가운데 8월 20일 영의정 홍순목(洪淳穆)의 울릉도 개척 건의가 채택되어 도장을 임명하고 울릉도 재개척이 시작된 것은 신기할 정도였다. 그러나 이후 거듭된 개혁 실패와 혼란된 정국은 울릉도와 독도를 제대로 개척하고 관리하도록 지원하는 데는 한계를 드러내 도장이 부정부패를 일삼는 등 관리 부실을 가져오고 현지 주민의 정착을 어렵게 하였다.

2) 조정 파견 관료 아무도 독도 답사하지 않았다

조선 초기 공도정책을 수행하기 위해 파견된 경차관과 숙종 시대 이후 파견된 수토사는 체류 기간이 짧아 그렇다고 하더라도 고종의 명을 받고 울릉도를 면밀하게 조사한 이규원, 울릉도의 일본인 삼림 벌채를 조사한 우용정, 그리고 울릉도 현지에서 살면서 개척을 담당했던, 전석규와 김옥균, 배계주, 심흥택 군수 등 많은 관리는 도대체 무슨 일을 하고 있었기에 독도에 대한 기록이 전혀 없을까? 이들의 독도에 대한 행정과 관리는 중앙정부의 행정 및 사법 행위가 아니어도 독도를 한국이 실효적으로 지배했다는 것을 입증할 수 있다. 그런데 신라시대에 이미 동아시아 해상을 장악하는 해상운송 능력과 기술이 있

---

51) 한국학중앙연구원 저(2011), "한국사기초사전".

었고, 안용복이 한 번 만에 다녀오고, 일본인들이 수시로 드나든 독도, 그 독도에 대한 조선 조정과 대한제국 조정의 실효지배와 관리가 왜 제대로 이루어지지 않았는지 당시의 기록을 통해 그 원인을 살펴보면 다음과 같다.

(1) 울릉도 탐사와 수토정책에 의한 수토사 파견

① 조선 조정의 우산국 탐사

동해 가운데 요도가 있다는 소문이 떠돌면서 1445년 8월 17일(세종 27년) 요도(蓼島)를 확인하기 위해 요도를 찾아내는 자에게 포상하겠다고 현상금을 내걸었으나 결국 찾는 데 실패했다.[52] 조선왕조실록에 요도와 관련된 기록이 1,475건이나 있을 정도로 높은 관심사였다.

독도를 찾기 위한 노력은 성종 시대에 더욱 가속화되었다. 성종실록에는 당시 삼봉도로 불리던 독도의 실체를 찾고 이를 답사하기 위해 지시하고 답사 준비를 하거나 실행 후 보고한 기록이 무려 45차례나 나온다. 동해 한가운데에 삼봉도(三峰島)라는 누구도 한 차례 가보지 못한 수수께끼 같은 섬이 있는데 병역과 세금을 벗어나려는 강원도와 함경도 유민들이 바로 그 섬으로 들어가 산다는 말이 있어서, 성종 1년(1470년) 12월 11일 조정은 영안도(永安道) 관찰사 이계손[53](李繼孫)에게 왕래한 사람을 찾아낼 것을 명한다. 성종 3년 2월 3일에는 강원도 관찰사[54]에게 해(海) 중에 삼봉도를 탐방하기 위한 구체적인 준비를 명령했다. 3월 20일에는 삼봉도 경차관 박종원[55](朴宗元)에게 모시 철릭 등을 내리게 했다. 6월 12일에는 강원도 관찰사(江原道觀察使) 이극돈[56](李克墩)이 삼봉도 경차관무장(軍事)으로 무릉도를 조사한 경위를 보고했다. 그리고 성종 4년 1월 9일에는 영안도 관찰사 정난종[57](鄭蘭宗)에게 삼봉도 탐사를 명했다.

성종 7년이던 1476년 10월 27일 병조(兵曹)에서 아뢰기를, "영흥(永興) 사람 김자주(金自周)의 공초(供招)에 이르기를, 김자주와 송영로(宋永老) 그리고 전일(前日)에 갔다 온 김흥(金

52) 조선왕조실록[세종 109권, 27년(1445 을축/명 정통(正統) 10년) 8월 17일(무오) 2번째 기사].
53) 조선왕조실록[성종 8권, 1년(1470 경인/명 성화(成化) 6년) 12월 11일(갑인) 4번째 기사].
54) 조선왕조실록[성종 15권, 3년(1472 임진/명 성화(成化) 8년) 2월 3일(경오) 3번째 기사].
55) 조선왕조실록[성종 16권, 3년(1472 임진/명 성화(成化) 8년) 3월 20일(병진) 2번째 기사].
56) 조선왕조실록[성종 19권, 3년(1472 임진/명 성화(成化) 8년) 6월 12일(정축) 5번째 기사].
57) 조선왕조실록[성종 26권, 4년(1473 계사/명 성화(成化) 9년) 1월 9일(경자) 2번째 기사].

興)・김한경(金漢京)・이오을망(李吾乙亡) 등 12인에게 마상선(麻尙船) 5척(隻)을 주어 들여
보냈는데, 지난 9월 16일에 경성(鏡城) 땅 옹구미(甕仇未)에서 배를 출발하여, 섬으로 향해
같은 날 부령(富寧) 땅 청암(靑巖)에 도착하여 자고, 17일 회령(會寧) 땅 가린곶이(加隣串)에
도착하여 잤으며, 18일에는 경원(慶源) 땅 말응대(末應大)에 도착하여 잤고, 25일에 섬 서쪽
7, 8리(里) 남짓한 거리에 정박하고 바라보니, 섬 북쪽에 세 바위가 벌여 섰고, 그다음은
작은 섬, 다음은 암석(巖石)이 벌여 섰으며, 다음은 복판 섬이고, 복판 섬 서쪽에 또 작은
섬이 있는데, 다 바닷물이 통합니다. 또 바다 섬 사이에는 인형(人形) 같은 것이 별도로 선
것이 30개나 되므로 의심이 나고 두려워서 곧바로 갈 수가 없어 섬 모양을 그려 왔습니
다"라고 하였다.[58]

　이 섬을 찾기 위한 노력이 이어지고 여러 차례 수토군 파견이 이루어졌으나 한 차례도
찾지 못했다. 결국 답사 실패의 책임을 물어 삼봉도의 존재를 언급한 김한경을 형에 처하
고 성종 13년(1482년) 2월 5일 연좌된 김한경(金漢京)의 딸 김귀진(金貴珍)은 함원참(咸原站)
에 예속시키도록 했다.[59] 독도는 보는 위치에 따라 세 개의 큰 봉우리가 나란히 서 있는
모습으로 보이기도 한다는 점으로 미루어 아마 김한경 일행은 독도 인근까지는 간 것으
로 보이지만, 정확한 뱃길을 알지 못해 후속 답사에 실패했을 가능성이 있다.

　② 숙종 이후 200년간 50회 이상 수토사 파견 추정
　안용복의 도일과 대마도주의 울릉도 출어금지 요청으로 울릉도 방어가 조선 조정의 관
심 대상이 되었을 때, 영의정 남구만(南九萬)의 건의에 따라 장한상(張漢相)이 삼척첨사(三
陟僉使)로 발탁되었다. 장한상은 1694년(숙종 20년) 9월 19일 삼척에서 출발하여 울릉도에
체류하면서 살피고 10월 6일 삼척으로 돌아왔다.[60] 장한상은 울릉도 심찰 결과를, 산천(山
川)・도리(道里)를 적어 넣은 지도와 함께 정부에 보고했다. 그 요지는 왜인(倭人)이 왕래한
흔적은 있으나 살고 있지는 않다는 것, 해로(海路)가 순탄치 않아 일본이 횡점(橫占)한다
하더라도 제방(除防)하기 어렵다는 것, 보(堡)를 설치하려 하여도 땅이 좁고 큰 나무들이
많아 인민을 주접(住接)시키기 어렵다는 것 등이다. 그리고 중봉(中峯)에 올라 동쪽을 바라
보면 바다 가운데 한 섬이 보이는데 아득히 진방(辰方)에 위치하며 그 크기는 울도(蔚島)의

---

58) 조선왕조실록[성종 72권, 7년(1476 병신/명 성화(成化) 12년) 10월 27일(정유) 2번째 기사].
59) 조선왕조실록[성종 138권, 13년(1482 임인/명 성화(成化) 18년) 2월 5일(갑진) 4번째 기사].
60) 조선왕조실록[숙종 27권, 20년(1694 갑술/청 강희(康熙) 33년) 8월 14일(기유) 4번째 기사].

3분의 1 미만이고 거리는 3백여 리에 불과하다고 독도에 관한 내용을 언급하고 있다.[61]

수토관 월송 만호(越松萬戶) 한창국(韓昌國)이 정조 18년(1794년) 4월 21일 미시(未時)에 출선하여 22일 인시(寅時)에 섬의 서쪽 황토구미진(黃土丘尾津)에 정박하여 산으로 올라갔다. 26일에 가지도(可支島)로 가니, 네댓 마리의 가지어(可支魚)가 놀라서 뛰쳐나오는데, 모양은 무소와 같았고, 포수들이 일제히 포를 쏘아 두 마리를 잡았습니다. 섬 안의 산물인 가지어 가죽 2벌, 황죽(篁竹) 3개, 자단향(紫檀香) 2토막, 석간주(石間朱) 5되를 가지고 30일 배를 타고 출발하여 새달 8일에 본진으로 돌아와 바쳤다[62]는 기록이 나온다.

이외에도 울릉도 순심과 수토를 행한 지방관 가운데 조선실록, 울릉도 태하리의 각석문, 1936년 도동항 수축공사지에서 발견된 각석 등에 그 이름이 전한다. 그 내용을 살펴보면 태종 16년 무릉등처안무사 김인우를 시작으로 하여 17년 김인우, 세종 7년 김인우 등이 총 3회를 다녀온 것을 비롯하여 세종 20년 남회·조민, 광해군 5년 김연성, 숙종 20년 장한상, 25년 전회일, 28년 이준명, 37년 박석창, 영조 11년 구억, 45년 홍우보, 정조 18년 한창국, 순조 1년 김최환, 4~5년 이보국, 30~31년 이경정, 헌종 12~13년 사이 정재천 등 15명이며, 이들의 직책은 대부분 삼척 영장이나 월송 만호였다. 순심과 수토의 목적은 초기에는 울릉도 주민 쇄환, 후기로 갈수록 울릉도 형세 파악이나 토산물을 채취해 바치는 일이었던 것으로 나타났다.[63]

1697년(숙종 23년) 4월 13일 조선 조정이 영의정 유상운(柳尙運)의 순검 건의를 받아들여 수토사로 2년마다 관원을 파견하여 수토하는 울릉도 관리정책인 수토정책을 정식화한 이후 1882년 8월 영의정 홍순목의 울릉도 개척 건의가 받아들여질 때까지 185년간 계산상으로는 92회이지만, 이 가운데 공식 확인된 것만도 20여 회에 이르고 가뭄이나 기근이 들었을 때 수토사를 파견하지 않은 점을 고려하더라도 숙종 이전에도 간간이 수토사를 파견했으므로 조선 시대에 대략 50회 이상 수토사를 파견하였을 것으로 추정된다. 그럼에도 불구하고 아직 독도 답사에 대한 구체적인 기록이 나타나지 않은 것으로 보아 조선 조정에서 파견한 수토사 중 독도를 제대로 답사한 관원은 아무도 없었던 것으로 보인다. 그러나 안용복 등의 피랍과 홍재현의 무용담 등이 알려져 있는 점으로 미루어 백성들의 독도에 대한 애착과 관리는 지속되었다.

---

61) 송병기(2000), "울릉도와 독도", 단국대학교출판부, pp.41~42.

62) 조선왕조실록[정조 40권, 18년(1794 갑인/청 건륭(乾隆) 59년) 6월 3일(무오) 9번째 기사].

63) "울릉군지"(2007), 울릉군청, pp.175~178.

(2) 이규원, 명령받고도 왜 독도 답사하지 않았나

울릉도 개척의 시작은 1881년 5월 22일 강원감사 임한수[64]가 울릉도에 파견한 수토관이 울릉도에서 벌목하고 있는 일본인들을 만난 내용을 작성 조정에 장계를 올렸고 조정에서 논의를 통해 부호군(副護軍) 이규원[65](李奎遠)을 울릉도 검찰사(鬱陵島檢察使)로 차하(差下)하기로 함으로서 이루어지게 됐다.[66] 이규원은 1881년 5월에 검찰사로 임명되었으나 실제 울릉도를 다녀온 것은 1882년이었다.

고종은 1882년(고종 19년) 4월 7일 검찰사(檢察使) 이규원(李奎遠)이 울릉도로 떠나기 전에 소견(召見)하였다. 고종은 하교하기를, "울릉도(鬱陵島)에는 근래에 와서 다른 나라 사람들이 아무 때나 왕래하면서 제멋대로 편리를 도모하는 폐단이 있다고 한다. 그리고 송죽도(松竹島)와 우산도(芋山島)는 울릉도의 곁에 있는데 서로 떨어져 있는 거리가 얼마나 되는지 또 무슨 물건이 나는지 자세히 알 수 없다. 이번에 그대가 가게 된 것은 특별히 가려 차임(差任)한 것이니 각별히 검찰하라. 그리고 앞으로 읍(邑)을 세울 생각이니, 반드시 지도와 함께 별단(別單)에 자세히 적어 보고하라" 하니, 이규원이 아뢰기를 "우산도는 바로 울릉도이며 우산(芋山)이란 바로 옛날의 우산국의 국도(國都) 이름입니다. 송죽도는 하나의 작은 섬인데 울릉도와 떨어진 거리는 30리(里)쯤 됩니다. 여기서 나는 물건은 단향(檀香)과 간죽(簡竹)이라고 합니다"라고 하였다.

고종이 하교하기를, "우산도라고도 하고 송죽도라고도 하는데 다 '동국여지승람'(東國輿地勝覽)에 실려 있다. 그리고 또 혹은 송도·죽도라고도 하는데 우산도와 함께 이 세 섬을 통칭 울릉도라고 하였다. 그 형세에 대하여 함께 알아보라. 울릉도는 본래 삼척 영장(三陟營將)과 월송 만호(越松萬戶)가 돌아가면서 수검(搜檢)하던 곳인데 거의 다 소홀히 함을 면하지 못하였다. 그저 외부만 살펴보고 돌아왔기 때문에 이런 폐단이 있었다. 그대는 반드시 상세히 살펴보라" 하니, 이규원이 아뢰기를, "삼가 깊이 들어가서 검찰하겠습니다. 어떤 사람들은 송도와 죽도는 울릉도의 동쪽에 있다고 하지만, 이것은 송죽도 밖에 따로 송도와 죽도가 있는 것은 아닙니다"라고 하였다. 하교하기를, "혹시 그전에 가서 수검한 사람의 말을 들은 것이 있는가?" 하니, 이규원이 아뢰기를, "그전에 가서 수검한 사람은

---

64) 조선왕조실록[고종 18권, 18년(1881 신사/청 광서(光緒) 7년) 5월 22일(계미) 2번째 기사].

65) 이규원(李奎遠): 본관은 전주(全州)이며, 1823년(순조 23년) 3월 강원도 금화군 읍내 암정리에서 태어났으며, 철종 2년 19세에 무과에 출사하여 선전관이 되고 금부도사와 훈련원부정을 역임했다. 1882년(고종 19년) 울릉도 검찰사를 역임한 후에는 어영대장, 병조참판, 1894년 개화파 정권하에서는 군무아문대신, 함경북도관찰사를 지냈으며, 1901년 11월 69세로 생을 마감했다. 한말 정계의 뚜렷한 존재임에도 울릉도 검찰보고 외에 그가 남긴 기록은 별로 없다.

66) 동북아역사재단(2008), "독도와 시민사회", 동북아역사재단, p.51.

만나지 못하였으나 대체적인 내용을 전해 들었습니다"라고 하였다.[67]

이렇게 이규원은 고종으로부터 울릉도와 함께 우산도, 송죽도도 알아보도록 지시를 받았는데, 이규원은 우산도는 울릉도이고, 송죽도는 송도와 죽도 두 개의 섬이 아니고 하나의 섬으로 알고 있다고 아뢰었다. 이에 고종이 울릉도와 우산도, 송죽도는 분명히 다른 섬인데 총칭하여 울릉도라고 한다면서 자세히 검찰하도록 하였다. 울릉도와 우산도는 별개이고 나아가 죽도(현재의 죽서도)가 우산도가 아니라고 하는 사실은 1800년대 전기에 제작된 해동여지도(울릉도의 북쪽에 죽도를 동쪽에 우산도를 도식) 등을 보면 알 수 있듯이 당시 비교적 알려진 지식이었다.[68]

고종의 명령을 받은 이규원 검찰사 일행은 '순흥-풍기-봉화-안동-영양-평해'로 길을 나아갔다. 그의 여정은 1882년 4월 7일 평해, 즉 오늘날 울진의 월송정(越松亭)에서 몇 리 떨어진 구산포(邱山浦)에서 성황제와 동해신제를 지내고 출발한다. 상선(上船)에는 사격(沙格) 17명, 포수(砲手) 6명, 취수(吹手) 2명, 석수(石手) 1명, 도척(刀尺) 1명, 영리(營吏) 1명, 경행상하(京行上下) 10명 등 39명이 탑승하였으며, 종선(從船) 2척에는 사격, 포군, 노군 등 63명이 탔으니, 도합 3척 102명의 대부대였다. 조사단원들은 4월 30일 울릉도 현지에 도착하자마자 섬의 실태 조사에 들어갔다. 그는 출발부터 귀환 이후의 전 과정을 검찰일기(檢察日記)로 남긴다.[69]

우산을 국도(國都)로만 알고 있었던 이규원은 울릉도가 우산도라는 선입견을 품고 벌목을 하고 있던 일본인을 만나 이들이 울릉도를 송도로 칭한다는 것을 알게 되어 우산도, 송도는 모두 울릉도와 같은 섬이고, 죽도는 죽서도라는 착각에 빠져 울릉도 내 내·외국인의 활동사실과 개척 가능성만을 검찰한 채 귀환하여 우산은 울릉이라고 보고하였다.[70] 1882년(고종 19년) 6월 5일 이규원은 울릉도 검찰 결과를 보고[71]할 때 고종이 출발하기 전인 4월 7일 지시했던 사항 중 송도, 죽도, 우산도의 3도를 울릉도라 통칭한다는 설이 있으므로 그 실제 형편을 살펴보라는 지시에 대해서는 아무런 언급이 없었다. 또한 울릉도 곁에 있는 송죽도와 우산도의 거리에 대해서도 지시가 있었지만, 이규원의 보고내용에는 포함되어 있지 않다. 따라서 이규원이 고종의 지시에도 불구하고 독도는 검찰하지 않았음

67) 조선왕조실록[고종 19권, 19년(1882 임오/청 광서(光緖) 8년) 4월 7일(임술) 1번째 기사].
68) 김병렬(2001), "독도논쟁", 다다미디어, pp.413~414.
69) 주강현(2008), "독도견문록", 웅진씽크빅, p.296.
70) 김병렬(2001), "독도논쟁", 다다미디어, pp.413~414.
71) 조선왕조실록[고종 19권, 19년(1882 임오/청 광서(光緒) 8년) 6월 5일(기미) 4번째 기사].

을 알 수 있다.[72]

이규원이 독도를 답사하지 않은 이유는 풍랑에 겁을 집어먹어 직접 독도에 가는 것을 포기하고 대신 울릉도에 와 있던 일본인들에게 우산도, 즉 독도에 관한 것을 몇 마디 물어보는 것으로 대신한 것이다. 만약 이규원이 고종이 애초 우산도를 알아보라는 명령만 제대로 이행해 독도를 답사했더라도 오늘날 일본이 독도가 무주지였다는 주장과 조선이 독도를 실효적으로 지배한 근거를 내놓으라는 주장이나 요구를 할 수 없었을 가능성이 크다. 실로 애석한 일이다. 문제를 파악해 대책을 세우기 위해 정부에서 파견하고 왕명을 제대로 이행하지 않은 이규원을 국토해양부는 '우리 땅 독도'에서 독도를 지킨 사람들에 올려 홍보하고 있다. 경상북도는 한술 더 떠 이규원의 보고에 의해 수토정책이 끝나고 울릉도 개척이 시작되었다고 굵은 글씨로 강조해 기술하고 있다. 한마디로 역사 인식에 대한 개념이 부족하다.

(3) 도감, 군수, 정부는 뭘 했기에 독도 관련 기록이 없나

1882년 8월 20일 영의정 홍순목(洪淳穆)의 울릉도 개척 건의 채택으로 울릉도 개척이 시작된 이후 1905년 1월 28일, 일본 제국주의 정부 각료회의에서 독도(다케시마)를 일본 영토로 편입시키기로 결정하기까지 22년이라는 기간이 있었다. 그런데 독도에 대한 관리 기록이 제대로 보이지 않는다. 당시 정부의 대처와 울릉도에 파견된 관리들은 어떻게 관리를 했으며 주민은 어떻게 생활하고 있었는지, 울릉도에서는 어떤 일이 일어나고 있었는지 현지상황을 중심으로 살펴보면 다음과 같다.

영의정 홍순목(洪淳穆)의 울릉도 개척 건의가 채택되어 8월 말 도장(島長) 전석규(全錫奎)가 임명되었고, 울릉도는 지방관제상 울진현에서 평해현(平海縣)으로 이속되었다. 전석규는 이규원이 검찰할 때 동행한 인물로 입도한 지 10년이나 되는 인물이었다. 1883년 3월 16일 조선 조정은 평소에 울릉도 개척과 임업 및 어업개발을 주장해온 개화파의 영수인 김옥균[73](金玉均)을 동남제도개척사(東南諸道開拓使)에 임명하고 백춘배를 종사관으로 임명하여 울릉도 개척 사업을 적극적으로 추진하였다. 울릉도의 본격적인 개척이 결정된 후 4월 강원도 관찰사가 개척에 필요한 물자 준비를 중앙정부에 보고한 기록에 의하면 개척민들을 위한 물자는 대부분 생활도구와 곡식의 종자, 가축과 주민 보호를 위한 총 3자루

72) 김병렬 외(2005), "독도자료집 I ", 동북아의 평화를 위한 바른역사정립기획단, p.673.
73) 조선왕조실록[고종 20권, 20년(1883 계미/청 광서(光緖) 9년) 3월 16일(병신) 2번째 기사].

를 비롯한 무기류, 개척민을 실어 나르기 위한 선박 4척 등 개척민들의 생업은 농업으로 농업이민 중심으로 이루어졌다.

개척 방향이 만일 울릉도의 특성을 고려해 어민들의 이주 그리고 삼림벌채를 위한 이민으로 이루어졌다면 울릉도 개척은 실효를 거두었을 것이고, 울릉도에 대한 일본인들의 삼림벌채와 출어행위를 단속하여 울릉도를 지켜낼 수 있었을 가능성이 크다. 그러나 초기 개척의 방향은 농업이민으로 방향이 잘못되어 인구 유입이 원활하지 않았다. 조선 정부의 강경한 항의와 적극적 사민정책을 본 일본은 공동운수회사의 에치고마루(越後丸)라는 배에 내무성 서기관 등이 승선하여 1883년 10월 7일과 14일[74] 울릉도에 가서 254명의 일본인을 강제로 데리고 돌아감으로써 울릉도에는 일본인들이 한 명도 남지 않게 되었다.[75] 하지만 그것은 일시적인 일이었다. 도항 금지령에도 불구하고 일본인들은 곧 돌아왔다.

울릉도 개척을 주관하기 위한 도장이 임명되었지만, 도장은 강원도 관찰사의 발령이었고 이정(里正)이나 보갑(保甲)과 같은 것이어서 관수(官守)의 권한을 갖고 있지 못하였다. 도장에 임명된 전석규는 도장이라는 감투는 씌워져 있었지만, 직책을 수행할 수 있는 수하인은 물론 경비조차 배정되지 않았다. 그 때문에 그는 개척을 독려하고 울릉도에 들어온 일본인을 몰아 쫓아내기보다는 도장이라는 직책을 이용하여 부정을 저질렀다. 1884년 (고종 21년) 1월 도장 전석규는 정부의 허락도 없이 미곡을 받고 일본 천수환(天壽丸) 선장에게 삼림 벌채를 허가해주는 증표를 써준 것이 발각되어 동남제도개척사(東南諸道開拓使) 김옥균[76](金玉均)에 의해 형조로 압송되었다. 이처럼 울릉도에 파견된 관리들이 일본인의 벌목을 묵인해주는 일도 있었다.[77]

정부는 전석규의 후임을 즉시 선발하여 보내고자 하였으나, 적절한 후임자를 찾지 못하자 삼척영장으로 하여금 직접 울릉도에 들어가서 실지 형편을 관찰하면서 백성의 이주와 개척사무를 관리하여 처리하도록 하되 관리들의 배치 문제는 강원감사에게 위임하고, 관직명은 '울릉도첨사 겸 삼척영장'으로 하도록 하여 병조의 발령을 받아 울릉도 행정을 담당 관리하게 하였다. 이로 인해 현지인 도장제는 폐지되고 말았다. 그로부터 3개월 후 평해군수로 하여금 울릉도첨사를 겸하게 하고 발령은 이조에서 발급하도록 하였다.

근본적인 문제는 도장제로 일본인들의 울릉도 침입 어업을 막아낼 수 없다는 데 있었

74) 나이토우 세이추우 저, 권오엽·권정 편주(2011), "일본은 독도(죽도)를 이렇게 말한다", 한국학술정보(주), p.244.

75) 신용하(1996), "독도, 보배로운 우리영토", 지식산업사, p.117.

76) 조선왕조실록[고종 21권, 21년(1884 갑신/청 광서(光緖) 10년) 1월 11일(정해) 1번째 기사].

77) 주강현(2008), "독도견문록", 웅진씽크빅, p.235.

다. 1883년 6월 22일 조일통상장정78) 체결에 따른 조선연안에서의 어업허가와 그에 따른 처벌규정에서 일본 어민들의 범법행위에 대해 조선국 관리가 체포하였을 때는 일본의 영사관으로 하여금 의법 처단케 규정하고 있었다. 이는 오히려 일본인들의 치외법권적 보호 규정으로 작용 일본인들이 대규모로 울릉도에 들어와 어업행위를 하게 되었다. 일본인들은 어선단을 형성 울릉도에 들어와 도동에서 사기그릇 등 상품을 쌓아놓고 이를 곡물과 교환하고, 장흥동 등지에서는 조 약 16석분을 절취하고, 관청 창고와 민가를 때려 부수는 등의 행패도 부렸다.

이 사건은 마침 울릉도를 수토 중이던 월송만호 겸 울릉도장 서경수에게 적발되어 정부에 보고했지만, 일본은 오히려 일본 영사관에 죄인을 인도하지 않았음을 지적하고 부산 원영사에게 조사 처리하도록 지시하였음을 통보하였을 뿐이다. 이 사건에서 보다시피 수하에 무장병력을 전혀 갖추지 못한 서경수가 할 수 있는 일이란 기껏 행정계통을 밟아 정부에 보고할 뿐이고, 정부는 이를 일본 공사관에 항의할 뿐이었다. 이 사건은 도리어 일본인들의 울릉도 침입 어업의 기폭제로 작용하게 되었다.

1883년 6월 22일 체결한 조일통상장정 제41관79) 일본국 어선은 조선국의 전라도(全羅道), 경상도(慶尙道), 강원도(江原道), 함경도(咸鏡道) 네 도(道)의 연해에서, 조선국 어선은 일본국의 히젠(肥前), 치쿠젠(筑前), 이시미(石見), 나가도(長門)등 조선해에 면한 곳, 이즈모(出雲), 쓰시마(對馬島)의 연해에 오가면서 고기를 잡는 것을 허가한다. 단, 사사로이 화물을 무역할 수 없으며, 위반한 자에 대해서는 그 화물을 몰수한다. 그러나 잡은 물고기를 사고 팔 때는 이 규정에 구애되지 않는다. 피차 납부해야 할 어세(魚稅)와 기타 세목(細目)은 2년 동안 시행한 뒤 그 정황을 조사하여 다시 협의하여 결정한다는 내용에 근거하여 양국 해변을 왕래하면서 고기잡이를 하려는 자들을 위하여 어업세를 정하고 처리 장정을 세우기 위해80) 1889년 10월 20일 조일통어장정81)(朝日通漁章程)이 체결됨으로서 일본인들의 울릉

---

78) 조일통상장정(朝日通商章程)은 1883년 6월 22일 조선과 일본 사이에 조인된 통상관계 규정 조약이다. 1883년 조선 측의 전권대신 민영목(閔泳穆)과 일본 측의 전권대신 다케조에 신이치로(竹添進一郎) 사이에 조인된 전문 42조의 조약이다. 1876년 '강화도조약'을 맺은 직후, 조선과 일본 두 나라 사이의 통상관계에 대한 간단한 약조를 규정한 '조일무역규칙(朝日貿易規則)' 등은 수출입 상품에 대한 무관세 등을 규정한 불평등한 조약이었다. 이에 조선정부는 특히 관세권의 회복을 위해 일본과 외교적 노력을 통해 새로운 통상장정의 체결을 모색하였다. 일본은 이를 강경하게 반대하였으나 1882년 '조미수호통상조약(朝美修好通商條約)'에서 처음으로 관세권이 설정되면서 결국 일본도 더 이상 무관세를 고집할 수 없었다. 그리하여 1883년 7월 25일 조선과 일본 사이에 맺어진 전문 42조의 새로운 통상장정이 맺어졌다. 이 장정에서 가장 주목되는 부분은 천재·변란 등에 의한 식량부족의 우려가 있을 때 방곡령을 선포하는 조항과(제37관), 조선화폐에 의한 관세 및 벌금 납입을 규정한 조항이다(제40관). 일본 상인에 대한 최혜국대우 조항 등 불평등한 조항(제42관)이 있지만, 앞의 두 조항으로 일본 상인에 의한 식량약탈에 따른 국내의 식량부족이나 무질서한 일본의 조선 상권 침탈을 제도적으로 규제하려는 노력을 하였다. 그러나 실제적으로는 그 목표가 효과적으로 달성되지는 못하였다.

79) 조선왕조실록[고종 20권, 20년(1883 계미/청 광서(光緒) 9년) 6월 22일(경오) 4번째 기사].

80) 조선왕조실록[고종 20권, 26년(1889 기축/청 광서(光緒) 15년) 10월 20일(임진) 8번째 기사].

도 침입 어업은 본격적으로 이루어지게 되었다.

1884년경부터 울릉도에는 평해군으로부터 이교(吏校)들이 배치되었다. 이 이교들은 도민으로부터 주재비조로 콩이나 보리를 거두었는데, 뒤에 가서는 그것이 커다란 민폐가 되었다. 이에 정부에서는 1894년 초 평해군과 울릉도에 관문을 보내어 불법 이교배(吏校輩)와 잠상배(潛商輩)를 체포해 압송할 것과 이교 배치의 폐지를 지령하기도 하였다. 1888년(고종 25년) 2월에는 울릉도는 바닷길의 요충이므로 평해군 안에 있는 월송진(越松鎭)에 만호(萬戶)의 관직을 신설하여 울릉도 도장을 겸임하게 하였다. 울릉도 개척과 행정을 담당하기 위하여 신설된 직책으로서 종4품의 정부관원으로 그 첫 도장에 서경수(徐敬秀)를 임명하였다. 울릉도 도장을 월송만호가 겸하게 됨에 따라 도장은 전라선의 왕래에 맞추어 3월에 들어왔다가 7월이나 8월에 나가는 것이 상례였다.

도장이 나갈 때는 현지 주민 가운데서 감시인을 추천하여 도수(島守)라 하고, 다음 해 3월까지 대임하도록 하였다. 정부에서는 새나 쥐의 피해를 구제하고 도장을 보조하도록 하기 위해 울릉도에 관리를 파견하였으나, 이들 관리가 가렴(苛斂)하여 개척민들의 삶의 뿌리를 갉아먹기가 태반이었다. 특히 조종성은 '조까꾸리[82]'라고 불릴 정도로 작폐가 심하였다. 그러나 갑오경장이 일어나자 개화파 정부는 다시 울릉도에 전임도장제를 부활하여, 1895년 8월에는 도장의 명칭을 도감(島監)으로 고치고 판임관(判任官) 직급으로 하여 배계주(裵季周)를 초대 도감으로 임명하였다. 이런 가운데서도 1896년 이후에는 200명 내외가 잠입하여 주로 벌목에 종사하는 등 일본인들의 울릉도 잠입과 체류는 상황에 따라 그 수가 달랐다.

1896년 2월 아관파천[83]이 일어난 이후 고종이 러시아 공사관에 머무는 동안, 제정러시

81) 조일통어장정(朝日通漁章程)은 1889년(고종 26년) 10월 20일 조선과 일본 사이에 체결된 어업협정이다. 개항을 전후하여 일본의 어부들은 잠수기 등 근대적 어구를 동원하여 불법적으로 조선 해안에서 어로활동을 해왔다. 특히 1883년 6월 22일 조선과 일본 사이에 체결된 '조일통상장정(朝日通商章程)' 제41관에 의해 일본은 전라·경상·강원·함경 등 4도 해안에서의 어로를 합법화하였다. 이와 함께 일본인 조선해역통어자를 규제하기 위한 '조선국해안어채범죄조규(朝鮮國海岸漁採犯罪條規)'도 같은 날 체결되었다. 단 통상장정에는 어업활동에 관한 시행세목을 2년 후에 작성하기로 부기하였는데 이에 따라 두 나라 사이에 협상이 거듭되다가 결국 7년 만인 1889년 11월 12일에야 비로소 전문 12조의 통어장정이 조인되었다. 그 결과 조선은 일본에게 전라·경상·강원·함경 등 4도 해안의 어업활동을 허용해주는 대가로 일본 어로업자들은 세금을 납부하고, 또한 건망이나 어류가공을 위한 일본인의 상륙을 인정하지 않기로 하였다. 그리고 이를 어긴 일본어민의 범죄는 치외법권적 조처를 받는 영사재판으로 처리하도록 하였다. 이 통어장정은 일본에 대한 조선해역어로권의 정식양여였기 때문에 조선경제침탈의 또 하나의 외교적 근거가 되었다.

82) 까꾸리는 '갈고랑이'의 방언(경기, 경북). 갈고랑이는 끝이 뾰족하고 꼬부라진 물건. 흔히 쇠로 만들어 물건을 걸고 끌어당기는 데 쓴다.

83) 아관파천(俄館播遷)은 명성황후가 시해된 을미사변(乙未事變) 이후 일본군의 무자비한 공격에 신변의 위협을 느낀 고종과 왕세자가 1896년(건양 1년) 2월 11일부터 약 1년간 조선의 왕궁을 떠나 러시아 공관에 옮겨 거처한 사건이다. 을미사변은 1895년(고종 32년)에 일제가 명성황후를 살해하고 일본 세력의 강화를 꾀했던 정변으로 그 이후 친일 내각이 중심이 되어, 단발령을 포함한 급진적인 을미개혁을 실시하였다. 이로 인해 일본에 대한 국민들의 반감은 극에 달하게 되었고 전국 각지에서 의병항쟁이 일어났다. 그러자 친러파 세력은 자신들의 세력을 만회하기 위해 신변에 불안을 느끼는 고종을 러시아 공관으로 파천할 계획을 세워 1896년 2월 11일 새벽 극비리에 고종과 세자를 정동에 있던 러시아 공관으로 옮겼다. 고종은 러시아 공관에 도착한 직후 김홍집과 유길준 등 친일 내각의 중심세력들을 역적으로 규정하여 벌하였고 이후 이범진을 중심으로 한 친러파 정부가 구성되었다. 이를 계기로 러시아는 조선의 보호국을 자처하고 조선정부에 압

아는 1896년 9월 압록강·두만강 유역 및 울릉도의 삼림 벌채권을 이권으로 빼앗아 갔다.[84] 제정러시아의 차르 정부 경제성 사무국에서 편찬한 '한국지'(1900년)에 따르면 한국의 삼림은 종종 외국인들의 관심을 끌어왔다. 울릉도 삼림 채벌권을 한국 정부는 수출 총액의 50%를 한국의 국고에 납입한다는 조건으로 미국인 미첼(Michel)에게 양도하였다. 그 후 1896년 러시아인 브리네르(Briner)의 합성조선목상회사에 다른 모든 세금을 면제하고 순이익의 4분의 1을 바치는 조건으로 삼림 채벌권을 주었다. 브리네르는 분주히 다니며 두만강과 압록강 유역 그리고 울릉도 삼림 채벌권을 획득하고 우선 압록강 유역의 삼림 채벌에 착수하였다.[85]

1896년 9월 울릉도 도감 배계주의 보고에 의하면 도내 동리 수는 11동, 호구 수는 277호 1,134명, 개간 농지는 4,774두락이었다. 초대도감인 배계주(裵季周)는 인천 영종도 출신으로 개척 초에 들어가 거주한 울릉도 사람이다. 수토제 폐지와 전임도감제 실시로 도감이 된 배계주는 1896년 9월 발령을 받고 부산항에 도착했으나, 배편이 없어 기다리다가 1897년 5월 울릉도에 도착 부임하였다. 수토제 폐지와 전임도감제 실시는 조선 정부의 울릉도 경영의 획기적인 전환을 뜻하지만, 도감은 지방관제에 편입된 것이 아니었다. 도감은 울릉도 사람으로 임명되었으며 비록 판임관 대우라고는 하지만, 정부에서 지급하는 월봉도 없었고 단 한 사람의 수하도 없었다. 그런 점에서 판임관 대우라는 것 이외에는 개척 초기의 도장 전석규의 위치와 별반 다를 바가 없었다.

청일전쟁에서 일본이 승리한 이후부터 일본인들이 다시 울릉도에 공공연히 불법 침입하여 산림벌채를 자행하였다. 주한 러시아 공사가 일본인들이 울릉도의 삼림을 불법 벌채해가는 것은 용납할 수 없다고 하여, 1899년 외교문서로 대한제국 외부에 항의해왔다.[86] 조선이 손을 놓고 있는 사이 엉뚱하게도 울릉도지역의 벌목 이권을 획득한 러시아 블라디보스토크 상인 브린네르(미국에서 활동한 영화배우 율 브린너는 브린네르의 손자)가 1899년 6월 서울 주재 러시아 공사관 서기 쉬페인, 경북도청의 한인 관리와 울릉도 현장을 방문 일본인의 삼림벌채에 대해 항의했다.[87]

력을 가하며 내정 간섭과 이권침탈을 계속했다. 결국 고종은 러시아의 영향에서 벗어나라는 내외의 압력에 따라 1897년 2월 25일 러시아 공관을 떠나 경운궁(현 덕수궁)으로 환궁하고 국호를 대한제국, 연호를 광무(光武)로 고치고 왕을 황제라 칭하여 중외에 독립제국임을 선포하였다.

84) 신용하(1996), "독도, 보배로운 우리영토", 지식산업사, pp.118~119.

85) 주강현(2008), "독도견문록", 웅진씽크빅, p.234.

86) 신용하(1996), "독도, 보배로운 우리영토", 지식산업사, p.119.

87) 동북아역사재단(2008), "독도와 시민사회", 동북아역사재단, p.158.

울릉도 삼림벌채와 불법 침입문제를 해결하기 위해 대한제국은 1899년 10월 내부 소속 관리 우용정을 책임자로 임명했다. 부산주재 일본부영사 아가쓰카 쇼스케(赤塚正助), 경부 와타나베 다카지로(渡邊鷹治郎), 제삼국인으로 부산해관세무사 프랑스인 라포르테(E. Laporte)까지 동행한 조사단은 1900년 5월 31일 울릉도에 도착하여 5일간 현지조사를 수행, 울릉도에 체류 중인 일본인은 144명이며, 방대한 규모의 삼림벌채를 자행하고 있음을 확인했다. 현장을 조사한 우용정의 보고를 기초로 한 대한제국 정부의 항의에 대해 주한 일본공사는 일본인들의 울릉도 잠입은 도감의 묵인 아래 이루어지는 일일 것이라고 주장하며 요구에 응하지 않았다. 대한제국 내부는 이에 적극적 대책의 하나로 울릉도·독도를 지방 행정구역상 독립된 군으로 승격시켜 도감 대신 군수를 두어서 개정하는 청의를 의정부회의(내각회의)에 제출하여, 1900년 10월 24일 8대 0이라는 만장일치로 통과시켰다.[88]

대한제국 내부는 후속 조치로 1900년 10월 25일 칙령 제41호를 선포, 울릉도를 울도군으로 고쳐 부르고 도감을 군수(郡守)로 개정할 것을 재가하였다.[89] 이로써 울릉도는 울도군으로 승격되어 강원도 독립 군·현 27개 중 하나로 자리 잡게 되었다. 11월 울릉도 초대 군수는 도감으로 있던 배계주가 주임관(奏任官) 6등으로 임명되었고, 뒤이어 사무관으로 최성린이 임명 파송되었다. 여기서 특히 주목되는 것은 울릉도 군수의 관할지역에 석도, 즉 독도가 포함됨을 칙령으로 확인한 것이다. 군으로 독립되어 독도가 울도 군수의 관할하에 통치된 이후에도 울릉도에 불법적으로 들어온 일본인들은 철수하지 않았다. 1901년 8월 울릉도 거주자 중 일본 인구는 약 550인으로 모두 어업과 벌목에 종사하고, 조선인은 대략 3,000가구에 이르나 모두 소작농으로 농업에 종사하며 어려운 생활을 하는 것으로 나타났다.

일본인들의 행패는 날이 갈수록 극심해져 갔다. 일본인들은 도리어 대한제국 정부의 정책에 맞서 1901년 말에는 일본인 단속을 구실로 일본 경찰관을 울릉도에 파견시켜 주재시킬 계획을 추진하였다. 1902년 1월 영일동맹을 체결하는 데 성공하자 적극적 공세정책을 취하여 울릉도에 일본인 이주민 어촌을 세우는 정책을 채택하고, 1902년 3월에는 부산에 있는 일본 영사관의 일본 경부(警部) 1명과 순사 3명 등 4명의 일본 경찰관을 울릉도에 파견 상주하는 경찰관 주재소를 설치[90]하여 도민을 임의로 연행하기도 하였다. 또 도민들 가

88) 신용하(1996), "독도, 보배로운 우리영토", 지식산업사, pp.123~125.

89) 김병렬 외(2005), "독도자료집Ⅰ", 동북아의 평화를 위한 바른역사정립기획단, pp.727~747.

90) 신용하(1996), "독도, 보배로운 우리영토", 지식산업사, p.135.

운데는 그 억울한 일을 일본 경찰에 호소하는 일조차 있었다. 그럼에도 대한제국 정부가 일본의 경찰관 주재소 설치를 인지한 것은 9월 말 강원도 관찰사의 보고를 통해서였다.

대한제국 정부는 즉각적으로 주재소의 폐지와 체류 일본인들의 철수를 요구하였지만, 일본공사 하야시 곤스케(林權助)는 신임 군수 강영우(姜泳愚)의 부임에 즈음하여 일본 경찰 주재문제를 협의한 바 있고, 오늘의 울릉도 개척이 있게 된 것은 일본인 도항자의 공로 때문이라고 하면서 한국 측의 요구를 거부하였다. 이상의 사실에서 보다시피 1900년부터 울릉도에 군수가 파견되었지만, 이미 군수의 역량으로 일본인을 쫓아낼 수 없었을 뿐만 아니라 신임 군수인 강영우는 부임을 앞두고 현지 일본인의 작폐 때문에 크게 공포감에 사로잡혀 있었다. 일본 측은 바로 이 점을 이용하여 강영우와 몇 차례 접촉하여 일본 경찰을 주재시켰다. 그런 점에서 울릉도가 울도군으로 승격되었고 군수가 파견되었다는 점을 내세운 울릉도의 지방행정체계상 격상은 별 의미가 없었다.

대한제국 정부는 1903년 4월 울도 군수에 심흥택을 임명 파견하여 이에 대처하게 하였는데, 군수 심흥택은 부임하자마자 일본인들의 재목 벌채를 일절 금지하는 명령을 내렸다. 그러나 일본인들의 불복과 행패가 일어나자 이를 다스리기 위해 대한제국도 중앙에서 순검 2명을 파견해 달라고 요청하였다. 또한 심흥택은 중앙정부가 일본공사에게 일본인들을 울릉도에서 철수시키도록 항의하여 달라고 요구하고, 일본인들을 울릉도에서 실제로 철수시켜줄 것을 요청하였다. 그리고 1903년 말 군수 심흥택은 울릉도에 주재한 일본 경찰관에게 일본인들의 기왕의 도벌도 불법이거니와 지금부터의 도벌을 우선 엄금시켜 달라고 요구하였는데, 일본 경찰은 울릉도에서 일본인들의 벌목이 이미 십년이 넘는 관습이 되었는데, 벌목금지를 요구하는 것에는 응할 수 없다고 거부하고, 한국 측이 금지할 의사가 있으면 서울의 일본공사에게 조회하여 금지해 보라고 오만불손하게 거절하였다.

대한제국 정부는 심흥택 군수의 보고를 받고 일본공사에게 개항장이 아닌 울릉도에 일본 경찰관을 주재시킨 것은 명백한 조약 위반임을 지적하면서 일본 경찰관의 철수를 요구하였고, 일본 경찰의 발언을 규탄하는 항의 공문을 보냈다. 대한제국 정부는 그 뒤에도 여러 차례 일본 공사관에 일본인들의 울릉도 불법 침입과 거류 그리고 불법 벌목을 항의하였으나, 일본 측은 이를 무시하고 실력으로 울릉도에 불법적인 일본 어촌을 설치하고 계속 도벌을 방조하면서 침략을 강화했다. 이러한 상태에서 1904년을 맞게 되었다. 그러나 이때까지 일본은 울릉도 침략에 열중하였지, 독도를 울릉도에서 떼어내어 침략할 의도는 보이지 않았다.[91]

러시아의 울릉도 삼림 벌채 특허권은 1904년에 이르러서야 국왕의 칙서로 폐지된다. '두만강, 압록강, 울릉도의 삼림 채벌권은 본래 한 개인에게 허락한 것인데 실상은 러시아 정부가 자체로 경영할뿐더러 해당한 특허 규정을 지키지 않고 제멋대로 침략 행위를 하였으니, 해당한 특허를 폐지하고 전혀 시행하지 말 것'을 지시한 것이다.[92] 이를 통해 울릉도의 일본인 침투에 대해 대한제국 정부가 얼마만큼 무능하였는가를 알 수 있다. 농업 이민으로 온 개척민들은 명이[93]라고 하는 산나물과 깍새로 연명하는 등 굶주림에 시달려도 물고기를 잡지 않았다고 한다.

일본인들이 코앞에서 전복과 오징어를 거두어 가도 거들떠보지도 않았고, 아이들이 일본인의 흉내를 내어 고기를 잡으면 종아리에 피가 맺히도록 때려 뱃사람 흉내를 내지 못하게 했다. 그러다가 울릉도 사람들이 고기잡이에 손을 대기 시작한 것은 일제 강점기에 들어와서 이루어졌다. 개척민이 농업이민이었으므로 어업에 종사하는 것을 꺼리는 이러한 행동으로 인해 독도를 비롯한 울릉도 해역의 어업은 울릉도 어민의 주도하에 이루어지지 않고 일본어민들이 주도하게 되었고, 그것이 1905년 일본이 독도를 무주지라고 하여 자국의 영토에 편입시키게 하는 빌미를 제공하였다고 보아야 할 것이다.[94]

결국 조선 조정의 울릉도 특성을 무시한 농업이민 실시에 따른 주민의 어업종사 회피, 잦은 관리책임자 변경, 월급과 경비도 지급하지 못하고 부하도 없는 명목상의 관리 임명, 일본인들의 침입 어업에 따른 끊임없는 말썽 발생과 무능한 정부의 안이한 대처, 일본인들의 공공연한 밀입국과 행패로 독도는 울릉도에 파견된 관리들의 관리대상이 되지 못하였다. 이런 가운데서도 현지 주민은 관리들의 착취에까지 시달려야 하는 상황이 전개되었다. 이렇게 조선과 대한제국 조정은 울릉도와 독도에 대한 관심은 있었지만, 국권이 흔들리는 상태에서 관리들이 제대로 일을 하도록 지원을 거의 해주지 못하는 등 관리 상태는 엉망이었다. 간교한 일본의 조선 강점 추진 과정에서 나름대로 노력은 했지만, 자기 앞가림하기에 바빴던 도장, 도감, 군수, 중앙정부 관리와 정부는 독도를 제대로 돌볼 겨를이 없었다.

---

91) 신용하(1996), "독도, 보배로운 우리영토", 지식산업사, pp.136~137.

92) 주강현(2008), "독도견문록", 웅진씽크빅, p.234.

93) 명이: 개척민들이 겨울을 지내면 식량이 바닥나곤 했다. 예비 식량이 거의 없었던 개척민들은 꼼짝 없이 굶어죽게 생겼다. 굶주림에 시달릴 때, 눈 속에서 파란 풀이 올라왔다. 이 풀은 '명이'라는 독특한 산마늘이다. 이것을 캐다가 연명했기에 '명(命)을 잇게 한다'고 '명이초'란 이름이 붙었다. 즉, '생명의 풀'이란 뜻이니 개척민들의 '고난의 행군'이 각인된 풀이다. 명이는 잎명이와 뿔명이가 있다. 울릉도 사람들은 명이를 간장에 재워서 장아찌처럼 만들어 먹는다. 잎사귀로 만들면 잎명이, 싹순으로 만들면 뿔명이가 된다. 뿔명이는 죽순처럼 올라오는 싹순으로 만드는데 귀하기 그지없다.

94) "울릉군지"(2007), 울릉군청, pp.186~208.

(4) 홍재현 활동기록의 아쉬움

한국 측 입장에서 독도 실효지배를 입증할 수 있는 구체적인 한 장의 사진이나 한 가지의 사료는 대단한 의미가 있을 수 있다. 홍재현의 활동도 그런 의미에서 관심대상이다. 한국학중앙연구원 디지털울릉문화대전과 국토해양부 홍보 사이트 '우리 땅 독도'에서는 다음과 같이 홍재현을 소개하고 있다. 홍재현(洪在現)이 1883년(고종 20년) 4월에 강원도 강릉에서 울릉군에 들어와 자리를 잡을 당시에는 두 가구만이 울릉군 지역에서 살고 있었다. 홍재현과 관련하여 전해지는 일화가 있는데 1897년 6월 높은 산에 올랐다가 독도를 발견하곤 울릉도에서 향나무 한 그루를 가져가서 심었다. 다음 해인 1898년 독도에 갔다가 일본인 무라카미(村上)를 만나 일본까지 동행하여 일본인의 독도 출입을 금지하라고 당부한 무용담이 전하여지고 있다.[95] 그 후 일본이 계속 침입하자 그의 아들 홍종욱이 대를 이어 막아냈으며, 손자인 홍순칠은 독도의용수비대의 대장으로 활약하였다. 홍재현 일가는 3대에 걸쳐 독도를 지켜온 산증인들이라 할 수 있다[96]고 하였다.

홍재현의 활동이 근거가 확실한 구체적 기록으로 남아 있으면 독도의 실효적 지배 입증에 상당한 의미가 있다. 그런데 무용담 정도로 전해지는 것은 아쉬움이 남는다. 독도를 지킨 사람으로 소개는 되어 있지만, 기록 내용이나 근거를 살펴보면 엉성하기 그지없고 독도를 지킨 사람으로 올리는 것이 타당한지도 의문이다. 홍재현(洪在鉉)에 관한 기록은 조선실록에 13개가 나온다. 1877년 11월 3일(고종 14년) 강원도관찰사[97](江原道觀察使)로 제수되었으며, 1882년 5월 3일 예조 판서[98](禮曹判書)로 임명됐다. 그 후 행적은 뚜렷하지 않은데 한국학중앙연구원 디지털울릉문화대전 등에 의하면 울릉도에 들어가 산 것으로 되어 있다. 그런데 홍재현의 한자 이름이 조선왕조실록과 다르다.

참판[99]은 오늘날의 고위공무원에 속하는 조선시대의 관직 중 한 가지인데 기록이 안 보이거나 이름이 틀린 것은 이해하기 어렵다. 국토해양부 '우리 땅 독도'에서 홍재현은 호조참판을 지내다 울릉도에 유배된 조부를 따라가서 정착하였다고 하였는데 조선왕조실록이나 한국역대인물 종합정보시스템에는 1875년 이조참판에 제수[100]된 기록이 나온다. 그

---

95) 한국학중앙연구원, 디지털울릉문화대전.

96) 국토해양부, 우리 땅 독도.

97) 조선왕조실록[고종 14권, 14년(1877 정축/청 광서(光緖) 3년) 11월 3일(갑인) 1번째 기사].

98) 조선왕조실록[고종 19권, 19년(1882 임오/청 광서(光緖) 8년) 5월 3일(무자) 3번째 기사]

99) 참판(參判)은 조선 시대에, 육조(六曹)에 둔 종이품 벼슬. 판서의 다음 서열이다.

100) 한국학중앙연구원, 한국역대인물 종합정보시스템.

리고 한국학중앙연구원, 한국역대인물 종합정보시스템에 의하면 홍재현은 1815년에 출생한 것으로 알려져 있는데, 한국학중앙연구원 디지털울릉문화대전에서는 1883년(고종 20년) 4월에 울릉군에 들어와 자리를 잡을 당시 두 가구만이 울릉군에서 살고 있었다고 했다. 1883년은 홍재현의 추정 나이 68세로 아버지도 아니고 국토해양부 '우리 땅 독도'에서 소개하는 유배된 조부가 있을 수 없다.

조선 정부에서 1882년 8월 말 도장 전석규를 임명한 점, 1883년 6월 22일 체결한 조일통상장정 제41에서 일본인의 연해 어업을 허가한 점[101], 독도에 갔다가 일본인 무라카미(村上)를 만나 일본까지 동행하여 일본인의 독도 출입을 금지하라고 당부했다는 1898년은 홍재현의 추정 나이 83세로 배를 타고 장거리 항행을 하기에는 너무 연로하다는 점 등을 고려할 때 홍재현의 기록은 보완이 필요해 무용담으로는 괜찮을지 몰라도 사료로서는 신빙성이 낮은 것으로 보인다. 그리고 홍재현이 동남제도개척사로 개척을 주도한 김옥균의 개척민 일행으로 들어간 것인지 그들보다 먼저 다른 어떤 연유로 울릉도에 들어간 것인지 확실하지 않다. 국토해양부는 독도 홍보 사이트 '우리 땅 독도' 독도를 지킨 사람들에 2008년 9월 29일 홍재현 일가를 소개하였는데, 이제까지 2,095건이 검색된 자료의 출처도 밝히지 않았다. 특히 독도 문제는 근거가 아주 중요한데 주요 사안에 대해 기본이 되는 출처를 밝히지 않고 멋대로 내용을 구성해 국민에게 왜곡된 자료를 홍보하는 것은 문제가 있다.

3) 죽도 일본 편입 알고도 제대로 항의하지 않았다

대한제국의 정치가와 관리들의 무능함과 무책임함은 극에 달해 있었다. 대한제국이 얼마나 썩어 문드러졌으면, 일본인들이 독도에서 강치잡이를 한 사실도, 일본인들이 자기 나라 영토에 편입한 것도 일본이 스스로 알려주기 전에는 몰랐다. 그리고 독도를 편입했다고 알려주었을 때도 엉뚱한 조치만 취하고 있었다.

1904년 9월 29일 나카이 요자부로(中井養三郎, 중정양삼랑)가 '량고도 영토 편입 및 대하원(リヤンコ島領土編入竝=貸下願)'을 일본 정부의 내무성·농상무성·외무성 등 3대신 앞으로 제출하게 된다. 이 청원을 받은 일본 정부는 1905년 1월 28일 내각 회의에서 편입하기로 의결하고 시마네현에 지시하여 1905년 2월 22일 시마네현 고시 제40호로써 편입하

---

101) 조선왕조실록[고종 20권, 20년(1883 계미/청 광서(光緖) 9년) 6월 22일(경오) 4번째 기사].

게 된다.[102] 시마네현 고시 제40호는 1905년 2월 22일 고시가 선포된 날 시마네현 현보(縣報)에 게재됐고, 이틀 뒤 산음신문(山陰新聞)에 보도됐다.[103] 일본이 다케시마를 영토로 편입해 관보에 게재하고 영국과 미국 등에게 양해를 얻기 위해 노력하고 구미(歐美) 12개국에 다케시마에 대한 관할과 통치를 통고할 때도 대한제국 정부는 정보를 전혀 수집하지 못하였다.[104]

대한제국 측이 다케시마의 일본 영토편입에 대해 알게 된 것은 자력에 의한 것이 아니었다. 일본은 독도를 자국의 영토에 편입한 지 1년 1개월이 지난 1906년 3월 28일 시마네현(島根縣) 사무관 간사이 요시타로(神西由太郎, 신서유태랑)가 오키도의 도사(島司) 아즈마후미스케(東文輔)와 함께 자신을 책임자로 하는 관민 45명의 조사대를 이끌고 다케시마(竹島=독도)의 동도와 서도를 차례로 조사한 뒤 울릉군 군수 심흥택(沈興澤)을 방문했을 때 죽도 영토편입의 건을 알렸다.[105] 독도가 일본에 편입되었다는 말을 듣고 사태의 심각성을 느낀 당시 울도 군수 심흥택은 하루 뒤인 3월 29일 이를 강원도관찰사 서리(署理) 춘천군수 이명래에게 보고하고, 이명래는 1906년 4월 29일 자로 조정에 보고하게 되며, 이는 5월 7일 자 접수 제35호로 의정부에 접수된다.[106]

이명래의 보고를 받은 대한제국 내부대신 이지용은 "독도를 일본의 속지라고 칭한 것은 전혀 이치가 없는 것(必無其理)이다"라는 내용을 담은 일본의 독도 편입을 부정·항의하는 지령을 내렸다. 그리고 참정대신 박제순도 "독도 편입은 전혀 근거 없는 것이며(全無根), 독도의 형편과 일본인들의 행동을 조사 보고할 것"이라는 내용을 담은 '지령 제3호'를 하달했다. 박제순과 이지용의 지령을 통한 일본의 독도 편입에 대한 항의는, 당시 외교권과 내정권이 박탈된 상황에서 일본의 통고에 대해 항의할 수 없었다는 정황적 증거로서의 의미는 갖지만, 국제법상 항의의 효력은 없다. 그 이유는 정부의 지령에는 항의가 명백히 표시되어 있지 않으며, 정부의 지령은 대내적인 의미밖에 없기 때문이다.[107]

당시 대한제국은 1904년 2월 23일 제1차 한일의정서로 2개 사단 규모의 일본 군대와 수천 명의 헌병이 들어와 사실상 군정을 시행하고 있었으며, 1904년 8월 22일의 제1차 한

---

102) 김병렬(2001), "독도논쟁", 다다미디어, p.140.

103) 김학준(2003), "독도는 우리 땅", 도서출판 해맞이, pp.147~148.

104) 임영정 역(2003), "독도 영유권의 일본 측 주장을 반박한 일본인 논문집", 경인문화사, pp.182~185.

105) 김학준(2003), "독도는 우리 땅", 도서출판 해맞이, p.156.

106) 김병렬(2001), "독도논쟁", 다다미디어, pp.140~141.

107) 김명기(2007), "독도강의", 책과 사람들, pp.90~92.

일협약으로 고문정치를 행하다가 1905년 11월 17일의 제2차 한일협약[108](을사조약)으로 대한제국의 외무부를 아예 폐지해 외교권을 강탈해 갔다. 1906년 2월 1일부터는 서울에 일제 통감부를 개청하여 정치를 실시하던 중이었기 때문에 조정에서 독도의 일본 편입을 안 1906년 5월 7일의 시점에서 외교적인 공식 항의는 이행하기 어려운 상태였다.[109]

그렇다고 하더라도 대한제국의 대신인 박제순과 이지용의 지령은 제대로 된 일 처리로 보기 어렵다. 일본의 독도 영토편입은 외교적 문제이다. 정부에서 대책회의를 하고 외교 경로를 통해 일본 정부에 확인할 사안을 강원도와 울릉도에 알아보라고 하는 지령을 내리는 것은 근본적으로 잘못된 판단과 책임회피를 위한 겁쟁이들의 무책임하고 무사안일한 행정 일 처리 자세를 보여주고 있는 것이다. 이때 대책을 제대로 세우고 대한제국의 외무부 업무를 대신하는 일본 파견 담당자나 해당 부서에서 일본에 항의해야 마땅했다. 그것이 어려우면, 정확한 원인을 파악하려는 행동만 했어도 분명히 일본이 대한제국 정부의 움직임에 대해 강압적인 대응을 했을 가능성이 크다. 그렇게 됐으면, 그 기록이 남아 오늘날 무주지가 아닌 한국 영토를 강점했다는 사실을 입증할 수 있을 텐데 그러한 기록도 나타나지 않는다.

3. 조용한 외교

1) 조용한 외교의 그늘

(1) 조용한 외교의 실체

독도 문제에 관하여 한국 정부의 정책 담당자들은 '독도는 지금 한국이 실효적으로 지배하고 있고, 한국의 영토 주권은 확정적이기 때문에 지금 와서 쓸데없이 자꾸만 독도 문제를 거론하는 것은 독도 문제를 국제분쟁으로 부각하려고 하는 일본의 의도에 오히려 말려들어 가는 것으로서 한국의 국익을 위해 전혀 득이 될 것이 없다'라고 하는 생각을

---

108) 제2차 한일협약: 대한제국 외무대신 박제순(朴齊純)과 일본 특명 전권대사 하야시 곤스케(林權助) 간에 서명된 제2차 한일협약은 5개조로 구성되어 있으며, 을사조약, 을사보호조약, 을사늑약으로도 불린다.
   (1) 일본국의 외교대표자와 영사는 외국에 재하는 신민과 이익을 보호한다.
   (2) 대한제국 정부는 금 후에 일본 정부의 중재에 경유하지 아니하고 국제적 의미를 가지는 하등의 조약이나 또는 약속을 아니 함을 약속한다.
   (3) 일본 정부는 그 대표자로 하여 대한제국 황제 폐하의 궐하에 1명의 통감을 둔다.
   (4) 일본국과 대한제국 간에 현존하는 조약과 약속은 본 협약 조건에 저촉하는 자를 제하는 외에 모두 그 효력을 계속하는 것으로 한다.
   (5) 일본국 정부는 대한제국 황실의 안녕과 존엄을 유지함을 보증한다.
109) 김병렬(2001), "독도논쟁", 다다미디어, p.142.

가지고 있다. 이러한 생각은 '독도는 한국이 실효적으로 지배하고 있으므로 한국의 독도에 대한 영유권은 현재 국제법적으로 확정적인 상태이며, 아무 일 없이 지나가면 이러한 한국의 확정적인 영유권은 더욱 공고하게 응고될 것이다'라는 논리에 근거하고 있다.[110]

한국이 이미 실효적 지배를 하고 있는데 우리가 그렇게 과민 반응할 필요가 있겠는가 하는 생각이 일본의 분쟁화 작전을 막기 위해 조용한 외교가 필요하다는 주장의 논거로 활용됐다. 그러나 우리가 조용한 외교를 하는 동안 국제사회에서는 독도에 관한 일본의 역사 왜곡과 부당한 국제법적 주장이 압도하고 있다.[111] 결국 한국 정부에서 주장하는 조용한 외교란 한국이 독도를 선점하고 있으니까 일본의 분쟁화 의도에 말려들지 않으면서 먼저 시비도 하지 않겠다는 것으로 정리할 수 있다.

① 조용한 외교의 문제점과 불러올 수 있는 폐해

일본의 독도에 대한 영토권 주장에 관한 국제사회의 일반적 승인이 성숙된다면 국제법상 한국의 독도에 대한 영토주권은 결국 부인될 수도 있다.[112] '무대응'이라는 전략적 방침 위에 서 있는 독도 영유권 문제에 관한 한 한국의 영토 정책은, 국제법이 법리상 영토주권에 관해서 요구하고 있는 명백한 '상대성의 법리'를 망각하고, '실효적 점유'의 요건을 점진적으로 훼손시켜 옴으로써, 독도 문제에 관한 일본의 입장을 계속 강화시켜주고 있다. 한국의 모호한 태도는 일본을 더욱 고무하여 독도 문제에 관련된 일본의 공격적 태도는 그 수위를 높여갈 것이다.[113]

'조용한 외교'의 논리(論理)는 중대한 법적 오류(誤謬)에 근거(根據)하고 있다. 영토주권은 국내법상의 권리가 아닌 '국제법상'의 권리이다. "정당한 권원(權原)은 응고(凝固)될 필요가 없다. 독도 영유권문제에 관한 한, 시간(時間)은 한국에 유리한 요소가 될 수 없다. 분권적인 국제사회에서 영토적 권리를 확정적으로 보장하는 국제법상 제도는 없다. 경쟁국의 도전적 행동이나 주장에 대해서 당연히 기대되는 대응조치(항변, 대립된 주장, 권리의 유보 등)를 하지 않고 수동적 태도나 침묵을 유지하면 경쟁국의 도전적 주장이나 행동은 국제법상 정당한 권원이 있는가를 불문하고, 유효한 법적 기속력(羈束力)을 갖게 된다."[114]

---

110) 김영구(2008), "독도, NLL문제의 실증적 정책분석", 다솜출판사, p.348.

111) 독도본부(2006), "신한일어업협정 폐기와 금반언 효과에 대하여", 우리영토, p.20.

112) 김영구(2006), "독도 영토 주권의 위기", 다솜출판사, p.28.

113) 김영구(2006), "독도 영토 주권의 위기", 다솜출판사, pp.28~31.

114) 김영구(2008), "독도, NLL문제의 실증적 정책분석", 다솜출판사, p.475.

② 조용한 외교의 비판

일본의 소극적인 외교, 특히 조닌외교에 대해서 외교평론가인 아오야마(靑山)학원대학의 이토 겐이치(伊藤憲一) 교수는 "낮은 자리에서 벌벌 기는 외교"라고 비난하면서 마치 청나라 황제에게 서양 사람들이 벌벌 기었던 경우와 흡사한 것으로 생각하고, 본질적으로 무원칙한 교섭이므로 다른 나라 사람들이 신뢰하지 않게 된다고[115] 비판한 바 있다. 한국의 조용한 외교도 마찬가지이다. 무원칙적이기 때문에 국내에서는 물론 다른 나라도 신뢰하지 않게 될 것이다. 특히 이해당사자인 일본은 감정과 과거사를 앞세우며 무원칙적인 외교를 하는 한국 정부에 대해 예측도 평가도 모두 불가능하므로 크게 머리를 아파하면서도 한편으로는 결연한 의지를 보이지 않는 한국을 얕보고 계속 또는 수시로 시비하며 건드리는 행위를 해도 괜찮은 것으로 판단하는 근거로 작용하고 있는 것으로 보인다.

무릇 정책이란 국가의 이익이나 정책목표 달성을 위한 우선순위가 있어야 하고 합리성의 바탕 위에서 결정되고 실행되어야 한다. 그런데 그냥 조용한 외교라고 하면 우선순위도 없고 합리성도 없다. 상황, 해석, 판단 기준이나 주체에 따라 내용이 달라질 수밖에 없게 된다. 만약 한국 정부가 굳이 국가이익과 정책목표가 마찰을 유발하지 않아 일본의 의도에 말려들지 않는 것이라고 한다면, 그것 한 가지가 우선순위에 해당한다고 할 수 있다. 그러나 이것은 우리가 의도해 마찰이 유발되는 것이 아니라는 점을 고려할 때 전혀 의미가 없다. 또한 이 목표를 달성하기 위해서는 독도와 관련된 것에 관해서는 자주 거론하거나 항의도 하지 말아야 하는가 하는 의문도 제기된다. 그런데도 일본인들의 망언에 대해 꼬박꼬박 항의하는 것은 논리모순이다. 이런 모순된 행동을 할 수밖에 없는 것은 분쟁에는 말려들지 말아야 하겠고, 일본이 무슨 말이나 행동을 하든 관여하지 않으면 일본의 주장이 응고될 가능성이 있으므로 대응을 안 할 수도 없다는 고민에서 비롯되고 있다.

한편에서는 실효지배를 공고히 해야 한다고 하면서도 정부 스스로 장관이 시설물 준공행사에 참석하려는 것도 불러들이고, 내국인 방문을 막기도 했다. 무엇이 실효지배인지 헷갈린다. 이렇게 한국 정부가 그동안 해온 정책이나 태도를 보면 일본의 눈치를 보며, 자극하지 않겠다는 모습은 너무나 선명하게 느껴진다. 어쩌면 조용한 외교라는 것은 일본을 대국으로 생각하고 한국 정부 스스로는 힘없고 보잘것없는, 즉 별 볼 일 없는 하찮은 존재로 깎아내려 낮은 자리에서 비굴하게 벌벌 기는 외교를 해온 것이 아닌가 하고 반문하고 싶다. 만약 그것이 아니라면 이제부터라도 독도를 전략적으로 관리하며 줏대 있고 당

---

115) 윤정석(1998), "일본의 국가전략: 21세기를 맞으며", 도서출판 오름, p.131.

찬 태도로 정책을 실행하는 모습을 보여야 한다. 그렇게 한다고 세계화된 현실에서 일본이 한국을 어떻게 마음대로 하지도 못할 것이다. 앞으로는 비굴하게 사대적인 사상에 젖어 조용한 외교라는 허울 좋은 명분으로 국가의 품격을 낮추는 것이 아니라 반대로 한국의 위상을 낮추는 행태로 외교에 임하는 정치인과 관료를 반드시 가려내어 책임을 묻고 그러한 책무도 맡기지 말아야 한다. 그래야 다시는 독도는 우리 땅이 아니라는 헛소리를 하는 중앙부처의 국장도 나오지 않을 것이다. 현실적으로 국력이 차이가 나는 것은 인정하지만, 국력의 차이가 항상 모든 것을 결정하는 것은 아니므로 최소한 현재 한국의 위상에 적합한 모습을 보여주는 것이 당연한 자세이다.

한국 정부가 1997년 이후 지금까지 취해온 무시정책, 소위 '조용한 외교'는 일정기간 한일관계에서 국익을 고려하여 기여한 면도 있었다. 그러나 일본은 미일군사동맹, 일본사회의 지나친 우경화 및 군사대국화의 가속화에 기초하여 독도 문제에 대해서도 매우 공세적이고 전략적으로 접근하고 있다. 이런 점으로 미루어 한반도 주변정세 변화를 종합적으로 고려해 볼 때, 한국의 조용한 외교정책도 그 한계점에 도달하였으며, 좀 더 적극적 정책으로 전환할 시점에 도달하였다.[116]

(2) 한국 정부 독도정책의 명암

그동안 한국 정부가 당당하지 못한 자세로 독도 문제에 임해온 대가는 우리가 우리의 영토인데도 불구하고 국제사회에서 과거부터 독도에 대한 영유권과 주권을 행사했다는 것을 입증해야 하게 만들지도 모른다.

한국이 분쟁영토인 독도에 대한 영유권이나 주권을 행사했음을 입증하기 위해서는, 첫째는 독도에 대한 한국 국가 권력의 행사가 실질적·지속적·평화적 그리고 충분한 방식으로 전개되었으며, 둘째는 독도의 고립되고 무인도인 지리학적 특성이 독도에 대한 한국 국가권력 및 정부 기능의 행사가 전개된 방식이 고려되어야 하며, 셋째는 독도에 대한 한국의 영토주권은 분쟁 상대국인 일본이 제시하는 국가 및 정부 권한의 기능 행사에 관한 증거들과 비교·평가되어 그 상대적으로 우월한 증빙(證憑) 능력을 평가받아야 하며, 넷째는 한국이 제시하는 증거의 증빙 능력은 분쟁영토인 독도의 점유와 직접적으로 관계가 있는 국가의 행위와 관련되어야만 한다는 사항들이 검증되어야 한다. 결과적으로 고립된 무인도인 독도에 직접적으로 관련이 있는 한국의 국가 및 정부 기능의 행사가 실질적·

---

116) 독도본부(2006), "신한일어업협정은 왜 폐기되어야 하는가?", 우리영토, p.40.

지속적·평화적 그리고 충분한 방식으로 전개되었으며, 이에 대해 한국 측이 제시한 증거들은 일본의 그것과 비교할 때 우월하다고 평가받아야만 한다.[117]

한국 정부가 그동안 독도와 관련해 대일외교에서 주권 국가로서 주권을 제대로 행사해왔는지 긍정적인 측면과 부정적인 측면으로 나누어 살펴보면 다음과 같다.

① 긍정적인 측면

한국 정부가 그동안 독도에 대한 확고한 의지를 일본에 표명한 일은 여러 차례 있었다. 대한민국 인접해양의 주권에 대한 대통령 선언(1952년 1월 18일 국무원 고시 제14호)으로 독도가 대한민국의 영토라는 것을 세계에 재천명했을 때이다. 일본은 열흘 후인 1월 28일 해양주권 선언에 독도가 관할수역에 포함된 점에 대해 한국에 구술서로 항의를 해왔다. 그 후 여러 차례에 걸쳐 한일 간 외교 논쟁이 벌어졌고, 한편으로는 어부와 순시선 등을 동원 독도 상륙을 감행하였으나, 독도의용수비대의 활약으로 모두 좌절되었다. 이에 일본은 1954년 9월 25일 독도 문제를 국제사법재판소에 회부할 것을 제의하는 구술서를 한국에 보내왔지만, 한국은 이를 일축 거절하였다.

일본은 1952년 2월 15일부터 시작된 한일 간의 국교 정상화를 위한 회담에서 독도 문제를 제기하여, 1965년 6월 22일 '한일기본관계조약'을 종결짓는 마지막 순간까지 독도 문제를 집요하게 물고 늘어졌다. 한일회담에서 한국 정부의 일관된 입장은 독도 문제가 한일회담의 현안 안건이 될 수 없다고 하는 것이었다. 그러나 일본은 독도에 관하여 한일 간에 영유권 문제가 존재하며, 이것을 한일 간의 합의에 명시해야 한다는 입장이었다. 특히 독도 영유권 분쟁의 처리 방식에 관하여 한국과 명확한 합의를 완성하려고 의도하였다.

14년간의 협상을 마무리 짓는 마지막 조인식이 예정된 1965년 6월 22일 아침에 일본은 '분쟁의 해결에 관한 교환공문'을 위한 일본 측 초안인 '양국은 별도의 합의 없이 독도 문제 분쟁을 양국이 합의하는 수속에 따라 조정에 의하여 해결할 것을 도모한다'는 안(案)을 받아들이든지 아니면 지금까지 합의된 모든 협상의 결과를 무위로 하든지 하라는 최후통첩을 한국 정부에 보내왔다. 이날 아침 박정희 대통령은 국가 자주경제의 재건을 목표로 일본 자금의 도입을 위하여 기필코 이 회담을 성사시킨다는 결의를 분명히 하고 있었음에도, "지금까지 모든 것을 희생하면서 추진해온 한일회담의 모든 합의를 무위로 돌리더라도 독도에 관련된 일본의 요구는 받아들일 수 없다"는 것이었다.

---

117) 이석우(2007), "동아시아의 영토분쟁과 국제법", 집문당, p.161.

한국 측의 완강한 반대에 직면하여 일본은 서명식을 늦추고 사토오(佐藤) 내각이 비상 각의를 열었으나, 약 한 시간 후에 "독도 문제는 존재하지 않는다"라고 하는 한국 측의 안을 받아들이는 것으로 물러설 수밖에 없었다. 한국 정부가 일본의 완강한 요구를 명백히 거부함으로써 '분쟁의 해결에 관한 교환공문'의 내용은 독도 문제와 관계없는 문안으로 확정되었던 것이다. 결국 독도에 대한 한국의 영토 주권은 극히 어려운 상황에서 헌법 수호자이며, 국가통치권자로서 응분의 분별력을 발휘한 박정희 대통령의 결단으로 위기에서 벗어나 확고한 영토 주권으로 확인된 것이다.[118]

1977년 후쿠다 수상이 일본의 12해리 영해와 200해리 어업전관수역 선포에 즈음하여 "독도는 일본 고유영토"라고 발언한 것에 대해 한국 정부는 "역사적으로나 국제법상으로나 독도는 한국의 고유영토이므로 일본 정부의 영유권 주장이나 관할권 행사를 인정할 수 없다"고 일본 측 발언을 일축하고, 동년 12월 31일 영해법에 따라 독도 주변을 포함한 영해 12해리를 설정하고 시행에 들어갔다. 제5공화국 시절인 1983년 8월에는 한국 측이 독도에 접근한 일본 어선에 경고사격을 한 사례가 있다.[119]

노무현 정부 시절인 2005년 3월 독도관리기준안(기존 독도관리지침)을 폐지, 독도(동도)를 개방하여 민간인 출입을 허용하고 5월 '독도의 지속 가능한 이용에 관한 법률'을 제정 개발에 들어갔다. 2008년 5월부터 경북 울릉군 독도관리사무소는 독도 주민과 독도 방문객의 안전관리 등을 위해 소속 공무원을 상주시켰다. 독도관리사무소는 6명으로 전담반을 짠 뒤에 이들 직원을 2명씩 번갈아 파견하고 있다. 독도에 일반직 공무원이 처음으로 상주하게 된 것이다. 상주 공무원들은 어민 숙소가 있는 서도에서 열흘씩 거주하면서 업무를 수행한다. 이는 한국의 독도 실효적 지배에 한 걸음 더 나아간 행보가 이루어진 것으로 여겨진다.[120]

일련의 조치와 함께 독도 본적 갖기 운동이 벌어져 한때 2,161명이 독도로 본적지를 이전했으며, 독도아카데미 등 경상북도가 집계한 자료에 따르면 2005년 독도 입도가 신고제로 바뀐 이후 독도 방문객이 급증 2006년 76,855명, 2007년 100,131명, 2008년 128,552명에 달했다. 울릉군청의 공무원 배치는 형식이 아닌 관광객 증가에 따른 국민 편의 제공을 위한 실질적인 조치였음을 보여주고 있다. 이는 국민의 생활영역이 되면 행정과 안보문제는

---

118) 김영구(2006), "독도 영토 주권의 위기", 다솜출판사, pp.19~22.

119) 독도본부(2006), "무시(무대응) 독도를 넘겨주는 가장 손쉬운 방법", 우리영토, p.49.

120) 주강현(2008), "독도견문록", 웅진씽크빅, p.431.

당연히 수반되어야 하므로 조선의 공도정책이 왜 잘못되었는가 하는 점을 쉽게 이해하도록 해준다. 2008년 7월 14일 독도 문제를 명기한 중학교 역사교과서 해설서가 일본 문부과학성 검정을 통과 한일 간의 마찰이 격화되면서 2008년 7월 29일 국무총리로서는 처음으로 한승수 국무총리가 독도를 방문[121]하고 정치권의 대일 강경조치 선언에도 한일관계가 수습하기 어려울 정도로 껄끄러워지거나 충돌로 이어지지 않았다.

그동안 한국 측이 독도에 대해 단호한 태도를 취했을 때 일본의 반응이 우리의 우려와는 달리 극적인 마찰을 유발하는 방향으로 발전하지는 않았다. 그렇다고 상황을 제대로 파악하지 못하고 실제 무력 충돌로 치달도록 강경자세 일변도로 치닫는 것은 곤란하지만, 사안에 따라 한국의 확고한 자세와 입장을 일본인들에게 인식시켜나갈 때 일본인들의 일방적인 망언과 망발은 그만큼 줄어들고 새로운 관계를 정립해 나갈 수 있다. 그렇지 않고 약한 모습을 계속해서 내보이면 일본의 오만무례한 행동은 더욱 고조되고, 한국이 보이는 실책과 빈틈을 계속 파고들면서 한국 정부를 옥죄어 올 것이 확실하다.

② 부정적인 측면

문화재보호법은 문화재를 보존하여 이를 활용함으로써 국민의 문화적 향상을 도모함과 아울러 인류문화의 발전에 기여함을 목적(제1조)으로 1984년 12월 31일 법률 제3787호로 제정되었다. 주요 내용은 보물·국보의 지정, 중요문화재의 지정, 사적, 명승, 천연기념물 지정으로 구성되어 있다. 제6조에서 문화재청장은 문화재위원회의 심의를 거쳐 기념물 중 중요한 것을 사적, 명승, 천연기념물로 지정할 수 있다고 한 규정에 의거 1982년 11월 16일 독도가 천연기념물 제366호 독도해조류번식지로 지정되었다.

현재 독도는 독도천연보호구역(1999년 12월 10일 그 명칭만을 '독도해조류번식지'에서 '독도천연보호구역'으로 변경)이다. 문화재청장은 문화재의 화재, 도난, 훼손, 멸실 등의 예방 기타 그 보존의 안전을 위하여 필요하다고 인정할 때에는 이를 직접 관리하거나 기타 필요한 조치를 할 수 있다는 법 제17조 규정에 의거 1996년 6월 1일 문화재청 행정지침 제1호로 '천연기념물 제366호 독도 관리지침'이 시행되었다. 동 지침은 2005년 3월 23일 폐기되고, 이는 '독도천연보호구역(동도) 관리기준'으로 대체되었다. 동 기준은 2005년 12월 5일 또 개정되었다. 독도천연보호구역(동도) 관리기준은 구체적 관리를 울릉군에 위임한다는 규정(제2조)에 따라 구체적 관리를 울릉군의 조례로 규정하고 있다. 이 조례의

---

121) 경상북도, 행정정보 주요시책.

명칭은 '울릉군 독도관람운영조례'로 2005년 7월 29일 울릉군 조례 제1500호로 제정 공포되었다.

'독도 등 도서지역의 생태보전에 관한 특별법'은 특정도서의 다양한 자연생태계·지형 또는 지질 등을 비롯한 자연환경의 보전에 관한 기본적인 사항을 정함으로써 현재와 장래의 국민이 모두 깨끗한 자연환경 속에서 건강하고 쾌적한 생활을 할 수 있도록 함을 목적(제1조)으로 1997년 12월 13일 법률 제5447호로 제정되었고, 동 법 시행령은 1998년 6월 20일 대통령령 제15815호로 제정되었다. 제4조 환경부장관은 환경보전위원회의 심의를 거쳐 특정도서를 지정할 수 있다는 규정에 의거 2000년 9월 5일 독도 전역이 특정도서로 지정되었다. 동 법은 군사, 항해, 조난구조행위, 천재지변 등 재해발생으로 인하여 그 방제를 위하여 필요한 행위, 국가가 시행하는 해양자원개발 행위, 도시개발촉진법상 행위, 문화재보호법상 행위를 제외하고는 일반적인 어로와 출입을 할 수 없도록 행위를 제한하거나 금지할 수 있도록 규정함으로써 독도의 지속 가능한 이용에 관한 법률 제정을 앞두고 2005년 3월 폐기될 때까지 사실상 일반 한국인들의 독도 출입을 차단하는 차단막 역할을 하였다.[122]

한국 영토인 독도를 일본은 일본 배타적 경제수역[123](EEZ, exclusive economic zone)의 기점으로 취하여 '울릉도와 독도 사이'의 중간선을 한일 배타적 경제수역(EEZ) 구획선으로 제의했는데, 한국 외무부는 당연히 자기의 영토인 독도와 그 영해를 확고히 수호하기 위해 일본 배타적 경제수역의 '독도 기점' 선언을 부정 비판하고, 한국이 자기 영토인 '독도 기점'을 취하여 대응 선포해야 독도 영유권이 굳게 지켜지는 것이다. 그런데도 일본보다 1년 2개월 늦은 1997년 7월 말 한국 정부는 '울릉도'를 한국 배타적 경제수역의 기점으로 취한다고 발표하고 양국 배타적 경제수역 구획선을 한국 울릉도와 일본 오키도의 중간선을 제의하였다. 일본의 '독도 기점' 채택을 방치하면 한국의 '독도 영유권'이 훼손당할 것

---

122) 김명기(2007), "독도강의", 책과 사람들, pp.207～211.

123) 배타적 경제수역(EEZ, Exclusive Economic Zone)은 영해 기선(基線·출발선)으로부터 2백 해리 범위 내에서 연안국(沿岸國)의 경제주권이 인정되는 수역을 말한다. 지난 1994년 12월에 발효돼 95년 12월 정기국회에서 비준된 유엔 해양법협약은 연안국의 배타적 경제수역 권리를 인정하고 있다. 연안국은 배타적 경제수역에서, ① 해저의 상부수역(上部水域), 해저 및 그 밑의 생물과 비생물의 천연자원을 탐사·개발·보존·관리하기 위한 주권적 권리 및 해수·해류·바람을 이용한 에너지 생산 등 수역의 경제적 탐사와 개발을 위한 다른 활동에 관한 주권적 권리, ② 인공섬, 설비 및 구축물의 설치와 이용, 해양의 과학적 조사, 해양환경의 보호와 보전에 대하여 해양법조약에서 정한 관할권, ③ 해양법조약에서 정한 기타의 권리를 갖는다. 다른 나라 배와 비행기의 통항(通航)및 상공비행자유가 허용된다는 점을 제외하고는 영해나 다름없는 포괄적 권리가 인정된다. 따라서 다른 나라 어선이 배타적 경제수역 내에서 조업하려면 연안국의 허가를 받아야 하고 이를 위반하면 나포 처벌된다. 그러나 어떤 나라가 일방적으로 2백 해리 배타적 경제수역을 선포한다고 해서 즉각 배타적 경제수역 권리가 인정되는 것은 아니다. 통상 인접국의 EEZ와 겹치는 경우가 많아 경계 획정(劃定)분쟁이 발생하기 때문이다. 한국도 1994년 EEZ를 인정한 유엔 해양법의 발효에 따라 일본, 중국 등과의 EEZ을 둘러싼 마찰이 있었다. 이에 1998년 일본, 중국과 새로운 어업협정을 맺었다.

임은 자명한 일이다.

　일본 정부는 한국 외무부 관계자의 무능 무책에 완전히 자신을 갖고 1998년 1월 23일 일방적으로 한일어업협정을 파기 선언하고 모욕을 주었다.[124] 이에 대해 김영삼 정부는 1월 24일 보복 강경조치로 일본 주변 수역에 대한 한국 정부의 어업 자율규제를 정지시켰다. 그에 따라 한국의 저인망(trawl)어선들이 북해도 근해어장에 들어가 조업을 강행, 마찰과 충돌이 유발되기도 했다. 이에 부담을 느낀 일본은 어업 자율규제조치의 정지를 해소하기 위해 1998년 1월 한일어업협정을 일방적으로 파기하는 일에 주역을 맡았으며, 한일 간 어업협상에서 한국에 대해 강경한 주장을 펴온 대표적 인사인 사토오 교오코 자민당 국제 어업문제 특별위원장이 한국을 방문하여 한국 측의 대일 보복조치인 어업 자율규제조치의 정지를 해제할 것을 역설하고 돌아갔다. 그리고 김대중 정부는 1998년 7월 2일 아주 조용히 이 대일 보복조치를 철회하였다.[125]

　한국 외무부는 신한일어업협정 체결을 위한 회담에 즉각 응하여 일본 측 초안에 끌려 다니는 실무회담을 계속하다가, 결국은 '잠정조치 수역' 또는 '한일 공동관리 수역', 한국 측이 '중간수역'이라고 부르는 수역에 한국 영토라는 표시 없이 '독도'를 포함한 신한일어업협정을 1998년 11월 28일 체결에 서명하는데 이르렀다.[126] 1999년 3월 울릉도 어부들이 독도에 배를 대는데 "즉각 떠나지 않으면 총을 쏘겠다"는 경고 방송에 혼비백산한 일이 있었다. 이후 김대중 정부 시절에는 어부들이 독도에 내리지 않고 배가 파도에 떠내려 가지 않게 밧줄만 걸어 놓고 배 위에서 밥을 지어먹어도 경찰이 와서 밧줄을 걷어 배로 던져 버렸다.

　어찌 어부들뿐이랴! 새천년 해돋이 방송을 중계하려던 방송 관계자들이 독도 입도를 금지당해 울릉도에서 해돋이 중계를 할 수밖에 없었던 사건도 있었다. 2000년 1월 새천년 맞이를 한국에서 가장 먼저 해가 돋는 독도에서 하려고 울릉도에 간 사람들이 있었다. 그러나 경찰의 엄중한 감시와 불법적인 방해로 독도에 가지 못하게 막았다. 외교부만 일본 영사관 노릇을 하는 게 아니라 경찰도 관공서도 자기 영토를 사랑하려는 국민을 방해물 노릇 하는 것을 업으로 삼은 셈이다. 2000년 3월에도 울릉도 어민들이 험한 날씨를 피해 독도에 간 적이 있는데, 내리자마자 경고 방송이 계속됐다. "즉각 퇴거하지 않으면 발포

---

124) 신용하(2002), "독도 영유권에 대한 일본주장 비판", 서울대학교출판부, pp.218~357.

125) 독도학회(2002), "독도 영유권 연구론집", 독도연구보전협회, p.111.

126) 신용하(2002), "독도 영유권에 대한 일본주장 비판", 서울대학교출판부, pp.356~357.

하겠다"고 위협했다.

혼비백산한 어민들이 다시 배를 타고 험한 바다로 내쫓겼다. 높은 파도에 시달리는 게 총을 맞는 것보다 생명을 보전하는데 더 유리했기 때문이다. 나쁜 날씨를 피해 피난하는 데는 국적이 필요하지 않다. 하물며 자국 영토에 자국민이 피난하는데 발포가 무슨 말인가. 김영삼 정부 시절까지만 해도 어부들이 독도에 가면 경비 경찰이 통을 들고 달려 내려왔다. 고기나 미역을 얻기 위해서였다. 그러나 한국 경비 경찰의 임무는 김대중 정부가 집권한 이후 독도에 한국인이 오는 것을 감시하고 막는 것으로 바뀌었다. 누구를 위해서 인가?127)

2000년 9월 20일 한국방송(KBS) 텔레비전(TV) 대담에서 일본 총리 모리 요시로가 "독도는 분명한 일본의 영토"라는 발언을 하였으나, 21일 '모리 요시로 · 김대중 한일정상회담'에서 이 사건을 잘 알고 있었을 한국의 대통령은 이 문제를 거론조차 하지 아니하여, 심각한 부작위(不作爲)를 기록하였다.128) 2000년 12월 10일 자 관보를 통해 정부는 독도를 천연기념물로 지정했다. 2003년 2월 28일 한치129)(오징어 일종) 잡이를 간 울릉도 고깃배들이 독도 선착장에 배를 대자 경찰이 내려와 밧줄을 벗겨 배로 던져 어부들과 시비가 붙었다. 이런 일이 독도경비대의 단독 행위라고는 아무도 믿지 않을 것이다. 독도경비대는 신문기사에서 "어민들의 심정은 이해하나 상부의 지시라 어쩔 수 없다. 접안 시설은 문화재 보호법에 따라 보호를 받고 있으므로, 이 시설을 이용하려면 관계 당국의 허가를 얻어야 한다"고 난감한 입장을 밝히기도 했다.

노무현 정부 시절 입도허가제를 규탄하는 울릉도 주민의 집회가 2003년 4월 27일 열렸다.130) 그리고 2005년 2월 23일 다까노 도시유끼 주한 일본 대사가 서울 한복판에서 외신 기자들을 모아 놓고, "독도는 일본 땅"이라는 성명(聲明)을 발표하였으나, 일본 정부의 입장을 공식적으로 표명한 이러한 도전적 발언을 감행한 주한 일본 대사는 소환당하지도, 강제 출국당하지도 않았으며, 서울에서 일본 정부를 대표하는 그의 공식적 기능은 이 일로 인하여 하등의 제한을 받지 않았다.131) 이뿐만 아니다. 문제의 소지가 있는 내용을 제보해도 제대로 처리하지 않는다.

---

127) 독도역사찾기운동본부(2003), "독도는 한국 땅인가", 백산서당, pp.19~58.
128) 김영구(2006), "독도 영토 주권의 위기", 다솜출판사, pp.26~27.
129) 한치오징어(mitra squid)는 다리 길이가 한 치밖에 안 될 정도로 짧다고 하여 한치 또는 한치오징어라고 불린다. 살오징어목 오징어과의 연체동물이다. 오징어보다 고급 요리 재료에 속한다.
130) 독도역사찾기운동본부(2003), "독도는 한국 땅인가", 백산서당, pp.19~58.
131) 김영구(2006), "독도 영토 주권의 위기", 다솜출판사, pp.26~27.

2008년 7월 중순 미국 지명위원회의 독도 영유권 표기 변경 움직임에 대해 주미 한국대사관 홍보공사에게 한국방송 워싱턴 주재 특파원이 통화로 독도의 주권 표기 변경에 대한 질문을 하고 '확인해 달라'는 제보를 했으나, 주미 한국대사관 쪽은 "미국의 지명정보 데이터베이스인 지오넷에서의 독도 명칭 등 독도 문제 전반에 대한 질문을 전화로 받은 적이 있다. 그러나 통화의 주된 관심사가 '언제 리앙쿠르 록스로 바뀌었는가'에 관한 것이었다"고 주장했다. 대사관 쪽은 '독도의 주권표시가 한국(South Korea)에서 공해(Ocean)로 바뀔 가능성이 있다는 얘기를 들었는데 무슨 말이냐'는 질문도 받았지만, 이를 주권 표기 변경과 관련한 제보라기보다는 지오넷 표기에 대한 사실 관계 확인을 요청하는 질문으로 '오해'했다는 것이다. 그러나 한국방송 쪽은 특파원이 이 통화에서 독도의 주권 표기 변경에 대한 질문을 하고 '확인해 달라'고 말했다고 밝혔다.

제보를 받은 이후 주미 한국대사관은 지명위원회에 독도의 명칭 변경에 관한 네 개의 질문을 보냈고, 7월 25일 오전 지명위원회의 랜덜 플린 국외지명담당국장 등과의 면담이 성사됐다. 대사관 쪽은 이날 면담에서도 리앙쿠르 록스로의 지명 변경과 관련한 서면 질문에 대한 답변만 들었을 뿐이다. 지명위원회가 오래전부터 '주권 미지정'에 대한 검토를 해왔다는 점을 전혀 모르고, 이에 대한 질문조차 하지 않았던 셈이다. 당시는 미국 의회 도서관이 독도에 대한 검색 표제어 변경 시도로 독도 문제가 이슈[132]화되어 지명위원회의 움직임이 초미의 관심사였다.[133]

국제적으로 통용되는 지명의 결정은 유엔(UN) 산하의 유엔지명위원회(UNGEN)와 더불어 미국지명위원회가 결정, 관리하고 있기 때문에 미국지명위원회는 미국 내 기관이지만, 전 세계 지명결정에서 중요한 기준을 제공하고 있다. 그리고 유엔지명위원회에 대해서도 영향력을 행사하고 있음에 비추어 볼 때, 오리건주의 한 사이트에 실린 한글 문구까지 찾아내 시정하는 일본의 공무원과 정부 그리고 한국 공무원과 정부의 독도 문제에 대한 대응자세가 너무나 대조적임을 느끼게 한다.

출처: 매일경제 2009. 3. 18.

[그림 3-1] 동해 일본해로
표기한 지구본 그림이
실린 교과서

[그림 3-1]에서 보는 바와 같이 2009년 3월 18일 '동해'를 '일본해'로 표기한 지구본 그림이 실린 얼빠진 교과서가 일선

132) 이슈(issue)는 논의의 중심이 되는 문제. 논점(論點). 논쟁점(論爭點).
133) 한겨레 2008. 7. 30.

고등학교에 배포돼 논란이 일어났다. 중앙교육진흥연구소가 전국의 고교에 제공한 고1 사회 과목의 교과서 표지에 동해가 'Sea of Japan', 즉 일본해로 적힌 지구본 그림이 실렸다. 사회 과목은 고교 1학년생이 배우는 필수과목으로, 각 고교는 중앙교육을 비롯한 8개 출판사가 제공하는 검정교과서 중 하나를 선택해 1년간 가르친다. 특히 문제의 교과서 표지에 '교육과학기술부 검정'이라는 문구가 있어 자칫 정부가 일본해를 인정하는 것 같은 오해를 낳을 수 있다는 상황이었다. '사이버 외교사절단' 반크의 박기태 단장은 "출판사가 의도한 것은 아니겠지만, 한국 정부가 교과서에서 일본해를 인정한 것처럼 일본이 홍보할 수 있기 때문에 수정이 필요해 보인다"고 말했다.[134]

이에 대해 중앙교육진흥연구소 측은 정부 부처의 이름이 바뀌면서 '교육인적자원부 검정' 문구를 '교육과학기술부 검정'으로 변경하는 과정에서 실수로 일본해 명칭을 지우지 않은 그림을 넣은 것으로 조사됐다고 해명했다. 2001년 7월 검정 이후 2008년까지는 일본해 문구를 삭제한 지구본 그림을 사용했으나 2009년 표지를 바꾸면서 실수로 일본해 명칭을 지우지 않은 그림을 넣었다는 게 중앙교육진흥연구소 측의 설명이다. 중앙교육진흥연구소 관계자는 "새 학기가 되어 일부 고교에서 지적이 나온 후에야 표지 그림에 문제가 있다는 것을 알게 됐다. 학교들에 공문을 보내 지구본 그림의 잘못을 설명하는 방안을 포함해 대책을 강구 중"이라고 말했다. 그러나 국민의 비난 여론에 밀려 결국 문제가 된 교과서 15만 부를 모두 회수해 다시 제작할 방침이라고 밝혔다.

독도 문제에 대한 한국 정부의 대응에는 문제가 한둘이 아니다. 2008년 일본 외무성이 '독도는 일본 땅'이라는 내용의 한글 홍보자료를 내자 중앙정부와 지방정부는 경쟁적으로 '독도 지키기' 대책을 쏟아냈다. 하지만 국무총리실과 문화재청 등이 2009년 10월 11일 한나라당 이성헌·한선교 의원에게 제출한 국정감사 자료에 따르면 각 기관 대책이 일관성 없이 삐걱거리는 것으로 나타났다.

외교통상부는 2009년 4월 경상북도교육청에 "초등학교 독도 교과서 내용에 오류가 있다"며 검토해 달라고 요청했다. 2월에 발간된 독도 교과서 내용 중 ▶1882년 왜구가 울릉도에서 노략질을 한 부분, ▶독도라는 이름이 1906년 처음 사용되었다는 부분 등이 역사적 사실과 다르다고 외교부는 지적했다. 1882년에는 노략질을 한 게 아니라 벌목을 했으며, 독도 이름이 처음 사용된 건 1904년이라는 것이었다. 또 태종실록의 '우산도'를 언급한 대목에 대해서는 "일본 측의 비판을 받는 부분"이라며 삭제를 요청했다. 이런 식으로

---

134) 매일경제 2009. 3. 18.

외교부가 수정 또는 삭제를 권유한 부분은 15곳이나 됐다. 외교부 측은 "교과서를 3월에 입수해 내용을 검토했다. 앞으로 교과서를 개정하거나 유사한 교과서 제작을 추진할 때 총리실이나 우리 부와 협의해 달라"고 요청했다. '독도 수호' 차원에서 만들어진 교과서가 충분한 관계부처 협의를 거치지 않고 제작된 셈이다. 특히 총리실은 2009년 3월 각 부처에 보낸 공문에서 "독도 관련 홍보가 기관별로 개별적·분산적으로 추진됨으로써 홍보 인용 자료가 불일치하고 홍보 논리의 통일성이 결여됐다"고 지적한 것으로 밝혀졌다.

독도에 시설물을 설치하는 사업을 두고도 파열음이 났다. 경상북도가 '독도 영토관리 강화'를 위해 추진해온 사업 중 핵심인 방파제 건설과 현장관리사무소 설치 계획 등이 문화재청 심의에서 줄줄이 제동이 걸렸다. 방파제 건설은 2009년 14억 원의 예산까지 확보됐지만, 문화재위원회는 2009년 6월 열린 심의에서 '경관 및 해양생태계 훼손 우려'를 이유로 불허했다. 이 밖에 주민숙소 확장 공사와 사진 전시회 등의 사업도 문화재 관련 심의 문턱을 넘지 못했다. 이에 대해 당시 한선교 의원은 "독도 문제가 터지면 각종 대책을 쏟아냈다가 제대로 추진도 못 하는 문제가 반복되고 있다. 각 정부 기관이 사전 조율 없이 졸속으로 사업을 추진하면 오히려 역효과가 날 수 있다"고 주장했다.[135]

우리 정부와 교과부는 아직 정신을 제대로 차리지 못하고 있다. 서울시교육청은 2011년 발간된 독일어 교과서에 동해가 일본해(Sea of Japan)로 표기된 사실을 확인하고 전량 회수 조치키로 했다고 3월 14일 밝혔다. 이 교과서는 국고 보조금을 받아 서울시교육청과 서울대 출판문화원이 함께 펴내 2010년 말 시교육청 인정 도서로 승인받은 고교 독일어 작문 교과서 'SCHREIBEN MACHT SPASS'다. 시교육청은 출판문화원과 협의 끝에 2011년부터 서울과 과천, 부산의 3개 외국어고에서 사용되고 있는 이 교과서 197권 전부를 회수한 뒤 문제 부분을 수정해 재배부하기로 했다. 이에 대해 시교육청은 "이 교과서 7페이지에 실린 지도에서 동해를 일본해로 표기한 문제가 있었지만, 조그만 지도가 여럿 실려 있어 발견하지 못했다"고 설명했다.[136] 그런데 이 책이 교과부가 인정한 것이라고 한다.

이번에도 그렇지만, 문제가 터지면 항상 단순한 실수였다거나 특정 개인의 문제로 돌린다. 우리나라에는 일본해로 표기한 지구본만 있고 동해로 표기한 지구본은 없는가? 처음부터 동해로 된 지구본을 사용하면 될 것을 일본해로 표기가 된 지구본 사진을 사용해 7년 이상 일본해로 표기되지 않도록 한 것이 용하기도 하다. 정부 부처 명칭 변경하고 교

135) 중앙일보 2009. 10. 12.
136) 노컷뉴스 2011. 3. 14.

과서 인쇄 문제하고 무슨 상관이 있는지도 모르겠다. 그리고 교육과학기술부는 검정이라는 표기를 하도록 하면서 정치적인 일에만 열중하며 정작 중요하게 검정을 해야 할 일을 제대로 하지 않았다. 똑같은 사람들이다. 그러니 내용도 아닌 표제에 나온 일본해 표기를 발견하지 못하는 것이다. 구차해도 너무 구차한 변명이다. 처음에는 그림의 잘못을 설명하는 방안을 포함해 어물쩍 넘어가려는 태도를 보였다가 여론이 들끓자 모두 회수해 다시 제작할 방침이라고 밝히는 등 대책도 근본적으로 자세가 잘못되어 있다는 것을 다시 한 번 보여주었다. 우리나라에서 발행되는 교과서 오류 문제도 해결 못 하면서 이주호 교과부 장관은 일본의 역사교과서 검정 문제에 항의서한까지 보냈다.

일본은 그들의 공격외교에 한국 외무부가 후퇴하는 공간을 모두 확보하여 기정사실화해, 국제사회에 일본의 강렬한 '독도 영유 국가의지'를 알리고 한국 외무부의 소극적 대응이나 무능 무책을 마치 한국의 독도 영유권에 하자가 있어서 대응하지 못하는 것처럼 알리어, 일본이 유리한 위치에 서려고 획책하고 있다.[137]

제보해도 내용 파악을 제대로 못 해 시정도 안 하고, 우리 국민이 출입하는 것도 막고, 협상은 상대에게 유리하게 스스로 물러나 엉망으로 하는 등 계속 사태를 악화시키면, 그 다음에 진행될 일은 독도를 고스란히 일본에 바치는 일만 남게 될지도 모른다. 잘못은 확인되었을 때 시정하는 것이 가장 빠르다. 잘못이 있다면 지금이라도 그 잘못이 무엇인지 정확하게 파악하고 대책을 세울 일이다. 내부 관리도 제대로 못 하고 일본에 계속 빌미를 제공하면서 일본이 영유권을 주장하는 것에 대해 비난 성명 채택해 발표하고 항의서한을 보낸다고 해결될 것은 아무것도 없다. 일을 제대로 하는 기본은 자기 정비와 관리부터 철저하게 하는 것으로 시작해야 한다. 내부 단속도 안 되고 자신도 제대로 모르는 상태에서 외부 세력에 대항해 이기기는 어렵다.

(3) 한국 정부 독도정책 무엇이 잘못 되었나

독도와 관련해서 사태를 불안정하게 발전시키고 있는 책임은 한국에도 있다. 독도 영유권 문제에 관한 일본 정부의 영유권 주장에 대해 한국 정부는 합리적으로 철저하게 그 근거가 없음과 불합리함을 지적해야 했었다. 특히 2차 대전 이후 일본 정부가 벌여온 '죽도 영토화 작업'에 관해서 한국 정부는 이를 철저히 연구하고 체계적으로 분석했어야만 했다. 일본의 영유권 주장에 대해 반론을 제기하지 않은 것은 아니지만, 그러한 반론들은

---

137) 신용하(2005), "한국과 일본의 독도 영유권 논쟁", 한양대학교출판부, p.21.

대체로 아주 피상적인 것에 그치고 있으며, 한국 정부의 주장은 철저하지 못하고 태도도 일관되지 못했다.

2차 대전 기간에 한국과 중국 등지에서 무고한 여성들을 강제로 끌어들여 일본 제국주의 군대를 위한 강제적 위안부로 동원한 범죄적 행적들은 1996년 유엔 특별인권위원회에서 이 문제가 정식 의제로 다루어지기 전까지 한국 내에서는 그 범죄성을 법적으로 규탄하는 논의조차 이루어지지 않고 있었다. 역사 교과서 왜곡 문제에 관해서도, 사실상 한국 내에서 이 문제는 간헐적인 반일 감정 회오리에 맡겨져 격정의 시간이 지나면 잊히는 문제로 방치되어 오고 있다. 한국 정부로서는 이 문제에 관한 한 아주 의례적인 외교적 항의 이외에는 지금까지 아무런 가시적인 대응조치를 취한 바가 없다.

독도 문제와 관련해서 한국 정부가 범하고 있는 가장 결정적인 잘못은 독도 문제에 관한 일본의 영유권 주장의 발단과 근원을 간과하고 있는 것이다. 독도 문제에 관한 일본의 근거 없는 영유권 주장이야말로 일본이 2차 대전 기간 중, 군대 위안부를 강제로 동원한 범죄행위 또 역사 교과서의 왜곡으로 한국과 인접 아시아 국가들의 국가적 자존심을 계속해서 침해하고 있는 일본의 고질적인 국가우월주의(國家優越主義) 등과 똑같은 성질의 국제위법행위라는 점을 알아야 한다. 한국 정부 측의 일관성 결여와 사려의 결핍에서 오는, 이른바 독도에 관한 '문제회피(問題回避) 정책'은 결과적으로 독도에 관하여 일본 정부가 근거 없는 주장을 고집할 수 있도록 고무하고 이에 더 나아가 일본이 황당무계한 태도를 견지할 수 있도록 유도하고 있다는 것이다.[138]

일본이 항의를 제기한다고 하여 독도에 대한 한국의 관할권 행사가 위법하게 되거나 다른 나라에 대항할 수 없는 행위가 되는 것은 아니다. 또한 일본의 외교적 항의의 반복이 일본에게 독도에 대한 현실의 점유를 가져오는 것도 아니다. 한국이 주의를 기울여야 할 것은 일본의 항의가 제삼국의 지지를 확보해 나가며, 한국이나 제삼국에 대해 대항력이나 교섭력을 높여주지 않도록 하는 것이다. 또한 독도 문제가 무력 충돌이나 무력 충돌에 이를 정도의 긴장관계로 비화하지 않도록 하는 것이다. 이를 위해 일본의 외교적 항의에 대해 적절하게 대응 독도 문제를 전략적으로 관리해 나갈 필요가 있었다.[139]

국가전략(國家戰略)은 한 나라가 그 나라의 안전과 번영을 보장하고 동시에 그 나라의 미래를 확보하기 위해 추구해야 할 목적과 방법을 다루려는 종합적 접근 방법이라 할 수

---

138) 김영구(2003), "독도문제의 진실", 법영사, pp.311~313.
139) 이석우 외(2005), "독도분쟁의 국제법적 이해", 학영사, p.259.

있다. 따라서 국가전략의 내용에는 한 나라가 추구할 공통된 가정이나 전제 그리고 공유된 개념적 구도가 필요하다. 그뿐만 아니라, 특히 정책수립자 사이에 수단과 방법 사이의 관계, 목적달성 방법, 자국의 국익을 증진하기 위한 방법, 위협으로부터 나라를 보호하고 극소화하는 길, 가장 유리하고 효율적인 방법으로 문제에 접근하고 기회가 오면 그것을 최대한 자기에게 유리하게 이용하는 길이 무엇인가에 대한 폭넓은 합의를 지닌 신념구조가 포함되어야 한다.[140]

한국 정부가 독도 분쟁 자체를 인정하고 싶지 않다고 하더라도, 실제 일어나고 있는 현상에 효율적으로 대응하기 위해서는 분쟁으로 발생할 수 있는 모든 가능성과 일본의 행동을 연구하고 대응할 수 있는 국가전략을 수립해야 마땅하다. 분쟁에서 전략을 수립하는 것은 가장 기본적인 정석이다. 그리고 독도 문제에 대한 국가전략을 수립한다고 해서 문제 될 것이 전혀 없는데도 그동안 한국 정부는 조용한 외교라는 명분으로 독도 문제에 대한 전략적 관리에 소홀했던 점을 부인하기는 어려울 것이다. 사전에 독도 문제와 관련되어 일어날 수 있는 모든 가능성과 사안에 대한 시나리오를 준비하고 내용별 검토를 통한 국가전략이 마련되면 그에 따라 일관성 있게 대응해 나갈 수 있다. 자연스럽게 정부는 물론 정당, 학자, 시민단체, 연구기관, 국민까지 그 역할을 분담하고 가용한 모든 수단을 사안에 따라 동원하면서 완급을 조정하고, 정부의 입장이 곤란할 때는 민간 부분에서 역할을 맡아 일을 처리하면 정부에 직접적으로 전해지는 충격도 완화되므로 정부의 독도 문제 대응은 그만큼 폭도 넓어지고 유연해질 수 있다.

그렇게 하면 신한일어업협정과 같은 졸렬한 협상이나 실책은 하지 않을 것이다. 꼭 일본에 양보해야 한다면 한국 측의 피해는 최소화하고 효과는 극대화하면서 모양을 갖추는 의도적이고 계획된 것이 될 것이므로 문제 될 것이 없다. 다케시마 표기문제와 같은 국제적인 공인문제도 점차 해결될 것이 분명하다. 그런데 그동안 한국 정부는 민간 부분의 활동을 조용한 외교라는 핑계로 정부 스스로 막고, 정부의 활동폭도 좁혀 모든 충격을 정부가 받는 고립된 상황을 자초했다. 그리고는 정부산하기관의 연구소나 정부 입장을 옹호하며 말을 잘 듣는 몇몇 교수들에게 연구 용역을 주어 마치 정부가 제대로 일을 하는 것처럼 성명을 발표하게 하거나 지지하게 하려고 한 측면도 없지 않았다. 정석을 두고 임시방편의 편법으로 대응해 나가는데 어찌 제대로 된 일 처리를 기대할 수 있겠는가? 손으로 눈은 가릴 수 있어도 하늘을 가릴 수는 없다.

---

140) 윤정석(1998), "일본의 국가전략: 21세기를 맞으며", 도서출판 오름, p.17.

2) 국제적 공인 노력 미흡

(1) 국제 공인 국제사법재판소 정치적 판결 연관된다

노컷뉴스 2008년 7월 16일 '미국 의회도서관, 독도 주제어 변경 전격 보류'라는 기사에 따르면 세계적인 영향력이 있는 "미국 국무부와 중앙정보국(CIA)의 공식 홈페이지에는 이미 수년 전부터 독도의 이름은 리앙쿠르암초로, 동해는 일본해로 각각 표기돼 있다. 미국 국무부는 세계 각국의 일반정보(General Information)를 수록한 '배경 목록(Background Notes)'에 실린 지도를 통해 독도를 '리앙쿠르암(Liancourt Rocks)'으로 표기하고 있고 동해를 '일본해(Sea of Japan)'으로 명시하고 있다. 미국 중앙정보국(CIA) 홈페이지에 실린 세계 각국의 자료집(the World Fact book)에도 동해(East Sea)는 일본해(Sea of Japan)로, 독도는 리앙쿠르암(Liancourt Rocks)으로 표기돼 있었다. 한일 양국 간 영유권 분쟁이 계속되고 있는 독도와 관련해 미국은 양측의 입장을 고려해 한국명 '독도'와 일본명 '다케시마' 대신 '리앙쿠르암'이라는 제3의 중립적 명칭을 사용하고 있는 셈이다. 하지만 동해가 아닌 일본해를 표기하고 있는 부분은 일본 측 주장이 반영된 셈이다. 그런가 하면 인터넷 백과사전인 위키피디아(Wikipedia)도 리앙쿠르암을 설명하는 사이트에서 '일본해(동해)상의 작은 섬으로, 한국과 일본이 영유권을 둘러싸고 논란을 벌이고 있다'고 소개하고 있다. 독도를 실효적으로 지배하고 있는 한국은 항상 '독도는 우리 땅'을 외치고 있지만, 정작 외국 주요 인터넷 사이트에서는 독도라는 이름이 점차 '다케시마'나 '리앙쿠르암'으로 바뀌어 가고 있는 실정"[141]이라고 했다.

일본은 이미 '순요타이' 등의 일본식 지명을 국제수로기구에 등록하여 독도 근해의 해저지명을 선점한 바 있다("탐사 중단해도 지명 한국식 변경 추진", 노컷뉴스, 2006년 4월 20일). 일본은 한국이 2006년 6월 21일부터 23일까지 독일에서 열린 국제수로기구의 해저지명소위원회에서 독도 근해의 해저지명을 등록하려고 하는 정보를 입수하고, 이를 방해하기 위해 해상보안청 순시선의 호위를 받는 측량선을 독도 근해에 파견하겠다고 선포함으로써 일촉즉발의 충돌상황을 연출했던 적이 있었다. 결국 한국은 당시 미국의 중재와 물밑 협상을 통해 반기문 외교부 장관이 강압적인 일본의 위협에 의해 해저지명 등록 철회를 발표했다(한일독도대치, 계획도발·외교협상 '일 양동작전', 경향신문 2006년 4월 19일).[142]

---

141) 노컷뉴스 2008. 7. 16.

142) 최장근(2008), "독도의 영토학", 대구대학교출판부, p.286.

일본이 혈안이 되다시피 하며 다케시마 외국 홍보를 펼치고, 한국 정부가 제대로 대응을 하지 않는 외국 홍보와 표기 문제가 추후 발생할 수 있는 국제사법재판소의 판결 영향 측면, 특히 정치적 요인을 고려하면 국제적 공인은 국제사법재판소의 정치적 판결과 연관된다는 것을 알 수 있기 때문에 외국 홍보를 등한히 해서는 안 된다는 결론에 도달하게 된다.

판결에 영향을 미칠 정치적 요인은 대략 3가지로 나누어 볼 수 있다. 국제연합과 상임이사국, 기타 각국, 웹 사이트와 백과사전 및 세계지도 등이다. ① 국제연합에서 현실적으로 가장 큰 비중을 차지하고 있는 조직은 안전보장이사회이다. 그중에서도 상임이사국인 미국, 영국, 러시아, 중국, 프랑스 등 5개국의 의견은 특히 무시할 수 없다. 이들은 강대국으로서 극단적인 문제가 발생했을 때, 이들의 결정으로 강제조치까지 취할 수 있다. 유엔은 독도의 역사적 권원과 실효적 지배라는 측면에서 한국이 월등히 우월한 지위에 있음에도 일본의 국제적 위상이 높아짐에 따라 종래의 한국 영토라는 인식에서 분쟁지역으로 다루어지고 있다. 상임이사국들의 입장을 예단하기는 어렵지만, 대체로 미국은 중립적인 입장을 취하는 것 같으면서도 일본 정부의 입장을 두둔하는 편이다. 영국의 매스컴은 한국의 입장을 지지하고, 프랑스는 독도를 분쟁지역으로 구분하고 있는 듯하다. 러시아는 한국 측 입장을 지지했으며, 독도를 한국 영토로 인식하는 듯하고, 중국은 일본의 침략적인 행위를 비난하는 입장으로 일본에 강력히 대응하는 한국의 조치가 정당하다고 생각하고 있다. ② 기타 각국이 독도 문제를 어떻게 보고 있는지는 1996년 11월 7일 'Far eastern Economic Review(홍콩경제주간지)'가 아시아태평양지역 11개국 경제인(기업인)을 대상으로 조사한 설문에서 그 실상을 어느 정도 알 수 있다. 이 설문조사에서 독도가 일본 영토라고 답한 경우를 보면, 일본(69.2%), 말레이시아(66.7%), 대만(66.7%), 호주(58.8%), 인도네시아(55.6%), 필리핀(54.5%), 홍콩(50%), 싱가포르(44.4%), 태국(25%), 한국(0%) 등의 순이다. 아시아 지역의 11개국 중에서 독도가 한국 영토일 가능성이 크다고 답한 국가의 기업인은 한국을 포함해서 3개국밖에 없었다. 물론 오늘날은 많이 달라졌겠지만, 이런 결과는 일본과 빈번한 경제교류를 하고 있다는 이유로 독도의 본질과 상관없이 일본에 우호적으로 대답하고 있음을 알 수 있다. 과거사를 비교적 잘 매듭지은 독일은 독도를 분쟁지역으로 간주하면서도 한국 측의 입장이 더 설득력이 있다고 했다. ③ 2007년 6월 4일 유엔에서 공식적으로 운영하는 유엔 지도제작과의 세계지도, 지리정보자원웹사이트에서 독도를 죽도와 병행해 표기했다. 세계 각국의 지도와 대백과사전, 인터넷 사이트에서 종래 한국 영토로서의 독도라는 인식에서 독도/죽도로 병행 표기하기 시작하여 분쟁지역으로 인식되어 가고 있다. 유엔이나 세계 각국의 여러 국가도 공식적으로는 분쟁지역으로 간주하는 경향이 크다.[143)

(2) 요코 이야기의 시사점

'대나무 숲 저 멀리서(요코 이야기)'는 일본계 미국인 요코 가와시마 왓킨스의 자전적 소설로 일본인 소녀와 가족들이 2차 세계대전 직후인 1945년 북한을 탈출 한국을 떠나는 과정을 그리면서 한국인이 일본 부녀자들에게 강간, 폭력을 일삼았다는 것이 이야기의 줄거리이다. 한국인이 악한(villain)으로 돼 있고 일본인은 캄보디아나 유고의 난민처럼 철저하게 억울한 희생자로 등장 역사 왜곡 시비가 일었다. 이 책은 전쟁의 참상을 생생히 그렸다는 이유로 미국에서 6~8학년 언어 부문 추천 교재와 교사들을 위한 지도 지침서로 상당기간 동안 사용됐다. 한인 동포 2세인 뉴욕 R중학교의 허보은(11, 미국명 알렉스 허) 양이 2006년 9월 영어 시간에 '요코 이야기'가 교재로 배포되자 미리 읽어보고 이를 배울 수 없다며 1주일간 등교를 거부했고, 학교 측은 허 양의 뜻을 받아들여 교재 채택을 중단한 것이 알려지면서 논란이 시작되었다.

교포들의 노력으로 미국의 많은 지역에서 요코 이야기가 퇴출당하였지만, 캘리포니아주 정부 등 일부 지역에서 계속 교재로 사용하는 가운데 향후 6~8년간 언어 등 추천 교재로 사용될 서적을 선별하는 교재채택위원회의 공청회를 앞두고 300여 명 이상의 학생들이 동참한 가운데 미국에 있는 한국학교 교사와 관련 종교단체들은 2008년 9월 이후 교재 채택에 반대하는 인사들의 서명이 담긴 개별 진정서 수천 장을 모아 캘리포니아주 정부에 제출했다.

특히 이 책은 중국과 일본 정부조차 출판을 금지했는데도 한국에서는 2005년 4월 문학동네에서 '요코 이야기'라는 제목으로 출판했다. [그림 3-2]에서 보는

[그림 3-2] 요코 이야기 (좌) 원본. (우) 국내 발간 표지

143) 최장근(2008), "독도의 영토학", 대구대학교출판부, pp.104~110.

바와 같이 원본에는 요코의 세 모녀가 총칼을 겨눈 북한군의 위협에 떠는 모습을 표지에 실었으나, 한글판은 요코로 보이는 한 소녀의 모습만을 표지그림으로 바꾸어 놓았다. 아버지가 전범으로 6년간 시베리아 수용소에서 복역(731부대 근무 가능성이 있는 것으로 추정)한 사실이 있는데도 저자는 식민정책에 반대해 옥고를 치렀다는 식으로 왜곡하고 있다. '원본에는 저자가 한국 땅에서 몸소 겪었던 실화이며, 요코의 가족이 2차 세계대전에 힘없이 말려든 피해자였고 한국을 사랑했다. 일본이 2천 년 전부터 한국에 관심을 두다가 열강의 각축 끝에 정당하게 한국을 지배하게 됐다는 식의 한국 역사가 편집자 주의 형식으로 기술돼 있으나' 한글판은 이를 모두 빼고 출간된 것으로 알려졌다. 또한 서울의 한 외국인학교에서 이 책이 영어 교재로 사용되고 있는 것으로 확인되어 학부모들의 항의가 빗발치는 등 한동안 파문이 일기도 했다.

이 책은 독도와 직접적인 관련은 없지만, 요코 이야기가 시사해주는 점은 외국에 한번 잘못 알려진 것을 사실대로 바로 잡는데 얼마나 많은 시간과 노력이 소요되어야 하는지를 보여는 좋은 사례이다. 그동안 독도 문제에 대해 한국 정부는 조용한 외교라는 미명아래 외국의 인터넷 사이트나, 사전, 지도 등에 다케시마 표기를 사실상 내버려둬 오다시피 하면서 다케시마 일색으로 만들었다는 비판을 받아왔다. 그리고 지금도 얼마나 효율적으로 관리하고 있는지 의문이다.

모든 일에는 적절한 처리 시기가 있기 마련이다. 이 시기를 놓치면 그만큼 대가를 치러야 한다. 이제 오늘의 잘못을 우리는 앞으로도 조용한 외교라는 허울에 가려 가래로 막을 것을 멍석으로 막아야 하는 식의 안이한 자세로 일 처리를 계속할 것인가, 아니면 지금부터라도 사실을 바로 잡는 노력을 하면서 우리의 현실적인 여건을 고려해 방법을 개발하고 행동에 나서 더는 일본에 의해 사실이 왜곡되지 않도록 할 것인가 결단을 내려야 할 때가 되었다. 연합뉴스가 2007년 5월 27일 보도한 재미교포 허선 씨의 요코 이야기 퇴출 노력을 통하여 우리가 왜 국제기구나 외국 행정기관의 다케시마와 일본해 표기를 막아야 하는지 그리고 그 방법은 무엇인지를 살펴본다.

한 미국 중학교 한인 교사의 집념 어린 노력으로 일제 말기 한국인을 가해자, 일본인을 피해자로 묘사한 '대나무 숲 저 멀리서(요코 이야기)'(So Far From the Bamboo Grove)가 미국 내 171개 초등학교 및 중학교에서 퇴출당해 화제가 되고 있다. 미국 내 교육구청 중 세 번째로 큰 메릴랜드주(州) 프린스조지 카운티 교육청은 2005년 5월 15일 자로 이 지역 171개 초등학교와 중학교에 요코 이야기를 더는 교재로 사용해선 안 된다는 공문을 발송했다. 이에 따라 이들 학교에서는 요코 이야기의 교재 사용이 완전히 중단됐으며, 학교에서 쓰던 책과 부교재, 교사 지침서들은 모두 교육청으로 반송하라는 지시가 내려졌다. 요코 이야기 파문에도 불구하고 미국 내 상당수 학교가 이 책을 계속 교재로 이용하고 있는 가운데 프린스조지 카운티의 요코 이야기 퇴출 결정은 당시까지 단연 최대 규모이다. 불과 몇 달 전까지 프린스조지 카운티 내 공립학교 학생들이 배우던 요코 이야기를 모두 수거하도록 만든 장본인은 이 카운티의 켄무어중학교에서 영어교사로 재직 중인 허선(미국명: 밥 허) 씨이다.

한국 국적의 미국 영주권자인 허 씨는 2007년 1월 요코 이야기가 일제 해방 무렵 역사를 왜곡했다는 언론 보도를 보고서야 자신이 몸담은 켄무어중학교에서도 이 책이 교재로 쓰이고 있다는 걸 알았다. "너무 부끄러웠습니다. 내가 한국인이면서 이런 책을 우리 학생들이 배우고 있다는 것조차 몰랐으니 말이지요. 더욱 놀라웠던 것은 책을 읽고 나서였죠. 일제 36년간 피해본 건 한국인인데 책을 읽어보면 한국인은 몹시 나쁘고, 죄 없는 일본인을 괴롭힌 것으로 나오니 너무 화가 났습니다." 영어가 모국어가 아닌 학생들에게 영어를 가르치는 ESOL 교사인 허 씨는 이 책을 학교에서 퇴출해야겠다고 결심하고 '요코 이야기'의 잘못된 부분들을 분석해 자료로 만들었다.

우선 학교 영어과장에게 요코 이야기의 문제점을 조목조목 설명해 교재 사용 중단을 설득했고 교장도 똑같은 논리로 이해를 시켜 켄무어중학교에서는 이 책을 교재로 쓰지 않는다는 공식 결정이 내려졌다. 허 씨는 이어 벤저민 카딘 메릴랜드주 상원의원에게 편지를 보내 '미국 학생에게 부정확한 역사를 가르치는 것은 문제가 있으니 이를 바로잡도록 도와 달라'고 호소했다. 카운티 교육청과 메릴랜드주 교육부, 레그 위버 전미교사협의회 회장, 각 학교 영어 선생님들에게도 요코 이야기의 퇴출을 주장하는 수십 장의 편지를 보냈다. 카딘 의원과 메릴랜드 교육부에서 답신이 왔지만, 교재 선택은 교육자치 차원에서 연방정부나 주정부가 관여할 사항이 아니므로 카운티 교육청과 협의하라는 내용이었다.

프린스조지 카운티 교육당국자들은 허 씨의 편지와 수십 차례의 통화, 면담 등을 통해 마침내 교육청장과 8명의 교육위원, 영어 담당관 등이 의견을 모아 요코 이야기 퇴출 결정을 내렸다. "우리 학교에 있던 100여 권의 요코 이야기는 쓰레기 처분됐습니다. 건물 밖에 쌓여 있는 책들을 보고 만감이 교차했지요. 2000년 한국을 떠난 뒤 앞만 보고 달려왔는데 조국을 위해 조그만 일을 할 수 있었다고 생각하니 아주 기쁩니다."

허 씨는 이번 일을 통해 시스템 내부자의 역할이 얼마나 중요한가를 실감했다고 한다.

카운티 내의 교사인 자신이 문제를 제기했기 때문에 학교 밖의 의견보다 쉽게 받아들여질 수 있었다는 것이다. 동료 교사들의 의견을 들어 미국인들에게 먹힐 수 있는 설득자료를 만든 것도 주효했다. 특히 역사 교사들의 자문을 구해 미국 교육당국자들이 이해하기 쉬운 논리를 펼친 게 효과적이었다. 허 씨는 프린스조지 카운티 171개 학교에서 요코 이야기 퇴출 결정을 이끌어냈지만, 앞으로도 메릴랜드주의 다른 지역은 물론 미국 전체 학교에서 요코 이야기를 완전 퇴출할 수 있도록 최선을 다할 작정이다. 다음 목표는 인접지역인 하워드 카운티와 앤 아룬델 카운티이다. 여름 방학에 이들 카운티 교육당국자들에게 편지와 자료를 보내고 전화나 면담을 통해 또 다른 퇴출 작전을 펼칠 예정이라고 밝혔다.

허 씨는 미국 내 다른 지역에서 요코 이야기 퇴출 운동을 펼치고 있는 한인 학부모 등과도 적극적으로 협력해 힘을 모으려는 구상도 하고 있다. "제가 꼭 한국인이라서 요코 이야기 퇴출에 나선 것은 아닙니다. 교육자로서 학생들이 잘못된 사실을 배우는 걸 용납할 수는 없는 일이지요. 더욱이 한국과 관련한 역사를 거꾸로 배우게 할 수는 없습니다." 허 씨가 교육당국자들을 설득하기 위해 만든 4쪽 분량의 자료는 이렇게 끝난다. '이 책은 완전한 진실이 아니고 아주 편향돼 있기 때문에 모든 초등학교와 중학교에서 금지돼야 합니다. 학생들은 진실과 치우치지 않은 교재들을 배워야 합니다. 어린 학생들에게 사실에 입각한 교재를 이용해 정확하게 가르치는 게 교육자의 의무입니다.'[144]

(3) 국회 독도 표기문제 및 대응방안 분석의 의미

그동안 외교통상부는 외국의 독도 명칭 및 표기문제와 관련해 많은 지적이 있었음에도 시정에 대해서는 소극적인 태도로 일관해왔다. 정부는 독도 문제에 대해 장기대응을 강조해왔으나 실제로는 그러지 못하였다. 2008년 미국 지명위원회(BGN)의 독도 주권 표기변경 파문과 관련, 국회 입법조사처가 파급효과를 분석하고 정부 당국의 미숙한 대처를 조목조목 지적하는 보고서를 내놨다. 국회 입법조사처가 2008년 7월 31일 발표한 '국제지명 표준화 관점에서 바라본 독도 표기문제 및 대응방안'이라는 제목의 현안보고서는 국가기관이 미국 지명위원회 독도 주권 변경 파문에 대한 정부 대응의 문제점을 분석했다는 점에서 의미가 크다.

보고서에서 정부의 대응현황은 현재 독도 문제와 관련해서는 공식적으로 총리실 산하의 독도영토관리대책반과 외교부 독도 태스크포스[145](TF, 전담반)가 중앙행정기관의 업무

---

144) 연합뉴스 2007. 5. 27.

를 주관하고 있으며, 독도영토관리대책반은 임시조직으로서 외교통상부, 국토해양부, 국방부 등 관계부처가 참가하는 정부 합동 전담반 형태로 운영되고 있다고 밝혔다. 표기변경의 의미와 파급효과에 대해 입법조사처는 현재 상황은 일본 중앙정부 차원의 영유권주장과 미국의 입장 변경이라는 점에서 일본 지방정부의 도발이나 해상보안청 순시선의영해 침범 등 과거의 영유권 논란과 차이가 명확하다고 전제했다.

독도를 '주권 미지정 지역'으로 변경한 미국 지명위원회는 미국 내 기관이지만, 세계지명결정에 중요한 기준을 제공하고 유엔지명전문가회의(UNGEGN)에 직간접적인 영향력을 행사한다는 것을 간과해서는 안 된다고 강조했다. 미국 지명위원회(BGN) 국외지명위원회 랜덜 플린 사무국장은 미국지리학회의 지명결정 작업 전반을 관장하고 국제지명표준화와 관련한 모임을 조직하는 등 지명 결정에 핵심 인물이라는 것이다. 입법조사처는미국 지명위원회의 이번 결정으로 미국의 모든 공문서, 공식지도는 독도가 아닌 '리앙쿠르 록스'로만 표기할 것이며, 미 의회도서관의 검색어 역시 조만간 '리앙쿠르 록스'로 변경될 것이 확실시된다고 내다봤다. 또한 미국의 지명검색 서비스는 세계에서 유일하게 전지구적 차원으로 제공되는 공공정보서비스임을 고려할 때 유엔 차원의 지명 결정에도 영향을 미쳐, 향후 세계적인 지명 찾기 서비스와 지도제작에서 독도는 공식 지명으로서의지위를 상실할 가능성이 크다고 내다봤다.

정부 대응의 문제점은 첫째는 국제적 지명통일의 중요성에 대한 인식 부족하다. 국제적으로 통용되는 지명의 결정은 매우 정치적이며, 민감한 주제임에도 우리나라는 이에 대한 인식이 부족해 CIA World Fact Book(미국 중앙정보국에서 매년 발간하는 국가별 소개자료)과 같은 공개된 공식문서에서도 오랫동안 독도가 분쟁지역으로 소개되었으며, 그 명칭 역시 Liancourt Rocks(리앙쿠르 록스)로 제시되어 있었음에도 이에 대한 문제 제기 및 수정 노력이 별로 없었다. 둘째는 지명관련 종합적 정보획득 및 관리체계가 미확립되어 있다. 지명 확정과 관련한 국제적 흐름에 대한 관심부족으로 국제사회에서 영향력이 축소되었다. 1990년대 초반 이기석 교수(서울대학교 명예교수)가 개인자격으로 국제지명표준화관련 모임에 꾸준히 참석한 것이 거의 유일한 대응이었다. 이기석 교수는 작업 그룹[146]

---

145) 태스크포스(TF, task force)는 어떤 과제를 성취하기 위해 필요한 전문가에 의해서 만들어진 기한이 정해진 임시조직을 말한다. 태스크포스는 본래 '기동부대'란 뜻의 군사용어이지만 일반 조직에도 쓰이게 된 조직단위이다. 태스크포스팀은 주어진 과제에 대응하는 전문적기능이 요구되기 때문에 기존직제의 틀을 넘어 선발되지만, 일정한 성과가 달성되면 태스크포스팀은 해체되고 구성원들은 원래의 부서로 복귀되므로 기존조직에 유연성을 부가하는 특징을 갖는다.

146) 작업 그룹(working group)은 국제 표준화 기구(ISO) 또는 ITU-T(국제전기통신연합 전기통신표준화부문) 등에서 표준화 활동을 수행하는소규모 분과 위원회. 특정 작업 항목에 대한 표준 초안을 개발하는 그룹이다.

(working group) 의장(chair)으로서 일본해(Sea of Japan)의 동해(East Sea) 표기변경을 위해 공헌했다. 일본은 국제적으로 통일된 자국지명의 표기를 위해 영문표기 지침 및 영문판 지명 요람(Gazetteers)을 발간하는 등의 노력을 지속적으로 기울여 왔으나, 우리나라는 이와 관련된 정부 당국의 노력은 제한적이었다. 우리나라는 2000년 로마자 표기변경에 따른 지명 영문표기가 변경되었으나, 국제기구 등을 대상으로 한 정부 당국의 홍보 등이 부족하여 혼란이 일어나고 있다. 지명과 관련한 우리나라의 공식기구인 국토지리정보원은 8월 29일 현재 독도표기, 미국 지명위원회 홈페이지 링크(link) 오류, 유엔 지명위원회 홈페이지 링크 부재 등에 대해 아직 공식적인 입장을 제시하고 있지 않다. 정부 당국의 체계적이며 장기적인 정보수집, 분석 및 관련정보의 제공 등에 한계를 드러냈다. 셋째는 기존 정책 간 연계 미흡이 지적되었다. 독도의 영유권 강화를 위한 여러 가지 활동이 1990년대 이후 지속적으로 추진됐으나, 조정능력을 갖춘 법적 기구의 부재로 정책 간 연계가 부족하다. 독도의 영유권을 명확하게 하려는 방안의 하나로 역사적 영유권을 명확히 하는 데 주력하였지만, 지명 및 지도와 관련된 분야에 대해서는 소홀했다. 독도 및 동북공정 등에 대응하기 위하여 조직한 동북아역사재단은 역사적 측면 위주로 활동하고 있어 다양한 측면에서의 영유권 침해 주장에 대한 대응에 한계를 드러냈다는 지적이다.

대응방안으로 입법조사처는 독도 영유권 및 표기변경에 관한 대응은 국제적 관점과 세분된 전략에 기초하여 수행될 필요가 있으며, 정부 당국의 대응방안으로 지명관련 기구의 주요 인사파악 및 설명 작업의 진행, 지명관련 기관 및 조직에 대한 정보체계 구축, 관련 전문가 집단에 대한 영향력 확대 도모, 유엔지명위원회에 대한 적극적 참여를 통한 영향력 확대 등을 제안했다.[147)]

국회 입법조사처의 보고서는 미국 지명위원회(BGN)의 독도 주권 표기변경 파문과 관련되어 있으므로 한시적이기는 하지만, 한편으로는 다른 나라의 독도 표기문제에 대한 한국 정부의 대응과 정책을 전체적으로 확인할 수 있게 해주는 내용이다. 중요한 점은 문제가 지적되고 세월이 흘러도 한국 정부의 대응에 별로 달라지는 것이 없다는 점이다. 기능도 제대로 하지 못하는 그럴듯한 직책을 가진 사람들로 채워진 특별업무추진팀(T/F)보다는 독도 문제를 제대로 파악하여 내용을 정확히 꿰뚫어보고 치밀한 대응을 할 수 있는 한두 사람의 실력과 안목을 가진 담당자가 절실하다. 과거에는 전담자가 없어서 그랬다고 하지만, 이제는 담당자가 없는 것도 아니다. 그런데도 여전히 일본에 뒷북치는 행정이 이

147) "국제지명표준화 관점에서 바라본 독도표기문제 및 대응방안"(2008), 국회입법조사처, pp.1~17.

루어지는 것은 실력이 부족한 사람으로 채워 모양은 겨우 만들었지만, 직위가 높다고 위에서 마음대로 하고 부처 간 이기주의로 협의를 제대로 하지 않고 따로 움직이니 불협화음과 미숙한 대응이 계속될 수밖에 없다.

(4) 국제기구와 각국 독도 표기 시정 의지 문제다

외국의 지명 표기가 갖는 문제는 국제수로기구와 각국 정부의 주요 기관, 인터넷이나, 백과사전 등 영향을 미칠 수 있는 곳에 한국식 지명은 없고 일본식 지명만 있게 되면, 국제사회가 독도를 일본 영토로 오인하기 충분하다. 한국의 독도 실효적 지배가 오히려 일본령 다케시마(竹島)를 한국이 불법적으로 점령하고 있는 것처럼 보이도록 할 수 있다. 이는 바로 독도 주권의 위기와도 직결된다.

2008년 9월 정기국회에서 문화체육관광부가 문화체육관광방송통신위원회 안형환 의원에게 제출한 자료에 따르면 동해나 독도와 관련된 오류를 고친 비율은 2004년에 21.1%를 기록하는 등 참여정부 5년 동안 평균 24.4%에 머물렀던 것으로 알려졌다. 이는 참여정부 시절 동해나 독도 이름이 잘못 표기된 외국 인터넷 사이트에 대한 오류 시정률이 10건 중 2.4건 정도에 불과한 것으로 각종 인터넷 사이트에 잘못 표기된 동해나 독도의 이름을 고치려는 정부의 노력이 부족했던 것으로 드러난[148] 한 사례라 할 수 있다.

문제의 심각성은 오류가 확인된 내용만 대상이 되었으므로 세계적으로 얼마나 많은 오류가 있는지 정확히 파악되지 않고 있으며, 참여정부만 이렇게 미온적인 대처를 한 것이 아니었다는 데 있다. 국민이 독도를 수호하기 위해 각종 협회와 단체를 만들고 적극적인 연구할 동을 전개한 것과는 달리 제1공화국 외에 고위직책에 있는 공무원 중에서 독도 수호를 위한 소신이 있는 행정이나 행동을 한 사람은 별로 눈에 뜨이지 않는다.

정권은 바뀌어도 국가 대계를 유지해 나가야 할 정책의 기본에는 변함이 없어야 하는데도, 정치인들은 표를 얻고, 국민의 지지와 표로 획득한 정권은 국민을 위한 봉사가 아닌 몇몇이 권력을 누리는 도구로 생각하여 그때그때 임시방편으로 대응을 일삼고, 그 밑에 있는 공무원은 일신의 영달과 안위, 승진을 위해 소신을 버리기 일쑤였다. 만일 국민의 정부와 공무원에 대한 시각이 잘못된 것이라고 한다면, 정부 차원뿐만 아니라 공무원 중에서도 소신 있는 정책을 주장하는 내용이 많이 알려졌어야 한다. 그런데 조용한 외교 뒤편에 숨어 윗사람의 눈치만 살피며 목소리를 낮추고 소신도 버리면서 국민의 요구에 반하

---

148) MBN 2008. 9. 13.

는 정책을 발표하는 사례를 우리는 여러 차례 보아왔다. 그나마 2008년 이후 분위기가 조금 바뀌는 듯도 하지만, 이는 그동안 쌓인 국민의 분노가 보물처럼 쏟아지고 행동으로 이어진 결과가 반영된 것일 뿐 공무원이나 이명박 정부의 자의적인 정책이었다고 보기는 어렵다.

지금이라도 정부가 마음만 먹으면 국민의 따가운 눈총 대상이 되는 제삼국과 국제기구의 다케시마와 일본해 표기는 어느 정도 바로잡을 수 있다. 현재 표기의 문제가 되는 부분은 국제기구, 각국의 행정기관, 그중에서도 특히 지리 관련 업무를 수행하는 기관, 인터넷 홈페이지, 교과서, 언론이나 학술단체 등이다. 정부가 직접 시정하기 곤란하고 다른 업무가 많다면 정부는 예산을 지원하거나 방향을 제시하고 동북아역사재단을 통해 독도와 관련된 각국어로 된 홍보자료를 다각적으로 준비하여 제공해도 된다. 해당 국가가 많으면 국제적인 영향력이 강한 나라 20개국 정도만 대상으로 해도 괜찮다.

시정의 실행과 감시는 독도 관련 업무를 할 수 있는 민간단체나 협회, 학회, 동북아역사재단, 울릉도나 경상북도가 전면에 나서 올바른 자료제공을 통한 수정을 추진한다고 문제될 것은 없다. 만약 국내에서 업무를 추진하는 데 어려움이 있다면 각국 대사관이나 영사관에서 현지 유학생이나, 해당 국가의 단체에 용역을 주어 자국의 잘못된 내용을 스스로 수정하도록 하는 방법도 있다. 일본이 다소 앞서 있지만, 방법은 많다. 한국 정부에서 본격적으로 외국의 독도 관련 왜곡된 자료를 시정하기 위해 노력한다면 최소한 일본의 일방적인 독주는 막을 수 있을 것이 분명하다. 문제는 방법이 아니라 한국 정부의 의지, 특히 청와대와 여당, 외교부의 의지가 문제다.

3) 전문성 부족과 일관성 미흡

독도 영토분쟁을 다루는 데 있어 그동안 한국 정부에 전문성과 일관성이 크게 결여되어 있었다는 점은 여러 부분에서 나타나고 있다. 그것은 정부조직체계 내에서 연계된 틀을 갖추고 있지 못했다는 점뿐만 아니라, 일관성을 갖도록 장기적인 측면에서 체계적이고 전문적인 연구를 한 일도 없었다는 데서 바로 확인할 수 있다. 부서별로 분산된 업무와 사안에 따라 연구를 진행해 대응해왔고, 그때그때 필요한 상황에 따라 업무추진팀이나 협상단이 만들어지고 협상이 끝나면 원래 업무로 복귀하는 식으로 진행되었다. 외교부가 있고 주일 한국대사관과 주한 일본대사관이 있기 때문에 외교 현안에 대해서는 외교부가 연관되는 업무를 수행하지만, 1965년 한일회담 당시에는 김종필 중앙정보부장이 협상을 주도했으며, 1998년 신한일어업협정을 체결할 때는 해양수산부가 주된 역할을 했다.

2008년 정부가 전담반을 가동한 일은 전문성과 일관성, 조정자나 조정기구가 부재했음을 단적으로 보여주는 사례이다. 부서별 사안에 따른 처리와 대응이 항상 일을 제대로 처리하지 못했다고 단정할 수는 없는 일이지만, 일반적으로 비전문가보다는 전문가가 업무를 처리했을 때 실책이나 오류를 줄일 수 있고, 체계적인 연구를 통해 사전에 대비책을 충분히 마련해 협상에 응하는 것이 더욱 좋은 성과를 가져오리라는 것은 재론의 여지가 없다.

그런 의미에서 이명박 정부가 2008년 3월 정부조직을 개편할 때 국토해양부 해양정책국 아래에 해양영토과를 신설하여 ▲우리나라 해양 영토의 관리 강화 ▲독도의 영유권 강화 추진 ▲인접국과 배타적 경제수역(EEZ) 경계획정 철저 대비 ▲동해표기 확산을 위한 국제교섭 추진 ▲해양영토 관리를 위한 해양과학조사 실시 등, 영토관리 ▲독도의 지속가능 이용과 관리 등, 무인도서 기본계획 수립 및 실태조사 관련 업무를 전담하는 독도 전담부서와 전담자를 배치한 것, 동북아역사재단 내에 독도연구소를 발족한 것은 상당한 의미가 있다.

이렇게 모양을 갖춘 것에 비해 정부의 독도 관리는 곳곳에서 허점을 드러내고 있으며, 기대 이하 수준이다. 조선의 실효적 지배를 입증하고 일본의 독도 영유권 주장 허구성을 증명할 결정적인 증거를 놓치도록 한 사람이 이규원이다. 그런데 국토해양부가 운영 중인 '우리 땅 독도'라는 사이트에 들어가 보면 왕명을 받고도 독도를 답사하지 않은 이규원을 독도를 지킨 사람들에 올려 홍보하고 있다. 만일 이것이 제대로 된 일이라면 오늘날 대통령의 명령에 따라 업무를 수행한 사람은 그 내용이 불성실하고 잘못되었더라도 모두 그 분야의 공로자가 되어야 한다는 말과 같다. 그런데도 울릉도의 유인도화와 방어책을 진언한 많은 사람은 아무도 소개하지 않고 있다. 공무원 마음대로 소개하고 싶은 사람은 잘한 것은 한껏 부풀려 올리고 못한 것은 뺀다. 한국의 공무원다운 발상이지만, 참으로 한심스러운 노릇이다.

이뿐이 아니다. 조선의 공도정책을 수토정책으로 치장해놓았다. 역사 일반에 있는 내용을 일부 발췌하면 "조선시대 울릉도·독도지역에 대한 통치방식은 주민의 거주를 금지하여 섬을 비우는 수토정책(搜討政策)으로, 태종부터 고종까지 지속하였다. 한국사에서 주민의 이주정책은 흔히 찾아볼 수 있으며, 수토정책 역시 이러한 이주정책의 하나였다. 전쟁 수행, 지역개발 등에 주민 이주정책을 적절히 사용해왔던 역사적 경험은, 조선 태종 통치

기간에 토론을 거쳐 울릉도에 대해 '주민의 철수와 정기적인 수토'를 택하게 했던 것이다. 한편 수토정책은 주민을 육지로 이주시키는 것과 함께 정기적인 순찰을 병행하는 것이었으므로 국가의 부담은 계속 남는 것이었다. 그 때문에 섬을 비우기보다는 관부를 설치하고 주민을 이주·정착시키는 것이 더욱 효과적이라는 논란이 계속되기도 하였다"고 소개하고 있다.

언뜻 보면 태종이나 세종이 취한 공도정책과 숙종이 취한 수토정책이 같은 것 같지만, 그 내용은 다르다. 태종이나 세종의 공도정책은 세금 부과를 피해 섬으로 도망하는 것 방지와 왜구(倭寇)에 의한 피해로부터 보호를 빌미로 울릉도에 살고 싶어 하는 사람들을 살지 못하도록 소환하고 처벌하는 것을 주목적으로 하고 있지만, 조선인이 살지 않는 섬에 일본인들이 들어와 사는 것을 막고 관리하기 위해 숙종 통치기관 중에 시행을 시작한 수토정책은 영토 수호 활동이 주가 되고 있다.

대마도가 왜 일본 땅이 되었는가? 왕래가 쉽지 않고 땅이 척박한 데다 농토가 별로 없어 섬을 비워두었기 때문에 일본인들이 몰래 들어와 살다가 메이지유신 때 대마도주가 아예 일본에 귀부(歸附)해 버린 것이다. 울릉도에 사람이 살면 세금을 내지 않은 사람이 도망갈 이유도 없고, 국가가 국민을 보호하는 일은 공권력을 투입하여 수호하는 것이지 사람이 살지 않는 땅으로 만드는 것이 아니다. 황희와 태종의 판단과 결정은 매우 잘못된 것이다. 영토 중 한 뼘이라도 소홀히 해야 할 땅은 없다. 땅에 사람이 살지 않으면 관리업무를 하는 행정을 해야 할 이유도 없고, 방어체계도 느슨해지거나 소홀해진다는 것은 삼척동자도 다 아는 사실이다. 그런데 울릉도에 사람이 살지 못하도록 한 정책을 어떻게 제대로 된 영토를 지키는 정책, 즉 수토정책이라 할 수 있겠는가? 물론 가끔 경차관을 임명하고 군사를 보내 주민 소환과 동시에 관리를 한 것은 사실이지만, 이는 올바른 수토정책이 아니다.

만일 수토를 목적으로 했다면 숙종 통치기간의 수토정책처럼 정기적인 수토사 파견이 있어야 했다. 그러므로 울릉도에 들어가 사는 사람들을 육지로 강제 소환, 즉 쇄환하고 사람이 사는지 살지 않는지를 살피기 위해 부정기적으로 가끔 실시한 울릉도 관리정책은 수토정책의 한 형태라 할지라도 공식적인 명칭은 쇄환정책이나 공도정책으로 보는 것이 타당할 것이다. 그리고 확실한 수토정책은 안용복 사건을 계기로 숙종 때 정기적으로 수토사를 파견하기로 결정하고 시행한 것이 수토제도라 할 수 있다. 그런데 국토해양부는 공도정책은 언급이 없고 두 가지를 하나로 묶어 수토정책으로 올려놓았다.

1999년 체결된 신한일어업협정도 그렇다. 협정문 내용에는 없는 것을 자의적으로 해석하여 적용범위에서 ▲어업협정은 어업에 관한 문제만 적용(독도 영유권과는 관계없음) ▲한일 간 배타적 경제수역에 적용(독도와 12해리 영해는 제외) ▲어업협정은 배타적 경제수역(EEZ) 경계문제를 다루지 않음(EEZ 경계는 별도 합의로 정함), 주요 내용에서는 ▲양국이 정한 수역 내에서 어업조건(어종, 어기, 할당량, 조업구역 등)을 정함 ▲수산자원의 실태와 보존관리, 어업협력사항, 중간수역에서 기국주의 적용 ▲양국 배타적 경제수역(EEZ)에서는 상호 입어 허가에 의해 어획량을 할당받아 조업[149]한다고 소개하고 있으며, 중간수역 내에 위치한 독도를 표시해 두고 있다. 우리는 한국 정부의 입장을 이해할 수 있다. 그러나 일본의 입장이나 제삼국인들이 한국 정부의 의도처럼 이해하기는 쉽지 않을 것이다. 언어는 보편성이 있다. 그러므로 위 내용이 그렇게 되기 위해서는 협정문 내용 속에 '어업에 관한'이라는 말이 들어가든지 위에 명시된 내용이 열거되면 누가 보아도 그렇게 된다. 그런데 신한일어업협정문 속에는 그런 말은 없다.

물론 '우리 땅 독도'를 통하여 독도를 홍보하려고 나름대로 노력한 점도 엿보이기는 한다. 그러나 위에 지적된 일련의 내용을 통하여 생각해볼 때 아직 국토해양부는 독도 문제에 대한 내용 정리에서 홍보 기준도 제대로 마련되어 있지 않은 것으로 보인다. 균형감각도 결여되어 있으며, 한국 국민뿐만 아니라 일본과 제삼국 국민이 어떻게 받아들일 것인가 하는 것에 대한 개념이 부족한 것이 틀림없다. 정부의 홍보자료는 세계인을 대상으로 하는 것인데도 한마디로 말하자면 독도에 대한 전문적인 식견과 자료가 부족하고 냉철하게 판단해 홍보할 수 있는 안목을 가졌다기보다는 그저 공무원 중에서 담당자를 선정해 담당 업무를 맡긴 것에 지나지 않은 것으로 보인다.

일본의 역사 인식과 역사 왜곡을 비판하면서 우리의 역사에 대해 부끄러운 부분은 숨기고 편리한 대로 해석하거나 내용을 왜곡하려 드는 것은 논리모순이다. 독도에 대한 왜곡된 지식으로는 결코 역사 왜곡에 도가 통한 일본인들을 이길 수도 없을뿐더러, 결국 우리도 같은 부류로 취급될 수밖에 없을 것이 분명하다. 지금부터라도 우리 스스로는 물론이고 후세들에게 역사적 사실을 정확하게 전달하고 더 근본적인 대책을 마련할 수 있도록 길을 열어줄 필요가 있다. 그래야 올바른 독도 문제의 해법을 찾을 수 있을 것이다.

---

149) 국토해양부, 우리 땅 독도.

4) 대책 부재

　　그동안 일본은 한국 정치의 위기 상황을 기묘하게 악용하여 사면초가의 상황을 연출하고 압력을 가한 뒤, 한국 정부의 선택 여지를 없애고 부득이 일본에 이권을 양보하도록 하는 방식을 채택해왔다. 한국이 일본에 계속하여 밀리는 모습을 보이는 것은 국력의 차이를 고려한다면 어느 정도 있을 수 있는 일이라고 생각된다. 문제는 한국의 위상에 맞는 정교하고 치밀한 준비와 대책을 마련하고 대응하고 있느냐 하는 점이다. 그런데 전혀 그렇지 못한 것 같은 느낌이 든다.

　　독도와 관련하여 일본이 도전 행동을 할 때 어떤 방식으로 공격해 올지, 한국이 어떤 행동을 개시할 때 일본이 어떻게 반격할 것인지 사전에 행동연구를 통해 가능한 모든 시나리오를 준비하고 내용별 대응책을 마련한 청사진을 갖고 있어야 한다. 그래야 올바른 대응이 가능하다. 만일 실제 상황에서 일본의 공격이나 반격이 우리가 예측한 내용을 벗어나더라도 의외인 부분만 수정해 대처하면 된다. 후퇴하거나 어느 정도 밀리더라도 정책적 의도적으로 그 범위와 내용을 우리가 조정하며 양보하거나 후퇴할 수 있다. 정책 결정이나 선택에 따라 문제가 발생하더라도 의사결정과 동시에 이미 사후 대책까지 자동으로 마련되고, 상황이 종료되고 나면 국민에게 이해를 구할 수 있으므로 정책 결정자가 비난받을 일이 별로 없다. 그리고 파문을 줄이기 위해 양보의 내용을 기술적으로 잘게 쪼개 공방전이나 협상과정에서 조정해 나갈 수 있는 여지도 생긴다.

　　이와 달리 사전에 행동연구나 준비가 제대로 되어 있지 않으면, 일본이 어떠한 형태로 공격해올지 모르므로 반격의 방향이나 강도도 설정할 수 없고, 한국이 선공하더라도 일본의 반격 형태를 예측할 수 없으므로 잘못 공격하다가는 도리어 큰 후폭풍을 맞게 될 가능성이 있다. 이뿐만 아니라 대응방식도 일단 문제가 터지면, 그때부터 대책회의에 들어가 오락가락하며 일본의 의도와 행동을 파악하느라 부산하기만 한 모습을 보이면서 허둥거려 실수와 실책을 범할 수밖에 없게 된다. 어떤 형태로든 대응은 하지만 상황이 종료되고 나서야 무엇이 잘못되었는지 알 수 있게 된다. 정부와 정책결정자는 잘못이 크니 결과를 숨기기에 급급해질 수밖에 없다.

　　그동안 독도 문제에 대해 어떤 사안이 발생했을 때 한국 정부의 대응 모습을 보면 길면 하루, 짧으면 한나절 이내에 대책을 발표하는 것을 우리는 여러 차례 보아왔다. 시간상으로 볼 때 아주 적절하고 신속한 것 같은 느낌을 받을 때도 있다. 그러나 그 내용을 들여다

보면 경우에 따라서는 몇 차례 우려먹은 내용을 특별히 다른 내용이 없는데도 표정 하나 안 바꾸고 내놓았다가 언론으로부터 호된 지적을 받기도 한다. 그리고 그 대책이라는 것이 문제의 본질을 헛짚거나 발생 사안의 원인이 정부나 행정기관의 관리나 대응 미흡 문제로 드러나면 그때는 책임을 회피하기 위해 갖가지 변명이나 회피성 발언을 늘어놓고 때로는 어용학자들이나 공기업 산하연구소를 동원해 자기 합리화를 시도하기도 했다. 하지만 국민의 반발과 불신은 쉽게 수그러들지 않는다. 결국 일본은 의도하는 바의 실리는 실리대로 취하고 한국의 내부 분열이라는 덤까지 얻게 되는 사례가 적지 않았다.

대책이란 무엇인가? 물론 사건이 발생했을 때 현장을 조사하고 원인을 분석해 유사 사건이 발생하지 않도록 하는 것도 대책의 하나가 될 수 있다. 하지만 이것은 근본적인 대책은 되지 못하고 발생한 특정사안에 대한 대책에 해당한다. 실질적인 의미에서의 대책은 상대가 있을 때는 상대의 행동양식이나 태도, 좀 다른 표현을 사용하면 전략이나 전술을 포함하여 연관되거나 유사한 과거의 사건 및 사례를 면밀히 분석하고 현재와 미래에 일어날 수 있는 일에 대한 방책을 세우는 것이다. 변화의 추이에 따른 대응을 달리해야 하는 대책에는 이렇게 사전에 연구되고 예측된 분석 자료를 정책 결정권자나 입안자, 실무자들에게 제공해 대응해야 하고 가용한 모든 수단과 방법이 동원되어야 한다. 그러기 위해서는 당연히 정부 외에 국회, 언론, 학계나 민간단체, 국민이 각기 주어진 역할을 분담해 혼신의 힘을 경주해야 마땅하다.

독도 문제에 대해서도 정부 차원의 대응과 민간 차원의 대응을 분리하여 역할분담을 하는 것이 좋다. 정부의 대응은 현행 무시정책에서 좀 유연한 정책을 유지하되, 정부보다 자유로운 위치에 있는 단위체, 즉 학자, 언론인, 국회, 정당, 시민단체들은 독도 문제에 좀 더 공세적인 접근을 취하는 것이 바람직하다. 정부는 종래처럼 흑백논리로 정부 이외의 사회단체 등이 공세적으로 독도 문제에 접근하는 것을 제지하거나 막지 말아야 한다.[150]

우리는 과거 국난을 당할 때마다 정부와 국민이 하나가 되어 힘을 합쳐 잘 극복해왔다. 그런데 오늘날 한국 정부의 관료들은 정부에 위임된 행정 권한만 지나치게 강조하고 그것을 독점하려 하는 경향이 있다. 그리고 공적은 당연히 자신들에게 돌아가야 하고, 책임은 회피하려는 성향이 강하게 나타난다. 정부 혼자서 아니면 정부 입장을 옹호하는 몇몇 단체들만 참여시키는 반쪽짜리 일도 심심찮게 해왔다. 심지어 실무를 맡거나 정책 결정을 하는 사람들이 자신이 직접 일을 하거나 부하직원, 민간에 명령·위탁·부탁한 일만 일을

150) 독도본부(2006), "독도 영유권 문제에 치명적인 약점을 만들어낸 헌법재판소 판결 비판", 우리영토, p.23.

한 것으로 생각하는 것 같은 모습도 보인다.

누구든 주권자인 국민이 국가를 위해 하려는 일을 막으려는 것은 말이 안 된다. 노련하고 뛰어난 관료라면 국가를 위해 일하려는 사람들을 국가발전에 도움이 되도록 유도하고 정부 정책을 비판하는 의견과 반대하는 국민의 의견이나 에너지까지도 포용하여 일본에 대응할 제대로 된 대책을 마련하는 데 활용해야 마땅하다. 지금부터라도 한국 내에서 강구될 수 있는 모든 역량을 결집해 독도 문제에 대한 지침을 만들고, 일어날 수 있는 사안별 대응방법을 개발해 실제 사안이 발생할 때 정책결정자가 그것을 활용 국가이익에 가장 부합한 결정을 내리고 실행에 옮기도록 할 필요가 있다. 과거 사례를 분석하면 교범(manual)을 만드는 일은 어렵지 않다.

5) 조용한 외교와 금반언의 원칙

금반언(禁反言, estoppel)의 원칙은 일반당사자는 그가 행한 선행의 행위, 주장, 묵인, 혹은 부인과 모순되는 새로운 주장으로 일방 당사자의 선행 행위 등을 신뢰할 상대방 당사자를 해하는 것이 금지되는 원칙을 말하는데,[151] 독도 문제에서 금반언의 효과와 관련하여 현재 우려의 대상으로 많이 거론되는 것은 김대중 정부에서 체결한 신한일어업협정이다.

제성호 교수는 '덴마크와 노르웨이의 동부 그린란드 분쟁과 한국의 무시정책'에서 일본의 독도 영유권 훼손에 대한 한국의 묵인 위험성에 관해 독도 영유권 문제가 일본과의 외교적 분쟁으로 대두하는 것을 방지하기 위해 한국이 계속해서 '무대응이 최고의 전략'이라는 정책을 유지할 경우 이것은 일본의 부당한 영유권 주장을 계속 묵인하는 결과가 된다고 지적한다. 또한 김영구 교수는 '일본의 공격적 영토권 주장에 대한 한국의 무시정책이 묵인으로 간주될 위험에 대하여'에서 국제법상 묵인의 요건과 관련해서 가장 주목해야 하는 것은 1999년 1월 22일 한일 간에 서둘러 체결, 발효시킨 '신한일어업협정'이라고 주장했다.

비록 영토취득 권원이 불확실한 경우라고 하더라도 일단 묵인이나 인정의 의사표시를 하였으면 그 후에 이를 부인할 수 없고, 설사 부인하더라도 당사국에 대한 효력이 없다. 독도 영유권 문제에서 묵인과 관련해 생각해 볼 수 있는 것은 무엇보다도 신한일어업협정 제15조의 효과이다. 이 조항의 문제점은 한 마디로 독도(=다케시마)에 대하여 일본의

---

151) 독도본부(2006), "신한일어업협정 폐기와 금반언 효과에 대하여", 우리영토, p.12.

영유권 주장(혹은 법률상의 청구) 가능성을 국제법의 틀 내에서 수용하고 있다는 것, 바꿔 말하면 묵인이나 묵시적으로 인정하고 있다는 점이다.[152] 넓은 의미에서 금반언의 원칙이 재판상 적용된 대표적인 예의 하나로 브라운라이(Brownlie) 교수는 금반언의 효과와 관련하여 프레스 비히어 사원 사건을 들고 있다.[153]

프레어 비히어 사원(the Temple of Prear Vihear)은 역사적 및 지리적 여건상 실제 태국의 영토였다. 1904년 프랑스와 삼 간 국경조정조약(the Treaty Settlement) 본문 상 취지도 동 사원이 태국 측 영역 내에 들어가게 되는 단그레크 산맥(Dangrek range) 분수령을 따라 확정하도록 규정하였다. 그러나 동 첨부지도는 작성할 때 프랑스 측량사가 사원을 캄보디아 영역 내에 들어가도록 조약본문 취지와는 다르게 분수령 선을 확정하였던 것이다. 이렇게 1907년에 완성된 지도를 프랑스 측은 1908년 태국 측에 전달했다. 지도를 접수한 태국 정부는 지도 내용을 점검하고 시정을 요구하여야 했으나, 그렇지 못한 오류를 범한 채 수십 년이 지났고, 그 오류는 응고(consolidation)되었던 것이다. 그 후 1934년~1935년의 자체조사를 통해 캄보디아 영역 내로 들어간 것을 알게 된 태국(삼 정부 후신)은 1954년 동 사원에 군대를 파견함으로써 양국 간 분쟁이 발생하였다. 이에 대해 국제사법재판소(ICJ)는 1962년 6월 15일 응고된 오류를 태국 측의 묵인(acquiesence)으로 인정하여 동 사원과 그 인근 지역이 캄보디아의 영토에 귀속된다는 판결을 내렸다.[154]

실제 영토 분쟁에서 무시나 무대응이 어떠한 결과를 가져올 수 있는지 태국과 캄보디아 간에 벌어진 프레어 비히어 사원 분쟁의 결과는 우리에게 좋은 교훈이 되고 있다. 분쟁에서 문제 해결은 무시나 무대응이 아니라 정책에 필요한 전략적 측면과 전술적 측면이 포함되는 대책을 마련하고 상대의 행동에 따라 대응해야 하는 기본적인 원칙을 준수하는 것이 얼마나 중요한 것인가를 잘 보여준다.

4. 한국 지도자의 국내정치용 대일 강경발언

독도 문제는 지금 한국에서 격정적인 반일(反日) 감정을 촉발시킬 수 있는 가장 예민한 격발침(擊發針)이다. 이기적인 정치 집단이 국민적 관심을 자기들에게 집중시키기 위해 독

---

152) 독도본부(2006), "무시(무대응) 독도를 넘겨주는 가장 손쉬운 방법", 우리영토, pp.48~77.

153) 독도본부(2006), "신한일어업협정 폐기와 금반언 효과에 대하여", 우리영토, p.48.

154) 독도본부(2006), "무시(무대응) 독도를 넘겨주는 가장 손쉬운 방법", 우리영토, pp.83~86.

도 문제를 이용하는 경우가 종종 있다. 정부조차도 필요한 경우 이 문제와 관련해서 과도한 반일적 제스처[155]를 취함으로써 국민의 공감을 유도하려고 시도한 사례가 있다.[156]

1996년 2월 초, 일본 하시모토 총리가 200해리 경제수역을 독도에서 기점을 적용하겠다고 발언하자 당시 김영삼 대통령은 신중론을 펴는 외무부를 질타하고, 정부대변인의 특별 논평을 통해서 일본의 주장을 공격적으로 반박하였다(소위 "버르장머리를 고쳐준다"는 김 대통령 발언 사건). 이러한 한국 정부의 초강경 자세는 그해 1월부터 독도에 관해 일본 정부가 취한 일련의 공격적인 태도에 격분하고 있던 한국 국민의 반일 감정을 예민하게 읽었던 김영삼 대통령의 탁월한 정치적 감각이 발동된 것이다. 아울러 동년 4월 11일에 예정되어 있었던 총선 등을 의식한 정당 정치적인 배려가 작용한 것일 뿐, 일본에 대한 한국의 단호한 영토정책이 따로 새롭게 마련된 것은 아니었다.

그 후 하시모토 일본 총리와 김영삼 한국 대통령은 동년 6월 23일 제주 정상회담에서 만나게 되는데, 이 자리에서 하시모토 일본 총리는 "새로운 해양법협약 내용에 200해리 배타적 경제수역이 도입되는 것과 관련 필연적으로 제기될 독도 영유권 문제"에 대해 우려를 표명했다. 이에 대해 김영삼 대통령은 "영유권 문제와 어업협정은 별개의 문제로 하여 해결하자"라고 답변을 피하였다. 김영삼 대통령의 이 발언은, '한일 간에 독도에 대한 영유권 문제가 현안으로 존재한다'는 일본의 주장을 묵살하지 않고 인정한 셈이 되는 것이었다.[157] 그리고 1997년 7월 말 한국 정부는 동해의 배타적 경제수역(EEZ) 기점을 울릉도로 하겠다고 발표했다.

그럼에도 김영삼 정부는 일본의 단기 외채 상환 시기 연장과 차입을 성사시키지 못해 1997년 우리나라는 외환위기를 맞이하며 국제통화기금(IMF)에 구제 금융을 신청하지 아니할 수 없는 심각한 국가 부도위기에 처하게 되었다. 그 주된 요인은 일본 상업은행이 한국 측에 대출했던 외환자금 80억 달러를 긴급회수한 데 따른 것이었다.[158] 외환위기 원인으로 당시 여러 의견이 나돌았다. 미국 등의 이동성 예금(Hot money)이 일시에 빠져나갔기 때문이라는 설 등도 나돌았다. 그러나 그 주요 원인이 일본계 상업자금의 일시적 긴급회수 때문이었다는 것이 그 후 설득력을 얻게 되었다. 우선 국내 일간지(동아일보)가 '일(日), 80억

155) 제스처(gesture)는 몸짓. 성실성 없는 형식뿐인 태도. 공허한 선전 행위.
156) 김영구(2003), "독도문제의 진실", 법영사, p.313.
157) 독도학회(2002), "독도 영유권 연구론집", 독도연구보전협회, pp.99～102.
158) 국제통화기금(IMF) 구제금융 신청 경위(대한민국 정부), 1997. 11. 21: IMF에 구제금융 공식요청, 1997. 12. 2: 9개 종금사 영업정지조치, 1997. 12. 3: 정부 IMF 자금지원조건 합의, 1997. 12. 11: 자본시장 전면개방

달러 긴급회수 한국 환란 부채질'(1997년 10월) 제목 아래에 다음과 같이 보도했다. "일(日) 총리 하시모토 1997년 11월 24일~25일 밴쿠버 아시아태평양경제협력체(APEC) 회의에서 김영삼 대통령에게 '일본이 단기채무 80억 달러를 빼내가는 바람에 국제금융자본이 한국의 외환위기를 감지하고 돈을 빼 가기 시작해 외환위기가 악화하였다. 미안하게 생각한다……." 또한 미국 대통령 경제자문위원회 의장 베일리(Martin N. Baily)도 위와 같은 취지의 견해를 미국 외교관계지(Foreign Relations)에 그 후 피력한 바 있다.[159]

우리나라가 미증유의 외환위기로 국가부도 위기의 궁지에 몰린 그 어려운 때 일본 정부는 1998년 1월 23일 일방적으로, 우리 정부에 1965년 한일 국교정상화 근간의 하나이며 그 후 30년간 한일 어업관계를 규율하여 온 기존 한일 어업협정의 파기를 통고하여 왔다. 기존의 어업협정을 대치할만한 새로운 어업협정의 체결도 없는 시점에서 더구나 일본 정부는 유엔 해양법협약 발효 후 그 내용을 반영할 새 한일 어업협정 교섭을 위하여 한일 양국 외교담당자 간 회담에서 1996년 5월부터 1997년 12월 말까지 무려 10회에 걸친 협상을 통하여 주요 쟁점들을 대부분 타결한 협정을 바야흐로 상호 가서명할 단계에서 이런 행동을 했다. 납득할 수 있는 어떤 사유도 없이 단지 자국 내부사정(일부 정치권과 수산분야의 압력)을 들어 일본의 일방적 협정파기 통고는 평화적인 우호관계 국가 간 그 선례를 찾아볼 수 없는 비외교적이며 비우호적 처사라 아니할 수 없다.[160]

한 때 시위 참가 인원이 경찰 추산 30만 명, 시위주도 측 100만 명 참가를 주장하는 등 2008년 6월과 7월 초에 연일 미국과의 소고기 협상에서 검역주권을 포기했다며 국민의 불만이 봇물처럼 터져 나왔다. 시청 일원의 서울 한복판이 촛불시위 인파로 마비되는 등 정부의 협상 잘못을 규탄하는 시위대는 이명박 대통령의 두 차례 유감표시에도 불구하고 경찰과 극한 대치를 하며 시위를 계속하였다. 정부의 온갖 노력과 대책에도 급기야는 대통령과 집권당에 대한 여론의 지지도가 20%대 수준까지 급락하고 야당 등 일부에서 대통령 탄핵이 거론되는 등 정권유지에 대한 위기감이 조성되고 있었다. 그런데 7월 14일

159) 독도연구총서 9, 독도 영유권 연구론집, (서울: 독도연구보전협회, 2002), pp. 260~261: Martin N. Baily, Chair of the President's Council of Economic Advisors, The Color of Hot money, (Foreign Relations Mar/Apr 2000): "……Japanese banks could pay one percent interst on deposits and then lend to Thai or South Korean banks at four or five percent interest. But their difficulties at home made them highly sensitive to potential losses, prompting the massive withdrawal of credit to the region at the start of the crisis. Of the $17.5 billion decline in lending to Southeast Asia between June and December 1997, $10.5billion came from Japanese banks."
: 日금융기관 대출금 조기회수 대비하라 "-금융감독원 고위관계자는 7일……"
"국내 금융기관의 대 일본 채무현황을 긴급 점검하고 만일의 사태에 대비할 것을 금융기관들에 주문했다. 금감원의 이 같은 조치는 97년 말 당시 금융기관들이 국내 금융기관에 빌려준 단기 채무 등을 마구잡이로 회수해가면서 외환위기가 발생했기 때문……"(동아일보 2001년 3월 8일자 보도): 1997~1998 상반기 중 일본계 금융자금유출 총액: $129억(한국은행 총계)
160) 나홍주(2008), "역대정부의 독도정책 고찰", pp.44~45.

일본 문부과학성이 중등교과서 학습지도요령 해설서에 독도 영유권 명기를 공식 발표하자 같은 날, 한국 정부가 "독도 영유권 훼손 시도, 단호 대처"라는 성명을 발표하며 강경 대응에 나섰다.

어떻게 보면 오비이락(烏飛梨落)이라고 할 수 있다. 일본의 발표는 정부의 입장에서는 미국산 소고기 수입반대 여론을 잠재울 수 있는 절호의 기회였다. 일본에 대한 대응이 본격화되면서 반일감정이 고조되어 미국산 소고기 수입반대 집회는 불과 며칠 만에 급격히 축소되기 시작했고, 결국 흐지부지되었다. 이러한 결과는 국민의 정서를 기준으로 볼 때 검역주권보다는 영토주권이 더 중요하고, 여러 차례 한국이 어려울 때 도움을 준 미국보다는 일본은 과거에 아픔을 안겨준 상처에 대한 기억을 갖고 있는 데다, 목전에서 현실적인 위협이 되는 일본의 도전은 도저히 용납할 수 없는 일이라고 판단했기 때문에 소고기 수입 반대 시위보다는 일본에 대한 분노를 폭발시킨 것으로 볼 수 있다.

그렇지만 일본의 중등교과서 학습지도요령 해설서 문제는 생각하기에 따라서는 크게 대수로울 것도 새로울 것도 없는 사안이었다. 일본 중학교 사회과 교과서 가운데 지리 과목 6개 출판사 중 1곳과 공민 과목 8개 출판사 중 3곳의 교과서에서는 이미 독도 관련 기술을 하고 있었다. 이 중 후소샤 및 도쿄서적 등 2개의 교과서에는 '독도는 일본의 고유영토'라고 기술되어 있었다. 이런 교과서 왜곡은 중학교는 2005년도 검정 본부터, 고등학교는 2006년도 검정 본부터 나타났다. 2007년도 고등학교 교과서 검정과 관련하여 일본 문부과학성은 "일본의 독도 영유권 주장을 명확하게 기술할 것"을 출판사에 요구했다.

학습지도요령 해설서는 문부과학성이 과목별로 교사가 수업할 때 지침을 제시하는 학습지도요령에 대해 보완용으로 별도 작성되는 해설서를 말한다. 해설서는 통상 '학습지도요령' 공표 3~4개월 후에 발표된다. 중학교 학습지도요령은 2008년 2월 15일부터 1개월간의 의견수렴 예고기간을 거쳐 3월 28일 고시(告示)됐는데, 당시에는 한일정상회담 등을 고려하여 독도 관련 사항이 학습지도요령에서는 일단 제외되었던 것으로 알려졌다. 해설서는 교과서를 검정할 때 학습지도요령과 같은 법적 구속력은 없다. 하지만 실제로 거의 모든 교과서 출판사들이 이 해설서를 기준으로 내용을 편집하고 있을 뿐만 아니라, 교사들이 실제 수업 과정에 직접 참고한다는 점에서 '사실상의 구속력'이 있다고 할 수 있다. 따라서 만약 해설서에 '독도는 일본 영토'라는 내용이 명시될 경우, 일본의 사회과 교과서 (공민·지리)에 '독도는 일본 영토'라는 기술이 급격히 늘어날 것이다.

실제로 러시아와 일본 간 영토분쟁 지역인 '북방영토'의 경우 관련 내용은 초등학교 학습지도요령에는 기술되어 있지 않고 해설서에만 기술되어 있지만, 거의 모든 출판사의 교과서들이 북방영토를 일본 영토로 기술하고 있다. 2008년 3월에는 보수파 의원들로 구성된 '일본의회 국회의원 간담회'가 독도의 일본 영토 기술을 학습지도요령에 포함시킬 것을 촉구했다. 5월 18일 "일본 문부과학성이 중학교 사회과 신(新)학습지도요령 해설서에 '竹島(다케시마)는 일본의 고유영토'라는 기술(記述)을 처음으로 명기할 방침"이라는 일본 언론 보도가 나왔다. 우리 정부는 즉각 주한(駐韓) 일본대사를 불러 사실관계를 확인하는 등 단호한 대처 입장을 밝혔다.[161]

그럼에도 불구하고 7월 14일 "우리나라(일본)와 한국 사이에 독도를 둘러싸고 주장에 차이가 있는 점 등도 다루어 북방영토와 동일하게 우리나라 영토·영역에 관하여 이해를 심화시키는 것이 필요하다"(중학교 학습지도요령 해설 사회 편, p.49)라는 내용으로 문부과학성이 중등교과서 학습지도요령 해설서에 '독도 영유권' 명기를 공식 발표했다. 일본이 이렇게 독도 문제에 대해 공세적인 태도를 취하는 근본적인 배경은 일본이 그동안 지속적으로 제기해온 독도 문제의 국제 분쟁지역화 시도의 일환이지만, 교과서에 독도 문제를 언급한 것이 한두 번이 아닌데도 정부에서 성명서까지 발표하고 집권당을 중심으로 독도관련 부분에 대한 대대적인 예산지원 공약, 여야 정당과 정치인은 물론 한승수 총리의 독도방문까지 이어졌다. 그러나 잠시 반짝 행동 외에 그 이후 별다른 후속 조치나 대응은 없었다.

2008년 9월 초 방위백서의 독도 문제 언급에 대해서는 간단한 항의 정도로 넘어갔다. 이러한 정부의 태도는 사안에 따른 대응의 완급으로 생각할 수 있는 측면도 있지만, 한국 정부가 일본이 기존에 표기해온 내용은 그대로 두고 새로 언급한 부분에 대해 강경한 태도로 성명서까지 발표한 것은 아주 이례적인 일로 독도 문제를 정부가 정치국면 전환용으로 활용했다는 의혹을 품게 하기에 충분한 대목이다. 영토 문제는 국민의 삶과 안위가 직결된 중차대한 문제이다. 그러므로 정파나 정당, 특정 정치인은 물론이고 당연히 방송도 마음대로 이용하려 해서는 곤란하며 지극히 신중하게 접근하고 다루어야 한다.

5. 독도 문제 그 진실과 한국인의 잘못된 인식

우리가 가끔 지난 삶을 되짚어 보는 것은 현재 문제의 해결뿐만 아니라 미래에 유사한

---

161) 배진수, "일본의 전방위 독도공세 무얼 노리나", 월간 조선(2008년 7월호).

잘못이 되풀이되는 것을 막는 데 있다. 이런 관점에서 보면 독도 문제도 지나온 일들을 되짚어 보고 정확한 원인을 규명해야 해결을 위한 처방이 가능하고, 드러난 우리의 잘못에 대한 대책을 마련 시행함으로써 미래에 발생할 수 있는 문제를 근원적으로 차단할 수 있을 것이다.

독도 문제는 크게 국내적인 문제와 국외적인 문제가 있다. 국내적으로는 조선시대부터 시작하여 현재의 한국 정부까지 한국이 주권국가로서 스스로 우리의 영토인 독도에 대한 주권을 제대로 행사하지 않고 일본과의 관계에서 단호하고 결의에 찬 행동보다는 마찰을 우려해 소극적인 외교정책을 취해 일본으로 하여금 도전적인 행동을 정당화하고 도전할 여지를 주었다는 데 있다. 이러한 한국의 태도는 과거에는 일본인의 울릉도 잠입 불법 어업과 벌채, 독도의 일방적 편입, 현재는 잦은 망언과 망동으로 나타나고 있다. 국외적인 문제로는 일본의 탐욕에 의한 도전이다. 일본이 당장에라도 독도에 대한 도전을 포기하면 상황은 즉시 종료되고 양국 간의 갈등도 해소되겠지만, 일본은 독도를 포기할 의사가 없는 것으로 보인다. 한 걸음 더 나아가 일본은 교과서에 독도 문제를 반영하는 등 대를 이어 계속 분쟁을 지속할 의사를 보이고 있다. 독도 문제의 심각성이 여기에 있고 앞으로도 계속 진행될 수밖에 없는 이유이다.

독도 문제가 나타나게 된 원인에 대해 우리 한국인이 잘못 인식하고 있는 점이 두 가지가 있다. 첫째는 독도 문제가 한국 내부에서 원인을 제공해 발생한 것이 아닌, 일본의 시비와 도전에 의해서 비롯되고 있는 것으로 이해하고 받아들인다는 점이다. 내부에서 문제가 될 수 있는 근원을 제대로 정리하지도 못하고 오히려 원인을 제공하고 있으면서 외부적 요인 때문에 문제가 발생한 것으로 호도하는 자세로는 엉켜 있는 문제를 결코 해결할 수 없다. 우리가 내부적으로 모든 체제를 정비하고 도전에 적절하게 대응할 수 있는 상태를 유지하면 외부의 도전은 자동으로 억제될 수도 있다. 이익보다 손해가 훨씬 큰 대가를 치르면서 타국에 도전하는 일은 드물기 때문이다. 우리 자체의 잘못된 것을 정확하게 인식하고 그것을 수정하고 정비하기 위해서는 지나간 과거는 그렇다고 하더라도 주권을 가진 국민으로서 현재의 한국 정부가 독도 문제에 대해 제대로 대처하고 있는가를 관심을 두고 직시하면서 철저하게 감독해야 할 필요가 있다. 상대국에는 벌벌 기면서 우리 국민에게 정부의 공치사만을 늘어놓거나 실제와는 다른 호도(糊塗)된 내용의 편향된 정보와 자료를 제공하면서 실무에서는 실책을 범해 밀리는 모습을 보이는 상황을 이제는 내버려 두어서는 안 되겠다. 둘째는 국력의 열세를 많이 거론한다. 만일 국력이 항상 전제되는 문제라면 세계 다른 지역의 영토분쟁도 모두 국력의 우위에 있는 국가들이 분쟁에서 승리해 영토를 쟁취해야 하고, 국력이 열세에 있는 국가들은 상대국에 벌벌 기고 고전을 면치 못해야 한다. 그런데 국제사법재판소를 통한 판결사례에서 볼 수 있듯이 영토분쟁의 결과가 반드시 국력에 의해서만 좌우되는 것은 아니라는 점이다. 오히려 정부의 의지와 그 실무를 수행하는 관료들의 태도와 자세에 따라 상황은 얼마든지 달라진다는 점을 알 수 있다. 즉 국력과 영토분쟁 해결의 결과가 항상 일치하는 것은 아니므로 한국 정부가 할 일은 한국의 국력에 적합한 수준의 대항을 하면 된다. 조용한 외교라는 미명아래 더는 벌벌 기는 외교를 지속하는 것은 곤란하다.

그럼 오늘날 우리가 독도 문제를 잘못 인식하게 된 원인은 어디에 있는가? 그것은 첫째는 한국역사에 대해 '그때는 어쩔 수 없이 그렇게밖에 할 수 없었겠지'라며 문제가 있는 부분에 대해 지나치게 너그럽게 대한다는 점, 즉 조상과 자기 부정의 어려움에 있다. 둘째는 잘못을 저질러도 책임을 묻지도 않고, 아무도 책임을 지려고 하지 않으며, 때로는 그 잘못을 호도하는 것을 방치하고 용인한다. 셋째는 잘못을 인정하지 않으니 당연히 고칠 것이 없어지고 고치지도 않는다. 문제에 대한 분석이나 연구도 없다. 그때그때 사안에 따른 땜질식 처방만 되풀이한다. 때로는 어용학자나 정부 산하의 연구기관을 통한 자기 합리화를 위한 끼워 맞추기 연구를 진행한 사례도 없지 않다. 넷째는 자기와 조금 관계가 있는 정당이나 정치인, 학자의 주장은 잘잘못을 떠나 옹호하거나, 껄끄러운 인간관계를 조성하지 않기 위해 책임 소재를 밝히고 비판하는 것을 회피하는 경향이 있다. 다섯째는 다음 일은 후임자가 알아서 할 일이기 때문에, 다음에 어려움이 충분히 예상되는데도 그것을 고려하지 않는 일 처리를 하는 잘못된 태도가 존재한다. 이러한 상황 속에 문제는 자꾸 악화되어 간다. 입장이 곤란하고 불리하면 언급을 회피하거나 국력의 차이, 불리한 여건과 업무 환경 등을 운운하며 빠져나가려 드는 그릇된 습성, 즉 책임은 지지 않고 권리만 행사하려는 잘못된 풍토가 만연해 있다. 그러다 보니 공무원의 복지부동에 대한 문제가 심심찮게 언급되어도 내부적인 요인은 무시되거나 방치하고, 외부적인 요인에서 원인을 찾으려는 형태로 나타났다고 할 수 있다. 적어도 이제까지 독도 문제에서만은 그랬다. 우리 스스로 잘못된 인식과 그 원인을 제거할 때 독도 문제는 이미 절반 이상 해결된 것이나 다름없다.

인간 삶에서 가장 중요한 것은 현재이므로 우리가 우리 영토를 우리 것으로 생각하는 것은 당연하지만, 분쟁이라는 측면에서 볼 때 독도 문제에 대한 불편한 진실이 있다. 그것은 그동안 많은 사람의 노력에도 여전히 한국이 이론과 논리, 법리, 역사적 실효지배의 증거 면에서 결코 일본보다 앞서 있지 않다는 점이다. 국제사법재판소의 판단 기준 중 하나가 되는 결정적 기일은 1905년 이전이 될 가능성이 크다. 그런데 우리나라에 있는 수많은 자료는 한국이 독도를 실증적으로 지배했다는 것을 부수적인 설명 없이 식별하고 이해할 수 있는 육하원칙[162]을 갖춘 기사, 문서, 사진, 서적 등 누구에게나 공인받을 수 있는 것이 극히 드물다.

안용복의 활동이 거의 유일하지만, 자의적 행동과 조선 정부의 추국[163] 등으로 대표성과 증빙[164] 능력을 인정받을 수 있을지는 의문이다. 대한제국이 1900년 10월 25일 자로 반포한 칙령 제41호 제2조에서 독도를 석도(石島)라는 이름으로 울도군(울릉도) 관할로 명기했으므로 독도는 무주지가 아니라는 주장도 석도에 대한 명칭 유래와 근거가 빈약하다. 한국인들이 특히 높은 관심을 보이는, 일본이 독도를 자국 영토가 아니라고 하거나 자국 영토에 포함하지 않은 것은 외교적인 노력의 결과인 외교문서가 아닌 일본 국내 의사 결정 문제라고 일본인들이 주장할 수 있다. 그러므로 그것이 국가 간 영토 분쟁에서 증거 능력을 갖추는 데는 한계가 있다. 따라서 우리가 도달할 수 있는 결론은 우리의 이론과 논리, 법리를 더욱 강화하고, 역사적 실효지배의 증거를 확보하기 위해 더 많은 노력을 함과 동시에 단합된 국민의 힘과 확고한 의지를 갖고 독도를 굳건하게 지키는 것이다.

제2절 일본의 의도적인 행동

1. 일본, 독도가 한국 영토라는 것 벌써 알고 있었다

일본 외무성 아시아대양주국 북동아시아과가 2008년 2월 발행한 "죽도: 다케시마 문제를 이해하기 위한 10의 포인트"에는 '1618년 돗토리번 호우키노쿠니 요나고(鳥取藩伯耆國盧

---

162) 육하원칙(六何原則)은 기사 작성의 여섯 가지 기본 요소. 곧 '누가, 언제, 어디서, 무엇을, 왜, 어떻게'를 일컫는 말.

163) 추국(推鞫·推鞠)은 조선 때, 의금부(義禁府)에서 임금의 특명에 따라 중죄인(重罪人)을 신문하던 일.

164) 증빙(證憑)은 사실을 증명할 만함. 또는 그 근거.

朴國米子)의 주민인 오야 진키치(大谷甚吉), 무라카와 이치베(村川市兵衛)는 돗토리번 번주(藩主)를 통해 막부로부터 울릉도(당시의 다케시마) 도해(渡海) 면허를 받았습니다. 그 이후 양가는 교대로 매년 한 번 울릉도에 도항해 전복 채취, 강치 포획, 대나무 등의 삼림 벌채에 종사했습니다(주: 1625년이라는 설도 있음)'165)라고 기술하고 있다. 원래 '죽도 도해면허'는 관영 2년(또는 1년)의 1회에 한해 허용하는 것으로 발급된 것이었으며, 그 후에 갱신되는 일은 없었다.166)

위의 내용은 일본이 울릉도를 경영했다고 주장하며 독도가 일본 고유의 영토라는 것을 내세우는 데 이용되기도 하지만, 도해면허는 국내용이 아닌 외국과 교역을 하거나 왕래할 때 정부가 왕래자에게 이를 허락하는 문서이기 때문에 울릉도와 독도가 일본 영토가 아니라는 것을 스스로 인정하는 것이다. 그리고 일본인이 독도를 조선의 영토로 정확히 표현한 지도는 도쿠가와 막부시대에 제작된 삼국통람도설의 부속 지도인 삼국접양지도와 대일본도, 총회도 등이 가장 대표적이다.

당시 일본의 대표적 학자 가운데 한 사람으로 1738년에 태어나 1793년에 별세한 하야시 시헤이(林子平)가 자신의 저서인 '삼국통람도설'(三國通覽圖說)의 부속 지도로 1785년에 만든 '삼국접양지도'(三國接壤地圖)가 있다. 이 지도에서 하야시는 국경과 영토를 나타내기 위해 나라별로 색을 칠하면서 조선국을 황색으로 일본국을 녹색으로 각각 채색했다. 그리고 다케시마(竹島, 울릉도)와 마츠시마(松島, 독도)를 정확한 위치에 그려 넣은 뒤, 그 섬들을 모두 조선국의 색깔인 황색으로 표시했다. 그뿐만 아니라 그 섬들 옆에 '조선의 것으로(朝鮮の持ニ)'라는 문지까지 적어 넣었다. 다케시마, 곧 울릉도와 마츠시마, 곧 독도가 모두 조선의 영토임을 명백하게 표기한 것이다. 삼국통람도설(三國通覽圖說)의 또 다른 부속 지도인 '대일본도'(大日本島)도 마찬가지다. 여기에서도 하야시는 조선국을 황색으로 칠하고 일본국은 녹색으로 칠했는데, 다케시마와 마츠시마를 황색으로 칠했을 뿐만 아니라 제자리에 정확히 그려 넣었다.

도쿠가와 바쿠후167)시대인 18세기 후반에 일본의 지리학자가 만든 '총회도'(總繪圖) 역시 이 두 섬이 조선의 영토임을 분명히 했다. 일본은 적색으로 조선은 황색으로 채색했는

---

165) "죽도: 다케시마 문제를 이해하기 위한 10의 포인트"(2008), 일본 외무성.

166) 김병준(2005), "독도논문번역선Ⅱ", 동북아의 평화를 위한 바른역사정립기획단, p.54.

167) 바쿠후(幕府)란 가마쿠라(鎌倉)시대로부터 에도(江戸)시대까지 쇼군(將軍)이 정무를 맡아보던 곳을 말한다. 쉽게 말해, 무가정치(武家政治)의 정청(政廳)이었다. 바쿠후에는 쇼군 이외에 간파쿠(關白)와 셋쇼(攝政)라는 고위 관직들이 있었다. 그러나 그들 가운데 이름만의 최고 통치자인 덴노(天皇)로부터 정이대장군(征夷大將軍: 오랑캐들을 정벌하는 대장군)의 관직을 받은 약칭 쇼군(將軍)이 가장 높았다. 도쿠가와는 쇼군이란 직책만 가졌다.

데, 울릉도와 독도를 정확히 제자리에 그려 넣고 모두 황색으로 표시해 그 섬들이 모두 조선의 영토임을 명백히 표시한 것이다. 또 그 섬들의 위에 '조선의 것으로(朝鮮の持二)'라고 써놓았다. 이상에서 소개한 지도들은 모두 도쿠가와 바쿠후시대의 관찬 또는 준(準)관찬의 것들이다. 이 사실은 일본의 도쿠가와 정권은 물론 일본 사람들이 울릉도와 독도가 조선 영토임을 인정했음을 입증한다.[168]

일본이 이미 오래전부터 독도가 한국 영토라는 것을 알고 있었다는 증거는 이것 외에도 많다. 일본 메이지 정부의 최고 국가기관인 태정관이 내무성 질품서를 접수하여 검토한 후 조사국장 기안으로 1877년 3월 20일 '품의한 취지의 다케시마(울릉도) 외 일도(마쓰시마)의 건에 대하여 본방(일본)은 관계가 없다는 것을 심득할 것'이라는 지령문도 있다. 이 태정관 문서는 안용복의 도일 관련 내용을 기록한 오키의 겐록쿠(元禄 9 병자년)의 기록[169] 등에 근거하여 시마네현이 '다케시마 외 일도'의 지적을 편찬해도 되는지를 내무성에 묻고 내무성은 태정관에 물은 조회서의 회신에서 밝히고 있는 내용이다.

일본 내무성(內務卿 大久保利通)은 1876년(명치 9년) 일본 국토의 지적을 조사하고 지도를 편제하는 사업에 임하여, 울릉도(竹島)와 독도(松島)를 시마네현(島根縣)에 포함할 것인가 말 것인가에 대한 질의서[日本海內竹島外一島地籍編纂方伺: 일본해(동해) 내 죽도 외 일도 지적편찬방사]를 1876년 10월 16일 자 공문으로 도근현 참사 경이랑(境二郞)으로부터 접수했다. 일본 내무성은 약 5개월에 걸쳐 도근현이 제출한 부속문서뿐 아니라, 원록(元禄) 연간에 조선과 교섭한 관계문서들을 모두 조사해본 후, 울릉도와 독도는 조선영토이며, 일본과 관계없는 곳이라는 결론을 내렸다.[170] 그럼에도 '국가판도의 취함과 버림은 중대한 일'이라는 판단 아래 내무성은 1877년 3월 17일 시마네현이 작성한 보고서인 '일본해 내 죽도 외 일도 지적편찬방사'를 참고자료로 보내면서 태정관에 물어보았다. 태정관은 산하 조사국을 통해 자체 조사를 끝낸 뒤에 두 섬에 관해 "우리나라는 관계가 없다"는 취지의 지령문을 1877년 3월 29일 자로 내무성에 내려보냈다. 이 지령문은 1877년 4월 9일 자로 시마네현에 송달됐다.

일본 육군성 참모국이 1875년에 만든 '조선전도'(朝鮮全圖)는 마츠시마를 조선의 영토로 표시했다. 울릉도와 독도를 지도의 오른쪽 끝 한계선 밖에 있는데도 그 선 안에, 곧 조선

168) 김학준(2003), "독도는 우리 땅", 도서출판 해맞이, pp.113~114.
169) 박병섭 · 나이토 세이추(2008), "독도=다케시마 논쟁", 도서출판 보고사, pp.209~283.
170) 신용하(2005), "한국과 일본의 독도 영유권 논쟁", 한양대학교출판부, p.139.

의 판도 안에 포함해 그려 넣었다. 이어 해군성은 1876년에 '조선동해안도'(朝鮮東海岸圖)를 편찬했다. 이 지도는 러시아 군함과 영국 군함들이 측량해서 만든 지도들을 참고로 하여 만들어졌는데, 사진으로 촬영한 것처럼 독도를 정확하고 선명하게 그려 넣었다. 해군성 수로부는 1887년 '조선동해안도'의 재판에서도 이 섬을 분명히 조선의 영토로 표시했으며, 그 뒤에 거듭된 판에서도 1905년까지 조선의 영토로 표시했다. 또한 해군성 수로부는 이어 1894년에 '조선수로지'(朝鮮水路誌)를 편찬했다. 당연히 이 섬을 조선의 영토로 표시했고 '일본수로지'(日本水路誌)에는 포함하지 않았다.[171]

이를 요약하여 말하자면 메이지 정부의 내무성과 외무성 및 태정관뿐만 아니라 해군성도 각각 자신들이 만든 지도들에서 독도를 조선의 영토로 인정했다는 점이다. 일본 해군이 독도(리앙꾸르드암석)의 침탈에 욕심을 내기 시작하여 군함 신고호(新高號)를 울릉도에 파견해 처음으로 '독도'에 대한 탐문조사를 했을 때인 1904년 9월의 보고서에 "리앙꾸르암은, 한인은 이를 독도(獨島)라고 쓰고, 본방(일본) 어부들은 줄여 리앙꾸르도라고 호칭한다"고 보고한 사실에서도 알 수 있다.[172] 그리고 독도를 자국 영토라고 주장하는 일본이 1951년 2월 13일 공포된 '대장성령(大藏省令) 4호'와 1951년 6월 6일 공포된 '총리 부령(府令) 24호'에서도 독도를 '일본의 부속 도서'에서 제외했다는 사실이 2009년 1월 초에 밝혀지기도 했다. 일본은 독도가 한국 영토라는 것을 알고 있으면서도 다케시마가 일본 영토라고 주장하는 것은 집권당을 비롯한 소수의 보수우익과 일본 정부가 추구하는 정치 정략적인 목적에 이용하려는 의도 때문이다.

2. 정국 혼란할 때 내분 봉쇄, 국민 분노 외부 분출용

정부를 포함한 각종 사회와 단체는 종종 지도자의 잘못에도 불구하고 자신들에게 돌아오는 구성원의 불만을 해소하거나 관심을 돌리려고 의도적으로 공동의 적 또는 공공의 적을 만들거나, 자연스럽게 발생하는 상황을 적절하게 활용하기도 한다. 임진왜란과 정한론, 독도를 두고 벌이는 일본의 무모한 행동이 가장 대표적이다. 일본은 그동안 여러 차례 국내 정국이 혼란할 때 국민의 불만을 국외로 분출하려 시도해왔다. 1592년 4월 13일 발발한 임진왜란[173]의 대외적인 일본의 명분은 명나라 진출을 통한 세계 패권도전이었다.

---

171) 김학준(2003), "독도는 우리 땅", 도서출판 해맞이, pp.118~120.
172) 신용하(2005), "한국과 일본의 독도 영유권 논쟁", 한양대학교출판부, p.154.

그러나 실질적인 사유는 오다 노부나가의 갑작스러운 피살로 촉발된 권력투쟁에서 도요토미 히데요시가 혼란기 정국 주도권을 쟁취했지만, 취약한 지지기반과 전후 유공자들에게 분배할 영지와 노획물 부족에 따른 호족과 그들이 거느린 가신들의 반발을 무마하기 위한 정권 안보와 정국안정이 목적이었다는 것은 이미 잘 알려져 있다.

260여 년 후인 1854년 페리 제독에 의해 미일화친조약[174]이 이루어진 이후 일본의 근대화는 서양의 충격으로부터 시작되었다. 서양의 충격에 대응하는 과정에서 다원적이었던 일본의 봉건적 '민족 공동체'(nationality)는 천황을 정점으로 하는 민족주의로 개편되었다. 국내외의 절박한 상황을 고려해 일본은 메이지유신과 같은 위로부터의 근대화를 통해 산업발전과 군사력 증강을 빠른 속도로 진행시켰다. 하지만 사회개혁을 수반하지 않은 근대화였기 때문에 일본은 심각한 내적 위기에 직면했다. 실제로 일본은 근대화의 일차 동력을 재래식 농업에서 구하였다. 지주는 농민으로부터 생산물의 7할을 소작료로 징수하고 그 반을 조세로 정부에 납입했다. 정부는 이 수입에 의존해 산업화를 추진했고 군대를 근대화했다. 그러나 시간이 지날수록 농민의 불만이 커졌고, 이는 결국 사회적 위기를 심화시켰다. 당시 일본은 서양의 선진국들과 경쟁을 벌여야 한다는 국외문제와 사회 내적 모순을 해결해야 한다는 국내문제의 이중적인 어려움에 직면했다. 위기에 처한 일본의 지

---

173) 임진왜란(壬辰倭亂): 조선은 연산군 이후 사화(士禍) 등 계속된 정쟁으로 정계가 혼란에 빠졌고, 선조 당시에도 당쟁으로 정치가 극히 문란하였다. 조선 조정에서는 남해안 지방에 왜구들이 자주 침략하자 군국기무(軍國機務)를 장악하는 비변사(備邊司)라는 합좌기관(合坐機關)을 설치하여 이에 대비하였으나, 선조 때에 지배계급은 당파를 중심으로 분열하여 서로 반목질시하게 되었다. 이와 같은 파쟁으로 중앙에서는 국방정책조차 마련하지 않고 변해가는 동양의 국제정세를 명(明)나라와의 친선관계만으로 해결하려 하였다. 또 안일 속에서 고식적인 대책에만 만족해하던 지배층은 인접국가인 일본이나 대륙의 여진족의 정치적 변동이나 사항을 구체적으로 탐지하려 하지도 않았다. 군사적으로도 국방체제가 붕괴되어 외침에 대비하기 위한 방책으로 비변사(備邊司)를 설치하였으나, 이것 또한 정상적인 기능을 발휘하지는 못하였다. 또한 이이(李珥)가 양병(養兵)을 주장하였으나 받아들여지지 않았고, 근본적인 국방대책이 확립되지 못한 실정에 놓여 있었다.
　그즈음 일본에서는 도요토미(豊臣秀吉)가 전국시대의 분열된 세력을 통일하고, 대륙 침략을 기도하며 우선 조선에 수호를 요구하였다. 처음에는 이를 거절하던 조정에서도 도요토미가 사신을 보내 계속 수호를 요구하자, 마침내 정사 황윤길(黃允吉), 부사 김성일(金誠一), 서장관 허성(許筬)을 일본에 파견하였다. 통신사 일행은 1590년 3월에 서울을 출발하여 일본에 국서(國書)를 전하고 이듬해 3월에야 귀국하였다. 그러나 귀국 보고에서 황윤길은 일본이 많은 병선을 준비하고 있어 반드시 병화가 있을 것이라 하였고, 김성일은 침입할 정형을 발견하지 못하였다 하였다. 결국은 김성일의 의견을 받아들여 일본의 요구를 무시하고 아무런 대책도 세우지 않은 채 일본의 침입을 받게 되었다.
　도요토미 히데요시는 조선과의 교섭이 결렬되자 바로 조선을 침공하도록 하고, 고니시 유키나가(小西行長)의 제1번 부대 병력 1만 8,700명, 가토 기요마사(加藤淸正)의 제2번 부대 병력 2만 2,800명 등 제9번 부대까지 15만 8,700명의 육군 정규 병력과 수군 9,000명 등 20여만 명의 원정군을 편성하였다. 1592년 4월 13일 경상도 동래부 다대포 응봉봉수대(鷹峰烽燧臺)에서는 왜군의 700여 병선(兵船)이 쓰시마를 출항하여 부산포에 이르고 있다는 상황보고가 곧 경상·전라도의 각 감영(監營)과 중앙에 전달되었다. 그러나 경상좌수영군은 저항도 하지 못한 채 궤멸되고 14일에는 왜군 선발대인 고니시 유키나가(小西行長)의 약 1만 8,000병력이 부산성을 공격하여 십수 시간의 혈전 끝에 부산성(釜山城)을 사수하던 부산진첨사(釜山鎭僉使) 정발(鄭撥) 등의 전사로 성을 빼앗겼다. 이튿날 동래(東萊)에 진격한 왜군들과 맞선 동래부사(東萊府使) 송상현(宋象賢) 이하 군민(軍民)은 끝까지 항전하다 순국하였다. 1597년 제2차 침략전쟁을 따로 정유재란이라고도 한다.

174) 미일화친조약(美日和親條約, Convention of Kanagawa/Kanagawa Treaty, 일본어: 日米和親条約/神奈川条約)은 1854년 3월 31일에 체결된 미국과 일본의 조약으로서 미 해군의 매슈 페리와 일본의 천황 사이에 체결된 조약이다. 조약은 몇몇 구역을 개항하는 것을 포함하였는데 지금의 시모다 시와 하코다테는 이때 개항하게 되었다. 미국과의 무역을 목적으로 개항한 이들 항구는 미국 선박의 안전을 보장해줄 것을 요구하는 한편 페리의 함대에 굴복한 일본이 맺은 조약이었기에 불평등조약일 수밖에 없었다. 하지만 200년간 유지되던 일본의 쇄국의 문을 열게 되는 계기가 된다. 미국과의 수교가 맺어지자 러시아, 프랑스, 영국 등이 일본 열도에 본격적으로 다가서기 시작하였다.

배 엘리트(elite)들은 내적 해방의 관심을 밖으로 돌려 보상하는 사회제국주의를 선택했다. 그들은 국내적인 모순은 그대로 두고 외국으로 진출함으로써 문제를 해결하고자 했다.

　유럽 선진국들은 1차 산업혁명과 2차 산업혁명을 시차를 두고 완수할만한 여유가 있었다. 그러나 이 두 혁명을 동시에 추진해야 했던 일본은 '시간과의 경쟁'을 해야 했다. 위로부터의 근대화는 일시적으로나마 시간과의 경쟁을 효과적으로 추진할 수 있게 만들었지만, 장기적으로는 모순을 심화시켜 위기감이 고조되었다. 뒤늦게 산업화를 시작해 원료 공급지와 상품시장이 절대적으로 부족했던 일본이 제국주의 팽창정책으로 나아가는 것은 거의 필연적이었다. 대부분의 일본인은 영토 확장이 일본이 근대세계 주도국가의 대열에 동참하기 위한 불가결한 조건이라고 생각했다. 이러한 생각이 만들어낸 것이 일본이 조선을 정벌해야 한다는 정책인 정한론(征韓論)이었다. 메이지유신 이후 혼란기 군제 개편을 통한 사무라이[175]들의 대량 실직에 따른 불만을 잠재우기 위해 조선 침략을 실행에 옮겼다. 일본 팽창정책의 첫 번째 희생자가 되었던 것이 조선이다. 그러나 조선의 병합만으로 일본 제국주의 정책이 완성될 수는 없었다.[176]

　1949년 12월 29일 작성된 샌프란시스코 평화조약 제6차 초안 제3조의 일본 영토를 다룬 조항에다 독도(리앙쿠르드암=다케시마)를 일본 영토로 포함되도록 한 1949년은 2차 세계대전 패전 이후 패전국가로서 가족을 잃거나, 제2차 세계대전 당시 군수물자를 생산하고 공급을 담당해온 주요 기업집단의 해체 등 경제 개혁을 통한 질서재편과정에서 나타나는 극심한 정치·사회·경제적인 혼란, 시장 축소에 따른 경기침체와 실업자 증가 등 성장 정체로 일본 국민의 정부에 대한 불만이 팽배해 있던 시기였다. 당시 일본을 지배하고 있던 미국과 미군에 대한 불만이 아주 높았지만, 2차 세계대전 패전에 따른 미군 군정으로 주권국가로서 독립정부를 갖지 못한 일본의 입장에서는 패전국으로 미국에 대한 직접적인 반발은 실행하기 어려웠다.

　이러한 국민의 불만을 외부로 돌리고 패배의식에 젖어 있는 저하된 사회 분위기를 고양하고 일본 국민을 단합시키기 위해 일본 정부가 독도 문제를 제기한 것으로 분석된다. 하지만 1950년 6월 25일 한국전쟁 이전까지는 일본의 주권이 약해 주로 샌프란시스코 평화조약에서 유리한 명문이 삽입되도록 하는 외교전이 펼쳐졌다. 한국전쟁 발발 이후 동아

---

175) 사무라이는 일본 봉건 시대의 무사(武士)를 뜻한다. 본래는 가까이에서 모신다는 뜻의 단어, 시(侍)에서 나온 말로써 귀인을 경호하는 사람을 가리켰으나, 헤이안시대(平安時代) 이후 일반적인 무사를 가리키게 되었다.

176) 김기봉(2006), "역사를 통한 동아시아 공동체 만들기", 도서출판 푸른역사. pp.32~34.

시아의 공산화 저지를 위한 미국의 노력이 강화되면서 일본 정부의 입지가 대폭 강화되고, 친일 인사를 통한 로비 등의 영향으로 미국의 일본 우호적인 태도가 상당 부분 형성되었음에도 영국의 반대로 샌프란시스코 평화조약에서는 일본과 한국 양국 모두 자국 영토로 명문화하는 성과를 거두지 못했다. 일본이 주권을 회복한 것은 제2차 세계대전을 종식하기 위해 일본과 연합국 48개국이 맺은 1951년 9월 8일 샌프란시스코 평화조약을 통해서였다.

독도 문제에 대한 일본의 공식적인 항의는 샌프란시스코 평화조약 체결로 주권이 회복되고 양국의 영토가 확정된 1952년 한국의 평화선 선포 10일 후인 1952년 1월 28일에 시작되었다. 한국전쟁으로 경제에 어느 정도 활력이 생기고 소련의 남진정책으로 공산진영과 자유진영 간 대결구도가 형성되자 1952년부터 1954년 사이 미국의 견제가 느슨해진 틈을 타 일본 국내에서 외국인을 배격하는 맹렬한 사회운동을 전개한 것도 명목상은 재일조선인 등 일본에 거주하는 외국인에 대한 견제를 강화하면서 한편으로는 일본인들을 단합시키고 간접적으로 미국에 대한 불만을 토로하며 압력을 가해 자주정부를 조기에 구축하려 한 데 목적이 있었던 것으로 보인다.

한일기본조약 이후 한동안 잠잠하던 일본이 다시 맹렬히 독도 문제를 제기하고 나선 것은 1990년대 소위 말하는 잃어버린 10년으로 불리는 시기였다. 일본이 1970년대에 이룬 경제의 고도성장은 1980년대에 이르러 버블 경제[177]라고 부를 정도로 일본 경제를 크게 번성시켰다. 그러나 과도한 주가의 증가와 부동산 매입으로 인해 1990년부터 부동산과 주식 가격의 폭락이 진행되어 많은 기업과 은행이 도산하면서 10년 이상 0%의 성장률을 기록하는 불황 상태에 빠졌다. 그로 인하여 지지를 상실한 자유민주당은 한때 10개월 정도 정권을 상실하기도 하였다가 진보 정당과의 연정을 거쳐 계속 55년 체제의 집권 골격을

---

177) 버블(Bubble) 경제는 경제현상에서 버블(거품)이란 내재가치에 비해 시장가격이 과대평가 됐다는 것으로, '과열(過熱)'이라는 용어가 쓰이기도 하며 일반적으로 '비이성적인 투기행위'로 이해되고 있다. 버블(거품)이란 자산의 시장가격과 내재가치(fundamental value) 간의 차이로 정의된다. 즉 내재가치에 비해 시장가격이 과대평가됐다는 것이다. 내재가치는 자산으로부터 얻을 수 있는 미래의 기대수익을 현재 가치로 평가한 것을 말하는데 시장가격이 이 내재가치를 지나치게 넘어섰을 때 거품이 생성된 것으로 볼 수 있다. 거품은 자산의 내재가치가 변하지 않았는데도 자산의 시장가격이 급격하게 상승할 것이란 기대로 인해서 투기를 조장해 만들어지는 게 일반적이다. 이를 '합리적 거품'이라고도 한다. 가격에 대한 합리적인 기대를 바탕으로 거품이 발생했다는 의미다. 거품보다 약한 가격상승 현상은 흔히 '붐(boom)'이라고 한다. 그러나 버블은 일반적으로 '비이성적인 투기행위'로 이해되고 있다.
■ 거품경제의 역사
　역사적으로 보면 거품의 시초는 1630년 중반 네덜란드 암스테르담 부근에서 발생한 튤립 거품이 꼽힌다. 당시 튤립 구근 1개의 가격이 마차 1대와 말 2필에 마구 일체를 더한 가격과 맞먹었던 것이다. 튤립 구근 가격은 2만 5,000~5만 달러까지 폭등했다가 이듬해에 거품이 꺼지면서 폭락했다. 이후 1870년대 프랑스의 미시시피 버블, 1830~1840년대 영국의 철도버블 등이 있었다. 1920년대 폭등하던 주가가 꺼지면서 미국 대공황의 시발이 된 것도 대표적인 거품의 사례로 거론된다. 우리나라에서는 80년대 말 주식시장이나 90년대 이전 부동산시장에서 급격하게 올라간 가격을 두고 거품 여부에 대한 논쟁이 거세게 일었던 적이 있다. 일본도 80년대 말 주가나 지가가 실제 자산 가치에 비해 폭등하였으나, 주가나 지가가 하락하면서 즉, 소위 '거품이 빠지면서' 1990년대 초부터 일본경제가 침체로 접어들게 되었다. 1990년대 말 미국의 인터넷 투자 열풍도 버블로 해석되고 있다.

유지해왔다.[178] 일본 국민의 정부와 집권 자민당에 대한 불만이 극에 달해 있을 때인 1996년 일본은 독도 문제를 본격적으로 들고 나왔다. 그 후 오늘날까지 일본은 독도에 대한 도발을 통해 한국을 자극하는 행동을 지속적으로 강화하고 있다.

3. 재군비 추진의 수단으로 이용

일본인들은 그들의 역사 인식에서도 잘 나타나 있듯이 정한론을 만들어 한국을 침탈하고 청일전쟁과 러일전쟁, 나아가서는 태평양전쟁까지 대부분 선제공격으로 기습하였다. 그럼에도 전쟁의 원인이 일본 자체의 탐욕에서 비롯된 것이 아닌 외국에서 원인을 제공했기 때문에 일본을 지키기 위해 말려들었다거나 자위를 위해 전쟁을 할 수밖에 없었다는 주장을 해왔다. 독도 문제도 마찬가지다.

1952년 1월 18일 한국 정부는 일본 정부의 주권 회복을 예측하고 이에 대응하고자 해양주권선언(海洋主權宣言)을 발하고 독도 주변을 포함한 이른바 이승만라인을 설정한 것을 계기로 일본 정부는 특히 독도에 초점을 맞추어 맹렬하게 캠페인[179]을 개시함과 더불어 한국 정부와 강경한 문서를 주고받기 시작하였다. 1952~1954년 사이의 맹렬한 외국인을 배격하는 캠페인 중에 일본 국민 사이에 죽도고유영토관(竹島固有領土觀)이 침투하게 되었다. 이 캠페인은 확실히 이 시기의 일본의 재군비 추진 수단으로서도 이용되었다.[180]

가지무라 교수가 지적한 것처럼 일본의 재무장 목표를 달성하기 위해 한국의 평화선 선포를 계기로 일부러 강경한 대응을 하고 재군비 구축수단으로 활용했다. 그러면서도 독도 문제의 발단이 한국 정부의 평화선 선포 때문에 발생한 것처럼 말한다. 한국은 당시 전쟁 중으로 한국군과 경찰의 영향력이 미치지 못하는 틈을 타 슬그머니 독도에 순시선을 파견하고 어민들을 동원해 독도에 상륙 일본령이라는 푯말을 세우고 일본 영토화하기 위해 계속 도발했지만, 독도의용수비대에 의해 번번이 좌절되었다. 일본은 평화헌법과 미국의 핵우산에도 1960년대 이후 1980년대까지는 소련의 군사력 증강을 명분으로 하여 지속적으로 군사력을 증강시켰다.

1991년 소련 붕괴[181]로 탈냉전시대로 전환되면서 그동안 유지해온 소련의 군사력 증강

178) 위키백과.

179) 캠페인(campaign)은 사회적·정치적 목적을 위해 조직적으로 행해지는 운동.

180) 임영정 역(2003), "독도 영유권의 일본 측 주장을 반박한 일본인 논문집", 경인문화사, p.84.

181) 소비에트 연방(소련)의 붕괴는 1991년 12월 미하일 고르바초프 소련 대통령이 사임하고 소비에트 연방 구성 국가들이 소련 연방에서

에 맞서기 위해서라는 명분이 사라지자 자위대 방위력 증강이 난관에 부딪혔다. 그러자 이번에는 세계 질서가 재편되는 상황을 이용해 다시 독도에 대한 분쟁지역화 시도를 강화하면서 외교적 마찰을 유도하는 한편 북한의 핵무기와 중장거리 미사일 개발이 일본의 안보를 위협하는 요인으로 작용할 것이라는 우려를 표명하기 시작했다. 그리고 2000년대 들어서는 중국의 군사력 증강을 우려하는 목소리를 점차 높이면서, 국제적인 분쟁지역에 자위대 파병 필요성에 대한 역할론을 강조하는 등 끊임없이 군사력 증강의 명분을 만들어 왔다. 그 결과 이제는 군사대국화의 목표를 거의 달성하게 되었다.

인접 국가의 전쟁억제력을 훨씬 넘어서는 군사력은 어디에 사용할 것인가? 그것은 종국에는 내부적 필요성의 격론에 휩싸여 축소되거나 외부 표출방식으로 인접 국가에 사용되는 두 가지 중 하나의 길을 걷게 된다. 군사력의 유지는 국민의 큰 부담을 전제로 하기 때문에 평화가 공존하는 상태에서는 평화를 더욱 공고히 하기 위해 사용하지만, 국제적 정세의 변화나 국지적 긴장의 조성은 바로 인접국에 대한 위협요인으로 작용할 수 있다. 일본의 입장에서 볼 때 독도 영유권 분쟁은 자신들의 군비증강을 위한 동기부여와 증강된 군사력을 외국에 시험적으로 사용할 수 있는 대상이라는 두 가지 요소를 동시에 갖추고 있는 것에 해당한다고 보고 있는 것 같다. 1998년 이오지마에서의 독도 상륙훈련이 이를 입증한다.

4. 독도를 향한 선전포고 이미 1996년에 됐다

타국 영토를 자국 영토인 것처럼 행동하는 것은 상대국의 주권을 침해하는 행위이므로 선전포고를 한 것과 다를 바 없다. 일본은 마치 독도가 자국의 영토인 것처럼 현재까지 행세하고 있는데, 1988년 9월 16일 소련(현재 러시아)의 정찰기가 독도 상공을 비행하자 자위대가 긴급 발진하는가 하면 소련 외무성에 영공을 침범했다고 강력하게 항의를 제기한 것이 그 예라고 할 수 있다.[182]

탈퇴함에 따라 소련이 해체되고 붕괴한 일이다. 1917년 11월 7일 러시아 혁명에 의해 성립된 소련은, 제2차 세계 대전 후 미국에 필적하는 초강대국이 되었지만, 설립 74년 후인 1991년 12월 31일에 붕괴했다. 그리고 1992년 1월 1일 러시아 연방이 성립되었다. 이로 인해 동구권의 공산당은 완전히 붕괴되고, 다른 공산 국가도 붕괴되게 된다. 소련 붕괴로 공산당 일당지배인 소련에서 민선의 대통령제인 러시아 연방으로 바뀌었다. 제2차 세계대전 이후의 세계를 양분했던 냉전이 완전히 종결되었다. 이는 미국에 의한 '혼자 패권'의 시대가 시작되었다. 핵무기라는 궁극적인 무기를 가진 강대국이 군사적으로 쇠약하지 않은 채 무너졌다. 세계 최강의 군사 대국이 붕괴하는 것은 예상외의 사건이며, 이 사건은 국제 정치학에서 '힘의 정치' 또는 '하드 파워 편중'에 대한 비판을 불렀다. 소비에트 연방의 붕괴는 이러한 의의를 가지는 일이다.

182) 김병렬(2001), "독도논쟁", 다다미디어, p.146.

1996년에는 일본 정부 이케다(池田) 외상이 내외 기자들을 모아 놓고 성명을 발표하여 "독도(죽도)는 역사적으로나 국제법상으로나 일본의 영토이니 한국은 독도에 주둔한 한국 해양경찰대를 즉각 철수하고 부착한 시설물을 철거하라"고 세계를 향해 주장한 후 일본 주재 한국대사를 일본 외무성으로 불러 동일한 내용을 요구하였다. 이어서 일본 정부는 1996년 2월 20일 독도를 포함한 200해리 배타적 경제수역을 채택하기로 의결하고, 국회에 송부했다. 일본 국회는 1996년 5월 200해리 전관수역을 채택하기로 의결하고 '독도'를 일본 배타적 경제수역(EEZ)의 기점으로 취한다고 발표했다. 그리하여 일본은 200해리가 중첩되는 동해의 경우 일본 배타적 경제수역 구획선은 울릉도와 독도(죽도) 사이에 확정되어야 한다고 주장하였다.[183]

세계에 대고 타국의 영토를 자국의 영토라고 주장하고, 그것도 부족해 경찰의 철수와 시설물 철거를 요구하는 것은 실제 공격만 하지 않았다는 것뿐이지, 독도를 향해 일본이 이미 1996년 사실상 선전포고를 한 것으로 볼 수 있다. 그동안 일본의 독도 영유권 분쟁에 대한 정책 속에는 한국을 미래 전략적 동반자나 협력 또는 협상의 상대로 보는 것이 아니라 끊임없이 시비하고 동요하게 만들려는 약탈자의 근성이 잘 드러난다. 만약 협력자나 동반자의 관계를 조성할 의도가 있다면 적어도 상대국에 대해 일방적인 행동으로 무시하고 무례한 모습을 보여서는 안 되는 것이다.

일본이 오늘날 이렇게 오만한 모습을 보이는 것은 경제력을 바탕으로 한 국력에 대한 자신감에서 비롯되고 있다. 돈과 기술은 있지만, 평화공존을 향해 나아갈 철학이 부재하기 때문에 선진국다운 참 면모는 찾아보기 어렵고, 건달같이 거만한 태도를 보이며 어깨와 목에 한껏 힘을 주고 있는 것과 같은 모습이다. 힘만 믿고 주변 사방에 분란을 일으킨다. 그러면서도 자신보다 힘이 세다고 믿는 쪽에 대해서는 한없이 비굴하고 낮은 모습을 보인다. 아마 권불십년[184](權不十年)이요, 화무십일홍[185](花無十日紅)이라는 말처럼 흥할 때가 있으면 망할 때가 있다는 것을 일본인들은 잘 모르는 모양이다. 절정 다음에는 반드시 위기가 찾아오기 마련이다. 절제할 줄 모르고 오만한 일본의 태도를 보면 경제력이 쇠해 후진국으로 전락하고 한국에 복속될 날을 재촉하는 것 같다.

---

183) 신용하(2005), "한국과 일본의 독도 영유권 논쟁", 한양대학교출판부, p.18.

184) 권불십년(權不十年)은 권세는 오래가지 못한다는 말.

185) 화무십일홍(花無十日紅)은 열흘 붉은 꽃이 없다는 뜻으로, 한 번 성한 것은 얼마 못 가서 반드시 쇠해짐을 이르는 말.

제3절 국제사회의 원인 제공

1. 제국주의 시대 국제사회가 공동의 원인 제공

　식민지 건설을 통한 영토 확장을 추구하는 서구의 제국주의 열강들이 각각 이해관계에 따라 이합집산하며 무력을 앞세워 극동으로 진출할 때, 그들의 제국주의 정책에 맞서 쇄국으로 국가를 보전하기를 원했던 동양제국이 충돌한 19세기는 동양사회에 있어 일대 변혁기였다. 이 변혁기에 변화를 제대로 수용하지 못해 극심한 혼란에 빠진 조선 정부의 실정과 부패한 관리들의 폭정은 농민들의 원성과 불만을 야기했다. 그 결과 1894년 1월 10일 일어난 고부민란[186]을 계기로 갑오경장[187](제1·2차 동학농민전쟁)이 촉발되었다. 조

---

186) 고부민란: 1894년 1월 10일 전봉준·김도삼·정익서 등의 주도로 고부 농민들이 봉기하여 온갖 폭정을 저지른 고부군수 조병갑을 몰아내고 수탈의 상징인 만석보(萬石洑)를 허물어 버린 사건.

187) 갑오경장(甲午更張).
　① 정의: 1894년(고종 31년)에 집권한 개화당 정권이 전통적인 봉건체제를 서양의 새로운 근대적인 체제로 개혁한 일. 갑오개혁(甲午改革)이라고도 한다.
　② 배경: 1894년 봄 동학운동이 일어나 농민들은 폐정개혁(弊政改革)을 요구하며 전라도 일대를 장악하였다. 조정은 이를 수습하고자 청나라에 파병을 요청하였고, 일본도 텐진조약에 따라 조선에 군대를 파견하게 되었다. 이에 농민군과 정부 사이에서 강화가 성립되고 양국에 철병을 요구하였다. 그러나 일본은 내정개혁안을 제시하면서 군대를 궁중에 난입시켜, 친청(親淸) 민씨 정권을 타도하고 흥선대원군을 영입하여 신정권을 수립하였다. 그 뒤 7월 27일 개혁추진기구로서 군국기무처(軍國機務處)가 설치되고, 영의정 김홍집(金弘集)이 회의총재(會議總裁)에, 그리고 박정양(朴定陽)·김윤식(金允植)·김가진(金嘉鎭)·안경수(安駉壽) 등 17명이 의원에 임명되어 내정개혁을 단행하게 하였다.
　③ 제1차 개혁: 군국기무처 주도 하에 1894년 7월부터 추진되었다. 행정·사법·교육·사회 등 모든 부문에 걸친 사항을 개혁하였는데, 특히 제1차 개혁은 정치제도의 개편을 중심으로 이루어졌다. 개국기원(開國紀元)을 채택하고 이를 모든 공사문서에 사용하여 청과의 대등한 관계를 나타냈다. 중앙관제는 의정부와 궁내부(宮內府)로 나누고 종래의 육조(六曹)를 8아문(八衙門)으로 개편하여 의정부 직속으로 하였다. 왕의 인사권·재정권·군사권에 제약을 가하고, 궁중의 여러 부서들을 궁내부 산하로 통합하여 그 권한을 축소시켰다. 그리고 종래 유명무실하였던 의정부를 중앙통치기구의 중추기관으로 만들고, 그 밑에 육조(六曹)를 개편한 내무·외무·탁지·군무·법무·학무·공무·농상 등 8아문을 두었다. 아울러 대간제도(臺諫制度)를 폐지하는 한편, 내무아문에 강력한 경찰기구로서 경무청을 신설하여 일반국민의 모든 활동을 규제할 수 있는 제도적 장치를 마련하였다. 그리고 개화정책으로 신설된 기구들은 8아문이나 예하의 국(局)으로 개편하였다. 관료제도는 종래 18단계의 품계(品階)를 칙임관(勅任官: 正從 1 2품)·주임관(奏任官: 正從 3～6품)·판임관(判任官: 正從 7～9품)으로 축소하였다. 그리고 과거제를 폐지하고 주임관과 판임관의 임용권을 의정부의 총리대신 및 각 아문의 대신들에게 부여하였다. 또한 문벌과 반상제도(班常制度)·문무존비(文武尊卑)의 차별·공사노비법·죄인연좌법 등을 없애고, 창우(倡優)·피공(皮工) 등 천인의 면천·양자제도의 개선·조혼 금지 및 과부 재가허용 등을 채택하였다. 경제제도에 대해서는 국가의 모든 재정사무를 탁지아문이 전관(專管)하도록 일원화하고, 12월에 '신식화폐장정'을 의결하여 은본위제(銀本位制)를 채택하였으며, 세제(稅制)를 금납제(金納制)로 대체하고, 도량형을 통일시켰다. 그리고 일본의 압력으로 일본인 고문관 및 군사 교관의 초빙, 일본화폐의 조선 내 유통 허용, 방곡령(防穀令)의 반포 금지조처 등도 채택되었다.
　④ 제2차 개혁: 제2차 개혁은 1894년 12월부터 흥선대원군을 제거하고 갑신정변을 주도했던 박영효·서광범(徐光範)을 내부·법부대신에 입각시켜 김홍집·박영효 연립내각을 세워 추진하였다. 그리고 고종은 청나라와의 관계를 끊고, 국왕의 친정(親政)과 법령의 준수, 왕비와 종친의 정치 간여 배제 등을 골자로 한 〈홍범십사조(洪範十四條)〉를 반포하였다. 그 뒤 일본은 내정개혁이라는 미명 하에 다수의 일본인 고문관들을 기용하여 조선의 보호국화를 기도하였으나, 일본차관 도입이 지연되고 삼국간섭(三國干涉) 이후 친러적 경향이 팽배하면서 실패하였다. 따라서 조선의 대신들 주도로 개혁이 추진되었다. 특히 박영효는 삼국간섭 이후 일본의 권고를 무시하고, 김홍집 파를 내각에서 퇴진시키면서까지 과감하게 독자적인 개혁을 추진해나갔다. 이때 총 213건의 개혁안이 제정, 실시되었는데, 그 가운데 상당수는 앞서 군국기무처에서 의결된 개혁안을 수정, 보완하는 것이었다. 우선 정치제도의 개혁은 의정부와 각 아문의 명칭이 내각(內閣)과 부(部)로 바뀌었고, 농상아문과 공무아문이 농상공부(農商工部)로 통합되어 모두 7부가 되었다. 내각은 각부대신들로 구성된 합의제 정책심의기관으로 국가의 중대사를 심의, 의결한 뒤 국왕의 재가를 받아 시행하였다. 내각과 분리된 왕궁 내부의 관제는 대폭 간소화되었으며, 그 방계기관들도 폐지되었다. 지방제도는 종래의 대소행정구역을 폐합하여 23부 337군으로 개편하고, 내부대신의 감독 하에 각 부에는 관찰사(觀察使)·참서관(參書官)·경무관(警務官) 각 1명을, 군에는 군수 1명을 파견하여 일원적인 행정체계를 이루었다. 아울러

선 조정은 이 민란을 수습하기 위해 청나라에 지원군을 요청하고 톈진조약[188]에 따라 조선에서 청의 영향력 강화를 우려한 일본이 자국민 보호를 내세워 군대를 출동시키면서 조선에서 일본과 청나라 간 전운이 감돌고 있었다.

이렇게 한반도가 전장이 되는 것을 우려해 조선 정부가 주미 조선공사 이승수(李承壽)를 통해 조미조약[189]의 거중조정[190](居中調整) 조관(條款)에 따라 미국의 개입 요청을 통한 전쟁방지 노력을 벌였으나 미국의 거절로 무위로 돌아가고, 1894년 8월 1일 일본이 청에 대한 선전포고를 함으로써 청일전쟁[191]이 시작되었다. 그런데 개전 두 달이 지난 1894년 10월 6일 조선이 자존할 수 있는 마지막 등불이 켜졌다.

영국이 러시아, 미국, 프랑스, 독일 등에 '열국 공동 보증에 의한 조선의 독립 보장'과 '청의 일본에의 전비배상'을 조건으로 강화 실현을 위한 대일(對日) 공동 권고를 제의한 것이다. 이에 대해 러시아는 조선의 독립을 열국과의 협조를 통해 이룬다는 원칙을 세운 바 있기 때문에 곧바로 협조를 통고해오기도 했다. 그러나 러시아는 알렉산드르 3세와 외상 기어즈가 중태에 빠진 '정부 부재' 상태에서 그들이 통고한 대로 실제로 협조할지 지극히 의심스러웠다. 더욱이 동맹국으로서 러시아를 이끌어갈 프랑스도 동아시아에서 영국과 이해를 달리하고 있었기 때문에 처음부터 소극적이었다. 그뿐만 아니라 독일의 반대

탁지부 관할하의 관세사(管稅司)와 징세서를 설치하여 조세 및 기타 세입사무를 담당하도록 하였다. 그밖에도 행정관이 장악하고 있던 사법권의 독립을 보장하기 위한 조처로서 〈재판소구성법(裁判所構成法)〉과 〈법관양성소규정(法官養成所規程)〉이 공포되었다. 그리고 교육입국조칙(敎育立國詔勅)에 따라 〈한성사범학교관제(漢城師範學校官制)〉 및 〈외국어학교관제(外國語學校官制)〉가 제정, 실시되었다. 그러나 박영효의 지나친 독주는 일본 측은 물론 고종의 반발을 사게 되었다.
⑤ 의의: 결국 개혁은 소기의 성과를 거두지 못하고 중도에서 좌절되고 말았다. 갑오경장은 획기적인 개혁으로 우리나라 근대화의 중요한 역사적 기점이었다. 그러나 개혁의 당위성에도 불구하고 추진세력이 일본의 무력에 의존하였다는 제약성 때문에, 반일·반침략을 우선시했던 국민들의 반발에 부딪혀 좌절되고 말았다.
188) 톈진조약(天津條約)은 1885년(고종 22년) 4월 18일 청나라의 이홍장과 일본 제국의 이토 히로부미 사이에서 조선 내에서의 세력 균형을 위해 맺어진 조약이다. 갑신정변이 실패로 돌아가자 일본 정부는 청국과 일본 양국 간의 교섭을 통해서, 조선에서의 청의 영향력을 약화시키고, 일본의 입장을 더욱 유리하게 전개시키려고 했다. 그리하여 청국과 일본 양국은 이홍장과 이토 히로부미를 전권대신으로 하여 텐진에서 회담, 이른바 톈진조약을 맺었다. 내용조약의 내용은 아래와 같다.
① 청과 일본은 4개월을 기한으로 조선에서 동시에 군대를 철수한다.
② 조선군을 훈련시키기 위해 훈련 교관을 보내지 않고, 조선에 제3국인 무관을 고용하도록 권고한다.
③ 장래 조선에 변란이나 중요한 사건이 일어나 청나라나 일본 어느 한쪽이 파병할 경우 그 사실을 상대방에게 알리고, 그 사변이 진정되면 즉시 철병한다.
이 조약에 따라 청국은 조선에 더욱 강력한 세력을 침투시키게 되며, 그에 따라 나중에 청일 전쟁의 도화선이 되게 된다.
189) 조미조약(朝美條約=조미수호통상조약)은 조선 고종 19년(1882년)에 우리나라와 미국 사이에 수호와 통상을 목적으로 맺은 조약.
190) 거중조정(居中調停): 중간에 들어 조정함. 제3국이 분쟁 당사국 사이에 들어 분쟁 해결을 알선함.
191) 청일전쟁(First Sino-Japanese War, 淸日戰爭)은 1894년 6월부터 1895년 4월 사이에 청나라와 일본이 조선의 지배권을 놓고 다툰 전쟁이다. 일본은 아시아 제국주의 확산의 발판으로 조선을 지배하려 하였고, 이에 대항한 조선민중이 동학민중혁명 등으로 일제에 대항하자 조선봉건정권 자체의 붕괴위험을 느낀 조선조정이 청나라에 원군을 요청하였고, 일본 견제를 위해 청나라가 조선에 출병함으로서 발발하였다. 이 전쟁에서 승리한 일본이 시모노세키조약을 맺고, 조선에서의 청국의 종주권 파기, 랴오둥(요동)반도와 타이완, 펑후섬의 할양 등의 권리를 쟁취하였으나, 일본의 세력 확장에 위협을 느낀 러시아, 프랑스, 독일 등 3국 간섭으로 랴오둥반도는 반환되었다. 이 전쟁으로 청나라의 무력함이 확인되어(종이호랑이론) 열강들의 중국 침략이 가속화 되었으며, 일본은 전쟁 후 동아시아의 새로운 제국주의 국가로 등장하여 조선 침략을 본격화하고, 남하정책을 펴던 러시아와 충돌하여 후일 러·일전쟁을 일으켰다.

와 미국의 비협조에 부딪혀 영국의 조선독립 보장 제의는 곧바로 좌절되었다.[192]

1895년 4월 17일 청일전쟁 강화조약을 체결함으로써 승리를 거머쥔 일본은 조선에 대한 중국의 영향력을 배제하고 대륙진출의 교두보인 요동반도까지 손에 넣게 되어 조선의 병탄을 시간문제라고 생각하였다. 하지만 일본의 급격한 부상을 우려한 독일, 프랑스, 러시아의 압력에 의해 요동반도를 반환하게 됨으로써 일본의 대륙진출은 물론 조선을 병탄하려는 계획이 좌절되고 만다. 제삼국의 간섭에 의해 일본이 요동반도를 반환한 것을 본 조선 정부는 러시아야말로 일본을 제압할 수 있는 강대국이라고 생각하게 되어 친러정책을 추진함으로써 한반도에서 러시아의 영향력이 급격히 증대되기 시작하였다. 이를 위협적으로 생각한 일본의 가쓰라 타로 수상과 고무라 쥬타로 외상은 영일동맹을 주도하여 영국을 등에 업은 후 곧바로 러시아와 협상에 들어갔다.

일본은 만주에서 러시아의 이권을 인정해주는 대신 한반도에서 일본의 지배권을 요구하게 된다. 러시아가 이에 반대 갈등이 고조되는 가운데 1903년 용암포사건[193]이 터진다. 러시아가 압록강 강변 원시림의 벌목과 관련 신의주 남쪽에 있는 용암포의 조차를 조선에 요구하고 이에 맞서 일본이 용암포 개항을 요구하는 가운데 1903년 9월 러시아가 용암포 인근에 망루와 포대를 설치하자 대러 개전론이 일본 전역으로 확산하고 일본 정부와 군부는 1903년 12월 러시아에 대한 개전 방침을 결정한다. 1904년 2월 8일 선전포고 이전에 러시아를 기습 공격한 일본은 전쟁의 원활한 수행을 위해 우선 한반도 내에서 러시아와 연계된 것을 차단하고자 조선 정부를 강압하기 시작했다.

러일전쟁[194] 개전과 더불어 일본 해군은 1904년 4월 13일 러시아 기함 페트로파블로프

---

192) 최문형(2002), "한국을 둘러싼 제국주의 열강의 각축", 지식산업사, p.126.

193) 용암포사건(龍巖浦事件)은 1903년(광무 7년) 러시아가 한국의 용암포를 강제점령하고 조차(租借)를 요구한 사건이다. 1899년의 의화단 사건 이래 만주를 점령하고 있던 러시아는 1903년 4월 앞서 획득한 압록강 상류에서의 삼림벌채권과 그 종업원을 보호한다는 구실 아래 약 100명의 군대로 용암포를 점령하였다. 이어 5월에는 러시아인 40명을 거주하게 하였고, 포대(砲臺)를 시설하여 주렌청(九連城)과 봉황선(鳳凰線)을 거쳐 안동(安東: 현 丹東)에서 용암포에 이르는 지역에 1개 여단(旅團) 병력을 배치한 다음 7월에는 러시아 삼림회사에 용암포를 조차하도록 강요하여 이를 획득하였다. 이를 계기로 한반도에서 각축을 벌이던 러시아와 일본의 대립은 더욱 첨예화하여 1904년의 러일전쟁을 유발하게 되었다.

194) 러일전쟁(Russo-Japanese Wars)은 만주와 한국의 지배권을 두고 러시아와 일본이 벌인 전쟁이다. 1904년 2월8일 일본 함대가 중국 뤼순(旅順)군항을 기습 공격함으로써 시작돼 1905년 9월 5일에 포츠머스 강화회의에서 러시아 측의 패배 인정으로 끝났다. 러시아가 독일과 프랑스를 끌어들인 '삼국간섭'(三國干涉)에 의하여 일본의 만주 진출을 저지하고, 1900년 중국의 의화단 사건을 계기로 만주를 사실상 점령하면서 남하정책을 추진하자 일본은 러시아와 교섭을 계속하는 한편 전쟁을 준비하였다. 결국 일본은 1904년 2월 4일 대(對)러시아 개전(開戰), 국교단절을 결정하고, 8일에는 육군 선발대가 한국의 인천에 상륙하여 서울로 향하는 한편 중국 뤼순(旅順)의 러시아 함대를 공격하였으며, 9일에는 인천 앞바다에서 러시아 함대와 격돌하였다. 그리고 10일 러시아와 일본은 각각 선전포고를 하고 전쟁을 시작했다. 일본의 육군은 한반도를 거쳐 남만주로 진격하여, 많은 희생을 치른 끝에 여순요새를 1905년 1월 함락시키고 이어 봉천을 점령하였다. 해군은 그해 5월 유럽에서 원정 온 러시아의 발트함대를 대한해협에서 격파해 해상에서의 완승을 거두었다. 하지만 일본의 당초 예상과 달리 전쟁이 길어지고, 막대한 전쟁비용 등 전력이 부족하게 되었으며, 러시아 역시 자국에서 혁명운동의 발발로 국내정치가 위기상황이어서 민심수습이 필요했다. 결국 미국의 대통령이었던 루스벨트의 중재로 1905년 9월 일본과 러시아는 포츠머스 강화조약을 맺고 휴전이 성립되었다. 포츠머스 강화조약으로 일본은 조선에 대한 지도, 감독권을 인정받았으며, 러시아는 일본에게 여순, 대련의 조차권(租借權)과 남만주의 철도(東淸鐵道)를 양도했다. 또 사할린 남부를 할양, 북위 50도 이남을 일본령으로 하였으며, 연해주

스크호를 격침하고 러시아 해군 제1의 전략가였던 마카로프 제독을 전사케 하는 등 기선을 잡고 승승장구하는 듯했다. 그러나 10월 14일 황제 니콜라이 Ⅱ세의 전송을 받으며 발트함대의 모항인 리바우항을 출항한 로제스트벤스키(Rodjestvensky) 제독이 지휘하는 발트함대(발틱함대)가 국제협약에 따라 등불을 밝히고 있었던 병원선이 1905년 5월 27일 새벽 2시 30분경 일본 함대에 발각돼 도고 헤이하치로(東鄕平八郞)를 사령관으로 하는 일본 해군이[195] 동해에서 러시아의 세계적 해군인 발트함대마저 궤멸시킴으로써 전황은 일본의 승전으로 전개되었다.

전쟁 결과 일본은 세계의 예상을 뒤엎고 육상전과 해전 모두에서 승리하였다. 러일전쟁의 동해해전은 일확천금을 꿈꾸는 사람들에 의해 '돈스코이호와 러시아 보물선[196]'이라는 보물에 대한 헛된 꿈을 가지게 하기도 했다. 동해해전 패전과 때를 같이 하여 러시아 내부에서는 파업과 반정부 시위가 일어나 전쟁 중지를 요청하였기 때문에 더는 전쟁을 수행할 수 없는 상태였다. 마찬가지로 일본군도 장기간의 전쟁을 수행하기에는 어려움이 있어, 거중조정(居中調整)이 필요함을 느끼고 있었다.

이러한 정황을 알아차린 미국 대통령 시어도어 루스벨트(Theodore Roosevelt)가 조정에 나섰다. 그런데 그는 상당히 친일적이었고, 전제정치의 러시아와는 거리가 있었다. 그리하여 사전에 일본에 접근하여 서로 필요한 사항을 정리하는 치밀한 외교수완을 보였다. 1905년 7월 이른바 가쓰라-태프트밀약[197](The Katsura-Taft Agreement)을 체결하여 양국의

와 캄차카의 어업권을 인정하였다. 러일전쟁은 표면상으로는 한국과 만주의 분할을 둘러싼 러시아와 일본 간 싸움이었지만, 그 배후에는 영일동맹, 미국의 일본 지원, 러시아·프랑스동맹이 복잡하게 얽혀있던 제국주의 전쟁의 전초전에 해당한다. 전쟁의 결과 패전국 러시아에서는 혁명운동이 진행됐으며, 전승국 일본은 한국에서의 지배권을 확립하고, 만주 진출을 확정했으며, 미국과 대립하기 시작했다.

195) 김병렬·나이토 세이츄(2006), "한일 전문가가 본 독도", 다다미디어, pp.59~82.

196) 돈스코이호와 러시아 보물선: 일본 해군에 의해 침몰당한 러시아 발트함대의 드미트리 돈스코이호(6,200톤)에 엄청난 보물이 실렸다는 것이다. 이러한 사실은 러일전쟁 18년 뒤인 1923년≪개벽≫지 기자가 울릉도 현지를 찾아 돈스코이호의 침몰 및 금괴와 관련된 내용을 취재해 보도한 바 있고, 1933년에는 일본 체신대신 소천(小泉又次郞) 씨 외 2인이 세상의 흥미를 끌고 있는 울릉도 근해 해면 사용 허가원을 경상북도에 불원간 허가할 의향이라는 신문기사가 확인된다. 이렇게 울릉도 저동 앞바다에서의 보물선 찾기는 당시에도 세간의 화제를 불러일으켰던 모양이다. 그로부터 오랜 세월에 흐른 1990년대 저동항 근처에서 해양연구원이 돈스코이호로 추정되는 침몰선을 찾아내는 데 성공했다. 돈스코이호의 존재가 확인되면서 '울릉도 보물선 돈스코이호를 찾는 모임' 사이트도 보물선을 찾는 사람들로 부산스러웠다. 보물찾기를 핑계로 당시에 몰락해 가던 신동아그룹은 주식을 가지고 장난을 치게 되며, 급기야 정치쟁점으로까지 비화된다. 아직 돈스토이호나 러시아 항장에 금괴 등의 보물이 실려 있었다는 사실이 확인된 바 없으며, 그 실체를 본 사람도 없다. 다만 추정해 볼 수 있는 점은 당시 힘징들이 원거리를 운항할 때는 해외 현지에서 연료를 수급하는 일이 일반적이었고 발트함대도 중간 연료 구입 문제로 이동이 지연되기도 했기 때문에 연료 구입이나 식량보급 등에 필요한 상당한 경비 명목의 금괴를 보유했을 가능성을 부정할 수 없다. 그러나 발틱함대는 상선이 아닌 전투를 목적으로 이동한 함대였기 때문에 만일 금괴가 실려 있었다고 하더라도 그 양은 극히 제한적일 가능성이 높다.

197) 가쓰라-태프트밀약(The Katsura-Taft Agreement)은 1905년(광무 9년) 7월 29일 일본 도쿄에서 일본의 한국 보호권 인정을 목적으로 미국과 일본이 비밀리에 체결한 협약이다. 미국의 제26대 대통령 시어도어 루스벨트의 특사인 육군 장관 윌리엄 하워드 태프트와 일본의 총리 가쓰라 다로(桂太郞)가 도쿄(東京)에서 은밀하게 맺은 협정이다. 이 비밀협약은, 미국이 필리핀을 통치하고, 일본은 필리핀을 침략할 의도를 갖지 않으며, 극동의 평화유지를 위해 미국, 영국, 일본은 동맹관계를 확보해야 하고, 미국은 러일전쟁의 원인이 된 한국을 일본의 보호국으로 만드는 것을 승인하는 내용 등으로 구성되었다. 이 협약은 미국이 일본의 한국 지배를 승인하고, 일본은 필리핀을 침략하지 않겠다고 하는 약속이었다. 일본은 영국과도 외교적 양해가 필요하였다. 그래서 1902년 1월 런던에서 맺은 제1차 영일동맹에 이어 1905년 8월 제2차 영일동맹을 맺었다. 제2차 영일동맹에서 영국은 일본의 조선에 대한 지도감독과 통제 및 보호권을 인정하였다.

우의와 이해관계를 확인하였다. 그 내용은 '미국의 필리핀 점령을 일본이 인정하고, 일본의 한국 점령을 미국이 인정한다. 미국, 영국, 일본은 실질적으로 동맹관계이다'라는 것이 핵심적인 내용이었다. 일본은 미국의 호의에 매우 만족하였다.[198]

미국 루스벨트 대통령의 중재로 러일전쟁을 종식하기 위해 일본 측의 고무라 쥬타로(小村壽太郎) 및 다카히라 고고로(高平小五郎)와 러시아 측의 비테(Sergei Y. Vitte) 및 로젠(R. Rosen)을 각각의 전권특명대사로 해서 1905년 8월 10일 미국 군항 포츠머스에서 회담이 열렸다. 회의는 '승자도 패자도 없으니, 한 치의 땅도 1루블의 배상금도 줄 수 없다'는 러시아 측과 '반드시 영토와 배상을 받아내겠다'는 일본 측 주장이 팽팽히 대립하여 쉽게 결말이 나지 않았다. 하지만 러시아나 일본이나 전쟁을 더는 계속할 수 없는 처지였다. 러시아는 혁명이라는 극도의 내부 혼란을 겪고 있었으며, 일본 또한 재정이 바닥난 데다 군사적인 여력도 없었다. 이러한 상태에서 미국의 중재와 압력은 양국이 강화회담을 진행하도록 하는 좋은 구실이 되었다.[199]

미국은 러시아와 일본의 전권대사를 미국의 포츠머스(Portsmouth)로 불러 양국 직접회담의 형식으로 협상토록 하였으며, 미국은 알선 국가로서 입회와 발언도 가능토록 하였다. 약 1개월의 협상 끝에, 1905년 9월 5일 일본의 전권외상 고무라 주타로(小村壽太郎)와 러시아의 전권 재무장관 비테와의 사이에 전문 15개조의 강화조약이 체결되었으며 이를 포츠머스조약(Treaty of Portsmouth)이라 한다. 그 주요 내용은 다음과 같다. 첫째는 대한제국에서 일본의 우월권을 승인한다. 둘째는 청국 정부의 승인을 전제로 요동반도의 조차권과 장춘(長春)과 여순(旅順) 간의 철도(남만주철도)를 일본에 위양(委讓)한다. 셋째는 배상금을 물지 않는 대가로 북위 50도 이남의 사할린(樺太島)을 일본에 할양한다. 넷째는 연해주 연안의 어업권을 일본에 허락할 것 등이었다.

이 내용 중에서 가장 민감한 내용이 한반도에 관한 사항인데, 협의 중에 러시아는 '대한제국 황실의 주권을 침해할 수 없다'고 강력히 주장하였다. 그리하여 비망록에만 '일본

1904~1905년에 일어난 러일전쟁에서 일본이 승리하자, 1905년 9월에 러시아와 일본은 미국의 중재로 한국에서 일본의 정치적·군사적·경제적 권리를 승인하는 포츠머스조약을 체결하였다. 이로써 미국과 영국, 러시아는 일제가 대한제국을 보호국으로 지배하는데 승인하게 된 것이다. 서양 열강으로부터 조선에 대한 우월적 지위를 인정받은 일본은 1905년 11월에 을사조약(乙巳條約) 체결을 강압하여 대한제국의 외교권을 박탈하였다. 가쓰라-태프트밀약에 이어 영국과 일본 동맹과 포츠머스조약을 체결한 일본은 한국에 대한 국제적 지배권을 재확인하였다. 대한제국 정부 모르게 이루어진 비밀협상으로 일본은 미국에 필리핀의 안전을 보장해주고 미국으로부터 한국의 보호권을 인정받은 것이다. 이 밀약은, 미국 존스홉킨스대학교의 T. 데넷 교수가 루스벨트의 서한집에서 발견함으로써 1924년 세상에 알려지게 되었다.

198) doopedia 두산백과.
199) 김병렬·나이토 세이츄(2006), "한일 전문가가 본 독도", 다다미디어, pp.83~89.

이 대한제국 정부의 승인 아래 정치적으로 간섭할 수 있다'고 기록하고, 조약문에는 정치적·군사적 간섭 내용은 표현하지 않았다. 일본은 당장 한국을 군사적으로 점령하려고 하였으나, 대한제국의 승인 아래 진행할 수밖에 없는 약속 때문에 시간을 두고 진행하여야만 했다. 그러나 그 비망록의 약속으로 일본은 어떤 수단을 써서라도 대한제국 정부의 승인만 얻어내면 대한제국을 점령할 수 있다는 가능성을 확보해둔 셈이었다. 한편 미국은 독일과도 포츠머스조약에 대해 사전에 조율해둔 상태였다. 따라서 포츠머스조약은 일본과 러시아와의 강화조약이었지만, 사실상 일본이 대한제국을 점령할 방법이 있음을 4대 강국으로부터 승인을 받아놓은 약조문이나 다름없었다.[200]

일본 아세아문제연구소 연구원인 좌등정인(佐藤正人)은 '세계사 근현대사에서의 독도'라는 논문에서 일본은 20세기에 들어와 독도 점령을 ① 제국주의[201] 제국의 양해·암묵의 동의, ② 조선식민지화의 진행, ③ 러일전쟁이라는 복잡한 3개의 역사적 조건 아래 실행하였다. 군사적·경제적 침략을 위해서 침략할 지역·국가에 군대·식민지를 보내고, 물자와 자원을 운반하는 도로와 철도의 건설, 수로조사(항로확정)와 항만정비가 필요하다. 일본 정부 및 일본군은 그것을 위한 기초 작업으로서 조선의 육지와 해역의 지형을 파악하기 위한 상세한 조선 국내지도와 조선 해역 수로도 작성을 서둘렀다.[202]

독도에 1904년 일본 군함 신고호(新高號)가 파견된 것도 이러한 임무를 수행하기 위한 것이었다. 식민지 건설과 자국의 이권을 확보하기 위해 혈안이 되어 있던 제국주의 국가들의 침탈과 무력 앞에 무기력하기만 했던 대한제국은 그렇게 일제의 강점 길로 들어섰고, 그 첫행보로 일본은 대한제국을 무시한 채 다케시마(독도)를 영토로 편입하는 결정을 했다.

---

200) doopedia 두산백과.

201) 제국주의: 제국주의 연구사를 보면 제국주의는 정치, 경제 그리고 문화와 같은 세 가지 규범(code)로 해명될 수 있지만 핵심을 이루는 것은 정치지배이다. 제국주의라는 말의 어원은 라틴어 임페리움(imperium)이다. 임페리움은 로마 공화정 말기와 제정 초기에 로마법의 권위가 통용되는 공간의 영역을 의미했다. 로마는 자치적이고 최고의 권위를 가진 정치적 공동체로서 제국의 이념을 토대로 속주들을 로마화했고, 최고 권력자인 황제를 정점으로 다양한 영토와 신민들을 제국이라는 하나의 정치적 공동체 안으로 포섭했다. 제국주의라는 용어는 나폴레옹 1세와 3세가 로마제국의 재현을 시도했던 것을 가리키는 말로 처음 사용됐고, 그 뒤 여러 차례 의미 변화를 겪었다. 제국주의의 개념을 정치적 개념으로 정의하는 학자들은 '제국주의란 한 국가가 다른 정치적 사회의 효율적인 정치적 주권을 통제하는 공식적·비공식적 관계이며, 제국주의는 그러한 제국을 형성하거나 유지하는 과정이거나 정책'으로 정의한다. 경제적이든 군사적이든 또는 문화적인 방식이든 상대방을 정치적으로 지배하고자 하거나 그런 것을 의도하려는 이념을 제국주의로 지칭한다. 레닌은 제국주의를 자본주의의 필요 불가결한 발전 단계라고 제국주의 이론을 정립하기도 했지만, 제국주의는 자본주의가 특정 발전 단계에 돌입함으로써 도래하는 것이 아니라 고대부터 지금까지 계속 존재해 있었다.

202) 독도연구보전협회(1998), "독도 영유권과 영해와 해양주권", 독도연구보전협회, p.22.

2. 제2차 세계대전의 잘못된 전후처리 산물

대한제국은 무능과 부패, 분열로 스스로 나라를 지키기 못하고 내각총리대신 이완용(李完用)과 일본의 통감 자작 데라우치 마사다케(寺內正毅) 간에 1910년 8월 22일 "한일합방조약"을 서명했다. 이 조약에 의해 우리 민족은 숱한 치욕과 희생을 치르며 일본 강점기의 긴긴 어둠의 터널을 거치는 동안 제2차 세계대전에서 연합국이 전쟁의 승기를 잡고 1943년 카이로에서 전후 처리문제를 논의하면서 국권 회복의 기회가 찾아왔다. 하지만 이 기회는 우리 자체의 힘으로 마련된 것이 아니었으므로 분단을 강요당하고 독도 문제를 잉태하는 원인으로 작용해 이후 숱한 민족적 국가적 아픔을 겪을 수밖에 없었다.

1943년 11월 27일 루스벨트 미국 대통령, 처칠 영국 총리 그리고 장개석 중국 총통이 카이로에서 회합을 하고 대일 전쟁에서 승리를 다짐하며 장차 일본의 영토처리에 관해 협의 결정한 후 '카이로선언'을 선포했다. 이 선언에는 '일본이 폭력과 탐욕에 의해 착취한 모든 다른 영토로부터 축출한다. 한국의 노예상태에 유의하고 상당한 경로를 밟아 한국이 해방되고 독립될 것을 결의한다'는 내용이 포함되어 한국의 독립을 명시적으로 포함하고 있다. 그리고 1945년 7월 26일 미국 대통령, 영국 총리 그리고 중국 총통이 포츠담에서 회합하여 '포츠담선언'을 했다. 포츠담선언에서는 '카이로선언의 제반 조항은 이행될 것이며, 일본의 주도권은 혼슈, 홋카이도, 큐슈, 시코쿠와 우리가 정하는 소도에 국한될 것이다'라는 내용을 담고 있다. 그러나 이들 선언은 바로 일본에 대한 법적 구속력을 갖는 것이 아니었다. 따라서 독도를 포함한 한국 영토가 일본에서 분리하게 된 것은 1945년 9월 2일 도쿄만에 정박한 미국 군함 미조리함 선상에서 일본이 연합국에 포츠담선언에 제시된 제반 조항을 수락한다는 '항복문서'에 조인함으로써 이루어지게 되었다.[203]

일본의 항복으로 일본에 대한 통치를 담당하게 된 연합국 최고사령부는 1946년 1월 29일 자로 발령된 '약간의 주변지역을 정치상 행정상 일본에서 분리하는 데에 관한 각서'(Memorandum for Governmental and Administrative Separation of Certain Outlying Areas from Japan, 통칭 SCAPIN 677호)라는 제목으로 일본 정부의 행정권이 미치는 지역을 한정하여 일본 정부에 지령하게 되는데, 여기에 독도의 처리가 명시된 내용이 전후 처음으로 나온다.[204] 그리고 1947년부터 미국을 중심으로 한 연합국들이 전후 일본과의 관계를 정립하

---

203) 김명기(2007), "독도강의", 책과 사람들, pp.107~111.
204) 김병렬(2001), "독도논쟁", 다다미디어, p.95.

기 위하여 강화조약을 작성하게 되는데, 이 조약안에 영토조항이 들어가게 된다.

연합국의 샌프란시스코 평화조약 초안은 미국이 작성했는데, 제1차 초안부터 제5차 초안까지는 독도를 한국 영토에 명문으로 포함시켰다. 이를 알게 된 일본 과도정부는 미국인인 주일 정치고문(U. S. Political Adviser for Japan)이었던 시볼드(William J. Sebald)[205]를 내세워 독도에 대한 일본의 영유권 주장이 정당하며 안보적인 측면에서 이 섬에 기상과 레이더 기지를 설치하는 것이 미국의 국익 측면에서 고려될 수 있다고 전문을 보내게 하는 등 로비를 한 결과, 제6차 미국 초안에서는 독도를 한국 영토에서 빼고 일본 영토로 포함시켰다. 그러나 영국, 뉴질랜드, 오스트레일리아 등 다른 연합국이 제6차 미국 초안에 동의해주지 않았다. 1951년 7월 19일 양유찬 주미대사가 덜레스를 두 번째 면담하는 자리에서 본국의 훈령대로 제2조(a)를 '일본은 한국과 제주도, 거문도, 울릉도, 독도, 그리고 파랑도를 포함하여 일본의 한국에 대한 합병 이전에 한국 영토의 일부였던 도서들에 대한 모든 권리, 권원 그리고 청구권을 1945년 8월 9일 자로 포기했다는 것에 동의한다'로 수정해 달라고 요구했지만, 미국이 이를 거부했다.[206]

제7차 이후 미국 초안에서 '독도'에 대한 언급은 대부분 포함되지 않았다. 1951년 9월 8일 샌프란시스코에서 조인된 연합국의 대(對)일본강화조약에서는 제2조에서 '일본은 한국의 독립을 승인하고 제주도, 거문도, 울릉도를 포함하는 한국에 대한 모든 권리·권원 및 청구권을 포기한다'고 하여 독도의 명칭이 누락되게 되었다. 이렇게 한국의 영토문제가 다루어지는 동안 샌프란시스코 평화조약에서 일본의 로비와 미국의 국익이 고려되면서 독도의 한국 영토 명시가 누락 처리되고, 1952년 4월 28일 발효에 들어가면서 한국과 일본 간에는 영유권을 확보하기 위해 독도와 인근해역에서 공방전을 벌이게 된다. 1952년~1954년의 제1차 분쟁격화기에 한국전쟁이라는 국가적 난국(難局) 속에서도 독도의용수비대의 활약으로 일본의 도전을 물리치고 빼앗겼던 실효적 경영의 조건을 회복, 한국 어민들이 독도에 출어, 오늘에 이르고 있다.

---

205) 시볼드는 해군장교 출신으로 1925~1928년에 일본에서 미해군 일본어과정을 거쳤으며, 그의 일본계 부인은 모친이 일본인 화가, 부친이 영국인 법률가였다. 시볼드는 장인과 고베(神戸)에서 법률회사를 운영하기도 했다. 전쟁이 끝나고 별다른 경력이 없던 그는 '맥아더 장학생'으로 주일 미국 정치고문 대리로 임명되었으며, 외교관 경력이 없던 그였기에 미국 국무부뿐 아니라 소련 언론에서도 논란을 일으켰다. 시볼드는 일본에 완전히 매료되어 지일(知日) 정도가 아니라 친일적 인물이 되었다. 전범들과도 폭넓게 교류하였으며, 한국을 6차례나 방문한 것으로 알려져 있다. 일본의 로비를 받아 샌프란시스코 평화조약 제6차 초안을 작성할 때 독도가 일본 영토에 포함되도록 하는 데 결정적인 역할을 했다.
206) 김병렬·나이토 세이츄(2006), "한일 전문가가 본 독도", 다다미디어. pp.123~129.

제4장

주요쟁점에 대한
양국 주장 비교

제1절 한국과 일본의 인식·견해·입장 차이

1. 양국의 인식

한국의 독도에 대한 인식은 한국의 고유영토라는 것이고, 일본의 다케시마에 대한 인식은 일본의 고유영토라는 것이다. 그런데 독도와 다케시마는 같은 섬으로 한국과 일본에서 사용하는 명칭만 다를 뿐이다. 같은 섬을 두고 서로 영유권을 주장하는 것이니까 논쟁이 벌어지고 마찰이 생긴다. 한국은 독도를 실효지배하고 있고 역사적 권원을 많이 가지고 있으므로 '우리 것이다. 너는 시비하지 마라'는 입장이고, 일본은 일본대로 '아니다. 우리도 오래전부터 인식하고 있었다. 우리 것이다. 국제사법재판소에 가서 해결하자'고 응수한다. 그러므로 상대국의 영유권 주장이나 행동에 대해 서로 항의나 비난을 계속하고 있으며, 상대방의 항의에 대해 '내정 간섭을 하지 마라'고 맞대응한다.

한국은 고유의 영토라고 하면서도 독도가 1905년 일본이 편입하도록 제대로 지키고 관리하지 못했으며, 조선시대에 실효적으로 지배했다는 것을 입증하는데 한계를 보이고 있다. 일본은 태정관이 공식적으로 일본 영토가 아니라는 결론을 내렸는데도 자국의 고유영토라고 우긴다. 샌프란시스코 평화조약 체결 과정에서 당사국으로 연합국에 독도가 자국의 영토라는 것을 이해시킬 근거를 내놓지 못했으면서 탈환을 주장하며 불편한 관계를 조장해왔다. 이처럼 양국이 각각 문제를 노출하고 있으므로 분쟁의 원인이 되었지만, 한국이 현재 영유권을 갖고 있는 데다 무인도나 작은 섬은 국내외적으로 특별한 기록을 남기지 않는 부속도서의 개념으로 이해되고 관리되는 것이 일반적이므로 한국이 과거 실증적 지배사실을 자료를 통해 입증하지 못하더라도 한국 영토임이 틀림이 없다. 인간에게 있어서 가장 중요한 것은 현재 상태이다. 현재의 일본 영토가 왜 일본 것인가? 현재 영유권을 갖고 있기 때문에 그런 것이다. 시비하는 일본식 논리로 접근한다면 대마도가 한국 땅이라고 주장한다고 이상할 것이 전혀 없다. 우리에게 대마도의 영유권을 주장할 수 있는 근거는 얼마든지 있다.

2. 양국의 견해

일반적인 논쟁에서 나타나는 현상이 독도의 영유권 분쟁에서도 그대로 드러난다. 우리 측 주장은 정당하고 합리적이지만, 상대방의 주장은 그렇지 않다는 것이다. 독도의 영유 권에 대한 한국과 일본의 견해도 이와 비슷하다. 한국은 '한국의 주장은 정당한 것이고, 일본 주장은 억지다', 이에 대해 일본은 '일본의 주장은 정당하고, 한국의 주장은 합당하 지 않다'며 서로 맞선다. 이러한 견해는 일본 외무성 다케시마(=독도) 홍보 홈페이지 내 용과 한국의 동북아시아재단 반박문, 일본 시마네현의 독도 영유권에 대한 주장과 한국 경상북도의 독도관련 홈페이지 내용에서 그 실상이 잘 나타난다.

상호 합의할 수 있는 논쟁은 상대방의 논거를 일부 수용하거나 인정함으로써 공통점이 나 합의 방안을 도출할 수 있다. 그러나 영토 문제는 지키느냐 빼앗기느냐 하는 이분법적 성격을 가진다. 이런 상황에서 상대방의 논거가 합리적임을 인정하는 것은 바로 우리가 주장하는 논거에 합리성이 결여되어 있음을 의미하므로 설령 상대방의 주장이 합당하다 고 하더라도 쉽게 그것을 인정하려 들지 않는다. 따라서 이런 때 자의든 타의든 어떤 결 론이 나기까지는 자기주장을 고수하고 논거가 부족하면 자기주장이 옳다고 우기거나 새 로운 대응논리를 개발하게 되는 것이 일반적이다. 이것마저 여의치 않으면 상대방의 취약 한 점을 물고 늘어질 수밖에 없는데, 현재 일본이 독도 영유권 분쟁에서 보여주고 있는 태도가 전형적인 사례라고 할 수 있다. 독도 영유권 분쟁은 일본이 의도를 가지고 일부러 긴장관계를 조성하려는 목적에서 출발했다. 그러므로 그 목적이 달성되거나 스스로 포기 하지 않는 한 앞으로도 독도 영유권 분쟁은 지속할 가능성이 크다. 시비는 거는 쪽이 그 것을 멈추지 않는 한 끝나지 않는다.

3. 양국의 입장

한국과 일본의 독도에 대한 기본적인 입장은 첫째는 파국(단절)은 원하지 않지만, 한국 은 어떤 일이 있어도 독도를 수호한다. 일본은 결코 영유권 주장을 포기할 생각은 없다. 둘째는 논리대결에서 밀리면 끝이다. 연구해 대응논리를 개발하라. 셋째는 표면은 조용 히, 내부에서는 치밀하고 굳건하게 가용한 모든 자원을 동원하여 우리의 주장을 밀고 나 간다는 것으로 요약할 수 있다.

일본의 대외정책은 근대국가 성립 이후 대륙정책에서 도발적인 방법으로 조약이나 협정을 강요하여 강탈한 이권이라고 할지라도 한 번도 스스로 양보한 적이 없었다. 일단 한번 권익을 장악하게 되면, 국제사회가 공동으로 그것을 간섭하지 않는 한 반환은 없었다.[1] 그리고 일본은 1995년 총선거에서 집권 자민당 측이 '독도(죽도) 침탈'을 '탈환'이라는 용어로 공약의 하나로 내세웠다.[2] 1996년 9월 28일에는 제41차 중의원 선거 공약으로 자민당이 '독도를 일본의 고유영토로 한다'라는 공약을 채택하여 한국의 항의를 받은 바 있다.[3] 일본 정부는 1997년도 '외교백서'에서 일본 외교 10대 지침의 하나로 '독도침탈 탈환외교'를 설정하였다.[4]

일본은 이렇게 이미 오래전부터 독도 탈환을 국가 정책 목표로 설정하고 공공연하게 영유권을 주장하고 있으며, 탈환될 때까지 계속하겠다는 입장을 정리해 두고 있는 것으로 보인다. 그렇지만 다른 한편에서는 양국이 독도 영유권 문제로 마찰이 심화하면 협력의 필요성을 거론하면서 한 걸음씩 물러선다. 이러한 면모는 양국 정부의 태도에서 그대로 드러난다. 2008년 9월 5일 마치무라 노부타카(町村信孝) 일본 관방장관이 일본 방위백서의 독도 영유권 4년 연속 명기에 대한 한국 정부의 항의와 관련, "기술은 최근 2, 3년간 동일하며, 2007년에도 항의가 있었다. 한국 정부도 자제해 대응하고 있다"고 밝혀 한국 정부의 항의를 심각하게 생각하고 있지 않음을 시사했다. 그러나 같은 날 오후 도요타 가타시(豊田硬) 방위성 대변인은 기자들과 만난 자리에서 "서로의 입장 차이는 차이로 하고, 대국적 견지에서 한일 간 우호협력 관계를 손상하지 않도록 냉정히 대응하는 것이 중요하다"고 말했다.[5] 한국 정부도 외형상 항의의 단계를 넘지 않았다. 즉 양국 정부가 각각 이중적 태도를 취하고 있는 것이다.

한쪽에서는 시비를 하고 다른 한편에서는 파국은 원하지 않기 때문에 점잖은 척 우호협력을 언급하는 전형적으로 양면성을 가진 한일외교의 일면이다. 그런데 이러한 상반된 행동은 논리 모순처럼 여겨진다. 그러나 양국 정치가들, 특히 일본 정치인들에게는 이러한 행동이 충분한 활용 가치가 있다. 일본 국내에서 정부 여당이 국민에게 신뢰를 얻지 못하는 정치적인 문제가 발생했는데도 불구하고 지도력(leadership)이 부족해 해결할 수 없

1) 최장근(2008), "독도의 영토학", 대구대학교출판부, pp.286~287.

2) 신용하(2005), "한국과 일본의 독도 영유권 논쟁", 한양대학교출판부, p.18.

3) 김병렬(2001), "독도논쟁", 다다미디어, p.147.

4) 신용하(2005), "한국과 일본의 독도 영유권 논쟁", 한양대학교출판부, p.18.

5) 연합뉴스 2008. 9. 5.

을 때, 정부와 여당에 집중되는 비판과 반발여론을 민감한 영토문제로 전환하면 그 순간을 모면하는 데 도움이 된다는 점이다. 실제 여러 차례 그러한 상황에 이용해왔다.

독도 문제는 이러한 용도로 활용할 수 있는 좋은 도구와 수단이 되므로 계속하여 문제를 이끌어가기 위해 시작한 것이 다케시마연구회를 통한 대응논리 개발이었다. 이에 대해 우리 정부도 2008년 국토해양부에 독도 전담부서를 설치하고 독도연구소를 개소하는 등 일본에 대응할 수 있는 체계를 갖추고 독도 관련 예산을 늘려 다양한 사업을 펼치며 실효지배 강화로 맞서고 있다. 일본은 논리대결에서 밀려 한국의 고유영토라는 점을 인정하면 자신들의 행동이 허구였다는 것이 드러나게 되므로 한국의 독도 영유권 주장을 파악하기 위해 한국 인사를 초청해 강연도 듣고 울릉도 답사까지 하는 등 노력을 아끼지 않았다. 이렇게 해서 시마네현에서 개발한 논리를 정리하여 일본 정부에 정책을 건의하고 그것들이 시행되고 있다.

한국이 응하지 않을 것을 알면서도 독도 분쟁을 일본 정부와 여당, 보수우익은 국제사법재판소로 문제를 끌고 가야 한다는 강박관념에 사로잡혀 망언과 자극적인 행동을 일삼고 방위백서나 교과서에 관련 내용의 삽입 분량을 늘린다. 그 강도를 지속적으로 높이는 것은 국민의 관심을 더 많이 유인하고 세력을 확장하기 위함이다. 그런데 이제는 상황이 많이 바뀐 것으로 분석된다. 마치 자기최면에 걸린 사람처럼 그동안 같은 행동을 강화하고 반복하다 보니 진짜 일본 영토인 것으로 착각하는 단계에 이른 것으로 느껴진다.

제2절 분쟁의 쟁점 고유영토와 실효적 지배

1. 고유영토 논란

1) 문헌과 문서

사료는 각기 고유의 가치를 가지고 있다. 그러나 국제사법재판소에서 증거로 채택될 수 있는 것은 결정적인 역할을 할 수 있는 자료, 특히 양국의 공식입장이 담긴 외교문서 같은 것이 중요하므로 단순하게 국내에 존재하는 개연성이 있는 자료의 숫자나 분량이 많다고 항상 유리하게 작용하는 것은 아니다. 가령 울릉도에 관한 자료는 많이 존재한다. 그러나 그것은 독도에 관한 직접적인 자료가 아니므로 확대나 유추를 할 수는 있지만, 증거 능력으로는 한계가 있을 수 있다. 또한 독도에 관한 자료가 있다고 하더라도 독도는 한국과 일본 모두 여러 가지 명칭을 사용했다. 논란의 대상이 되지 않을 때는 상관없지만, 현재와 같이 영유권을 두고 논란이 될 때는 지명인 명칭의 사용 근원이나 변경 경위를 입증하지 못하면 증거 능력이 떨어지고 논란의 여지가 생긴다. 자국 내에서의 일방적인 행위도 그렇다. 많은 한국인이 관심을 두는 일본이 독도가 자국 영토가 아니라고 표시한 지도나 문서가 여럿 있다. 이것은 상당한 의미가 있는 것은 확실하지만, 외교문서 자체나 부속지도로 표시된 것과는 그 가치가 현저하게 차이가 난다.

우리의 주장이나 생각도 중요하기는 하지만, 분쟁이 있을 때는 그것만으로는 곤란하다. 객관성을 인정받을 수 있어야 한다. 그러므로 분쟁당사국인 한국과 일본이 제시하고 있는 역사적 사실에 근거한 자료들을 연대기 순으로 분류한 후 독도 분쟁을 다시 조망할 때, 결국 1905년 이후의 한일 양국관계에 더욱 많은 비중이 놓일 개연성이 크다.[6] 즉 현재와 같이 누구나 객관적으로 인정할 수 있는 한 가지 결정적인 증거 능력을 갖춘 자료를 제시하기가 쉽지 않을 때는 각각의 자료가 갖는 내용에 따른 의미와 가치를 면밀하게 분석하고 분류해 잘 다듬고 정리해 활용 가능한 증거자료로 만드는 작업이 아주 중요하다.

(1) 한국 사서에 나오는 독도 관련 기록 내용

① 역사서의 기록 내용

한국의 역사서 속에 나오는 기록 내용은 [표 4-1]에서 보는 바와 같이 대표적인 것 몇 가지만 간략하게 인용하고 그 해석과 접근방법을 살펴보면 다음과 같다.

[표 4-1] 한국 사서에 나오는 독도 관련 기록 내용

출처	내용
삼국사기(三國史記), 권4, 지증마립간	13(512)년 여름 6월, 우산국이 복속해 와 해마다 그 땅의 산물을 공물로 헌상했다. 이찬의 이사부가 이들을 계략으로 제압하여 복속시키고 하(阿)슬라주의 군주가 되었다.
삼국유사(三國遺事) 권1, 지철로왕(智哲老王) 조목	아(阿)슬라주 동해 속으로 바람을 타고 이틀 정도 가면 우릉도(于陵島)가 있는데, 둘레가 2만 6,730보(步)였다. 섬의 오랑캐들은 물이 깊은 것을 믿고 교만하게 굴면서 신하 노릇을 하지 않았다. 왕은 이찬(伊湌) 박이종(朴伊宗)에게 명하여 그들을 토벌하게 하였다. 박이종은 나무로 만든 사자를 큰 배에 싣고 위협하였다. "항복하지 않으면 이 짐승을 풀어놓겠다." 우릉도의 오랑캐는 두려워하여 항복하였다. 왕은 박이종에게 상을 내려 주의 우두머리로 삼았다.

---

6) 이석우(2007), "동아시아의 영토분쟁과 국제법", 집문당, p.164.

고려사(高麗史) 권4 세가, 현종 9년 11월 병인	현종 9년(1018년), 우산국이 동북 여진의 침략을 받아 농업이 쇠퇴하였으므로, 이원구(李元龜)를 파견해 농기구를 하사했다.
고려사(高麗史) 권58, 지리지 3, 울진현	고려사(高麗史) 권58, 지리지 3, 울진현 울릉도: 현의 동쪽 해 중에 있다. 신라 때에 우산국이라고 칭했다. (중략) 일설에 우산과 무릉은 본래 두 섬이라고 한다. 서로의 거리는 멀지 않아 날씨가 청명하면 바라볼 수 있다.
세종실록지리지(世宗實錄地理志) 강원도 울진현 조목(1454년)	우산, 무릉 두 섬은 현의 동쪽 해 중에 있다. 두 섬은 서로 거리가 멀지 않고, 날씨가 청명하면 바라볼 수 있다. 신라 때 우산국이라고 칭했다. 일설에 울릉도라고도 한다. 그 땅의 크기는 100리이다.
성종 72권, 7년[1476 병신]/명 성화(成化) 12년] 10월 27일(정유) 2번째 기사	25일에 섬 서쪽 7, 8리(里) 남짓한 거리에 정박하고 바라보니, 섬 북쪽에 세 바위가 벌여 섰고, 그다음은 작은 섬, 다음은 암석(巖石)이 벌여 섰으며, 다음은 복판 섬이고, 복판 섬 서쪽에 또 작은 섬이 있는데, 다 바닷물이 통합니다. 또 바다 섬 사이에는 인형(人形) 같은 것이 별도로 선 것이 30개나 되므로 의심이 나고 두려워서 곧바로 갈 수가 없어 섬 모양을 그려 왔습니다.
동국여지승람(東國輿地勝覽) 권지 45, 울진현	일설에 무릉이라고 한다. 일설에 우릉이라고 한다. 두 섬은 현의 동쪽 해 중에 있다. 삼봉이 높고 험하고 하늘에 우뚝 솟아 있다. 남쪽의 봉우리는 약간 낮다. 기후가 청명하면 봉우리 꼭대기의 수목이나 기슭의 모래사장이나 물가를 역력히 볼 수 있다. 바람을 타면 이틀로 도착할 수 있다. 일설에 의하면 우산, 울릉도는 본래 한 섬이라고 한다. 그 땅의 크기는 100리이다. (중략) 성종 2(1471)년, 삼봉도에 사람이 있다고 고하는 사람이 있었다. 그러므로 박종원을 파견하여 탐색시켰지만, 바람과 파랑 때문에 가지 못하고 돌아왔다. 동행한 배 한 척이 울릉도에 도달하여, 큰 대나무나 전복 등을 가지고 돌아왔다.
유형원 '여지지'(1656년)	울릉, 우산 모두 우산국의 땅, 우산은 즉 왜가 말하는 마쓰시마다.
숙종 30권, 22년[1696 병자/청 강희(康熙) 35년] 9월 25일(무인) 2번째 기사	안용복이 앞장서서 말하기를, "울릉도는 본디 우리 지경인데, 왜인이 어찌하여 감히 지경을 넘어 침범하였는가? 너희를 모두 포박하여야 하겠다.' 하고, 이어서 뱃머리에 나아가 큰소리로 꾸짖었더니, 왜인이 말하기를, '우리는 본디 송도(松島)에 사는데 우연히 고기잡이하러 나왔다. 이제 본소(本所)로 돌아갈 것이다' 하므로, '송도는 자산도(子山島)로서, 그것도 우리나라 땅인데 너희가 감히 거기에 사는가?' 하였습니다. 드디어 이튿날 새벽에 배를 몰아 자산도에 갔는데, 왜인들이 막 가마솥을 벌여 놓고 고기 기름을 달이고 있었습니다. 제가 막대기로 쳐서 깨뜨리고 큰 소리로 꾸짖었더니, 왜인들이 거두어 배에 싣고서 돛을 올리고 돌아가므로, 제가 곧 배를 타고 뒤쫓았습니다."
정조 16(1792) 증보동국문헌비고	울릉도는 울진 정동 해 중에 있으며, 일본의 은기주와 가깝다 (……) 원래 우산국이었다. 여지지에 이르기를 울릉·우산은 모두 우산국지이며, 우산은 왜인이 말하는 소위 송도이다.
순조 9년(1809년) 만기요람 군정편	울릉도는 울진 정동 해 중에 있으며, 일본의 은기주와 가깝다 (……) 원래 우산국이었다. 여지지에 이르기를 울릉·우산은 모두 우산국지이며, 우산은 왜인이 말하는 소위 송도이다.
고종 19권, 19년[1882 임오/청 광서(光緖) 8년] 4월 7일(임술) 1번째 기사	고종이 하교하기를, "울릉도(鬱陵島)에는 근래에 와서 다른 나라 사람들이 아무 때나 왕래하면서 제멋대로 편리를 도모하는 폐단이 있다고 한다. 그리고 송죽도(松竹島)와 우산도(芋山島)는 울릉도의 곁에 있는데 서로 떨어져 있는 거리가 얼마나 되는지 또 무슨 물건이 나는지 자세히 알 수 없다. 이번에 그대가 가게 된 것은 특별히 가려 차임(差任)한 것이니 각별히 검찰하라. 그리고 앞으로 읍(邑)을 세울 생각이니, 반드시 지도와 함께 별단(別單)에 자세히 적어 보고하라. 우산도라고도 하고 송죽도라고도 하는데 다 '동국여지승람'(東國輿地勝覽)에 실려 있다. 그리고 또 혹은 송도·죽도라고도 하는데 우산도와 함께 이 세 섬을 통칭 울릉도라고 하였다. 그 형세에 대하여 함께 알아보라. 울릉도는 본래 삼척 영장(三陟營將)과 월송 만호(越松萬戶)가 돌려가면서 수검(搜檢)하던 곳인데 거의 다 소홀히 함을 면하지 못하였다. 그저 외부만 살펴보고 돌아왔기 때문에 이런 폐단이 있었다. 그대는 반드시 상세히 살펴보라."

출처: 조선왕조실록 등을 참고로 주요한 몇 가지만 간추려 정리했음.

② 역사서 기록에 대한 이해와 접근

위의 내용 중 삼국사기와 삼국유사의 내용은 현재의 관점에서 보면 울릉도에 대해 기록하고 있는데 왜 독도의 근원으로 보는가 하는 점이 의아하게 생각될 수 있다. 고대에는 오늘과 같은 측량이나 통신, 운송기술이 발전하지 않았으며, 역사서를 비롯한 기록의 기술과 방법도 현대의 그것과는 다르다. 독도는 사람이 살기에 열악한 자연조건을 갖추고 있기 때문에 크게 관심 대상이나 분쟁 대상도 되지 않았다. 그러나 우산국이 신라에 복속되었으므로 우산국의 정보를 신라 조정은 알고 있었다. 그래서 신라 조정은 독도의 위치, 형상, 크기, 울릉도에서의 거리 등을 잘 알고 있었을 것이다. 지리적으로 울릉도에서 보이는 위치에 있었으므로 해상국가였던 우산국 사람들이 왕래하던 섬임이 분명하고 이는 소유의식이 있었다고 할 수 있으므로 고대 신라를 계승하고 있는 지금의 한국이 독도를 실효적으로 지배했다고 볼 수 있다.[7]

조선시대까지의 독도와 관련된 다른 기록들에 대한 이해와 접근도 비슷한 방법으로 이루어진다. 더 구체적인 기록이 있으면 좋겠지만, 당시의 기록기술 역량을 오늘날 왜 그렇게밖에 못했을까 하는 아쉬움으로는 해결되지 않는다. 많은 기록으로 보아 독도가 한국 영토였다는 것을 확신할 수는 있겠는데, 무인도이므로 구체적인 관리 자료를 내놓으라면 쉽지 않다. 일본은 한국의 사료나 문헌, 과거 측량기술, 기록 관리에 한계가 있음을 알고 있으면서도 한국이 실효지배를 한 근거가 없다며 무주지인 다케시마를 편입했다고 주장한다. 독도 문제를 둘러싼 고문헌과 지도 해석의 논란이 발생하고 양국의 주장이 대치되는 이유가 여기에 있다.

(2) 은주시청합기를 둘러싼 양국의 해석 차이

독도에 관해 기록한 일본 최초의 문헌으로 일본의 서북 경계에 관한 언급이 나오는 은주시청합기(隱州視聽合記)는 [표 4-2]에서 보는 바와 같이 한슈(藩主)의 명을 받은 이즈모 노쿠니(出雲國) 또는 이즈모 지방으로 불린 운슈(雲州)의 관리였던 사이토 호센(齋藤豊仙)이 1667년 가을에 오키시마(隱岐島)를 순시한 뒤 자신이 보고 들은 것을 종합해서 올린 보고서이다. 역사서의 내용을 한국과 일본이 어떻게 해석하는지 원문의 내용을 인용해 살펴보면 다음과 같다.

7) 최장근(2008), "독도의 영토학", 대구대학교출판부, p.7.

[표 4-2] 은주시청합기(隱州視聽合記) 내용

원문
隱州在北海中 故云隱岐島(……) 은주재북해중 고운은기도 從是南方至雲州美穗關三十五里 종시남방지운주미수관삼십오리 辰巳至伯州赤崎浦四十里 진사지백주적기포사십리 末申至石州溫泉津五十八里 미신지석주온천진오십팔리 自子至卯無可往地 자자지묘무가왕지 戌亥間行二日 一夜有松島 又一日程有竹島 술해간행이일 일야유송도 우일일정유죽도 (俗言磯作島 多竹魚海鹿 按神書所謂五十猛歟) (속언기작도 다죽어해록 안신서소위오십맹여) 此二島無人之地 見高麗如自雲州望隱州 (차이도무인지지 견고려여자운주망은주) 然則 日本之乾地以此州爲限矣 (연즉 일본지건지이차주위한의)

번역
온슈(隱州)는 북해(北海) 가운데 있다. 남쪽으로는 이즈모(出雲)의 미호세키(美穗關)가 35리 떨어져 있고 남동쪽으로는 하쿠슈(伯州)의 아카자키우라(赤崎浦)가 40리, 남서쪽으로는 세키슈(石州) 온센즈(溫泉津)가 58리 떨어져 있다. 북에서 동쪽으로는 연결되는 곳이 없고 북서쪽으로는 그러므로 오키시마(隱岐島)라고 말한다. (……) 술해 사이에 두 낮 한 밤을 가면 마츠시마(松島)가 있다. 또 한낮거리에 다케시마(竹島)가 있다(세상 사람들의 말로는 이소다케시마(磯竹島)라고 하는데, 대나무와 물고기와 물개가 많다. 신서에 말한 소위 오십 맹신일까). 이 두 개의 섬들은 사람이 살지 않는 곳인데, 고려(高麗)를 보는 것이 마치 운슈(雲州)에서 온슈(隱州)를 보는 것과 같다. 그러므로 일본의 서북 경계는 이 슈(州)로써 끝을 삼는다.

출처: 김학준(2003), "독도는 우리 땅", 도서출판 해맞이, pp.106～110.

　　이 문서의 해석을 두고 한국 측은 일본의 건지(乾地), 곧 서북 경계가 운슈(雲州)라고 단정한다. 따라서 서북 경계 너머에 있는 두 개의 섬 마츠시마와 다케시마, 곧 울릉도와 독도는 일본의 영토가 아니라는 것을 의미한다. 그러므로 조선의 영토임을 인정한 셈이다. 즉 일본의 공식적 보고서라 할 수 있는 '은주시청합기'는 이미 1667년에 독도를 조선의 영토로 인정한 것으로 해석한다. 그런데 일본 정부에서는 그렇게 해석하지 않는다.

　　독도가 대한민국의 영토라고 주장하는 대한민국 정부를 상대로 일본 정부가 1956년 9월 20일에 제출한 각서에 따르면, 일본 정부는 다음과 같이 풀이한다. 첫째는 온슈를 중심으로 하여 방향 및 거리를 표시했기 때문에 마츠시마, 곧 독도와 다케시마, 곧 죽도가 온슈에 포함된다. 둘째는 '고려를 보는 것이 마치 운슈에서 온슈를 보는 것과 같다'라는 표기에서의 보는 위치에 미뤄 이 섬이 일본의 영토라는 인식이 있었다. 셋째는 '이 슈(州)로써'에서의 슈가 온슈가 아니다. 슈는 섬과 같은 뜻이므로 '이 슈'는 울릉도이다. 넷째는 울릉도를 '일본서기'에 나오는 '오십 맹신'인 기죽도라고 한 것에 미뤄 일본의 북쪽 경계는 울릉도라고 규정했다. 다섯째는 일본이 울릉도에 도해금지령(渡海禁止令)을 내린 때가 1696년이므로 이 책이 쓰인 1667년에는 울릉도를 당연히 일본 영토로 인식하고 있었다[8]는 것이다.

바로 여기에 한국과 일본이 벌이는 독도 논쟁과 문제가 있다. 그러면 '은주시청합기'의 어느 쪽 해석이 옳은가? 당연히 한국 측은 우리 해석이 옳으며, 일본 정부의 해석은 의도적인 오역으로, 제 밭에 물 끌어대기(我田引水) 방식임이 명백하다고 주장한다. 한국의 전문가들은 일본의 불합리함을 조목조목 지적한다. 그러나 일본 측은 자기들 주장이 옳다는 입장을 굽히지 않고 있다.

이렇게 양쪽의 주장이 대립할 때는 다른 일본 문헌이나 한국 문헌을 통해 증명하면 해결될 법도 하다. 그런데 다른 문헌도 이와 상황이 비슷하다. 한국은 한국 측 나름대로 해석하고 일본은 일본 나름대로 해석하여 각각 자기주장이 옳다고 말한다. 이렇게 맞설 수밖에 없는 것은 짧게는 100년, 길게는 1,000년 이상 전에 기록한 한문 문장을 해석하여 각기 자국 입장을 반영하여 주장하기 때문이다. 조선이나 대한제국에서 독도에 대한 행정행위를 한 근거가 뚜렷한 구체적인 문건 한 건만 나와도 상황은 크게 달라질 수 있다. 그런데 조선은 너무 긴 기간 동안 공도정책으로 울릉도를 비워 두었고, 대한제국도 독도를 제대로 관리하지 않았다.

(3) 한일 양국 고문서 현황과 증거능력

국제법 규범은 국내법에 비하면 훨씬 엉성하다. 특히 영토분쟁에 관해서는 성문규범이 전무하고 판례에서 나온 원칙이 몇 가지 있을 뿐이다. 승소 확률이 100%가 아닌 한 우리 수중에 있는 영토를 가지고 재판소를 찾아가서는 안 된다. 국제재판에서 100% 확률은 있을 수 없다. 독도에 대한 우리의 영유권을 뒷받침하는 사료가 많지만, 일단 재판소에 가면 사료 하나하나의 증거능력과 증명력을 어느 정도 인정해줄지는 재판부가 판단하는 것이지 우리 국민이 판단하는 것은 아니다. 법적인 문제는 냉철한 논리로 판단해야지 뜨거운 가슴으로 판단할 일이 아니다.

박춘호 전 국제해양법재판소 재판관은 '영유권이나 국경 등에 관한 사건의 판결에서 당사국들이 증거로 제출한 허다한 역사상의 기록이나 지도는 수량적 축적 효과 같은 것

---

8) 김학준(2003), "독도는 우리 땅", 도서출판 해맞이, pp.106~110.

이 인정되지 않고, 재판부의 판단에 따라 법적으로 가장 유효한 단 한 건의 효력, 즉 결정적인 시점에 의하여 좌우된다. 어떤 자료가 어느 정도의 증명력을 가지는지는 재판부만이 판단한다'[9]고 지적한 바 있다.

독도 영유권 분쟁을 잠재울 수 있는 핵심은 고유영토를 입증하는 것이다. 이를 위해서는 실효적 지배의 증거를 제시해야 하고, 실효적 지배는 문헌과 사료, 지도, 사진 등 자국의 영토였다는 것을 입증할 수 있는 명료한 자료를 제시하면 된다. [표 4-3]에서 보는 바와 같이 한국과 일본 양국은 독도와 관련된 많은 자료를 보유하고 있다. 이 중에서 당사국 간의 조약이나 교환된 외교문서 등이 특히 증거능력이 뛰어나지만, 정부 등 중앙행정기관의 관리행위가 포함된 사료도 중요한 증거가 될 수 있다.

[표 4-3] 한일 1905년 이전 독도 관련 문헌과 사료

연도	한국 문헌	비고	일본 문헌	비고
512년	삼국사기(三國史記)	권4 지증왕 조목		
	삼국유사	권1 지철로왕		
1451년	고려사 지리지(高麗史 地理志)	권58		
1423년	세종실록지리지(世宗實錄地理志)	권153 강원도 울진 조목		
1481년	동국여지승람(東國輿地勝覽)	강원도		
1486년	신증동국여지승람 (新增東國輿地勝覽)	강원도 울진현 조목		
1618년			죽도도해면허(竹島渡海免許)	
1661년			송도도해면허(松島渡海免許)	일본 측 구술서에는 1656년
1667년			은주시청합기(隱州視聽合記)	일본 서북쪽 경계 기록
1681년			순검사에게 보낸 청원서	
1696년			조선통교대기(朝鮮通交大紀)/ 막부의 질문에 대한 호키슈태수의 회답서	
1740년			시사봉행에게 제출한 서류	
1741년			나가사키봉행소로 보낸 문서	
1756년	강계고(疆界考)			
1792년	증보동국문헌비고 (增補東國文獻備考)			
1801년			장생죽도기	
1808년	만기요람(萬機要覽)	군정편(軍政篇) 4		

---

9) 독도본부(2006), "독도위기 묵인으로 이끄는 매국 논리들과 그 비판", 우리영토, pp.161~167.

1823년		은기고기집	
1836년		야우에뭉 사형판결기록	
1870년		조선국교제시말내탐서(朝鮮國 交際始末內探書)	독도 조선 부속령 인정
1877년		태정관 공문록(太政官 公文錄)	
1882년	울릉도 검찰사 이규원(李奎遠) 울릉도 현지조사		
1883년	김옥균(金玉均) 동남제도개척사 (東南諸島開拓使)	울릉도 도항금지령	일본외교문서 14
1886년		일본 해군성 환영수로지(寰瀛 水路誌) 조선수로지 제4편 조선동안(朝鮮東岸)	
1900년	대한제국 칙령(勅令) 제41호/우용정 울릉도 조사단(禹用鼎調査團)의 조사보고		
1904년		일본 군함 신고호 행동일지 (軍艦 新高號 行動日誌)	
1905년		해군성 조선수로지(海軍省 朝鮮水路誌)/일본 정부 각의 결정(閣議 決定)/시마네현(島根縣) 고시 제40호/시마네현 현보(縣報)/산음신문(山陰新聞)	
1906년	울도 군수 심흥택(沈興澤)의 항의 보고/대한제국 참정대신(參政大臣) 지령문		
1908년	증보문헌비고(增補文獻備考)		

출처: 신용하(2002), "독도 영유권에 대한 일본 주장 비판", 서울대학교출판부, 송병기(2004), "독도 영유권 자료선", 한림대학교출판부 등을 바탕으로 편집했음.

(4) 안용복의 활동이 주목받는 이유

① 안용복의 도일 활동

안용복의 활동은 1693년 3월 17일부터 11월까지 일본 오야가(大谷家)의 어부들에 의해 납치되었던 제1차 도일 활동과 제1차 도일 활동을 증명하기 위하여 사전에 용의주도한 준비를 한 끝에 1696년 5월 20일부터 8월 6일까지 도일하여 울릉도와 독도 영유권 문제를 당당히 담판하고 울릉도에 침범했던 자들을 처벌하도록 한 제2차 도일 활동으로 나누어진다.[10]

안용복은 숙종 19년(1693년) 봄 박어둔(朴於屯)을 비롯한 40여 명의 어부와 함께 고기를

---

10) 김병렬(2001), "독도논쟁", 다다미디어, p.167.

잡기 위해 울릉도에 들어갔다. 그곳에는 이미 일본 돗토리현 어부들이 고기를 잡고 있었다. 이곳에서 양국 어부들 사이에 시비가 벌어졌고, 안용복과 박어둔 두 사람은 일본의 오야가(大谷家) 어부들에 의해 오키도(隱岐島)로 납치되어 갔다. 안용복은 그곳에서 '울릉도'와 '자산도(子山島: 안용복은 독도를 자산도라고 하였음)'가 조선 땅임을 들어 구금 납치의 부당성을 도주(島主)에게 따졌다. 안용복의 항의를 받게 된 도주는 상관인 돗토리현 태수에게 이들을 이송시켰다. 사건을 보고받은 태수는 이들을 당대 일본 최고 실력자인 에도관백(關白)에게 보냈다. 관백은 안용복을 심문한 후 "울릉도와 자산도는 일본 땅이 아니므로 일본 어민들의 출어를 금지시키겠다"는 막부의 서계(書啓)를 써주었다. 자산도, 즉 우산도(독도)를 조선의 땅이라고 한 안용복이나 일본 땅이 아니라고 한 막부의 서계는 독도 영유권 주장에 대한 중요한 국제적 판단의 근거가 된다. 그러나 대마도주의 생각은 달랐다.

황금어장인 울릉도와 독도 편입에 지대한 관심을 두고 있던 대마도주는 안용복으로부터 막부의 서계를 빼앗는가 하면, 50일을 더 억류시켰다. 부산포의 왜관으로 이송한 뒤에도 40일이나 더 구금한 뒤에야 동래부로 넘겼다. 동래부에서 안용복은 서계 강탈사건에 대해 소상하게 보고했지만, 동래부사는 도리어 그를 '월경죄인'으로 몰아 감금해 버렸다. 상황이 유리하게 돌아간다고 판단한 대마도주는 다치바나 마사시게를 사신으로 파견, 울릉도가 일본의 '죽도'라고 주장하면서 조선어민들의 출어를 금지해달라는 엉뚱한 요구까지 하였다.

안용복은 숙종 22년(1696년) 봄 다시 울산을 출발, 울릉도로 향했다. 울릉도에 들어가서 이곳에 침입한 일본 어부들을 쫓아냈다. 안용복은 비변사에서 다음과 말하였다. 『'제가 울릉도는 본디 우리 지경인데, 왜인이 어찌하여 감히 지경을 넘어 침범하였는가? 너희를 모두 포박하여야 하겠다' 하고, 이어서 뱃머리에 나아가 큰소리로 꾸짖었더니, 왜인이 말하기를, '우리는 본디 송도(松島)에 사는데 우연히 고기잡이러 나왔다. 이제 본소(本所)로 돌아갈 것이다' 하므로, '송도는 자산도(子山島)로서, 그것도 우리나라 땅인데 너희가 감히 거기에 사는가?' 하였습니다. 드디어 이튿날 새벽에 배를 몰아 자산도에 갔는데, 왜인들이 막 가마솥을 벌여 놓고 고기 기름을 달이고 있었습니다. 제가 막대기로 쳐서 깨뜨리고 큰소리로 꾸짖었더니, 왜인들이 거두어 배에 싣고서 돛을 올리고 돌아가므로, 제가 곧 배를 타고 뒤쫓았습니다. 이때 안용복은 호키주 태수와 대등해지려고 '울릉자산양도감세'(鬱陵子山兩島監稅)라는 직책을 칭하였고, 호키주 태수는 안용복에게 '두 섬이 이미 당신네 나라에 속한 이후인데, 혹시 다시 범월하는 자가 있거나 횡침하는 일이 있으면, 문서를 작성하여 역관과 함께 보내주면 엄중히 처벌할 것이다'라고 하였습니다.[11]』

안용복은 같은 해 8월 일행과 함께 강원도 양양으로 귀환했다. 그런데 안용복 일행을 기다린 것은 조선 조정의 혹독한 심문이었다. 강원도 감사 심평은 귀국한 안용복 일행을 '범경 죄인'으로 몰아 체포, 서울로 압송했다. 안용복은 죄인 취급을 받기도 했지만, 결국 그의 활동으로 인해 대마도주는 같은 해 10월 조선의 '도해(渡海) 역관'에게 막부의 뜻을 전달하고, 이듬해(1697년) 2월에는 동래부사 이세재에게 서계를 보내어 일본인의 울릉도 출어 금지를 공식적으로 확인했다. 이로써 다케시마(죽도)와 마쓰시마(송도)가 곧 조선의 울릉도와 독도임이 재천명되기에 이르렀다.[12]

② 안용복 도일 활동의 의의

1905년 이전 일본이 독도가 일본 영토가 아니라고 공식적으로 해석한 일이 두 번 있었다. 도쿠가와 막부 장군이 1696년 1월 내린 울릉도 도해금지령과 1877년 일본 메이지 정부의 최고 국가기관인 태정관이 내무성 질품서를 접수하여 검토한 후 막부가 내린 울릉도 도해금지 조치 등을 근거로 '울릉도와 독도가 일본과 관계가 없다는 것을 명심하라'고 내무성에 지시하였다. 이 두 건은 모두 안용복의 도일과 관계가 있다. 이렇게 일본 정부 스스로 독도가 일본 영토가 아니라고 결정한 근거가 안용복의 활동에 근원하고 있다. 이 내용은 조선 정부에서 독도에 대한 답사를 통해 구체적으로 기록한 자료가 아직 발견되지 않고 있으므로 한국이 독도가 고유영토였다는 것을 주장하는 중요한 근거가 되고 있다. 또한 안용복 사건을 계기로 울릉도에 대한 수토정책이 확립되고, 독도에 관한 사항이 중앙정부에 보고되었다는 점에서 안용복의 활동은 큰 의미가 있다.

(5) 연합뉴스 태정관 문서 관련 일본 정부 질의

태정관 문서는 시마네현이 다케시마(울릉도)에 대해 내무성으로부터 조회를 요청받아 현의 지적 편찬 방향으로 '다케시마 외 일도'의 지적을 편찬해도 되는지를 묻는 조회서에 대한 회신 내용을 담은 문서이다. 시마네현은 먼저 내무성에 조회서를 보냈다. 내무성은 다케시마는 일본과 무관계라는 내부 결론을 내린 후 영토와 관련된 중대한 문제라는 인

---

11) 조선왕조실록[숙종 30권, 22년(1696 병자/청 강희(康熙) 35년) 9월 25일(무인) 2번째 기사].
12) "울릉군지"(2007), 울릉군청, pp.165~166.

식에 따라 이를 다시 태정관에 조회서를 보냈다. 일본 메이지 정부의 최고 국가기관인 태정관은 내무성 질품서를 접수하여 검토한 후 조사국장 기안으로 1877년 3월 20일 '품의한 취지의 다케시마(울릉도) 외 일도(마쓰시마)의 건에 대하여 본방(일본)은 관계가 없다는 것을 심득할 것'이라는 지령문을 작성하여 이것을 최종결정하였다. 태정관은 결정한 이 지령문을 1877년 3월 29일 정식으로 내무성에 내려보내, 지령 절차를 완료하였다. 일본 내무성은 이 지령문을 1877년 4월 9일 자로 시마네현에 내려보내, 현지에서도 이 문제를 완전히 종결짓게 되었다.[13]

한일 간 독도 영유권 문제와 관련 연합뉴스 김용수 편집위원은 2006년 9월 중순 아소다로(麻生太郎: 2008년 수상 취임) 일본 외상과 자민, 민주, 공산, 사민, 공명당 대표 앞으로 '1905년 일본 각의의 독도 시마네현 편입 결정에 관한 질의서'를 보냈다. 주된 질의 내용은 ▲'태정관 지령문'이 존재한다는 사실을 알고 있었는지 ▲알고 있었다면 독도 영유권과 관련해 매우 중요한 문서인 태정관 지령문에 대해 지금까지 왜 한 번도 언급하지 않았는지 ▲태정관 지령문에 따르면 '17세기 중반까지는 독도 영유권을 확립했다'는 일본 정부의 주장은 허구가 되는데 어떻게 생각하는지 ▲1905년 일본 각의의 독도 시마네현 편입 결정문서는 태정관 지령문을 변경시키는 문서임에도 태정관 지령문을 검토한 흔적이 전혀 없는데 이것이 의도적인 행위였는지 등이었다.

질의서에는 일본 국립공문서관에 보관돼 있는 태정관 지령문 복사본을 첨부했으며, 각 정당에는 태정관 지령문 내용에 대해 국회에서 정부에 질의해 달라고 요청했다. 이 같은 질의에 대해 공산당은 9월 30일 보내온 답변에서 "일본이 메이지시대에 독도가 일본 영토와는 무관하다고 인정한 태정관 지령문의 존재를 알고 있다. 독도 문제에 대해서 검토해야 할 자료가 많이 있으며, 태정관 지령문도 그중 하나라고 생각하고 있다"라고 밝혔다. 자민당은 10월 18일 "자민당 차원에서(태정관 지령문에 대해) 통일된 정식 견해가 없어 현 시점에서는 답변을 보류한다. 자민당 입장은 기본적으로 정부 견해에 따른다"라는 답변을 보내왔다. 이와 관련해 자민당의 한 관계자는 태정관 지령문이 "일본 국내적으로(독도는 일본 영토가 아니다)라고 말했지 한국에 대해 그렇게 말한 것은 아니지 않느냐"고 말해 태정관 지령문을 심각하게 받아들이고 있음을 짐작하게 했다.

일본 외무성은 수차례나 "검토 중이니 조금 기다려 달라"고 계속 답변을 회피하거나 시간을 끌다가 질의서를 보낸 지 60여 일 만인 11월 13일 ▲"태정관 지령문의 존재는 알

---

13) 박병섭·나이토 세이추(2008), "독도=다케시마 논쟁", 도서출판 보고사, pp.209~210.

고 있다." ▲"그 역사적 사실 등에 대해서는 지금 조사, 분석 중이어서 현 시점에서는 일본 정부 입장에서 논평할 수 없다"는 내용의 답변을 보내왔다. 그리고 사민, 공명당은 답변을 끝내 피했다. 연합뉴스는 이러한 취재 내용을 종합해 2006년 11월 20일 일본 정부가 1905년 단행된 독도 시마네현 편입 조치의 불법성과 '독도 고유영토설'의 허구성을 사실상 자인했다고 보도했다.

연합뉴스의 태정관 문서 질의 답변에 대한 일본 정부의 태도에 대해 호사카 유지 교수는 "일본 정부는 문서 내용을 인정하면 1905년의 독도 편입이 태정관 문서를 무시한 채 자행된 제국주의적 약탈 행위로 원천적으로 무효임을 자인하는 결과가 되므로 앞으로도 지령문 자체를 인정하거나 그렇다고 반론을 펴거나 하지는 못할 것이다. 일본이 태정관 문서를 상쇄시킬 수 있는 기록을 억지로 들고 나오거나 관련 사실을 '날조'할 가능성도 있다"라고 말했다.[14] 연합뉴스의 질의에 대한 일본의 답변에서도 나타나 있듯이 일본은 독도가 한국 땅이라는 것을 알고 있으면서도 이를 인정하지 않고, 일본 영토라고 우기면서 의도적으로 분쟁을 일으키고 있는 것이다.

2) 지도

[표 4-4]에서 보는 바와 같이 독도와 관련된 고지도는 한국과 일본 모두 많은 양을 보유하고 있다. 이제까지 발견된 한일 양국의 지도 내용을 종합해보면 독도를 일본 영토로 표기한 한국지도는 없으며, 독도를 한국의 영토로 표기한 일본 지도는 있다. 그리고 한국의 지도에서 독도를 울릉도의 서쪽, 즉 강원도 쪽에 더 가까운 위치에 표기한 지도가 있는데 이것은 울진에서 항해를 시작하면 해류 관계로 독도를 거쳐 울릉도에 도달하는 데서 오는 오류인 것[15]으로 분석되고 있다.

지도는 각각 나름대로 가치와 의미가 있지만, 당시의 측량기술 부족과 제작자의 의도와 목적, 때로는 수준이 상이해 혼란을 일으키는 요인이 되기도 한다. 따라서 이들 지도 중에서 실제 증빙자료로 사용할만한 지도가 있다고 하더라도, 특히 변경지역은 한국과 일본 모두 표기하는 경우가 많고, 설령 일본의 지도 제작자가 조선의 영토라고 주석이나 표기까지 넣고 색깔도 달리 표시했다고 하더라도 일본이 그것은 어디까지나 개인의 행위라

---

14) 박병섭·나이토 세이추(2008), "독도=다케시마 논쟁", 도서출판 보고사, pp.252~255.
15) 김명기(2007), "독도강의", 책과 사람들, p.78.

[표 4-4] 1905년 이전 독도 표기 관련 한일 지도

연도	한국지도	비고	일본지도	비고
1463년	동국지도(東國地圖)			
1481년	동국여지승람의 팔도총도인 동람도(東覽圖)			
17세기	조선지도병팔도천하지도(朝鮮地圖並八道天下地圖)/해동팔도봉화산악지도(海東八道烽火山岳地圖)/천하대총일람지도(天下大摠一覽地圖)			
17세기 중반	정상기의 동국지도(東國地圖)/해동도(海東圖)/아국총도(我國摠圖)/팔도전도/조선전도(朝鮮全圖)/여지도(輿地圖)			
18세기 중엽			총회도	
1773년			일본여지로정전도(日本輿地路程全圖)	최초 위도와 경오 기입
1785년			하야시 시헤이(林子平)의 삼국접양지도(三國接壤之圖)/대일본지도(大日本之圖)	독도 조선의 색채인 황색 표시 조선의 것이라고 기록
1809년			일본변계도(日本邊界圖)	
19세기 후반	해좌전도(海左全圖)			
1846년	김대건(金大建)의 조선전도(朝鮮全圖)			
			조선세도(朝鮮細圖)	1852년경
1864년	김정호의 대동여지도(大東輿地圖)	독도 누락/ 필사본만 표기		
1872년			일본부현전도(日本府縣全圖)	
1873년			조선국세견전도(朝鮮國細見全圖)	
1875년			임자평(林子平)의 삼국접양지도(三國接壤地圖)/대일본지도(大日本地圖)/일본 육군성 참모국 조선전도(朝鮮全圖)	
1876년			일본 해군성 편찬 조선동해안도(朝鮮東海岸圖)	
1889년			일본 해군성 조선수로지(朝鮮水路誌)	
1891년			일본국전도(日本國全圖)	
1898년	대한제국학부의 대한여지도(大韓輿地圖)			
1899년	대한제국학부의 대한전도(大韓全圖)			
1905년			일노전쟁실기(日露戰爭實記) 제76편, 부록 한국전도(韓國全圖)	

출처: ① 신용하(2002), "독도 영유권에 대한 일본 주장 비판", 서울대학교출판부; ② "가고 싶은 우리 땅 독도"; ③ "사료가 증명하는 독도는 한국 땅" 등을 참고로 하여 주요한 것만 간추려 정리했음.

고 하거나, 독도를 일본 영토에 표기한 지도를 제시하며 반박을 해오면 증빙자료로서 사용하기 곤란하거나 가치가 크게 훼손되므로 단순한 지도만으로 고유영토와 실효적 지배

를 입증하기는 어렵다.

독도에 대한 문제가 불거질 때마다 언론은 조선시대 지도가 새로 나왔다느니, 독도가 우리 영토로 표기된 일본 지리부도가 발견되었느니 하면서 야단법석을 떨곤 한다. 이런 보도를 접한 대한민국 국민은 독도가 우리 영토로 표기된 옛날 지도나 문헌 기록 1~2개만 있으면 독도는 저절로 우리 영토로 확정된다고 쉽게 생각하는 경향이 있다. 그러나 그동안 우리가 명백한 증거물로 믿어왔던 지도나 일반문헌들은 그 자체로는 영유권에 영향을 미치는 증거력을 갖기가 쉽지 않다. 다만 그 지도가 공식적인 문서에 첨부되어 있으면 예외로 증거력을 가진다는 것을 국제법 판례는 보여주고 있다.

나미비아와 보츠와나 간 세두두(Sedudu)섬 사건(1999년) 판결에서 국제사법재판소는 지도의 증거능력에 대하여 "지도는 단순히 각각의 경우로부터 다양한 정도의 정확성을 가지는 정보로 구성할 뿐이며, 지도 자체로서 영토의 권원을 구성할 수는 없다. 영토에 대한 권리를 설정하려는 목적의 본질적인 법적 효력을 가진 문서만이 증거력을 가진다"라고 하였다. 즉 지도가 공식적인 문서에 첨부되어 내부적인 부분을 구성하는 경우를 제외하고 지도는 단지 상황의 종류, 다른 증거와 같이 진정한 사실을 확인하거나 재구성하기 위해 사용될 다양한, 신뢰할 수 있거나 신뢰할 수 없는 비본질적인 증거에 불과하다는 입장이다. 그러므로 옛 지도의 발견으로 현재의 독도 영유권 위기가 해결되지는 않는다.

우리가 옛날의 증거가 적어서 독도 분쟁을 겪고 있는 것이 아니다. 옛날 증거는 일본보다 한국이 훨씬 많지만, 옛날의 증거에 관계없이 독도 분쟁은 깊어지고 있다. 일방적으로 한국의 입장만을 옹호하는 그릇된 정보와 국제법에 대한 무지와 오해가 오히려 독도를 위기에 빠뜨리고 있는 것이다. 무엇이 독도를 지키는 길인지 깊게 생각해봐야 한다.[16]

3) 독도 영유권과 관련 주요한 국제적인 문서

독도 영유권과 관련된 국제적인 문서는 여러 가지가 있다. 그중에서 대표적인 것 다섯 가지만 간추려 내용을 요약해 보면 다음과 같다.

◇ 카이로선언
미국의 루스벨트 대통령, 영국의 처질 총리, 중화민국의 장개석 총통 등 3개국 수뇌가

---

16) 독도본부.

이집트 카이로에서 회의를 하고 1943년 11월 27일 카이로 선언을 발표했다. 이 선언에서는 대일전에서 승전의 확인과 전망을 명확히 하고 향후 일본의 영토처리에 관한 원칙이 규정되었다. 그 내용은 한국을 자유 독립국으로 하고, 일본은 폭력에 의하여 약취한 모든 지역을 반환해야 한다고 하였다.

◇ 포츠담선언

미국, 영국, 중국은 독일의 포츠담에서 회의를 하고 1945년 7월 26일 포츠담 선언을 발표했다. 이 선언에서는 일본의 항복조건이 상세하게 규정되었다. 동 선언 제8항에서는 "카이로 선언의 제반 조항은 이행되어야 하며, 또 일본 주권은 혼슈(本州), 홋카이도(北海島), 규슈(九州), 시코쿠(四國) 및 우리가 결정하는 제반 소도(小島)에 국한된다"고 하였다.

◇ 연합국 최고사령부지령(SCAPIN) 제677호

연합국 최고사령부가 일본 정부에 1946년 1월 29일 하달한, '약간의 주변지역을 정치상 행정상 일본에서 분리하는 각서(SCAPIN 677: Governmental and Administrative Separation of Certain Outlying Areas from Japan)이다. 그 내용은 일본의 종래 식민통치 영역에 대한 주권적 관할을 분리하는 조치로서 일본의 통치·행정적 관할이 배제되었던 부분들과 일본 어선의 활동범위를 제한하는 조치를 내렸다.

◇ 연합국 최고사령부지령(SCAPIN) 제1033호

연합국 최고사령부는 1946년 6월 22일 일본인의 어업 및 포경업의 허가구역을 설정하여 일본인의 선박 및 승무원은 금후 독도와 독도의 12해리 이내 수역에 접근하지 못한다고 지령하였다. 이것은 독도가 한국 영토이므로 일본의 어부와 선박들은 접근하지 못한다고 선포한 것으로 해석된다.

◇ 샌프란시스코 평화조약

1951년 9월 8일 연합국 52개국과 일본이 체결한 다자간 조약으로 일본의 영토범위, 한국의 영토범위가 정해졌다. 동 조약 제2조는 패전한 일본의 영토처리에 관한 조항이며, 동 조문의 (a)항은 '일본은 한국의 독립을 승인하고, 제주도, 거문도, 울릉도 등을 포함한 한국에 대한 모든 권리, 권원, 그리고 청구권을 포기한다'고 규정하였다. 한국의 영토범위에 독도를

명시한 내용이 빠져 한국과 일본이 각각 독도 영유권을 주장하는 근거가 되고 있다.[17)]

4) '독도, 일본 섬 아니다.' 1951년 일본 법령 발견

독도를 자국 영토라고 주장하는 일본이 1951년에 공포한 법령에서 독도를 '일본의 부속 도서'에서 제외했다는 사실이 밝혀졌다. 우리 정부 국무총리실의 감독을 받는 정부 출연 연구기관인 한국해양수산개발원은 ▲1951년 6월 6일 공포된 '총리 부령(府令) 24호'와 ▲1951년 2월 13일 공포된 '대장성령(大藏省令) 4호' 등 두 개의 일본 법령을 2008년 하반기에 찾아내 12월 31일 이 법령의 내용에 대해 청와대에 서면으로 보고했으며, 그 내용이 2009년 1월 2일 공개됐다.

총리 부령 24호는 일본이 옛 조선총독부의 소유 재산을 정리하는 과정에서 '과거 식민지였던 섬'과 '현재 일본의 섬'을 구분하는 내용을 담고 있다. 이 부령의 제2조에서는 '정령(政令) 291호 2조 1항 2호의 규정을 준용하는 경우에는 아래 열거한 도서 이외의 도서를 말한다'고 쓴 뒤 제외하는 섬에서 '울릉도, 독도 및 제주도'를 명기했다. 여기서 언급된 '정령 291호'는 1949년 일본 내각이 제정한 것으로 '구 일본 점령지역에 본점을 둔 회사가 소유한 일본 안에 있는 재산 정리에 관한 정령'이다. 용어의 정의(定義)를 다룬 2조의 1항 2호에는 '본방(本邦: 일본 땅)은 혼슈(本州), 홋카이도(北海道), 시코쿠(四國), 규슈(九州)와 주무성령(主務省令)이 정한 부속 도서를 말한다'고 했다.

'총리 부령 24호'보다 앞서 공포된 대장성령 4호는 '공제조합 등에서 연금을 받는 자를 위한 특별조치법 4조 3항 규정에 기초한 부속 도서는 아래 열거한 도서 이외의 섬을 말한다'며 '울릉도, 독도 및 제주도'를 부속 도서에서 제외되는 섬들로 명기했다. 1950년의 특별조치법 4조 3항은 '연금을 지급해야 하는 자는 호적법 규정의 적용을 받는 자로서 본방(혼슈, 시코쿠, 규슈와 홋카이도 및 재무성령으로 정한 부속 도서, 이오토리섬과 이헤야섬 및 북위 27도 14초 이남의 난세이 제도를 포함함) 안에 주소나 거주지가 있는 자에 한한다'고 했다. 일본에서 한일회담 관련 정보공개 청구소송을 벌인 최봉태 변호사가 2008년 7월 일본 외무성에서 건네받은 문서에 '총리 부령 24호'와 관련된 부분이 지워져 있었던[18)] 것으로 알려졌다.

17) 정갑용 외(2004년), "독도 영유권에 관한 국제법적 쟁점 연구", 한국해양수산개발원, pp.64~73.
18) 조선일보 2009. 1. 3.

'총리 부령(府令) 24호'와 '대장성령(大藏省令) 4호' 발견은 일본인들의 간교함을 다시 한 번 확인하고 느끼게 해주었다는 점에서 충분한 의미가 있다. 일본 외무성은 위의 두 법령이 한국에 건네진 것을 아는지 모르는지 2008년 2월 '죽도: 다케시마 문제를 이해하기 위한 10가지 포인트'란 홍보자료를 일본어와 한국어, 영어 등 3개 국어로 제작해 홈페이지에 게재했는데, 12월 초에는 아랍어와 중국어 등 7개 다른 언어로도 제작, 3개 언어에서 10개 언어로 확대해 세계인을 대상으로 홍보하고 있다.

그동안 독도 문제를 주관해온 일본 외무성이 위 두 가지 법령의 존재 자체를 인식하고 있었을 가능성이 크지만, 실제 인식하고 있었는지 정확히 알 수는 없다. 다만 알고 있었다고 하더라도 달라질 것은 없다. 그동안 일본이 독도가 한국 땅이라는 것을 몰라서 이제까지 독도에 대한 시비를 한 것이 아니므로, 일본이 궁극적인 목표로 하는 것들이 해소되지 않는 한 그동안 일관되게 유지해온 독도 영유권 주장을 법령이 발견되었다고 그들의 목표인 독도 탈환을 그만두지는 않을 것이기 때문이다. 그 대신 독도 영유권 주장에 대한 명분이 약해졌다고 생각하면 전술을 변경하거나, 새로운 명분을 찾을 가능성이 크다.

법령이 발견되어 일본인의 이중성이 적나라하게 드러났으니, 일본은 앞으로 독도를 한국 영토라고 인정하고 그들이 말하는 탈환을 포기하고 영유권 주장도 멈출까? 한마디로 말하면 '아니다'라고 할 수 있다. 과거에도 일본이 시마네현의 질의에 대해 태정관이 독도가 일본 땅이 아니라는 해석을 했지만, 일본이 태정관 문서에 관해 보인 태도는 일본 국내에서 그렇게 말했을 뿐이고, 한국에 대해 한국 땅이라고 말한 것은 아니라는 입장을 보였다. 일본은 외교에서 자국의 입장이 불리하게 될 때는 항상 자국의 입장만을 반영한 자기 합리화와 정당화를 통한 궤변에 의해 내용을 재해석해왔다.

상대국이 다르게 해석하든 아니든 자국의 해석에 입각(立脚)한 주장으로 일관한다. 이 것이 일본인들을 간교하게 느끼게 하거나 이중성을 갖고 있는 것으로 생각하게 하는 핵심적인 부분에 해당한다. 이러한 모습은 그들이 항상 책략을 바탕으로 행동하기 때문에 나타나는 현상이다. 독도에 대한 일본의 도전 목적과 의도가 다른 데 있으므로 영토문제와 법규문제는 다른 것이라는 입장을 표명했다. 그리고 한국의 입장에서 볼 때 이 법령은 한국이 일본의 허구성을 널리 알리는 홍보용으로 활용할 수는 있겠지만, 재판소에서 독도가 일본 영토가 아니라는 증거자료로 인정받는 데는 한계가 있을 것으로 보인다. 조약이나 협정 같이 일본이 외교문서를 통해서 한국 영토라고 인정한 자료가 아니라 일본 국내 통치행위를 위한 문서이기 때문이다.

2. 실효적 지배 입증문제

일본의 독도에 대한 실효적 지배 근거는 일본인들이 독도에서 어로 활동을 한 사진과 1905년 시마네현 편입 등으로 비교적 확실하게 정리되어 있다. 그리고 이를 바탕으로 한국의 고유영토 주장에 대해 독도를 조선시대에 실효적으로 지배했다는 근거를 입증해야 한다며 반격을 가하고 있다. 그런데 조선에서는 1417년 2월 8일(태종 17년)부터 1882년 8월 20일(고종 19년)까지 465년 동안 공도정책을 시행했으므로 이 기간 동안 독도 실효지배의 근거는 거의 없다. 1882년 8월 이후 개척에 들어갔지만, 개혁실패와 분열, 부정부패 만연 등에 의한 정국 혼란으로 독도를 실효적으로 지배했다는 구체적인 근거를 내놓기도 쉽지 않다.

일본은 조선이 제대로 실효적으로 독도를 지배하지 못한 점을 알고 독도는 무주지였고 이를 1905년 시마네현에 편입했다고 주장한다. 한국이 독도를 1905년 이전에 실효적으로 지배했다는 근거를 제시하지 못하면, 일본이 내세우는 일본 고유영토론이 힘을 얻게 되므로 국제사법재판소로 가더라도 한국에 불리한 상황이 전개될 가능성도 배제하기 어렵다. 일본의 일부 지도에서 독도를 조선의 것이라고 표기하고 태정관 공문 등에서 독도가 일본 영토가 아니라는 결론을 내렸지만, 이것은 독도를 한국이 실효적으로 지배했다는 근거와는 상관이 없다.

실효적 지배(effective control)의 개념을 요약하면 어느 국가가 문제의 영토에 대해 평화적(peaceful)으로, 실제적(actual)으로, 계속적(continuous)으로, 그리고 충분히(sufficient) 국가의 주권을 행사 또는 표시(display or exercise)했느냐 하는 것이다. 실효적 지배의 증거로 제시되는 것으로는 국가의 입법·행정·사법기관의 행위, 승인이나 묵인 등 일반적 외교 관계, 섬 주변수역에서의 행위에 대한 허가 등이 고려되고 있다.[19]

조선시대에 독도를 실효적으로 지배했다는 자료는 독도가 한국의 고유영토라는 것을 입증하고 확인하는 자료가 될 수 있을 뿐만 아니라 동시에 무주지인 독도를 일본 영토에 편입했다는 일본 주장의 허구성을 증명하는 자료가 될 수 있기 때문에 향후 한국이 이러한 구체적인 독도 실효지배 자료를 찾을 수 있느냐 하는 것이 양국의 독도 영유권 논쟁을 종식할 수 있는 중요한 변수로 작용할 가능성이 크다. 그런데 한국에는 독도가 한국 고유영토라는 것을 입증할 수 있는 포괄적인 관련 자료는 아주 많지만, 증빙(證憑) 자료는 드물다.

---

19) 독도본부(2007), "어업협정 이대로 가면 독도주권 곧 일본에 넘어간다", 우리영토, pp.54~56.

3. 독도에 사용된 여러 가지 지명과 문제점

독도에 대한 명칭은 한국과 일본에서 그동안 사용한 것이 헷갈릴 정도로 변화가 심하고 많다. 이것은 영토의 역사적 근원을 입증하는 데 걸림돌로 작용할 수 있다. 그러므로 한국과 일본 사이에 '영유권 논쟁'이 벌어지고 있는 독도에 대한 명칭을 다각적으로 밝히는 것이 이 논쟁의 해결에 도움을 줄 수 있다.[20] 독도(죽도=다케시마)는 [표 4-5]에서 보는 바와 같이 본 이름 외에 달리 부르는 이름, 즉 딴 이름인 이명(異名)이 유난히 많다. 여기에 한국과 일본 학자들의 고민이 있고, 한편으로는 일본이 무주지를 편입했다며 영유권을 주장하며 파고드는 여지가 있다.

일본과 외국은 그렇다 하더라도 한국의 고문헌에 지명에 대한 근거와 변화된 유래가 잘 정리되어 있으면 독도가 한국의 고유영토라는 것을 입증하고 일목요연하게 정리되면 누가 보더라도 공감을 얻을 수 있을 텐데, 그러한 근거가 될 기록이 담긴 문헌이 아직 나타나지 않고 있다. 그러다 보니 자료는 많고 한국의 고유영토가 분명하다는 정황은 있는데 일본이나 제삼국에서 인정받을 수 있는 확실하고 구체적인 근거로 내세우기에는 뭔가 조금 부족한 느낌이 들게 한다. 일본은 더욱 그렇다.

[표 4-5] 독도의 명칭 변화

시대구분	한국	일본	세계 각국 및 국제기구
삼국시대	우산국(于山國)		
고려시대	울릉도(鬱陵島), 우릉도(芋陵島), 저릉도(苧陵島), 무릉도(武陵島), 우산국, 우릉성(羽陵城)		
조선시대	우산도(于山島), 삼봉도(三峰島), 가지도(可支島), 무릉도, 자산도(子山島)	송도(1667년), 죽도(1785년), 우산도(1875년), 량고도 (1894년)	리앙쿠르암 (1849년, 프랑스), 호넷암(1855년, 영국)
대한제국	석도(石島: 1881년), 독도(獨島: 1906년 3월 29일)	죽도(1905년), 리앙쿠르 (1907년)	
현대	독도(獨島)	죽도(1905년)	리앙쿠르

출처: ① "울릉군지"(2007), 울릉군청, p.62, 한일관계사연구회(1996), ② "독도와 대마도", 지성의 샘, p.50을 바탕으로 연도별로 중복되는 내용은 하나로 줄여 정리했음.

---

20) 신용하(2005), "한국과 일본의 독도 영유권 논쟁", 한양대학교출판부, p.45.

1) 한국에서 사용한 독도에 대한 지명 변화

한국 정부의 독도에 대한 공식 명칭은 '독도'이며, 한글표기는 독도(한자표기: 獨島, 영자표기: Dokdo)이다. 영자 명칭은 1951년 7월 19일 양유찬 주미대사가 미국 국무부에 보낸 공한에서 '독도(Dokdo)'라는 명칭을 쓰고 있다.[21] 울릉도는 우산국이라는 소국으로 존재하다가, 512년 신라에 합병되면서 울릉도와 독도는 모두 신라 영토가 되었다. 고려시대에는 우산국이라는 명칭 외에 울릉도, 우릉도, 저릉도로 칭해졌고, 독도에 대해서도 분리된 호칭이 사용되었다.[22]

우리나라에서 사용된 독도에 대한 명칭은 대략 9가지 정도이다. 이를 시대별로 분류해 보면 신라시대에는 우산국(于山國)과 우능(于陵), 고려시대에는 우산국(于山國)과 우산도(于山島), 조선시대에는 우산도(于山島), 자산도(子山島), 삼봉도(三峰島), 가지도(可支島), 요도(蓼島), 대한제국시대에는 석도(石島), 독도(獨島) 등이다. 조선시대의 우산도(于山島)는 1417년 (태종 17년) 8월 6일 '왜적이 우산도(于山島), 무릉도(武陵島)에서 도둑질하였다'[23]라고 기록되어 있다. 여기서 말하는 우산도는 독도를, 무릉도는 울릉도를 지칭한다.

삼봉도[24](三峰島)는 1470년 12월 11일(성종 1년)에 기록되어 있다. 독도는 멀리서 보면 세 개의 봉우리(동도, 서도, 촛대바위)로 보이는 데서 유래된 것으로 본다. 요도[25](蓼島)는 1473년(성종 4년) 1월 9일 경자(庚子) 조목에 기록되어 있다. 기록에는 요도가 울릉도의 북쪽에 있는 것으로 되어 있다. 이는 함경도에서 울릉도로 항행해 올 때 해류에 따라 독도를 거쳐 오게 되는 데서 연유한다. 자산도[26](子山島)는 1696년(숙종 22년) 9월 25일 무인(戊寅) 조목에 기록되어 있다. 자산(子山)은 우산(于山)의 오기라는 견해와 모도(母島)인 울릉도의 자도(子島)라는 견해가 있다. 안용복 등이 사용했다. 가지도[27](可支島)는 1794년(정조 18년) 6월 3일 무오(戊午) 조목에 기록되어 있다. 가지(可支)는 물개를 지칭하며 독도에 물개가 서식한 데서 유래된 것이다.[28]

21) 김명기(2007), "독도강의", 책과 사람들, p.13.
22) "울릉군지"(2007), 울릉군청, p.62.
23) 조선왕조실록[태종 34권, 17년(1417 정유/명 영락(永樂) 15년) 8월 6일(기축) 5번째 기사].
24) 조선왕조실록[성종 8권, 1년(1470 경인/명 성화(成化) 6년) 12월 11일(갑인) 4번째 기사].
25) 조선왕조실록[성종 26권, 4년(1473 계사/명 성화(成化) 9년) 1월 9일(경자) 2번째 기사].
26) 조선왕조실록[숙종 30권, 22년(1696 병자/청 강희(康熙) 35년) 9월 25일(무인) 2번째 기사].
27) 조선왕조실록[정조 40권, 18년(1794 갑인/청 건륭(乾隆) 59년) 6월 3일(무오) 9번째 기사].
28) 김명기(2007), "독도강의", 책과 사람들, pp.14~16.

독도는 울릉도에 이주한 어민(초기 조선인 140명 중 전라도 출신 전체의 82%인 115명)들이 고기잡이 나갔다가 들르는 우산도(于山島)를 바윗돌로 된 돌섬이라는 의미로 독섬이라고 부르기 시작했다. 전라도 남해안에서는 돌(石)을 사투리로 '독'이라고 말하기 때문이었다. 그 결과 울릉도의 새로운 주민 사이에서는 우산도(于山島)라는 정부의 한자 명칭보다도 그들의 순수한 한국어 사투리 속칭 독도(돌섬)가 널리 호칭되게 되었다.

1900년 10월 25일 칙령 제41호로 공포된 '울릉도를 울도(鬱島)로 개칭하고 도감(島監)을 군수(郡守)로 개칭한 건'에서는 종래의 울릉도를 울도로 축약해서 호칭했을 뿐만 아니라, 종래의 우산도(于山島)를 개척민들이 호칭하는 돌섬이라는 뜻의 독도를 의미로 취하여 '석도'(石島)로 표시하게 되었다. 대한제국 정부가 독섬을 의역하여 석도라고 한 것이다. 울릉도 초기 이주민들의 민간호칭인 독섬, 독도를 뜻을 취해 한자로 표기하면 석도(石島)가 되고 발음을 취해 표기하면 독도(獨島)가 되는 것이다.[29]

이전부터 울릉도 주민은 이렇게 '독도'를 독도(獨島)라고 표기하고 있었다. 즉 우산도(于山島)=독섬(돌섬)=독도=석도(石島)=獨島=리앙꾸르드암(Liancourt Rocks)은 독도의 이명(異名)이다.[30] 그렇지만 기록에 나타나는 독도(獨島)라는 명칭은 1904년에 일본 군함 신고호(新高號)가 이 지역을 답사하고 쓴 항해일지에서 '송도(울릉도)에서 리앙코르암을 한국인은 독도(獨島)라고 쓰고 본방(日本)의 어부들은 리앙코섬'이라 한다는 기록이 처음이다. 우리나라에서는 울릉도 군수 심흥택(沈興澤)이 1906년 3월 29일 중앙정부에 올린 긴급보고서에서 처음 발견된다.[31]

2) 일본에서 사용한 독도에 대한 지명

일본 정부의 독도에 대한 공식 명칭은 다케시마(한자 표기: 竹島, 영자 표기: Takeshima)이다. 역사상 명칭은 마쓰시마(松島), 다케시마(竹島), 리앙고도(島) 오리브차・미넬자도(島)이 등이 있다. 일본 고문헌에서 처음 울릉도를 '죽도(竹島)'로, 독도를 '송도(松島)'로 호칭한 것은, 일본 정부 자료에 따르면 1667년 편찬된 '은주시청합기'(隱州視聽合記)에서부터이다. 이 책은 출운(出雲)의 관인(官人) 사이토 호센(齊藤豊仙)이 번주(藩主)인 대명(大名)의 명

---

29) 신용하(2005), "한국과 일본의 독도 영유권논쟁", 한양대학교출판부, pp.63~67.
30) 신용하(2005), "한국과 일본의 독도 영유권논쟁", 한양대학교출판부, pp.147~154.
31) 이상태(2007), "사료가 증명하는 독도는 한국 땅", 경세원, pp.233.

을 받아 1667년 가을에 은기도(隱岐島)를 순시하고 관찰한 바와 들은 것을 채록하여 제출한 보고서이다.[32]

이와 같이 일본이 독도를 송도라고 한 기록은 보력년간(寶曆年間, 1751~1763년)에 저술된 '죽도도설(竹島圖說),[33] 경위선을 투영해 간행한 일본지도로서 가장 대표적인 나가쿠보세키스이(長久保赤水)의 '개정일본여지노정전도'(改正日本興地路程全圖)(1779년 초판) 외에도, 울릉도와 다케시마를 한반도와 오키제도 사이에 정확하게 기재하고 있는 지도는 다수 존재한다.[34] 1808년 당시 일본에서는 독도(于山島)를 '송도(松島)'로 울릉도를 '죽도(竹島)'로 호칭하고 있었음은 고문헌이나 현대연구서에나 모두 지적하여 시인하고 있는 사실이다.[35]

독도에 대한 서양 사람들의 명명(命名)들 가운데 일본 사람들에게 널리 받아들여진 이름은 리앙쿠르 록스였다. 그들의 발음으로는 '리양고로도 로크스' 또는 '리양고로도열암'이었으며 약칭 '량고도'였다. 이 점은 일본 사람들이 1867년에 만든 지도인 '대일본국연해약도'(大日本國沿海略圖)와 1870년에 만든 지도인 '대일본사신전도'(大日本四神全圖)에 잘 나타나 있다.[36]

일본에서는 1878년부터 1880년까지 울릉도와 독도에 대한 호칭의 대혼란과 변동이 있었다. 일본 외무성은 조선의 울릉도를 죽도(竹島), 조선의 우산도(독도)를 송도(松島)로 부르면서 죽도와 송도(독도)를 모두 조선 영토로 확인하고 있었으며, 송도(독도)는 작은 바위섬에 불과하다고 보고 있었다. 그런데 1876년 무등평학(武藤平學)이라는 사람이 조선의 울릉도가 아니면서 자연자원이 풍부한 새 섬을 발견했다고 외무성에 송도개척지의(松島開拓之議: 송도개척청원서)를 제출하였다. 이에 일본 해군성은 조일수호조규(1876년)에서 얻은 이권인 조선해안 측량권한에 따라 천성환(天城丸)이라는 군함을 파견 1878년 4월과 1880년 9월 송도의 실체를 두 차례나 실측 조사하였다. 그러나 그 송도는 다름 아닌 조선의 울릉도였다. 송도가 조선의 울릉도로 판명되어 무등(武藤)의 '송도개척지의'를 각하한 후에도, 일본 해군은 조선의 울릉도를 새로이 송도(松島)라고 부르기 시작하였다.

일본인들과 일본 해군은 조선의 우산도(독도)를 종래에는 송도(松島)라고 불러왔는데, 송도가 조선의 울릉도에 붙여지니, 조선의 우산도(독도)에는 새 이름이 필요하게 되었다.

32) 신용하(2005), "한국과 일본의 독도 영유권 논쟁", 한양대학교출판부, pp.74~75.
33) 김병렬(2001), "독도논쟁", 다다미디어, p.82.
34) "죽도—다케시마 문제를 이해하기 위한 10의 포인트"(2008), 일본 외무성.
35) 신용하(2005), "한국과 일본의 독도 영유권 논쟁", 한양대학교출판부, p.51.
36) 김학준(2003), "독도는 우리 땅", 도서출판 해맞이, p.129.

이에 일본 해군은 조선의 독도(우산도)에 대해 프랑스 포경선이 붙인 이름인 리앙쿠르 록스(Liancourt Rocks)를 취하여 독도(우산도)를 '리앙쿠르드암(岩)'이라고 부르고 조선수로지에도 그렇게 표시하기 시작하였다. 해군성 수로국에 크게 의존하는 일본 어민들도 해군성의 호칭에 점차 따르게 되어 1880년대부터 일본에서는 조선의 우산도(독도)를 리앙쿠르드암으로 울릉도를 송도(松島)로 호칭하게 되었다. 일본 어부들은 리앙쿠르드도(島)가 길고 어려우므로 이를 '리양꼬도(島)'라고 약칭하였다.[37]

일본은 독도(리양꼬도)를 타국이 점유한 형적(形迹)이 없는 무주지로 자의적으로 전제하고 '무주지 선점'의 국제법상 논리로 이를 일본 영토에 편입하는 각의 결정을 하면서 처음으로 독도에 '다케시마(竹島)'라는 이름을 붙인 것이었다. 즉 독도가 일본 이름 죽도의 호칭을 일본에서 가진 것은 1905년 1월 28일 이후부터였다.[38] 그리고 1905년 2월 22일 '시마네(島根)현 고시 제40호'에 기록되어 있다. 동 고시 이후 다케시마(竹島)로 공식적으로 명명되었다.[39]

3) 외국인에 의해 명명하거나 소개된 독도

(1) 서양 선박에 의한 울릉도와 독도 발견

서양에서 우리 동해에 있는 울릉도를 최초로 발견한 것은 1787년(정조 11년) 5월 27일 프랑스 라페루즈 탐험대에 의해서이다. 탐험대원 가운데서 울릉도를 가장 먼저 목격한 프랑스 육군사관학교 교수이자 천문학자 르포트 다줄레(Lepaute Dagelet)의 이름을 따서 '다줄레섬'이라고 명명했다.

프랑스 해군 제독 출신의 유명한 항해가이며 탐험가인 라페루즈(Jean Francois Galaup de La Perouse)가 이끄는 두 척의 호위함인 부솔(Boussole)과 아스트롤라브(Astrolabe)의 탐험 내용을 담은 라페루즈의 '세계탐험기'(Voyage autour du monde)는 1791년 4월 22일 프랑스 국왕 루이 16세의 명에 따라 밀레·뮈로가 본문을 작성, 1797년 프랑스 국립인쇄소에서 출판됐다. 본문은 전 4권으로 되어 있고, 대형 지도첩 1권이 딸려 있다. 특히 지도첩에는 양면에 걸쳐 라페루즈 탐험대의 항로를 표시한 세계지도를 비롯하여 태평양연안 해도, 대만, 제주도 남부해안, 한반도의 남해안, 동해, 타타르해협, 쿠릴열도, 캄차카반도 지역의 해도

---

37) 신용하(2002), "독도 영유권에 대한 일본주장 비판", 서울대학교출판부, pp.275~276.
38) 신용하(2005), "한국과 일본의 독도 영유권 논쟁", 한양대학교출판부, p.91.
39) 김명기(2007), "독도강의", 책과 사람들, pp.16~18.

11점이 수록되어 있다. 그중 한국과 관련 있는 것이 8점이나 된다. 특이한 점은 조선에서 공도정책을 취하고 있었음에도 라페루즈 탐험대는 1787년 5월 28일 울릉도에서 선박을 건조해 육지로 가져다 파는 것으로 보이는 선박건조 작업자들을 만났다는 기록이 나온다.[40]

2년 뒤인 1789년 영국의 탐험가 컬넷(James Colnett)이 아르고노트(Argonaut)호를 이끌고 대한해협을 거쳐 동해로 진입, 울릉도를 발견하고 자신의 배 이름을 따서 아르고노트로 명명했다.[41] 그러나 이들 선박이 독도를 보지 못했는지 아니면 보고도 관심을 두지 않았는지 알 수 없지만, 독도 관련 기록은 나타나지 않는다.

서양 선박이 독도를 최초로 발견한 것은 1848년 4월 17일 미국의 포경선 체로키(Cherokee)호(號)에 의해서이다. 체로키호 선장 제이콥 L. 클리블랜드의 항해일지 4월 16일자에 의하면 종반(終盤)에 두 개의 작은 섬(two small islands)을 보았다고 기록하고 있다. 두 개의 작은 섬 그것은 바로 독도이다. 당시 포경선들이 사용하고 있던 해도(海圖)에는 독도가 기재되어 있지 않았다. 정확히 말하자면, 체로키호는 4월 17일 오전 4시에서 12시 사이에 독도를 발견하였다. 이는 독도 발견에 관한 서양 최초의 기록이 된다. 그리고 9개월 후인 1849년 1월 27일 프랑스의 포경선 '리앙쿠르호'가 두 번째로 독도를 발견하였으며, 당시 발견한 배의 이름을 따서 독도는 소위 '리앙쿠르암(岩)'으로 명명해 세계에 알려졌다. 같은 해 3월 2일과 3일 9일 목테주마(Moctezuma)호는 울릉도와 함께 피나클암(pinnacle rock)을 보았다고 항해일지에 적고 있다. 그 이후 고래잡이를 위해 동해를 찾은 미국의 포경선들과 여러 나라의 배들이 당시 해도에 실려 있지 않은 섬, 독도를 발견하게 된다.[42]

(2) 서양 선박과 서양인에 의한 독도 명명

독도를 최초로 발견한 것은 미국 포경선 체로키호였지만, 독도에 대해 명명을 하지 않아, 서양 선박 중에 독도에 대한 지명을 최초로 붙인 선박은 1849년(철종 1년) 1월 27일 독도를 두 번째로 발견한, 프랑스 르 아브르(Le Havre)항에 소재하던 윈슬루 회사 소속의 고래잡이배(捕鯨船) 리앙쿠르(Liancourt)호에 의해서였다. 리앙쿠르호의 갈로르트 드 수자(일명 장 로페즈) 선장은 귀항 일인 1850년 4월 19일 해군성 소속 해양 경찰 당국에 항해 보고서를 제출했고, 해군성 당국은 보고서 중 독도의 발견 내용을 중요시하여 이 사실을

---

40) 이진명(1998), "독도, 지리상의 재발견", 삼인, pp.27~44.
41) 김학준(2003), "독도는 우리 땅", 도서출판 해맞이, pp.122~123.
42) 국토해양부, 우리 땅 독도.

'수로지'(1850년 판[43]), 1851년 발간)에 싣고, 역시 1851년에 발간한 해도에도 독도를 '리앙쿠르 바위섬'(Liancourt Rocks)이란 이름으로 정확하게 좌표에 올렸다.[44] 록스는 바위 또는 암(岩)을 뜻하는 록(Rock)의 복수형이다. 따라서 록스는 흔히 열암(列岩)으로 번역된다.

1854년(철종 5년)에는 러시아의 푸차친(Efim Vasilievich Putiatin, 1803~1883년) 해군 중장이 이끈 군함 팔라다(Pallada)호가 독도를 발견했다. 그는 동도와 서도에 각각 메날라이(Menalai)와 올리부차(Olivutsa)라는 이름을 붙여주고 그 전체에 메날라이 앤드 올리부차 록스(Menalai and Olivutsa Rocks)라는 이름을 붙였다. 그는 그 당시 일본과의 외교 및 통상 관계를 공식적으로 개설하기 위해 러시아 대표단을 이끌고 일본으로 항해하다 이 섬을 발견했다. 1855년에는 영국이 중국에 파견한 함대에 소속된 호넷(Hornet)함이 해군 중령 파시스(Charles C. Farsyth)의 지휘 아래 독도를 측정 관찰하고 호넷 록스(Hornet Rocks)라고 이름을 붙였다. 영국도 프랑스와 같이 열암으로 보았던 것이다.[45]

(3) 저술 및 지도를 통한 독도의 서양 소개

프랑스 국립도서관의 지도·도면부에는 1594년 중국의 왕반(王泮, Wang P'an)이 제작한 '천하여지도'(天下輿地圖: 중국, 조선, 일본)가 있다. 천하여지도에는 육지 가까이 울릉도와 그 왼쪽에 정산도(丁山島)가 나타나 있다. 이 지도의 조선 부분은 그 후에 중국에서 제작되는 다른 지도와 마찬가지로 조선 지도의 영향으로 그려진 것이다. 그러나 본격적으로 울릉도와 독도가 최초로 서양 지도에 나타난 것은 18세기 초엽이다. 18세기 서양 지도에는 모두 챤챤-타오(Tchianchan-tao: 천산도=독도)가 판링-타오(Fanling-tao: 울릉도) 왼쪽에 나타나고, 두 섬이 거의 붙어 본토에 가까이 표시되어 있다.

서양에서 제작된 조선전도로서 획기적인 것은 당대 프랑스 최대의 지리학자 당빌이 제작한 '조선왕국전도'(필사본)이다. 이 지도는 1732년에 인쇄되었는데, 울릉도는 판링-타오(Fanling-tao) 독도는 울릉도 왼쪽에 챤챤-타오(Tchianchan-tao: 천산도)로 표기되어 있다. 이는 당시 조선에서 제작된 조선지도에 우산도(于山島)가 울릉도 왼쪽에 나타나 있었던 것과 같다.[46]

---

43) 판(版)은 그림이나 글씨 따위를 새겨 찍는 데 쓰는 나무나 쇠붙이의 조각, 활자로 짜서 만든 인쇄용 판으로 활판(活版)과 같은 말이다.
44) 이진명(1998), "독도, 지리상의 재발견", 삼인, p.45.
45) 김학준(2003), "독도는 우리 땅", 도서출판 해맞이, pp.128~129.
46) 이진명(1998), "독도, 지리상의 재발견", 삼인, pp.83~85.

4) 동해와 일본해 표기 근원

(1) 동해 사용 기원

한국 측 문헌기록에서 동해의 표기가 처음 선보인 시기는 고구려 시조 동명왕 기사의 '동해지빈유지(東海之濱有地)'라는 구절에서 비롯된다. 삼국 건립 이전인 기원전 59년부터 사용하기 시작한 말이니 근 2,000년 이상을 동해로 불러왔다. 고구려 장수왕이 부왕의 업적을 기리기 위하여 414년에 세운 광개토왕비(호태왕비)의 3면에 수묘인(守墓人)의 수가 기록되어 있는바, '동해매'(東海買: 동해물)가 등장한다. 동해 이외에 별다른 이칭(異稱)을 쓸 만도 한데 이상스러울 정도로 동해라는 일관된 명칭을 쓰고 있다. 통일신라시대는 물론이고 고려시대, 조선시대를 관통하면서도 동해 명칭의 위상에는 흔들림이 없다. 왕조가 변하고 강역의 범주가 급변하였어도 동해 명칭만큼은 의연하다. 당연히 한반도에서 제작된 모든 지도에 동해로 명기된다.[47]

2000년 10월 25일 문화일보 보도 내용에 따르면, 1768년에 출판된 브리태니커사전 초판에 동해가 'SEA OF COREA'로 표기된 것으로 확인됐다. 브리태니커 특판지 사장인 김영진 씨가 당시에 공개한 자료에 따르면, 아시아지도 편에서 서해는 'Yellow Sea', 동해는 대문자 'SEA OF COREA'로 기록돼 있다[48]고 한다. 그리고 1849년 판(1850년 발간)부터 연 2회 간행해온 프랑스 수로지(연감)는 수로에 관한 전문적이고 과학적인 성격의 간행물이다. 해역별로 항해에 관한 정보 제공을 위해 10~15년에 한 번 정도 단행본으로 간행하는 것을 '항해지침서'라고 하는데, 현재까지 계속 간행해 오고 있다. 프랑스 해군성 발간 수로지 1858년 활판 제15권에는 동양의 전 해역에 대한 종합적인 수로 정보를 싣고 있는데, 한국 부분이 158~202쪽까지 44쪽에 달한다. 한국 부분은 황해, 남해안, 동해(일본해)로 나뉘어 있다. 이 수로지에 울릉도와 독도는 한국 영토로 인식되어 한국의 동해에 분류되어 있다.[49]

(2) 일본해 발현과 확산

동해가 일본해로 서양에 소개된 것은 1809년에 제작된 다카하시의 '일본변계약도'(日本

---

47) 주강현(2005), "적국의 바다 식민의 바다", 웅진씽크빅, p.493.
48) 독도역사찾기운동본부(2003), "독도는 한국 땅인가", 백산서당, p.218.
49) 이진명(1998), "독도, 지리상의 재발견", 삼인, pp.59~60.

邊界略圖)에 동해를 조선해라고 표기된 것을 1840년(조선 헌종 6년) 독일인으로 네덜란드를 위해 일본에서 활동한 지볼트(Siebold)가 추방당한 후 네덜란드에서 간행한 '일본'(Nippon: 일본어를 영문으로 표기)이라는 책을 출판하면서 제7부에 조선 및 그 주변에 대한 기록을 남겼는데,[50] 여기에 '일본해' 표기가 등장한다. 이어 1854년 3월 31일 미일화친조약(美日和親條約)으로 미국 페리(M. C. Perry) 제독에 의하여 일본이 개항한 후 서구열강들과 차례로 수교하면서 일본해란 명칭이 세계로 퍼져 나가는 계기가 되었다.[51] 그리고 1929년에 국제수로기구(IHO, International Hydrographic Organization)는 해로(海路) 안전 등을 위해 '해양과 바다의 경계(S-23)' 초판을 발간했다. 당시 일본에 주권을 침탈당한 한국이 배제된 상태에서 바다의 명칭이 '동해' 대신 '일본해'로 표기되었고, 이후 국제적인 명칭으로 통용되기 시작해 지금까지 국제사회에 그릇 인식되어 온 것이다.[52]

(3) 동해와 일본해 사용 논란과 제삼국의 표기

동해 표기는 1965년의 한일어업협정에서도 문제가 되어 논란이 빚어져 각자 명칭을 쓰기로 합의하였다. 한국 정부는 1992년에 동해 영문 표기를 'East Sea'로 결정하고, 국제사회에 대해 일단 단일명칭으로 합의할 때까지 '동해/일본해' 병기를 요구했다. 그해 유엔지명표준화 회의 및 1997년 제15차 국제수로기구(IHO) 총회에서 동해 표기 문제를 공식 제기했다. 2007년 판 '해양의 경계'를 준비하면서 2002년에 초판본을 회람시켰는데 한일 간에 이견이 팽팽하자 동해 부분은 아예 백지 인쇄하였다. 우리 입장은 당연히 동해 단독표기이다. 일본은 '동해/일본해' 병기는커녕 오로지 일본해 단독표기만을 고수한다. 이런 관계로 세계지도의 90% 이상은 동해(East Sea)를 일본해(Sea of Japan)로 표기하고 있다. 그러나 국제기구에서는 양국 간에 논란이 있는 지명에 관해서 병기를 권장한다. 즉 국제법상 동해 표기 문제는 미완의 장이다.[53]

5) 리앙쿠르 · 다케시마 · 일본해 표기 막아야 하는 이유

이름은 다른 것과 구별하기 위하여 사물, 단체, 현상 따위에 붙여서 부르는 말인데, 세

---

50) 김학준(2003), "독도는 우리 땅", 도서출판 해맞이, p.124.
51) 주강현(2005), "적국의 바다 식민의 바다", 웅진씽크빅, pp.504~505.
52) 배진수, "일본의 전방위 독도공세 무얼 노리나", 월간 조선(2008년 7월호).
53) 주강현(2005), "적국의 바다 식민의 바다", 웅진씽크빅, pp.507~508.

상에 알려진 평판이나 명성, 어떤 일이나 하는 짓에 특별한 데가 있어 일반에게 불리는 일컬음을 뜻하기도 한다. 이름의 위력은 유사 이래로 대부분의 민족 전통에서 찾아볼 수 있다. 사물이나 집단의 이름은 바로 그것들의 영혼과 동일한 것으로 보았다. 따라서 이름을 안다는 것은 영혼을 지배하는 힘을 가졌다는 것을 의미하였다. 미국의 사회학자로 교수 겸 저술가였던 어빙 고프먼(Erving Goffman)은 '이름이 없으면 존재하지도 않는다'고 하였다.[54]

사람이나 동식물, 심지어 자연적으로 존재하는 특정한 물체에까지 이름을 붙이는 이유는 구분의 목적도 있지만, 이름을 붙인 것에 대한 독립된 가치를 부여하고 실체를 인정하기 위함이다. 그러므로 실체가 있는데도 이름이 없거나 여러 가지 혼동된 이름으로 불리는 것은 그 주체에 대한 품격을 떨어뜨리는 결과를 초래하고 경우에 따라 존재가치가 훼손되므로 일반적으로 공인된 이름은 하나로 통용된다. 세계 여러 나라에서 제각기 다른 언어를 사용하지만, 특정한 이름을 지칭하는 고유명사는 번역하지 않고 최대한 유사발음으로 그대로 사용하는 이유도 여기에 있다. 그리고 우리가 광고나 홍보를 하고 이미지 관리를 하는 것도 모두 주체성과 자신의 존재 가치를 알리고 높이기 위한 것이다.

독도와 동해도 마찬가지다. 고유의 이름이 있는데도 일본이 다케시마와 일본해라는 이름을 지어 널리 퍼뜨리고, 독도가 1849년 프랑스 고래잡이배 리앙쿠르(Liancourt)호에 의해 명명된 리앙쿠르 록스(Liancourt Rocks)가 세계에 일반적인 이름으로 통용되면 모양도 좋지 않지만, 이러한 일들이 지속되면 주권적 가치가 훼손되어 한국이 영유권을 갖고 있다는 인식은 줄어들기 마련이다. 인간 삶에서 가장 중요한 것은 현실이다. 세상 사람들의 일반적인 사용 확대와 인식 및 인정이 일본이 영유권을 갖는 것으로 응고되는 점을 계속 방치하면 한국의 주권은 더욱 훼손되어 국제사회로부터 정면으로 도전되는 상황이 발생할지도 모른다. 그 결과는 국제사법재판소의 재판에 중요한 의미가 있는 실효적 지배 가치 저하와 정치적 재판의 영향으로 나타날 가능성이 있다. 그렇지만 일본 정부와 일본인의 영유권 주장에 그동안 한국 정부와 사회단체들이 지속적으로 항의를 표시해왔고, 외국에서 동해와 독도 표기 사용을 위한 노력을 기울이고 있는 점을 고려할 때 우리 사회 일각에서 제기되고 있는 무시나 무대응에 따른 묵인 응고는 아직은 우려할 수준은 아니다.

인간은 혼자 사는 것이 아니라 타인과 더불어 사는 사회적 동물이며, 국가도 마찬가지이기 때문에 나와 우리의 생각과 판단도 중요하지만, 타인과 다른 나라의 생각과 판단도

---

54) 강진령 · 유형근 공저(2000), "집단 괴롭힘", 학지사, pp.99~100.

중요하므로 타인과 타 국가의 평가도 고려해야 한다. 인간이 명예를 얻는다는 것은 그 주체가 다른 사람들에게 좋은 일이나 긍정적인 일을 한 것이 축적되어 높은 인격을 가진 것으로 평가되고 인정받으며, 그로 인해 이름이 널리 알려진 것을 말하는 것인데, 자신의 존재와 가치가 무시되고 훼손되는 상태에서 명예는 큰 의미가 없다. 따라서 우리의 영토인 독도에 대한 영유권과 실효적 지배를 도전받고 있는 상황은 법적인 문제를 떠나서 한국인의 자존심과 명예의 문제이므로 일본이 독도와 동해를 아무렇게나 훼손하도록 더는 방치해서는 안 된다.

제5장

국제사회 역할과
유엔해양법협약

제1절 미 국가기관 독도 표기명 변경과 부시 결정

1. 독도 영유권에 대한 미국의 태도와 행보

1) 미국 의회도서관 독도 주제어 변경 추진 파문

2008년 7월 14일 일본 정부가 중등교과서 학습지도요령 해설서에 '독도 영유권' 명기를 발표하고 강행해 반일 감정이 극도로 고조된 가운데 미국 의회도서관이 7월 16일 '독도'를 '리앙쿠르 록스'[55]로 변경을 추진한 사실이 국내에 알려지면서 한바탕 대소동이 벌어졌다.

[표 5-1]에서 보는 바와 같이 독도와 관련된 도서 분류의 주제어를 'Tok Island'(Korea, 독도)에서 'Liancourt Rocks'(리앙쿠르암)으로 바꾸려는 주제어 변경 제안은 2007년 12월 미국 의회도서관에 제출됐으며, 2008년 7월 16일 주제어 편집회의를 갖고, 제출된 '독도 주제어' 삭제 제안서를 채택할 예정이었다. 미국 의회도서관의 이런 움직임을 캐나다 토론토대학의 동아시아도서관 사서(司書)로 북미(北美) 동아시아도서관협의회(CEAL)의 한국 자료 분과위원장을 맡고 있는 김하나(여·32) 씨가 2008년 7월 10일 미국 컬럼비아대학 도서관이 매주 개인용 컴퓨터 통신이나 인터넷을 통해 주고받는 편지인 전자우편(e-Mail, Electronic Mail)으로 보내주는 사서정보에서 미국 워싱턴 의회도서관이 16일 독도의 검색 주제어를 Tok Island에서 Liancourt Rocks로 변경하는 내용의 회의를 한다는 사실을 파악했다.

[표 5-1] 미국 의회도서관 '독도' 주제어 변경 중단 일지

−2007년 12월
  미 의회도서관, 독도 주제어를 'Tok Island(Korea)'에서 'Liancourt Rocks'로 변경하는 제안서 제출
−2008년 7월
  10일: 김하나 씨, 미 의회도서관이 독도 주제어 변경 결정을 16일 내린다는 사실 확인
  11일: 김씨, 미국 캐나다 호주 등의 한인 사서들에게 이를 알리고 반대 의견 수렴
  12~13일: 김씨, 미 의회도서관에 보낼 8쪽짜리 의견서 작성
  14일: 김씨, 미 의회도서관에 반대 의견서 전송, 한국 대사관 등에 사태 통보
  15일 오전: 한국 대사관, 미 의회도서관 접촉해 우려 전달
  15일 오후: 미 의회도서관, 독도 주제어 변경 중단 결정

출처: 조선일보 2008. 7. 17.

---

55) 리앙쿠르 록스(Liancourt Rocks)는 영어 발음에 따라 리앙쿠르 락스라고 사용하기도 함.

한국, 중국, 일본의 도서를 관리하는 그는 이에 대한 신속한 대응이 필요하다고 판단, 즉각 미국·캐나다·호주·뉴질랜드·프랑스의 한인 사서(司書)들에게 이 사실을 알린 후, 반대 의견을 수렴했다. 김 씨는 주말 내내 한 살배기 아들이 열이 나는데도, 독도 관련 자료를 검토하고 공문을 만드느라 병원 응급실에 데려가지도 못하고 해열제만 먹여가며 독도와 관련된 자료를 수집, 미국 의회도서관에 독도 주제어를 삭제하려는 계획의 부당성을 지적하는 의견서를 작성했다. 김 씨는 14일 오전 미국 의회도서관의 틸렛 박사에게 8쪽짜리 의견서를 전자우편으로 보냈다.

주제어에서 '독도'를 삭제하는 것의 문제점을 따진 내용이었다. 또한 독도 대신 리앙쿠르암을 주제어로 선택해, 이를 '일본해의 섬들'이라는 주제어의 하위 주제어로 규정하려는 데 대한 우려도 전달했다. 그는 외교통상부·국토해양부·주(駐)토론토 총영사관·주미(駐美)대사관에도 전자우편과 팩스로 "독도와 관련한 매우 시급한 사안이다. 신속한 대응이 필요하다"고 비상을 걸었다. 조지 워싱턴대 동아시아 어문학과장인 김영기 교수에게 같은 내용의 전자우편을 보내 이를 언론과 동포사회에 알려 달라고 요청했다. 김 씨의 연락을 받은 주미대사관은 15일 미국 의회도서관과 긴급 접촉, 한국 정부의 우려를 전달했다. 김 교수도 이런 내용을 특파원들에게 알렸다.

이 사안에 대한 한국인들의 관심이 엄청나다는 것을 의식한 미국 의회도서관의 주제어 편집회의 책임자인 바바라 틸렛(Tillett) 박사가 7월 15일 "2007년 12월에 제출됐던 독도를 리앙쿠르암으로 변경하자는 제안은 진전된 국제적인 결의와 미국 지명위원회(BGN)의 결정이 있을 때까지, 이 문제에 대한 토론은 의회도서관의 주제어 편집회의에서 연기된다"고 밝힘으로써 일단락되었다. 미국 의회도서관이 독도의 주제어를 바꾸려던 계획에 대해 한국 정부는 그동안 전혀 알지 못했지만, 캐나다에 거주하는 한국인 사서(司書)인 김하나 씨의 헌신적인 노력 끝에 극적으로 보류됐다.

주제어는 도서관 이용자들이 관련 주제에 대한 책을 찾을 때 쓰는 표제어로, 한국 영토인 독도가 리앙쿠르 록스로 이름이 바뀌면 독도가 한일 간 영토분쟁지역이라는 인식을 심어 줄 수 있다. 또한 미국 의회도서관은 미국 내 도서관뿐 아니라 다른 주요 국가의 도서 분류에도 큰 영향을 미쳐, 독도에 대한 문서의 주제어 변경은 일본 측에 유리한 논거(論據)로 사용될 수 있다.[56]

2008년 7월에 이어 2009년 2월 초에도 미국 국회도서관 사이트가 제주도를 일본 땅이

---

56) 조선일보 2008. 7. 17.

라 표기하고, 동해를 일본해로 단독 표시했다가 하루 만에 오류를 바로잡기도 했다. 연합 뉴스 보도에 따르면,『박기태 반크 단장은 2009년 2월 4일 "미국 중앙정보국(CIA, Central Intelligence Agency)이 2002년 국가정보보고서(월드 팩트북)에서 제주도를 한국 땅으로 명기했다가 2009년 돌연 제주도를 일본 땅과 동일하게 색칠해 표시했다. 미국의 정부 기관은 중앙정보국의 정보를 그대로 사용하기 때문에 이번 국회도서관과 같은 잘못이 발생하는 것"이라고 말했다. "2002년부터 7년 동안 끊임없이 한국과 관련한 오류를 바로잡아달라고 중앙정보국에 요구했지만 조금도 바뀌지 않았다. 2009년 월드 팩트북에서도 일본 측이 로비하는 대로 동해를 일본해, 독도를 다케시마로 명기하고 있다"고 밝혔다. 2009년 현재 미국 중앙정보국의 정보를 그대로 인용하는 사이트는 92만 개 정도인 것으로 반크 측은 추산하고 있기 때문에 전 세계에 독도가 다케시마, 동해가 일본해로 둔갑한 것은 바로 미국 중앙정보국(CIA) 국가정보에 실린 세계지도가 결정적 원인이라는 것이다. 반크가 미국 중앙정보국의 월드 팩트북을 매년 조사한 결과 2002년에는 한국지도, 일본지도에 '리앙쿠르 록스'라는 표현이 없었으나 2004년, 2005년에는 삽입됐다. 이어 2005년에는 일본지도에만 '리앙쿠르 록스'가 화살표 형태(↓)로 강조해서 들어갔다가 2006년에는 한국지도에도 이 표시가 명기됐다. '리앙쿠르 록스'는 일본이 독도의 한국 영유권을 인정하지 않으려고 제삼국에 전파하는 이름이다. 또 미국 중앙정보국은 2002년 독도/다케시마 분쟁지역 설명 부분에서 "일본의 주장에 의해 분쟁지역이 되었다"고 간단히 소개했는데 2004년에 '격렬하게(intensified)'와 '집중되다(highlight)'란 단어를 보태 일본의 논리를 반영했다. 2005년에는 '미해결(unresolved)', '조업권리(fishing rights)'란 단어를 추가했고, 급기야 2006년에는 "1954년 이후 한국에 의해 점령당한 리앙쿠르 록스(Tok-do/Take-shima)를 한국과 일본이 동격(and)으로 주장한다(claim)"라고 새롭게 설명을 달았다. 박 단장은 "CIA의 이러한 입장 변화는 일본이 독도를 영유권 분쟁지역으로 만들어 국제재판소로 가져가려고 미국 중앙정보국(CIA)에 얼마나 로비를 펼치고 있는지를 바로 보여주는 사례이다. 전 세계에 한국과 관련한 잘못된 정보가 퍼지기 전에 그 근거가 되는 원천정보를 차단하는 것이 한국 정부가 지금 해야 할 일"이라고 주장했다』.[57)]

한국이 미국 정부기관의 한국과 관련된 오류의 뿌리가 미국 중앙정보국(CIA)이라고 지목한다고 해서 달라지거나 해결될 것은 없다. 우리가 미국의 잘못에 대해 시정해줄 것을 요구할 수는 있지만, 그 요구에 응해줄지에 대한 결정은 미국에 달린 문제이다. 미국 의회

---

57) 연합뉴스 2009. 2. 4.

도서관은 2008년 독도 주제어 변경과 관련하여 한바탕 외교적인 회오리바람이 휘몰아쳤던 것을 분명히 알고 있었을 것이다. 그럼에도 2009년에도 유사한 오류를 범했다가 시정해 파문을 일으켰다.

이는 일본의 입김과 로비에 의해 발생했을 수도 있지만, 미국 중앙정보국(CIA) 정보를 사용하는 일상적인 관례에 따른 처리로 볼 수도 있다. 문제는 한국 정부가 미국 의회와 의회도서관은 물론 미국 중앙정보국(CIA)에서 관리하고 있는 한국과 관련된 잘못된 기록에 대한 정보를 갖고 있음에도 그것이 시정되도록 적극적인 노력을 하지 않는다는 점이다. 그러면서 한편으로는 미국 중앙정보국(CIA)은 정보기관이므로 한국에 대해 다른 어느 기관보다 잘 알고 있을 터인데, 잘못된 내용을 유지관리 하는 것에 대해 이해하기 어렵다는 반응을 보여 왔다. 이처럼 마치 독도나 한국에 대한 잘못된 인식이 한국 정부의 적극적인 홍보나 시정 노력 부족의 잘못에 있는 것이 아니라 미국에 있는 것처럼 원인을 밖에서 찾으려는 경향을 보이기도 한다.

우리의 행동을 유발하는 것은 언제나 그 시점에서 우리가 무엇을 원하는가 하는 것이다. 외부의 사건이나 자극이 그 원인인 것으로 보이지만, 전혀 그렇지 않다. 우리의 외부에서 일어나는 일들은 우리가 하고자 선택하는 것들과 많은 연관을 갖고 있다. 그러나 외부의 사건이 우리의 행동을 유발하는 것은 아니다. 우리가 외부로부터 얻는 것은 그것이 무엇이든 정보일 뿐이며, 이 정보를 갖고 어떻게 행동할 것인가를 선택하는 것은 우리에게 달렸다. 정보가 더 중요하다고 생각될수록 그만큼 더 많이 그리고 더 잘, 우리에게 요구되는 것을 하면 될 것이다.[58]

외부의 타인이 비록 우리에 대해 그릇된 정보를 갖고 있거나 왜곡된 자료를 게시나 비치하고 있다고 하더라도 우리는 수고로운 노력을 제대로 하지 않으면서 외부의 타인에게 그들의 행동이 잘못된 것이라거나 우리의 요구에 맞도록 잘못된 것을 시정해주지 않는다고 불만을 품는 것은 상식을 벗어난 행동이다. 모든 행동은 자신의 몸을 닦는 수신부터 시작하여 내부 관리를 철저하게 해야 하는 것이 정석이라는 것은 잘 알려져 있으며, 타인은 우리의 요구에 맞추어 행동해주어야 할 아무런 의무가 없다. 특히 우리보다 국력이 우위에 있는 국가에 대해 더 말해 무엇 하겠는가?

58) William Glasser 저, 김인자 역(2005), "좋은 학교", 한국심리상담연구소, pp.60~61.

2) 오리건주 독도 표기 수정이 갖는 의미

미국 오리건주가 공식 개설한 '자동차 운전면허 쉽게 따기' 홈페이지 중 한국어 안내 연결 사이트에 [그림 5-1]에서 보는 바와 같이 한동안 '독도는 한국 땅'이라는 내용의 포스터가 게재돼 있었다. 그런데 2007년 12월 일본 외무성이 '독도는 한국 땅, 공간 확보'라는 내용의 삽화에 대해 "운전과 관련이 없는 내용으로 독도에 대한 옳지 못한 표현"이라며 오리건주 주재 총영사관을 통해 유감을 표시, 삭제하여 달라고 요청했다. 일본의 항의에 따라 오리건주 정부는 관련 게시물에 대해 1차적으로 열람 불가 조처를 했으며, 2008년 1월 15일 일본 정부의 요청을 받아들여 문제의 삽화가 포함된 사이트에 대한 열람을 금지한 사실을 일본에 정식 통보하고, 최종 폐쇄 조처를 내렸다. 이로써 오리건주 자동차

(출처: 뉴시스 2008. 1. 16.)

[그림 5-1] 오리건주 홈페이지에 게재됐던 한국어 포스터

운전면허 홈페이지에서는 한국어로 된 자동차 운전면허 취득방법 안내 사이트를 찾아볼 수 없게 됐다.[59]

이는 한국인만 알아보는 한글, 그것도 본론 내용과는 아무런 상관없는 삽화에 대해서조차 일본 정부와 영사관의 감시가 미치고 있으며, 아주 작은 사례들도 엄정하게 대응하고 있다는 것을 보여주는 실례로 일본이 독도 영유권 탈환을 위해 어느 정도의 관심을 두고 노력하고 있는지 단적으로 보여주는 사례다. 일본의 이러한 노력은, 한국 정부와 상당수 한국인이 가장 중요한 우방이라고 생각하는 미국의 주요 기관이 독도 명칭을 변경하려는 움직임도 모르고 제보가 되어도 제대로 대응하지 않는 한국 정부와 공무원의 모습과는 너무나 대조적이다.

---

59) 뉴시스 2008. 1. 16.

2. 부시 대통령 명칭 복귀지시와 한국 외교

1) BGN 독도 지명 원상회복과 한국 외교 환희이면

2008년 7월 25일 미국 연방 지명위원회의 독도 주권 미지정 지역 고시는 한동안 국내에서 외교부 장관과 주미대사의 경질 등 대미 외교진용에 대한 전면 교체까지 거론되는 등 한미 관계의 최대 현안으로 급부상하며 걷잡을 수 없는 파문을 일으켰다. 8월 초 방한을 앞둔 부시 대통령 지시로 독도 표기 원상복귀가 결정되었으며, 제임스 제프리 백악관 안전보장회의 부보좌관으로부터 2008년 7월 30일 이태식 주미대사가 "미국 정부로부터 독도 영유권 '주권 미지정 지역'에서 'Korea(한국) 및 Ocean(公海, 공해)'으로 병기하는 원래의 표기대로 복구하기로 했다는 입장을 통보받았다"고 밝힘으로써 일단락되었다.

백악관이 '독도 표기 원상 복구'란 2007년 처음 도입된 주권 비지정지역(UU) 범주를 계속 사용하지만, 주권 비지정지역을 독도에는 적용하지 않는다는 의미'라고 밝혀 미국 지명위원회(BGN)는 부시 미국 대통령의 직접 지시로 독도에 대한 주권 표기를 분규 발생 이전 상태로 원상회복하기로 했다. 그러나 [표 5-2]에서 보는 바와 같이 독도에 대한 미국 지명위원회의 표준 명칭은 '리앙쿠르 록스'이고, 독도나 타케시마는 다른(variant) 이름으로 표기되어 있다. 이태식 대사가 1977년 이전 상황처럼 고유명사인 '독도'로 사용되는 것이 한국 외교의 목표라고 밝힌[60] 것처럼 독도 단독으로 표기되는 것이 아니었다.

이뿐이 아니다. 주미 대사관은 당시 파문이 일어나기 전에 미국 연방 지명위원회에서 독도를 주권 미지정 지역으로 변경하려는 움직임이 있다는 제보와 대책 마련이 필요하다는 지적이 있었음에도 제대로 대처하지 않는 등 대응과정에서 여러 가지 문제점이 드러났다. 그런데도 부시 대통령 지시로 독도 관련 표기의 원상복귀 결정이 이루어진 점에 대해 한동안 국내 언론을 통하여 한국 외교력의 승리인 것처럼 호도되고 국가 핵심기관이 미국의 유사기관을 설득한 것이 주효했다는 등 서로 공적을 내보이려는 모습까지 보였다.

당연히 해야 할 직무를 제대로 수행하지 않아 국제적인 망신을 당하고 온 나라가 시끄럽게 만들었으며, 모든 것이 다 해결된 것도 아닌데 불과 얼마 지나지 않아 국면이 조금 전환되었다고 국민이 분노하는 줄도 모르고 자기네들의 공적이라고 다투어 자랑이라도 하려는 듯한 모습을 보인 것은 심히 딱하고 민망하기까지 했다. 미국 연방 지명위원회의

---

60) 중앙일보 2008. 7. 31.

[표 5-2] 미국 국가지명위원회의 홈페이지 독도 표기

Geonames Search Results Total Numder of Names in query: 16 Records 1 through 16				
Name	Country	ADM1	Latitude/longitude	Feature Type
Liancourt Rocks (BGN Standard)	South Korea	South Korea(general)	37°15′00″ N 131°52′00″ E	island
Tok-to (Variant)				
Take-shima (Variant)				
Take Sima(Variant)				
Tok-do (Variant)				
Dogdo Island (Variant)				
Dog-Do (Variant)				
Liancourt Rocks (BGN Standard)	Oceans	Oceans(general)	37°15′00″ N 131°52′00″ E	island
Take Sima(Variant)				
Take-shima (Variant)				
Tok-to (Variant)				
Tok-do (Variant)				
Chuk-to (Variant)				
Homet Island (Variant)				
Dogdo Island (Variant)				
Dog-do (Variant)				

출처: 중앙일보 2008. 7. 31.

독도 주권 미지정 지역 변경과 관련된 대응은 한국 정부의 독도 문제에 대한 업무 처리수준과 태도를 잘 드러내 보여주고 있어 씁쓸함을 느끼게 한다.

2) 미국 행정기관 태도와 한국 정부 대응의 문제점

미국 중앙정보국(CIA)을 비롯한 행정부의 주요 국가기관들이 독도나 한국과 관련하여 잘못된 내용이나 기록을 계속 유지하고 있는 점에 대해 관심이 있는 사람들은 한국 정부는 도대체 무엇을 하기에 이미 드러나 있는 문제점 하나도 제대로 시정하지 못하고 반복해 문제가 생기도록 내버려두는지 납득하기 어렵다는 생각을 하게 된다. 즉 미국 행정기관들의 독도 표기 태도와 한국 정부 대응방식의 문제점을 이해하기 위해서는 미국의 전략과 세계정세를 살펴볼 필요가 있다.

탈냉전 이후 미국의 각종 안보전략 문서에는 초강국 미국의 지위를 존속 공고화하기 위해 아시아 시대의 도래에 대한 대응책이 어김없이 나타나 있다. 미국의 대전략 속에 숨

은 가장 큰 메시지[61]가 '미국의 지위를 위협하는 잠재적인 위협국가 출현의 저지'라고 볼 때, 당연히 아시아 세력권의 형성 및 성장 정도는 결정적인 요인이 될 수밖에 없다. 현재 국제질서는 중국과 러시아 전략 연대와 미국과 일본 동맹 축의 중간에 인도와 호주가 자리 잡고 있는 형상을 하고 있다. 단 인도는 중국과 러시아 연대방향으로, 호주는 미국과 일본 동맹방향으로 조금씩 다가서고 있다.

그러므로 현 시점에서 미국 중장기 안보전략의 제1순위는 '아시아 시대의 등장'을 지연 혹은 차단하는 데 있을 것이다. 아시아 시대의 등장이라는 전략적인 위협은 중국 위협론 혹은 중국과 러시아 전략 연대에 대한 견제형태로 나타나고 있다. 미국이 유라시아 내륙과 해양을 통해 이중 포위 전략을 구사하는 것에 대하여 중국의 진출구도는 그물망을 뚫고 해양으로 진출하는 양상을 보이고 있다. 해밀턴(Booz Allen Hamilton)이 주도해서 럼스펠드 장관에게 보고된 미국 국방성 내부보고서 '아시아의 에너지 미래'(Energy Futures in Asia)에서는 중국이 진주 목걸이(String of Pearls) 전략[62]을 구사하고 있다고 분석하고 있다. 이 전략은 중국이 파키스탄 과다르 항을 포함해서 중동부터 남중국해에 이르기까지 해군기지 확보와 외교관계 증진을 병행하면서 친중국 동맹권을 형성하는 것을 의미한다.[63]

즉 현재 상황에서 미국의 국가전략적인 측면에서 관심사는 중국과 러시아 동맹 축이다. 그중에서도, 특히 중국의 성장에 대해 신경을 곤두세우고 있다. 그런데 중국과 러시아 동맹과 대응하기 위한 전략의 하나로 미국과 일본 동맹으로 대응하는 기조를 유지하고 있다는 것이다. 물론 미국과 한국 동맹도 상당한 역할을 한다. 그러나 미국의 관점에서 볼 때 일본과 한국 모두 중요성이 있기는 하지만, 우선순위와 비중에서는 상당한 차이가 나기 때문에 양국을 예우하고 대하는 태도에서도 차이가 날 수밖에 없다.

미국이 대전략을 위해 일본을 필요로 하는 한 한국보다는 비중이 큰 일본의 입장을 지지하는 것이 미국 국익에 도움이 되므로 공식적으로는 중립적인 입장을 표명하면서도 실질적으로 일본의 로비에 의한 요구를 반영해 왜곡되거나 잘못된 기록을 그대로 유지하는 것으로 볼 수 있다. 미국 정부는 누가 잘못된 자료를 입력시켰고 무슨 잘못이 있는지 충분히 파악할 수 있지만, 그것을 파악해 시정할 의사가 없는 것으로 보인다. 이해와 힘의 역학관계는 고착된 것이 아니라 계속 변화하기 마련이다. 따라서 미국이 잘못된 것을 알

---

61) 메시지(message)는 어떤 사실을 알리거나 주장·경고하기 위한 전언(傳言), 언어나 기호로 전달되는 정보 내용.

62) 진주 목걸이 전략은 파키스탄의 과다르에서 스리랑카의 햄번토타 그리고 인도양 한복판의 몰디브와 모리셔스의 항구에서 방글라데시의 치타공 항구, 미얀마의 벵골만까지 원유와 자원 수송의 핵심거점이자 군사요충지를 확보하기 위한 중국의 전략이다.

63) 김규륜 외(2008), "협력과 갈등의 동북아 에너지 안보", 인간사랑, pp.19~52.

면서도 제대로 시정하지 않는 것은 대국으로서 취할 자세가 아니다. 이런 모습은 자신의 품위를 떨어뜨리는 일이지만, 그 품위를 지키고 유지하는 것은 미국 스스로 결정할 문제이다. 현재 미국은 동아시아의 역학관계상 한국과 일본 모두 필요성을 느끼고 있으므로 한일 양국의 마찰이 심화하는 것은 바라지 않으며, 분쟁이 고조될 때는 중재역할을 하는 등 그동안 이해관계에 따른 선택적 행동을 해왔다.

한국 정부도 이러한 미국의 의도를 잘 알고 있으므로 정부 입장에서 근본적인 오류 시정 노력을 강력하게 추진하는 것은 미국과의 관계 유지에 불편을 초래할 수 있는 데다 한국의 의도대로 실현되기도 쉽지 않으리라고 판단하고 있는 것으로 보인다. 그러므로 평상시에는 현재의 표기 자체도 문제가 있기는 하지만, 현상 수준을 유지하고 국민의 반발이 거세지고 여론이 악화하면 시정에 나서지만, 근본적인 시정의 선까지 나아가지 않는다. 2008년 7월 미국 연방 지명위원회의 시정 조치가 이를 단적으로 입증해주고 있다.

세계 다른 분쟁지역에서도 지명문제로 논란이 일고 있지만, 독도를 둘러싼 경우만큼 격렬하게 진행되지는 않는다. 독도 표기문제가 이렇게 한국의 외교 등 국제관계에까지 영향을 줄 수 있는 사안이 된 것은 한국 정부가 초기부터 세계를 대상으로 한 독도와 동해 관련 지명 유포나 확대, 오류 시정에 큰 관심을 두지 않았고, 일본이 국력을 내세워 집요하게 일본식 표기를 유포하는 노력을 해왔으며, 미국을 비롯한 각 국가는 자국의 이해에 따라 행동했기 때문인 것으로 풀이된다. 특히 조용한 외교를 표방한 한국 정부의 미온적인 관리와 일본의 간교함이 이중주를 이루어 문제를 양산해온 산물이다. 미국을 비롯한 각국의 한국이나 독도 관련 오류는 이미 너무 많이 확산되어 있는 데다 일본이 물러서지 않고 있어 올바른 표기로 시정하는 데는 많은 노력과 장기간이 소요될 것으로 전망된다.

3) 일본 독도에 대한 영유권 주장 가속화 길 열렸다

우리가 미국 지명위원회의 독도 주권 미지정 지역(Undesignated Sovereignty) 변경 시도와 철회를 주목하는 이유는 국제적으로 통용되는 지명의 결정은 유엔(UN) 산하 유엔지명위원회(UNGEN)와 더불어 미국지명위원회가 결정, 관리하고 있기 때문에 미국지명위원회는 미국 내 기관이지만, 전 세계 지명결정에 중요한 기준을 제공하고 있으며 유엔지명위원회에 대해서도 직간접적으로 영향력을 행사하기 때문이다.[64]

---

64) "국제지명표준화 관점에서 바라본 독도표기문제 및 대응방안"(2008), 국회입법조사처, p.2.

미국 연방정부 기관인 지명위원회(BGN)가 독도를 '주권 미지정 지역'(Undesignated Sovereignty)으로 변경을 추진하다가 철회한 점에 대해 호사카 유지 세종대 교수는 2008년 7월 30일 평화방송 '열린 세상 오늘, 이석우입니다'에 출연해 "일본의 집요한 로비[65]가 미국 핵심 인사계층에 먹혀든 결과이다. 일본은 조용히 미국 측 핵심 인사에 대한 로비를 지속적으로 펼쳤지만, 한국은 전혀 그렇지 않았다"고 말했다. 또 "일본은(독도 영유권 주장에 영향력을 행사할만한 인사를) 찾아가 관련 자료를 주며 설득했다. 그래도 안 되면 자국에 초청하고 세미나를 열어주며 관광도 시켜줬다. 상대를 기분 좋게 한 뒤 독도가 일본 땅이라는 주장을 받아들이게 했다"고 말했다.

호사카 유지 교수는 한국 대외로비의 취약점에 대해서 "일본 핵심층과의 인맥 연속성에 의문이 간다"고 지적한 뒤 "미국을 상대로 독도가 한국 땅이라는 핵심 정보를 제공하고 '설득 논리'를 폈어야 하는데 '독도는 우리가 실효지배를 하는 땅이니 잘 알아줬으면 좋겠다'는 수준에 머물렀다"고 주장했다. 일본의 집요한 외교적 노력에 한국이 당했다는 얘기다. 1980년대 후반부터 전개됐던 일본의 독도 분쟁지역화 외교와 로비 활동으로 미국이 마음을 바꿨을 가능성이 크다는 것이다.[66]

미국 연방 지명위원회(BGN) 홈페이지에서 외국지명을 검색해 보면 일본이 중국, 대만과 영유권 분쟁을 겪고 있는 '댜오위다위(釣魚島, 일본명: 센카쿠제도)'에 대해서는 일본식 표현인 센카쿠제도를 표준지명으로 삼고 있다. 일본과 러시아의 해묵은 영토갈등 대상인 소위 '북방 4개 섬'이 위치한 쿠릴열도에 대해서도 미국 연방 지명위원회(BGN)는 러시아의 실효적 지배를 인정했다. 같은 논리라면 독도에 대해서도 실효적 지배를 인정해 표준지명으로 독도를 써야 한다. 그러므로 한국 입장에서 보면 설령 미국의 정책적 입장이 바뀌지 않았다고 하더라고 현실적으로 불특정 다수가 접하는 미국 연방 지명위원회의 외국어 지명표기가 '독도=한국령'을 '주권 미지정 지역'으로 바꾸려고 한 것은 뼈아픈 '일격'이 된 셈이다. 그렇지만 일본은 잃은 것이 없다. 오히려 얻은 것이 많다.

미국의 태도는 순간적으로 생각하면 한국을 위한 것 같기도 하지만, 한 번 더 생각해보면 미국의 국가기관들이 독도에 대한 표준을 한국에서는 사용하지 않는 리앙쿠르 록스로 만들고 다른 표현으로 독도와 함께 다케시마를 사용하도록 해 독도 단독으로 사용하는 미국의 기관에 대해 리앙쿠르 록스로 변경하거나 다케시마 병기를 요구할 수 있게 근거

---

65) 로비(lobby)는 정치인·정당·국회의원 등 권력자들에게 어떤 단체나 기업 등을 위해서 이해 문제를 진정하거나 부탁하는 활동.

66) 중앙일보 2008. 7. 30.

를 만들어 준 셈이다.[67] 이에 대해 독도본부는 2008년 7월 30일 미국 연방 지명위원회 결정은 국제사회 일반인식[68]이라는 성명을 냈다. 성명 내용은 다음과 같다.

미 연방 지명위원회 결정은 '국제사회 일반인식'
독도 포기한 신한일어업협정이 원인 제공

2008년 7월 25일 미국 연방 지명위원회는 독도를 주권 미지정 지역으로 고시하였다. 한국 정부는 이를 일본의 로비에 의한 표기변경 문제로 보고 원상복구에 힘을 쏟겠다고 나섰다. 그러나 미국 당국자는 "변경은 불가능하며 내용 변경은 아무런 정치적인 고려 없이 오직 사실관계에 따라 이루어진 것"이라고 답변하였다. 한국은 언론이 나서 미국의 이번 지명변경을 단순한 표기상의 문제로 파악하고 표기변경에 주력한다는 입장을 취해왔다. 이는 매우 어리석은 상황 인식이다. 독도가 한국 영토가 아니라고 기록되었으면, 이것이 단순한 표기 실수인지 아니면 실제 내용이 그런지부터 먼저 알아보아야 한다. 그런데 이런 근본문제는 접어두고 단순히 표기실수라는 쪽으로 문제를 끌고 감으로써 표기변경의 근본 원인에는 눈을 감고 아예 외면해버리기 때문이다. 독도가 주권 미지정 지역이라는 말은 한국 영토가 아니라는 말이며, 이는 분쟁지라는 말이다. 한국인에게 독도가 한국 영토가 아니라는 말은 정서적으로 받아들이기 어렵겠지만, 독도는 오래전부터 명백한 분쟁지역이었다.

1999년 체결된 신한일어업협정에서는 일본의 권리를 한국과 대등한 것으로 조약에서 명문으로 보장하였다. 한국 정부 스스로 분쟁지역임을 공인한 사건이고 당시 국제사회의 일반 인식은 한국 정부가 스스로 영토 주권을 포기한 행위를 한 것으로 파악하였다. 그런데 시간이 흘러 한국이 스스로 공인한 사실을 다시 뒤집는 것은 국제사회에서 국가의 신뢰만 떨어뜨리는 행위이며, 표기를 바꾸라는 요구는 사실과 다르게 잘못된 표기를 하라는 것이니 이는 실현 불가능한 부도덕한 요구를 강요하는 것이다.

한국은 그동안 '독도를 실효적으로 지배하고 있으며 일본의 도발은 독도를 분쟁지로 만들어 한국을 국제사법재판소에 끌고 가기 위한 전략'이라는 일관된 입장을 취해왔고 따라서 일본의 전략에 말려들지 않기 위해 아무런 대응을 하지 않고 문제를 회피해왔다. 그러나 이런 인식은 '영토에 대한 도전에는 공개적이고 적극적으로 반격하라'는 국제법의 일반 원칙에 정면으로 위배되는 상황 인식이며, 결국 우리 영토 독도를 일본에 넘겨주기 위한 음모라는 점을 독도본부는 일관되게 주장하였다. 상황이 이러함에도 아직도 언론보도 일각에는 '떠들면 일본의 분쟁지화 전략에 말려들어 가는 것'이라는 치매 수준의 이야기가 떠돌아 국민을 혼란스럽게 만들고 있다.

이번 미국 연방 지명위원회의 결정은 국제사회의 일반인식을 반영한 것이며 한일어업협정이라는 영토포기 조약을 체결한 한국이 원인을 제공한 것이다. 그리고 국제법의 일반 원칙을 거스르면서까지 침묵과 외면으로 일본의 영토 침탈을 도와준 한국 스스로 자초한 사건이다. 거듭 말하지만, 이번 사건은 미국만의 문제가 아니라 국제사회 일반의 인식을 드러내는 사건이며, 미국이 저지른 일이 아니라 한국이 저지른 일이다. 또 단순한 표기문제가 아니라 영토주권이 넘어가는 문제이다. 이번의 표기문제는 10년 전에 저지른 잘못이 이제야 드러난 것일 뿐이다. 그리고 일본의 정치공작에 놀아난 한국의 어리석음이 보답을

---

67) 중앙일보 2008. 7. 31.
68) 독도본부.

받은 것이다.

　이제 독도가 한국 땅이 아니라는 사실이 만천하에 드러났다. 일반 국민의 기분으로는 눈 뜬 채 영토를 도둑맞은 기분일 것이다. 그러나 이번 사태가 주는 교훈을 바르게 받아들여 이제부터라도 모든 국민이 당파로 나누어지려는 마음을 버리고 나라 사랑, 독도 사랑의 한 마음으로 나선다면 이미 떠난 독도라 할지라도 혹시 되돌아오는 기적을 일으킬지도 모른 다. 독도가 우리 곁을 떠난 것은 우리가 모두 잘못한 것이다. 그러나 지금 이 마당에 잘잘 못을 따지는 것은 독도를 완전히 버리는 것이다. 오직 한마음으로 독도를 온전한 한국 영토 로 되돌리는 일에 나서야 한다. 제발 당파적 시비를 버리고 독도 사랑 한마음으로 나서자.

2008년 7월 30일
독도본부

　결국 한바탕 소동 끝에 미국 부시 대통령의 지시로 주권 미지정국으로 변경하려고 하 던 것은 철회됐지만, 미국 국내는 물론 세계적인 영향력이 있는 미국 지명위원회에서 리 앙쿠르 록스라는 표기가 여전히 그대로 사용된다. 우리가 모두 공언하듯이 미국은 한국의 가장 중요한 우방이다. 그런데 그 미국에서마저 독도를 리앙쿠르 록스로 표기한다. 그리 고 독도본부의 성명 내용에서 지적하고 있듯이 미국의 독도에 대한 표기는 국제사회의 일반적인 인식을 나타낸 것이다. 우리만 인정하지 않으려 할 뿐 이미 한국을 제외한 전 세계가 독도를 리앙쿠르 록스로 사용하는 길은 열려 있다. 이것은 국제사회에서 일본이 의도하는 대로 독도 문제가 흘러가고 있다는 것을 의미하기도 한다. 우리는 일본의 목표 가 다케시마 탈환이라는 점을 잊어서는 안 된다. 일본은 지금도 변함없이 차근차근 그 길 로 나아가고 있다.

제2절 독도 영유권 분쟁에 대한 제삼국 입장과 시각

1. 기본적인 입장 '한국과 일본이 해결할 문제다'

　세계에서 발생한 분쟁 중 영토분쟁 데이터뱅크인 ICOW 데이터뱅크 분쟁 사례 수는 총 413건이고, 이 가운데 318건은 어떤 식으로든 종결됐지만 86건의 영토분쟁은 아직도 미해결된 상태이다. 분쟁은 오늘날의 한국이나 일본에만 있는 골치 아픈 일이 아니다. 국가가 존속하는 동안 인접국가의 도발 등 국제적인 정세가 변화할 때 수시로 발생할 수 있는 일이다. 가까이는 19세기 조선에서도 1882년 조선과 청나라가 조청무역장정을 체결하여 200년 이상 조선해역에서 불법적으로 성행해온 청나라 어선에 대해 평안도와 황해도 해양에서 어업활동을 합법화한 바가 있으며, 일본 어선들의 조선 연안에서 약탈적인 어업과 불법 행위문제를 해결하기 위해 1889년 10월 20일 조선 정부가 위임한 독판교섭통상사무(督辦交涉通商事務) 민종묵[69](閔鍾默)과 일본 정부가 위임한 대리공사(代理公使) 곤도 신스케(近藤眞鋤)는 각각 위명(委命)을 받들고 회의하여 조일통어장정(通漁章程)을 체결한 일도 있었다.[70] 이처럼 분쟁은 세계 도처에서 일어나고 그것을 해결하기 위한 노력은 현재도 계속되고 있다.

다른 나라의 분쟁에 대해서는 직접적인 이해당사자가 아니므로 그 중요성을 실감하지 못하지만, 해당 국가들에게는 하나같이 국가의 총력을 기울여야 하는 중차대한 일이다. 그리고 이제까지 발생한 영토분쟁은 동중국해의 난사군도처럼 여러 나라의 이해관계가 첨예하게 대립하는 경우도 있지만, 특정한 당사국 간의 분쟁이 주류를 이루는 경우가 더 많다. 제삼자가 나서서 협상을 중재해 해결한 사례도 있지만, 일반적으로 당사국 외의 제삼국은 직접적인 개입을 꺼린다. 특정 국가를 일부러 지지하게 되면 그 상대국가와 관계가 소원해 질 수 있으므로 당사국이 해결할 문제라는 입장을 취한다. 오늘날 독도나 다케시마가 아닌 리앙쿠르(Liancourt)라고 표시하는 나라가 상당수에 달하는 것도 한일 간의 분쟁지역으로 인식, 분쟁에 끼어들고 싶지 않다는 계산에서 비롯된 행동이다.[71]

결국 독도의 영유권 분쟁은 이해 당사국인 한국과 일본이 해결해야 할 문제이다. 상대가 있는 이상 결코 무시 또는 무대응으로 회피하거나 아집[72](我執)으로는 해결할 수 없다. 아무리 상대국의 행동이 얄미워도 체계적이고 조직적인 대응체계와 대책을 마련하고, 그 대책에 따른 전략과 전술적 행동으로 쟁취해 나가야 한다.

한국해양수산개발원이 제삼국 학자의 독도 관련 입장을 분석한 결과 일부 제삼국의 학자들은 독도 문제는 미해결 상태에 머물러 있는 한 이따금 한국과 일본 간 현안으로 등장하여 양국 간 관계를 긴장시키는 요인이 될 것이라고 하였다. 그들은 한일 관계에서 독도

---

69) 조선왕조실록[고종 26권, 26년(1889 기축/청 광서(光緖) 15년) 10월 20일(임진) 8번째 기사].

70) 이근우 외(2008), "19세기 동북아 4개국의 도서 분쟁과 해양경계", 동북아 역사재단, pp.79∼138.

71) 해양경찰청.

72) 아집(我執)은 자기중심의 좁은 생각에 집착하여 다른 사람의 의견이나 입장을 고려하지 아니하고 자기만을 내세우는 것.

문제는 그 주변해역의 수산자원이나 천연가스에 대한 이해관계 충돌 이전에 민족의 이익과 자존심이 걸려 있는 문제라는 점에서 특이하다고 보고 있다. 또한 한국인들은 과거 일본의 악행을 기억하면서 정책을 결정해 가는 경향이 있는 데 비해, 일본인들은 과거보다는 현재에 집중하려는 경향이 있다고 생각하는 것으로 나타났다.[73]

2. 제삼국의 지지 한국과 일본이 하기 나름이다

일본 측이 멩끼에 에끄레오 사건(The Minquiers and Ecrehos Case)에서 프랑스 정부의 변호인 앙드레 그로(André Gros) 교수에게 독도 문제에 대한 소견을 물은 일이 있는데, 그때 그로 교수의 답변은 속히 실효적 조처를 해야 한다는 것이었다. 한국의 해양경찰대가 독도를 수비하고 있는 오늘날 이곳에 일본이 실효적 조처를 한다는 것은, 곧 사실상의 전쟁을 의미할지도 모른다.[74] 그런데도 그로 교수는 동북아시아뿐만 아니라 또 다른 세계대전의 실마리가 될 수도 있는 한국과 일본 간 전쟁이 발생할 수 있는 심각하고 엄청난 상황을 간접적으로 태연하게 일본에 조언한 것이다. 외국인 중에는 이렇게 무책임하고 몰지각한 인간도 있다.

미국 뉴욕주 변호사인 벤저민 시벳(Benjamin K. Sibbet)은 1998년에 발행된 '독도냐 다케시마냐?: 일본과 한국 간의 영토 분쟁'(원제목 및 출처: Tokdo or Takeshima? The Territorial Dispute, -Between Japan And The Republic of Korea-, Fordham International Law Journal Vo.12, Apr., 1998 p.1606~1646, Benjamin K. Sibbet Lawyer)이라는 논문을 통해 리앙쿠르(독도)에 대한 한국의 주장이 일본 주장보다 우월하므로 리앙쿠르의 주권은 한국에 있다(The Republic of Korea establishes a superior claim to LIANCOURT than does Japan LIANCOURT's sovereign). 그리고 국제공법상 리앙쿠르에 대한 한국의 주장이 일본의 주장보다 우월하다. 일본의 주장은 대체로 한국과 체결한 다수의 조약에 기초하고 있는데, 이것은 리앙쿠르가 원래 한국에 속해 있었다는 방증이기도 하다. 따라서 한국이 리앙쿠르의 원소유자였다는 가정에 따라 한국 자신이 창출한 본원적 권리바탕을 추후에 행해진 주권의 반발행위를 통해 완성했다는 것을 증명할 수 있다면 국제사법재판소나 다른 제삼자는 한국의 입장을 지지할 것이다. 또한 그러한 입장의 표명이 한국의 승리를 의미한다는 것은 의심할 여지

---

73) 이석용·박찬호(2007), "제3국학자의 독도관련 입장 분석", 한국해양수산개발원, p.viii.

74) 이한기(1996), "한국의 영토", 서울대학교출판부, p.306.

가 없다[75]고 주장했다.

이처럼 같은 미국인지만 벤저민 시벳처럼 한국의 입장을 지지하는 분도 있지만, 시볼드 같은 인간은 샌프란시스코 평화조약 1~5차 초안에 독도가 한국 영토로 명시되도록 한 내용을 6차 초안에서는 일본 영토에 포함되도록 활동해 오늘날 한국과 일본이 독도 영유권분쟁을 하도록 하는데 직접적인 역할을 하기도 한다.

제2차 세계대전 후 주일본 정부 고문이었던 시볼드(W. J. Sebald)는 독도를 샌프란시스코 평화조약에서 한국 영토에서 제외시키고 일본 영토에 포함하도록 명문 규정을 해달라는 일본의 로비에 따라, 1949년 11월 14일 미국 국무부에 '리앙쿠르드암(독도)에 대한 재고(再考)'를 요청하는 전보를 치고, 이어서 다음과 같은 의견서를 제출하였다. 『일본이 전에 영유하고 있던 한국 쪽으로 위치한 섬들의 처리와 관련하여 리앙쿠르드암(독도=다케시마)을 제3조에서 일본에 속하는 것으로 명시할 것을 건의한다. 이 섬에 대한 일본의 주장은 오래되었으며, 정당한 것으로 여겨진다. 이 섬을 한국의 연안에서 떨어진 섬이라고 보기 어렵다. 안보적인 측면에서 이 섬에 기상과 레이더 기지를 설치하는 것이 미국의 국가이익 측면에서 고려될 수 있다.』 이러한 시볼드의 건의를 받아들여 미국 국무부는 1949년 12월 29일 작성된 연합국 샌프란시스코 평화조약 제6차 초안 제3조의 일본 영토를 다룬 조항에다 독도(리앙쿠르드암=다케시마)를 포함시켰다.[76]

이처럼 아무렇지도 않게 타국의 문제에 제삼자가 끼어들어 문제를 악화시키는 예도 있으며, 때로는 한국과 일본의 정치, 경제, 군사, 외교적 노력이나 협력관계 등 사안에 따라 입장을 달리하기도 한다. 이런 점을 고려할 때 국제사회의 관심이 일방적으로 일본을 지지하는 분위기로 편향되어 조성되지 않도록 하기 위해서는 한국 정부 차원에서 제삼국이나 국제기구, 영향력 있는 유명 외국인사에 대한 관리가 필요할 것으로 보인다.

3. 유엔과 미국 영토분쟁 중재역할 기대하기 어렵다

넓은 의미의 조정이라고 부르는 정치적 방법인 중재는 미국과 같은 정치적 영향력을 가진 제삼국이 개입하는 것이 좋을 때도 있고, 유엔(UN)이나 기타 국제조직이 개입하여 해결방법을 모색할 수도 있다. 이 정치적 방법은 권고 이상의 효력을 가지지 않은 것이

---

75) 김병준(2005), "독도논문번역선Ⅱ", 동북아의 평화를 위한 바른역사정립기획단, pp.251~261.
76) 신용하(2005), "한국과 일본의 독도 영유권 논쟁", 한양대학교출판부, pp.36~37.

특징이다. 현시점으로서는 독도 문제의 해결을 위하여 개입할만한 제삼국이 선뜻 발현되지 않는다. 미국이 이 목적을 위하여 가장 적당한 위치에 있으나, 지금까지의 경위로 보아 지극히 소극적이고 회피적이다.[77] 유엔은 국제사법재판소에 기탁된 사안에 대해서는 재판소를 통해 적극적으로 중재나 재판을 하지만, 그 외에 특정국가 간의 분쟁에 대해서는 잘 개입하지 않는다.

영국이 아르헨티나의 영유권 주장을 계속해서 무시하여 결국 아르헨티나가 장기간에 걸친 영국과의 협상을 포기하고 1982년 4월 2일 포클랜드제도를 공격함으로써 시작된 아르헨티나와 영국 사이에 일어난 포클랜드전쟁(Falkland Islands War)은 영유권 문제가 발단이 되었으며, 6월 14일 영국군이 포트 스탠리(Fort Stanley)를 탈환하고 포클랜드 주둔 아르헨티나군이 항복함으로써 종결되었다. 전쟁이 개시된 후 국제연합(UN)과 미국은 중재를 시도했으나 성공하지 못했다.[78]

미국은 초강대국으로서 오늘날 세계 경찰국가를 스스로 자임하고 있으며, 유엔도 평화 공존을 위해 다각적인 노력을 기울이고 있다. 세계 곳곳의 분쟁지역에 미군과 유엔군이 파견되어 평화 정착을 위한 노력이 전개되고 있지만, 세계 평화를 위해 할 수 있는 역할과 능력에는 한계가 있기 때문에 특정국가 간에 진행되는 영토분쟁에 일일이 개입할 수도 없고, 개입하지도 않는다. 따라서 많은 분쟁지역 중 하나인 독도 영유권 분쟁도 미국이나 유엔의 중재를 통한 해결시도는 평화적 해결방안의 모색이라는 점에서 나름대로 의미는 있을지 몰라도 실질적으로 미국이나 유엔의 역할과 성과를 기대하기는 어렵다. 즉 독도를 비롯한 한국의 문제는 한국 스스로 노력과 국력을 결집해 풀어야 한다는 점을 분명하게 인식할 필요가 있다.

---

77) 이한기(1996), "한국의 영토", 서울대학교출판부, p.306.
78) 네이트 백과사전.

제3절 유엔해양법협약과 영토 분쟁 및 해결 사례

1. 유엔해양법협약

1) 개요와 용어의 정의

해양법에 관한 국제협약[79](통칭 유엔해양법협약) 중 해양영토 확정과 관련된 내용 중 독도 문제와 신한일어업협정을 이해하기 위해 반드시 알아두어야 할 용어 및 내용 몇 가지만 간추려 보면 [표 5-3]과 같다.

[표 5-3] 해양법에 관한 국제연합 협약(일부 발췌)

제2부 영해와 접속수역

제1절 총칙
제2조(영해, 영해의 상공·해저 및 하층토의 법적 지위)
1. 연안국의 주권은 영토와 내수 밖의 영해라고 하는 인접해역, 군도국가는 군도수역 밖의 영해라고 하는 인접해역에까지 미친다.
2. 이러한 주권은 영해의 상공·해저 및 하층토에까지 미친다.
3. 영해에 대한 주권은 이 협약과 그 밖의 국제법 규칙에 따라 행사된다.

제2절 영해의 한계
제3조(영해의 폭)
모든 국가는 이 협약에 따라 결정된 기선으로부터 12해리를 넘지 아니하는 범위에서 영해의 폭을 설정할 권리를 가진다.

제4조(영해의 바깥한계)
영해의 바깥한계는 기선상의 가장 가까운 섬으로부터 영해의 폭과 같은 거리에 있는 모든 점을 연결한 선으로 한다.

---

79) 해양법에 관한 국제 연합 협약(UNCLOS: United Nations Convention on the Law of the Sea)은 전문, 본문 17부 320개조, 9개 부속서, 6개 특별부속서, 4개 특별결의로 구성된 인류역사상 가장 방대한 국제조약으로 1973년부터 1982년까지 국가 간 협상을 거쳐 1982년 4월 30일 채택하고 1994년 11월 16일 발효되었다. 대한민국은 비준서를 1996년 1월 29일 유엔(UN)에 기탁, 1개월 후인 1996년 2월 28일 동 협약의 정식회원이 되었다. 동 협약은 영해, 접속수역, 배타적 경제수역(EEZ), 대륙붕, 공해, 심해저 등으로 구분하여 그에 속하는 자원의 이용, 보전, 개발 등을 규정하고 있으며, 해양환경의 보호, 해양과학조사, 해양기술의 개발과 이전, 분쟁의 해결절차 등을 규정하고 있다. 그러나 동 협약의 핵심은 1970년대 중반 미국, 소련 등의 주요연안국의 200해리 배타적 경제수역 선포로 국제관습법으로 인정되던 200해리 배타적 경제수역 제도를 협약에서 성문화한 것으로 기존의 해양질서에 큰 변화를 가져왔다.
◆ 접속수역
1982년 12월 10일에 체결된 유엔해양법 협약 제33조에 의하면 접속수역(Contiguous zone)이란 영해에 접속해 있는 수역으로서 영해기준선으로부터 24해리를 넘지 않는 범위에서, 그 영토 및 영해상의 관세·재정·출입국 관리·보건·위생관계 규칙위반을 예방하거나 처벌하기 위하여 필요한 국가통제권을 행사하는 수역이다. 이것은 공해와 영해의 중간에 위치하여 그 대립을 완화시켜 주는 기능을 발휘하는 수역이다. 1930년 성문법전환 회의에서 접속수역의 개념이 인정된 이래, 1958년 영해 및 접속수역에 관한 제네바(Geneva)협약 제24조에서 확인되었다. 이 당시는 영해기준선으로부터 12해리를 넘지 못하게 하였다. 그러나 그 후 영해의 넓이가 12해리로 되었다. 그러므로 1982년 12월 10일에 체결된 유엔해양법협약 제 33조에서는 접속수역의 넓이를 24해리 이내라고 규정하게 되었다. 우리나라도 영해 및 접속수역법(제3조의 2항)에서 접속수역의 범위를 영해기선으로부터 측정하여 그 외측 24해리의 선까지에 이르는 수역에서 대한민국의 영해를 제외한 수역으로 한다. 다만, 대통령령이 정하는 바에 따라 일정수역에 있어서는 영해기선으로부터 24해리 이내에서 접속수역의 범위를 따로 정할 수 있다. 우리나라의 접속수역에서 관계당국은 대한민국 영토 또는 영해에서 관세·재정·출입국관리·보건·위생에 관한 대한민국의 법규를 위반하는 행위의 방지 및 위반하는 행위를 제재할 때 법령이 정하는 바에 따라 그 직무권한을 행사할 수 있다.

제15조(대향국 간 또는 인접국 간의 영해의 경계획정)
두 국가의 해안이 서로 마주 보고 있거나 인접하고 있는 경우, 양국 간 달리 합의하지 않는 한 양국의 각각의 영해 기선 상의 가장 가까운 점으로부터 같은 거리에 있는 모든 점을 연결한 중간선 밖으로 영해를 확장할 수 없다. 다만, 위의 규정은 역사적 권원이나 그 밖의 특별한 사정에 의하여 이와 다른 방법으로 양국 영해의 경계를 획정할 필요가 있을 때는 적용하지 아니한다.

제4절 접속수역
제33조(접속수역)
1. 연안국은 영해에 접속해 있는 수역으로서 접속수역이라고 불리는 수역에서 다음을 위하여 필요한 통제를 할 수 있다.
 (a) 연안국의 영토나 영해에서의 관세·재정·출입국관리 또는 위생에 관한 법령의 위반방지
 (b) 연안국의 영토나 영해에서 발생한 위의 법령 위반에 대한 처벌
2. 접속수역은 영해기선으로부터 24해리 밖으로 확장할 수 없다.

제3부 국제항행에 이용되는 해협

제5절 배타적 경제수역
제56조(배타적 경제수역에서의 연안국의 권리, 관할권 및 의무)
1. 배타적 경제수역에서 연안국은 다음의 권리와 의무를 갖는다.
 (a) 해저의 상부 수역, 해저 및 그 하층토 층의 생물이나 무생물 등 천연자원의 탐사, 개발, 보존 및 관리를 목적으로 하는 주권적 권리와 해수·해류 및 해풍을 이용한 에너지생산과 같은 이 수역의 경제적 개발과 탐사를 위한 그 밖의 활동에 관한 주권적 권리
 (b) 이 협약의 관리규정에 규정된 다음 사항에 관한 관할권
  (ⅰ) 인공섬, 시설 및 구조물의 절차와 사용
  (ⅱ) 해양과학조사
  (ⅲ) 해양환경의 보호와 보전
 (c) 이 협약에 규정된 그 밖의 권리와 의무
2. 이 협약상 배타적 경제수역에서의 권리행사와 의무이행에서, 연안국은 다른 국가의 권리와 의무를 적절히 고려하고, 이 협약의 규정에 따르는 방식으로 행동한다.
3. 해저와 하층토 층에 관하여 이 조에 규정된 권리는 제6부에 따라 행사된다.

제57조(배타적 경제수역의 폭)
배타적 경제수역은 영해기선으로부터 200해리를 넘을 수 없다.

제59조(배타적 경제수역에서의 권리와 관할권의 귀속에 관한 마찰 해결의 기초)
이 협약에 의하여 배타적 경제수역에서의 권리나 관할권이 연안국이나 다른 국가에 귀속되지 아니하고 또한 연안국과 다른 국가 간 이해관계를 둘러싼 마찰이 발생한 경우, 그 마찰은 당사자의 이익과 국제사회 전체의 이익의 중요성을 각각 고려하면서 형평성에 따라 모든 관련 상황에 비추어 해결한다.

제74조(대향국 간 또는 인접국 간의 배타적 경제수역의 경계획정)
1. 서로 마주 보고 있거나 인접한 연안을 가진 국가 간의 배타적 경제수역 경계획정은 공평한 해결에 이르기 위하여, 국제사법재판소규정 제38조에 언급된 국제법을 기초로 하는 합의에 따라 이루어진다.
2. 상당기간 내에 합의에 이르지 못하면 관련국은 제15부에 규정된 절차에 회부된다.
3. 제1항에 규정된 합의에 이르는 동안, 관련국은 이해와 상호협력의 정신으로 실질적인 잠정협약을 체결할 수 있도록 모든 노력을 다하며, 과도적인 기간 최종합의에 이르는 것을 위태롭게 하거나 방해하지 아니한다. 이러한 약정은 최종적인 경계획정에 영향을 미치지 아니한다.
4. 관련국 간에 발효 중인 협정이 있는 경우, 배타적 경제수역의 경계획정에 관련된 사항은 그 협정의 규정에 따라 결정된다.

제6절 대륙붕
제76조(대륙붕의 정의)
1. 연안국의 대륙붕은 영해 밖으로 영토의 자연적 연장에 따라 대륙변계의 바깥 끝까지, 또는 대륙변계의 바깥 끝이 200해리에 미치지 아니하는 경우, 영해기선으로부터 200해리까지의 해저지역의 해저와 하층토로 이루어진다.(이하 생략)

제77조 (대륙붕에 대한 연안국의 권리)
1. 연안국은 대륙붕을 탐사하고 그 천연자원을 개발할 수 있는 대륙붕에 대한 주권적 권리를 행사한다.

2. 제1항에 언급된 권리는 연안국이 대륙붕을 탐사하지 아니하거나 그 천연자원을 개발하지 아니하더라도 다른 국가는 연안국의 명시적인 동의 없이는 이러한 활동을 할 수 없다는 의미에서 배타적인 권리이다.
3. 대륙붕에 대한 연안국의 권리는 실효적이거나 관념적인 점유 또는 명시적 선언에 의존하지 아니한다.
4. 이 부에서 규정한 천연자원은 해저와 하층토의 광물, 그 밖의 무생물자원 및 정착성 어종에 속하는 생물체, 즉 수확 가능단계에서 해저표면 또는 그 아래에서 움직이지 아니하거나 또는 해저나 하층토에 항상 밀착하지 아니하고는 움직일 수 없는 생물체로 구성된다.

제83조 (대향국 간 또는 인접국 간의 대륙붕의 경계획정)
1. 서로 마주 보고 있거나 인접한 연안국가의 대륙붕 경계획정은 공평한 해결에 이르기 위하여, 국제사법재판소규정 제38조에 언급된 국제법을 기초로 하여 합의에 따라 이루어진다.
2. 상당한 기간 내에 합의에 이르지 못할 경우, 관련국은 제15부에 규정된 절차에 회부한다.
3. 제1항에 규정된 합의에 이르는 동안 관련국은, 이해와 상호협력의 정신으로, 실질적인 잠정약정을 체결할 수 있도록 모든 노력을 다하며, 과도적인 기간 최종 합의에 이르는 것을 위태롭게 하거나 방해하지 아니한다. 이러한 약정은 최종적 경계획정에 영향을 미치지 아니한다.
4. 관련국 간에 발효 중인 협정이 있는 경우, 대륙붕의 경계획정에 관련된 문제는 그 협정의 규정에 따라 결정된다.

제8절 섬 제도
제121조 (섬 제도)
1. 섬이라 함은 바닷물로 둘러싸여 있으며, 밀물일 때에도 물 위에 있는, 자연적으로 형성된 육지를 말한다.
2. 제3항에 규정된 경우를 제외하고는 섬의 영해, 접속수역, 배타적 경제수역 및 대륙붕은 다른 영토에 적용 가능한 이 협약의 규정에 따라 결정한다.
3. 인간이 거주할 수 없거나 독자적인 경제활동을 유지할 수 없는 암석은 배타적 경제수역이나 대륙붕을 가지지 아니한다.

출처: 이석용 · 박찬호(2007), "제3국학자의 독도관련 입장 분석", 한국해양수산개발원, pp.54~78.

2) 협약 체결배경

1982년 12월 협약이 성립되고, 1994년 11월 16일 발효된 유엔해양법협약은 세계의 생물자원 70%가 이미 완전개발(full exploitation), 과개발(over-exploitation), 또는 멸종(depleted) 상태에 이르렀으며, 이 상태가 계속되면 세계 어획량은 매년 20%씩 감소하고, 수년 안에 어업이라는 활동이 지구에서 전면 종식되어야 하는 위기에 직면하였다는 사실을 뒤늦게 인식한 결과, 국제사회가 이룩한 특별한 합의라 할 수 있다.[80]

3) 협약 성립 의의와 문제점

2007년 2월 8일 현재 157개국이 서명하고 153개국이 가입한 유엔해양법협약은 국제사회가 이제까지 성립시킨 다자간 협약 중에서 가장 포괄적이며 방대한 합의문서로, 인류가 앞으로 그 생존(survival)을 의존해야 할 해양에서 인간 활동의 통일적인 규범, 즉 '새로운

---

80) 김영구(2008), "독도, NLL문제의 실증적 정책분석", 다솜출판사, pp.51~52.

국제 해양질서'를 확립하였다는 점에서 협약의 성립과 가동은 긍정적인 의의와 그 중요성을 인정받고 있다.

좀 더 구체적으로 협약 성립의 의의를 살펴보면 새로운 해양법 제도는 첫째는 하나의 통일된 제도로 확립되지 못했던 영해(領海)의 범위가 1982년 유엔해양법협약에서 처음으로 12해리로 확정되었다. 둘째는 새롭게 정의된 국제해협 통항제도와 군도수역 통항제도는 연안국의 주권적 관할권 제도와 잘 균형이 이루어지고 있다고 볼 수 있다. 셋째는 해양환경의 보호·보존을 위한 오염행위 규제는 그 오염원의 형태에 따라 구별되어야 하는데 유엔해양법협약은 이 오염원의 개념을 5가지 형태로 명확히 구분하였다. 넷째는 심해저의 자원개발제도를 '해양법협약 체제'의 틀 속에 담을 수 있었다는 사실 자체를 높이 평가해야만 할 것이다. 다섯째는 유엔해양법협약의 발효로 국제사회에서 분쟁해결의 새로운 시대가 열렸다는 점에서 긍정적으로 평가된다.

일련의 의의에도 유엔해양법협약은 종래와는 여러모로 다른 새로운 법적 제도를 도입하고 새로운 질서 가동에 따른 과도적인 혼란과 마찰을 피할 수 없게 되었다. 예컨대 이 새로운 국제해양질서가 가동됨으로써 종래 공해(公海)이던 해역의 35%가 연안국의 국가 관할수역이 되었으며, 이처럼 관할 수역의 광역화(廣域化)가 진행되기 위해 300건이 넘는 경계분쟁(境界紛爭)이 발생하였다. 특히 '새로운 국제 해양질서'의 도입에 따르는 마찰과 진통은 세계의 다른 어느 곳에서보다 한반도(韓半島)가 위치한 동북아(東北亞)지역에서 가장 심각하다.[81] 유엔해양법협약은 독도 분쟁 고조의 한 원인이 되고 있다.

4) 해결해야 할 과제

유엔해양법협약은 그 의의와 중요성에도 불구하고 협약이 성립, 발효된 이후에도 여러 가지 새로운 과제가 제기되고 있다. ① 영해범위를 결정하기 위한 기선(基線) 획정의 법적 기준, 도서(島嶼) 영유권과 그 해양관할권의 문제, 배타적 경제수역 및 대륙붕 범위와 그 경계획정에 관한 문제를 비롯한 해양관할권에 관련된 문제, ② 통항 및 항해안전 문제, ③ 해양생물자원 개발과 보존의 문제, ④ 해양환경의 보호와 보존의 문제, ⑤ 해양 분쟁의 평화적 해결 문제 등이다.[82] 따라서 유엔해양법협약은 이러한 일련의 문제들에 대한 해결

---

81) 김영구(2008), "독도, NLL문제의 실증적 정책분석", 다솜출판사, pp.51~54.
82) 김영구(2008), "독도, NLL문제의 실증적 정책분석", 다솜출판사, pp.59~81.

방안이 마련될 때 진가를 발휘할 수 있을 것으로 보인다.

5) 유엔해양법협약과 도서 분쟁

미국 국무부의 스미스(Robert W. Smith) 박사와 토마스(Bradford Thomas) 박사가 조사한 세계의 주요 분쟁도서와 분쟁당사국은 [표 5-4]와 같다. 개별 국가 간의 분쟁은 여러 가지 요인이 있으며, 이미 오래전부터 분쟁이 계속되어 온 곳도 많으므로 유엔해양법 협약이 도서 분쟁의 직접적인 원인이라고 단정적으로 말하기는 어렵다. 그러나 섬의 영유권 문제가 국제사회의 주요 관심사의 하나로 주목받게 된 것은 제3차 유엔해양법회의를 통해 등장한 배타적 경제수역(EEZ)제도와 관련이 있다.

제3차 유엔해양법회의에서 채택된 해양법협약은 연안국에 200해리까지 경제수역을 선포할 수 있게 하였는바, 일부 보잘것없는 섬들을 제외한 대부분의 섬은 광활한 경제수역을 가질 수 있게 된 것이다. 경제수역의 등장으로 그동안 관심의 대상이 아니었던 섬의 영유권에 대한 관심이 고조되면서 세계 도처에서 인접국이나 연안국들은 경제수역 계획을 획정할 때 섬에 부여될 효과를 결정하는 문제를 둘러싸고 첨예하게 대립하는 경우가 많아졌다.

이러한 상황은 이미 1970년대 미국 국무부 하지슨(Hodgson)이 그의 논문 '섬: 정상적 그리고 특별한 상황'(Islands: Normal and Special Circumstances)에서 섬이 수많은 국제분쟁을 야기하게 될 것이라고 예견하였을 때부터 예고된 것이었다. 그 섬은 때로는 경계획정과 관

[표 5-4] 세계의 주요 도서 분쟁

분쟁도서	분쟁국	분쟁도서	분쟁국
독도(?)	한국-일본	카르다크	그리스-터키
센카쿠(조어도)	일본-중국	알후세마스 등	모로코-스페인
북방도서(쿠릴열도)	일본-러시아	마시아스실	미국-캐나다
파라셀군도	베트남-중국	한스	캐나다-덴마크
스프래틀리군도 (난사군도)	베트남/ 중국 등	나바싸	미국-아이티
피상과 바투	말레이시아-싱가포르	산 안드레	콜롬비아-니카라과
매튜/헌트 섬	프랑스-바누아투	사포딜라	벨리즈/과테말라/온두라스
아부무사/톤브	이란-UAE	코리스코만 제도	적도기니-가봉
하와르	바레인-카타르	포클랜드	영국-아르헨티나

출처: 이석용(2007), "국제해양분쟁해결", 한남대학교출판부 〈글누리〉, p.62.

련하여 그리고 때로는 영유권 문제 때문에 분쟁을 야기하게 될 것이라고 하였던 것이다. 우리나라와 일본 간의 독도 문제는 도서 자체에 대한 영유권 문제와 도서주변 수역의 해양 경계획정 문제를 동시에 안고 있는 전형적인 도서 분쟁 사례에 속한다.[83]

유엔해양법협약이 발효되기 오래전부터 한국과 일본은 독도와 관련 서로 영유권을 주장하며 대립해왔으므로 유엔해양법협약이 독도 문제의 직접적인 원인은 아니지만, 1965년 '한일기본관계조약' 체결 이후 소강상태에 들어갔던 독도 영유권 문제를 일본이 다시 들고 나오게 하는 계기로 작용한 것은 사실이다. 1982년 유엔해양법협약 성립을 앞둔 1977년 후쿠다 일본 총리가 독도가 일본의 고유영토라고 망언을 하고 한국이 12해리 영해를 선포함으로써 한일 간 독도 영유권 문제에 대한 일본인의 망언과 망동(妄動)이 재연되었다.

2. 식민 침탈 등 세계의 영토분쟁 현황

제국주의 시대가 막을 내린 지 이미 100여 년이 지났지만, 세계 곳곳에는 여전히 영토분쟁이 지속되고 있다. 일본과 러시아의 쿠릴열도 문제, 중국과 일본의 센카쿠열도 분쟁, 중국과 베트남의 하이난군도 분쟁 등이 있으며, 분쟁 대상이 되는 영토를 차지하기 위해 전쟁을 벌인 나라도 적지 않다.

국제분쟁 사례 중 영토분쟁에 대한 자료는 ICOW(The Issue Correlates of War: 다툼과 관계가 있는 논쟁) 프로젝트에 잘 수집 정리되어 있다. ICOW 프로젝트는 미국 플로리다 주립대학교(Florida State University)의 정치학부 폴 헨슬(Paul Hensel) 교수가 진행하는 세계 영토분쟁 리서지 프로젝트이다. 1997년 봄 미국 국제정치학회(International Studies Association) 연례(年例) 학술대회의 논문 발표를 계기로 1999년부터 본격적으로 착수되었다. 과거 발행했거나 현재 진행 중인 전 세계 영토분쟁에 대한 자료를 체계적으로 수집하고 있는데, 영토분쟁 데이터베이스[84](DB)는 영유권 분쟁, 해양경계획정 분쟁, 강 분쟁 등 세 유형으로 구분하고 있다. 1816년 이후 2007년 말까지 세계에서 발생한 분쟁 중 ICOW 데이터뱅크 분쟁 사례 수는 총 413건으로 188건의 영유권 분쟁과 143건의 해양경계획정 분쟁 및 82건의 강 분쟁이 망라되어 있다. 이 가운데 318건은 어떤 식으로든 종결됐지만, 86건의 영토

---

83) 이석용·박찬호(2007), "제3국학자의 독도관련 입장 분석", 한국해양수산개발원, pp.1~2.
84) 데이터베이스(database)는 많은 자료를 저장해 두고 여러 가지 형태로 이용할 수 있도록 한 프로그램. 또는 그 자료.

분쟁은 아직도 미해결된 상태이다. 또한 ICOW 데이터뱅크에는 지난 200년 동안에 걸쳐 발생한 총 222건의 식민사례가 포함되어 있으며, 세계 여러 지역에 대한 추가적인 자료 구축 작업이 진행 중이다.

　분쟁이 종결된 318건 중 양자 간 협정조약 123건, 도전국가의 포기 71건, 제삼자 개입 69건, 국민투표 또는 분리 독립 22건, 도전국가의 무력 점령 19건, 점유국가의 포기 14건 등으로 나타났다. 평화적인 해결 노력이 주류를 이루지만, 결국은 이 노력이 헛되이 돌아가면 군사충돌로 이어지는데, 볼리비아와 파라과이는 차코보레알[85](Chaco Boreal)을 두고 61년간 19차례나 무력충돌을 했으나 결국은 양자 간 협의로 종결시켰으며, 아르헨티나와 칠레도 Beagle Channel(비글해협: 남아메리카의 티에라델푸에고섬 남단과 작은 섬들 사이의 해협)을 두고 역시 82년간 19차례의 무력충돌 끝에 결국은 제삼자 개입으로 분쟁을 종결시켰다. 그리스와 터키는 Aegean Sea(에게해: 그리스와 소아시아 사이 지중해 동부의 다도해)를 두고 1964년 이래 현재까지 13차례 무력충돌을 벌였지만 종결하지 못하고 있는 상태다.

　일본이 한국에 제의해왔던 것처럼 분쟁국 중에는 국제사법재판소를 통한 해결 노력도 시도되고 있다. 2001년 12월 12일 니카라과가 콜롬비아를 상대로 양국 간의 서카리브해 지역 영토소유권과 해양경계선 분쟁에 대한 국제사법재판에 소송을 제기 양국의 청원서와 청원답변서를 받아들여 2007년 6월 선결적 항변에 대한 공개심리를 하고 2007년 12월 13일 선결적 항변에 대한 판결(1928년 조약에 따라 이미 양 당사자 간 영유권문제가 합의되었으므로 국제사법재판소 관할권 없음)로 종결된 바 있다.[86] 이제까지 국제사법재판소를 통한 해결 사례는 80여 건에 달한다.

---

85) 차코보레알(Chaco Boreal)은 남미 파라과이 북서부, 볼리비아 남동부, 아르헨티나 북부에 자리한 특이한 식생지대. 약 25만 9,000㎢의 면적을 차지하고 있다. 그란차코로 알려진 방대하고 건조한 저지대에 속한다. 지형은 평탄한 편이며, 타닌의 원료로서 귀중한 케브라초나무가 자라는 낙엽성 관목 숲이 파라과이 강 서쪽까지 펼쳐져 있다. 서쪽으로 좀 더 가면 자연 그대로의 키 큰 목초지가 곳곳에 드문드문 있고, 가시투성이의 낙엽성 나무와 관목림이 펼쳐져 있다. 파라과이는 1932〜1935년에 있었던 차코 전쟁 후에 볼리비아로부터 이 지역의 대부분을 획득했다. 그러나 남서부와 북서부는 아직도 각각 아르헨티나와 볼리비아에 속해 있다.

86) 배진수 · 윤지훈(2008), "세계의 영토분쟁 DB와 식민침탈사례", 동북아역사재단, pp.1〜166.

3. 영토분쟁 해결사례

1) 후벤투드섬 분쟁

후벤투드섬(Isle of Pines)은 1978년 섬의 명칭이 바뀌어 현재 공식 명칭은 Island of Youth (젊음의 섬)이다. 3,056㎢ 규모로 쿠바에서 가장 큰 이 섬은 아바나(Havana)와 피나르 델 리오(Pinar del Rio)의 남쪽 부근에 있다. 쿠바는 15세기부터 1898년까지 줄곧 스페인의 식민치하에 있었으나, 미국과의 전투에서 패한 스페인이 1898년 12월 10일 파리조약(Treaty of Paris)에 따라 쿠바에 대한 통치권을 양도하였다. 쿠바의 후벤투드섬에 대한 분쟁은 파리 평화조약이 체결된 후 발생하였다. 파리 1조약의 Ⅰ항에는 "스페인은 쿠바에 대한 모든 주권과 권리를 포기한다"라고 되어 있으며, Ⅱ항에는 "스페인은 포르토리코[Porto Rico: 현재의 푸에르토리코(Puerto Rico) 섬으로 불림], 섬과 현재 스페인의 주권 아래에 있는 서인도제도의 다른 섬들과 마리아나에 있는 괌 섬은 미국에 양도한다"라고 적혀 있다.

후벤투드섬이 파리조약 Ⅰ항의 '쿠바 영역'에 속한다면 이 섬은 쿠바의 영유권에 해당되는 반면, 파리조약 Ⅱ항의 '스페인이 미국에 양도한 다른 섬들'에 속한다면 이 섬이 미국 영유권이 되므로 양국이 영유권을 주장 분쟁이 발생했다. 1898년 스페인에서 미국에 양도한 이후 1902년까지 미국의 군사적 관할권 아래에 있던 쿠바는 1902년 '플랫 수정안'(Platt Amendment)과 함께 미국으로부터 독립하지만, 플랫 수정안에서도 후벤투드섬에 대한 사항은 차후 협정에 따라 조정될 것이라고 밝혀 분쟁은 계속되었다.

분쟁이 지속되는 가운데 후벤투드섬에서 재배한 미국으로 들어오는 담배의 관세 부과 여부를 둘러싸고 열린 재판에서 미국 대법원은 "후벤투드섬이 사실상 쿠바의 실효적 지배하에 있고 미국이 그 섬을 법적으로 소유한 적도 없어 외국 영토로 규명되므로 후벤투드산 담배에 대해서도 관세를 부과하는 것이 맞다"는 판결을 내렸으며, 1925년 국회의 비준이 이루어짐으로써 후벤투드섬은 쿠바의 영토임이 공식적으로 인정되어 분쟁이 종결되었다. 미국은 한때 피식민국가였던 쿠바와의 영토분쟁에서 자국의 대법원에서조차 쿠바의 도서영유권을 인정해주는 등 합리적인 판단과 양심적 입장을 취해 영토분쟁을 마무리했다.[87]

---

87) 배진수 · 윤지훈(2008), "세계의 영토분쟁 DB와 식민침탈사례", 동북아역사재단. pp.63~67.

2) 영국과 프랑스의 멩끼에 에끄레오 사건

독도 영토분쟁과 유사한 사례로 우리의 관심을 끄는 멩끼에 에끄레오(The Minquiers and Ecrehos) 사건(case)은 영국해협(English Channel)에 있는 영국령 저지(Jersey)섬과 프랑스령 쇼지(Chausey)섬 사이에 있는 멩끼에 에끄레오의 두 섬과 그 부속 영지의 소유권에 관한 영국과 프랑스 간의 분쟁으로 정착할 수 없는 도서영유권에 관한 분쟁사건을 말한다. 두 섬은 사람은 살 수 없지만, 그 주위가 굴 양식장으로 각광을 받아 어업구역(조업 수역)으로서의 가치가 높이 평가되기 시작하면서 영국과 프랑스는 1839년 멩끼에 에끄레오 도서 및 암도군(岩島群)과 저지(Jersey)섬 간의 수역에 대해 어업, 특히 굴 채취에 관한 협정을 체결하여 공동어로구역을 설정하였다.

그 후 이 두 섬을 둘러싸고 분쟁이 발생 1950년 12월 29일 서명한 '특별협정(Special Agreement: 국제재판소에 대한 분쟁 부탁합의) 제1조'에 의해 영유권(주권) 귀속 결정을 요청하였다. 1951년 12월 5일 영국이 국제사법재판소에 소송을 제기, 1953년 11월 17일 두 섬은 영국에 귀속된다는 판결이 내려졌다.[88] 그 내용은 다음과 같다.

> Even if it be held that these groups lie within this common fishery zone, the Court can not admit that such an agreed common fishery zone in these waters would involve regime of common user of land territory of the islets and rocks, since the Articles relied on refer to fishery only and not to any kind of user of land territory.[당 재판소는 본 사건을 재판하면서 멩끼에 에끄레오 제도의 수역이 제3조에 의해 설정된 공동어로구역의 내측에 있는지 아니면 외측에 있는지를 판정할 필요가 있다고 보지 않는다. 이러한 도서들이 공동어로구역 내에 있다고 주장될지라도 재판소는 멩끼에 에끄레오 수역 내의 '공동어로구역에 관한 그러한 합의'(합의된 공동어로 수역의 존재)는, 이들 도서와 암도의 육지영토에 대한 공동사용의 제도를 포함한다는 것을 인정할 수 없다.]
>
> Nor can the Court admit that such an agreed common fishery zone should necessarily have the effect of precluding the Parties from relying on subsequent acts involving a manifestation of sovereignty in respect of the islets.[왜냐하면 그(합의된) 제 조항은 육지 영토에 대한 어떤 종류의 사용에 관해서가 아니라, 오로지 어업에 관해서만 규정하고 있기 때문이다. 또한 당 재판소는 공동어로구역에 관한 그러한 합의는 당사국들이 도서에 관한 '주권의 표시'를 포함하는 추후행동을 원용하는 것을 반드시 배제하는 효과를 가져온다고 인정할 수 없다.][89]

위 판결의 전반에서는 어업협정과 영유권문제는 별개라고 판시하면서 영국의 입장을

---

88) 독도본부(2006), "멩끼에 에끄레오 케이스는 신한일어업협정과는 아무런 관계가 없는 사례", 우리영토, pp.11~23.
89) 독도본부(2006), "멩끼에 에끄레오 케이스는 신한일어업협정과는 아무런 관계가 없는 사례", 우리영토, pp.11~23.

지지하면서, 동시에 후반에는 도서에 대한 당사국들의 추후 주권표시를 포함하는 추후행동을 배제하지 않고 있다면서 프랑스의 입장을 고려하고 있다. 이 판결 내용에 신한일어업협정이 한국에 유리하게 체결되었다는 주장을 굽히지 않는 쪽에서 인용할 때는 어업협정과 영유권이 별개라는 것으로 인용되고, 신한일어업협정이 배타적 경계수역(EEZ) 등 독도의 영유권을 훼손했다는 주장을 하는 쪽에서는 어업협정이 영유권문제에 영향을 어느 정도 줄 수 있다는 것으로 인용되는 등 논란의 대상이 되고 있다.

이 사건이 독도 영유권문제와 관련돼 논란의 대상이 되고 있는 신한일어업협정과 얼마나 유사성이 있는지는 의문이다. 역사적 배경을 달리하고 있는 데다 핵심 사안인 독도 주변의 중간수역이나 잠정수역과 멩끼에 에끄레오 제도 사건에서의 공동어업 수역의 의미가 같은지 생각도 해보아야 한다. 그리고 1839년 영불 어업협약은 프랑스가 영유권문제를 제기(1876년)하기 이전이나 독도가 중간수역에 놓인 것(1999년)은 영유권문제 발생 이후의 일이라는 것 등 고려해야 할 문제가 많아[90] 멩끼에 에끄레오 사건과 신한일어업협정과 직접 비교하는 것은 무리가 있다는 지적이 엄존(儼存)하기 때문이다.

3) 영국과 아르헨티나의 포클랜드전쟁

포클랜드제도(Falkland Islands)는 마젤란해협 동쪽 남대서양에 있는 면적 1만 2,173㎢의 제도로 동(東)포클랜드섬과 서(西)포클랜드섬의 2개 중심 섬과 200여 개 크고 작은 섬들로 이루어져 있으며, 인구 2,967여 명(2003년)으로 알려져 있다. 주요산업은 목양업이고, 관광산업이 주요 수입원이다. 대부분의 땅이 불모지이거나 초원이어서 어업과 축산물가공이 활발하며, 고래잡이 기지로 유명하다.[91]

영유권문제로 아르헨티나와 영국 사이에 일어난 포클랜드전쟁(Falkland Islands War)으로 세계의 주목을 받은 이 제도는 아르헨티나가 19세기 초부터 아르헨티나의 동해안에서 480㎞ 지점에 있는 포클랜드가 자국의 영토임을 주장했지만, 1833년 이후 이 제도를 점령·통치한 영국은 아르헨티나의 영유권 주장을 계속해서 무시했다. 아르헨티나는 장기간에 걸친 영국과의 협상을 포기하고 1982년 4월 2일 포클랜드제도를 공격, 그곳에 주둔하고 있던 소규모의 영국 해양수비대를 굴복시킨 후 포클랜드제도의 동쪽 1,600㎞ 지점에

---

90) 독도본부(2006), "멩끼에 에끄레오 케이스는 신한일어업협정과는 아무런 관계가 없는 사례", 우리영토, pp.33~36.
91) 위키백과.

있는 부속도서 사우스조지아·사우스샌드위치를 장악, 1만 명 이상의 병력을 주둔시켰다.

대처 총리가 이끄는 영국 정부는 포클랜드 주변 320㎞의 해역을 전쟁지역으로 선포, 탈환을 위해 4월 25일 영국의 해군 기동부대가 영국령 어센션섬을 경유하여 전쟁지역을 향해 순항하는 동안 이보다 규모가 작은 영국군이 조지아 섬을 탈환했다. 5월 2일 전쟁지역으로 접근하던 아르헨티나의 순양함 제너럴 벨그라노호가 영국 잠수함의 공격을 받아 침몰했으며, 이후 아르헨티나의 공군과 영국 해군 사이에 전투가 계속되었다. 이때 국제연합(UN)과 미국은 중재를 시도했으나 성공하지 못했다.

아르헨티나는 공중폭격으로 영국의 구축함 2척과 프리깃함 2척을 침몰시켰지만, 영국군은 합동상륙작전에 성공하여 5월 21일 이스트포클랜드 북부해안에 있는 포트산카를로스 근처에 상륙했다. 영국 보병대는 이 교두보에서 남쪽으로 진격하여 다윈과 구스그린을 탈환한 뒤 동쪽으로 진군, 5월 31일에는 포클랜드제도의 수도인 스탠리를 포위했다. 6월 14일 이곳에 주둔하고 있던 아르헨티나 수비대가 항복하고 6월 20일 영국군은 사우스샌드위치 섬을 점령함으로써 포클랜드전쟁은 종결되었다. 영국군에게 생포된 약 1만 명의 포로들은 종전 후 모두 석방되었다. 전쟁 중 사망자 수는 아르헨티나군이 약 700명, 영국군이 약 250명이었다. 전쟁에서의 완패로 신임을 잃은 아르헨티나의 군사정권은 1983년 민간정부로 대체되었다.[92]

4. 현재 진행 중인 동아시아 영토분쟁

1) 조어도(센카쿠열도) 분쟁

일본명 센카쿠열도(尖閣列島, Senkaku Islands: 중국명, 조어도, 釣魚島, Diao-yu dao)는 5개의 섬과 3개의 암초로 이뤄져 있다. 일본 오키나와에서 서남쪽으로 약 400km, 중국에서 동쪽으로 약 350km, 대만에서 북동쪽으로 약 190km 떨어진 곳에 있다. 물 위로 솟은 면적은 다 합해야 약 6.3㎢에 불과하다. 1895년 일본 영토로 귀속됐다가 1951년 미일강화조약이 체결될 때 미국으로 이양됐으며, 1972년부터 일본이 실효지배 중이다. 1960년대 말 이후 불거진 영유권 분쟁은 단순히 민족감정 싸움은 아니다. 1969년 유엔 아시아극동경제위원회(ECAFE)가 이 부근 해저에 석유 등 자원이 대량 매장됐을 가능성을 제기했다. 센카쿠

---

92) 네이트 백과사전.

열도를 비롯한 동중국해의 석유와 가스 매장량은 흑해(黑海)유전과 비슷한 72억 톤으로 추정된다.[93]

센카쿠섬과 관련된 법적 쟁점은 쟁점 상호 간의 연관성이 매우 크다. 즉 분쟁당사국인 일본, 중국 그리고 대만은 센카쿠섬을 누가 최초로 발견하고 실효적으로 점유해왔는지에 대해 동의하고 있지 않으며, 일본이 1895년 1월 문제의 도서를 일본 영토에 편입하였을 당시 센카쿠섬이 무주지라는 주장에도 합의점을 찾지 못하고 있다. 이와 마찬가지로 1895년 5월 청일전쟁에서 중국이 패한 이후 양국 간에 체결된 시모노세키조약[94]에 의해 중국이 대만을 일본에 할양할 당시 센카쿠섬이 대만의 속도로서 일본에 귀속되었다는 사실에 대해서도 의견의 대립을 보이고 있다. 결과적으로, 중국과 대만은 1895년 이전 센카쿠섬에 대한 주권을 확립했었다는 사실에 대한 입증 책임을 가지는 반면, 일본은 이에 대한 반박 이외에도 일본이 센카쿠섬을 일본의 영토에 편입하였을 당시 센카쿠섬은 무주지였다는 것을 증명하여야 한다.[95]

센카쿠열도 분쟁은 일본이 실효적으로 지배하고 있고 중국이 고유영토론을 내세워 공세적 입장을 취하고 있다. 일본이 독도와 정반대의 입장을 취해야 하는 분쟁지역이어서 특히 우리의 관심을 끌고 있으며, 독도 분쟁과 자주 비교되는 분쟁이다.

2) 쿠릴열도(북방영토) 영유권 분쟁

러시아와 일본이 영토분쟁을 벌이고 있는 쿠릴열도는 지하자원이 풍부하고 태평양에 접한 전략적 요충지이다. 러시아 측에서 볼 때 캄차카 반도와 인접해 있는 슈므슈(Шумшу)에서 시작하여 홋카이도 북단 사이에 있는 이른바 '쿠릴(千島) 4도(島)'로 일본이 북방영토라고 부르는 이들 섬은 하보마이군도, 시코탄, 구나시리, 에토로후다. 이 중 구나시리가 홋카이도에서 가장 가깝고 에토로후가 가장 멀다. 4개 섬 총면적은 5,036㎢로 오키나와 섬의 약 4배 크기이며, 러시아 사할린주 관할이다. 거주 인구는 약 1만 9,000여 명에 이른다. 영유권 다툼은 제정 러시아가 쿠릴열도까지 남하했을 때 촉발됐다.[96]

---

93) 임재정 외(2005), "간도에서 대마도까지", 동아일보사, pp.201.

94) 시모노세키조약(下關條約, 馬關條約)은 1895년 3월 20일부터 야마구치 현 시모노세키 시에서 열린 청일전쟁의 강화회의로 체결된 조약으로 한국어 발음으로 하관조약이라고도 불렸다. 4월 17일 일본제국의 이토 히로부미와 청나라의 이홍장 사이에서 체결되었다. 이 조약은 5개 항목으로 청나라의 조선 간섭을 물리치고 일본이 조선과 만주까지 지배력을 뻗칠 수 있게 하였다. 청나라는 요동반도, 타이완, 펑후제도 등 부속 여러 섬의 주권 및 그 지방에 있는 성루, 병기제조소 등을 영원히 일본 제국에 할양한다.(제2조 3항)

95) 이석우(2007), "동아시아의 영토분쟁과 국제법", 집문당, p.221.

이 지역은 1855년 시모다조약(下田條約, Симодский трактат) 이후 러일전쟁 등을 거치면서 여러 차례 영유권에 변화가 있었다. 제2차 세계대전에서 일본의 패전으로 승전국 소련이 1951년 샌프란시스코 평화조약에 서명하지 않은 채 사할린과 쿠릴열도 전체를 강점하여 오늘에 이르고 있으며, 영유권을 둘러싼 양측의 입장은 해결의 실마리를 찾지 못하고 팽팽한 긴장 관계를 지속해오고 있다.[97] 소련은 1941년 소련과 일본 간 중립조약을 깨고 1945년 8월 사할린과 쿠릴열도 전체를 차례로 점령했다. 그러나 1951년 샌프란시스코 평화조약은 이 섬들을 소련 영토로 추인하지 않았다. 일본의 주권포기만 규정했다. 미국이 아시아에서 소련의 공산주의를 봉쇄하기 위한 것이었다.[98]

현재 러시아와 일본 간 분쟁 중인 쿠릴섬에 대해서는 양국 간에 합의된 정의가 존재하지 않는다. 따라서 문제의 쿠릴섬에 포함되는 도서들이 어떠한 도서들인지 파악하는 것은, 다시 말해 과연 에토로후, 구나시리, 시코탄 그리고 하보마이가 쿠릴섬의 범주에 해당하며, 샌프란시스코 평화조약에서 일본이 모든 권리, 권원 및 청구권을 포기한 도서들인가를 결정하는 것은 쿠릴분쟁에 있어서 가장 중요한 법적 쟁점 가운데 하나이다.[99] 메드베데프의 방문에 앞서 일본은 외교관계가 악화될 수 있다며 쿠릴열도 방문을 보류해 달라고 요구했음에도 불구하고 2010년 11월 1일 드미트리 메드베데프 러시아 대통령이 일본과 영토분쟁을 겪고 있는 쿠릴열도 가운데 하나인 구나시리를 전격 방문했다. 국가원수가 쿠릴열도를 방문한 것은 소련과 러시아를 통틀어 처음이었다.[100] 일본은 매우 유감스러운 일이라며 불쾌한 감정을 드러냈다. 그러나 일본 측에서 우려한 외교관계 악화는 없었다.

3) 남중국해 스프래틀리군도 영유권 분쟁

스프래틀리군도(베트남명: 청사군도, 중국명: 난사군도)는 남중국해상 약 41만㎢에 퍼져 있는 100~200개의 작은 섬과 산호초로 이루어져 있다. 베트남, 중국, 대만, 필리핀, 말레이시아, 브루나이가 전부 혹은 일부에 대해 영유권을 주장하고 있다. 약 50개 섬이 분쟁국들에 점유된 상태다. 난사군도에 해수면 위로 올라오는 섬이나 바위, 산호초가 몇 개인

96) 임재정 외(2005), "간도에서 대마도까지", 동아일보사, p.194.
97) 이근우 외(2008), "19세기 동북아 4개국의 도서 분쟁과 해양경계", 동북아역사재단, pp.232~264.
98) 임재정 외(2005), "간도에서 대마도까지", 동아일보사, p.196.
99) 이석우(2007), "동아시아의 영토분쟁과 국제법", 집문당, p.211.
100) MBN뉴스 2010. 11. 1.

지 정확히 셀 수는 없지만, 다 합쳐도 면적이 5㎢ 정도에 불과하다. 이 해역의 영유권 분쟁은 1960년대 석유 매장 사실이 확인되면서 불거졌다. 1989년 조사에서 총 177억 톤의 석유가 매장된 것으로 보고됐다. 쿠웨이트(130억 톤)의 매장량보다 많은 규모다. 자원탐사가 많이 이뤄지지 않은 상태이므로 잠재적 가치는 훨씬 더 클 것으로 추정된다.[101]

스프래틀리군도 영유권 분쟁의 핵심은 석유와 천연가스 등 에너지 자원 확보를 위한 각축으로 볼 수 있다. 그러나 이 지역은 걸프만~믈라카해협(Strait of Malacca, 말라카해협)~동중국해로 이어지는 해로의 중간 지점으로 세계 대형 유조선의 절반 이상이 통과하는 등 세계에서 배가 가장 많이 지나는 해로 가운데 하나이기 때문에 전략요충지로서 매우 중요한 지역이기도 하다. 아세안(ASEAN) 10개국과 중국은 지난 2002년 남중국해 당사국 행동선언을 통해 무력 행위를 중지하기로 합의했지만, 구속력이 없어 큰 효과는 보지 못하고 있다. 6개국이 이 지역의 해저를 유엔 대륙붕경계위원회(Commission on the Limit of Continental Shelf, CLCS)에 자국의 영토라고 주장할 경우, 앞으로 분쟁은 더욱 격화할 가능성이 크다.

현재 남중국해의 스프래틀리군도를 놓고 중국과 베트남, 필리핀, 말레이시아, 대만, 브루나이 등 6개국이 티격태격하고 있다. 스프래틀리군도는 베트남과 필리핀에서 500㎞, 중국 하이난에서 1,300㎞ 떨어진 48개의 작은 섬과 산호초 100여 개로 이뤄져 있으며 육지 면적은 5㎢로, 여의도 면적(8.5㎢)의 3분의 2 정도로 알려져 있지만, 베트남은 유전개발 선언과 선거, 중국은 영토 편입 조치 단행, 대만은 천수이볜(陳水扁) 총통이 방문하는 등 각국의 영토 주권 확보를 위한 의지와 태도는 결연하다.

스프래틀리군도 중 베트남 24개, 중국 10개, 필리핀 7개, 말레이시아 6개, 대만 1개 등의 도서를 점령하고 있으며, 브루나이는 일부 섬에 배타적 어로 구역만 설정한 상태다. 베트남과 중국, 필리핀, 대만은 일부 섬에 군대를 주둔시키고 수시로 해상훈련을 하고 있으나, 특히 중국과 베트남이 서로 날카롭게 대립하고 있다. 베트남은 2007년 4월 BP(British Petroleum: 영국 석유회사)와 공동으로 스프래틀리군도의 유전 개발 추진을 발표하고, 자신들이 점유한 28개 섬에서 의원 선거도 실시한다고 밝힌 바 있다. 중국도 이에 맞서 같은 해 11월 스프래틀리군도를 중사(中沙, 영어명: 맥클스필드), 사사(西沙, 영어명: 파라셀,)군도와 합쳐 삼사(三沙)시로 신설하고 자국 영토에 편입시키는 조치를 단행했다. 대만도 남부 가오슝에서 무려 1,500㎞나 떨어진 이 작은 섬에 천수이볜(陳水扁) 총통이 퇴임을 앞

---

101) 임재청 외(2005), "간도에서 대마도까지", 동아일보사, p.205.

두고 2008년 2월 자국이 점령 중인 '이투아바(대만명: 타이핑다오)'섬을 전격 방문해 이 싸움에 뛰어들었다. 총통이 직접 방문한 것은 당시가 처음이었다.[102]

5. 인류의 마지막 해저 영토 전쟁[103]

해저 지형과 지질이 육지의 자연스러운 연장인 것으로 인정될 경우, 연안국은 배타적 경제수역(EEZ)의 경계를 넘어 최대 350해리(648km)까지 대륙붕을 넓힐 수 있다. 각국은 바다 밑의 땅을 한 뼘이라도 늘리기 위해 대륙붕 확장 면적 승인 시한인 2009년 5월 13일 유엔 대륙붕경계위원회(Commission on the Limit of Continental Shelf, CLCS)에 해저 조사 결과를 제출, 지구상에 마지막으로 남은 자원보고인 해저자원 차지와 영토 확장을 위해 총력을 기울인 바 있다. 이미 50여 개국이 새로운 해저 영유권을 주장하고 있어 곳곳에서 분쟁이 예상된다.

대륙붕은 해변에 붙어 있는 수심 약 200m까지의 지형으로 전체 해저지형의 7.5%를 차지하는데, 좋은 어장이 형성되고 석유나 천연가스의 저장고 역할을 하기 때문에 해저지형 중 가장 중요하다. 1994년 발효된 유엔해양법에 따라 해저지형과 지질이 육지의 자연스러운 연장인 것으로 인정되면 신청국이 2009년 5월 13일까지 유엔 대륙붕경계위원회(CLCS)에 해저 조사 결과를 제출하고 자국 영토와 대륙붕이 해저에서 이어져 있음을 과학적으로 입증하면 대륙붕 연장이 가능하다.

1997년 설립된 유엔 대륙붕경계위원회는 각국이 제출한 서류를 심사하는 기구로, 21명의 위원으로 구성되어 있다. 21명의 위원은 연안국 정부가 유엔에 추천한 해양지질학, 측지학, 수로학 및 해양지구물리학 전공의 우수한 후보 중에서 전 세계의 지리적 평등안배 원칙에 따라 연안국의 유엔 대사에 의해 무기명 투표로 선출된다. 이 기구는 호주가 지난 15년간 대륙붕 밖의 해저 영토를 조사, 자국의 동서남쪽과 남극 일부 등 총 250만km²를 자국의 해저 영토로 인정해 달라고 요청한 자료를 검토 철저한 심사 끝에 2008년 4월 호주가 주장하는 해저 영토를 승인 인정함으로써 호주는 영국 영토보다 10배 넓은 해저 영토를 새로 얻게 됐다. 대륙붕 연장의 주요 관심지역은 남극과 북극을 비롯하여 일본명 오키노도리(沖の鳥)섬(중국명: 암초), 남중국해 스프래틀리군도 등이 있다.

---

102) 주간조선 2016호(2008. 8. 4.)

103) 이 내용은 주간조선 2016호(2008. 8. 4.)에 이장훈 국제문제애널리스트가 기고한 "마지막 식민지 해저 영토 전쟁"을 인용 정리했음.

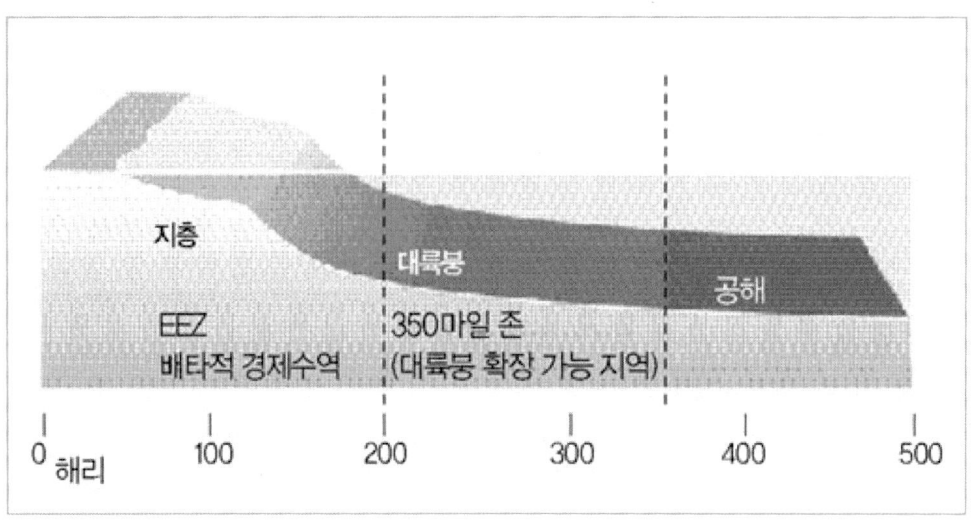

[그림 5-2] 해저영토 개념도

　인류의 마지막 영토전쟁을 이해하기 위해서는 해저영토에 대한 개념을 이해할 필요가 있는데, 해저영토의 개념도는 [그림 5-2]와 같다. 대륙붕은 해변에 붙어 있는 수심 약 200m까지의 지형으로 전체 해저지형의 7.5%를 차지한다. 좋은 어장이 형성되고 석유나 천연가스의 저장고 역할을 하기 때문에 해저지형 중 가장 중요하다. 유엔해양법상 대륙붕 확장은 해저 지형·지질이 육지의 자연스러운 연장인 것으로 인정될 경우, 연안국은 배타적 경제수역(EEZ)의 경계를 넘어 최대 350해리(648㎞)까지 대륙붕을 넓힐 수 있다.

1) 북극해

　캐나다, 러시아, 덴마크, 노르웨이, 미국 등 5개국이 200해리의 배타적 경제수역(EEZ)을 확보하려고 경쟁 중이다. 북극해 해저와 연안에는 석유·천연가스의 추정 매장량이 2,330억 배럴이나 되는데, 이는 전 세계 미확인 석유·천연가스 매장량의 20~25%에 이른다. 최근 지구온난화로 북극해를 덮고 있던 빙하가 녹고 있고, 과학기술의 발전으로 해저 자원의 발굴이 쉬워지면서 이들 5개국은 해저 영토 확보에 사활을 걸고 있다. 석유와 천연가스 외에도 면적 1.3㎢의 돌섬으로 엄청난 양의 다이아몬드가 묻힌 것으로 유명한 한스 섬, 북극해에 인접한 스발바르군도 지역의 황금어장, 대서양과 태평양을 연결하는 북서항로에 대한 권한을 놓고 신경전을 벌이고 있다.

2) 가열되는 남극 영유권 분쟁

남극대륙은 지구촌에 있는 천연자원의 마지막 보고이다. 남극은 지구에서 군대가 배치되지 않은 유일한 대륙이다. 1959년 체결된 남극조약에는 남극의 평화적 이용, 과학적 탐사의 자유, 영유권 주장 금지, 핵실험 및 군사행동 금지 등의 내용이 포함되어 있다. 우리나라를 비롯해 미국, 영국, 아르헨티나 등 28개국이 이 조약에 가입된 상태다. 특히 이 조약에 따라 2048년까지 남극에서 지하자원 채굴이 금지돼 있다. 각국은 개발 금지가 풀릴 때를 대비해 앞을 다투어 기지를 설치하는 등 공을 들여왔다. 2008년 현재 남극에는 우리나라의 세종기지를 포함해 26개국의 82개 기지(상주 47개, 하계 35개)가 운영되고 있다. 지구온난화로 남극대륙과 남극해를 덮은 얼음이 녹으면서 각국이 호시탐탐 남극을 넘보고 있는데, 가장 눈에 띄는 움직임을 보이고 있는 국가는 영국과 아르헨티나이다.

영국은 1908년 남극 대륙 가운데 남대서양 쪽의 약 170만 ㎢를 '남극 영국령'으로 선포한 바 있다. 영국은 이 남극 영국령을 해저 쪽으로 100만㎢ 확장할 계획이다. 남극을 최초로 탐험한 국가인 영국으로서는 다른 어느 국가보다 남극에 대한 영유권 주장을 강력하게 제기해왔다. 영국이 자국의 '땅'이라고 주장하는 해저 지역은 아르헨티나와 칠레가 영유권을 주장하고 있는 지역과 겹쳐 크리스티나 페르난데스 아르헨티나 대통령이 2008년 군 지휘부에 남극의 이익 보호를 위해 군 병력 배치를 검토하라고 지시하는 등 대립각을 세우고 있다.

미국, 러시아, 칠레 등도 은밀하게 인근 해역을 중심으로 구난훈련이나 정찰활동을 벌이고 있으며, 그동안 남극에 대한 관심이 적었던 브라질도 룰라 대통령이 2008년 2월 킹조지섬 기지를 사상 처음 방문했다. 중국과 일본도 남극에서 치열하게 빙하시추 경쟁을 하고 있다. 중국은 남극대륙 내 종산기지에서 멀지 않은 인근 4,000m대 고지대에 제3과학기지를 건설하고 유전과 천연가스 개발과 밀접한 관련이 있는 3,500m 깊이의 빙하와 지각을 시추하는 '판다 프로젝트'를 추진하고 있으며, 일본 경제산업성 산하의 석유개발공사는 남극대륙 전체 대륙붕의 지질과 자원조사를 마친 상태다.

3) 동중국해

일본에도 독도와 유사한 '섬'이 있다. 북위 20도 25분, 동경 136도 05분, 동중국해의 한

가운데 위치한 말 그대로 자그마한 땅이다. 이 땅은 타원형 고리 모양의 산호초로 이루어져 있다. 간조 때는 동서 약 4.5㎞, 남북 1.7㎞(둘레 11㎞, 산호초 내 수심 3~5m)가 되지만, 만조 때는 가로 2m, 세로 5m, 높이 70㎝ 정도의 바위만 2개 남는다. 일본 정부는 자국 열도의 최남단에 위치한 이 땅을 오키노도리(沖の鳥)섬이라고 명명하고 있지만, 중국은 '암초'라고 부른다.

'섬이냐 암초냐'에 따라 유엔해양법에 따른 배타적 경제수역(EEZ) 범위가 달라진다. 섬으로 보고 있는 일본은 이곳을 기선으로 하여 200해리(370.4㎞)를 배타적 경제수역으로 설정하고 있는데, 배타적 경제수역 면적은 일본 국토 면적(38만㎢)보다 넓은 40만㎢나 된다. 반대로 중국은 바위에 불과하다며 이를 기선으로 한 일본의 배타적 경제수역 설정을 인정하지 않고 있다. 동중국해에는 현재 석유와 가스 등 엄청난 자원이 매장되어 있다. 또 동중국해는 양국의 안보 전략상 서로 양보할 수 없는 지역이기도 하다. 그러므로 일본 정부는 이곳을 '섬'으로 유지하기 위해 무진 애를 쓰고 있다. 일본 정부는 두 개의 바위 주변에 철제블록을 이용, 지름 50m의 원형 벽을 쌓아 올리고 그 내부에 콘크리트를 부어 파도에 깎이는 것을 막았다. 또 면적을 넓히기 위해 특수 배양한 산호초를 이식하기도 했다. 이외에도 이곳에 자국 영토임을 밝히는 영구 표지판을 설치하고, 행정구역상 도쿄도에 속해 있는 오가사와라(小笠原)제도의 부속 도서라고 주장하고 있다.

특히 일본 정부는 오키노도리 북쪽에 있는 시코쿠(四國) 해저 분지와 오가사와라제도의 동쪽 해역 일대가 대륙붕임을 확인했다. 이에 따라 일본 종합해양정책본부는 지난 2008년 6월 10일 회의를 열고 200해리의 배타적 경제수역을 넘어선 대륙붕의 연장을 승인해줄 것을 유엔 대륙붕경계위원회(CLCS)에 요청하기로 결정했다. 일본이 주장하는 해저 영토의 면적은 일본 국토 면적과 비슷한 38만㎢다. 이 지역에는 석유의 대체에너지로 주목받고 있는 가스 하이드레이트를 비롯해 금·은·구리 등 광물자원이 상당히 매장돼 있다. 1994년 발효된 유엔해양법에 따르면 해저 지형과 지질이 육지의 자연스러운 연장인 것으로 인정될 경우, 연안국은 배타적 경제수역의 경계를 넘어 최대 350해리(648㎞)까지 대륙붕을 넓힐 수 있도록 규정했다. 동중국해에서 '섬이냐 암초냐', 오키노도리를 놓고 일본과 중국이 신경전을 벌이는 이유는 간단하다. 일본이 섬으로 인정받으면 국토보다 넓은 해양 영토가 생기기 때문이다.

4) 기타 지역

북극해와 남중국해처럼 지구에는 아직도 호주 면적과 비슷한 700만㎢에 달하는 해저 영
토의 영유권이 확정되지 않은 상태로 남아 있다. 현재 해저 영토 확보에 가장 적극적인 국
가는 프랑스로 배타적 경제수역(EEZ)을 포함해 총 1,100만㎢의 해저 영토를 보유, 미국에
이어 세계 두 번째로 넓은 면적을 확보한 국가이지만, 추가로 100만㎢의 해저 영토를 확보
하기 위해 공을 들여왔다. 프랑스 정부는 세계 도처에 있는 자국령 인근 바다 밑의 자료를
확보하기 위해 조사선을 파견했다. 프랑스가 눈독을 들이고 있는 곳은 자국령인 케르겔렌
군도이다. 면적 7,000㎢로 인도양 남쪽(남위 48~50도, 동경 68~70도)에 약 300개의 화산섬
으로 이루어진 제도로 상당한 양의 석유와 천연가스가 매장된 것으로 추정된다.[104]

1994년 발효된 유엔해양법협약은 기존 관례에 따라 연안으로부터 12해리(약 22㎞) 범위
를 유지해 오던 영해의 범위를, 12해리 영해는 그대로 인정하면서 추가로 연안으로부터
200해리를 타국이 관여할 수 없는 배타적 경제수역으로 할 수 있도록 규정한 것이다.
2009년 5월 13일까지 유엔 대륙붕경계위원회(CLCS)에 해저 조사 결과를 제출하고 자국 영
토와 대륙붕이 해저에서 이어져 있음을 과학적으로 입증하면 연안국은 배타적 경제수역
(EEZ)의 경계를 넘어 최대 350해리(648㎞)까지 대륙붕을 넓힐 수 있다. 언뜻 보기에는 대
륙붕 개발을 통해 자원고갈의 문제를 해결할 수 있도록 하는 긍정적인 측면이 있는 듯하
다. 하지만 그 이면에는 제2차 세계대전을 통해 세계의 패권을 차지한 전승국과 전범국들
이 그들이 차지한 영토를 바탕으로 자국의 이익을 위해 연안의 해양영토를 다시 확장할
기회를 제공하고 있기 때문에 세계 곳곳에서 해양영토분쟁을 일으키게 하는 원인으로 작
용하고 있다.

---

104) 주간조선 2016호(2008. 8. 4.).

제6장

국제기구에 의한 조정 가능성 검토

제1절 유엔의 독도 문제 해결 개입 가능성

1. 국제연합(UN)의 정치적 기관에 의한 해결

　유엔은 오늘날 국제사회의 여러 가지 분쟁해결조직 가운데 중요한 역할을 감당하고 있다. 유엔 헌장은 국제평화와 안전의 유지를 제일 주된 목적으로 하는 유엔에게 두 가지 종류의 임무와 권한을 부여하고 있다. 첫째는 평화에 대한 위협, 평화의 파괴 및 침략행위가 발생하면 이를 중지하기 위한 유효한 집단적 조처를 하는 것이다. 둘째는 평화의 파괴로 우려되는 국제적 분쟁이나 사태가 발생하면 분쟁당사국이 평화적 수단을 이용하여 분쟁을 해결하도록 돕는 것이다.

　국제분쟁해결에 일익을 담당하고 있는 유엔의 정치적 기관으로는 안전보장이사회, 총회, 사무총장을 들 수 있다. 안전보장이사회나 총회는 자신의 주도(initiative)에 의하여 분쟁이나 사태로 발전한 독도 문제에 개입할 수 있다. 안전보장이사회는 국제분쟁의 계속이 국제평화와 안전의 유지를 위태롭게 할 우려가 있는지 여부를 결정하기 위해 자신의 주도로 사실조사를 할 수 있다. 또 안전보장이사회는 '헌장 제33조에 규정된 성격의 분쟁 또는 유사한 성격의 사태', 즉 '그 계속이 국제평화와 안전을 위태롭게 할 우려가 있는 분쟁 또는 사태'에 관해, 어떤 단계에서 '법률분쟁'이 국제사법재판소 규정에 따라 국제사법재판소에 회부되어야 한다는 점도 권고할 수 있다.

　총회도 유엔회원국, 안전보장이사회 또는 유엔 비회원국에 의해 회부된 국제평화와 안전의 유지에 관한 어떤 문제도 토의하고 관계국, 안전보장이사회 또는 이 양자에 대해 권고할 수 있다. 그리고 자신의 주도에 의하여 유엔헌장의 범위 내에 있는 문제 혹은 사항을 토의하고 이와 같은 문제나 사항에 관해 유엔회원국, 안전보장이사회 또는 이 양자에 대해 권고할 수 있다. 이처럼 독도 영유권문제는 한일 양국, 안전보장이사회, 총회의 주도에 의해 다루어질 수 있으며, 제35조 제1항에 따라 다른 유엔회원국의 주도에 의해서도 유엔안전보장이사회나 총회에 회부되어 다루어질 수 있다.[1] 만약 영토 분쟁에 대해 유엔이 개입하여 정치적 결정을 한다면 국력이 약한 국가에게는 불리하게 작용할 가능성이 크다.

---

1) 이석우 외(2005), "독도분쟁의 국제법적 이해", 학영사, pp.242~249.

2. 유엔의 사법적 기관에 의한 해결

분쟁당사국이 합의해 같이 국제사법재판소에 부탁해 해결하는 방법이다. 구체적인 내용은 제2절에서 살펴본다.

제2절 국제사법재판소 제소에 대한 양국의 입장 차이

1. 국제재판과 국제사법재판소

1) 국제재판의 의의와 분류

국제재판은 분쟁당사자로부터 독립된 지위에 있는 제삼자인 재판기관이 국제법에 의거 당사자를 법적으로 구속하는 판결로 국제분쟁을 해결하는 것으로 국제분쟁의 평화적 처리방법의 하나이다. 국제재판은 첫째는 국제법에 따른 분쟁의 해결이고, 둘째는 국제재판기관에 의한 해결이며, 셋째는 국제재판기관의 재판은 법적 구속력이 있다는 점에서 주선(good officers) · 중개(mediation) · 조정(conciliation) · 교섭(negotiation)에 의한 분쟁해결방법인 재판 외의 분쟁 처리 방법과 다르다. 국제적인 분쟁을 사법적으로 해결하기 위한 국제법상 국제분쟁을 재판할 수 있는 국제재판은 중재재판(arbitration)과 사법재판(judicial settlement)으로 구분되며, 중재재판은 다시 개별중재재판(ad hoc arbitral tribunals)과 상설중재재판(permanent court arbitration)으로 구분된다.[2]

2) 국제사법재판소

국제사법재판소는 국제사법법원이라고도 한다. 최초의 국제적인 상설재판소는 1907년 중미 5개국이 설립한 중미사법재판소이다. 그러나 더욱 엄격한 의미에서 국제사회 최초

---

2) 김명기(1999), "독도의 영유권과 국제법", 투어웨이사, p.75.

의 보편적 사법기관은 세계재판소의 창설을 요구하였던 국제연맹 규약에 따라 1920년 설립된 상설국제사법재판소(Permanent Court of International Justice, PCIJ)이다. 현재의 국제사법재판소는 1945년 채택된 유엔헌장과 재판소 규정에 의해 창설되었다. 국제사법재판소는 상설국제사법재판소 헌장을 그대로 계승하였고 판례도 연속성을 가진다. 그러나 상설국제사법재판소와는 달리 국제사법재판소는 유엔헌장 제92조에 의해 국제연합 주요기관(principal organ)의 하나가 되었다.[3]

국제사법재판은 1945년의 국제연합헌장에 의해 국제연합 주요기관의 하나로 설립된 국제사법재판소(International Court of Justice, ICJ)에 의한 재판을 말하며, 상설중재재판은 1899년의 '분쟁의 평화적 해결을 위한 협약'에 의해 설립된 상설중재재판소(Permanent Court of Arbitration, PCA)에 의한 재판을 말한다. 그리고 개별중재재판은 분쟁 당사국의 합의로 설치하는 특별중재재판소(ad hoc Arbitral Tribunal)에 의한 재판을 뜻한다.[4] 재판소는 15명의 재판관으로 구성된다(규정 제3조). 재판관이 될 수 있는 자는 덕망이 높고 자국에서 최고의 재판관에 임명될 자격이 있거나 또는 국제법에 관한 권위가 있는 법학자이어야 한다(제2조). 재판관의 국적은 불문하며, 따라서 비가맹국의 국민이라도 재판관의 자격이 있다. 그러나 동일 국적을 가진 자가 2인 이상 재판관이 될 수는 없다(제3조).

국제사법재판소의 재판관 후보자를 지명하는 자는 상설중재재판소의 국별재판관단이다. 국별재판관단이라 함은 상설중재재판소의 당사국이 동 재판소의 재판관으로 임명한 사람들이다. 후보자가 지명된 때에는 국제연합 사무총장은 그 명부를 작성하여 이것을 총회와 안보리에 교부한다(제7조). 명부에 기입된 자에 대하여 총회와 안보리가 따로따로 투표를 행한다(제8조). 총회와 안보리에서 절대다수를 얻은 자가 당선자가 된다(제10조). 필요한 당선자를 얻기까지 3회의 투표를 한다(제11조). 그래도 공석이 있을 때에는 총회와 안보리에서 제출한다. 쌍방에서 채택된 경우 당선으로 한다(제12조). 결원의 보충도 이상의 방법에 의한다(제14조).

당사자의 특별한 요구가 없는 한 전원재판정(the full court)에서 재판한다. 전원재판정은 재판소에 부탁되는 일반 사건을 재판하는 재판정이며, 재판관 전원으로 구성된다. 이 재판정의 정족수는 9인이며(제25조 제3항), 따라서 9인 이상의 재판관이 출석하면 개연할 수 있다. 재판소장은 전원재판정의 재판장이 되며, 재판소장 유고시에는 재판소 차장이, 차

---

3) 이석용(2007), "국제해양분쟁해결", 한남대학교출판부 〈글누리〉, p.45.

4) 김명기(2007), "독도강의", 책과 사람들, p.164.

장이 유고시에는 선임 재판관 중의 최고 연장자가 재판장이 된다.

분쟁당사국의 국적을 가진 재판관도 당해 사건의 재판에 참가할 수 있다. 구체적인 사건이 재판소에 부탁 된 때에 그 사건 당사국의 국적을 가진 재판관이 없을 때에는 당사국은 그 재판에 참가시키기 위하여 자기의 국적을 가진 사람을 재판관으로 선임할 수 있다(제31조). 이 재판관을 국적재판관 또는 당사국재판관이라고 한다. 당사국 쌍방이 모두 자국의 국적을 가진 재판관을 갖지 않을 때에는 쌍방이 다 이를 선임할 수 있다. 국적재판관은 다른 재판관과 평등한 지위에서 재판에 참가한다(제31조). 특별재판정이나 간이재판정에서 국적재판관이 참가해야 할 때는 재판장은 다른 재판관에게 국적재판을 위해 자리를 양보하도록 요구해야 한다(제13조 제4항). 국적재판관제도는 분쟁의 심리를 용이하게 한다는 이점도 있으나, 재판의 공평을 기하기 어려운 단점도 있다.[5]

이러한 국제사법법원은 법원 규약 제36조 2항에 의하여 강제적 관할권을 수락하지 않는 한 양 당사자가 법원에 사건 해결을 부탁하기로 합의하여야만 사건을 심사할 수 있게 되어 있다. 독도 분쟁처럼 일본이 원해도 한국이 응하지 않고, 유엔이 나서지 않으면 강제적 관할권이 없어 국제사법법원에 제소되지 않는다. 그러므로 1954년 9월 25일 일본이 한국에 독도 문제 해결을 위해 국제사법재판소에 제소하자고 한국 정부에 제의해온 것이다. 일단 법원의 판결이 나면 최종적이며 상소할 수 없다. 다만 규약 제60조와 제61조에 근거하여 법원은 자신의 판결을 해석할 수 있고 또한 수정할 수 있다. 이러한 판결에 대한 집행은 ① 자구책 강구, ② 제삼국을 통한 해결, ③ 국내 법원에의 제소를 통한 해결, ④ 국제기구에 의한 집행 등이 있다. 일반적으로 국제법원의 판결을 무시하면 국제사회에서 고립되기 때문에 이를 함부로 무시하는 정책을 시행하는 것이 개별 국가로서는 쉽지 않다.[6]

2. 국제법상 영토 취득개념과 방법

1) 영토 취득개념

국제법상 영토취득 및 상실이라고 하는 것은 국가영역의 공간적인 확대 및 축소를 말한다. 국가영역의 구조는 영토, 영해, 영공으로 구성되는 3차원적 개념인데, 영토는 국가

---

5) 김명기(1999), "독도의 영유권과 국제법", 투어웨이사, pp.79~81.
6) 김병렬(2001), "독도논쟁", 다다미디어, pp.216~217.

영역의 중심적 요소로서 영토의 확장 및 축소에 따라 영해 및 영공의 범위도 이에 따라 비례한 반응을 보인다. 영토의 취득 및 상실에 대한 법적 규제는 영토지배의 법적 성질에 관한 일반적 개념에 의존되며, 영토주권을 획득하는 방법은 선점(occupation), 시효(prescription), 할양(cession), 첨부(accession), 정복(conquest) 등 이른바 전통적 방법으로 분류되는 5가지와 영토취득 방법의 새로운 이론인 역사적 근원의 응고, 승인과 묵인과 금반언, 판결 등 3가지 방법을 포함 총 8가지 방법이 있다.[7]

2) 영토 취득방법 8가지

(1) 영토 취득의 전통적 방법

어느 주권하에도 있지 않은 이른바 무주지(territorium nullius)의 점령인 선점(occupation), 일정 시간 실효적 점유(effective occupation)로부터 유출하는 권원인 시효(prescription), 조약 규정에 의한 영토의 이전인 할양(cession), 지형의 자연적 과정에 의한 영토의 변경인 첨부(accession), 무력사용에 의한 영토의 취득이 이루어지는 정복(conquest) 등 이른바 영토취득의 전통적 방법은 사유재산에 관한 로마법을 지침으로 하여 용어의 개념을 이로부터 차용하였다. 영토에 대한 권원의 취득에 관하여 국제법규는 실체적으로 상당히 명백화되어왔지만, 전통적으로 사용되어 온 용어와 분류가 오늘날 재판소에서 추종되지 않고 있다. 유럽의 팽창(膨脹)시대에 유럽인의 무력에 의한 영토 취득을 합법화함으로써 그 권원의 설정과 유지 및 분쟁의 조정을 목적으로 하는 유럽인의 이익에 봉사하기 위하여 형성된 것으로 첨부(添附)를 제외하고는 모두 새로운 각도에서 재검토가 요구된다.

좀 더 구체적으로 살펴보면 다음과 같다. 첫째는 선점(先占)이라고 하는 방법은 로마법의 아큐파티오(occupatio)에서 나왔다. 그것은 당시 어떠한 주권에도 복종하지 않는 영토 일국(一國)에 의한 전용을 의미하는 것이다. 즉 무주지가 선점의 요건이다. 극지(polar region)를 제외하고 지구상의 대부분 지역이 어느 국가의 주권에 속하고 있는 현재에는 선점의 법리를 적용할 여지가 있는 것 같지 않다. 그것은 다만 역사적 권원의 증명에 관계가 있을 뿐이다. 일본이 1905년 다케시마를 일본 영토에 편입한 근거로 내세우는 핵심이론이 바로 무주지 선점으로, 독도 영유권분쟁을 둘러싼 한국과 일본 간 최대의 이론적 쟁점 중 하나가 되고 있다. 둘째는 시효(時效)의 법 개념은 여러 개의 상이한 개념을 포함한 것이나 기본적으

---

7) 이한기(1996), "한국의 영토", 서울대학교출판부, pp.60~63.

로는 장기간 계속된 평화적 점유에 의한 권원의 취득을 말하는 것으로 생각된다. 약간의 이와 같은 원칙은 국내법의 모든 제도에서 발견되는 것이지만, 국제법에서 그 애용은 학자에 따라 다르다. 국제법상 시효원칙을 인정하는 학자의 대부분은 예외 없이 시효가 문명국이 인정하는 법의 일반원칙이라는 이유에서 이것을 인정해야 한다고 주장한다. 셋째는 할양(割讓)이다. 이는 일국(一國)의 영토주권을 타국에 이전하는 것, 다시 말하면 일국이 문제의 영토에서 갖는 권리와 권원을 타국을 위하여 포기(抛棄)하는 것으로 주로 합의를 표현한 할양조약에 의하여 실현되는 것이 보통이다. 청일전쟁에서 패한 청나라가 시모노세키조약에서 일본에 대만을 할양한 것이 대표적 사례 중 하나이다. 넷째는 정복(征服)은 적대행위가 때로는 평화조약 없이 종료하여 전승국이 패전국의 영토를 영구히 점령하고 그 영토를 합병할 의사를 일방적으로 표현한 경우 가지는 것이 보통이다. 전시 적국영토의 완전한 정복은 전승자가 그 영토의 합병 의사를 선언한 경우에는 정복이라는 국제법상의 방법에 의하여 그 영토를 취득할 수 있게 한다. 다섯째는 첨부(添附)이다. 첨부는 자연적 현상에 의한 영토취득을 말한다. 바다나 강, 호수에서 퇴적에 의하여 형성되는 삼각주 등 퇴적지나 화산의 분화에 의하여 형성되는 섬 등이 이에 해당된다.[8]

(2) 영토 취득방법의 새로운 이론

영토 취득방법의 새로운 이론에는 역사적 권원(權原)의 응고(凝固), 승인과 묵인과 금반언, 판결 등이 있다. 첫째는 역사적 근원의 응고는 질서와 평화의 관점으로 보아 영토적 사태의 안정성이라고 하는 기본적 이익은 역사적 권원에 의한 응고가 국제법에서 차지하는 장소와 이 원칙의 적용에서 순응성을 설명한다는 것이 영토주권의 새로운 접근방법의 출발점이 된다. 국제사회의 발달에 따라 영역권은 단순한 점유주의에 입각한 일방적 영토취득의 행위(선점, 정복, 시효, 첨부 등 할양을 제외한 기타의 모든 방법)만이 아니라 합의나 승인 또는 묵인과 같은 다양한 방식에 의해 응고되며 확정되어 간다는 의미에서 이러한 역사적 권원의 응고(consolidation)가 새로운 권원취득의 방식으로 제창되고 있다. 독도 영유권분쟁에서 한국은 실효적 지배와 역사적 권원의 응고 부분에서 유리한 입지를 점유하고 있으나, 일본의 분쟁지역화 추진에 잘못 말려들거나 실책을 범할 경우, 그 내용 또한 권원으로 응고되어 일본이 독도에 대한 영유권을 주장할 수 있는 권원을 제공할 수 있기 때문에 신중한 대응이 요구된다. 둘째는 승인과 묵인과 금반언은 일국(一國)의 영토주권에

---

8) 이한기(1996), "한국의 영토", 서울대학교출판부, pp.68~106.

대한 타국의 승인은 승인한 타국이 장래 그 지역의 지배권을 다투는 것을 스스로 금하는 이른바 금반언(禁反言, estoppel: 일단 행한 표시나 행위는 다시 번복할 수 없다는 원칙)의 효과를 발생한다. 이러한 승인 행위의 불가피한 논리적 결과는 상설국제사법재판소(PCIJ)의 동부 그린란드(Eastern Greenland) 사건(case)에서 그 명백한 형태로 표현되었다. 즉 노르웨이(Norway)는 그린란드 전체가 덴마크(Denmark)령임을 승인했다는 것을 재확인했다. 그것에 의하여 노르웨이는 그린란드 전체에 대한 덴마크의 주권을 다투는 것으로부터 자신을 스스로 금했다. 그리고 어떤 사태에 반대하려는 당사국으로부터 다른 행위가 기대되었던 사정에서 수동적 관용(toleration)의 형태를 취하는 승인(承認)이나, 권리의 위협이나 침해를 구성하는 사태에 당면한 반대를 국가의 무위(無爲)라고 하는 묵인(黙認)은 영토적 권원에 대하여 증거적 가치를 갖는 것만은 확실하다. 한국과 일본의 독도 영유권분쟁에서 신한일어업협정을 체결할 때 배타적 경제수역(EEZ) 기점을 한국이 울릉도를 중심으로 설정한 점, 독도를 중간수역에 포함시키고 이에 대해 아무런 언급도 하지 않고 조처를 하지 않으면 금반언의 효과를 발생할 수 있으므로 잘못된 신한일어업협정을 개정해야 한다는 주장이 끊임없이 제기되고 있다. 또한 한국 정부가 그동안 일본 정부의 도전에 대해 취해 온 조용한 외교가 일본의 주장을 묵인하거나 수동적 승인으로 인식될 가능성이 큰 것으로 지적됐다. 셋째는 판결(判決)을 영토취득의 권원의 하나로 보는 경우 판결은 국제사법재판소(國際司法裁判所), 중재재판소(仲裁裁判所) 또는 혼합위원회(混合委員會) 등의 판결에 의한 영토귀속의 승인을 뜻한다.[9] 오늘날 세계 영토분쟁의 대부분은 국제사법재판소를 통해 해결되고 있다.

3) 영유권 분쟁 판결과 관련된 주요 용어

(1) 시제법

독도 문제가 국제사법재판소에 회부될 경우 어느 법에 따라 재판을 받게 될 것인가 하는 문제가 발생하는데 그 기준이 될 수 있는 것이 시제법이다. 시제법(intertemporal law)은 특정한 법률관계를 규정하는 법률의 내용이 시간상으로 달라졌을 때, 그 법률관계는 그것이 성립했을 당시의 법으로 평가되는 것인가, 그렇지 않으면 다툼이 있을 때의 법에 비추어 평가해야 할 것인가의 문제를 해결하는 원칙이다. 영역의 귀속에 관한 국제분쟁은 과

---

9) 이한기(1996), "한국의 영토", 서울대학교출판부, pp.106~139.

거 수세기에 소급하는 사실 또는 조약의 해석을 쟁점으로 하는 것이 적지 않은데, 이 경우에 어느 시기의 법을 적용해야 하는가의 문제가 발생한다. 이 문제는 취득 당시에 유효했던 국제법규에 따라 판단되는 것이며, 현행법의 소급 적용은 원칙적으로 인정되지 않는다는 것이 바로 시제법이론이다.[10] 따라서 독도의 경우 시제법은 분쟁이 발생한 시기 또는 영역 주권의 귀속이 결정적으로 되었다고 인정되는 시기를 말하는 결정적 기일에 의해 좌우될 가능성이 있다. 현재 결정적 기일은 여러 가지가 거론되고 있으며, 선택도 가능하므로 어떤 것이 결정기일이 될지 단정하기는 어렵다.

(2) 결정적 기일

결정적 기일(Critical Date)은 시간을 표준으로 하여 다수의 서로 충돌된 청구를 해결하는 국제소송에서 중요한 역할을 담당하는 법 개념으로, 이는 영역분쟁의 해결에서 당사국 간에 분쟁이 발생한 시기 또는 영역 주권의 귀속이 결정적으로 되었다고 인정되는 시기를 말한다. 분쟁이 발생하여 국제적인 해결절차, 특히 소송에 회부되었을 때 주로 문제 되는 개념이기는 하지만, 반드시 분쟁과 결부시켜서 이해하여야 하는 개념은 아니다. 또한 소송절차상의 증거허용 기준 일자라는 의미가 크지만, 반드시 '재판' 또는 '소송'을 전제로 하여 사용되거나 이해되어야 하는 개념은 아니다.

결정적 기일에 관한 여러 개념 중 존슨이 말한 "그 이후로는 당사자의 행위가 법적 상태에 영향을 미칠 수 없는 일자"로 이해하는 것이 타당하며, 결정적 기일은 자체로부터 어떤 권리나 의무가 발생할 수는 없고 동 시점에 존재하는 권리, 의무 또는 법적 상태가 확인될 뿐이다. 그리고 결정적 기일을 위한 객관적인 기준은 존재하지 않는다.[11] 그러나 결정적 기일이 확정되면 이후의 증거능력이 부정되므로 중요한 의미를 갖는다.

결정적 기일의 법 개념은 팔마스섬 사건에서 스페인이 미국에 일정한 영토를 할양한 파리조약이 체결되었던 1898년 12월 10일 자를 'Critical moment'(결정적 순간)라고 판결한 것에서 유래됐다. 피츠모리스(G. Fitzmaurice)에 의하여 이론화되었으며, 1953년 프랑스와 영국의 멩끼에 에끄레오 사건(Minquiers and Ecrehos Case)에서 결정적 기일의 이론이 체계화되었다.[12] 하지만 최근의 학설과 판결은 이를 무시 부정하는 것이 일반적인 추세라 할

---

10) 정갑용 외(2004), "독도 영유권에 관한 국제법적 쟁점 연구", 한국해양수산개발원, p.57.

11) 박배근 · 박성욱(2006), "독도 영유권과 '결정적 기일'에 관한 연구", 한국해양수산개발원, pp. v ~ vi.

12) 정갑용 외(2004), "독도 영유권에 관한 국제법적 쟁점 연구", 한국해양수산개발원, p. x.

수 있다. 결정적 기일의 결정은 분쟁 당사자가 합의로 결정할 수 있으며, 특히 제소합의로 결정한다. 분쟁당사자가 합의로 결정하지 아니하면 재판소가 결정하며 언제 분쟁이 결정화된 일자로 볼 것이냐 하는 문제가 제기된다.

결정적 기일의 적용범위는 주로 실효적 지배를 요건으로 하는 선점, 시효취득, 응고취득, 원시적 권원에 관한 분쟁에 적용되고, 조약의 해석, 현상유보(uti possidetis)의 원칙 적용에 관한 분쟁은 적용되지 아니한다. 한일 간 독도 영유권 분쟁이 예상되는 결정적 기일로는 1905년 2월 22일 시마네현(島根縣) 제40호 고시일, 1946년 1월 29일 연합국 최고사령부지령(SCAPIN) 제677호 발령일, 1951년 9월 8일 샌프란시스코 평화조약 체결일, 1952년 1월 18일 평화선 선언일, 1952년 1월 28일 평화선 선언에 대한 일본의 항의일, 1953년 4월 20일 독도의용수비대 독도 점유일 등 여러 가지가 있을 수 있다.[13]

피츠모리스(Fitzmaurice)의 견해에 따르면 다음의 경우 결정적 기일로 정해질 가능성이 크다고 한다. 첫째는 분쟁이 개시된 일자, 둘째는 원고국 또는 분쟁 상대국이 분쟁 영토에 대해 명확한 주권적 요구를 한 일자, 셋째는 영토주권에 관하여 당사국 간의 분쟁이 명확한 쟁점으로 결정화된(crystallize) 일자, 넷째는 당사자 일방이 가능한 협상, 알선, 조정, 국제기구에의 부탁 또는 국제중재나 사법적 해결에 이르지 않는 여타 분쟁 해결절차를 시작하는 적극적 조처를 한 일자, 다섯째는 상기 조치 중 어느 하나가 실제로 취해지고 또 행하여진 일자, 여섯째는 분쟁이 국제중재 또는 사법적 해결로 제안되거나 부탁 된 일자 등이다. 그러나 제닝스(Jennings)가 지적하고 있듯이 결정적 기일의 설정은 명확한 선택이 아닌 조심스러운 결정의 문제이며, 분쟁당사국 사이의 주장에 관한 문제일 수도 있다. 즉 결정적 기일이 모든 분쟁에서 명확하게 설정되는 것은 아니며, 그 설정도 국제분쟁에서 법원과 재판부가 반드시 의무적으로 고려해야 하는 법 원칙이 아닌 임의적 사항이다.[14]

(3) 무주지 선점

일반적으로 국가영토의 변경을 가져오는 방법에는 국가행위에 의한 것으로 선점 (occupation), 할양(cession), 병합(annexation) 또는 합병(fusion), 정복(conquest)이 있으며, 자연적 방법으로는 첨부(accretion)와 시효(prescription)가 있다. 이 중에서 선점이란 한 국가가 이제까지 어떤 국가에도 속하지 아니하였던 무주지나 다른 국가가 영유권을 포기한 지역을

---

13) 김명기(2007), "독도강의", 책과 사람들, pp.203~205.
14) 이석우 외(2005), "독도분쟁의 국제법적 이해", 학영사, pp.84~85.

자기 영토로 취득하는 것이다.[15) 그렇지만 선점이 반드시 무주지를 두고 지칭하는 것은 아니다. 부족의 조직 아래에 살고 있는 원주민 집단에 대해 영토편입을 위해 상당한 무력을 사용했다고 하더라도 무주지 선점에 해당한다. 19세기 제국주의에 이르기까지 유럽제국이 식민지 획득 경쟁을 할 때 널리 활용되는 등 문명을 향유하지 못한 주민에 대한 선점은 당연한 것처럼 인정되었다. 서구제국이 비유럽 세계에 대한 식민지 획득을 위한 법리로서 국제법상의 선점론을 개발하여 18세기 말 국제법의 원칙을 제도화한 것이다.[16)

무주지(terra nullius) 선점에 관한 국제법상 원칙은 아주 잘 정립되어 있다. 첫째는 실효적 점유(effective occupation)는 당해 국가가 그 영토를 확보하고자 할 뿐만 아니라 실제로 관리하고 또 관리할 수 있다는 것을 보이는 조치(action)가 뒤따라야 하며, 주민을 이주시킨다든가 또는 요새(fort)를 구축하는 것이다. 둘째는 권위의 행사(exercise of authority)는 비교적 사소한 권위의 행사라도 이에 맞서는 다른 국가의 권위 행사가 없을 경우는 그것으로 충분하다. 셋째는 국가 당국의 권위행사 또는 공시(the exercise or display of stat authority)는 영토의 점유는 당해 영토에 대한 국가 당국으로서 중앙정부 당국의 행사나 공시에 존재한다. 동 공시는 공공적이고 공개적이어야 한다.[17) [표 6 – 1]에서 보는 바와 같이 현재 한국과 일본은 1905년 일본의 독도(다케시마) 편입조치가 무주지를 선점한 것인가 아닌가 하는 점에 대해 양국은 서로 대립하는 입장을 보이고 있다.

[표 6-1] 일본 독도 편입에 대한 한일 양국 주장 비교

쟁점	한국	일본
선점	· 신라시대 이래로 한국의 고유영토 · 일본의 편입조치는 일본 영토가 아니라는 것을 증명	· 일본의 고유영토 · 고유영토의 공식 편입조치
영토 편입 조치	· 지방관청 고시는 국내적 조치 　(국제법적인 효력이 없음)	· 각의 결정에 따른 조치로 한국의 이의 제기 없었음
통고의무	· 독도와 같은 분쟁 소지가 있는 편입을 할 때는 통고의무 있음 · 비밀리에 진행됨 　(당일 일본인들도 독도 편입 조치를 모름) · 통고 접수된 바 없음	· 통고는 국제법상 의무사항이 아님 · 독도에 관한 한, 타국과의 쟁의 관계도 없었으므로 통고의무 없음
실효적 지배	· 일본의 한국 식민지화 과정에서 이루어진 영토 탈취행위(한국의 외교권이 박탈된 상태로 실질적으로 항의 불가)	· 편입조치 이후 독도 실제조사 및 어로면허 발급 등 국제법상 실효적 지배를 행사 · 한국의 항의가 없었음

출처: "세계의 도서 분쟁과 독도 시나리오", 한국군사문제연구원, 임재청 외(2005), "간도에서 대마도까지", 동아일보사, p.166.

---

15) 이석용(2007), "국제해양분쟁해결", 한남대학교출판부(글누리), p.99.

16) 최장근(2008), "독도의 영토학", 대구대학교출판부, p.75.

17) 나홍주(2000), "독도의 영유권에 관한 국제법적 연구", 법서출판사, pp.113~115.

(4) 실효적 지배의 의의와 방법

영토에 대한 실효적 지배란 주권국가가 특정 영토에 대해 배타적 관할권을 행사하는 것을 말하며, 영토에 대한 배타적 관할권을 '영토주권'이라 한다. 따라서 영토에 대한 실효적 지배란 '영토주권의 행사' 또는 '영토에 대한 통치권의 행사'라고 할 수 있다.[18] 실효성 있는 권한 행사는 영토권원의 획득에서 매우 중요한 요소이다. 발견은 잠정적이며, 불완전한 권원일 뿐이다. 이후의 합리적 기간 내에 실효적 지배행위가 있어야만, 비로소 완전한 영토주권으로 확립된다. 이는 팔마스섬 분쟁사건에서 후버(Huber) 판사의 판결 이래 계속 적용되어 온 주요 기준이라고 할 수 있다.

실효적 점유의 요건은 첫째는 무주지의 발견 후 불완전한 권원을 확립하기 위하여, 둘째는 시효의 완성을 위하여, 셋째는 현상유보의 원칙(principle of uti possidetis: 라틴아메리카대륙에 있어서 과거 식민지 시대의 국경을 독립 후에도 국제법상 인정하는 것)에 따른 권원을 확립하기 위하여, 넷째는 상대국이 서로의 주권을 주장하는 경우 어느 쪽이 더 실효성 있는 권한행사를 했느냐를 살펴보기 위하여 검토된다.[19] 실효적 지배 행사 방식에 대해 국제사법재판소 재판부가 가장 폭넓게 국가행위를 검토한 것은 [표 6-2]에서 보는 바와 같이 에리트레아와 예멘 간 중재판결에서 국가행위의 유형을 4가지로 크게 분류하여 각각의 세부사항을 검토한 바 있다. 이와 같은 재판부의 국가권력행위 목록은 분쟁지역에 있어서 당사국들이 자국의 실효성을 주장하기 위하여 국가권한 행사에 관한 목록을 작성하는 데 있어 그 기준이 될 수 있다는 점에 그 중요성이 있다.[20]

[표 6-2] 실효적 지배 방식에 대한 국가행위 유형

국가행위 유형	세부사항	국가행위 유형	세부사항
① 섬에 대한 활동을 규율하기 위한 입법행위		③ 일반적 행위	· 상공비행 · 기타행위
② 바다에 관련된 행위	· 섬 주변 해역에서의 행위에 대한 허가 · 어선 나포 · 여타 행정허가행위 · 해난구조행위 · 순찰행위 · 해양환경보호행위 · 개인 어로행위	④ 섬에 관련된 행위	· 섬의 군사초소설치 · 섬에서 일어난 행위에 대한 형사 및 민사재판관할권 행사 · 등대의 설치 및 유지행위 · 석유시추작업에 대한 인허가행위 · 섬에서의 거주제한

출처: 이석우 외(2005), "독도분쟁의 국제법적 이해", 학영사, pp.116~118.

---

18) 김명기(2007), "독도강의", 책과 사람들, p.177.

19) 이석우 외(2005), "독도분쟁의 국제법적 이해", 학영사, pp.114~115.

20) 이석우 외(2005), "독도분쟁의 국제법적 이해", 학영사, pp.116~118.

실효적 지배는 국가기관을 기준으로 볼 때 법률을 제정하는 입법권의 행사에 의한 방법, 건축허가, 매립면허, 외교적 항의 등 행정권의 행사에 의한 방법, 형사재판권의 행사, 민사재판권의 행사 등 사법권의 행사에 의한 방법 등이 모두 실효적 지배로 인정된다. 그러므로 독도에 대한 실효적 지배를 강화하는 방법은 대통령의 독도 방문이나 국무총리의 독도경비대 위문을 비롯하여 접안시설 보강 등의 각종 시설물 구축, 연구소 건설이나, 군 병력 배치, 조약의 체결이나 폐기 등 제반 활동이 포함된다.

이러한 실효적 지배의 강화는 평화적이어야 하고, 일본의 외교적 항의를 적절히 조절할 수 있는 외교 전략에 기초한 것이어야 하며, 결정적 기일(Critical Date)의 연구결과를 기초로 해야 한다.[21] 영유권문제와 관련하여 실효적 지배라는 중요한 개념이 국제 판례에서 발견된다. 이 개념을 요약하면, 어느 국가가 문제의 영토에 대해 평화적으로, 실제로, 계속하여 그리고 충분하게 국가의 주권을 행사·표시했느냐 하는 것이다. 경찰청장이 독도에 근무 중인 부하 경비대원을 방문하려 하는 것을 우리 외교통상부가 거부한 사례에서 과연 우리 정부 당국이 실효적 지배를 제대로 하고 있는지 자성해 볼 일이다.[22]

4) 국제재판의 증거 평가 고려 요소

국제법상 영토 취득 및 상실과 관련한 주요 사법 판결을 분석해 볼 때 국제법상 영토분쟁에서 분쟁당사국들에 의해 제기되는 증거들을 평가하는 작업에서 고려해야 할 요소에는 여러 가지가 있다.[23] 그중에서도 영토분쟁과 관련된 국제법상의 대표적인 사례들을 통해서 형성된 내용을 바탕으로 할 때 국가가 분쟁영토에 대해 영유권 내지는 주권을 행사했음을 입증하기 위해서는 다음과 같은 요소들을 만족시켜야 한다. 첫째는 특정 분쟁지역에 대한 국가권력의 행사가 실질적·지속적·평화적 그리고 충분한 방식으로 전개되어야 한다. 둘째는 영토주권은 분쟁의 대상인 영토의 특성에 따라 다른 형태로 전개된다. 셋째는 영토주권은 일반적으로 주권의 발현을 의미하는 국가 및 정부의 권한 기능 행사에 관해 분쟁 당사국들이 제기하는 증거들을 평가함으로써, 상대적으로 근소한 우세(marginally relative merits)를 판정하는 과정을 거쳐 형성된다. 넷째는 증거의 증빙능력은 분

---

21) 김명기(2007), "독도강의", 책과 사람들, pp.177~182.

22) 독도본부(2006), "신한일어업협정은 왜 폐기되어야 하는가?", 우리영토, p.39.

23) 이석우(2003), "일본의 영토 분쟁과 '샌프란시스코 평화조약", 인하대학교출판부, pp.33~34.

쟁영토의 점유와 직접적으로 관계가 있는 국가의 행위와 관련되어야만 한다.[24]

5) 국제사법재판소 판결에 주로 고려되는 영토권원

영토에 대한 소유권에 영향을 미칠 수 있는 요소들은 무수히 많으나, 어떤 특정한 사건과 관련이 있는 요소들은 그 특수한 상황과 재판소의 입장에 따라 재판결과가 결정된다.[25] 최근의 국제사법재판소 판결에서 고려되는 영토권원에 대한 주요한 변화는 첫째는 오래된 여러 불확실한 정황 또는 문서보다 최근의 매우 확실한 권원 하나에 의존하는 경향이 있다. 둘째는 관련 식민통치국가의 결정이 후에 독립한 국가들의 경계에 큰 영향을 미칠 수 있다. 셋째는 결정적 기일을 명시하지 않고 모든 증거를 다 검토하는 때도 있으며, 혹은 결정적 기일을 명시하더라도 그 이후의 행위들을 완전히 배제하지 않는 경향을 보여주고 있다. 넷째는 영유권과 동시에 해양경계획정을 맡기는 사례가 증가하고 있다.

위의 사항들은 모두 독도의 영유권 문제를 사법적으로 해결하는 경우 중요한 의미가 있다. 한편 최근의 판례들을 검토해볼 때, 현재 독도의 영유권 분쟁의 해결은 다음과 같은 세 가지 유형으로 나누어 생각해 볼 수 있다. 첫째는 증거의 상대적 힘으로 해결되는 경우, 둘째는 샌프란시스코 평화조약의 해석이 중점이 되는 경우, 셋째는 최근의 실효적 점유의 요건에 중점을 두는 경우가 있다.[26]

6) 국제사법재판소를 통한 분쟁해결 사례

상설국제사법재판소가 최초로 다룬 사건은 1923년 판결이 나온 윔블돈호(S. S. Wimbledon) 사건이었고, 국제사법재판소는 1947년 영국과 알바니아 간 코르푸해협사건에 대한 판결 이후 2003년 6월 현재까지 77건의 사건에 대해 최종 판결을 내렸다. 그중에서 해양문제와 직접적으로 또는 간접적으로 관련이 있는 사건들을 꼽아 보면 대략 14건 정도가 된다.[27]

국제사법재판소의 판결로 해결된 사건에는 다양한 사례들이 있지만, 그중에서 독도 영

---

24) 이석우(2007), "동아시아의 영토분쟁과 국제법", 집문당, pp.70~71.
25) 이석용(2007), "국제해양분쟁해결", 한남대학교출판부(글누리), p.62.
26) 이석우 외(2005), "독도분쟁의 국제법적 이해", 학영사, pp.146~147.
27) 이석용(2007), "국제해양분쟁해결", 한남대학교출판부〈글누리〉, p.29.

유권분쟁과 관련 팔마스섬 사건, 클리퍼튼섬 사건, 동부 그린란드 사건, 멩끼에 에끄레오 사건이 비교적 많이 인용된다. ① 팔마스섬(The Island of Palmas) 사건은 미국과 네덜란드 사이의 필리핀 군도에 있는 팔마스섬의 영유권에 관한 분쟁으로 1925년 상설중재법원에 부탁 되어 1928년에 네덜란드의 승소로 종결된 사건이다. ② 클리퍼튼섬(The Island of Clipperton) 사건은 프랑스와 멕시코 사이의 클리퍼튼섬 영유권에 관한 분쟁으로 1909년 3월 2일 이 사건을 엠마뉘엘 3세(Emmanuel Ⅲ)가 중재재판에 부탁하였고, 20년 후인 1931년 1월 28일 프랑스가 승소했다. ③ 동부 그린란드(The Eastern Greenland) 사건은 동부 그린란드의 한 지방 영유권에 관한 덴마크와 노르웨이 간의 분쟁으로 덴마크의 청구에 의해 상설 국제사법법원에 제소되어 1933년 4월 5일 덴마크의 승소 판결로 종결되었다. ④ 멩끼에 에끄레오(The Minquiers and Ecrehos) 사건은 멩끼에 및 에끄레오의 도서 및 암초에 대한 영국과 프랑스 간의 영유권에 관한 분쟁으로 1950년 12월 29일 부탁합의에 의하여 1951년 12월 5일 국제사법법원에 소송이 제기되었으며, 1953년 11월 17일 영국이 승소한 사건이다.[28]

무력 충돌을 피하고 자국민의 감정을 추스르면서 가장 합리적인 분쟁해결을 위한 방안으로 국제사법재판소를 통한 영토 분쟁 해결이 점차 늘어나고 있는 추세다. 2000년 이후 국제사법재판소 판결을 통해 해결된 대표적인 사례로는 카타르와 바레인 간 하와 도서 분쟁(2001년), 카메룬과 나이지리아 간 박카시 반도 영유권 분쟁(2002년), 말레이시아와 인도네시아 간 리기탄·시파단 도서 분쟁(2002년), 베냉과 니제르 국경 분쟁(2005년), 니카라과와 온두라스 해양경계 및 도서 분쟁(2007년), 싱가포르와 말레이시아 간 페드라 브랑카 도서 분쟁(2008년) 등이 있다.

당사국 간 협정을 통해 영토분쟁을 해결한 사례로는 이란과 사우디아라비아 간 알-아라비야(AL-'Arabiyah)섬과 파르시(Farsi)섬 영유권 분쟁(1968년), 카타르와 아랍에미리트연합(UAE) 간 훌룰(Hulul) 등 4개 섬 영유권 분쟁(1969년) 해양경계선 획정에 관한 협정 체결로 해결, 인도와 스리랑카 간 카츠차티부(Kachchativu)섬 영유권 분쟁(1974년)이 경계선 협정 체결로 해결되었다. 이 분쟁의 특징은 인도가 영유권을 포기하는 대신 카츠차티부(Kachchativu)섬에 대한 자국민의 접근을 확보하였고, 스리랑카는 이를 자국의 영토로 확인하였다. 쿡아일랜드와 미국 간 푸카푸카(Pukapuka) 등 4개 섬 영유권 분쟁(1980년), 뉴질랜드와 미국 간 아타푸(Atafu) 등 3개 섬 영유권 분쟁(1980년), 인도와 미얀마 간 안다만해(Andaman Sea)에 있는 나르콘담(Narcondam)섬 영유권 분쟁(1986년) 등이 있다. 특히, 사우디

---

28) 김병렬(2001), "독도논쟁", 다다미디어, pp.226~237.

아라비아와 예멘은 2000년 6월 12일 양국 간 최종적이고 항구적인 국경선 조약을 체결하여 연안 도서의 영유권 분쟁을 해결하고 해양경계선을 확정하였다.[29]

이외에도 분쟁을 타결하고 해양경계를 확정 짓지 못한 상태, 국제사법재판소에 재판을 부탁했다가 중단한 사례, 분쟁을 지속하고 있는 경우 등 우리가 독도 문제를 해결하기 위해 참고할만한 다양한 사례들이 있다.

7) 국제사법재판소 판결이 무시된 사례

비글해협 도서 분쟁은 칠레와 아르헨티나 간 많은 군사적 충돌이 빚어졌던 곳으로 국제사법재판소 판결이 무시될 수 있음을 보여준 대표적인 사례이다. 1900년대 초반에 시작해 80여 년 가까이 진행되었다. 1977년 국제사법재판소(ICJ)는 비글해협 섬들이 당시 점유국인 칠레 영토인 것으로 확정했지만, 아르헨티나는 승복하지 않았다. 이에 1978년부터 1984년까지 19차례에 걸친 군사 충돌이 발생했고, 1984년 교황 요한 바오로 2세의 중재를 받아들여 분쟁은 끝났다.[30]

국제사법재판소의 판결을 무시한다는 것은 유엔의 권위에 정면으로 도전하는 행위로 자칫 잘못하면 국제적 고립을 초래할 수 있는 위험한 발상임이 틀림없다. 그러므로 대부분의 국가는 국제사법재판소의 판결을 수용하여 영토분쟁을 종식하고 있다. 그러나 그 어떠한 불이익도 감수하겠다는 자세와 각오가 돼 있으면, 아르헨티나처럼 그 판결에 승복하지 않고 국제사법재판소의 판결은 무시할 수도 있다. 그렇지만 분쟁 당사국으로서 스스로 해결을 부탁한 이상 그 결과를 수용하겠다는 자세를 가질 필요가 있다. 재판에서 승소할 확신이 없으면 차라리 처음부터 국제사법재판소 제소 제의에 응하지 않는 것이 바람직하다. 승소하도록 사전에 제대로 준비를 하지 못하고 결과에 불만을 품고 승복하지 않아 국제사회에서 고립되는 잘못을 범하는 것은 현명한 처사가 아니다.

---

29) 박찬호 · 이석용(2006), "독도 영유권과 신한일어업협정", 한국해양구산개발연구원, pp.29~32.

30) 매일경제 2008. 9. 3.

3. 국제사법재판소 제소에 대한 양국의 입장 차이

1) 국제사법재판소 제소 제의 거절한 한국의 입장

1954년 9월 25일 일본 정부가 독도 문제는 영토분쟁이니 국제사법재판소의 판결에 위임하자고 한 제의에 대해 한국 정부는 1954년 10월 28일 자로 이를 단호하게 거절하는 다음과 같은 구술서를 일본 정부에 발송하였다. 한국 정부가 일본 정부에 보낸 구술서에 한국의 입장이 상세하게 정리되어 있는데, 한국 정부의 답변 구술서 요점을 정리해 보면 다음과 같다. ① 독도 문제를 국제사법재판소의 판결에 위탁하자는 일본 정부의 제안은 한국 영토인 독도에 대해 일본이 영유권을 갖고 있다고 주장하는 일본 정부의 '잘못된 주장'(false claim)을 법률적으로 위장하려고 획책하는 것이고, ② 한국은 독도에 대하여 처음부터 완전한 영유권을 갖고 있으므로 어떠한 국제법정에서도 새삼스럽게 한국의 독도 영유권 증명을 구해야 할 하등의 이유가 없으며, ③ 한국의 독도 영유권은 완전하고 조금도 문제가 없으며, 일본의 주장은 그야말로 '주장'에 불과한 것이므로 독도는 완벽한 한국 영토로서 독도에 대해서는 영토분쟁(領土紛爭)은 존재하지 않는 것이고, ④ 일본이 이에 대해 마치 독도에 대해 일본도 어떤 권리를 가진 것처럼 '가짜(疑以) 영토분쟁'이 존재하고 있는 것처럼 꾸며내고 있으며, ⑤ 일본이 독도 문제를 국제사법재판소에 가져가자고 제안하는 것은 독도에 대해 한국은 완벽한 영유권을 갖고 있고 일본은 잘못된 주장만 갖고 있기 때문에 독도 문제에 대한 이 현격한 입지의 차이를 메워 일시적으로라도 일본을 한국과 대등한 입지에 두려고 획책하는 것이고, ⑥ 한국이 타협할 필요도 없고 논쟁의 여지도 없는 한국의 독도 영유권에 대해 일본이 어떤 '가짜 청구권(請求權)'(a quasi claims)을 설정하려고 획책하고 있는 것에 불과하다.[31] 이 구술서 내용은 그 후 한국 정부의 독도 문제에 대한 기본 정책으로 자리 잡아 현재까지 일관되게 유지하고 있다.

2) 일본의 국제사법재판소 제소 제의와 현재 입장

1952년 1월 18일에 우리 정부가 '인접한 해양의 주권에 관한 대통령의 선언'(일명 평화선)을 선포하자 동년 1월 28일 일본 정부는 대통령의 선언이 확립된 국제법상 원칙인 공

---

31) 신용하(2003), "한국과 일본의 독도 영유권 논쟁", 한양대학교출판부, pp.16~17.

해의 자유에 위반되고, 독도는 일본의 영토인데 이에 대한 대한민국의 여하한 가정(assumption)도 이를 인정할 수 없다며 항의를 해왔다. 그 후 수차례에 걸쳐 한일 간에 독도 영유권에 관한 항의 각서가 교환되다가 1954년 9월 25일 일본 정부는 독도 문제를 법적 분쟁이라고 보고 이를 국제사법법원에 제소하자는 제의를 한국 정부에 해왔다. 일본이 제소를 제의해도 한국 측이 자주적으로 응하지 않는 한 국제사법재판소의 관할권은 설정되지 않으므로 한국 정부는 1954년 10월 28일 이를 일축하는 항의를 했다.[32]

　일본의 일방적인 제소에 한국이 관할권의 부존재를 다투어 소송에 참여하지 아니하는 것은 정당한 주권행사로 국제법의 위반행위는 아니지만, 일본은 국제연합헌장 제33조 제2항에 의거 독도 영유권 분쟁의 해결을 안전보장이사회에 제의할 수 있다. 그리고 일본은 한국이 승소할 자신이 없음을 스스로 인정한 것이라고 국제사회에 홍보하여 한국에 불리한 국제여론이 형성될 가능성이 크다.[33]

　일본 정부는 1954년 국제사법재판소를 통하여 독도 문제를 해결하길 원했고, 1965년 한일회담 과정에서도 구두로 국제사법재판소 제소를 한국에 제의한 바 있다. 현재도 일본

[표 6-3] 일본 독도 문제 국제사법재판소 제소에 대한 입장

1954년 국제사법재판소로 가길 원했던 이유	1965년 이후 기탁 제안을 하지 않고 있는 이유
① 한국이 독도를 무력으로 실효적 지배를 단행하여 더 움직일 수 없는 한국 영토로 굳혀져서 지금 당장 이를 막아야 한다는 절박함과 시급성이 있었다.	① 일단 새로운 자료가 많이 발굴되어 역사적으로 독도가 한국 영토로서의 권원이 증가했고, 이에 반해 일본 영토로서의 권원이 없음이 증명되어 가고 있다.
② 1954년 8월 15일 미국대통령의 특사로 한국을 방문한 반 후리가 비공식적으로 독도 문제를 국제사법재판소에서 해결할 것을 제안했던 것으로 보면 미국의 후원을 기대했던 것이다.	② 제국주의적인 방법의 영토편입 조치에 대한 국제법의 이념이 변화되어 과거 50년 전과 달리, 일본의 독도 편입 조치가 침략적 의미를 많이 내포하고 있는 제국주의적 방법이라는 것이 증명되어 일본에 불리하게 작용할 것임이 분명해지고 있다.
③ 당시 일본은 미국의 후원도 있고 해서, 1905년 2월 영토 편입 조치의 적법성을 믿고 있어서 국제법적 지위 면에서 유리하다고 판단하고 있었다.	③ 이미 한국이 독도를 실효적으로 지배하여 55년이 지나고 있고, 또한 실질적으로 주민이 거주하여 독도를 경영하고 있다.
④ 한국과 일본 사이의 국제사회의 위상으로 볼 때, 일본을 자유진영에 편입하기를 희망하던 미국 등 영향력이 있는 국가들의 도움을 요청할 수 있었고, 적어도 미국은 일본의 입장을 적극적으로 두둔했다. 당시 샌프란시스코 평화조약에서 포츠담선언의 '폭력과 협박으로 도취한 지역'을 일본 영토에서 모두 배제한다'는 규정이 있음에도 불구하고 독도와 같이 해석상으로 경계를 명확히 할 장치가 없었다. 따라서 미국 등 자유진영 연합국의 정치적인 결정에 의존하고 있었다. 지금도 국제법상으로 소속을 판단할 명확한 해석은 없다.	④ 국제사회에서 과거와 비교했을 때 한국의 위상이 높아져서 일본의 외교력으로 일방적으로 특정한 국가의 도움을 받아서 국제사법재판을 전적으로 유리하게 끌고 갈 수 있는 상황이 없어졌다.
	⑤ 일본이 제소하더라도 한국이 응하지 않을 것임이 분명하고, 충분히 승소할 확신도 없다.
	⑥ 독도 문제가 한일관계에 미치는 영향도 생각하지 않을 수 없고, 이미 한국이 실효적 지배를 하고 있는 상황에서 당장 영토문제가 해결되어야 할 시급한 사안도 아니다.

출처: 최장근(2008), "독도의 영토학", 대구대학교출판부, pp.69~71.

32) 김병렬(2001), "독도논쟁", 다다미디어, pp.217~218.
33) 김명기(2007), "독도강의", 책과 사람들, p.172.

정부는 독도 문제를 국제사법재판소를 통해 해결한다는 방침을 견지하고 있지만, 1965년 이후 더는 국제사법재판소를 통해 독도 문제를 해결하자는 제안을 한국 정부에 하지 않고 있으며, 그 이유는 [표 6-3]에서 보는 바와 같다.

3) 국제사법재판소로 갔을 때 일본의 자신감

한국 정부가 1952년 1월 18일 평화선을 선포하고 동년 1월 28일 일본 정부가 항의를 해옴으로써 독도 영유권을 두고 한일 정부 간 4차에 걸쳐 진행된 구술서 논쟁 중 1954년 2월 10일 일본 정부의 견해(2) 표명을 통해 일본은 한국 측이 영유권 주장의 근거로 제시하고 있는 내용은 문헌이나 사실의 인용이 부정확하고, 1904년 2월 23일의 한일의정서 및 동년 8월 22일의 한일협약, 1946년 1월 29일의 연합국 최고사령부지령(SCAPIN) 제677호와 샌프란시스코 평화조약은 독도와 아무런 관계가 없다. 독도는 1667년 은주시청합기와 같은 자료로부터 명백한 것처럼 옛날부터 일본 영토로 알려졌었고 또 일본에 의해 이용됐다. 1905년 2월 28일의 일본에 의한 다케시마 편입 조치는 근대 국제법이 영토취득 요건을 충족한 것이라고 주장하고 있다.[34]

숱한 한국 측의 반박에도 일본은 나름의 판단으로 독도 영유권에 대해 국제사법재판소로 갔을 때 자신감을 나타낼 수 있는 부분이 있다고 생각하는데, 그것은 일본이 근대 국제법적 영토 취득요건을 충족한 것이라고 확신하고 있다는 점이다. 따라서 일본의 다케시마 편입조치가 국제법적으로 독도 '선점' 시기의 한일관계와 선점에 대한 대한제국의 '항의' 유무 및 실효적 지배의 행사를 규명하는 것이 중요한 의미를 갖는다.

1905년 일본이 독도를 영토로 편입한 조치에 관하여 한국이 일본에 항의하지 못한 것이 당시 양국의 역학관계상 부득이한 것이었는지의 여부가 쟁점인데, 항의의 결여는 묵인의 효과를 낳을 수 있기 때문이다. 그리고 항의가 아니라도 실효적 지배 근거가 있으면 무주지였다는 일본의 주장은 타격을 받게 된다. 일본의 국제법학자인 후즈카는 일본의 독도 편입 조치에 대하여 한국의 항의가 있었더라면 분쟁이 발생하였을 것이라고 보고, 항의의 여부와 결정적 기일의 문제를 결부시키고 있다. 후즈카가 지적하는 바와 같이, 1905년에 한국이 일본에 대하여 항의하였는지는 분쟁의 결정화와 관련이 있으며, 묵인의 효과를 저지하는 것과도 관련이 있다. 그것은 또한 한국이 독도를 자국의 영토로 생각하고 적

---

34) 김명기(2007), "독도강의", 책과 사람들, pp.142~145.

극적으로 관리하고 있었다는 증거도 된다.

일본이 자신감을 갖는 부분은 첫째는 한국이 독도에 대한 실효지배를 한 증거가 있는가, 둘째는 1905년 독도를 일본에 편입할 때 일본이 항의를 못하도록 방해한 증거가 있는가 하는 점이다. 한국 측은 항의를 하지 않은 점에 대해 한국으로서는 일본의 독도 선점의 공시가 은밀하게 이루어졌고 통고가 결여되어 있었으므로 일본의 독도 편입사실 자체를 몰랐다는 것을 항의 부재에 관한 이유로 설명한다. 또 1906년에 울릉도를 방문한 칸다(神田) 일행으로부터 일본의 독도 편입사실을 알게 된 이후에도 항의하지 못한 것은 이미 일본의 피보호국이 된 한국의 입장에서는 불가항력적인 일이었다고 설명함으로써 한국 측의 항의 결여가 묵인으로 이어지는 것을 막을 수 있다는 논리를 전개한다. 그렇지만 독도에 대한 일본인들의 어업행위에 대한 단속이나 항의 등 실효지배에 대한 근거는 아직 제대로 제시하지 못하고 있는 상태다.

일본 측은 항의의 결여와 관련해서도 일본인 학자 및 일본 정부는 강치어업을 단속하지 않은 일, 즉 편입 조치 이전에 한국이 독도를 실효적으로 지배하고 관리한 실적이 없다는 사실을 지적하고 있다. 일본의 국제법학자인 미나가와 타케시(皆川洸)는 항의에 관해서는, 실제로 항의하고자 하여도 그것을 일본의 귀책이 되도록 저지된 사실이 기록되어 있는가 하는 점이 문제이다. 회고적으로 현재의 한국 정부였다면 항의하였을 것이라든지, 가설적으로 이러한 사정이 없었다면 항의할 수 있었을 것이라든지 하는 것은 문제가 되지 않는다. 또한 천기(川崎)는 '……통고가 없었기 때문에 한국은 일본의 영토편입조치를 알 수 없었던 것은 아니다. 한국은, 한국 정부는 당시 일선협정(日鮮協定)에 의하여 일본 정부의 완전한 통제 속에 있었으므로 항의할 방법이 없었다고 주장하고 있다. 알고 있었지만 항의할 수 없었다고 하는 것은, 일본이 항의를 방해한 사실이 증명되지 않는 한 이유가 되지 않는다.……'고 주장한다. 이러한 일본 국제법학자들의 주장은 일본 정부의 주장과도 크게 차이가 나지 않는다.

일본의 외교문서에서 1887년(명치 20년)경부터 은기도민(隱岐島民)이 독도에서 강치잡이와 전복 채취를 하고 1903년(명치 36년)부터는 이를 본격적으로 시작하게 되었지만, 그때에도 한국에서 독도를 점거하거나 또는 독도에 행정권을 미치고 있었다는 사실은 없으며, 독도에서 일본어민의 활동에 관하여 항의하여 온 일도 없다. 그리고 1905년 2월 22일의 시마네현(島根縣) 고시(告示)와 동시에 일본 국민 나카이 요자부로(中井養三郎)가 허가를 받아 강치어업을 시작하였으며, 그 이후에도 독도는 제2차 세계대전이 발발할 때까지 일본인에 의하여 실효적으로 개발되어 왔다. 이 기간 동안 독도에 대한 일본의 관할권에 대해서는 어떠한 외국으로부터도 문제가 제기된 바가 없다[35]고 주장한다.

만일 한국이 고유영토임을 확증할 수 있는 구체적인 자료를 찾아내지 못하면 국제사법재판소에서는 일본이 1905년 무주지를 영토로 편입했다는 정당성이 인정될 가능성이 있으므로 한국이 현재 실효적으로 지배하고 있다는 것만으로는 독도의 영유권을 장래도 계속 유지할 수 있을 것이라고 장담하기는 쉽지 않다. 분쟁의 발전은 항상 우리가 원하는 방법이나 방향으로 진행되는 것이 아니다. 그러므로 한국은 독도에 대한 영유권을 행사하고 수호하는 것 외에 국제사법재판소에 제소되는 상황에도 충분히 대비하여 이론과 논리, 법리와 역사적 근원 모두에서 일본에 승소할 수 있는 준비를 해둘 필요가 있다. 이를 위해서는 정부의 역할도 중요하지만, 특히 학자들을 중심으로 한국민의 관심과 노력이 중요하다.

4) 국제사법재판소로 갔을 때 한국의 자신감

국제사법재판소로 갔을 때 한국의 자신감은 1953년 9월 9일 '한국 정부 견해(1) 표명'에 의해 주장한 내용을 바탕으로 정리해보면 1905년 시마네현 고시에 의한 선점은 국제법상 위법한 것이며, 조선의 문헌과 지도에는 독도에 대한 역사적 권원을 증빙할 수 있는 여러 가지 자료가 있다. 1945년 이후 한국은 독도를 실효적 평화적으로 지배하고 있다. 샌프란시스코 평화조약에서 연합국 최고사령부지령(SCAPIN) 제677호에 표시된 바와 달리 규정하지 아니했으므로 연합국 최고사령부지령 제677호에 표시된 바와 같이 독도는 일본에서 분리된 것이다.[36]

대한제국은 일본인들의 울릉도 불법 침입과 산림벌채 등의 행패에 적극적 대책의 하나로 울릉도를 지방행정 구역상 독립된 군(郡)으로 승격시켜 도감(島監) 대신 군수(郡守)를 두어서 개정하는 청의(請議)를 의정부회의(내각회의)에 제출하여 1900년 10월 24일 8대 0이라는 만장일치로 통과시켰다. 이에 [표 6-4]에서 보는 바와 같이 대한제국 정부는 1900년 10월 25일 자로 칙령 제41호 '울릉도(鬱陵島)를 울도(鬱島)로 개칭하고 도감(島監)을 군수(郡守)로 개정한 건'을 반포하고 '관보'(官報)에도 게재하였다.

---

35) 박배근·이창위(2007), "독도 영유권에 관한 일본 국제법학자의 주장 분석", 한국해양수산개발원, pp.47~51.

36) 김명기(2007), "독도강의", 책과 사람들, p.144.

[표 6-4] 대한제국 칙령 제41호

울릉도를 울도라고 개칭하고 도감을 군수로 개정한 건
제1조: 울릉도를 울도라 개칭하여 강원도에 부속하고 도감을 군수로 개정하여 관제 중에 편입하고 군등(郡等)은 5등으로 할 사.
제2조: 군청 위치는 태하동(台霞洞)으로 정하고 구역은 울릉 전도(全島)와 죽도(竹島), 석도(石島)를 관할(管轄)할 사.
제3조: 개국 504년 8월 16일 관보 중 관청사항란 내 울릉도 이하 19자를 산거(刪去)하고, 개국 505년 칙령 제36호 제5조 강원도 26군의 6자는 7자로 개정하고 안협군(安峽郡) 하에 울릉도 3자를 첨입(添入)할 사.
제4조: 경비는 5등군으로 마련하되 현금간(現今間)인즉 이액(吏額)이 미비하고 서사(庶事)가 초창(草創)하기로 해도수세 중(該島收稅中)으로 우선 마련할 사.
제5조: 미진한 제조(諸條)는 본도 개척을 수(隨)하야 차제(次第) 마련할 사.
광무 4년 10월 25일
어압 어새 봉(御押 御璽 奉)
칙 의정부 임시서리(勅 議政府 臨時署理)
찬정 내부대신 이건하 (贊政 內部大臣 李乾夏)

칙령 제41호에 의해 울릉도는 강원도에 속한 독립된 군으로 승격되었으며, 초대 군수에는 도감으로 있던 배계주(裵季周)가 주임관(奏任官) 6등으로 임명되었다. 여기서 주목할 것은 제2조의 울도군이 관할하는 "구역은 울릉 전도와 죽도, 석도를 관할 사"라고 밝히고 있는 조항이다. 여기서 죽도는 울릉도 바로 옆의 바위섬 죽서도(竹嶼島)를 가리키는 것으로, 석도(石島)가 바로 독도(獨島)를 가리키는 것이다. 그러므로 '독도(獨島: 石島)는 이미 1900년에 대한제국이 울릉도를 승격시켜 개편할 때 울도군의 관할 소속 도서로 세계에 다시 한 번 선포되고 관보에도 게재되었던 것이다.[37] 그러나 우리의 주장과는 달리 누구나 이해할 수 있는 석도로 이어지는 명칭 변화에 대한 근거는 찾기가 쉽지 않다.

한국 정부가 1952년 1월 18일 평화선을 선포하고 동년 1월 28일 일본 정부가 항의해온 이후 독도 문제를 두고 양국이 분쟁을 시작한 지 60여 년의 세월이 지났다. 현재의 지루한 상황을 타개하고 극적으로 변화시킬만한 내용이 나왔으면 좋겠지만, 일본 외무성의 독도 홍보 팸플릿[38] 내용과 이에 대한 동북아역사재단의 반박문 내용을 살펴보면 분쟁 초기 한국과 일본이 교환한 구술서의 내용과 크게 다를 것이 없다. 한국이나 일본 모두 양국의 입장을 크게 진전시켜 분쟁에서 승리를 확신할만한 비책 같은 새로운 내용은 담겨 있지 않으며, 여전히 양국의 주장은 곳곳에서 상반된 모습을 보이며 팽팽하게 맞서고 있다. 그러므로 현재 상태에서는 만일 독도 문제가 국제사법재판소로 가더라도 크게 달라질 내용은 없을 가능성이 크다. 결국 한국이 독도 문제에서 가질 수 있는 자신감은 현재 실효적으로 독도를 지배하고 있다는 점이다.

---

37) 신용하(2005), "한국과 일본의 독도 영유권 논쟁", 한양대학교출판부, pp.150~154.

38) 팸플릿(pamphlet)은 설명이나 광고 · 선전 따위를 위해 얄팍하게 맨 작은 책자, 시사 문제에 대한 소논문.

4. 충돌 발생하면 국제사법재판소 피하기 어렵다

일본이 다시 국제사법재판소에 제소(提訴)를 원하더라도 한국은 응하지 않겠지만, 만약 일본이 제소를 목적으로 독도와 관련하여 분쟁을 일으키면 한국은 원하지 않더라도 결국 국제사법재판소에 갈 수밖에 없을 것으로 보인다. 일본의 유인책이나 국제적인 상황변화에 의해 한국이 국제사법재판소에 독도 문제로 일본과 마주하게 될 가능성과 방법은 여러 가지가 있을 수 있다.

그중에서 3가지만 예를 들어보면 다음과 같다. 첫째는 신한일어업협정의 해석이나 적용과 관련된 분쟁이 발생하면 협의에 의해 해결하고, 그에 의해서도 해결되지 않으면, 한일 양국 및 제삼국이 지명한 중재위원을 포함해 모두 3인으로 구성된 중재위원회에서 다수결로 결정하게 돼 있다. 만약 서로 영유권을 주장하고 있는 독도의 영해 및 주변수역과 관련된 분쟁이 발생하면, 한일 양국이 합의하기란 결코 쉽지 않을 것이다. 그렇게 되면 중재위원회에서 제삼의 중재위원이 결정적 영향을 미칠 것이고, 결국 독도 문제를 제삼국의 결정에 맡기는 형태가 될 것이다.[39] 신한일어업협정은 문제가 발생하면 협정을 파기하는 방법이 있지만, 파기하면 무협정 상태가 되고 유엔해양법 등의 적용을 받는 상황이 되더라도 양국이 해상에서 충돌하는 것은 불가피하다. 기존 어업협정을 대체할 어업협정을 타결하지 못하고 분쟁이 지속할 경우 제삼자에 의한 해결, 즉 국제사법재판소에 의한 해결 가능성도 전적으로 배제하기는 어려울 것이다. 둘째는 1999년 일본인들이 호적을 '독도(죽도)'에 옮겨 많이 등재했는데, 이를 호적대장에 등재해준 행위는 일본 정부의 행정행위였다. 일본은 한국 정부와 한국 국민의 독도 영유 수호 의지가 약하여 돌파 가능하거나 절호의 기회가 오면 독도를 침탈할 의지를 명백히 갖추고 있음을 보인 것이다. 일본 측에서 만일 독도에 호적을 옮긴 일본인들을 본적지인 '독도'의 동도나 서도 중 어느 섬에 상륙시키고, 일본자위대가 이를 보호한다는 구실 하에 동서 어느 섬이나 부속 섬에 상륙하면, '실효적 점유'도 양분될 것이다. 이로 인해 한일 양국이 무력충돌이라도 하게 되면 두 우호 국가의 무력 충돌을 희망하지 않는 미국이 국제사법재판소에 가서 판결을 받으라고 압력을 가할 것이고, 국제사법재판소에서는 일본이 만반의 준비를 하고 기다리고 있을 것이다.[40] 셋째는 국제사회가 지금과 같은 추세로 발전되고 통합되어 나가면 오래지 않아

---

39) 독도역사찾기운동본부(2003), "독도 영유권 위기 연구", 백산서당, pp.28~29.
40) 신용하(2005), "한국과 일본의 독도 영유권 논쟁", 한양대학교출판부, p.20.

국제사법법원도 국내 법원과 같이 강제적 관할권을 갖게 될 것이다. 그때는 일본의 제소에 대하여 응소하지 않으면 자동으로 패소하게 될 것이다. 한국이 재판에 간다고 전적으로 패소할 것으로 생각하지 않더라도 사소한 것도 집요하게 물고 늘어지는 일본인들의 속성을 고려할 때, 비록 현재는 국제사법법원에 부탁을 거부하는 정책을 고수한다고 하더라도, 한편으로는 재판 준비도 철저히 할 필요가 있으며, 응고의 원칙이 적용될 수 있도록 만반의 태세를 갖추어야 한다.[41]

제3절 한일 양측 주장과 국제법적 쟁점 분석

법적인 문제는 열정이나 뜨거운 가슴 등 감정으로 해결되는 것이 아니라 법조문에 따른 해석과 증거능력에 따라 결과가 좌우되므로 독도 문제를 둘러싼 모든 상황변화의 가능성에 대한 대비책을 강구한다는 의미에서 한국의 독도 영유를 뒷받침하는 확고한 국제법적 논리를 확보할 필요성이 있다. 이를 위해 먼저 요구되는 일은 독도 영유권에 관한 일본의 국제법적 논리를 정확하게 파악하고 이해하는 것이다. 독도 문제에 대한 양국의 입장과 주장을 파악하고 해설을 통해 국제법적 쟁점사항이 무엇인지 알고 이해할 수 있도록 일본 외무성의 '죽도: 다케시마 문제를 이해하기 위한 10의 포인트'와 이에 대한 한국 동북아역사재단의 '일본 외무성의 독도 홍보 팸플릿 반박문' 중 증빙자료와 보조문서 등을 제외한 본문을 인용했다.

독도와 관련하여 한일 양국에서 제기되는 대부분의 주장이 그렇듯이, 학자와 정부를 가리지 않고 한국 측에서 제기되는 주장과 일본 측에서 제기되는 주장은 대개 상반된 것이다. 따라서 한국 측의 분석과 평가는 생략하고, 특히 일본인들이 독도 문제의 주요 쟁점에 대해 어떻게 생각하고 있는지 파악할 수 있도록 하기 위해 박배근 교수 등이 실행한 한국해양수산개발원의 '독도 영유권에 관한 일본 국제법학자의 주장 분석' 연구 내용 중 일본학자들의 논문 속에 나타난 독도 문제 쟁점과 관련된 부분을 발췌 인용, 일본인들의 주장을 좀 더 구체적으로 파악할 수 있도록 하였다.

---

41) 김병렬(2001), "독도논쟁", 다다미디어, p.224.

글의 진행 순서는 김명기 교수의 한일 간의 독도 분쟁에서 가장 중요한 법적 쟁점, 양국이 주장하는 홍보문과 반박문, 일본의 주장과 한국의 주장을 싣고 해설을 덧붙였다. 해설 내용은 국제법적 쟁점과 그에 대한 일본학자의 주장을 담았다. 국제법적 쟁점은 학자에 따라 그 내용에서 약간씩 차이가 날 수 있고, 한일 양국의 공개된 주장이 한정되어 있는 점을 고려하여 해설은 내용에 따라 차이를 두었다. 한일 양측의 주장과 국제법적 쟁점을 정리해보면 [표 6-5]와 같다.

[표 6-5] 한일 양측 주장과 국제법적 쟁점 분석

1. 도입 해설

한일 간의 독도 분쟁에서 가장 중요한 법적 쟁점은 크게 '발견과 선점이론에 따라 한국과 일본 가운데 어느 국가가 분쟁도서인 독도에 대한 영유권을 주장할 수 있는가의 문제'와 '샌프란시스코 평화조약에서 독도의 지위에 대한 해석' 두 가지이다.

발견과 선점이론에 따라 한국과 일본 가운데 어느 국가가 분쟁도서인 독도에 대한 영유권을 주장할 수 있는가의 문제에서 관건은 양 분쟁 당사국이 제시하는 증거에 대한 증빙 능력 평가 분석 작업에 달려 있다. 이 문제와 연장선에 있는 사안들로서는 첫째는 과연 1905년 일본이 독도를 시마네현(島根縣)에 편입하였을 당시, 일본 측이 주장하는 바와 같이 독도가 무주지였는지의 여부, 둘째는 한국 측이 주장하는 15세기에서 19세기에 시행된 공도정책이 독도에 대한 주권 포기를 의미하는지의 여부, 셋째는 무인도라는 특성 이외에, 독도를 지리적 특성, 다시 말해서 독도가 한국의 울릉도와 지리적으로 근접해 있다는 지리적 접근성 등에 근거해서 소위 종속이론 또는 부속도서 이론을 한국이 활용할 수 있는지의 여부 등을 들 수 있다.

샌프란시스코 평화조약에서 독도의 지위에 대한 해석은 제2조 패전 일본의 영토 처리에 관한 조항, 동 조문의 (a)항에서 '일본은 한국의 독립을 승인하고, 제주도, 거문도, 울릉도 등을 포함한 한국에 대한 모든 권리, 권원 그리고 청구권을 포기한다'고 규정하고 있다. 최종문안에 '독도' 및 그에 상응하는 어떠한 용어도 언급되지 않자, 독도 문제 처리에 대한 전승국 또는 조약 작성자의 진의를 둘러싼 법리 논쟁 또한 양국 간에 전개되었다. 자국에 유리한 방향으로 해석하고자 하는 이러한 법리의 핵심은 조문에 나타난 도서들의 지위 및 그 의미하는 바가 무엇인지를 유추하는 데 착안한 것인데 소위 열거주의, 예시주의 등의 이론들이 대표적으로 언급될 수 있다. 샌프란시스코 평화조약에서 독도의 지위에 대한 해석은 독도 분쟁에 대한 새로운 접근 방법의 필요성 제기라는 관점에서 볼 때, 그 차지하는 비중이 절대적이라고 하지 않을 수 없다.[42]

쟁점 1. 일본은 옛날부터 다케시마의 존재를 인식하고 있었습니다.

1) 일본 주장:

오늘날 다케시마는 일본에서 일찍이 '마쓰시마'로, 반대로 울릉도가 '다케시마'나 '이소다케시마'로 불렸습니다. 다케시마와 울릉도의 명칭에 대해서는 유럽의 탐험가에 의한 울릉도 측위의 잘못으로 일시적인 혼란이 있었으나, 일본이 '다케시마'와 '마쓰시마'의 존재를 옛날부터 인지하고 있었던 것은 각종 지도와 문헌으로 확인할 수 있습니다. 예를 들어, 경위선을 투영한 간행 일본지도로서 가장 대표적인 나가쿠보 세키스이(長久保赤水)의 '개정일본여지노정전도'(改正日本興地路程全圖)(1779년 초판) 외에도, 울릉도와 다케시마를 한반도와 오키제도 사이에 정확하게 기재하고 있는 지도는 다수가 존재합니다.

2) 한국 주장:

□ 일본의 주장 요약

일본은 옛날부터 독도의 존재를 인식하고 있었다. 경위도선을 표시한 일본지도로서 가장 대표적인 나가쿠보 세키스이(長久保赤水)의 '개정일본여지노정전도'(1779년) 등 일본의 각종 지도와 문헌이 이를 확인해주고 있다.

□ 일본 주장의 허구성

o '개정 일본여지노정전도'는 사찬(私撰)지도로서 1779년 원본에는 울릉도와 독도가 조선 본토와 함께 채색되지 않은 상태로 경위도선 밖에 그려져 있어서 일본 영역 밖의 섬으로 인식하고 있다.

o 더욱이 일본 해군성 '조선동해안도'(1876년)와 같은 관찬지도들은 오히려 독도를 한국의 영토에 포함하고 있다.

o 1696년 도쿠가와(德川) 막부 정권이 일본어민들의 울릉도 도해를 금지한 이후 두 섬에 대한 인식이 흐려져 독도를 마츠시마(松島), 리양코도(リヤンコ島), 랑코도(ランコ島), 다케시마(竹島) 등으로 혼란스럽게 불렀을 뿐만 아니라 지리적 위치도 완전히 망각하게 되었다.

쟁점 2. 한국이 다케시마를 인식하고 있었다는 근거는 없습니다.

1) 일본 주장:
① 한국이 다케시마를 인식하고 있었다는 근거는 없습니다. 예를 들어, 한국 측은 고문헌 '삼국사기'(1145년), '세종실록지리지'(1454년), '신증동국여지승람'(1531년), '동국문헌비고'(1770년), '만기요람'(1808년), '증보문헌비고'(1908년) 등의 기술을 근거로 울릉도와 우산도라는 2개의 섬을 예로부터 인지하고 있었으며, 그 '우산도'가 바로 오늘날의 다케시마라고 주장하고 있습니다.
② 그러나 '삼국사기'에는 우산국이던 울릉도가 512년에 신라에 귀속했다는 기술은 있습니다만, '우산도'에 관한 기술은 없습니다. 또한 조선의 다른 고문헌 중에 나오는 '우산도'의 기술을 보면, 그 섬에서는 다수의 사람이 살고 큰 대나무를 생산한다는 등 다케시마의 실상과 맞지 않는 바가 있으며, 오히려 울릉도를 상기시키는 내용으로 되어 있습니다.
③ 또한 한국 측은 '동국문헌비고', '증보문헌비고', '만기요람'에 인용된 '여지지'(1656년)를 근거로 '우산도는 일본이 말하는 마쓰시마(현재 다케시마)'라고 주장하고 있습니다. 이에 대해 '여지지'의 원래 기술은 우산도와 울릉도는 동일한 섬이라고 하고 있으며, '동국문헌비고' 등의 기술은 '여지지'에서 직접 정확하게 인용된 것이 아니라고 비판하는 연구도 있습니다. 이 연구에서는 '동국문헌비고' 등의 기술은 안용복의 신빙성이 낮은 진술을 아무런 비판 없이 인용한 다른 문헌(강계고, 강계지)을 원본으로 삼고 있다고 지적하고 있습니다.
④ 한편, '신증동국여지승람'에 첨부된 지도에는 울릉도와 '우산도'가 별개의 2섬으로 기술되어 있습니다. 만약 한국 측의 주장처럼 '우산도'가 다케시마를 가리키는 것이라면, 이 섬은 울릉도 동쪽의 울릉도보다 훨씬 작은 섬으로 그려질 것입니다. 그러나 이 지도의 '우산도'는 울릉도와 거의 같은 크기로 그려졌으며, 한반도와 울릉도 사이(울릉도의 서쪽)에 있는 등 전혀 실재하지 않는 섬이라는 것을 알 수 있습니다.

2) 한국 주장:
□ 일본의 주장 요약
  한국이 옛날부터 독도를 인식하고 있었다는 근거는 없다. 한국 측이 주장하는 우산도라는 것을 뒷받침하는 명확한 근거는 없으며, 우산도는 울릉도의 다른 이름이거나 가상의 섬이다.

□ 일본 주장의 허구성
o 독도는 울릉도에서 육안으로도 바라볼 수 있어서 울릉도 사람이 거주하기 시작한 때부터 인식할 수 있었다. 이러한 인식의 결과 세종실록지리지(1454년), 신증동국여지승람(1530년), 동국문헌비고(1770년), 만기요람(1808년) 등 한국의 수많은 정부 관찬문서에 독도가 명확히 표기되어 있다. 특히 동국문헌비고(1770년), 만기요람(1808년) 등에는 '울릉도와 우산도는 모두 우산국의 땅이며, 우산도는 일본인들이 말하는 송도(松島)'라고 명백히 기록하고 있다. 송도는 당시 일본인들이 부르는 독도의 명칭이다. 우산도라는 것을 명확히 알려주고 있다.
o 2005년 일본 오키섬에서 발견된 안용복 관련 조사보고서인 '원록9병자년조선주착안일권지각서'(元禄九丙子年朝鮮舟着岸一券之覺書)에는 안용복이 휴대한 지도에 울릉도와 독도를 조선의 강원도에 부속된 섬으로 명기하고 있다.
o 오늘날과 달리 지도제작 기술의 부족으로 고지도 중 독도의 위치나 크기를 잘못 그린 것이 있으나, 이것이 독도의 존재를 인식하지 못했다는 증거가 되는 것은 아니다. 한국의 고지도는 관찬지도이든 사찬지도이든 언제나 동해에 두 섬, 즉 울릉도와 독도를 함께 그리고 있어 독도의 존재를 명확히 인식하고 있었음을 보여주고 있다.

3) 해설: 지리적 접근성과 속도론(屬島論)
  한국과 일본 사이에는 독도가 양국 중 어느 쪽에 더 가까운지를 둘러싸고도 대립하는 주장이 있다. 또 한국은 독도가 울릉도의 속도(屬島)이기 때문에 독도의 영유 귀속은 울릉도의 영유 귀속과 동일하게 취급되어야 한다는 주장도 있다. 독도가 울릉도의 속도(屬島)라고 하는 데에는 독도와 울릉도 사이의 지리적 접근성이 주요한 근거가 되고 있기도 하다. 독도가 한일 양국의 영토 중 어느 쪽과 지리적으로 더 가깝다고 하는 주장이 독도의 영유 귀속과 관련하여 가지는 심리적인 효과와는 별개로, 그것이 법적으로 어떤 의미가 있는지는 엄밀한 법적 논리로만 따져야 한다. 마찬가지로 독도가 울릉도의 '속도'(屬島)라는 주장이 과연 설득력이 있는지, 그러한 주장이 용인된다고 하더라도 독도가 울릉도의 속도라는 사실이 법적으로 어떤 의미가 있으며, 어떤 법적 효과를 가질 수 있는지도 엄밀한 법적 검증이 필요하다.

〈일본 학자의 주장〉
◇ 마츠쿠마 키요시(松隈 淸)
  독도는 일본이 1905년에 선점한 토지이며, 따라서 조약(샌프란시스코 평화조약) 제2조에서 말하는 '한국' 속에 포함되어

---

42) 이석우(2003), "일본의 영토 분쟁과 샌프란시스코 평화조약", 인하대학교출판부, pp.34~35.

있지 않다. 그런데도 한국이 일방적으로 평화조약을 방패삼아 독도에 주권을 확립하려고 하는 것은 독도가 예로부터 울릉도의 일부라고 하는 전제에 서기 때문이다. 그러나 한국 측의 그러한 주장은 한국 측이 제시하는 문헌 정도로는 불충분하다.

◇ 타이쥬도 카나에

한국은 독도가 울릉도의 '속도'라고 끊임없이 강조한다. 1906년에 심(沈) 군수가 독도를 울릉군에 소속되는 것으로 생각하고 있었을지도 모르겠으나, 독도의 소속을 나타내는 행정조치는 그때까지 아무것도 취하여지지 않고 있었다. 또 설령 행정상 속도로 되어 있었다고 가정하더라도 본도(本島)로부터 실효적 점유가 미치지 않고 있다면 국제법적으로 그다지 의미가 없다. 속도라고 하는 점을 지나치게 강조함으로써 한국은 여기서도 또한 독도에 실효적 지배가 미치지 않고 있었다는 것을 간접적으로 고백하고 있다.

3. 일본은 울릉도로 건너갈 때의 정박장으로 또한 어채지로 다케시마를 이용하여, 늦어도 17세기 중엽에는 다케시마의 영유권을 확립하였습니다.

1) 일본 주장:

① 1618년 돗토리번 호우키노쿠니 요나고(烏取藩伯耆盧朴國米子)의 주민인 오야 진키치(大谷甚吉), 무라카와 이치베(村川市兵衛)는 돗토리번주(藩主)를 통해 막부로부터 울릉도(당시의 '다케시마') 도해(渡海) 면허를 받았습니다. 그 이후 양가는 교대로 매년 한 번 울릉도에 도항해 전복 채취, 강치 포획, 대나무 등의 삼림 벌채에 종사했습니다(1625년이라는 설도 있습니다).

② 양가는 장군가의 접시꽃 문양을 새긴 선인(船印)을 내세워 울릉도에서 어업에 종사하고, 채취한 전복은 장군가에 헌상하는 것을 일상화하는 등 이른바 이 섬의 독점적 경영을 막부 공인 하에 행했습니다.

③ 그동안 오키에서 울릉도로 가는 길목에 해당하는 다케시마는 항행의 목표나 도중의 정박장으로서, 또 강치나 전복 포획의 좋은 어장으로서 자연스럽게 이용되기에 이르렀습니다.

④ 이처럼 일본은 늦어도 에도시대 초기인 17세기 중엽에는 다케시마의 영유권을 확립했다고 생각됩니다.

⑤ 가령 당시 막부가 울릉도나 다케시마를 외국영토로 인식하고 있었다면, 쇄국령을 발해 일본인의 국외 도항을 금지한 1635년에는 이들 섬에 대한 도항을 금지했을 것이지만, 그런 조치는 취해지지 않았습니다.

2) 한국 주장:

☐ 일본의 주장 요약

일본은 울릉도로 건너갈 때는 정박장이나 어채지로 독도를 이용하여 늦어도 17세기 중엽에는 독도의 영유권을 확립했다. 에도(江戸)시대 초기(1618년), 돗토리번의 요나고 주민인 오야(大谷), 무라카와(村川) 양가는 막부로부터 도해(渡海)면허를 받아 울릉도로 도항하기 위한 항행의 목표나 도중의 정박장으로서, 또 강치나 전복포획의 좋은 어장으로서 자연스럽게 이용되었다.

☐ 일본 주장의 허구성

o 도해면허는 내국 섬으로 도항하는 데는 필요가 없는 문서이므로 이는 오히려 일본이 울릉도와 독도를 일본의 영토로 인식하지 않고 있었다는 사실을 입증하는 것이다.

o 17세기 중엽의 일본 고문서인 '은주시청합기'(隱州視聽合記)(1667년)는 '일본의 서북쪽 한계를 오키섬으로 한다'고 기록하여 일본인들 스스로 독도를 자국의 영토에서 제외하고 있다.

o 1877년 일본 국가 최고기관인 태정관은 17세기 말 한일 간 교섭결과를 토대로 '……품의한 취지의 죽도(竹島, 울릉도) 외 일도(一島)의 건에 대해 일본은 관계가 없다는 것을 명심할 것'이라고 하면서 독도가 일본의 영토가 아님을 공식적으로 인정하였다.

o 한편, 일본 외무성도 '조선국교제시말내탐서'(朝鮮國交際始末內探書)(1870년)에서 '죽도(울릉도)와 송도(독도)가 조선부속으로 되어 있는 시말'이라는 보고서를 작성하였으므로 송도(죽도)가 한국 땅임을 자인하였다.

3) 해설: 선점행위의 모순적 성격

일본이 독도 영유의 근거로서 고유영토론과 선점론의 두 가지를 주장하는 경우에는 양자 사이에 모순이 생긴다. 즉 독도가 일본의 고유영토였다고 한다면 이미 자국의 영토로 속해 있는 토지에 대하여 새삼스럽게 '선점'을 할 필요는 없다. 그 경우에는 일본의 독도 선점행위를 설명하기가 대단히 곤란해진다. 이러한 모순을 어떠한 논리로 해결하여야 할지는 일본으로서도 중요하고도 곤혹스러운 문제라고 할 것이다.

〈일본 학자의 주장〉

◇ 타이쥬도 카나에

한국이 설령 독도에 어떤 역사적 권원을 가지고 있었다고 가정하더라도 그것은 실효적 점유에 근거한 권원으로 대체된 바가 없다. 이에 비하여 일본 정부에 의한 메이지 38년의 영토편입 조치와 그에 이어지는 국가권능의 계속적 발현은 17세기에, 당시의 국제법에도 거의 합치하여 유효하게 설정되었다고 생각되는 일본의 권원을 현대적인 요청에 따라 충분히 대체하는 것이었다. 일본 정부에게 독도의 귀속이 미확정이라고 하는 의식은 있었다고 하더라도 한국령이라고 하는 의식은 전혀 없었다.

4. 일본은 17세기 말 울릉도 도항을 금지했습니다만, 다케시마 도항은 금지하지 않았습니다.

1) 일본 주장:
① 막부로부터 울릉도 도항을 공인받은 요나고의 오야, 무라카와 양가는 약 70년에 걸쳐 아무런 방해 없이 독점적으로 사업을 행했습니다.
② 1692년 울릉도에 도착한 무라카와가는 다수의 조선인이 울릉도에서 어류 채취에 종사하고 있는 광경에 조우했습니다. 또 이듬해에는 오야가가 마찬가지로 다수의 조선인과 조우하며, 안용복, 박어둔 등 2명을 일본에 데리고 돌아갔습니다. 이때 조선왕조는 국민의 울릉도 도항을 금지했었습니다.
③ 상황을 알게 된 막부의 명을 받은 쓰시마번(에도시대에 대조선 외교·무역의 창구역할을 했음)은 안용복과 박어둔 두 사람을 조선에 송환함과 동시에, 조선에 대해 어민들의 울릉도 도항 금지를 요구하는 교섭을 시작했습니다. 그러나 이 교섭은 울릉도의 귀속을 둘러싸고 의견이 대립해 합의를 보지 못했습니다.
④ 쓰시마번으로부터 교섭 결렬 보고를 받은 막부는 1696년 1월 조선과의 우호관계를 존중하여, 일본인의 울릉도 도항 금지를 결정하고, 이를 조선 측에 전하도록 쓰시마번에 명했습니다. 울릉도의 귀속을 둘러싼 이 교섭 경위는 일반적으로 '다케시마 잇켄(竹島一件)'이라고 불리고 있습니다.
⑤ 한편 다케시마 도항은 금지되지 않았습니다. 이것으로도 당시부터 일본이 다케시마를 자국 영토라고 생각했음은 분명합니다.

2) 한국 주장:
□ 일본의 주장 요약
  일본은 17세기 말 울릉도 도항을 금지했지만, 독도 도항은 금지하지 않았다. 1696년 울릉도 주변 어업을 둘러싼 한일 간 교섭 결과, 막부는 울릉도로의 도항을 금지했지만, 독도 도항을 금지하지 않았다. 이는 당시부터 일본이 독도를 자국의 영토라고 생각했음이 분명하다.

□ 일본 주장의 허구성
o 17세기 말 일본 막부 정권이 울릉도 도항을 금지할 때, '죽도(울릉도) 외 돗토리번에 부속된 섬이 있는가'라는 에도 막부의 질문에 대해 돗토리번은 '죽도(울릉도), 송도(독도)는 물론 그 밖에 부속된 섬은 없다'고 회답하면서, 울릉도와 독도가 돗토리번 소속이 아님을 밝히고 있다.
o 또한 일본 자료 오야가(大谷家) 문서에서 보이는 '죽도(울릉도) 내 송도(독도)'(竹嶋內松島), '죽도 근변 내 송도'(竹嶋近邊內松島) 등의 기록이 잘 설명해주는 바와 같이 '독도는 울릉도 도해금지조치에는 독도 도해금지도 당연히 포함되어 있다.
o 도해금지 조치 이후 나타난 일본의 독도 명칭 혼란은 일본이 독도 도항은커녕 독도에 대해 제대로 인식조차 못 했다는 것을 입증하고 있다.

5. 한국이 자국 주장의 근거로 인용하는 안용복의 진술 내용에는 많은 의문점이 있습니다.

1) 일본 주장:
① 막부가 울릉도 도항 금지를 결정한 후, 안용복은 다시 일본으로 건너왔습니다. 그 후 다시 조선에 송환된 안용복은 울릉도 도항 금지를 어긴 자로서 조선 관리의 취조를 받는데 이때 안용복의 진술이 현재 한국의 다케시마 영유권 주장의 한 근거로 인용되고 있습니다.
② 한국 측 문헌에 따르면, 안용복은 일본에 왔을 때 울릉도와 다케시마를 조선령으로 한다는 서계(書契), 즉 문서를 에도 막부로부터 받았으나, 쓰시마번주가 그 문서를 빼앗았다고 진술한 것으로 되어 있습니다. 그러나 일본 측 문헌에 의하면, 안용복이 1693년과 1696년 일본에 왔다는 등의 기록은 있으나, 한국 측이 주장하는 것과 같은 서계를 안용복에게 주었다는 기록은 없습니다.
③ 더욱이 한국 측 문헌에 의하면, 안용복은 1696년 일본에 왔을 때 울릉도에 다수 일본인이 있었다고 말한 것으로 되어 있습니다. 그러나 안용복이 일본에 온 것은 막부가 울릉도 도항 금지를 결정한 후의 일로 당시 오야, 무라카와 양가는 모두 이 섬에 도항하지 않았습니다.
④ 안용복에 관한 한국 측 문헌의 기술은 안용복이 국가의 금지령을 어기고 국외에 도항하여, 그 귀국 후 취조를 받았을 때의 진술에 따른 것입니다. 그의 진술은 상기 내용뿐만 아니라, 사실에 맞지 않는 바가 많으나 그런 것들이 한국 측에 의해 다케시마 영유권의 한 근거로 인용됐습니다.

2) 한국 주장:

□ 일본의 주장 요약

한국이 자국 주장의 근거로 인용하는 안용복의 진술 내용에는 많은 의문점이 있다. 안용복의 도일(渡日)활동은 자신이 불법 도일 죄를 감하기 위하여 과장한 것으로 일본의 기록과도 부합하지 않기 때문에 사실이 아니다.

□ 일본 주장의 허구성

o 안용복의 도일 활동에 관해서는 조선의 비변사에서도 철저한 조사가 이루어졌으므로 그것을 기록한 조선의 관찬서 기록이 진실이 아니라고 하는 일본 측 주장은 받아들이기 어렵다. 또한 일본의 기록에 없는 것이 조선의 기록에 있다고 하여 조선의 기록이 잘못이라고 판단하는 것은 일본 측의 농간에 불과하다. 안용복의 도일 활동은 숙종실록, 승정원일기, 동국문헌비고 등 한국의 관찬서와 죽도기사(竹島紀事), 죽도도해유래기발서공(竹島渡海由來記拔書控), 이본백기지(異本伯耆志), 인부연표(因府年表), 죽도고(竹島考) 등의 일본 문헌에 기록되어 있다.

o 안용복의 활동으로 인해 울릉도/독도에 관한 논의가 있었으며, 결과적으로 두 섬을 조선의 영토로 인정하게 되었다. 일본 측은 안용복 사건으로 양국 간에 영토문제가 대두하자 1695년 울릉도/독도 돗토리번(鳥取藩)에 귀속한 시기를 문의하는 에도 막부의 질문에 대해 '돗토리번에 속하지 않는다'는 돗토리번의 회답이 있었다.

o 1696년 1월에 내린 막부의 도해금지령은 같은 해 8월 요나고(米子) 주민에게 전달되었다. 요나고 주민이 그 기간 독도를 갈 수 있었으므로, 같은 해 5월 울릉도에서 일본인을 만났다는 안용복의 진술은 거짓으로 보는 일본 측 주장은 타당하지 않다.

o 2005년 일본에서 발견된 안용복 관련 조사보고서인 '원록9병자년조선주착안일권지각서'(元祿九丙子年朝鮮舟着岸一券之覺書)는 그 말미에 안용복이 휴대한 지도를 참조하여 조선 팔도의 이름을 기술하면서 울릉도와 독도가 강원도에 소속됨을 명기하고 있어 당시 안용복이 독도를 조선 땅이라고 진술한 사실을 명백히 입증하고 있다.

6. 일본 정부는 1905년 다케시마를 시마네현에 편입하여, 영유 의사를 재확인했습니다.

1) 일본 주장:

① 다케시마에서 강치 포획이 본격적으로 행해지게 된 것은 1900년대 초기였습니다. 그러나 곧 강치어업이 과열 경쟁 상태가 되자 시마네현 오키도민 나카이 요자부로는 사업의 안정을 도모하기 위해 1904(메이지 37)년 9월 내무·외무·농상무 등 3성 대신에게 '리앙코섬'의 영토 편입 및 10년간의 임대를 청원했습니다. (주: '리앙코섬'은 다케시마의 서양이름 '리앙쿠르섬'의 속칭. 당시 유럽 탐험가에 의한 측량의 잘못 등으로 울릉도가 종래 불리던 '다케시마'와 아울러 '마쓰시마'라고도 불리게 되며, 현재 다케시마는 종래 불리던 '마쓰시마'와 아울러 '리앙코섬'이라고 불리게 되었습니다.)

② 나카이의 청원을 접수한 정부는 시마네현의 의견을 청취한 후 다케시마를 오키도청의 소관으로 해도 지장이 없고, '다케시마'의 명칭이 적당하다는 것을 확인했습니다. 이에 따라 1905(메이지 38)년 1월 각의 결정에 따라 이 섬을 '오키도사의 소관'(隱岐島司의 所管)으로 정하는 동시에, '다케시마'로 명명하고, 그 취지를 내무대신으로부터 시마네현 지사에게 전달했습니다. 각의 결정으로 일본은 다케시마 영유 의사를 재확인했습니다.

③ 시마네현 지사는 이 각의 결정 및 내무대신 훈령에 따라 1905(메이지 38)년 2월 다케시마가 '다케시마'로 명명되어 오키도사의 소관이 되었음을 고시함과 동시에, 오키도청에도 이를 전달했습니다. 이는 당시 신문에도 게재되어 널리 일반에게 전해졌습니다.

④ 또 시마네현 지사는 다케시마가 '시마네현 소속 오키도사의 소관'으로 정해짐에 따라 다케시마를 관유지대장(官有地台帳)에 등록하는 동시에 강치 포획을 허가제로 했습니다. 강치 포획은 그 후 2차 세계대전으로 1941(쇼와 16)년에 중지될 때까지 계속되었습니다.

⑤ 조선에는 1900년의 '대한제국 칙령 41호'에 의해 울릉도를 울도로 개칭함과 동시에 도감을 군수로 한다는 것을 공포한 기록이 있다고 되어 있습니다. 그리고 이 칙령 가운데, 울릉군이 관할하는 지역을 '울릉 전도(鬱陵全島)와 죽도, 석도(竹島石島)'로 규정하고 있는데 여기서 말하는 죽도(竹島)는 울릉도 근방에 있는 '죽서(竹嶼)'라는 작은 섬이지만, '석도'는 바로 지금의 '독도'를 가리킨다고 지적하는 연구자도 있습니다. 그 이유는 한국의 방언으로 '돌(石)'을 '독'으로도 발음하며, 이를 발음대로 한자로 고치면 '도(島)'로 이어지기 때문이라는 것입니다.

⑥ 그러나 '석도'가 오늘날의 다케시마(독도)라면 왜 칙령에서 '독도'를 사용하지 않았는가, 또 한국 측이 다케시마의 옛 이름이라고 주장하는 '우산도' 등의 명칭을 사용하지 않았는가, 나아가 '독도'라는 호칭은 언제부터 어떻게 사용되었느냐 하는 의문이 생깁니다.

⑦ 만일 이 의문이 해소된다 하더라도, 이 칙령의 공포를 전후해 조선이 다케시마를 실효적으로 지배했던 사실이 없어 한국에 의한 다케시마 영유권은 확립되지 않았다고 생각됩니다.

2) 한국 주장:

□ 일본의 주장 요약

일본 정부는 1905년 독도를 시마네현에 편입하여 독도 영유의사를 재확인했다. 시마네현 오키도민인 나카이 요자부로의 독도 영토편입 청원을 접수한 일본 정부는 1905년 1월 각의 결정으로 독도를 영유한다는 의사를 재확인하였으며, 2월 시마네현 지사는 독도가 오키도사의 소관이 되었음을 고시함과 동시에 당시 신문에도 게재되어 널리 일반인에게 전해졌다. 일본은 독도를 관유지대장에 등록하고 강치 포획을 허가제로 하여 1941년 제2차 세계대전으로 중지될 때까지 강치 포획을 계속하였다. 1900년 대한제국 칙령 제41호의 석도를 독도라고 하는 데는 의문이 있으며, 의문이 해소된다고 하더라도 한국이 독도를 실효적으로 지배했던 사실은 없다.

□ 일본 주장의 허구성
o 독도가 일본의 고유영토라고 하면서 1905년에 편입시켰다고 하는 것은 억지에 불과하다. 그 주장이 사실이라면, 다른 고유영토에 대해서도 똑같은 편입조치를 해야 할 것이다. 자국의 영토에 대해서 영유할 의지가 있다는 것을 재확인한다는 것은 국제법상 있을 수 없는 변명에 불과하며 그러한 전례도 없다. 그리고 1905년대 이후 일본의 외교문서 등을 보면 1905년 편입조치를 처음에는 '무주지 선점'이라고 주장했다가 나중에는 '영유의사의 재확인'으로 말을 바꾼 것은 그만큼 근거가 박약하다는 증거이다.
o 1905년 시마네현 편입조치는 러일전쟁 중인 한반도 침탈과정에서 이루어진 것이며, 이미 확립된 대한민국의 독도 영유권에 대해 행해진 불법, 무효한 조치이다. 대한제국 칙령 제41호(1900년)를 통해 독도의 행정구역을 재편하는 등 한국의 독도에 대한 영유권은 확고하였는바 1905년 당시 독도는 무주지가 아니었으므로, 일본의 독도편입조치는 국제법상 불법이다. 한국은 일본의 조치사실을 안 즉시 독도가 한국의 영토임을 재확인하였으나(1906년), 을사늑약(1905년 11월)에 의해 외교권이 박탈된 상태였으므로 단지 외교적 항의를 제기하지 못하였을 뿐이다.
o 독도 편입 청원서를 제출한 나카이 요자부로는 처음에 독도가 한국 영토라는 것을 알고 일본 정부를 통해 한국에 임대 청원서를 제출하려고 했다. 그런데 해군성과 외무성 관리(기모쓰케 가네유키, 야마자 엔지로) 등의 사주를 받고 영토편입 청원서를 내었던 것이다. 당시 내무성 관리(이노우에 서기관)는 "한국 땅이라는 의혹이 있는 쓸모없는 암초를 편입하면 우리를 주목하고 있는 외국 여러 나라에 일본이 한국을 병탄하려고 한다는 의심을 크게 품게 한다"고 독도 영토편입 청원에 반대하였다.
o 1900년 대한제국 칙령 제41호는 그 자체가 독도에 대한 한국의 실효적 지배의 증거를 명확히 보여주고 있다. 울릉도 주변도서의 지리적 현황과 독도를 독섬(돌섬)이라고 호칭한 울릉주민의 생활상을 고려하면 '석도'(石島)가 독도라는 것은 의심의 여지가 없다. 1947년 울릉도 개척민(홍재현)의 증언 및 1948년 독도폭격사건 등에서 보는 바와 같이, 1905년 이전뿐만 아니라 그 이후에도 독도는 계속해서 울릉도 주민의 어로 작업지로 이용되었다.

3) 해설
① 시제법의 문제
시제법(時際法) 이론 또는 원칙은 '법적인 사실은 그 당시의 법에 따라 평가되어야 하며 그에 관한 분쟁이 발생하거나 해결되는 시점에 유효한 법으로 평가되어서는 안 된다'는 것으로 정의된다. 이러한 원칙은 법률 불소급 원칙의 한 측면으로서 국제법과 국내법을 불문하고 인정되는 원칙이라고 할 수 있다.

〈일본 학자의 주장〉
◇ 타이쥬도 카나에
일본 정부는 개국 이전의 일본에는 국제법의 적용이 없으므로, 당시로써는 실제로 일본에서 일본의 영토라고 생각하고, 일본의 영토로 취급하며, 타국이 이를 다투지 않으면 그것으로 영유하는데 충분하였다고 하고 있다. 이는 옳다…… 어떤 행위의 효과는 그것이 이루어진 때의 법에 따라 결정된다고 하는 원칙이 적용……

② 영유의사의 공시성 및 '통고'의 요건성(要件性)
1905년 일본의 독도 영토 편입조치가 시마네현 고시라고 하는 지방행정관청의 고시를 통하여 이루어진 것이 국제법적으로 유효한지의 문제이다. 한국은 지방행정관청의 고시는 일본의 독도 영유의사를 공시하는 것으로 부적절하며, 특히 인접국가로서의 한국에 대한 통고가 없었다는 점에서 국제법적으로 '선점'의 요건을 충족시키지 못하는 것이라고 주장한다. 한국에 대한 통고의 결여는 영유의사의 공시가 은밀한 방식으로 행해진 것으로서 한국이 '항의'할 기회를 박탈한 것이라고 보는 것이다. 무주지의 선점에 국제법상 '통고'가 필요한지, 영유의사의 공시는 반드시 중앙행정관청에 의한 것이어야 하는지를 둘러싼 견해의 대립이다.

〈일본 학자의 주장〉
◇ 천기(川崎)
1905년 일본에 의한 독도의 정식 영토편입과 이후 국가권능의 발현은 무엇보다도 앞서서 결정적으로 중요한 의미가 있는 실효적 지배의 증거이다. 그런데도 한국은 일본의 이러한 조치의 국제법상 유효성을 다음 이유로 다투었다…… '일본의 영유의사는 지방청에 의하여 비밀리에 표명되어(시마네현 고시) 한국 정부에 대한 통고는 없었다.'…… 이에 관해서는 영토편입에 즈음하여 타국에 대한 통고를 해야 하는 국제법상의 규칙은 존재하지 않는다는 사실을 말하면 충분할 것이다.

③ 일본의 독도 '선점' 시기의 한일관계와 선점에 대한 '항의' 유무

1905년 일본이 독도를 영토로 편입한 조치에 관하여 한국이 일본에 항의하지 못한 것이 당시 양국의 역학 관계상 부득이한 것이었는지의 여부가 쟁점이다. 항의의 결여는 묵인의 효과를 낳을 수 있기 때문이다. 한국으로서는 일본의 독도 선점의 공시가 은밀하게 이루어졌고 통고가 결여되어 있었으므로 일본의 독도 편입사실 자체를 몰랐다는 것을 항의 부재에 관한 이유로 설명할 수 있다. 또 1906년에 울릉도를 방문한 칸다(神田) 일행으로부터 일본의 독도 편입사실을 알게 된 이후에도 항의하지 못한 것은 이미 일본의 피보호국이 된 한국의 입장에서는 불가항력적인 일이었다고 설명함으로써 한국 측의 항의 결여가 묵인으로 이어지는 것을 막을 수 있다는 논리와 관련된 쟁점이다.

항의의 결여와 관련해서도 일본인 학자 및 일본 정부는 강치어업을 단속하지 않은 일, 즉 편입 조치 이전에 한국이 독도를 실효적으로 지배하고 관리한 실적이 없다는 사실을 지적하고 있다. 한일 양국 사이의 독도 문제의 가장 중요한 초점이 어디에 있는지를 보여주는 것으로 생각된다. 후즈카는 일본의 독도 편입 조치에 대하여 한국의 항의가 있었더라면 분쟁이 발생하였을 것이라고 보고, 항의의 여부와 결정적 기일의 문제를 결부시키고 있다. 후즈카가 지적하는 바와 같이, 1905년에 한국이 일본에 대하여 항의하였는지는 분쟁의 결정화와 관련이 있으며, 묵인의 효과를 저지하는 것과도 관련이 있다. 그것은 또한 한국이 독도를 자국의 영토로 생각하고 적극적으로 관리하고 있었다는 증거도 된다.

〈일본 학자의 주장〉
◇ 미나가와 타케시(皆川洗)

항의에 관해서는 실제로 항의하고자 하여도 그것을 일본의 귀책이 되도록 저지된 사실이 기록되어 있는지가 문제이다. 회고적으로 현재의 한국 정부였다면 항의하였을 것이라든지, 가설적으로 이러한 사정이 없었다면 항의할 수 있었을 것이라든지 하는 것은 문제가 되지 않는다.

◇ 천기(川崎)

통고가 없었기 때문에 한국은 일본의 영토편입 조치를 알 수 없었던 것은 아니다. 한국은, 한국 정부는 당시 일선협정(日鮮協定)에 의하여 일본 정부의 완전한 통제에 있었으므로 항의할 방법이 없었다고 주장하고 있다. 알고 있었지만 항의할 수 없었다고 하는 것은, 일본이 항의를 방해한 사실이 증명되지 않는 한 이유가 되지 않는다.

④ '선점' 이후의 실효적 지배 주장

1905년 일본이 독도를 영토로 편입한 조치를 한 이후 계속해서 독도를 실효적으로 지배하는 여러 조처를 하여 왔다고 주장하는데, 그러한 조치들이 일본의 독도 영유 근거가 되는 '평온하고도 계속적인 국가 권능의 행사'에 해당하는지의 문제이다. 왜냐하면 일본의 독도 편입에 한국이 항의를 제기하였다면, 그러한 항의 이후에 이루어지는 일본의 독도 지배 행위는 평온성을 결여하기 때문이다. 한국이 항의한 시점에 이미 결정적 기일이 설정될 것이고, 그 이후 일본의 조치는 영유권 증거로서의 법적인 가치를 상실하게 된다. 마찬가지 맥락에서, 만약 독도 문제에 관한 결정적 기일이 1952년 또는 1954년으로 설정된다면 일본이 주장하는 '선점' 이후의 실효적 지배는 독도에 대한 일본의 주권 행사의 증거로서 독도에 대한 일본의 영유 주장을 뒷받침하는 법적 효과를 낳게 될 것이다.

〈일본 학자의 주장〉
◇ 타이쥬도 카나에

한국은 영토편입 조치 이후의 일본 정부 행위는 국제법에 기초한 영토지배권의 계속적인 행사라고는 인정되지 않는다고 한다. 그 이유는 일본 정부에 의한 조사 등의 행위가 일본의 한국 침략행위의 하나에 지나지 않는다고 하는 것이다. 그러나 이는 독도가 한국령이었다고 하는 주장이 증명되지 않는 한 이유가 되지 않는다.

⑤ 실효적 점유

토지의 '실효적 점유'는 영역권으로서의 '선점'의 요건 중 하나이다. 그러므로 독도에 관하여 근대 국제법상의 '선점'을 영유권의 근거로 주장하는 경우에는 '영유의사'와 더불어 '실효적 점유'를 증명하지 않으면 안 된다. 독도를 1905년에 '선점'하였다고 주장하는 일본으로서는 독도에 관한 실효적 점유가 대단히 중요한 문제이다. 한국은 독도에 대한 '선점'을 주장하지 않으므로 '선점'의 요건으로서의 실효적 점유는 문제 되지 않는다. 다만 독도를 자국 영토로 주장하는 이상, 독도에 대한 영토관리의 형태 또는 내용으로서 독도에 대한 실효적 점유가 문제 된다. 일본으로서는 1952년 이전의 시점에 한국이 독도를 실효적으로 관리하고 점유하였다는 증거가 부족하다는 것을 독도에 대한 한국의 영유권을 부정하기 위한 주요한 논거로 삼고 있다.

〈일본 학자의 주장〉
◇ 마츠쿠마 키요시(松隈 淸)

1903년에서 1904년 일본 어부의 이 부근에서의 강치 남획에 관해서도 한국 정부는 단속을 방치하였으며, 1915년 '조선통사'(朝鮮痛史)의 저자도 독도를 한국의 영토라고 주장하고 있지 않은 것 등도 당시의 한국 정부와 일반 한국인 사이에 독도가 무주의 토지이거나 아니면 일본 영토의 일부이거나 어느 한 쪽을 승인하고 있었던 증거일 것이다.

7. 샌프란시스코 평화조약 기초과정에서 한국은 일본이 포기해야 할 영토에 다케시마를 포함하도록 요구했습니다만, 미국은 다케시마가 일본의 관할하에 있다고 해서 이 요구를 거부했습니다.

1) 일본 주장:

① 1951(쇼와 26)년 9월 서명된 샌프란시스코 평화조약을 일본의 조선 독립 승인을 규정하는 동시에, 일본이 포기해야 할 지역으로서 '제주도, 거문도와 울릉도를 포함한 조선'으로 규정했습니다.

② 이 부분에 관한 미국과 영국 양국에 의한 초안 내용을 알게 된 한국은 같은 해 7월, 양유찬 주미 한국대사로부터 애치슨 미국 국무장관 앞으로 서한을 제출했습니다. 그 내용은 "한국 정부는 제2조 a항의 '포기한다'라는 말을 '(일본국이) 조선 및 제주도, 거문도, 울릉도, 독도 및 파랑도를 포함하는 일본에 의한 조선 합병 이전에 조선의 일부였던 섬들에 대한 모든 권리, 권원 및 청구권을 1945년 8월 9일에 포기했음을 확인한다'로 바꿀 것'을 요망한다"는 것이었습니다.

③ 이 한국 측 의견서에 대해 미국은 같은 해 8월, 러스크 극동담당국무차관보로부터 양유찬 대사에게 보낸 서한에서 다음과 같이 답변하며, 한국 측 주장을 명확하게 부정했습니다. '……합중국 정부는, 1945년 8월 9일의 일본에 의한 포츠담선언 수락이 이 선언에서 취급된 지역에 대한 일본의 정식 또는 최종적인 주권 포기를 구성한다는 이론을 (샌프란시스코 평화)조약이 취해야 한다고는 생각하지 않는다. 독도 또는 다케시마나 리앙쿠르암(岩)으로 알려진 섬에 관해서는, 통상 무인(無人)인 이 바위섬은 우리들의 정보에 의하면 조선의 일부로 취급된 적이 결코 없으며, 1905년경부터 일본의 시마네현 오키도청의 관할하에 있다. 이 섬은 일찍이 조선에 의해 영유권 주장이 이루어졌다고는 볼 수 없다.……' 이 내용을 보면, 다케시마는 일본의 영토라는 것을 긍정하고 있는 것이 명백합니다.

④ 또한 밴 플리트 대사의 귀국보고서에서도 다케시마는 일본 영토이며, 샌프란시스코 평화조약에서 포기한 섬들에 포함되지 않는다는 것이 미국의 결론이라고 명기되어 있습니다.

2) 한국 주장:

□ 일본의 주장 요약

샌프란시스코 평화조약 기초과정에서 한국은 일본이 포기해야 할 영토에 독도를 포함하도록 요구했지만, 미국은 독도가 일본의 관할하에 있다고 해서 이 요구를 거부했다. 1951년 샌프란시스코 평화조약에서 일본이 그 독립을 승인하고 모든 권리, 권원 및 청구권을 포기한 '조선'에 독도가 포함되지 않았다는 사실은 미국 기록공개문서 등에서도 명백하다.

□ 일본 주장의 허구성

o 당초에 미국은 독도를 한국의 영토로 인정했으며, 일시적인 미국의 태도 변화는 일본의 로비에 의한 것이다.

o 일본이 샌프란시스코 평화조약에서 남쿠릴열도(북방 4개 섬)를 러시아의 영토로 인정한 조항을 거부하면서 명시적 규정이 없는 독도를 자국의 영토로 확정되었다고 하는 것은 논리적 일관성이 없다.

o 연합국 최고사령부는 일본 점령 기간 내내 다른 특정한 명령을 내린 바 없이 연합국 최고사령부지령(SCAPIN) 제677호를 적용하였으며, 샌프란시스코 평화조약 체결 직후 일본 정부도 당시 독도가 일본의 관할구역에서 제외된 사실을 확인하였다. 1951년 10월 일본 정부는 샌프란시스코 평화조약에 근거하여 일본 영역을 표시한 '일본영역도'를 국회 중위원에 제출하였는데, 그 지도에 분명하게 선을 그어 독도를 한국의 영역으로 표시하였다. 연합국 최고사령부지령(SCAPIN) 제677호는 독도와 울릉도와 함께 일본의 통치대상에서 제외되는 지역으로 규정하였다. 연합국 최고사령부지령(SCAPIN, Supreme Commander for the Allied Powers Instruction) 제677호 3. 이 훈령의 목적을 위하여, 일본은 일본의 4개 본도(홋카이도, 혼슈, 큐슈, 시코쿠)와 약 1천 개의 더 작은 인접 섬들을 포함한다고 정의된다. (1천 개의 작은 인접 섬들에서)… 제외되는 것은 @ 울릉도, 리앙쿠르암(Liancourt Rocks: 독도) …… 등이다.

o 연합국이 제2차 대전 후 샌프란시스코 평화조약 체결 때까지 독도를 일본에서 분리, 취급한 것은 카이로선언(1943년) 및 포츠담선언(1945년) 등에 의해 확립된 연합국의 전후 처리정책을 실현한 것이다. 즉 독도는 일본의 본격적인 영토침탈 전쟁인 러일전쟁 중에 폭력과 탐욕에 의해 약취된 한국의 영토이기 때문에 당연히 일본이 포기해야 하는 지역이었다.

o 독도는 전후 연합국 결정에 따라 일본에서 분리해 미군 통치 아래에 있다가, 유엔(UN) 결의에 따라 1948년 8월 15일 대한민국 정부가 수립되자 다른 모든 섬과 함께 한반도 부속도서로서 한국에 반환되었다. 샌프란시스코 평화조약은 이를 확인한 것에 불과하다.

3) 해설

① **SCAPIN 제667호 등의 효력 및 해석**

제2차 세계대전이 끝난 후 일본을 점령한 연합국 최고사령부는 1946년 1월 29일 지령(SCAPIN) 제677호로 일본에 인접한 여러 도서와 더불어 독도에 대해서도 '통치권 또는 행정권의 행사나 행사의 시도를 중지하도록 지령'하였다(제1항). 연합국 최고사령부의 이러한 조치가 독도의 영유 귀속 결정에 관하여 어떠한 법적 효력을 가지는지의 문제이다. 만약 연합국 최고사령부지령(SCAPIN) 제677호에 의하여 독도에 대한 일본의 행정권이 정지된다면, 이 지령에 의하여 독도 영유권 문제는 해결된 것이 된다. 연합국 최고사령부지령(SCAPIN) 제677호와 유사한 지령으로서 1946년 6월 22일의 연합국 최고사령부지령(SCAPIN) 제1033호도 일본의 어업과 포경업에 대한 허가 구역을 지령하면서 독도 주변 12해리 이내에 일본의 선박과 승무원이 들어가는 것을 금지하고 있다.

<일본 학자의 주장>
◇ 미나가와 타케시(皆川洸)

　제2차 세계대전 후의 점령기간에 연합국 사령관의 명령에 의하여 일시적으로 동 섬에 대한 우리나라의 권력행사가 정지되었던 일이 있지만, 그것은 어디까지나 점령 행정상의 일시적 조치에 관한 것으로서 그 최종적 처분의 의미와 효력을 가지는 것은 아니며, 또 가질 수 있는 것도 아니었다.

② 샌프란시스코 평화조약과 SCAPIN 제677호의 관계

　연합국 최고사령부지령(SCAPIN) 제677호에서는 독도가 명시적으로 일본의 통치권 및 행정권 행사의 대상에서 제외된 것에 비하여 샌프란시스코 평화조약 제2조 (a)항에서는 독도의 명칭이 누락되어 있다. 이 두 가지 사실을 연관 지어서 생각하면 샌프란시스코 평화조약 제2조 (a)항에 독도의 명칭이 누락된 것을 어떻게 해석하고 이해하여야 하는지의 문제이다.

<일본 학자의 주장>
◇ 우에다 토오시

　1946년 1월 29일의 연합국 최고사령부지령에 의한 독도에 대한 일본의 정치, 행정상 권리 행사 정지의 지령도 샌프란시스코 평화조약의 발효에 의하여 당연히 무효가 되어……

8. 다케시마는 1952년 주일미군의 폭격훈련구역으로 지정되었으며, 일본의 영토로 취급되었음은 분명합니다.

1) 일본 주장:

① 일본이 아직 점령 아래에 있던 1950(쇼와 25)년 7월 연합국 최고사령부지령(SCAPIN) 제2160호로, 다케시마를 미군의 해상 폭격 연습지구로 지정했습니다.
② 1952(쇼와 27)년 7월, 미군이 계속 다케시마를 훈련장소로 사용할 것을 희망함에 따라 일미행정협정(구 일미안보조약에 입각한 협정, 현재 '일미지위협정'으로 인수됨)에 입각하여, 이 협정의 실시와 관련된 일·미 간의 협의기관으로 설립된 합동위원회는 주일미군이 사용하는 폭격 훈련구역의 하나로 다케시마를 지정하는 동시에 외무성에서 이를 고지했습니다.
③ 일미행정협정에 의하면, 합동위원회는 '일본 국내의 시설 또는 구역을 결정하는 협의기관으로 임무를 수행한다'고 되어 있었습니다. 따라서 다케시마가 합동위원회에서 협의가 이뤄지고, 또 주일미군이 사용하는 구역으로 결정이 내려졌다는 것은 곧 다케시마가 일본의 영토임을 보여주고 있었습니다.

2) 한국 주장:

□ 일본의 주장 요약

　독도는 1952년 주일미군의 폭격훈련구역으로 지정되었으며, 일본 영토로 취급되었음이 분명하다. 미일행정협정에 따라 주일미군이 사용하는 폭격훈련구역의 하나로 독도를 지정하는 동시에 외무성에서 이를 고시하였다.

□ 일본 주장의 허구성

o 미국 공군은 한국의 항의를 받고 독도를 폭격훈련구역에서 즉각 해제하였으며, 그 사실을 한국 측에 공식적으로 통고해왔다. 또한 독도가 그즈음에 설정된 한국의 방공식별구역(KADIZ) 내에 있으면서, 일본 방공식별구역(JADIZ) 밖에 있었다는 것도 독도가 한국의 영토임을 전제로 한 조치임을 다시 한 번 확인시켜 주고 있다.
o 독도에서 조업 중이었던 우리 주민의 피해에도 불구하고, 독도를 폭격연습지로 지정하는가 하면, 1952년 당시 거듭된 독도 폭격 등이 모두 일본의 유도에 의한 것임은 일본 의회에서의 발언 내용 등을 통해 쉽게 알 수 있다. 다음은 1952년 5월 23일 중의원 외무위원회에서 시마네현 출신 야마모토(山本) 의원과 이시하라(石原) 외무차관과의 발언내용이다. 야마모토 의원 "이번 일본의 주둔국 연습지 지정에서, 독도 주변이 연습지로 지정되면서 그(독도) 영토권을 일본의 것으로 확인받기 쉽다는 생각에서 외무성이 연습지 지정을 바라고 있는지 그 점에 대해 말씀해주시기 바랍니다.", 이시하라 차관 "대체로 그런 발상에서 다양하게 추진하고 있는 것 같습니다."

9. 한국은 다케시마를 불법점거하고 있으며, 일본은 엄중하게 항의를 하고 있습니다.

1) 일본 주장:

① 1952(쇼와 27)년 1월 한국의 이승만 대통령은 '해양주권 선언'을 발표하여, 이른바 '이승만라인'을 국제법에 반해 일방적으로 설정하고, 그 라인 안에 다케시마를 포함했습니다.
② 1953(쇼와 28)년 3월 일미합동위원회에서 다케시마를 주일미군 폭격훈련구역에서 해제하기로 했습니다. 이로써 다케시마에서의 어업이 재개되었습니다만, 한국인도 다케시마와 그 주변에서 어업에 종사하고 있는 것이 확인되었습니다. 같은 해 7월에는 불법어업에 종사하는 한국인에게 다케시마에서 철거하도록 요구한 해상보안청 순시선이 한국어민을 보호하던 한국 관헌에게 총격을 당하는 사건도 발생했습니다.

③ 이듬해인 1954(쇼와 29)년 6월 한국 내무부는 해안경비대 주둔 부대를 다케시마에 파견했다고 발표했습니다. 또 같은 해 8월에는 다케시마 주변을 항행 중이던 해상보안청 순시선이 이 섬으로부터 총격을 당해, 이로 인해 한국의 경비대가 다케시마에 주둔하고 있는 것이 확인되었습니다.

④ 한국 측은 현재도 계속 경비대원을 상주시키는 동시에 숙사와 감시소, 등대, 접안시설 등을 구축하고 있습니다.

⑤ 한국에 의한 다케시마 점거는 국제법상 아무런 근거 없이 이루어지고 있는 불법 점거이며, 한국이 이런 불법점거에 따라 다케시마에서 행하는 어떤 조치도 법적인 정당성이 있는 것은 아닙니다. 이와 같은 행위는 다케시마 영유권을 둘러싼 일본의 입장에 비추어 보더라도 결코 용인할 수 있는 행위가 아니며, 다케시마를 둘러싸고 한국 측이 어떤 조치 등을 취할 때마다 엄중한 항의를 거듭하는 동시에, 그 철회를 요구해오고 있습니다.

2) 한국 주장:

□ 일본의 주장 요약

　한국은 독도를 불법점거하고 있으며, 일본은 엄중하게 항의를 하고 있다. 한국에 의한 독도 점거는 국제법상 아무런 근거 없이 이루어지고 있는 불법점거이며, 한국이 독도에서 행하는 어떤 조치도 법적인 정당성이 없다.

□ 일본 주장의 허구성

o 일본은 어느 시기에도 독도에 대한 영유권을 확립한 바가 없으며, 일본의 주장은 오히려 독도에 대한 대한민국의 영토주권을 침해하는 일방적이고 불법적인 것에 불과하다.

o 일본이 독도 영유권 확보를 의도한 것은 1905년 조치에 의해서이며, 대한민국은 이미 그 이전에 독도에 대한 영유권을 확립하였다. 1454년 세종실록지리지, 1808년 만기요람, 1900년 대한제국 칙령 제41호(이상 한국 정부문서), 1696년 에도(江戸) 막부의 도해금지령 공문, 메이지(明治) 정부의 1870년 조선국교제시말내탐서, 1877년 태정관 지시문(이상 일본 정부문서), 1946년 연합국 최고사령부지령(SCAPIN) 제677호, 제1033호(연합국 최고사령부 공식문서) 등은 독도가 한국의 영토임을 명확히 밝히고 있다.

10. 일본은 다케시마 영유권에 관한 문제를 국제사법재판소에 회부할 것을 제안하고 있습니다만, 한국이 이를 거부하고 있습니다.

1) 일본 주장:

　일본은 한국에 의한 '이승만라인' 설정 이후 한국 측이 행하는 다케시마 영유권 주장, 어업 종사, 순시선에 대한 사격, 구조물 설치 등에 대해 누차에 걸쳐서 항의를 거듭해왔습니다. 그리고 이 문제의 평화적 수단에 의한 해결을 도모하고자 1954(쇼와 29)년 9월, 구상서(口上書)로 다케시마 영유권 문제에 대해 국제사법재판소에 회부할 것을 한국 측에 제안했으나, 같은 해 10월 한국 측은 이 제안을 거부했습니다. 또 1962(쇼와 37)년 3월의 일한외상회담 때도 고사카 젠타로(小坂善太郎) 외무대신이 최덕신 외무부장관에게 이 문제를 국제사법재판소에 회부할 것을 제안했으나, 한국은 이를 받아들이지 않은 채, 현재에 이르고 있습니다.

2) 한국 주장:

□ 일본의 주장 요약

　일본은 독도 영유권에 관한 문제로 일본 정부는 1954년 9월, 1962년 3월에 국제사법재판소 회부를 제안했으나, 한국 측이 이를 거부하였다.

□ 일본 주장의 허구성

o 일본은 조어도(센가쿠제도)나 남쿠릴열도(북방 4개 섬)에 대해서는 국제사법재판소 회부를 거부하면서 유독 독도에 대해서만 회부를 주장하고 있는 모순적인 태도를 보이고 있다.

o 독도는 일본 제국주의의 한반도 침략과정에서 침탈되었다가 되찾은 역사의 땅이다. 독도는 명백한 대한민국의 영토이며, 재판소에 회부할 어떠한 이유도 없다. 오로지 일본이 침략의 역사에 근거한 독도 영유권 주장을 중단하는 것만이 바람직한 해법이다.

3) 해설

① 분쟁의 존부(存否) 및 분쟁의 성격

　독도를 둘러싸고 양국 사이에 법적 의미의 분쟁이 존재하는지의 문제이다. 분쟁의 존부도 예외가 아니다. 일본 측의 주장은 독도와 관련하여 분쟁, 그것도 '법적 분쟁'이 존재한다는 것이다. 한국 측은 '분쟁' 자체의 존재를 부정하는 주장이 대부분이며, 설혹 독도 문제가 '분쟁'으로서의 성격을 지닌다고 하더라도 그것은 '정치적 분쟁'이지 '법적 분쟁'은 아니라는 것이다.

현실적으로 독도를 점유하고 있는 한국으로서는 분쟁의 존재를 부인하는 것이 당연하다. 반면에 독도를 점유하고 있지 않은 일본으로서는 한국으로 하여금 분쟁의 존재를 인정하게 하여 독도에 대한 지배를 회복하기 위한 단서를 만들기 위하여 노력하고 있다. 무력을 행사하지 않는 한 독도에 대한 일본의 지배 회복의 가장 첫 단계는 '분쟁'이 존재한다는 사실의 확인이 될 수밖에 없다. 만일 독도 영유권에 관한 분쟁의 존재가 인정된다면 일본은 일찍부터 국제사법재판소에 문제 해결을 부탁할 것을 제안하고 있다.

　'분쟁의 존부'는 1965년 6월 22일에 한일 양국이 체결한 이른바 '분쟁해결에 관한 교환각서'의 해석과도 관련되는 문제이다. 동 각서에 의하면 별도의 합의가 없는 한 양국 간의 분쟁은 먼저 외교 교섭에 의하여 해결하고, 그것으로도 해결되지 않으면 조정에 회부하도록 되어 있다. 이 각서에서 말하는 '분쟁'이 1965년 6월에 체결된 한일기본관계조약 등과 관련된 분쟁에 한정된 것인지, 아니면 한일 양국 사이의 과거와 현재 미래의 모든 분쟁을 의미하는 것인지에 관하여 해석의 대립이 있지만, 만약 독도가 '분쟁' 대상이라고 하면 동 각서의 해석 여하에 따라서는 한국이 독도를 조정에 회부하여야 할 의무를 지게 될 수도 있기 때문이다.

〈일본 학자의 주장〉
◇ 미나가와 타케시(皆川洸)

　이 분쟁은 독도에 대한 주권이 일본과 한국 어느 쪽에 속하는가에 관한 양국 주장의 충돌로서, 그리고 쌍방이 법률적 이유를 원용하여 각각 이 섬에 대한 주권을 주장하고 있으므로, 그것은 법률적 분쟁, 양국을 공통으로 구속하는 국제법에 따라 해결되어야 할 법률적 분쟁이다.

② 결정적 기일

　결정적 기일에 관한 학자들의 정의는 다양하다. 결정적 기일을 가장 넓게 정의하면 '그 이후로는 당사자의 행위가 법적 상태에 영향을 미칠 수 없는 일자'라고 할 수 있다. 독도와 관련하여 결정적 기일이 중요한 것은 독도에 관한 결정적 기일이 결정된다면, 그 이후의 일자에 행한 일본 또는 한국의 행위가 독도 영유권 귀속 판단에 영향을 미칠 수 없는 것이 되고 독도에 관한 권원의 증거로 인정될 수 없기 때문이다.

〈일본 학자의 주장〉
◇ 미나가와 타케시(皆川洸)

　이 분쟁은 이미 1952년 1월 한일 양국 간에 발생하였다고 생각된다. 즉 같은 해 1월 18일 한국 대통령은 이른바 해양주권 선을 발포하여 독도를 한국 주권의 보호 아래 두어지는 구역에 포함했다. 1월 28일 일본 정부는 정식으로 항의하여 독도에 대한 주권자로서의 한국의 참칭(僭稱)을 명확하게 다투었다. 이리하여 양국 간에는 독도의 주권에 관한 분쟁이 발생한 것이다.

◇ 세리타(芹田)

　1905년이 국제재판에서 일컬어지는 '결정적 기일'(critical date)이라고 한다면, 그 뒤에 한국이 어떠한 조치를 취하더라도 그것들은 증거로서는 허용되지 않으며 법적으로 아무런 증거로서의 가치도 가지지 않는다.

③ 독도 문제의 국제사법재판소 회부

　1954년 9월 25일 일본은 독도 문제를 국제사법재판소에 부탁하여 재판으로 해결하고자 제의한 바 있다. 이러한 제의와 관련하여 과연 독도에 관하여 한일 양국 사이에 분쟁이 존재하는지, 그것은 재판적합성을 가진 법적 분쟁인지, 일본의 재판 부탁을 한국이 수락하여야 할 의무가 있는지, 한국이 재판에 응하지 않은 것이 독도에 관한 영유권 주장의 설득력에 어떤 영향을 미치는지의 문제들이 제기된다.

〈일본 학자의 주장〉
◇ 미나가와 타케시(皆川洸)

　이 거부의 동기는 도대체 어디에 있는가. 몇 번이고 교환된 외교문서에서의 강한 확신의 표명(……)에도 불구하고 재판을 받는 것을 거부한다고 하는 태도의 모순은, 표면으로는 강한 확신을 가장하고 있지만, 이면에서는 소송의 결과에 관하여 확신이 없기 때문이라고 하는 추측을 불러일으킨다. 즉 법의 이름으로 불법적으로 침해하고 있는 독도로부터 쫓겨날 결과가 되는 것을 두려워하고 있는 것이다.

출처: ① 일본 주장, "죽도: 다케시마 문제를 이해하기 위한 10의 포인트"(2008), 일본 외무성; ② 한국 주장, "일본 외무성의 독도 홍보팸플릿 반박문"(2008), 동북아역사재단; ③ 해설, 박배근·이창위(2007), "독도 영유권에 관한 일본 국제법학자의 주장 분석", 한국해양수산개발원, pp.1~95.

제4절 한국 국제사법재판소 승소 가능성 진단

1. 한국의 승소 가능성

박춘호 전 국제해양법재판소 재판관은 "독도 문제를 떠나서, 일반적으로 재판의 결과에 대한 예측은 금물이다. 이것은 이제까지 여러 국제사법기관이 다룬 많은 사건의 판결에서 쉽게 알 수 있다. 재판에 가면 어떻게 될 것인가 하는 질문에 가장 정확한 대답은 '해봐야 안다'는 것밖에 없다"[43]고 지적했다. 재판관은 이른바 국제공무원으로서 그의 임기를 시작함에 앞서 재판정에서 시행하는 선서에서, "나는 명예를 걸고 성실하고 공평하게 법과 양심에 따라서 직무를 수행하며, 재판관으로서의 직권을 행사할 것을 엄숙히 선서합니다"[44]라고 선서한다. 그러므로 원칙적으로 재판관은 자신의 국적과 그 국가의 개별적 이익을 위해서 법과 양심에 위반되는 판결을 해서는 안 된다. 그럼에도 국제사법재판소 제소와 관련하여 극히 일부 한국인이 우려하는 부분 중 하나가 오와다 히사시[45](小和田 恒) 국제사법재판소 재판소장이다.

한국과 일본이 60여 년간 끌어 온 독도 영유권분쟁을 가장 이른 시일 내에 종결하는 방법 중의 하나가 국제사법재판소에 양국이 합의하여 제소하는 방법이다. 일본은 이미 1954년 9월 25일 국제사법재판소에 독도 영유권분쟁을 제소하자고 한국에 제의한 일이 있다. 그러나 한국은 독도가 한국의 고유영토이므로 국제사법재판소 심판대상이 아니라는 입장을 고수해왔다. 이에 대해 일본 정부뿐만 아니라 일본 내 상당수 언론도 "독도가 한국의 영토라는 자신이 없는 것 아닌가"라며 국제사법재판소에서 담판을 짓자고 여론을 호도하고 있다. 국내 일부 국민은 물론 누리꾼[46](네티즌)들마저 "독도는 우리 땅"이란 논리를 앞세워

---

43) 독도본부(2006), "독도위기: 묵인으로 이끄는 매국 논리들과 그 비판", 우리영토, p.161.

44) 국제사법재판소 의사 규칙 제4조(1978년 개정)

45) 오와다 히사시(小和田 恒, 1932년 9월 18일 ~)는 2010년 현재 국제 사법 재판소의 재판소장이다. 1932년 9월 18일 출생. 동경대학(1955년), 영국 캠브리지 대학(1956년) 법학 전공. 일본 외무성 조약국장, 경제협력개발기구(OECD)대사, 일본 외무성 차관, 주유엔(UN)대사, 외무장관특별고문. 현재 일본의 왕세자 비(妃) 오와다 마사코(小和田雅子)의 친아버지이다. 그는 외무성 고위직에 있을 당시 특별히 독도문제에 관해서 일본의 강경한 입장을 주도한 것으로 잘 알려져 있다. 2003년 2월 6일에 동 재판소의 재판관으로 선임되었고 2009년 2월 6일에는 재판소장으로 선출되었으며, 재판관으로서 9년 임기를 채우는 2012년에는 그 임기가 만료된다. 현재 와세다 대학교 국제법 교수를 겸임하고 있다. 오와다는 세계은행 총재의 선임 고문이다. 법학 교수 오와다는 30년간 법학 교수를 하고 있다. 도쿄대학교, 하버드 로스쿨, 뉴욕대 로스쿨, 컬럼비아 로스쿨, 헤이그 국제법 아카데미(Hague Academy of International Law), 와세다 대학교, 캠브리지 대학교에서 법학 교수를 하였다. 헤이그 국제법 아카데미는 국제사법재판소가 있는 평화궁에 함께 있는 대학이다. 마사코 공주 오와다의 딸 오와다 마사코도 부친과 같이 외교관이었는데, 1993년에 나루히토 친왕과 결혼하여 이 인연으로 일본 왕실과는 사돈이 되었다. 나루히토는 아키히토 일왕의 맏아들이다. 슬하에 독녀인 도시노미야 아이코(敬宮愛子)만을 두고 있다.

국제사법재판소를 통해 "독도 문제를 깨끗하게 담판을 짓자"는 의견을 내놓기도 한다.

그동안 대부분의 국내 학자들이나 국민이 주장해온 것처럼 독도가 한국의 고유영토라는 주장과 근거가 명확하면 국제사법재판소에 가서 재판을 통해 승소하면 간단하다. 그런데 한국은 왜 국제사법재판소 제소를 꺼리는 것일까? 2005년 3월 19일 보도된 노컷뉴스 '독도 문제, 국제재판의 승산은?'에 대한 기사내용에 그 이유가 잘 나타나 있다. 만약 국제사법재판소에 독도 문제가 회부될 경우 당연히 한국이 이길 것인가? 아니면 일본이 이기는 충격적인 결과가 나올 것인가? 이에 대해서는 국제법 학자들 사이에서도 의견이 엇갈리고 있다.

한국외대 이장희 교수(법대)는 "논리적으로는 한국이 유리하다. 그러나 법 논리는 대부분 비슷한 만큼 상황에 따라 달라질 수 있다"며 조심스러운 전망을 했다. 이 교수는 "국제사법재판소 재판관에는 일본인인 오와다 히사시 재판관이 있기 때문에 재판결과가 일본에 유리하게 나올 수 있다. 물론 독도 문제가 한일 간의 문제인 만큼 재판관이 없는 국가(한국)를 위해 한 명의 임시 재판관을 둘 수 있는 국적재판관 제도가 있지만, '15인 재판관'에 포함돼 오랜 기간 생활해온 일본인 재판관의 영향력을 무시할 수는 없을 것이다. 그러나 우리는 이 같은 사실을 지나치게 의식하지 말고 당당하고 적극적으로 대처해야 한다"고 말했다.

반면 서울대 법대 백충현 명예교수는 "국제사법재판소가 영유권을 판단하는 근거는 △입법행위 여부 △행정적·사법적인 권리 행사 여부 등인데 우리는 국가 기록인 왕조실록의 영토지도 등을 이미 착실히 모아오고 있다. 결국 일본이 이 같은 자료 측면에서 부족하므로 큰소리를 치고 있는 것"이라고 승소 가능성에 무게를 뒀다. 백 교수는 또 일본인 재판관이 포함돼 공정성 논란이 되고 있는 국제사법재판소에 대해서도 '독립적인 기관'이라며 "공정하다는 데 의구심의 여지가 없다"고 말했다. 한편 "일본인이 독도에 본적을 둔 자가 우리 국민보다 3배 많다. 국제사법재판소에 제소될 때 본적 가구 수가 영향을 미칠 수 있다"는 본적 이전과 관련된 풍문에 대해 전문가들은 "아무 의미가 없다. 이는 사실

---

46) 누리꾼 또는 네티즌(netizen)은 인터넷 통신망에 형성된 사회에서 활동하는 사람이다. 네티즌 통신망을 뜻하는 'net'과 시민을 뜻하는 'citizen'의 합성어이다. 여기서 시민(citizen)은 자립성, 공공성, 능동성이라는 의미를 지니고 있다. 네티즌이라는 용어를 처음 쓴 마이클 하우번(Michael Hauben)은 네티즌이란 용어가 단순히 통신망을 이용하는 사람들을 모두 통칭하는 개념이 아닌 통신망에서 문화를 만들어내고 이를 가꾸어가는 함축적인 의미를 담는다고 말했다. 네티즌이라는 용어가 영어권에서 나온 말이기는 하지만, 영어권보다는 중국이나 대한민국에서 자주 사용하는 말이다. 그 영향으로 영어권에서는 주로 아시아지역 누리꾼을 가리키는 말로 사용된다. 영어권에서 공식적으로는 주로 사이버시티즌(cybercitizen)이라고 하며, 인터넷(internaut: internet + astronaut)이라는 은어가 쓰이기도 한다. 누리꾼은 대한민국의 국립국어원에서 네티즌을 순화한 단어로서, 세상을 뜻하는 '누리'와 전문인을 뜻하는 '꾼'의 합성어이다. 초기에는 네티즌을 누리꾼으로 순화하는 것에 대해 반발이 심했으나, 현재는 두 단어 모두 사용하고 있다. 한편 인터넷은 '누리망'으로, 홈페이지는 '누리집'으로 순화되었으나, 누리꾼에 비해 인지도가 낮은 편이며 공식 매체에서도 잘 쓰이지 않는다. 누리꾼은 자유로운 의견교환과 정보교환을 장점으로 본다. 그러나 익명을 사용하여 토론상대나 특정인의 인격을 모독하는 미성숙함도 이따금씩 지적받는다.

과 다르다"고 밝혔다.

영토문제인 독도 문제를 국제사법재판소에 회부하는 자체가 한국의 영유권을 스스로 부정하는 것으로 이장희 교수는 "국제재판소로 가는 순간, 독도 문제를 둘러싼 한국과 일본 간의 관계가 (재판결과에 관계없이) 1대 0의 관계에서 1대 1의 관계로 되는 것"이라고 비유했다. '독도는 한국 땅'이라는 사실은 이미 여러 가지 사료를 통해 입증된 바 있다. 이를 통해 우리는 역사적, 국제법적으로 독도 영유권의 정당성을 인정받고 있다. 그뿐 아니라 50년 넘게 실효적 지배도 유지해 오고 있다. 독도에 대한 영유권이 한국에 있음에도 불구하고 재판결과는 '국제정치 역학 관계상' 꼭 한국에 유리하게 나오지 않을 수도 있다. 그러므로 국제법 전문가들은 이처럼 불투명한 재판결과보다는 재판회부를 통해 한국과 대등한 관계에 서려는 일본의 치밀한 전략이라는 관점에서 "독도 문제를 국제재판소에 가져갈 이유도 없고, 가져가서도 안 된다"고 입을 모은다.

외교안보연구원 정정금 아시아 태평양 연구부장은 "1954년 9월 일본 측이 영유권 문제를 국제사법재판소에 제소하자고 했을 때 이 같은 주장을 일축해 실효적 지배를 유지해 왔다. 우리의 영토 독도에 대해 이후 50년간 일관되게 유지해온 입장을 바꿀 이유도, 바꿔서도 안 된다. 상대편이 이 같은 주장을 해오더라도 일축하면 된다. 수십 년 지났고 관할권이 바뀐 적이 한 번도 없다"고 설명했다. 같은 이유로 법무부 역시 "국제사법재판소에서 영유권 문제를 심판받는다는 것은 있을 수 없는 일"이라고 밝히고 있다.[47]

위에 나타난 몇 분의 말씀은 각각 주관적인 판단에 의한 발언이지만 한국 정부, 학자, 국민들이 일반적으로 동감하는 내용이기도 하다. 현재로서는 한국이 응소할 때 국제사법재판소의 재판에서 일본이 패소할 것이라는 어떤 확증도 없고 한국이 반드시 승소한다는 확증도 없다. 이미 국제사법재판소로 가는 것부터 문제를 발생시키는 데다 한국이 이긴다는 확신을 하기 어려우므로 앞으로도 독도를 지키기 위해 지루한 일본의 도전을 상대하는 길을 한국 스스로 선택한 것이다. 어렵고 힘든 길이라도 스스로 선택했으니 그 길을 가면 된다. 문제는 한국이 보유하고 있는 독도 고유영토라는 근거와 주장을 일본이나 국제기구로부터 공인을 받을 수 있는 것인지에 대해서는 냉철한 분석이 이루어질 필요가 있다. 그리고 일본이 독도의 영유권 분쟁에 관한 한 이론 면에서 한국보다 훨씬 앞서고 있다는 한국 사회 일각의 우려와 주장을 불식시키고 신뢰가 정착될 수 있도록 정부는 만반의 대비태세를 갖추어야 한다.

---

47) 노컷뉴스 2005. 3. 19.

2. 한국 정부와 학자 연구태도의 문제

1) 한국 정부가 고려해야 할 문제

한국이 확실하게 국제사법재판소에서 승소할 확신이 있고 한국 정부에 실제 그러한 준비가 되어 있다면 독도 문제를 더 끌고 나갈 이유가 없다. 만일 확신이 서지 않는다면, 그것은 한국 정부에 아직 독도 문제 승소를 위한 논리와 주장이 뭔가 부족한 부분이 있지는 않은지 점검에 점검을 거듭해 만일의 사태에 대비하고 만전을 기해 두어야 할 필요가 있다. 일본의 행동에 대한 한국 정부의 대응을 지켜보면 일본에는 그다지 제 할 소리도 못하면서 우리 국민에게는 지나칠 정도로 자신만만한 모습을 보여 온 점이 있는 것 같다. 이런 행동은 한편으로는 국민에게 안도감을 갖게 하는 측면도 있다. 하지만 국내에서 정부의 정책을 비판하는 우리 국민에게 자신감에 찬 모습을 보여 온 것처럼 일본과 국제사회에 대하여도 그렇게 당당하게 주장하고 그것이 받아들여지도록 해야 마땅하다. 그런데 실상이 그런지 한국 정부 스스로 한번 돌아보아야 할 일이다.

2) 한국학자들의 연구태도에 나타난 문제점

한국 측 연구의 가장 큰 특징 중 하나는 '포괄적, 원칙적으로 한국의 것이다'라는 식의 논문이 1948년 이래로 계속되고 있다는 점이다. 이는 일본 연구자들이 조목조목 반박하면서 주장을 펴는 것과 비교된다. 또한 오래전에 연구된 내용이거나 제시된 내용도 새로 밝혀진 것처럼 발표되는 예도 있다.[48] 독도에 관한 대부분의 논문에서 독도가 우리 영토라는 것만을 주장하는 데 치중하고 일본의 주장에 대한 논증이 불충분한 경향이 있다. 최근 연구에서는 이 점에 상당히 치중하는 경향이 있지만, 독도 문제는 어디까지나 일본과의 관계 속에서 전개되는 것이다. 아무리 우리 쪽 주장이 옳다고 해도 상대방이 인정하지 않는 데 문제의 어려움이 있다. 따라서 우리 쪽 주장을 강도 높게 하면서 일본의 주장에 대한 대응논리를 강구해야 한다. 그러기 위해서는 일본 학자들의 연구에 대해 면밀히 검토하여 객관적이고 치밀하게 충분한 자료를 제시하면서 논증하고, 새로운 자료의 발굴과 자료 이용의 확대에도 관심을 기울여야 할 것이다.[49]

---

48) 선우영준(2007), "고려와 조선국 시대의 독도", 학영사, p.58.

독도가 우리 영토라는 것을 확신하는 것과 일본의 논리를 비판하고, 그에 대응하는 논리를 개발하는 것은 별개의 문제다. 일본이 오로지 억지로 일관하는 것이 아니라면 독도가 우리의 영토라는 논리에 최소한 무엇인가 부족한 점이 있지 않을까 되짚어 볼 필요가 있다. 상대방의 눈에는 문제점이 보이는데 우리는 그것을 제대로 보지 못하면서 우리 영토라고 주장한다고 해서 문제가 해결되는 것은 아니다. 우리의 자료를 분석하는 것도 중요하지만, 일본의 주장에 대해서도 관심을 갖고 조목조목 분석해 그들의 논리에 대응할 때 비로소 한국의 논리와 주장이 국내는 물론 국제사회에서도 인정을 받을 수 있을 것이다. 그렇지 못한 상태에서 국내용으로 독도가 우리 영토라는 연구결과만 내놓는다고 달라질 것은 아무것도 없다. 정부나 정부산하기관인 연구발주자의 입맛에 맞추는 연구결과물로는 결코 일본의 논리를 이길 수 없다.

---

49) "독도연구"(1996), 한국정신문화연구원, p.16.

제7장

한국과 일본의
대응전략 차이 분석

제1절 한국의 대응전략과 자세

1. 실효적 지배 선포와 주권 수호

1952년 1월 18일 정부는 국무원 고시 제14호로 '대한민국 인접해양의 주권에 대한 대통령 선언'(평화선, 이승만라인)을 선포하였다. 이 선포는 경계선의 동쪽 끝을 북위 38° 동경 132° 50′으로 함으로써 북위 37° 1′ 18″ 동경 131° 52′ 22″에 위치한 독도를 명백히 관할권 내에 포함했다.[1] 일본의 주권 회복에 대비 한일 간 어업상 격차의 심화, 연합군의 일본 점령 관리 중 일본인의 어업활동을 일정 수역으로 한정했던 맥아더라인[2]의 철폐, 세계 각국의 주권적 전관화(主權的 專管化) 추세 등의 상황에 대처하기 위해 취해진 한반도 주변 수역(水域)에 한국의 주권을 선언한 해양주권선(海洋主權線)에 의해 결정되었다. 이 선은 인접국가 간의 평화 유지를 위한 선이라고 하여 평화선이라 불렀으며, 1952년 1월 이승만 대통령에 의해 인접해양에 대한 주권에 관한 선언이 발표됨으로써 정해진 것으로, 이승만라인이라고도 한다. 평화선 선포 후, 영해상에서 한일 해양경비정 간의 마찰과 이 영해 내에 포함된 독도를 둘러싼 영토논쟁 등 일본과의 갈등이 있었다. 또한 유엔군 사령관 M. W. 클라크가 북한의 침투 및 전시 밀수출입품의 해상유통을 막기 위해 한국 연안해에 해상 방위수역(클라크라인)을 선포하였고, 이것이 평화선과 거의 비슷하게 지정되었다. 평화선은 1965년 6월 22일 한일기본조약 체결로 사실상 철폐되었다.[3]

한편으로 생각하면 대한민국 정부 수립 이후 한국 정부가 독도를 지배해왔는데, 굳이 이승만라인을 발표하여 독도의 실효적 지배를 공식화할 필요가 있느냐 하는 의문이 생길 수 있다. 그러나 당시 한국 정부는 함부로 영토범위를 결정하고 국가를 방어할 수 있는 여건을 구비하지 못하였다. 따라서 1948년 대한민국 정부가 수립되고 헌법이 제정됨으로써 오늘날의 대한민국이 탄생하였지만, 영토와 영해 영공을 아우르는 실질적인 영토의 범위는 1952년 4월 8일 발효된 샌프란시스코 평화조약에 의해 국제적으로 공인되었기 때문이다. 즉 1946년부터 학술조사단을 파견하는 등 실효적으로 지배는 하고 있었지만, 아직

---

1) 김병렬(2001), "독도논쟁", 다다미디어, p.95.
2) 맥아더라인(MacArthur Line)은 1945년 10월 미국의 극동 주둔군 사령관 맥아더 장군이 일본인의 어로(漁撈) 활동 범위를 획정한 제한선이다. 샌프란시스코 평화조약 이후 없어졌다.
3) 독도본부.

영토에 대한 국제적 공인을 받지 못한 상태에서 평화선 선포를 통해 독도에 대한 주권을 선언한 것이다.

이에 일본이 즉각 반발하며 구술서를 보내와 양국의 논란이 시작되고 샌프란시스코 평화조약 발효로 일본이 주권을 회복하자 얼마 지나지 않아 여러 차례 독도에 대한 상륙과 도발을 가맹했다. 정부는 일본의 항의를 반박하고 해상에서는 일본 순시선의 상륙기도가 독도의용수비대의 활약으로 모두 좌절되었다. 그리고 그 이후에도 일본의 도발은 이어졌지만, 이승만 정부 시절에는 평화선을 굳건하게 지켜냈다. 결국 오늘날 한국의 독도 영유권 확보와 실효지배는 독도를 지키려는 국민의 노력과 정부 정책 및 의지가 결부된 공동 노력이 이루어낸 결실이라고 할 수 있다.

2. 분쟁 회피성 소극외교 전환

1) 경제가 최우선이다

제1공화국인 이승만 정부 시절 독도 영유권 주장에 대해 강경한 태도를 고수할 수 있었던 것은 당시 일본과 국교가 정상화되어 있지 않은 상태여서 경제문제가 결부되지 않은 데다, 영토 수호문제를 독립된 사안으로 처리했으므로 가능한 일이었다. 그러나 5·16 군사혁명 이후 한국 정부의 정책이 경제성장에 집중되어 경제에 대한 비중이 높아지면서 일본이 독도 문제를 차관제공 등 경제문제와 은밀하게 연계시켰고, 한국 정부는 일본의 의도를 알면서도 경제문제 때문에 껄끄러운 영토문제인 독도 문제에 대해 조용한 외교라는 희한한 논리를 끌어 붙여 정면대응을 회피하면서 독도 문제가 꼬이기 시작했다. 그 가장 대표적인 것은 1982년 독도 해조류 번식지 지정, 김영삼 정부 시절인 1996년 6월 1일 문화재 행정지침 제1호와 1997년 7월 말 정부가 동해 배타적 경제수역을 울릉도 기점 발표, 김대중 정부 때인 1998년 체결되고 1999년 1월 발효된 신한일어업협정, 1999년의 독도 천연기념물 명칭 변경 등이다.

그때마다 국민의 대일 굴욕외교에 대한 거센 반발이 있었다. 하지만 정부는 '경제성장을 통한 국력 증강 없이는 궁극적으로 독도 문제도 풀 수 없다는 인식의 바탕 위에 힘이 있어야 하고 그러기 위해서는 경제를 건설해야 한다. 우리 땅 우리가 지키면 그만이다. 일부러 문제 만들지 마라! 협력해야 할 일이 너무 많고 앞으로 나아가야 한다'는 정책 기조

위에 경제성장에 도움이 되는 일본의 차관도입을 더 우선시하는 경향을 나타냈다. 그 결과 한편에서는 일본의 요구에 맞추어 조금씩 독도 문제에 양보하거나 분쟁을 회피하는 방법을 취한 것이, 결국 신한일어업협정 체결로 독도에 대한 배타적 영유권 훼손 논란까지 일게 하고 말았다.

당시 실무를 담당했던 사람들은 아마 그때 일본에서 차관[4]을 도입하지 않았으면, 오늘날의 한국 경제도 없었을 것이라고 말하며 자신들의 행동을 정당화할지도 모르겠다. 그러나 세계에 한국이 차관을 도입할 수 있는 나라가 일본밖에 없을 때는 이러한 억지주장이 통할 수 있겠지만, 정작 중요한 것은 한국이 결정적인 위기에 처했을 때인 1997년 일본의 태도를 보면 일본은 결코 한국에 도움을 주기 위해 차관을 제공한 것이 아니라는 점이다. 차관을 제공했을 때 그에 상응하는 이익과 원금에 대한 회수 가능성이 있을 때만 계산적으로 돈놀이한 것에 불과하다. 다른 나라에 일본이 차관을 제공할 때 매사 한국에 하는 식의 행태를 보이지만은 않았을 것이므로 반드시 독도 문제를 결부시키지 않아도 차관을 도입하는 일은 가능했을 것이다.

아무리 일본이 차관이나 기타 경제적인 문제를 제기하면서 독도 문제를 연관시키기를 원했다고 하더라도 한국 정부에 경제문제와 영토문제를 분리 대응하고자 하는 확고한 원칙이나 기본방침이 있었다면 경제적인 도움을 받는데, 다소 어려움은 있었을지 몰라도 오늘날과 같이 독도 문제가 꼬이지는 않았을 것이다. 2008년은 그 어느 해 못지않게 한일관계가 격렬하게 대립하는 양상을 보인 한 해였다. 그러나 그해 12월 12일 한국은행은 평상시 사용 가능한 엔－원 통화스와프 규모를 기존의 30억 달러에서 200억 달러 수준으로 확대한 후 만기를 각각 2009년 10월 30일과 2010년 2월 1일로 두 차례 연장한 바 있다. 한국은행이 중국 인민은행과 맺은 1천800억 위안(38조 원) 규모의 평상시용 통화스와프는 2012년 4월 19일이 만기다. 또한 미국 연방 준비제도이사회(Fed)와 300억 달러 규모 통화스와프를 체결하기도 했다.[5]

물론 국제적인 금융위기가 배경이 되고 한국의 외환보유액이 상당하기는 했지만, 환율관리에 어려움을 겪고 있는 상황에서 한국의 외환시장 안정화에 도움이 되도록 일본과 한국의 통화스와프[6] 체결이 외형상 큰 대가 없이 이루어졌다. 경제문제를 영토문제와 분

---

4) 차관(借款)은 정부나 기업·은행 등이 외국 정부나 국제기구로부터 자금을 빌려 옴. 정부 차관과 민간 차관 등이 있음.

5) 연합인포맥스 2010. 1. 19.

6) 통화스와프(currency swaps)는 서로 다른 통화(通貨)를 약정된 환율에 따라 미래의 특정일 또는 특정기간 동안 어떤 상품 또는 금융자산(부채)을 상대방의 상품이나 금융 자산과 교환하는 거래를 말한다. 국가 간 통화스와프 협정은 두 나라가 자국통화를 상대국 통화와 맞교환하

리해 대응한다고 일본이 한국에 무조건 경제적인 협력이나 협조를 거부할 것이라는 생각은 잘못된 것이라는 점을 입증해주는 사례라고 할 수 있다. 이제는 경제도 웬만큼 성장했으니 앞으로는 일본이 원하더라도 한국 정부는 독도 문제를 경제문제와 철저하게 분리해 대응함으로써 더는 독도의 영유권문제가 꼬이지 않도록 해야 하겠다.

2) 정부 행정기관 국민 반발 억압

1965년 한일어업협정을 체결할 때 평화선 철폐 문제로 국민의 강한 반발이 있었지만, 그 후 제3공화국 시절에는 독도 문제가 크게 논란의 대상이 되지 않았다. 그러다가 유엔 해양법협약에 따른 배타적 경제수역 문제가 제기되면서 1977년 후쿠다 총리가 독도 영유권을 주장해 파문이 일었다. 하지만 그때까지만 하더라도 한국 정부가 국민의 반발을 억누르기 위한 별다른 조치를 취한 내용은 없었다. 그런데 제5공화국 시절인 1982년 11월 16일 철새들이 이동하는 길목에 있고, 동해안 지역에서 바다제비·슴새·괭이갈매기의 대집단이 번식하는 유일한 지역이라며 '독도해조류번식지'로 지정하면서 국민의 독도 접근과 통제가 시작됐다.

김영삼 정부 시절인 1996년 6월 1일 문화재 행정지침 제1호와 1997년 7월 말 정부가 동해 배타적 경제수역을 울릉도를 기점으로 한다는 내용을 밝혀 학계와 독도관련 단체의 반발이 크게 일어났다. 문화재 행정지침 제1호, 천연기념물 제336호 독도 관리지침에서 문제가 된 것은 제5조 독도의 입도 제한에 관한 사항이다. '국가행정목적 수행, 학술연구조사, 어민 피항 및 조업준비 등 특별한 사유가 없는 한 독도 입도 및 체류는 제한하여, 독도에 입도하고자 하는 자는 사전에 경상북도지사의 승인을 받아야 함. 다만 행정목적으로 상주하고 있는 인원을 제외하고 입도 체류인원이 30명을 초과하는 경우 경상북도지사는 문화재청장의 의견을 들어야 함'이라고[7] 명시해 일반인의 독도 출입을 차단했다. 특히 김대중 정부 시절인 1999년 1월 신한일어업협정 체결과 1999년 12월 독도에 독특한 식물

는 방식으로, 외환위기가 발생하면 자국통화를 상대국에 맡기고 외국통화를 단기 차입하는 중앙은행간 신용계약이다. 즉 이 협정을 국가 간에 체결하면 어느 한 쪽이 외환위기에 빠질 경우 다른 한 쪽이 미 달러화 등 외화를 즉각 융통해준다. A국가에서 외환보유액이 바닥나 환란사태에 직면했을 경우 B국가에서 돈을 빌려오고 그 액수에 해당하는 자기나라(A국) 화폐를 B국에 담보로 맡기는 것이다. 내용상 차입이지만 돈을 맡기고 돈을 빌려오는 것이기 때문에 형식은 통화교환이 된다. 그러나 스와프를 요청하는 쪽이 일정액의 수수료를 부담하게 된다. 우리나라도 금융시장 불안 등의 외환위기 상황에 일부 국가들과 스와프협정을 체결하고 있다. 또한 2000년 태국 치앙마이에서 열린 '아세안(ASEAN)+3 재무장관회의'에서 회원국 간 통화스와프계약에 합의한 'CMI(치앙마이 이니셔티브)'에 따라 이후 일본, 중국, 태국, 말레이시아, 필리핀, 인도네시아 등 역내 6개국 중앙은행과 통화스와프계약을 체결했다.

7) 독도본부.

들이 자라고, 화산폭발에 의해 만들어진 섬으로 지질적 가치 또한 크고, 섬 주변의 바다생물들이 다른 지역과 달리 매우 특수하므로 '독도천연보호구역'으로 명칭을 변경했다.[8] 이로써 한동안 특정한 극히 제한된 행정기관이나 단체 외에 일반인은 물론 어민까지 독도 입도가 사실상 차단되었다.

신한일어업협정의 독도 영유권 훼손 가능성을 지적하고 신한일어업협정 폐기를 주장하는 학자와 독도 관련 단체의 주장에 맞서 국제법 학자 40여 명이 신한일어업협정의 폐기를 반대하는 성명을 발표하고, 울릉도에서는 어민들의 출입도 제대로 할 수 없는 상황에 대해 울릉군민들의 궐기대회가 일어나기도 했다. 독도에 대한 천연기념물 지정은 순수한 목적에서 이루어지지 않았기 때문에 그 이후 많은 논란의 대상이 되었다.

2002년 7월 13일 자 매일신문에 따르면, 정부가 독도 전체를 천연기념물(제336호)로 지정한 것은 지난 2000년 9월 5일이었으나, 독도 생태계를 보전하겠다는 명분뿐 독도의 환경은 여전히 버려져 있었다. 2002년 6월에 이어 7월에도 '푸른울릉독도가꾸기모임' 회원들이 벌이는 독도 정화사업팀과 함께 취재기자가 독도를 찾았을 때, 동도 최상단부에 설치된 발전실 주변은 온통 기름으로 얼룩져 있었다. 발전실 뒤쪽 태극기 문양이 새겨진 바위는 발전실에서 내뿜는 매연으로 까맣게 그을리고, 주변에 자생하는 해국 등 풀잎도 매연에 찌들어 있었다. 발전실 앞쪽 주변, 중간 발전실도 바닥 전체와 얼마 안 되는 흙은 온통 기름에 젖어 있었다. 경비대 막사 쪽에서 해안 쪽 동키바위를 연결하는 100여m 구간에는 30개 이상의 고무호스와 쇠파이프, 전선이 바위에 매달려 얽혀 있었다.

2002년 6월에는 울릉군청 독도 담당 직원 2명이 독도를 방문, 문화재청이 마련한 천연기념물 표지석 한 개와 경상북도·대구지방환경관리청이 공동제작한 표지판을 동도 해변과 중간에 설치했다. 표지판에는 폐기물 투기행위 금지, 훼손행위 등 금지사항이 나열돼 있었지만, 정작 매연 등 환경문제에는 전혀 효력을 발휘하지 못했다. 경북경찰청은 신설 리프트카 건설 계획과 도로보수 계획을 세우고 있다. 그러나 정작 독도를 천연기념물로 지정한 문화재청은 생태보존을 위한 상시 순찰활동 등 섬 관리에는 아예 눈을 돌리지 않고 있다[9]고 보도했다.

정부와 우리 국민의 항의와 규탄에도 아랑곳없이 일본 시마네현 의회가 2005년 3월 16일 독도의 날 제정을 강행한 데 대한 대응조치로 노무현 정부에서 2005년 3월 이후 관련

---

8) 남북한의 천연기념물.
9) 매일신문 2002. 7. 13.

법규 개정으로 독도에 대한 전면 개방이 이루어져 이제는 날씨만 좋으면 울릉도에서 관광유람선으로 독도에 다녀올 수 있게 됐다. 다행스러운 일이다. 국민은 국가의 주인이다. 정부가 제대로 정치를 하고 행정을 하면 국민이 반발해야 할 이유가 없다. 적이 눈앞에 있는데 이해하기 어려운 정책시행과 행정으로 국민을 분열시키면서 그 반발을 적에게 보이지 않기 위해 국민을 억압하는 희한한 일이 그동안 독도 문제를 둘러싸고 한국 역대정부에서 자행됐다.

정부, 행정기관, 공무원은 독도를 지키려는 국가의 주인인 국민을 무시할 것이 아니라 앞으로는 납득할 수 있는 제대로 된 일 처리를 하는데 진력해야 한다. 진정 곤혹스럽고 어려우면 국민에게 진솔하게 설명하고 정중하게 이해를 구할 일이다. 권리만 운운하면서 책임을 물을 때는 변명으로 일관하며 꽁무니만 빼는 풍토가 우리나라 정치인이나 고위공무원에게서 이제 사라져야 한다.

3. 적극적 대응 전환

1) 대응체계 구축과 적극적 대응 전환

2008년 7월 24일 한승수 국무총리 주재로 열린 제1차 국가정책조정회의에서 설립 방안이 논의된 이후 20여 일 만인 8월 14일 [그림 7-1]에서 보는 바와 같이 현판식을 하고 동북아역사재단 산하에 정책대응팀과 조사연구팀, 대외협력팀 등 3개 팀 23명으로 구성된 독도연구소가 출범했다. 독도연구소의 설립 목적은 ▲일본의 독도 영유권 주장 등에 맞서 독도관련 연구를 전담할 연구소로 독도 영유권 강화를 위해 국내 독도관련 연구기관의 연구, 장기적이고 종합적인 대응전략과 정책개발 총괄 조정 ▲교육과학기술부와 외교부, 국토해양부 등 관련 부처의 '씽크 탱크[10]' 역할을 수행, 독도관련 연구 총괄 조정 ▲독도 문제에 대한 정책 개발 ▲기존의 독도 대응 논리를 재점검하고 독도연구 전문 인력의 연구역량 강화 ▲독도지킴이 협력학교를 확대해 시행하는 등 차세대 독도관련 교육 강화 ▲700만 국외동포와 140여 개 재외공관과의 범민족 네트워크를 구축하는 한편 다양한 국제적 홍보 교류활동 등이다.[11]

---

10) 씽크탱크(think tank)는 두뇌공장(think factory)이라고도 하는 두뇌집단. 무형의 두뇌를 자본으로 하여 장사를 하는 기업이나 연구소를 이르는 경우도 있음.

2008년 이명박 정부가 들어선 이후 독도 문제에 대한 일본의 도발이 강화되면서 정부 대응도 적극적으로 변화했다. 한승수 국무총리가 독도를 방문하고 여당과 야당의 상당수 유명한 정치인의 독도 방문, 국무총리실 산하에 태스크 포스(Task force, 대책위원회)팀 구축, 동북아역사재단 산하에 독도문제연구소 출범, 독도 관련 예산 지원 강화 등의 조치가 이루어졌다. 이러한 일련의 행보는 일본의 독도 영유권 주장 증가에 따른 대응조치의 하나로, 한국 정부가 그동안 표방해온 조용한 외교에서 벗어나 독도의 영유권 분쟁을 적극적으로 대응하겠다는 의지를 표현한 것으로 분석된다.

출처: 연합뉴스 2008. 8. 14.

[그림 7-1] 독도연구소 개소 현판식

이명박 정부에서 시행한 조치 중에 독도관련 예산 지원 강화는 각종 실무 작업을 진행하고 독도를 국내 외에 홍보하는데 직접적인 도움이 될 수 있으며, 독도연구소의 출범은 독도 영유권분쟁에 대한 전략과 전술개발은 물론 한국의 고유영토라는 것에 대한 논거 확보를 통한 대책 마련의 핵심적인 역할을 할 수 있으므로 중요한 의미가 있다. 그리고 2008년 3월 국토해양부 해양영토과에 독도 문제 전담부서와 담당자가 지정된 데 이어 예산 지원을 통한 경상북도의 역할 강화로 한국 정부는 기존에 독도 문제를 연구하고 홍보해오던 연구기관이나 단체 등과 연계 일본의 6각 축에 대응할 수 있는 다원적 독도 문제 대응체계를 갖추었다.

그동안 독도 문제에 대한 한국 정부의 대응은 조용한 외교를 표방하면서 일본의 다원화된 체계, 특히 지방행정 조직이나 민간차원의 독도 영유권 주장에 일일이 대응하기 어려운 한계점을 노출했다. 그러나 이제는 유연하게 대응할 수 있는 길이 열렸다. 가령 시마네현이 독도 문제를 거론하면 경상북도가 나서고, 민간단체가 나서면 우리도 민간단체가 대응하며, 일본 정부에 대응해 한국 정부의 역할이 필요할 때면 정부가 나서면 된다. 기존의 문제점도 분석하고 앞날을 위해 전략과 전술적 측면의 대응책 강구는 동북아역사재단이 맡을 수 있기 때문에 정부의 운신 폭도 크게 넓혀졌다. 그리고 일본 극우단체의 행동에 대해서는 한국 측의 독도수호에 강한 의지를 가진 분들이 나서고, 일본의 외국을 통한 다케시마와 일본해 표기의 확대 및 응고를 추진하면 한국도 민간단체와 외교부의 재외

11) 한국정책방송(KTV) 2008. 8. 14.

공간을 통해 대응하면서 때로는 신중하게 때로는 적극적으로 완급과 대응 수위를 조절하면 일본의 행보에 대한 감시망이 자동으로 구축된다. 일본의 행보에 대한 예측이나 즉각적인 대응이 가능해져 제삼국과 각종 국제기구의 다케시마와 일본해 표기가 종래와 같이 일방적으로 유포되는 현상은 막을 수 있게 됐다.

2) 다양한 정책 추진

한국 정부는 1997년 11월 6일 자로 독도에 177억 원 상당의 예산을 들여 3년여의 공사 끝에 훌륭한 부두시설과 숙박시설 건설을 완료했다. 1999년에는 유인등대가 이 섬에서 가동됐다.[12] 이 외에도 그동안 정부는 독도에 대한 필요한 시설을 위해 여러 차례 예산을 투입하고 공사를 진행해왔다. 그런데 1996년 이후 김영삼 정부와 김대중 정부 시절 그리고 2005년까지의 노무현 정부는 독도에 국민의 입도를 사실상 차단하는 조처를 했다. 정권이 바뀔 때마다 아무렇게나 정책이 바뀐다면 쏟아 부은 예산은 국민에게는 부담만 될 뿐 아무런 의미가 없다. 조용한 외교와 맞물려 독도를 개발해야 할지 아니면 그대로 두고 보존을 해야 할지 정부 내에서도 찬성과 반대 양쪽의 의견이 맞서는 때도 있었지만, 2005년 3월 일본 시마네현의 독도의 날 제정 이후 한국 정부의 독도에 대한 정책은 개방과 개발활용 쪽으로 가닥이 잡혔다.

2000년 해양수산부 산하 해양연구소가 독도 개발방안을 제시한 바 있다. 동 개발방안은 3단계로 구분되어 있었는데, 그 내용을 요약하면 다음과 같다. ① 리프트 카(lift car, 승강기) 설치, ② 접안시설 보강, ③ 접근로 확장 보강, ④ 대피소 설치, ⑤ 용수확보, ⑥ 생활 오폐수 처리시설 설치, ⑦ 접안시설에 연계된 부지확보, ⑧ 동도와 서도 연결 구름다리 설치, ⑨ 해상관광용 소형보트장, ⑩ 수중관광시설 설치 등이다. 독도 개발에 찬성하는 쪽에서는 개발은 한국 고유영토로 독도 개발은 실효적 지배를 강화하여 독도의 영유권을 확고히 하는 효과가 있다는 주장이다. 그러나 반대하는 쪽에서는 문화재를 훼손하고, 일본의 항의로 독도 영유권문제를 국제분쟁화할 우려가 있다고 주장한다. 독도를 개발한다면 문화재의 본질을 훼손하지 아니하는 한도에서, 일본의 항의를 봉쇄하는 외교 전략으로 독도를 개발돼야 한다는 방안도 제시된 바 있다.[13]

---

12) 독도역사찾기운동본부(2003), "독도 영유권 위기 연구", 백산서당, p.113.
13) 김명기(2007), "독도강의", 책과 사람들, p.31.

2006년 이후 독도 개발은 해양연구소에서 마련한 개발방안 등을 기초하여 마련된 정부 개발계획에 의해 생태계 관리 및 복원, 어민 대피시설, 접근시설 확장, 각종 감시설비 구축, 과학기지 건설 등에 대한 설치작업이 이루어졌거나 진행되고 있다. 이는 그동안 독도에 대한 국민의 강력한 개발 요구가 관철되어 독도의 지속 가능한 이용에 관한 법률 제정으로 가능하게 되었다. 독도에 관한 정책이나 사업 수행은 독도의 지속 가능한 이용에 관한 법률에 근거한다. 이 법은 독도와 독도 주변해역의 생태계 보호 및 해양수산자원의 합리적인 관리·이용 방안을 정함으로써 독도와 독도 주변해역의 지속 가능한 이용에 이바지함을 목적(제1조)으로 2005년 5월 18일 법률 제7497호로 제정되었고, 동법 시행령은 2005년 11월 16일 대통령령 제19136호로 제정되었다. 주요 내용은 해양수산부(현 국토해양부) 장관은 독도지속가능이용위원회의 심의를 거쳐 독도의 지속 가능한 이용을 위한 기본계획을 5년마다 수립·확정하여야 한다(제4조 1항)는 기본계획 수립, 기본계획의 시행, 데이터베이스의 구축, 연구기관 설립, 독도지속가능이용위원회, 독도의용수비대 지원 등에 관한 내용으로 구성되어 있다.[14] 이를 체계적으로 실행하기 위하여 2006년부터 매년 시행계획을 수립·추진하고 있다.

여기에 2008년 7월 14일 일본 문부과학성이 각 도·도·부·현(都道府縣) 교육 관계자들이 모인 가운데 열린 중학교 새 학습지도요령 해설서에 관한 설명회에서 독도가 일본 고유의 영토라는 주장을 담은 사회과 해설서를 발표한 이후 한국 정부가 적극적인 대응을 하면서 독도의 실효적 지배를 더욱 공고히 하려는 예산이 대폭 증가하였다. 2008년 7월 25일 매일신문이 경상북도 관계자의 말을 인용해 보도한 내용에 따르면, 국무총리실 산하 독도영토관리대책단은 최근 경상북도 등 정부 각 부처가 건의한 사업에 187억여 원을 투자, 체계적인 독도 영토관리에 나서기로 했다. 그리고 2013년 이후까지 계속되는 전체 사업 예산규모는 28개 사업에 1조 283억 원이다.

경북도가 건의한 사업 가운데에서는 ▷안용복 장군 기념관 건립(60억 원) ▷독도 현장 관리사무소 설치(7억 원) ▷서도 어업인대피소 확장(21억 원) ▷동·서도 연결 방파제 설치 용역(4억 원) ▷독도 마을조성 타당성 용역(1억 원) ▷독도 종합해양관측기지 건설(15억 원) ▷국립 울릉도·독도 생태연구교육센터 건립(3억 원) 등이 반영됐다. 또 울릉도 연계사업인 울릉 일주도로와 사동항 2단계 개발사업도 각각 5억 원씩 확보됐다.

중앙부처에서 신청한 사업으로는 울릉·독도 기상감시소 설치 3억 4천만 원, 독도 관

14) 김명기(2007), "독도강의", 책과 사람들, pp.211~213.

광 자원화 방안 마련 용역 2억 원이 국비지원을 받게 됐으며, 부처별로는 ▷외교부 2건 47억 원 ▷경찰청 3건 8억 원 ▷교과부 3건 5억 9천만 원 ▷문화부 3건 1억 6천만 원 등 총 11개 사업에 62억 5천만 원이 배정됐다. 경북도 김남일 환경해양산림국장은 "울릉도 경비행장 건설 등 기타 사업의 국비 확보 및 조기 완공을 위해 지역 국회의원들에게 협조를 요청하고 있다. 일본의 억지주장에 맞선 '반짝 대응' 차원을 벗어나 독도를 지키기 위한 실질적 사업들을 추진하겠다"고 말했다.[15]

일본보다는 훨씬 늦었지만, 독도와 독도 문제에 대응하기 위한 정부 예산지원이 강화된다는 것은 다행스러운 일이다. 예산이 지원된다는 것은 실질적인 예산집행행위, 즉 무엇인가 행동을 수반한 일이 일어난다는 것을 의미하므로 바람직하다고 할 수 있다. 그러나 예산지원에 독도 영유권 분쟁의 해결을 기대하는 것은 합당하지도 않고, 이렇게 매년 독도관련 유관기관과 부서에 200억 원 이상의 예산을 몇 년간 투입한다고 해서 독도에 대한 일본의 태도가 달라질 수 있을 것이라고 기대하기는 어렵다. 일본은 한국보다 국가 재정규모가 크기 때문에 예산지원을 통한 경쟁으로는 일본을 변화시키기가 용이하지 않다.

예산은 실무 집행의 지원행위로 현장에서 실질적인 업무가 진행되게 하므로 실효적 지배를 공고히 하는 데 도움이 된다. 하지만 우리가 지금 뭔가 행동하는 모습을 보여주기 위해 다양하게 추진하는 정책과 예산지원이 조금이나마 가시적인 효과가 나타나려면 적어도 10년 정도는 걸려야 할 것이라는 점을 기억해둘 필요가 있다. 결국 독도 문제를 풀어가는 데는 국민의 지속적인 관심과 노력, 연구를 통한 전략과 전술개발, 정부의 합리적인 대응 노력과 의지, 더 나아가서는 국력의 신장이 병행하여 이루어지지 않으면 안 된다. 최종적으로는 국력이 약해 우리의 국방력으로 독도를 수호하지 못하면 다른 노력은 모두 허사(虛事)가 될 수도 있다. 그러므로 치밀하게 계획하고 예산은 우선순위에 따라 효율적으로 사용해야 한다. 한국 정부가 그렇게 하고 있는지 한번 살펴보자.

[표 7-1]에서 보는 바와 같이 2008년 7월 21일 국토해양부는 마치 한국과 일본의 마찰에 대비해 미리 준비 두기라도 했다는 듯이 독도 영토수호 14개 프로젝트를 발표했다. 그 내용은 실효적 지배 강화를 위한 독도 자연생태계 관찰(monitoring) 및 정밀조사, 해양생태계, 해수·지질 등 자연환경조사 및 장단기 관찰, 독도 바다사자 복원사업 등 총 14개 항목으로 구성되었다. 이 가운데 2006년 이후 독도 자연생태계 관찰 및 정밀검사, 어업인 숙소 유지와 관리 등 11개 사업은 지속적으로 이어지고 있었으며, 2008년 신규 사업은 독도

15) 매일신문사 2008. 9. 25.

[표 7-1] 독도 영토수호 14개 프로젝트

(단위: 백만 원)

세부추진과제	시행사업 주체	사업비	투자계획(년)				
			2006	2007	2008	2009	2010
계		41,926	3,072	8,716	8,409	7,165	14,564
1. 독도 자연생태계 모니터링 및 정밀조사	환경부(대구지방환경청)	505	147	71	71	80	136
2. 해양생태계, 해수·지질 등 자연환경 조사 및 장·단기 모니터링	국토해양부 (해양연구원)	6,600	950	950	1,300	1,600	1,800
3. 독도 바다사자(강치) 복원사업	환경부 (경북도)	10,000	–	–	100	1,000	8,900
4. 어업실태 및 수산자원 조사	농림수산식품부 (국립수산과학원)	1,700	300	300	300	400	400
5. 어패류 방류 및 인공 어초 조성	농림수산식품부 (경상북도)	2,220	375	428	497	460	460
6. 어업인 숙소유지·관리	국토해양부 (경북도)	263	–	47	72	72	72
7. 서도 동굴 파도충격 완화 시설물 설치실 시설계	국토해양부 (항만건설기술과)	256	–	–	256	–	–
8. 서도 콘크리트 계단 정비	문화재청 (울릉군)	650	–	–	350	300	–
9. 쓰레기 수거 및 처리	국토해양부 (해양보전과)	1,200	–	500	600	–	100
10. 독도관련 지속 가능한 이용 데이터베이스(D/B) 구축	국토해양부 (한국해양연구원)	1,500	200	200	200	400	500
11. 독도홍보 책자발간, 학술심포지엄 개최	국토해양부, 환경부, 문화재청	1,280	100	220	320	320	320
12. 독도관리선 건조	국토해양부 (경북도)	9,752	–	4,650	3,350	876	876
13. 독도박물관 운영지원	국토해양부 (경북도)	5,000	1,000	1,000	1,000	1,000	1,000
14. 독도관리 현장사무소 설치	국토해양부 (경북도)	1,000	–	–	43	957	–

출처: 국토해양부. 독도 영토수호 '14개 프로젝트'

관리 현장사무소 설치, 독도 바다사자 복원사업, 서도 동굴파도충격 완화시설 등 3개에 지나지 않았다.[16]

좀 더 세부적으로 살펴보면 이들 프로젝트[17] 가운데 2008년에 집행된 서도 주민의 안전 확보 및 독도 관련 시설 보호를 위해 진행되는 서도 동굴 파도충격 완화시설물 설치 실시설계 총사업비 2억 5,600만 원을 비롯하여 독도 바다사자 복원사업을 위해 2008~

---

16) 국토해양부.

17) 프로젝트(project)는 학습자가 자기 활동을 스스로 선택·계획·방향을 설정해 가는 문제 해결의 학습. 연구·사업 등의 계획.

2012년까지 총사업비 100억 원을 투입한다고 계획되었다. 특히 가장 많은 예산이 계획된 독도 바다사자(강치) 복원사업은 일본인에 의해 멸종된 것으로 추정되는 독도 바다사자의 복원을 통하여 청정해역인 독도주변의 건강한 해양생태계 균형 유지를 사업목적으로 독도 바다사자 복원(유사한 종류 이식 등)에 국고보조(국비 80%, 지방비 20%)를 투입 4년 동안 진행하는데 독도와 주변해역 생태계 보전 및 실효적 점유권 강화와 독도 바다사자 복원으로 우리 민족의 자존심 회복의 효과가 기대된다고 했다.

사업 추진 근거는 독도의 지속 가능한 이용에 관한 법률 제2조(국가 등의 기본책무) ① 국가 및 지방자치단체는 독도의 지속 가능한 이용을 위한 정책을 추진하면서 독도와 독도 주변해역의 생태계보호와 해양수산자원의 합리적인 관리·이용이 조화와 균형을 이루도록 하여야 한다. ② 국가 및 지방자치단체는 독도와 독도 주변해역을 지속적으로 이용하면서 독도와 독도 주변해역의 생태적 균형이 파괴되거나 그 가치가 저하되지 아니하도록 하여야 한다. 다만 독도와 독도 주변해역의 자연환경과 자연경관이 파괴·훼손되거나 침해되는 때에는 최대한 복원·복구되도록 노력하여야 한다고 명시한 것이다.

참 어이가 없는 일이다. 일본인들이 다 잡아 멸종시킨 것을 먹이가 풍부하고 자연생태가 잘 보존되면 자연스럽게 이동해 와 서식할 바다사자를 인공적으로 서식하는데 100억 원을 투입하는데, 그 일을 하는 것이 우리 민족의 자존심 회복 효과가 기대된단다. 만일 독도에 바다사자 복원사업을 해야 한다면 백령도 부근에 서식하고 있는 물개를 몇 마리 잡아다 방사해 서식이 가능한지 관찰하면 된다. 이런 일을 하는 데는 넉넉하게 잡아 2억 원 정도면 충분히 수행할 수 있을 것이다. 이처럼 2008년 국토해양부의 독도 영토수호 14개 프로젝트 추진 발표는 마치 독도에 대해 무엇인가 일하는 모습을 보여주어야 한다는 듯이 하나의 사건이 터지자 일시에 무슨 대단한 일을 하는 것처럼 이제까지 해온 것까지 합쳐 발표했다.

정부가 발표하는 사업이 실효적 지배를 강화하고 일본인들의 망언과 망동을 어느 정도 막고 실제 독도를 수호하는 데는 또 얼마나 도움이 될지 국토해양부 고위공무원은 한 번 생각이나 해보고 계획을 작성하고 발표를 한 것인지도 의문이다. 박배근 교수는 "독도 영유권과 '결정적 기일'에 관한 연구"에서 독도에 대한 한국의 실효적 지배를 강화하는 데 도움이 되는 것으로 생각하는 조치가 계획되고 실행되어 왔지만, 법적인 관점에서 그러한 조치가 독도에 대한 실효적 지배 강화라는 효과를 낳는지는 신중한 검토가 필요하다[18]고

---

18) 박배근·박성욱(2006), "독도 영유권과 '결정적 기일'에 관한 연구", 한국해양수산개발원, p.iv.

지적하고 있다.

결정적 기일을 가장 넓게 정의하면 그 이후로는 당사자의 행위가 법적 상태에 영향을 미칠 수 없는 일자라고 할 수 있다. 독도와 관련하여 결정적 기일이 중요한 것은, 독도에 관한 결정적 기일이 결정된다면 그 이후의 일자에 행한 일본 또는 한국의 행위가 독도 영유권 귀속 판단에 영향을 미칠 수 없는 것이 되고 독도에 관한 권원의 증거로 인정될 수 없기 때문이다. 만약 일본 국제법학자들이 주장하는 결정기일을 1952년 1월이나 1905년이 국제재판에서 일컬어지는 결정적 기일(critical date)이라고 한다면, 그 뒤에 한국이 어떠한 조치를 취하더라도 그것들은 증거로서는 허용되지 않으며 법적으로 아무런 증거로서의 가치도 가지지 않는다.[19]

현재 독도에서 진행하고 있는 시설투자는 국제사법재판소를 통한 해결을 모색하면 사건 발생의 기준 개념을 갖는 결정적 기일 때문에 실효적 지배 효과는 전혀 발생하지 못할 가능성이 크다. 따라서 독도에서 진행되고 있는 시설이 우리 국민이 활용하고 효율적으로 이용하는 데 반드시 도움이 되는 것을 중심으로 이루어져야 한다. 예산만 무조건 쏟아 부으며 여러 가지 사업을 통하여 시설물만 만든다고 단순하게 실효지배가 강화되는 것은 아니다. 그러므로 국제법학자들의 조언을 받아 독도의 실질적인 관리와 어민들에게 도움이 되는 방향으로 신중하게 결정해 사용하고 진정 어떤 사업이 독도를 지키는 데 도움이 되는 일인지 냉철하게 판단해야 한다. 일시적으로 무엇인가 보여주기 위해 예산을 투입하고 일을 벌이는 일은 이제 없어져야 할 때가 되었다.

3) 공세적 전환 새로운 전략적 대항마 대마도

대마도는 거제도에서 49.5km, 부산에서 50.5km이고 일본 후쿠오카에서는 138km로 일본보다 한국에 더 가깝다. 맑은 날 부산 태종대 등에서 육안으로 볼 수 있는 거리에 있으며, 면적은 708㎢, 본섬 2개와 109개 섬으로 구성되어 있다. 대마도는 섬이라기보다는 바다에 떠 있는 산이라고 표현해야 할 정도로 산지가 많아 계곡(溪谷)과 일부 해안지대에서만 농사가 가능하다. 한국과 일본의 인적, 물적, 문화적 교류의 창구역할을 하던 곳으로 한국과 관련된 상당수의 문화유적이 산재해 있다.[20]

---

19) 박배근 · 이창위(2007), "독도 영유권에 관한 일본 국제법학자의 주장 분석", pp.22~25.

20) 황백현(2000), "일본의 독도 점령 시나리오", 도서출판 다솔, p.75.

독도 문제와 관련해 많이 등장하는 '쓰시마(대마도)를 지배한 종(宗)씨 가문은 17세기 이래 자신들이 도쿠가와 쇼군의 봉신임을 명확히 하면서도 동시에 조선 왕국의 관리이기도 했다.' 이는 대마도가 근대 이전에는 한일 양국에 속하는 영역이었음을 말하는 것으로 보아야 한다. 그런 의미에서 우리는 대마도의 역사는 일본의 역사이자 한국의 역사이면서 다른 어느 곳보다도 먼저 대마도 자신의 역사이고 가장 긴밀한 관계를 맺어온 부산지역의 역사라는 지적에 귀 기울여야 할 것이다.[21]

(1) 대마도와 고려·조선의 관계

동국여지승람(東國輿地勝覽)에서는 대마도는 옛날에 우리 계림(鷄林)에 예속되었는데, 언제 왜인들의 소굴이 되었는지 모르겠다. 그리고 대마도가 경상도 지도 안에 있다. 세종대왕의 유대마도서(諭對馬島書)에서는 대마도는 경상도 계림에 예속되어 본시 아국지경(俄國之境)이었던 것이 문적에 실려 있어 명백히 참고가 된다. 그런데 그 땅이 심히 적고 또 해중(海中)에 있어 왕래가 힘듦으로 백성이 살지 않았다. 그런데 왜노(倭奴)의 나라에서 내쫓기어 갈 데 없는 자들이 모두 와 모여 소굴이 되었다.[22]

고려사 공민왕 17년(1368년) 11월 '대마도만호 숭종경(崇宗慶)이 사자를 보내어 조공하였다. 종경에게 쌀 1,000석을 하사하였다'는 기록이 있다, 이는 대마도주가 고려 정부로부터 만호(萬戶)라는 관직을 받았음을 알 수 있다. 대마도가 조선의 영토라는 인식은 세종 원년(1419년)의 대마도 정벌과 뒤이은 대마도의 경상도 속주화 조치 때 집중적으로 나타났다. 그 과정상에 보이는 조선 정부의 대마도관을 알 수 있다. 출정 전(出征前) 1419년 7월 17일 태종의 교유문(教諭文)에는 '대마도라는 섬은 경상도의 계림(鷄林)에 예속했으니, 본디 우리나라 땅이란 것이 문적에 실려 있어, 분명히 상고할 수가 있다.[23] 다만 궁벽하게 막혀 있고, 좁고 누추하므로 왜놈이 거류하게 두었더니 개같이 도적질하고 쥐같이 훔치는 버릇을 가지고 경인년부터 뛰놀기 시작하였다'라고 기록하고 있다.

그 후 속주화 조치와 도주에의 인신(人臣: 신하) 하사에 대해 '대마도는 경상도에 예속되었으니, 모든 보고나 문의할 일이 있으면 반드시 본도의 관찰사에게 보고하여, 그를 통해 보고하도록 하고 직접 본조에 올리지 말도록 할 것이요, 겸하여 요청한 인장과 하사하

21) 박유하(2005), "화해를 위해서", 도서출판 뿌리와이파리, p.167.

22) 주강현(2005), "적국의 바다 식민의 바다", 웅진씽크빅, p.421.

23) 조선왕조실록[세종 4권, 1년(1419 기해/명 영락(永樂) 17년) 7월 17일(경신) 5번째 기사].

는 물품을 돌아가시는 사신에게 보냅니다', 성종 18년 대마도주의 서계에는 '영원토록 귀국 번병의 신하로서 칭하며 충절을 다할 것입니다', 숙종 45년(1719년) 신유한의 해유록에는 '이 섬은 조선의 한 고을에 지나지 않는다. 태수가 도장(圖章)을 받았고 조정의 녹을 먹으며 크고 작은 일에 명을 청해 받으니 우리나라에 대해 번신의 의리가 있다'[24]고 하였다.

이처럼 대마도는 명백한 조선 영토로 인식되다가 일본이 근대국가 재편과정에서 일본 영토로 편입했다. 당시 조선은 쇄국정책으로 열강의 개방 요구에 맞서다 이 같은 국제정세에 적극 대처하지 못하고 대마도의 일본 지배를 막지 못했다. 이와 관련 각계에서는 "역사적인 근거가 명백한 만큼 대마도에 대해 우리 땅이라는 주장을 적극 펼칠 필요가 있다"고 목소리를 높이고 있다.[25]

(2) 세 번의 대마도 왜구토벌

왜구가 창궐한 고려시대에는 1223년부터 1392년까지 169년간 529회, 조선조에 들어와서도 1392년부터 1443년(세종 25년)까지 155회나 되었으며, 특히 건국 직후 10년간은 연간 10회가 넘게 침구[26](侵寇)하는 해도 여러 번 있었다. 왜구들이 모두 대마도 출신은 아니지만, 그들 중 상당 부분은 대마도 사람이었다.[27]

대마도 정벌은 고려 말에서 조선 초까지 왜구를 근절하기 위해 3차례에 걸쳐 거행되었다. 첫 번째 대마도 정벌은 1387년 왜구 토벌에 혁혁한 공로가 있는 정지(鄭地)의 건의에 의하여 2년 후인 1389년(창왕 1년) 2월 박위에 의해서이다. 박위는 대마도에 도착하여 왜구의 선박 300척과 그들의 관사 및 민가를 불태웠고, 이어 도착한 후속 부대의 원수 김종연, 최칠석, 박자안 등과 함께 공격을 감행하여 왜구의 포로가 되어 잡혀갔던 남녀 100여 사람을 되찾았다. 이로 인해 공양왕 시대의 왜구 침구(侵寇)는 종전과 비교하면 현격히 줄어들었다. 두 번째 대마도 정벌은 조선 초기인 1396년(태조 5년) 12월 3일 우정승이었던 김사형(金士衡)을 5도병마도통처치사로, 남재(南在)를 도병마사로 삼아 5도의 병선을 모아 이키와 대마도를 정벌하였다. 김사형이 귀환할 때 태조가 흥인문 밖까지 나와 반겼다는 것 외에는 기록이 없어 자세한 내용은 알 수 없다. 그리고 대마도 정벌 중 가장 규모가 크고 효과가 있었던 것은 세 번째 대마도 정벌이었다. 1419년(세종 1년) '기해동정(己亥東

24) 한일관계사연구회(1996), "독도와 대마도", 지성의 샘, pp.129~147.
25) 뉴데일리 2011. 5. 15.
26) 침구(侵寇)는 침입하여 노략질함.
27) 한일관계사연구회(1996), "독도와 대마도", 지성의 샘, p.91.

征)'이라 불리는 대마도 정벌에서는 이종무(李從茂)를 3도 도체찰사로 명하여 중군을 거느리게 하고 우박, 이숙무, 황상을 중군절제사, 유습을 좌군도절제사, 박초, 박실을 좌군절제사, 이지실을 우군도절제사, 김을화(金乙和), 이순몽(李舜蒙)을 우군절제사로 삼아 병선 총 277척 군사 1만 7,285명으로 6월 17일 대마도 원정길에 올랐다. 기해동정의 결과 대규모의 왜구가 없어지고 그들이 평화적인 왕래자로 바뀌기는 하였지만, 그렇다고 하여 왜구가 완전히 없어진 것은 아니었다.[28] 고려와 조선은 대마도를 정벌한 후 신하의 예를 갖추는 것 외에 죄인의 유배나 이민 같은 적극적인 영유(領有) 조치를 취하지 않음으로써 반복되는 침구 근거, 임진왜란의 선봉과 전초기지가 되게 하는 등 추후 여러 가지 화근이 되게 하였다.

(3) 대마도 영유권 주장과 독도

정부수립 직후인 1948년 8월 18일과 1949년 1월 8일 이승만 대통령이 일본에 대마도 반환을 거듭 요구했다. 이 대통령은 공식 문서나 외교 경로를 통해 대마도의 반환을 요구하지는 않았지만, 각국의 외교사절을 만날 때마다 대마도 영유권을 역설했다.[29] 당시 이 대통령의 이 발언은 국내외에 큰 반향을 불러일으켰다. 국내의 언론은 이 대통령의 발언 내용을 상세히 보도하였고, 국회에서는 앞으로 열릴 샌프란시스코 평화조약 체결을 위한 회의에서 대마도 반환을 관철할 것을 촉구하는 건의안이 제출되기도 했다. 한편 일본의 요시다(吉田茂) 내각은 한국에 강력히 항의하는 동시에 연합국 최고사령부의 맥아더 장군에게 이 대통령의 요구를 막아주길 요청하였다. 맥아더 사령부도 이 대통령의 발언이 전후 동아시아에서 미국의 구도를 방해하는 것으로 받아들여 냉랭한 반응과 함께 유감을 표시하였다.

이러한 상황에서 이 문제가 국제법상 효과를 발휘하기 어렵다고 보았는지 이 대통령도 공식 문서나 외교 경로를 통해 정식으로 대마도 영유권 주장과 반환을 요구하지는 않았다. 그 후에도 외교사절을 만날 때 이따금 대마도 영유권을 역설하였다고 한다.[30] 그러나 이승만은 1949년 말 대마도가 한국 영토임을 증명하기 위한 조사단을 파견할 용의가 있느냐는 기자들의 질문에 다른 나라와 갈등을 불러일으킬 수 있으니, 시기상조라고 말을

---

28) 한일관계사학회(1998), "한국과 일본, 왜곡과 콤플렉스의 역사 2"(정치·경제·군사편), 자작나무, pp.81~87.

29) 임재청 외(2005), "간도에서 대마도까지", 동아일보사, p.132.

30) 한일관계사연구회(1996), "독도와 대마도", 지성의 샘, p.123.

바꾼다. 그리고 1951년에는 샌프란시스코 평화조약 초안에 대한 의견서에서 대마도 귀속 문제를 요구한다. 이것은 이승만과 한국 정부가 오락가락한 것이 아니라 대마도 귀속 주장을 통하여 다른 정치적 목적을 획득하려고 했던 것 같다.[31]

그 이후도 한국인의 대마도에 대한 영유권 주장은 간간이 언급되었으며, 경상남도 마산시가 2005년에 매년 6월 19일을 대마도의 날로 제정하기도 했다. 이날은 조선의 무관 이종무가 대마도를 정벌하기 위해 마산을 떠난 날과 일치한다.[32] 현재도 우리 역사에 관심이 많은 사람들, 부산과 경남 마산지역의 정치인, 사회단체, 시민을 중심으로 높은 관심을 보이는 등 대마도에 대해 한국이 영유권을 주장할 수 있는 근거는 여러 가지가 있으며, 그 근원의 뿌리도 깊다.

(4) 일본 국제공인 지도 통해 대마도 조선 땅 인정

일본이 19세기 말 국제적으로 공인을 받은 지도를 통해 대마도를 조선 땅으로 인정했다는 근거가 제시됐다. 육군사관학교 군사훈련처장인 김상훈 대령은 2011년 5월 11일 "대마도가 조선 땅임을 일본 정부 스스로가 인정하는 지도를 발견했다"고 주장했다. 김 대령이 공개한 '삼국통람도설'은 일본인 하야시 시헤이가 1785년 작성한 책으로 일본과 그 주위 3국(조선, 오키나와, 홋카이도), 무인도였던 오가사와라 제도에 대한 지도와 해설을 담은 '삼국접양지도' 등 5개 지도를 포함하고 있다. 일본은 이를 바탕으로 19세기 말인 1860년대 미국과 분쟁하던 오가사와라 제도를 두고 이 책을 증거로 제시했다. 삼국접양지도는 독일의 동양학자인 클라프로스가 번역했고 이를 바탕으로 오가사와라 제도의 영유권을 인정받았다.

이 지도에 따르면 오가사와라 제도는 일본 영토로 규정했지만 울릉도와 독도는 물론이고 대마도까지 조선 영토로 표기돼 있다. 이 지도가 처음 공개된 것은 아니지만, 지금까지는 대마도가 일본령으로 표기된 것으로 알려졌다. 하지만 김 대령은 "과거에 공개된 필사본은 흑백이라서 대마도의 영토 구분이 어려웠다. 원본은 분명히 대마도를 조선 땅으로 분류하고 있다"고 말했다. 원본은 독도연구 전문가인 한상복 박사가 호주에서 구입한 것으로 추정되며, 김 대령은 이 지도를 국회도서관 독도 특별전시관에서 찾았다고 밝히고, "대마도 반환을 요구한 이승만 전 대통령의 요구는 아직도 타당하다"고 주장했다.[33]

---

31) 주강현(2005), "적국의 바다 식민의 바다", 웅진씽크빅, p.426
32) 위키백과.

4. 독도 문제 해결의 기본자세

1) 독도 문제 조속한 해결 정부에 강요해서는 안 된다

　민주주의는 당연히 국민의 의사가 존중되기 때문에 어떠한 사안이 발생했을 때 찬성, 반대, 의사표현의 유보, 처음에 반대했다가 찬성으로 전환되거나 찬성했다가 반대로 돌아서기도 하고, 입장이 곤혹스러울 때는 표현의 회피 등 다양한 형태로 여론이 나타날 수 있다. 그리고 찬성이나 반대 모두 강경한 자세를 취하는 사람이 있는가 하면 학연, 지연, 혈연이나 동료 등 주위 사람들의 집단적 의사표현에 동조해 내심의 의사와는 달리 표현하는 때도 없지 않다. 독도의 영유권 분쟁에 관한 정부의 정책에 대해서도 이러한 국민의 입장은 그대로 나타난다. 그리고 찬성하는 사람들이 많으면 정부 정책은 정당성과 합리성을 인정받은 것이 되므로 힘이 실리고 탄력을 받는 것이 일반적인 현상이다.

　정부를 비판하거나 질타하는 소수 의견도 대중의 인기에 영합하는 대중영합주의(populism)에서 나타날 수 있는 부작용을 예방하거나 견제할 수 있는 좋은 균형추 역할을 할 수 있으므로 귀를 기울일 필요가 있다. 정부도 때로는 대중의 인기에 편성하는 정책을 시행할 수도 있고 항상 다수 의견이 옳은 것도 아니기 때문이다. 그렇다고 독도 문제와 같이 수십 년 동안 계속되고 있는 사안에 대해 당장 결단을 내리고 묘수를 요구하는 것은 바람직하지 않다. 특히 정부의 구체적인 성과 미흡을 지적하면서 '정부가 일본에 특단의 방법이나 수단(card)을 꺼내야 한다'는 요구나 주장을 하는 것은 곤란하다. 구체적인 성과를 낼 수 있는 방안이 있다면 좋겠지만, 현재 한국 정부의 입장에서는 이렇다 할만한 뚜렷한 방안이나 대책을 내놓기 어렵다는 것은 웬만한 식견을 가진 사람들은 거의 다 알고 있다. 상황을 그렇게 만드는 요인은 유감스럽게도 한국의 국력이 일본의 국력에 못 미치는 데서 연유하고 있는 것 또한 엄연한 사실이다.

　만약 한국 정부에서 특단의 방법이나 수단(card)을 꺼내 들어야 한다면 그것은 두 가지 정도밖에 없다. 첫째는 한국이 기존에 선포한 평화선을 선포한 방식과 같이 신한일어업협정 등 기존에 운영해온 조약이나 협약 등을 파기하고 일방적으로 독도와 일본 오키섬의 중간선을 배타적 경계수역의 경계선으로 획정 선포하고 무력으로 관리하는 방법이 있을 수 있다. 둘째는 도발을 하는 일본에 대해 직접 응징하는 방법이 있다. 여기에는 군사적

---

33) 경향신문 2011. 5. 11.

응징과 비군사적 응징으로 구분할 수 있다. 그런데 무력에 의존한 방법은 무력 충돌을 일으킬 수 있는 가능성이 크고, 비군사적인 방법도 특별히 일본을 응징할만한 수준의 묘안이 없다. 그리고 도전적인 행위는 국제사법재판소 등의 중재나 재판 대상도 되지 않으므로 한국이 사용할 수 있는 특단의 수단이나 방법이 포함된 대책이란 있을 수 없다. 특히 무력을 통한 응징은 우리가 힘의 우위에 있을 때에도 지극히 신중해야 하지만, 열세에 있을 때는 자해를 초래할 수 있는 위험한 발상이다. 이것은 평화적인 모든 방법과 수단을 동원한 노력이 수포로 돌아가 어쩔 수 없을 때 사용할 수 있는 최후의 극단적인 방법이며, 마지막 순간까지 최대한 신중하게 고려해 선택해야 한다.

정부에 대한 결단의 요구나, 특단의 해결책을 촉구하는 것은 한국 내에 강경한 여론이 있음을 환기하는 일회성 표출은 어떠할지 모르겠지만, 반복해 정부에 요구할 내용은 못된다. 만일 위에서 언급한 방법 외에 특단의 수단과 방법으로 꺼내 들 만한 내용이나 비책이 있다면 당연히 정부에 제공해 그 방법으로 일본이 더는 독도 영유권 분쟁을 일으키지 못하도록 막아야 할 일이다. 그런데 분명한 사실은 정부는 만능이 아니라는 점이다. 상대가 있는 분쟁에서는 한쪽이 끈질기게 계속 물고 늘어지면서 시비를 하면, 다른 한쪽이 일방적으로 끝내고 싶어 한다고 그렇게 할 수 있는 일이 아니다.

이른 시일 내에 분쟁이 해결되기를 바라는 마음은 개인이나 정부 모두 한결같다. 실무 처리 과정에서 나타나는 실책이나 문제점에 대해서는 제대로 대비책을 마련하고 대응하도록 정부를 질타하는 것은 당연히 해야 할 일이지만, 국민이나 언론 또는 사회단체가 감정을 앞세워 일방적으로 정부에 특별한 조치를 요구하거나, 구체적인 성과를 보이지 못한다고 몰아세우는 일은 피해야 한다. 국민은 국가의 주인이고 정부는 국민을 대표하므로 어려운 때일수록 정부는 국민의 기대에 부응하고 신뢰를 얻을 수 있도록 온 힘을 기울이고 국민은 그러한 정부를 믿고 힘을 실어주는 단합된 모습을 보여주는 것이 독도의 영유권 분쟁을 하루라도 앞당기는 현명한 방법이다.

2) 민간교류와 분쟁 분리대응 바람직

2005년 2월 22일 일본 시마네현이 독도 침탈 100주년(1905년 2월 22일 시마네현 고시 제40호)을 맞이하여 23일 시마네현 의회가 '다케시마의 날' 제정 조례안을 상정하고 3월 16일 '다케시마의 날' 제정 조례안을 시마네현 본회의가 통과하여 다케시마의 날 조례를 제정하여 우리 국민과 정부는 매우 분노하였다. 이를 계기로 독도 문제에 대한 우리 정부의 정책을 근본적으로 수정하기에 이르렀다. 그래서 참여정부는 4기조 5개 대응이라는 대일 외교정책을 발표하고, 특히 독도 문제에 대해 종전의 조용한 외교를 탈피하여 관민이 분리 대응하는 쪽으로 방향을 선회하기에 이르렀다. 그 구체적인 정책시도가 2005년 4월 20일 발족한 "동북아의 평화를 위한 바른 역사정립기획단"이다.[34]

(1) 청소년 · 사회단체 경제와 문화교류 지속 바람직

청소년 교류활동은 청소년의 성장과정에서 인간관계 조절능력이나 의사소통능력, 사회성, 관용성 등 사회 공동체생활에 필요한 기본적인 품성을 기르는 중요한 활동이다. 국내적인 입장에서는 우리의 고질적인 문제인 동서의 지역화합을 위한 근원적 접근이라고 할 수 있으며, 일본과의 교류는 양국의 국민성과 역사에 대한 이해의 폭을 넓힘으로써 대립과 긴장을 화합과 공동발전으로 만들어 가는 기초를 조성하는 바탕이 될 수 있다. 세계화 시대를 맞이하여 활발한 국가 간 청소년 교류를 통하여 구체적으로 우리 인력자원의 국가경쟁력과 사회적 결속력을 높여 우리나라가 21세기 동북아시대와 태평양시대 주역국가로서의 역할을 수행하는데 장차 크게 기여하는 효과를 창출할 수 있을 것으로 기대된다.[35]

그럼에도 한일 간의 교류는 외교적 마찰이 발생할 때마다 크고 작은 영향을 받아 왔으며, 2005년 3월 16일 시마네현이 '다케시마의 날' 조례를 제정했을 때 일시적으로 전면 보류와 중단상태에 들어가기도 했다. 청소년 교류도 마찬가지였다. [표 7-2]에서 보는 바와 같이 교도통신이 집계한 자료에 따르면 교류 중단은 양국의 전체 지방자치단체와 학교까지 확산되고 있는 것으로 나타났다. 물론 양국 국민의 감정이 고조된 상태에서의 교류는 교류당사자에게도 상당히 부담스러운 일임이 틀림없으므로 당사자들이 적절하게 판단해 처신할 일이기는 하다. 하지만 정치적인 문제가 순수한 민간의 문화교류에 영향을 미치는 것은 바람직하지 않다.

양국이 영원히 대결구도를 조장할 것이 아니라면, 특히 순수한 목적의 청소년 교류는 정치적 영향을 받지 않도록 해야 하고 교류도 가급적 중단되지 않도록 신중할 필요가 있다. 인간은 상호관계에서 의도적이든, 의도적이 아니든 감정을 쌓아가기도 하지만 풀기도 해야 한다. 응어리진 감정을 풀고 미래의 보다 성숙한 한일관계를 조성해 나가기 위해서

---

34) 독도본부(2006), "무시(무대응) 독도를 넘겨주는 가장 손쉬운 방법", 우리영토, pp.11~12.
35) 김광억(2004), "종합결과보고서(평화와 번영의 동북아 문화공동체 형성을 위한 정책연구)", 통일연구원, p.70.

[표 7-2] 다케시마의 날 제정 관련 한일 교류 중단 사례

	한국 측 단체	일본 측 단체	행사 및 조치 내용
1	강원도	돗토리현	직원 상호 파견 교류 연기
2	강원도 강릉시	나가노현 飯田市	초등학생 교류 행사 취소
3	강원도 양구군	돗토리현	智頭町 정장 양구군 방문 취소
4	강원도 춘천시	岐阜県 各務原市	교류 행사 취소
5	강원도 춘천시	야마구치현 防府市	초·중학생 교류 연기
6	경기도 안양시	사이타마현 所沢市	안양시 친선 협회 所沢市 방문 취소
7	경기도 의정부시	니가타현 新発田市	스포츠 교류 사업 사전협의를 연기
8	경상남도 김해시	후쿠오카현 宗像市	무용 협회 宗像市 방문 중지
9	경상남도 밀양시	시가현 近江八幡市	近江八幡市 시장, 밀양시 방문 중지
10	경상남도 밀양시	시마네현 安来市	교류를 전면 중단
11	경상남도 사천시	히로시마현 三次市	사천시의 행사 초대 사퇴
12	경상남도 사천시	후쿠오카현 赤池町	사천시 초등학생 교류 연기
13	경상남도 양산시	아키타현 本庄市	양산시 중학생 本庄市 방문 취소
14	경상남도 진주시	시마네현 松江市	교류를 전면 연기
15	경상남도 합천군	가가와현 高瀬町	高瀬町, 합천군 마라톤 대회 참가 취소
16	경상북도	시마네현	자매결연 파기 교류 중단
17	경상북도 경주시	후쿠이현 小浜市와 나라현 나라시	小浜市와 나라시, 경주시 이벤트 참가 사퇴
18	경상북도 구미시	시가현 오쓰시	오쓰시 시장 구미시 방문 연기
19	인천광역시	가나가와현 요코하마시	초등학생 축구 친선시합 연기
20	전라남도 고흥군	사가현 鹿島市	교류 전면 중단
21	전라북도 순창군	가고시마현 川辺町	川辺町 정장과 정 의회 의장 순창군 방문 취소
22	제주시	와카야마현 와카야마시	와카야마시, 제주시 단체 방문 연기
23	충청남도 보령시	후쿠이현 小浜市	초등학교 음악 교류 콘서트 장소 변경
24	충청북도 청주시	돗토리현 鳥取市	교류 행사 사전 협의 연기
25	충청북도 충주시	도쿄도 武蔵野市	직원 파견 협정 보류
26	충청북도 충주시	가나가와현 湯河原町	교류 사업 계획 보류

출처: 위키백과 다케시마의 날(교도통신사가 2005년 4월 16일에 정리한 것임에 따름).

는 정치적인 문제나 마찰과 구분해서 청소년과 시민단체의 문화·경제적인 교류는 지속하는 것이 바람직하다. 그것이 양국 국민 모두를 위한 길이기 때문이다.

(2) 시마네현과 교류 전면 중단 마땅하다

평화체제의 구축을 위해서는 교류와 분쟁은 분명히 구분해 대응하는 것이 바람직하다. 하지만 교류에도 일정한 원칙은 있어야 한다. 상대방을 향하여 보는 앞에서는 웃으면서 등 뒤에 비수를 숨기고 시비를 일삼으면서 교류를 요구하는 것은 교류가 아니라 상대방을 깔보는 오만불손하고 방자한 행동임이 틀림없다. 일회적이거나 일시적 분쟁과 시비 정

도는 있을 수 있는 일로 생각할 수도 있을 것이다. 이런 일은 한 번이니까 참고 넘어간다고 하더라도 분명한 의도를 갖고 반복적으로 시비하면서 교류를 요청하는 것은 가식적인 행동으로 일부 무리가 정략적 도구로 활용하기 위한 처사로 볼 수밖에 없다. 일본 정부는 국제사회에서 필연적으로 상호 협력해야 할 부분이 있으므로 어쩔 수 없는 부분이 있다고 하더라도, 시마네현과의 교류는 전면 중단되어야 마땅하다.

실질적으로 일본 정부의 독도 영유권 분쟁의 도화선으로 전위대 역할을 하고 있는 시마네현과 한국의 지자체가 교류하지 않더라도 전혀 문제 될 것이 없다. 따라서 경상북도뿐만 아니라 한국의 전 지자체는 시마네현과의 교류는 전면 중단해야 한다. 다시는 그들의 무례한 행동에 부화뇌동하여 실익도 전혀 없는 불편한 교류를 해야 할 이유가 없다. 시마네현의 작태를 훤하게 알고 있으면서 교류를 일삼는 지자체나 그렇게 해야 한다고 주장하는 한국인이 있으면 그러한 저급한 부류는 분명히 입으로는 화해와 협력을 통한 공동의 발전을 해야 한다면서도 실상은 일본에 빌붙고 싶어 안달이 난 인간임이 틀림없다. 어떠한 상황에서도 뒤에서 직접 위협을 가하면서 보는 앞에서 화해와 협력, 공동의 발전을 운운하는 것은 절대로 용납될 수 없는 일이고, 그러한 교류는 자신의 목을 옥죄는 사슬로 돌아올 것이 틀림없으므로 화근을 없애기 위해서도 단호하게 배격해야 한다.

3) 정부 정보공개 국민 신뢰 얻는 책임행정 구현해야

독도에 대한 관리는 특별히 독도의 영유권을 강화한다는 단서를 붙이거나, 독도에 대한 영토 관리적 행위를 하면서 대대적인 선전을 하는 행위 등은 법적인 관점에서 독도의 영유권 강화에 아무런 도움이 되지 않는다는 점을 정확하게 인식하는 것이 필요하다. 정치가나 행정 관료 등이 독도에 대한 국가 권능의 발현을 자신의 치적이나 성과로 선전하고 싶은 유혹을 뿌리치고 조용히 모든 도서와 마찬가지로 꾸준하게 독도를 영토로서 관리해 나가는 것이 중요하다.[36] 이렇게 이미 독도 문제를 어떻게 관리해야 하는지에 대한 일반적인 방법은 정립되어 있는 상태다. 그런데도 정부의 독도에 대한 정책을 두고 정권이 바뀔 때마다 오락가락하며 내홍을 겪는 것은 소신 없는 관료들이 정치권이나 통치자의 눈치를 보고 사회분위기에 편승하여 승진 등 자신의 영달을 위해 일을 하고, 자신의 치적이나 성과를 위한 그릇된 정치적 판단을 하고도 책임을 지지 않으려는 정치 지도자

---

36) 박배근 · 박성욱(2006), "독도 영유권과 '결정적 기일'에 관한 연구", 한국해양수산개발원, p.77.

들의 그릇된 자세에서 비롯되었다.

정책은 잘잘못을 가리기도 쉽지 않지만, 문제가 드러나도 잘못된 것이 없다고 우기거나, 상대방의 과거 잘못을 들추어내어 맞대응하고, 이것도 곤란하면 답변을 회피하거나 그때는 그럴 수밖에 없었다는 변명으로 일관해왔다. 아무도 자신의 잘못에 대해 인정하지도 않고 책임을 지지도 않는 것이 한국적 현실이다. 심지어는 정부 조직체계 내에서 처리된 정책의 결과를 제대로 평가할 수 있는 장치가 미흡하므로 정부가 시행한 정책적 사안에 대해서도 불만이 생기면 재판을 통해 잘잘못을 가리려 하는 경향까지 나타난다. 그 가장 대표적인 사례가 신한일어업협정이다. 이러한 폐해가 반복되지 않도록 정부는 독도와 관련된 정보를 투명하게 공개하고 책임행정을 구현해야 한다. 그래야 국민의 신뢰와 지지를 얻을 수 있다.

4) 체계적인 연구와 냉정한 대응

1996년 2월 일본의 이께다 유끼히코(池全行彦) 외상이 독도 영유권이 일본에 있다고 한 망언에 대해 온 국민이 흥분하여 규탄대회를 열고 화형식을 거행하는 등 법석을 떤 일이 있다. 그리고 지금은 언제 그랬느냐는 듯이 모든 것을 잊고 있다. 2005년 2월과 3월 시마네현의 다케시마의 날 조례 제정, 2008년 7월 14일 일본이 중학교 역사 교과서 해설서에 독도 영유권을 표기할 때에도 한승수 총리와 국회의원의 독도 방문, 일본 문부과학성이 2011년 3월 30일 검정조사심의회를 열고 중학교 지리와 공민(일반사회) 교과서에 독도는 일본의 고유영토라는 내용이 포함되고 독도를 한국이 불법 점거하고 있다는 내용을 담은 중학교 사회과 교과서 검정 안건을 처리했을 때, 수시로 독도 관련 망언을 일삼는 일본 산케이 신문의 국장인 구로다 가쓰히로가 2011년 4월 초 '일본침몰론을 좋아하는 한국, 일본은 침몰 위기니까 다케시마는 양보하면 어때?'라는 글을 남겼을 때 등 국내에서 반일 감정이 봇물처럼 터져 나왔다.

내내 무관심하게 있다가 일본 정부 관계자나 일본인이 한마디 하면 오래전에 발견된 고지도를 마치 새롭게 발견된 것인 양 텔레비전 등 언론에서 다루면서, 일본의 어느 학자도 독도를 한국 영토로 인정했다는 식으로 접근해서는 안 되겠다. 차분히 냉정하게 사료를 발굴하고 발굴된 사료를 바탕으로 법적인 연구를 하여 어떠한 도전에도 응할 수 있도록 철저한 준비를 하면서, 제삼국에서 독도를 일본 영토로 표기하는 것을 방지함은 물론 평소에 이에 대한 객관적인 홍보 자료를 작성 배포하여 독도가 분쟁지역이 아닌 명실상

부한 한국의 고유영토임을 확인시켜야만 할 것이다.[37)

상대방의 도발과 자극적인 행동에 대해 뜨거운 가슴에서 솟아나는 애국심과 열정에 의한 감정적인 대응도 때로는 필요하다. 하지만 감정의 격화는 충돌로 이어질 수 있는 위험성을 내포하므로 문제를 해결하는 데는 감정을 절제한 냉정하고 체계적인 연구와 분석을 통한 대응방안을 개발하고 상대방의 행동에 적절하게 대응하면서 얽힌 문제를 풀어나가야 한다. 그동안 우리 한국인들은 독도 문제에 대해 열정적인 모습을 상당 부분 보여 왔다. 그러나 냉정한 대응에는 다소 미흡한 면이 없지 않았던 것 같다. 이제는 우리의 국력도 과거와는 많이 달라졌고 국제적인 분위기도 냉전 시대에서 탈피했다. 시대의 변화에 맞춰 우리의 열정을 절제해 냉정으로 잘 순화시켜 독도 문제를 원만하게 풀어낼 수 있도록 잘 연구 분석하고 대응방안을 마련해나가는 자세를 확립해야 하겠다.

5) 국민 정서와 다른 정부정책 때로는 이해 필요

독도 영유권 귀속에 관하여 한일 양국에 분쟁이 존재하는가라는 문제와 관련하여 한국 정부와 일본 정부는 정반대의 입장을 취하고 있다. 즉 한국은 독도가 한국의 영유에 속한다는 것은 명확하고 다툴 여지가 없는 사실로서 독도의 영유권에 관해서는 분쟁이 존재하지 않는다는 일관된 태도를 취하고 있다. 이에 반해 일본은 독도의 영유권 귀속이 분쟁 대상이라는 입장에 서 있으며, 주지하는 바와 같이 1954년 9월 25일의 외교공한에서는 이 문제를 국제사법재판소에 부탁할 것을 제의했다. 또 독도 영유권 귀속에 관한 분쟁의 존재 여부는 한일기본관계조약과 함께 체결된 '분쟁의 평화적 처리에 관한 교환공문'의 해석이나 그 적용범위와 관련해서도 논란의 대상이 되고 있다.[38)

일반 국민, 학자, 유엔을 비롯한 국제사회에서도 때로는 독도가 분쟁지역이라는 표기를 하기도 하는데 대한민국 정부가 독도에 대한 분쟁이 존재하지 않는다는 입장을 일관되게 유지하는 이유는 분쟁지역으로 인정하는 것과 동시에 일본이 다시 합의에 따른 국제사법재판소 제소를 제의해 올 것이 확실하게 예상되기 때문이다. 분쟁지역임을 인정한 이상 일본의 제의를 거절할 명분이 없어져 우리가 실효지배를 하고 있는 독도를 자칫 잘못하면 한국 스스로 국제사법재판소 재판 대상으로 인정해 일본에 빼앗기는 난감한 상황이

---

37) 김병렬(2001), "독도논쟁", 다다미디어, pp.282~283.
38) 박배근 · 박성욱(2006), "독도 영유권과 '결정적 기일'에 관한 연구", 한국해양수산개발원, p.56.

발생할 가능성도 배제할 수 없다. 이러한 잘못을 저지르지 않기 위한 예방책과 독도가 확고한 한국의 고유영토라는 인식이 함께 작용한 판단에서 나온 입장 표명이다. 한국 정부의 입장은 정당하고 합리적인 판단이다. 영토를 수호하고 국민의 안위를 확보해야 하는 정부가 잘못 처리하는 일에 대해 비판은 할 수 있지만, 고유의 책무 수행을 위한 정부정책은 경우에 따라 국민의 정서와 다를 수 있다. 상황에 따라 전략적 사고와 행동을 취하는 일도 있으므로 때로는 대국적인 견지에서 이해하고 사태의 추이를 지켜보며 협력하는 분별력 있는 자세도 필요하다.

제2절 일본의 대응전략과 의도

1. 독도 문제에 대한 기본원칙과 전략

1) 일본 독도를 자국영토라고 주장하는 6가지 틀

일본 정부가 독도를 일본 영토라고 주장하는 논리 틀은 6가지가 있다. ① 독도는 울릉도의 부속도서가 아니다. ② 독도에 관해서는 한일 양국 간에 아무런 조약이 없었다. ③ 독도의 존재는 일본이 조선보다 먼저 알고 있었다. ④ 시마네현이 독도를 일본 영토로 편입하기 이전에 일본 어민이 독도를 실효적으로 경영하고 있었다. ⑤ 무인도이며, 무주지인 독도를 먼저 영토에 편입시켜 세상에 알린 것은 일본이므로 선점권에 의하여 독도는 국제법상으로도 일본 영토이다. ⑥ 제2차 세계대전 이후 샌프란시스코 평화조약에서 한국에 반환해야 할 섬들의 이름에 독도가 포함되어 있지 않다.[39]

2) 독도 문제 6각 축 중심 대응전략

독도 영유권 분쟁을 이끌어가는 일본 전략의 중심 체계는 일본 정부, 지방자치단체, 여

---

39) 한일관계사연구회(1996), "독도와 대마도", 지성의 샘, p.56.

당(자민당 등), 보수 우익인사, 연구기관과 관변단체, 언론사 등 6각 축을 중심으로 구축되어 있다. 일본 외무성이 발행해 10개 국어로 전 세계에 홍보하고 있는 '죽도: 다케시마 문제를 이해하기 위한 10의 포인트'가 이것을 입증해준다. 이 홍보 책자 제작에는 외무성 외에 6개 기관이 참여했다. 표면적이고 직접적인 대응은 일본 정부 외무성이 중심 역할을 했지만, 외무성은 한편으로는 한국과 실무 접촉을 하는 기회가 잦기 때문에 곤혹스러움을 피하려고 배후에서 예산을 지원하거나 의사조정, 방향성 결정을 진행하면서 각국 정부나 지리원, 국제기구 등을 대상으로 독도의 명칭을 리앙쿠르 록스나 다케시마로 표기하도록 유도하고 동해를 일본해로 표기하는 주도적인 역할을 수행해왔다. 그리고 때로는 독도 홍보 책자 제작 등 중요사항에 대해서는 직접 관장을 한다.

2000년대 들어서는 외무성뿐만 아니라 방위성과 문부과학성이 가담하여 합세하면서 일본 방위백서에 독도에 대한 영토권 주장을 명기하거나 중학교 교과서 해설서나 교과서 등을 통해 같은 주장을 되풀이하고 있다. 정부 차원의 대응으로 직접적인 마찰이 심화돼 한일관계가 격앙되면, 대부분 일본 정부는 한국의 감정적인 행동은 이해하기 어렵다거나 양국의 화해와 협력의 필요성을 강조하는 전형적인 이중적 행태를 보이며 한걸음 물러선다. 일정 기간 소강상태에 접어들면 전위대 역할을 하며 다시 한일관계를 자극하는 역할을 하는 것이 시마네현을 중심으로 한 지방자치단체와 집권 여당이다. 정권이 바뀌기 전에는 장기간 자민당과 자민당 내 보수 우익인사들이 주요한 역할을 담당했다. 그들은 수시로 망언과 망동으로 한국을 적절히 자극하는 전술적인 행동에 나섰다.

일본 정부는 필요에 따라 때로는 이들을 두둔하고 때로는 정부의 입장이 아니라는 모호한 태도를 취하지만, 일본의 이익에 합당하다는 판단이 작용하면 이들의 행동을 부추겨 문제를 확대 재생산하여 한국을 직접 자극하는 행동을 서슴지 않는다. 그리고 일본 정부와 시마네 현, 보수 우익의 배후에는 행정기관의 행동을 측면에서 지원하고 정당화시켜주는 이론을 개발하는 연구기관과 관변단체가 있다. 특히 시마네현에서 지원을 받는 시마네현의 어부를 중심으로 일본 정부와 보수우익의 입장을 지지하는 소수의 국민이 주요 축의 행동에 대한 정당성이 있고 마치 대다수의 일본 국민이 독도 탈환을 원하는 것처럼 때로는 멋대로 때로는 타의에 의해 동원되어 여론 조성 명분용으로 활용돼 왔다.

언론은 정부가 통제하기 쉽지 않으므로 정부 대응체계에는 포함되지 않지만, 국익을 위한 이심전심과 스스로 나팔수를 자처하는 고유의 기능 때문에 자연스럽게 가세한다. 언론은 일본 정부와 지방자치단체, 관변단체와 우익인사의 자극적인 행동이나 연구결과를 보도하며 독도 문제를 부추긴다. 이들 6개의 행동 축이 독도 문제를 만드는데 앞장서 왔다. 6각 축을 중심으로 한 일본의 전략과 전술적 행동을 한국 측에서는 치고 빠지기식 전술이라고 많이 표현하지만, 일회성 행동에 적용되는 치고 빠지기식 전술이 아닌 완급조정과 변화를 가미(加味)한 치밀하게 체계화된 연속적이고 장기적으로 순환되는 행동에 의한 철저한 역할분담을 통한 전술적 책략의 하나다.

정부가 공세를 취했다가 문제가 커질 것 같으면 슬그머니 빠지고, 그 자리를 언론이 나서고, 정부가 무엇인가 책략을 꾸미거나 행동이 필요하면 시마네현이 미리 준동한다. 그리고 조용해 질만 하면 우익인사나 관료 극우집단이 망언이나 독도 상륙을 기도하는 등으로 분란을 일으키고 뒤처리는 정부가 나서는 식이다. 결국은 이 모두가 일본 정부가 조정하고 통제하는 일관성 위에 행해지고 있다. 만약 일본 정부가 조정하는 것이 아니라면 정부가 먼저 독도 영유권 주장을 중단하고 지자체와 산하기관에 예산을 지원하지 않으면, 곧바로 구축된 체계는 물론 보수우익의 망언이나 망동도 사라지게 될 것이다. 이러한 분석은 시마네현과 일본 정부의 정책 추진과 그 연관성에서 그 전형적인 형태를 엿볼 수 있다.

시마네현 산인주호(山陰中央)신보가 2005년 5월 24일 보도한 것으로 알려진 '일본 시마네현이 독도 영유권문제 해결을 위해 일본 정부에 요청한 사항'[40])에는 첫째는 (일본 정부 차원의) 독도(타케시마)의 날 조례 제정 등 여론 환기에 노력해줄 것, 둘째는 한국의 (독도)

[표 7-3] 일본 정부와 시마네현 독도 정책 사례와 연관성

구분	사례 내용
1	일본 문부과학성은 2002년 4월 일본 땅 '다케시마를 한국이 강점하고 있다'는 문구가 들어 있는 일본 중등학교 지리 교과서를 인가하였다.
2	일본 시마네현 의회가 매년 2월 22일을 소위 '다케시마의 날'로 정하는 조례를 제정하고(2005년 3월 16일 통과), 매년 그날에 기념행사를 하고 있다. ※ 다케시마연구회 연구결과보고서를 바탕으로 시마네현이 독도 영유권문제 해결을 위해 일본 정부에 정책 건의
3	일본 방위성은 2005년 발간 된 '방위백서'에 다케시마(독도)를 포함한 도서부(部) 침략에 대비한 경비 및 해상훈련을 강화하고 있다
4	일본 외무성이 2008년 2월 '죽도(竹島)에 관한 10개 문제'(10 Issues of Takeshima)를 영어, 일본어 및 한국어의 3개 국어로 홍보 책자를 제작하여 '다케시마가 일본 땅'임을 국내외적으로 전파하고 있다.
5	일본 문부과학성이 2008년 7월 14일 드디어 가면을 벗고, 2012년부터 시행될 중등학교 사회과 학습지도요령 교사용 안내서에 독도와 관련하여, '북방영토와 마찬가지로 우리나라의 영토·영역에 관해 이해를 심화시키는 것도 필요다'는 문구를 포함함으로써, 대한민국의 고유영토 '독도'를 마치 일본이 현재 반환요구를 하고 있는 2차 세계대전 중 소련이 점령한 일본 땅과 동격으로 취급한 것이다.

출처: 나홍주(2008), "역대정부의 독도정책 고찰", p.1.

---

40) 독도박물관[산인주호(山陰中央)신보, 2005. 5. 24.].

영토권 기정사실화 움직임에 항의해줄 것, 셋째는 독도(타케시마) 영유권 문제를 전담하는 정부조직을 설치해줄 것, 넷째는 학습 지도 요령에 독도(타케시마) 영유권 문제를 명기해줄 것, 다섯째는 독도(타케시마) 영유권 문제와 관련된 예상 소요 비용을 2006년도 예산에 편성해줄 것 등이 포함되어 있다. 이들 내용 중 다케시마의 날 조례를 제정할 때 일본 정부 관방장관이 시마네현의 자제를 요청하는 것 같은 가식적인 행동을 한 일도 있다. 하지만 [표 7-3]에서 보는 바와 같이 일본 정부의 행동과 시마네현의 행동이 다를 것이 없고 시마네현의 정책 건의 및 요구 그리고 그 후 일본 정부가 이를 채택해 실행에 옮기는 형태로 진행되고 있다. 결국 시마네현과 일본 정부의 의사와 행동은 동일한데 전술적으로 역할분담만 하고 있는 것이다.

다케시마를 한국이 강점하고 있다는 문구가 들어 있는 일본 중등학교 지리 교과서를 일본 문부과학성이 2002년 4월에 인가한 것을 2005년 시마네현의 정책 요구로 그 폭을 좀 더 넓히고 구체화하여 2008년 7월 14일 일본 문부과학성의 중등교과서 학습지도요령 해설서에 독도 영유권을 명기하여 공식 발표했다. 한 걸음 더 나아가 2011년 3월 30일 검정조사심의회를 열고 중학교 지리와 공민(일반사회) 교과서에 독도는 일본의 고유영토라는 내용이 포함되고 독도를 한국이 불법 점거하고 있다는 내용을 담은 중학교 사회과 교과서 검정 안건을 처리하는 형식으로 역할을 분담한다.

2005년 3월 시마네현 의회의 '다케시마의 날' 제정에 한국 정부가 강하게 항의하자 고이즈미 준이치로 당시 정부는 '지방자치단체의 독자적인 판단'이라고 강변했다. 그러나 2008년 7월 14일 제니야 마사미 문부과학성 사무차관은 중학교 사회교과의 새 학습지도요령 해설서에 독도 영유권 명기 결정을 한 이유 중의 하나는 시마네현의 명기 요청이라고 거론했다. 다케시마의 날 제정이 지자체의 독자적 판단이 아님을 우회적으로 인정한 것이다.[41]

한국 정부도 2008년 들어 독도연구소를 개소하는 등 일본과 비슷한 모양의 대응체계를 갖추었다. 그런데 활발한 역할을 해야 할 경상북도는 무척 바쁘고 무슨 일을 하고 있기는 한 것 같은데 공사만 벌이고 있는지, 외국의 다케시마와 독도 표기 비율은 별 차이가 없는 것 같다. 한국 정부와 경상북도의 움직임은 일본 정부와 시마네현이 하나가 되어 움직이는 것과는 상당한 차이가 느껴진다.

---

41) 한겨레 2008. 7. 28.

3) 16가지 독도 문제에 대한 행동 양식

일본은 독도 문제를 다루는 데 있어 적어도 16가지 정도의 행동 양식에 따라 움직이는 것으로 보인다. 이 양식이 실제 일본 정부의 정책 방침으로 존재하는지는 알 수 없으며, 아직 그러한 것이 존재한다는 사실도 확인된 바 없다. 다만 이제까지 일본이 독도 문제에 대해 취해온 정책과 발표한 자료를 통해 분석해 보면 다음과 같다.

◆ 같은 내용을 되풀이하고 양국의 주장이 맞서는 정도만 되더라도 한국 영토로 굳어지는 것은 막을 수 있다. 세월이 흐르면 언젠가는 기록은 역사가 되고 우리의 주장을 뒷받침할 근거가 된다. 그러므로 한 번 주장하거나 시작한 행사와 주장은 주기적으로 되풀이한다.

◆ 한국의 주장은 모두 부정하거나 해석상의 오류가 있는 것으로 몰고 간다. 이를 위해 한국의 주장에 대해 모두 반박할 내용을 연구하고 미리 갖춘다. 한국이 주장할만한 논거를 모두 도출하고 일본에 불리한 내용에 대해서는 그럴듯한 논리를 개발 우리의 주장을 강하게 내세운다.

◆ 다케시마는 일본이 인식해온 것을 일본이 무주지로 선점해 고유의 영토로 편입한 것이다. 1905년 시마네현 편입은 영유권을 확고히 하기 위한 영토 편입 조치로, 그 이전의 상황은 일본이 영유권 근거를 갖는 공해상의 주인이 없는 암초로 몰고 간다.

◆ 한국이 실효지배로 유리한 지위를 확보하고 있다면, 일본은 국제적 공인에서 유리한 지위를 확보한다면 논쟁과 분쟁지역을 계속 유지해 갈 수 있다. 일본의 고유영토 개념인 시마네현의 무주지 선점을 깨뜨릴만한 근거를 한국은 찾지 못할 것이 뻔하고 만일 찾는다고 하더라도 지명을 여러 번 바꾸었기 때문에 다른 섬이라고 우기면 된다. 그러기 위해서는 제삼국과 국제기구 등의 독도 지명에 대한 표기를 원천적으로 제거하거나 일본에 유리한 명칭으로 바꾸어야 한다. 제삼국은 실질적인 내용을 잘 모르고 깊숙이 개입해 보아야 자국에 도움 될 것도 없다고 인식시킨다.

◆ 일본의 영토권 주장을 합리화하고 국제적인 공인에서 일본에 불리한 요소로 작용할 수 있는 요소를 제거하기 위해 독도 영유권은 2차 세계대전과 무관한 고유영토라는 개념을 집중적으로 부각한다. 그러기 위해서는 시마네현 편입 이후 실효적 지배를 강력하게 내세우고 실효지배에 대한 가능한 모든 자료를 확보하면서 동시에 과거 한국의 실효 지배 증거를 내놓으라고 역공한다.

◆ 불리한 것은 언급하지 않거나 회피하고, 우리에게 유리한 것은 논거로 적극적으로 활용한다. 샌프란시스코 평화조약에는 독도가 한국의 영토라는 근거가 없다. 한국이 영유권을 주장한다면 연합국이 일본의 영토임을 확인한 것이라는 논리로 맞선다.

◆ 분쟁의 원인은 한국이 제공하고 있으며, 우리는 한국의 부당한 영토강점에 대해 영토권을 확보하기 위해 대응할 뿐이다. 한국이 이승만라인을 발표하고 일본 영토인 독도를 강점해 자기 땅이라고 우기는 등 분쟁의 원인을 제공하고 있다.

◆ 정부 혼자서는 한계가 있다. 철저하게 역할을 분담해야 한다. 그래야 외교 분쟁 등에 유연하게 대처하고 전체적인 완급조절이 가능하다. 한국의 영토로 굳어지는 것을 막고 분쟁지역화 하기 위해서는 심심하면 우익이 나서 일본 고유의 영토라고 한마디씩 해주기만 하면 된다. 한국의 반발은 일본 정부가 나서서 처리하면 된다. 독도를 분쟁지역화 하여 국제사법재판소의 제소를 유도한다.

◆ 독도 영유권 주장은 일본에 손해가 된다면 언제든지 그만두면 그뿐이다. 이익만 있을 뿐 손해는 없다. 그러므로 단기적인 해결보다는 장기적인 해결에 역점을 두고 상황에 따라 유연하게 정략적 이익을 취하는 것에 활용해 나간다.

◆ 동해의 명칭을 일본해로 고수해야 일본의 바다에 있는 리앙쿠르 록스나 다케시마가 자연스러워진다. 어떠한 일이 있더라도 일본해와 동해 병기나 동해로 표기되는 것을 막아야 한다.

◆ 한국의 입장이나 대응은 기본적으로 무시하고 자극하면서 국제적인 여론을 고려하여 우리에게 이득이 되는 범위 내에서 조정해 나가면서 실책을 유발 고유영토에 대한 마지노선[42]이 무너지면 그것을 근거로 활용해 새로운 국면을 영토분쟁으로 이어간다. 신한일어업협정은 일본의 입장에서 볼 때 아주 잘 된 협상이다.

◆ 시간이 걸리고 우회하더라도 제삼국이 보면 한국의 도전에 맞서 일본이 자국의 영토를 지키려는 행동은 정당한 것이라고 받아들여 일본이 피해국이라고 인식하게 하여야 한다. 그래야 제2차 세계대전 후 대외적으로 표방하며 쌓아온 일본은 전범국이라는 의구심을 떨치고 반전 · 반핵의 평화공존 정책에 반하는 모순을 극복하면서 독도를 탈환할 수 있다.

---

42) 마지노선(Maginot line) 또는 마지노 요새는 1936년 프랑스가 독일과의 국경에 쌓은 긴 요새이다. 프랑스의 국방부장관 앙드레 마지노의 요청에 따라 1927년에 짓기 시작하여, 1936년에 알자스부터 로렌에 이르는 마지노 선이 완공되었다. 공사비는 160억 프랑이 들었다. 마지노 요새에는 벙커형태의 건물에 포와 총을 쏠 수 있는 자리가 마련되어 독일군이 그 선을 넘지 못하도록 하였다. 하지만 1940년 독일은 벨기에를 쳐들어간 다음 우회하여 프랑스를 쳐들어가 마지노선은 쓸모없게 되었다. 현대에는 '최후의 방어선', '넘어서는 안 되는 선', '넘지 못하는 선' 등을 일컬을 때 마지노선이라는 표현을 사용한다.

◆ 우리에게는 돈이 있다. 엔화차관을 제공할 때는 이자에 부가해 일본에 동조하는 세력이 되게 하여 앉아서 한국 여론을 일본이 원하는 대로 조정하면 된다. 어려운 일이 있어 찾아오는 인사는 그때마다 콧대를 꺾어 놓고 넌지시 일본의 국민과 보수우익이 있어 입장이 곤란하다는 점을 언급하면 굳이 힘들이지 않고 요구하지 않아도 한국의 정치인이나 고위관료들이 스스로 알아서 작업한다. 일본은 일거양득이다. 돈은 그냥 빌려 주는 것이 아니다. 이자는 이자대로 받고 독도 문제는 직접적인 반발을 사지 않으면서 처리해 나간다.

◆ 영유권 확립시기를 17세기로 변화시켜 제국주의 시대 침탈 근거를 잠재우고, 한국의 영유권 주장을 무력화시키기 위해 고유영토론을 창설한다. 외무성은 홍보자료를 통해 공공연하게 '일본은 늦어도 에도시대 초기인 17세기 중엽에는 다케시마의 영유권을 확립했었다고 생각됩니다'라고 주장하고 있다.

◆ 적의 약점을 적극적으로 활용한다. 우리가 바라는 것을 한국은 꺼린다. 그 핵심이 분쟁지역화다. 한국은 분쟁지역화를 피하려고 조용한 외교를 지향한다. 그러면 일본은 수시로 영유권을 주장하여 묵인과 소극적 승인으로 근원을 확장시켜 나간다.

◆ 독도의 탈환을 위해서는 가능한 모든 방법을 다 동원한다. 일본이 독도 영유권에 대해 가능한 수단으로 외교적 항의와 국제사법재판소 제소를 견지해온 것은 사실상 현상의 진행을 억지로 타파하지는 않더라도 '사실의 규범력'을 중요시하여 최소한 '위법행위로부터 권리가 발생한다'는 사태만은 초래되지 않도록 가능한 모든 수단을 강구한다는 방침에 따른 것이다.[43]

4) 전략 · 전술적 책략의 핵심 10가지

전략과 전술을 설명할 때 가장 흔하게 인용되는 것이 3필의 말을 이용한 경주이야기이다. 양측이 각각 같은 등급의 말, 즉 각각 동일한 기록을 갖는 우수한 말 A와 보통인 말 B, 기록이 나쁜 말 C 3필을 가지고 겨룰 때 3가지 결과가 나온다. 동일한 기록을 보유하고 있으므로 양측이 각각 A, B, C를 같은 순서로 경주에 내보내면 경기는 비기게 된다. 그러나 상대방이 우수한말 A를 출전시킬 때 우리는 기록이 나쁜 말 C를 내보내고, 상대방이 보통 말 B를 내보낼 때 우리는 우수한 말 A, 상대방이 기록이 나쁜 말 C를 내보낼 때 우리

43) 이한기(1996), "한국의 영토", 서울대학교출판부, p.306.

는 보통 말 B를 내보내면 2대 1로 경기에서 이기게 된다. 그렇지만 반대의 상황이 되면 우리가 지게 된다.

분쟁에는 이보다 훨씬 파악해야 할 것이 많고 복잡한 양상이 전개되지만, 적어도 상대 방을 두고 자웅을 겨루어야 하는 실전에서는 그 상황을 읽고 대처하는 방안을 내놓을 수 있는 안목과 상대방의 전략과 전술에 대응하여 대비책을 강구할 역량을 갖는 참모가 양 성되어 있어야 한다. 그렇지 못하면 엄청난 국력을 소모하고 참화를 당할 수 있다. 독도 문제에 임하는 일본의 전략과 전술적 책략의 핵심은 드러난 것을 기준으로 볼 때 10가지 로 요약할 수 있다. 그 바탕은 손자병법에 근거한 것으로 보인다. 그 내용을 살펴보면 다 음과 같다.

◆ 우리 측이 불리한 점을 이용 상대의 불리한 점을 공격한다. 독도 영유권분쟁에서 일 본이 가장 불리한 점은 한국이 현재 독도를 실효적으로 지배하고 있다는 점이다. 일 본의 불리한 점을 이용해 한국의 불리한 점을 공격하는 방법이 있다면 일본 입장에 서는 그것보다 통쾌한 일은 없을 것이다. 그 대상이 바로 조선의 실효지배를 공격하 는 것인데 일본 외무성 다케시마 홍보자료에서 이러한 내용을 언급하고 있다.

◆ 상대방이 강점으로 생각하고 있는 부분을 집중 해부 대응논리를 개발해 무력화시킨 다. 실효지배 외에 일본이 역부족을 느끼는 점은 한국의 무수한 고지도와 문헌은 물 론 심지어는 일본의 문헌과 지도에서도 독도가 한국 고유영토라고 표시된 자료가 있다는 점이다. 이에 대해 '과거의 자료와 문헌은 수리측량기술이 발달하지 않았고 국제적으로 영토에 대한 기준이 모호한 가운데 특정국가가 마음대로 자국의 영토를 주장하는 것을 모두 인정하기는 곤란하다. 만약 지도나 문헌에 그렇게 나타나 있다 고 그것을 모두 고유영토로 인정한다면 새로운 영토분쟁이 세계 곳곳에서 일어날 것이다. 한국이 고문헌이나 지도를 근거로 영유권을 주장한다면 다케시마가 일본 영토라고 나타낸 지도와 문헌, 국제기구와 각국 행정기관의 표기도 동시에 인정되 어야 한다'고 주장할 것이며, 그것은 지금의 관점이 더욱 중요하게 반영되어야 마땅 하다고 역습을 가할 것이다. 현재 국제적으로 독도보다는 분명히 다케시마가 많이 통용되고 있다.

◆ 우리 측이 유리한 점은 집중적으로 부각하고 상대방의 부족한 점은 공략해 제압한 다. 일본은 1905년 각의 결정을 통해 다케시마를 시마네현에 편입했으며, 어업허가 를 내주어 주권국가로서 구체적 주권을 행사하고 40년 동안 실효적으로 지배했다.

한국도 독도에 대해 주권을 행사했다는 근거를 구체적으로 제시해야 한다.

◆ 공격하려면 먼저 그 장소를 선택하고 주변 정리부터 시작해야 하며 행동에 필요한 영역을 확보해 두어야 한다. 그렇지 않으면 제삼국의 개입으로 전쟁에 이기고도 정치적 패배로 국제적인 역풍을 맞거나 필요 이상으로 복잡하고 사태가 확대돼 자신을 스스로 위기 속으로 몰아넣는 화를 자초하는 상황으로 변질될 수도 있다. 무력을 통한 다케시마 탈환은 자신이 있다. 이미 오래 전에 접수 훈련까지 마쳤다. 이제 유엔안전보장이사회 상임이사국으로 가입만 하면 정치적 패배도 제어할 수 있다.

◆ 상대방을 끊임없이 지치고 피곤하게 만들고 경계태세를 점검하면서 완급을 조절하는 반복된 행동으로 방심하게 만든다. 상대가 지치고 피곤해야 공격할 수 있는 빈틈이 생긴다. 일본은 다양한 도전행위를 통해 끊임없이 자극하며 한국의 경계태세를 점검하고 있다.

◆ 공격의 시기와 대상은 상대방이 취약점을 드러내고 주변 상황과 정세에 벗어나 고립된 상태에 도달했을 때 기습적으로 전력을 집중해 공격을 감행 단시간에 제압한다. 상대방이 허점(虛點)을 보일 때는 즉시 칼을 들어 찔러 들어가는 것이 일본 무사(武士)의 정의(正義)이다. 백수의 제왕 사자도 사냥할 때는 어린 새끼와 병들고 늙어 기동력이 떨어진 짐승을 주로 공격한다. 젊고 건강하고 원기가 넘치는 것들도 공격하기는 하지만, 목표를 달성할 확률이 낮기 때문이다. 약점이 있어 무리에서 벗어나거나 같이 기동하기 어려운 짐승들을 공격하면 성공률은 높아진다. 인간이 하는 전쟁이나 분쟁이 먹이사슬에서의 사냥과 직접 비교될 수는 없는 일이지만, 공격자의 입장에서 상대의 취약점을 집중적으로 공격해야 한다는 점에서는 다를 것이 없다. 한반도가 한국전쟁으로 국가적인 위기 상황에 놓여 있던 1953년 5월 28일과 6월 25일 일본 순시선이 독도에 접근한 것은 일본의 전술을 단적으로 보여주는 좋은 사례이다.

◆ 전쟁은 미리 이겨놓고 하는 것이다. 기다림은 지루하고 힘들지만, 반드시 기회는 온다. 강한 힘이 남아 있는 적을 맞대응하고 공격해 쓰러뜨리는 것은 어리석은 짓이다. 1905년 2월 22일 독도를 시마네현에 편입시키고도 러일전쟁이 마무리되고 한국의 외교권을 박탈한 상태에서 1년 2개월이나 지나 항의를 할 수 없는 상황으로 만들어 놓고 대한제국 정부가 아닌 울릉도를 방문 군수에게 독도의 편입사실을 알렸다.

◆ 승리는 진실을 창출한다. 상대방이 억울함을 호소하기 전에 선수를 쳐 잘못을 덮어 씌우고 진실을 전도(顚倒)하여 상대방은 비난을 받게 하고 아군을 지지하게 만든다.

싸움에는 대의명분이 필요하다. 국제사회에 일본이 한국을 공격하는 것으로 비치면 절대 독도 영유권을 되찾을 수도 없고 일본은 다시 군국주의자로 낙인이 찍히게 된다. 그렇게 되면 독도가 문제가 아니다. 국제적인 일본의 입지 강화에 커다란 장애가 되는 것이다. 그러므로 한국이 국제사회에 영유권을 홍보하기 전에 선수를 쳐서 일본이 독도에 대한 영유권을 대대적으로 홍보해 두면 추후 일본의 목적도 달성될 수 있고 국제사회로부터 비난을 피하는 것은 물론 동조 세력을 규합해 한국을 압박할 수도 있다. 그러기 위해서는 적극적으로 외국에 홍보를 해야 한다.

◆ 발생할 수 있는 예상 가능한 모든 문제를 제기하고 분석해 유리한 고지는 모두 선점하고 차근차근 명분을 쌓는다. 동해(東海)의 명칭이 그간 국제사회에서 '일본해'로 그릇 알려지게 된 것도 일제의 한반도 강점과 무관하지 않다. 1929년에 국제수로기구(IHO)는 해로(海路) 안전 등을 위해 <해양과 바다의 경계(S-23)> 초판을 발간했다. 당시 일본에 주권을 침탈당한 한국이 배제된 상태에서 바다의 명칭이 '동해' 대신 '일본해'로 표기되었고, 이후 지금까지 국제사회에 그릇 인식되어 온 것이다.[44] 무주지 선점, 고유영토론 도입, 해저지명 순요퇴와 쓰시마분지 등록, 다케시마의 날 조례 제정, 독도를 기점으로 하는 배타적 경제수역(EEZ) 선포 등 대외적인 측면에서 볼 때 일본은 독도 영유권분쟁과 관련하여 유리한 고지는 거의 선점한 것으로 보인다.

◆ 어떻게든 한국이 전의를 상실하도록 기를 꺾어 놓아야 한다. 그러기 위해서는 한번 하겠다고 한 것은 한국이 항의하더라도 무시하고 그대로 밀고 나간다. 가급적 사전에 일본의 움직임을 언론을 통해 흘려 자극하고 실행을 하거나 그렇지 않으면 실행을 해 한국을 자극하고 조금 지나면 언론이나 우익이 비슷한 내용을 반복해서 자극하는 이중 자극을 해나간다.

전략과 전술적 책략의 핵심 10가지와 16가지 독도 문제에 대한 행동 양식은 그동안 일본이 독도 문제에 대해 취해온 다양한 행동들을 분석한 것으로 분석자나 보는 방향에 따라 분류 방법이 달라질 수도 있다. 그러나 한 가지 확실한 점은 그 분류나 지침이 실제하느냐 하는 것보다는 이러한 내용이 모두 병법에 그 내용이 있거나 응용된 것으로 보인다는 점이다. 따라서 일본의 행태는 앞으로도 위에 분석된 내용에서 크게 벗어나지 않을 것으로 보인다. 또한 일본 정부에 대응하는 한국 정부가 어떠한 전략을 갖고 있는지 알 수는 없지만, 그동안의 대응내용을 살펴보면 일본 정부는 한국이 너무 무원칙하여 전략과

44) 배진수, "일본의 전방위 독도공세 무얼 노리나", 월간조선(2008년 7월호).

전술적 책략은 찾아 볼 수 없고 오히려 혼란스럽고 감정적인 대응만 일삼는 것으로 느낄 가능성이 크다.

2. 독도 문제에 대한 일본의 의도

1) 한반도 지역의 영향력 제고

한반도를 중심으로 한 동북아를 둘러싼 각국의 이해관계는 서로 입장을 달리한다. 미국은 한미동맹을 통해 ① 한반도의 안정과 평화를 유지하고, ② 한반도에서 자유민주주의 체제를 수호하고 확산하며, ③ 가능하면 자유체제에 기초한 한민족의 통일을 지원하는 정책을 추진해왔다. 중국의 한반도정책 기조는 ① 한반도의 안정과 평화 유지 그리고 ② 한반도에 대한 영향력 확대로 요약된다. 한편 러시아는 ① 한반도의 비핵화, ② 한반도의 안정 유지, ③ 영향력 확대 등의 대한반도 정책을 추진하고 있다. 일본도 ① 한반도의 안정 유지, ② 한반도의 비핵화, ③ 영향력 확대를 표면적인 방침으로 하고 있다.

이들 국가는 명목상으로는 모두 한반도의 안정을 원하는 것처럼 말하지만, 실제로는 한반도에서의 영향력 확대와 자국의 이익에 치중, 상호 이해를 달리하는 데다 안보문제에 관한 공동의 목표와 이해의 결여, 문화와 가치에 대한 동질성의 결여가 정치·군사·안보 측면에서의 신뢰구축을 어렵게 한다. 그러므로 이해관계의 변화에 따라 서로 이합집산하거나 대립관계를 형성해왔다.[45]

한반도 지역에서 주변국들의 행동양식은 각기 다르다. 우방인 미국은 정치·경제·군사적인 측면에서 폭넓은 이해관계가 있다. 중국과 러시아는 한국과 통상문제도 있지만, 북한과의 이해관계를 통해 한국에 다각적인 압력행사가 가능하다. 한국의 가장 큰 관심사인 안보문제에 일본도 관심은 많지만, 실질적으로 영향력을 행사할 방법이 없으므로 북한 관련 정보교류와 외교적 협력, 차관지원 같은 경제적인 문제를 통해 한반도를 중심으로 한 동북아시아의 국제정치문제에 참여하는 경향이 강하다. 그런데 한국을 직접 압박하고 자극하여 영향력을 행사하는 데 더 효율적인 것이 독도 영유권문제이다.

한국 정부의 태도와 행동이 불만스럽거나 일본 내부에 문제가 생기면 기본적으로 망언을 하고 본다. 그러면 한국은 어떤 형태로든 즉시 반응을 보인다. 이렇게 일본은 독도 영유권

---

45) 김광억(2004), "종합결과보고서(평화와 번영의 동북아 문화공동체 형성을 위한 정책연구)", 통일연구원, p.35.

과 관계된 어떠한 행동을 하면 한국 정부가 반응을 보일 수밖에 없다는 것을 잘 안다. 또한 일본이 국제사회에서 한국의 견제나 도움이 필요할 때에도 일단 한국을 자극하고 그다음에 대화를 통해 필요한 이해관계의 내용을 조정해 나가는 것 같은 느낌을 지울 수 없다.

2) 우익 중심 일본 국민 단합 정책의 패

독일이나 미국 등에서 볼 수 있는 바와 같이 전통적으로 정치가들이 국민의 단합을 추구할 때 가장 일반적으로 사용하는 도구가 민족주의와 국가주의라는 것은 주지의 사실이다. 그리고 일본 우익이 중심이 되어 만든 정당이 장기간 집권한 자민당이라는 것 또한 잘 알려져 있다. 어느 정당할 것 없이 정당의 기본적인 목표는 정권의 유지와 확보에 있다. 정권은 국민 여론에 강한 영향을 받기도 하지만, 동시에 여론을 선도하기 때문에 정권과 국민은 여론 흐름을 중시하고 순환과정을 통해 정책이 만들어진다.

미국 중앙워싱턴대학교(Central Washington University) 정치학 교수인 마이클 A. 로니어스(Michael A. Launius) 교수는 '독도 영유권 분쟁을 둘러싼 정치학'이라는 논문에서 "국가경제의 이익 혹은 이익 단체들의 압력에 대한 반응으로 국내 정치적 이용 아니면 선거 전략으로서, 독도 문제를 다시 부각시킬 때, 일본의 자민당은 대한해협 양측 국민의 열정을 과도하게 부추길 수 있는 국수주의적 신화를 사용했다"고 주장한다. 그리고 "자민당과 국가관료, 기업의 이익집단들과 극우 단체들에 속하는 많은 사람이 자민당의 주의를 끌고 있으며, 핵심적인 정부 관료들은 강력한 민족주의적 정서를 가지고 있고, 외국 정책에 영향력을 행사할 능력을 지니고 있다. 어떤 관찰자에게는 국수주의적인 태도를 가진 엘리트[46]들의 입장이, 광범위한 국가 주도의 민족주의를 만들기 위해 어떻게 대중들에게로 전해질 수 있는가 하는 것이 문제로 남아 있었다. 독도의 영유권을 둘러싼 계속되는 논쟁은 민족주의를 만들어내는 메커니즘[47]으로 작용할 가능성이 아주 크다"[48]고 분석했다.

독도 문제가 일본에서 어떤 식으로 일본 국민의 단합을 위해 사용되는지는 2008년도 사단법인 일본청년회의소(日本靑年會議所), 츄코쿠지구 시마네블록협의회(島根ブロック協議會)에서 만든 '우리들의 다케시마인데요, 왜 그러시나요?'라는 동영상 내용을 보면 쉽게

---

46) 엘리트(elite)는 사회 또는 사회단체에서 지도적 입장에 있는 소수의 빼어난 사람.

47) 메커니즘(mechanism)은 기계 장치라는 뜻에서, 어떤 사물의 작용 원리나 구조.

48) "독도 영유권과 영해와 해양주권"(1998), 독도연구보전협회, pp.70~74.

이해할 수 있다. 다음은 2008년 7월 24일 자 독도본부 '등골 서늘한 일(日) 유튜브49) 동영상 [독도문제 바로 알기]'의 원문을 번역해 게재한 내용(동영상 내레이션50)을 번역한 문장)을 그대로 인용하면 다음과 같다.

"우리들의 다케시마인데요. 왜 그러시나요?"
당신의 땅이 외국의 손에 불법점거당하고 있습니다.
만약 당신의 땅을 이웃에게 빼앗기거나, 당신의 아이가 유괴당한다면 당신은 격분하겠지요!
그 이유는 간단합니다.
땅과 아이는 당신에게 귀속(歸屬)되어 있기 때문입니다.
다케시마 시마네현 오키군 오키노시마쵸는 역사적으로도, 국제법적으로도 일본 고유의 영토이며, 이 주변해역도 일본의 바다입니다.
이 다케시마가 한국에 의해 불법점거 당하고 있다는 사실을 여러분은 알고 계시리라 생각합니다.
그러나 우리(일본)의 영토와 영해가 타인(한국)에게 빼앗긴 상태임에도 불구하고 왜 우리(일본인)는 태연하게 있을 수 있는 건가요?
공동체에 대한 귀속심(歸屬心)을 잃어버린 우리(일본)!
패전 후, 우리(일본) 사회의 가장 큰 가치 중의 하나는 개인주의였습니다.
타인에게 피해를 주지 않는 범위에서 자신이 하고 싶은 일, 편안한 일만을 자유롭게, 최대한 추구해야만 한다는?
결국 이(개인주의) 사상은 공동체와 지역사회에 대한 귀속심을 잃게 만들었습니다.
(우리에게) 가장 가까운 공동체는 가족이며, 가장 큰 공동체는 국가입니다.
귀속심(歸屬心)의 상실은 가족애, 애향심, 애국심을?
그리고 공동체로부터의 유리(遊離)는 도덕, 윤리, 행복에 대한 확신을 잃게 만들었습니다.
왜냐하면 사랑한다는 건 귀속됨을 의미하기 때문입니다.
다케시마 문제는 (일본) 국내 문제!
일본 영토문제의 본질은 이 개인주의와 공동체에 대한 귀속심의 결여 때문입니다.
결코 여러 국가의 대응이나 상호이해가 부족한 때문이 아닙니다.
다케시마 문제는 우리 일본인들의 마음의 문제, 즉 국민정체성 상실의 문제입니다.
이(국민정체성의 상실)는 국가의 주권을 내부에서부터 위협하는 문제이기도 합니다.
결코 시마네현민 만의 문제가 아니라, (일본)국민 전체의 문제입니다.
우리(일본)의 다케시마라고 자연스럽게 말할 수 있는 것!
북방영토, 센카쿠제도와 함께 일본 영토인 다케시마는 당신에게 귀속되어 있습니다.
(다케시마는) 개인 생활에 이익이 안 되는 섬일지도 모릅니다.
그러나 (일본)국민 한 사람 한 사람이 한 치의 주저함 없이 당당하게

---

49) 유튜브(YouTube)는 무료 동영상 공유 사이트로, 사용자가 영상 클립을 업로드하거나, 보거나, 공유할 수 있다. 2005년 2월에 페이팔 직원이었던 채드 헐리(Chad Meredith Hurley), 스티브 첸(Steve Shih Chen), 자웨드 카림(Jawed Karim, 퇴사)이 공동으로 창립하였다. 사이트 콘텐츠의 대부분은 영화와 텔레비전 클립, 뮤직 비디오이고 아마추어들이 만든 것도 있다. 2006년 10월에 구글은 유튜브를 주식 교환을 통해 16억 5천만 달러에 인수하기로 결정하였다. 구글은 2007년 6월 19일 프랑스 파리에서 열린 '구글 프레스데이 2007' 행사에서 국가별 현지화 서비스를 시작한다고 발표하고, 먼저 네덜란드, 브라질, 프랑스, 폴란드, 아일랜드, 이탈리아, 일본, 스페인, 영국 사용자를 위한 페이지를 공개했다. 한국어 서비스는 2008년 1월 23일에 시작했다.

50) 내레이션(narration)은 영화, 방송극, 연극 따위에서, 장면에 나타나지 않으면서 장면의 진행에 따라 그 내용이나 줄거리를 장외(場外)에서 해설하는 일 또는 그런 해설.

"우리들의 다케시마인데요, 왜 그러시나요?"라고 말할 수 있는 사람들의 공동체야말로 자신만 좋으면 된다는 개인주의를 극복한 밝고 풍요로운 사회라고 말할 수 있지 않을까요?
"밝고 풍요로운 사회(明るい豊かな社會社)"
JCI
2008년도 사단법인 일본청년회의소(日本靑年會議所)
츄코쿠지구 시마네블록협의회(島根ブロック協議會)

이 동영상은 일본청년회의소 츄코쿠지구(오카야마현·히로시마현·야마구치현·돗토리현·시마네현) 중의 하나인 시마네블록협의회의 향토애육성위원회가 주체가 되어 만든 '독도는 일본 땅' 알리기 범국민 독도 침탈 계몽 동영상으로 일본 유튜브(YouTube)에 올려져 2008년 7월 14일까지 1만 1천 회 이상 열람된 것으로 알려졌다. 국제단체인 청년회의소 일본지부역할을 하는 일본청년회의소는 '전국 청년회의소의 연락조정기관으로 감독관청은 경제산업성'이라고 한다.[51]

'시마네현'은 독도 침탈의 전위대 역할을 해온 지역이다. 일본의 미래를 짊어지고 나갈 젊은 세대들로 구성된 일본청년회의소의 지부 중 하나인 시마네현의 젊은이들에 의해 만들어진 독도 침탈 동영상은, 일본 국민에게 개인주의에서 벗어나 잃어버린 애향심과 애국심을 일깨워 일본에 귀속된 독도에 대한 권리를 당당하게 주장하자고 호소하는 등 국가주의를 부추기고 있다.

3) 국제사회 한국 위상 제고 전방위 견제와 압박

일본인들에게 우월주의가 있다는 것은 역으로 한국인에 대한 강한 열등감이 있다는 것을 의미하기도 한다. 비슷한 여건을 가진 두 나라가 국제사회에서 각자 자국의 목표를 향해 나아갈 때 동질성은 마찰을 유발하는 원인이 될 수도 있다. 일본의 입장에서 생각할 때 일본인과 한국인은 유사한 점이 많으므로 현재 일본이 우위를 차지하고 있는 부분에 대해 한국인이 짧은 시간 내에 경쟁상대로 성장할 가능성이 있다는 우려와 과거 한국이 일본보다 항상 문화적인 우위에 있었다는 두려움이 내재한다. 그리고 인간사회에서 국가와 개인을 막론하고 선도자와 후발 추격자 간에는 선도자가 추격자의 빠른 추격을 제지하기 위해 다양한 견제와 압박을 가하는 것이 일반적인 현상이다.

한국과 일본의 관계에서 일본이 취하는 한국의 성장에 대한 견제는 주로 세 가지 형태

---

51) 세계일보 블로그.

로 나타나는 것 같다. 첫째는 과거사를 거론하며 거들먹거리면서 한국의 지배는 근대화에 기여했으며, 일본이 은혜를 베푼 것으로 인식하게 하려고 노력하거나 일본에 예속적 관계에 있었다는 점을 부각하는 등 한국인의 자존심을 자극한다. 둘째는 직접적으로 수준이 낮다거나 절대 이러한 일은 못할 것이라는 행동, 즉 폄하를 통해 일본인은 우월하고 한국인은 상대적으로 우월하지 않다는 점을 주지시키려고 노력해왔다. 지금은 한국이 세계 최고의 액화천연가스(LNG) 운반선 건조국가가 되었지만, 1990년대 초 한국이 액화천연가스 운반선 개발을 시작할 때 일본의 조선소 관계자가 한국은 절대 건조하지 못할 것이라고 장담한 사실은 널리 알려져 있다. 셋째 독도 문제 등을 통하여 직접 힘의 우위를 과시하면서 무시하고 시비를 하는 방법이다.

이를 종합해 보면 표면적으로는 한국과 협력을 하는듯한 태도를 취하면서도 일본은 돌아서면 언제든지 엄습[52](掩襲)하여 위협을 가할 수 있는 나라다. 지금 일본은 국제사회에서 한국의 위상이 제고되고 일본을 추격하여 추월하는 것을 내심 두려워하며 전방위적인 견제와 압박을 가하고 있는 것으로 보인다. 물고기를 산 채로 장거리에 운송할 때 어부들은 항상 천적이 되는 물고기 몇 마리를 같은 수조 속에 넣어 운반한다. 그러면 고기들은 잡아먹히지 않기 위해 운동하고 싱싱한 채로 운반이 가능하다. 인간 사회도 마찬가지다. 경쟁자나 위압을 가하는 세력, 즉 갈등을 조장하는 사람이 있다는 것은 그러한 위험에 대응하기 위해 긴장하고 대비하며 자신을 스스로 발전시킬 수 있는 요소가 될 수 있다. 이런 측면에서 생각하면 일본의 독도 영유권 주장이나 한국 견제는 한국의 발전과 한국인의 단결요소로 작용하는 긍정적인 측면도 있다.

로렌스(Lawrence)와 로쉬(Lorsch)도 갈등은 구성원들에게 불만족을 느끼게 하고 업무수행 정도를 감소시키는 주요 요인이 되기는 하지만, 어느 정도의 갈등은 조직을 건강하게 하고 효과성과 효율성을 가져오는 데 공헌하고 있기 때문에 어느 정도의 갈등은 불가피하다고 보았다. 그리고 도이치(Deutsch)도 갈등의 결과로 더 생산적이었다고 인식하는 경우에 그 갈등은 분명히 생산적인 것으로 간주할 수 있다고 주장한다.[53]

국제사회라는 거시적인 측면에서 볼 때 국가는 조직구성원이 될 수 있으며, 일본이 보이는 오늘날과 같은 갈등 조장을 위한 비열한 태도도 한국은 자신을 스스로 발전시키는 좋은 계기로 삼으면 된다. 월드 베이스볼 클래식[54]에서 일진일퇴를 거듭할 때까지만 해도 일본

52) 엄습(掩襲)은 불시에 습격함.
53) 신중식 외(2003), "교육지도성 및 인간관계론", 한국교육행정학회, p.316.

은 한국야구보다 우위에 있다는 주장을 굽히지 않았다. 그런데 일본이 2008년 북경올림픽에서 한국야구팀이 우승해 금메달을 획득했을 때 비로소 한국야구의 성장을 인정 바 있다. 결국 일본을 극복하는 방법은 폭발하는 감정으로 일본의 행동을 비난하는 것이 아니라 우리 자신의 성장을 통한 위상제고에 달렸다. 가장 좋은 복수는 더 잘살고, 잘되는 것이다.

4) 침략국에서 전쟁 피해국으로 이미지 전도

일본은 세계사에 유례가 없는 희한한 일을 하고 있다. 일종의 정신병자 같은 나라다. 일본 국민은 그렇지 않지만, 상당수 정치가와 우익인사들은 분명히 그렇다. 전범국으로 온갖 침탈과 악행을 저지르고도 자기들이 오히려 피해자라는 강한 망상을 하고 있으며, 이러한 망상을 계속 유지하기 위해 끊임없이 일종의 자기 최면을 걸고 있는 것 같은 모습을 보이고 있다.

2008년 10월 31일 일본 항공자위대 다모가미 도시오(田母神俊雄) 항공막료장(공군참모총장에 해당)이 한국에 대한 식민지 지배와 일제의 침략전쟁을 정당화하고 자위대의 무기사용 제한 등에 대해 불만을 나타내는 등 '일제(日帝) 침략 정당화'를 통해 제2차 세계대전에 대한 정당성 유지와 전쟁 피해국 이미지를 전파하는 논문을 게재한 사실이 알려져 파면되는 일이 발생했다. 일본의 공공방송협회(NHK, Nippon Hoso Kyokai=Japan Broadcasting Corporation) 등에 따르면 다모가미 항공막료장은 한 민간회사의 현상공모에 '일본은 침략국가였나'라는 제목의 논문을 응모했다. 그는 이 논문에서 "일본은 장제스(蔣介石)에 의해 중일전쟁에 말려든 피해자"라고 주장했다. 이어 당시 한반도와 만주는 일본의 식민지 지배를 받으면서 "압정에서 해방되고 생활수준도 급격히 향상됐다. 지난 전쟁에 대해 여러 아시아 국가가 긍정적으로 평가하고 있다"고 주장했다. 다모가미 항공막료장의 논문은 현상공모에서 최우수작으로 선정됐으며, 이날 인터넷에 영어 번역문과 함께 공개됐다. 아소 다로(麻生太郎) 총리는 "(문제의 논문을) 읽지 않았지만, 자리가 자리인 만큼 적절치 않다"고 불쾌감을 나타냈다. 일본 정부는 이 논문에 대해 '자위대 간부로서 부적절한 내용'이라며 다모가미 항공막료장을 전격 해임했다.55)

---

54) 월드 베이스볼 클래식(World Baseball Classic, WBC)은 국가 간 야구 토너먼트 대회이다. 이 대회는 미국의 메이저 리그 선수 및 다른 국가의 프로 리그 선수들이 모두 참가하는 국가 대항전을 열어 야구의 저변을 넓히자는 취지로 추진해 2006년부터 개최되었다. 월드 베이스볼 클래식은 미국 메이저 리그(MLB) 사무국이 주도한 국가 간 야구 대항전이다.

55) 동아일보 2008. 11. 1.

이것이 다모가미 도시오 한 사람만의 생각이 아니라 상당수 우익이나 전쟁주동자 후손들의 과거 침략전쟁에 대한 공통된 견해이다. 이러한 견해가 사회 저변에 깔려 있으므로 다모가미 도시오의 논문이 최우수 논문으로 선정될 수 있고, 도조 히데키를 비롯한 전후 처형된 전범자들을 일본의 야스쿠니신사에 안치 일본사람들이 참배를 하는 것에서 그대로 나타난다. 일본 총리와 각료들의 야스쿠니신사 참배가 문제가 되는 것도 전범이 안치되어 있기 때문이다. 결국 참배는 전범자들을 국가발전과 일본을 수호하기 위해 넋을 바친 전몰 유공자로 받드는 일이다. 전범자가 국가를 위해 순국한 사람이 되면, 그 사람들을 비난하는 것이 아니라 우상화하거나 영웅시할 수밖에 없는데, 그러기 위해서는 어쩔 수 없이 일본이 전쟁에 말려든 피해국 또는 점령지에서 좋은 일을 한 국가라는 이미지를 만들어 내는 구실이 필요하다.

그러므로 오히려 일본이 무엇을 잘못했단 말이냐. 태평양전쟁은 일본이 이웃 아시아 나라들을 서양 제국주의로부터 구해낸 아시아 해방전쟁이었다. 조선을 합병한 것은 합법적인 절차를 거친 행위였다.[56] 대동아전쟁에 대해서도 아시아 지역 식민지 정치에 의한 각 지역의 경제, 사회, 문화적 향상과 근대화는 전적으로 일본 측의 공헌에 의한 것이라고 주장할 수 있는 것이다. 샌프란시스코 평화조약을 통한 영토조정과 관련해 일본인이 통치하던 식민지역은 모두 당시로써는 국제법과 국제관례상 보통으로 인정된 방식에 의해 취득되어 세계 각국이 오랫동안 일본령으로 승인했던 곳이다. 그런데 아시아 지역에서 오랫동안 평화적 생업을 영위하고 있던 일본 국민은 모두 추방되었고, 공유재산(公有財産)뿐만 아니라 평화적으로 축적된 재산까지도 사실상 박탈당하였다고 주장한다.[57] 그러면서 일본 정부는 1995년부터 독도에 대한 영토적 야망을 매우 공격적이면서도 적극적으로 나타내왔다.[58]

일본의 이러한 주장은 일본인과 일본 정부의 입장만을 생각하고 타국과 타국민은 일본의 이익에 도움이 되면 그뿐 아무런 의미가 없는 계몽 대상에 불과하다는 우월주의 사상과 이기주의가 바탕이 되고 있다. 일본이 피해를 보았다는 사실을 부각하고 은혜를 베풀었다는 것은 반대로 전범국이라는 이미지를 희석할 수 있는 가장 좋은 방법으로 역으로 대응하는 방책이기 때문이다. 제국주의로 출발하여 아시아와 태평양지역을 전쟁의 도가

56) 김학준(2003), "독도는 우리 땅", 도서출판 해맞이, p.32.
57) 김화홍(1996), "독도는 한국 땅", 도서출판 시몬, p.27.
58) 김학준(2003), "독도는 우리 땅", 도서출판 해맞이, p.32.

니로 몰아넣고 731부대[59] 등을 통하여 인간이 해서는 안 될 온갖 악행을 자행했으며, 곳곳에서 군인과 민간인을 살해하는 등 전쟁 점령지에서 온갖 수탈과 착취를 일삼았지만, 이는 모두 당연하거나 전쟁 과정에서 발생한 어쩔 수 없는 일이었다.

태평양전쟁을 일으킨 것도 미국을 비롯한 연합국들이 일본의 석유 공급통로를 차단해 전쟁을 유도한 것이며, 이는 일본의 생존을 위한 자위적인 조치로 발생했다. 그리고 일본의 침략과 영토 확장이 잘못된 것이라면 제국주의 시대에 일본보다 훨씬 많은 영토를 강점한 영국, 프랑스, 미국의 약소국에 대한 침탈전쟁도 정당화될 수 없다. 그들 국가가 일본을 전범국이라고 예단해 일본의 영웅을 전범자로 몰아 재판정에 세우고 처형한 것은 결코 납득할 수 없는 일이다. 일본이 연합국으로부터 전범국으로 몰린 것은 그들과 뜻을 달리하고 힘의 대결에서 밀렸기 때문이지 일본은 전범국이 아니다. 일본이 전범국이라면 연합국도 마찬가지라는 논리를 내세운다.

극심한 이기주의에 바탕 한 일본 중심적인 일본인의 사고는 침략전쟁에 대한 반성은 애초부터 해서는 안 될 일이다. 그러므로 독일과는 전후 사과방식이 현저하게 차이가 날 수밖에 없었다. 일본이 아시아에 대해 저지른 만행은 모두 정당한 것이었으므로 사죄할 이유가 없는 것이다. 만약 자신들의 만행을 인정한다면, 그것은 일본의 정체성을 부정하는 행위로 일본민족과 국가적 어려움에 당면했을 때 누가 일본의 수호를 위해 나서겠는가? 하는 질문에 일본인 스스로 답을 하기 곤란하게 된다. 그러므로 일본이 전쟁피해국이 되어야 한다는 논리가 만들어 질 수 있었다. 이런 논리를 갖고 있는 일본인의 관점과 입장에서 볼 때 한국의 지배는 합법적으로 이루어졌고 수탈한 것은 없으며, 한국을 근대화시켰으므로 피해를 본 것은 한국인이 아니라 일본인이 된다. 가장 오랫동안 살았던 한국에서 철수할 때 사유재산을 모두 포기해 피해를 보았다는 주장도 성립할 수 있다. 항복으로 어쩔 수 없이 일본이 피와 땀으로 이룬 것을 내어주었다.

연합군의 전후처리가 일본인의 입장에서 볼 때 가혹한 처사임에도 불구하고 강압에 의해 수용은 했지만, 결코 승복하는 것은 아니라는 방식으로 표출할 수 있는 것이다. 그러한

---

59) 731부대(731部隊, 일본어: 731部隊 (ななさんいちぶたい), 영어: Unit 731)는 일본제국 육군 관동군 소속의 비밀 생물학전 연구 및 개발 기관으로, 중국 헤이룽장성(黑龍江省) 하얼빈에 있던 부대이다. 1932년에 설립하였고 초기에는 관동군 방역급수부, 동향부대로 불리다가 향후에는 731부대로 개명하였다. 중일 전쟁(1937~1945년)을 거쳐 1945년까지 생물·화학 무기의 개발 및 치명적인 생체 실험을 행하였다. 일본 요원이 악명 높은 전쟁 범죄를 저질렀다. 공식적으로는 '헌병대 정치부 및 전염병 예방 연구소', '방역과 급수에 대한 임무'로 알려졌으며 실제로 '이시이 시로'는 731부대의 진짜 목적을 위장하기 위해 휴대용 야전 정수기를 개발하기도 하였다. 원래는 태평양전쟁 전 정치 및 이념 부서로 설립되어 적에 대한 사상, 정치적 선전과 일본군의 사상 무장이 임무였다. 첫 부임자였던 의사 이시이 시로(石井四郎)의 이름을 따라, 이시이 부대(石井部隊)라고도 불린다. 영미권에서는 Unit 731로 잘 알려져 있다. 731부대는 또한 히로히토의 칙령으로 설립한 유일한 부대이며, 히로히토의 막내 동생이 그 부대의 장교(고등관)로 복무하였다.

불만 위에 설정된 것이 히로시마 원자폭탄 피해, 샌프란시스코 평화조약에서 독도가 빠진 것, 일본인의 사유재산 포기, 전범자에 대한 재판과 처형 등을 이용한 전쟁피해국으로 이미지 전도를 시도하고 부각시키려는 적극적인 노력으로 이어졌다. 그러므로 독도 영유권 문제를 거론하는 것과 침략을 진출로 표현하는 것, 일본의 강점이 한국에 은혜를 베풀었다는 것은 망언이 아니라 당연한 것이 되며, 오늘날에도 그러한 망언을 일삼고 있다. 그들의 발언과 행위에 대해 한국과 중국의 반발이 거세면 관계악화를 우려하는 것 같은 태도를 보이며 취소는 하지만, 사과는 하지 않는다.

만약 사과한다면 일본인 스스로 평화공존을 통한 공영을 위해 새로운 아시아 질서를 창출할 수 있는 패러다임[60]을 만들 수 있는 좋은 기회가 될 가능성이 크다. 하지만 이는 일본 우익의 입장, 특히 전범자를 조상으로 두거나 직접 전쟁에 참여한 사람들은 과거에 저지른 악행에 대해 반성하고 괴로워해야 하며, 가치 전도를 통한 심리적 공황에 직면하게 한다. 인간 삶에서 전쟁은 정당하지 못하다는 정의에 반한다는 것을 알기 때문에 오늘날 국제사회에서 호전적인 국가로 낙인찍히는 것은 싫고, 미군의 점령으로 일본 내에도 전쟁 피해자가 많으므로 한편에서는 전쟁을 반대하고 과거사에 잘못이 있다는 것을 인정하려는 모습도 간간이 나타난다. 그러나 일본 사회를 주도하는 우익은 일본이 시작한 전쟁의 잘못을 인정할 수 없으므로 과거사에 대한 잘못을 인정하는 것을 적극적으로 반대한다. 그 결과 현실에서는 이 두 개의 목소리가 어우러져 어정쩡한 행동이 나오는 것이다.

일본인의 행동을 보면 마치 우리에 갇힌 동물이 우리 밖을 나가면 무슨 큰일이라도 당할까 봐 두려워하여 우리 안에서만 맴돌면서 강력한 방어본능을 보이는 것처럼 자기최면과 궤변적 합리화를 통해 선조의 잘못을 인정하지 않으려고 애쓰는 모습이 역력하다. 일본 내에서는 여전히 보수우익이 중심이 된 세력이 집권하고 있으므로 한국을 자극하고 독도 문제를 거론하는 것은 일본이 침략국에서 전쟁 피해국으로 이미지를 전도하려는 얄팍한 술수가 깔려 있다. 독도를 탈환하는 것이 2차 세계대전에 패전함으로써 연합국에 당해야 했던 굴욕을 회복하고 자존심을 되찾는 것으로 착각하므로 독도 탈환을 포기할 수 없고 끊임없이 시비를 통해 한국을 자극하고 있는 것으로 보인다.

그럼 일본인의 이러한 특이한 행동은 어떻게 형성된 것일까? 그것은 미국에 의한 개항 후 미국과 유럽 제국주의를 보고 배워 침략전쟁을 스스로 시작했으면서도 미국에 패전함으로써 갖게 되는 이중성과 강한 자기보호 본능이 작용한 것으로 분석된다. 일본 우익과

---

60) 패러다임(paradigm)은 어떤 한 시대 사람들의 사고나 인식을 근본적으로 규정하는 이론적인 틀이나 체계.

정치지도자들의 역사에 대한 이러한 잘못된 인식은 세계사를 선도하는 당당한 국가가 되는 것을 가로막고 급기야는 일본을 망치는 원인으로 작용하고 있다. 세계적인 경제 대국임에도 불구하고 국제정치 무대에서 지도력(leadership)을 제대로 발휘하지 못하는 이유와 한계가 여기에 있다.

3. 독도 문제에 대한 일본의 정책

1) 제국주의에 참가하는 시발점으로 활용

(1) 의도적인 다케시마 시마네현 편입

① 시대적 배경

청일전쟁에 승리한 일본 정부는 1898년 '원양어업 장려법', 1902년 '외국영해 수산 조합법' 등을 제정해, 일관되게 외국 진출을 장려하고 관민이 일체가 되어 조선어장에 들어왔다. 울릉도에는 일본인 경찰관까지 상주하기에 이르렀다. 이와 더불어 도해하는 도중에 존재하는 독도에도 관심을 두게 되었다. 특히 독도에서의 강치잡이는 러일전쟁 직전의 시기에 피혁과 기름의 고가 시세 때문에 주목을 받고 크게 활발해졌다.[61]

② 다케시마 임대를 요청한 나카이 요자부로

나카이 요자부로는 고향에서 소학교를 졸업하고 상장학사(相長學舍)라는 사립학숙(私立學塾)을 거쳐서 당시로서는 드물게 동경에 유학하여 한 사립학교에서 교육을 받은(총 교육기간 13년), 외국진출에 관심이 많은 어업가였다. 그는 실업에 뜻을 두고 잠수기(潛水器)라고 하는 당시로써는 신기술장비를 구매하여 1890년부터 외국 영해에서 잠수기어업에 착수해서 1891~1892년에는 러시아령 블라디보스토크 부근에서 잠수기를 사용한 해표(海豹)와 해포(海鮑) 어업에 종사했고, 1893년에는 조선의 경상도와 전라도 연안에서 역시 잠수기를 사용한 어패와 포(鮑: 전복)잡이의 어업에 종사했다. 나카이 요자부로는 1903년 독도에서 해려(海驢, 강치: a sea lion, 바다사자)잡이를 시도했는데, 이것이 수익이 높아 다른 어부들의 경쟁 남획을 방지하고 이의 독점이익을 대한제국 정부(大韓帝國政府)로부터 획득

---

61) 박병섭·나이토 세이추(2008), "독도=다케시마 논쟁", 도서출판 보고사, pp.30~31.

해 보려고 1904년 동경에 가서 일본 정부 관료들과 접촉을 시작하였다.[62]

③ 일본 관료의 다케시마 영토 편입 획책

죽도의 영토편입을 반대하는 내무관료의 준순[63](浚巡)을 물리치고 강행하여 영토편입을 가져온 입역자(立役者)는 마키 보쿠신((牧朴眞, 목박진), 기모쓰키 카메유키(肝付兼行, 간부겸행), 야마자 엔지로(山座圓次郎, 산좌원차랑)이었다. 이 세 사람의 궤적은 지극히 흥미롭다. 목박진(牧朴眞)은 오랫동안 농상무성의 수로국장으로서 수산행정의 최고책임자였으며, 정체된 일본 어업을 도해어업(渡海漁業)으로 발전시키는데 진력한 인물이었다. 그의 이러한 일은 일본 어민이 조선 연안에 침입하여 세력 확대를 촉진하는 행정시책이었던 것이다. 간부겸행(肝付兼行)은 일관되게 해군수로부에 재적(在籍)한, 일본 수로행정을 확립시킨 전문 관료였다.

이 수로부(水路部)라는 곳은 평시에는 일반 수로 정보의 정비에 종사하는 곳이지만, 일단 전시가 되면 직접 군사행동에 필요한 정보를 제공하는 전략기관이 된다. 러일전쟁 당시 간부겸행(肝付兼行)은 수로부장으로서 조선·만주연해에서의 군략 수행을 위한 작업에 몰두하고 있었다. 외무성 정무국장 산좌원차랑(山座圓次郎)은 현양사(玄洋社)의 영향을 강하게 받아 성(省) 내에서 소촌수태랑(小村壽太郎)과 나란히 대외강경·대륙진출정책의 추진자로 알려져 있다. 또 국장 취임 전 그 자신이 오랫동안 조선의 영사·공사관에 있으면서, 일본의 이권획득을 위한 획책에 분주한 인물이었다. 이들 관료가 강행한 영토편입에서 조선 측의 주권이라든가, 주장 등에 대한 고려가 전혀 없었던 것은 당연한 일이다. 1904년 시점에서 죽도가 전혀 무소속이었다고 하는 간부겸행(肝付兼行)의 주장은 해군수로부의 종래의 인식과는 확실히 다른 것이었다.[64]

④ 다케시마 임대 청원과 편입

독도에서 강치어업이 과열 경쟁 상태가 되자 시마네(島根)현 오키도민 나카이 요자부로가 사업의 안정을 도모하기 위해 도쿄에 가서 관계 당국의 고관들과 접촉 1904(메이지 37)년 9월 29일 내무·외무·농상무 등 3성 대신에게 '리앙코섬'의 영토 편입 및 10년간의 임대를 청원한다.

---

62) 독도학회(2003), "한국의 독도 영유권 연구사", 독도연구보전협회, p.212.

63) 준순(逡巡)은 우물쭈물함. 결단하여 단행하지 못함.

64) 임영정 역(2003), "독도 영유권의 일본 측 주장을 반박한 일본인 논문집", 경인문화사, pp.185~192.

나카이의 청원을 접수한 일본 정부는 시마네현의 의견을 청취한 후 다케시마를 오키도 청 소관으로 해도 지장이 없고, '다케시마'의 명칭이 적당하다는 것을 확인, 1905(메이지 38)년 1월 각 결정에 따라 이 섬을 '오키도사(隱岐島司)의 소관(所管)'으로 정하는 동시에, '다케시마'로 명명하고, 그 취지를 내무대신으로부터 시마네현 지사에게 전달했다. 내무 대신의 훈령을 받은 시마네현 지사는 이 각의 결정 및 내무대신 훈령에 따라 1905(메이지 38)년 2월 다케시마가 일본 영토인 '다케시마'로 명명되어 오키도사의 소관이 되었음을 고시함과 동시에, 오키도청에도 이를 알렸다. 또 시마네현 지사는 다케시마가 '시마네현 소속 오키도사의 소관'으로 정해짐에 따라 다케시마를 관유지대장(官有地台帳)에 등록하 는 동시에 강치 포획을 허가제로 하는 운영에 들어가 나카이에게 조업을 할 수 있도록 허 가해주었다. 그 후 강치 포획은 1941(쇼와 16)년에 중지될 때까지 계속되었다.[65]

애초에는 강치잡이의 포획법도 모르고, 그 용도도 판로에 대해서도 잘 알지 못했다. 그 러나 실제로 포획해 보았더니, 강치의 가죽을 소금에 절이면 소가죽 대용품의 군수(軍需) 로 수요가 증가하는 것과 더불어, 기름은 고래 기름과 똑같이 평가되었고, 찌꺼기는 아교 의 원료가 되고, 고기와 뼈는 분말로 만들어서 비료로 이용하는 등 버릴 것이 없는 것이 강치라는 것을 알았다.[66]

나카이는 22년 동안 남획해 강치의 씨를 말리다시피 한다. 1904년에는 4개조가 출어하 여 수컷 850마리, 암컷 900마리, 새끼 1,000 등 합계 2,750마리를 포획한다.[67] 1905년부터 1910년까지 6년 동안 14,000마리 이상을 잡음으로써 강치의 씨를 말리다시피 해 1933년부 터는 한 해 겨우 10마리씩밖에는 잡을 수 없게 된 것이다.[68] 일본 영토 편입 이후 시마네 현의 어부들 때문에 독도의 강치는 멸종 직전에 이르게 된다. 강치 포획 독점권을 획득한 나카이 요자부로의 일본 다케시마 어렵회사에 의해 남획된 강치는 1904~1941년까지 16,500여 마리가 잡혔다(1904~1913년: 약 14,000마리, 1916~1928년: 연평균 100~300마 리, 1933~1941년: 연간 16~49마리). 19세기 중엽~말경에 4만~5만 마리로 추정되던 개 체 수가 1900년대 초반에는 2만~3만 마리로 줄었으며, 해방 이후에는 소수만 남게 되었 다. 그리고 1950년 7월 6일, 연합국 최고사령부 소속 미군의 해상폭격 연습지로 독도가 이 용되면서 수많은 바다사자가 폭격으로 죽어갔다.[69]

---

65) "죽도-다케시마 문제를 이해하기 위한 10의 포인트"(2008), 일본 외무성.
66) 나이토우 세이추우 저, 권오엽·권정 편주(2011), "일본은 독도(죽도)를 이렇게 말한다", 한국학술정보(주), p.274.
67) 나이토우 세이추우 저, 권오엽·권정 편주(2011), "일본은 독도(죽도)를 이렇게 말한다", 한국학술정보(주), p.275.
68) 김학준(2003), "독도는 우리 땅", 도서출판 해맞이, pp.147~148.

최근의 독도 지역에 대한 생태계 학술조사에 의하면, 독도 주변에서 바다사자와 물개는 발견되지 않아 자취를 감춘 상태이며, 환경부와 경상북도를 중심으로 바다사자 복원사업이 추진되고 있다. 일본 정부가 주장하는 것처럼 한 어부의 임대 요청에 의한 어업의 목적으로 독도를 편입했다면 당연히 어족자원으로서 독도의 강치에 대한 개체관리가 이루어졌어야 했다. 그러나 애초 일본의 독도 강점 목적이 어업이 아니라 일본의 제국주의 실현을 위한 러일전쟁의 승리에 있었기 때문에, 러일전쟁이 끝난 이후에는 일본 정부와 군부의 별다른 관심 대상이 되지 않았다.

(2) 제국주의 실현을 위한 대한제국 강점의 첫행보

① 유사조약 체결을 통한 사전 정지작업

일본의 한반도 침략 과정 중에 체결된 다섯 개 유사조약들의 법적인 효력에 관해서 최근에 와서 역사학자들과 국제법학자들 간에 학술적 논쟁이 진행되고 있다. 이들 다섯 개의 유사조약들에 대한 역사적·서지학적 검토를 정리하면 [표 7-4]와 같다. 일본의 독도에 대한 영토 편입조치는 실질적으로 1904년 2월의 한일의정서와 동년 8월의 제1차 한일협약에 따라 조선의 외교적 주권을 박탈해 놓았으므로 가능했다. 이 협약은 독도에 대한

[표 7-4] 일본 한반도 침략과정 중 체결된 5개 유사조약

조약 명칭	체결일자	침략의 단계	조약성립의 절차적 흠결	강제의 대상	강제의 방식
한일의정서	1904. 2. 23.	·한국 외교권에 대한 통제 ·한국 영토 내의 전략적 중요지점 강점	·황제의 어인(御印) 흠결 ·당시 관습국제법 위반	·국가에 대한 강제 ·국가대표에 대한 강제	·군사점령 ·국가대표를 위협
제1차 한일협약	1904. 8. 22.	·외교고문과 재정고문을 지정, 한국 정부 장악	·조약명칭 누락 ·황제의 어인 흠결 ·당시 관습국제법 위반	·국가대표에 대한 강제	·군사점령 ·국가대표를 위협
제2차 한일협약 (을사보호조약)	1905. 11. 17.	·한국을 일본의 피보호국으로	·조약명칭 누락 ·황제의 어인 흠결 ·당시 관습국제법 위반	·국가대표에 대한 강제	·군사점령 ·국가대표를 위협
제3차 한일협약	1907. 7. 24.	·한국을 일본의 피식민국으로	·전권위임의 누락	·국가에 대한 강제	·군사점령
한일합방조약	1910. 8. 22.	·한국을 일본에 병합	·비준서류에 황제의 서명누락	·국가에 대한 강제	·군사점령

출처: ① 김영구·하용선(1996). "한국외교사연구". 나남출판사. pp.185~1961; ② 김영구(2003). "독도문제의 진실". 법영사. p.251

69) 주강현(2008). "독도견문록". 웅진씽크빅. pp.386~387.

일본의 영토 편입 조치가 있기 6개월 전인 1904년 8월 일본 군대의 강압적인 위협으로 체결된 것이다.[70]

② 러일전쟁 전략적 활용 위한 죽도 편입

19세기 후반 동아시아지역에서 가장 절실한 시대적 과제는 국가의 독립 유지와 근대화

[표 7-5] 일본의 주변지역 도서편입 사례

영토편입 각의 결정	도서명	위치	편입 논리	경과
1876. 10.	소립원제도 (小笠原諸島)	동경(東京) 동남쪽 1,000km	선점	· 1873년 소립원도에 거주하는 미국인이 미국 정부에 영토 편입 요청 · 1876년 10월 소립원도에 적용한 신법령에 대해 미국, 영국 등 12개국에 경과통보
1891. 9.	유황도 (硫黃島) 남유황도 북유황도	동경 남쪽 1,200km	선점	· 일본인이 도항하여 유황채굴, 어로 활동. 1889년에 그들에 대한 단속을 위해 관할을 정할 필요성 제기 · 동경부(東京府) 지사가 내무대신에 품의. 내무대신이 외무대신과 협의 후 각의에 넘겨 결정
1895. 1.	첨각제도 (尖閣諸島)	충승현(沖繩縣) 남부 300km 대만 동북부 150km	선점	· 충승현(沖繩縣) 지사가 국표(國標) 건설을 위해 내무성에 상신. 내무성은 이것에 대해 외무성에 문의. 외무경은 국표 건설, 도시개척을 연기하도록 답신, 내무성과 외무성 명의로 충승현 지사에게 하달 · 일본이 청국(淸國)에 대해 선전포고, 황해해전으로 일본이 제해권 획득 · 청국이 일본에 대해 강화(講和)제의 · 청국과 일본 사이에 강화조약 체결(下關條約)
1898. 7.	남조도 (南鳥島)	동경 동남쪽 950km	선점	
1900. 9.	충대동도 (沖大東島)	충승현(沖繩縣) 동남부 약 150km	선점	· 1892년 일본 군함 해문호(海門號)가 존재를 확인
1905. 1.	죽도(竹島) (량고도, Liancourt rocks)	울릉도 동남쪽 90km	선점	· 1903년 량고도에서 건물 짓고 어민들 대동하여 물개잡이 시작 · 1904년 나카이 요자부로(中井養三郎)가 내무·외무·농무성에 편입 및 대하 청원 · 1905년 1월 각의 결정
1908. 7.	中(중)ノ鳥島(조도) (Ganges Island)	소립원도 (小笠原島) 560해리	선점	· 1907년 8월 동경시 거주 山田(산전)이 발견 해도에 나와 있는 Ganges Island에 상당한다고 제출. · 1908년 5월 동경부(東京府) 지사가 행정소속을 정하도록 내무성에 상신 · 각의 결정
1931. 7.	沖(충)ノ鳥島(조도)	동경 동남쪽 1,700km 소립원도 서남쪽	발견	· 1789년 영국 선박이 처음 발견 · 1922년과 1925년에 일본 군함이 측량 · 1931년 해군성 수로부가 내무성에 대해 편입신청. 해군성, 내무부, 척무성 등의 관계자들이 협의회를 개최. 편입 결정

출처: 정갑용 외(2004). "독도 영유권에 관한 국제법적 쟁점 연구". 한국해양수산개발원. p.52.

---

70) 김영구(2003), "독도문제의 진실", 법영사, pp.245~261.

의 달성이었다. 일본은 1853년 6월 미국 동인도함대의 페리 제독이 이끈 수척의 거대한 군함이 에도만(江戶灣)에 진입 함포로써 위협하는 압력에 막부가 굴복하여 1854년 미일화친조약(美日和親條約)을 체결, 개국에 들어간다. 그리고 근대 일본의 출발점이라고 일컬어지는 메이지유신[71]으로 근대화를 단행, 자신감을 얻은 일본은 [표 7-5]에서 보는 바와 같이 영토에 대한 탐욕을 부리기 시작한다. 처음에 무인도를 중심으로 시작된 영토 확장은 얼마 지나지 않아 전쟁을 통한 적극적인 방법으로 전환되었다.

일본이 자원조달과 상품 판매시장 확보를 목적으로 침략전쟁을 통한 국토확장을 추구하는 제국주의 실현에 본격적으로 나선 것은 1894년에 발생한 청일전쟁이다. 그리고 1904년 발생한 러일전쟁을 통해서 더욱 구체화되었으며, 1945년 제2차 세계대전에서 무조건 항복하기까지 소위 일본이 말하는 50년 전쟁을 통하여 제국주의의 꿈은 한순간 실현되는 듯했다. 그러나 제2차 세계대전에 패해 샌프란시스코 평화조약을 체결 침탈한 영토를 반환함으로써 일본 제국주의의 50년 영토 확장의 꿈은 좌절되었다.

조선에 대한 지배권을 손에 넣기 위해 일본이 일으킨 청일전쟁, 청일전쟁 중 일본의 노골적인 간섭, 명성황후 시해(1895년 음력 8월 20일)와 같은 폭거에 대해 조선 측이 반발 친러파가 등장하고 남하정책을 추진해온 러시아의 이해가 맞아떨어져 조선에서 러시아의 영향이 강화되면서 조선과 만주 일원에서 러일전쟁이 발생한다. 러일전쟁에서 일본은 110만에 달하는 병력을 동원하였고, 러시아는 그 이상이었다는 점에서 알 수 있듯이 일찍이 없었던 대규모 전쟁이었다. 그런 만큼 군사적으로나 재정적으로 총력을 기울인 그리고 사회의 말단까지를 전쟁 협력체제화 시킬 수밖에 없었던 전쟁이기도 하였다. 러일전쟁은 일본의 입장에서는 국가와 국민의 운명을 건 일전이었던 것이다.[72]

반드시 이겨야만 했던 이 러일전쟁에서 일본은 독도의 전략적 가치를 알고 해전에 활용하기 위한 조치를 취하게 된다. 일본과 러시아의 격돌은 육군에 의해 육지에서 전투가 많이 이루어졌지만, 당시 러시아는 세계최강의 해군을 보유하고 있어 러시아 해군을 격파하지 않고는 보급로가 차단되기 때문에 일본 입장에서는 전쟁의 승리를 기약할 수 없었다.

대한제국의 서해에서는 일본해군이 기선을 장악했으나, 동해에서는 러시아 블라디보스토크 함대가 남하하여 동해의 제해권을 장악했다. 1904년 6월 15일 블라디보스토크 함대

---

71) 메이지 유신: 근대일본의 출발점이라고 일컬어지는 메이지유신은 아주 좁은 의미에서는 1867년 12월 단행된 왕정복고의 쿠데타를 가리키기도 하지만, 일반적으로 막부말기(開國期, 1853~1858년)에서 메이지 초기(士族反亂期, 1876~1877년)에 걸쳐 이루어진 변혁기(근대화)의 과정을 총칭하는 표현으로 쓰인다.

72) 일본학교육협의회(2002), "일본의 이해", 태학사, pp.156~158.

가 대한해협에 출현하여 무기를 수송 중인 일본 수송선 화천환(和泉丸)과 상륙환(常陸丸)을 격침시켰다. 이에 일본 해군은 동해에서 러시아함대의 남하방지에 주력하게 되었다. 모든 군함에 무선전신장비를 설치하고,[73] 일본 서해지역과 대한제국의 동·남해지역에 육상 무선전신소와 망루 설치계획을 착수했으며, 독도의 망루 설치도 그 목적으로 진행된다. 이렇게 일본이 대한제국 강점을 위한 첫행보로 독도를 일본에 편입했다는 점은 일본 해군의 행보와 나카이의 대하원 청원 배경 및 진행과정에서 잘 나타나고 있다.

일본이 독도에 망루를 설치해 군사적 목적으로 이용하기 위한 작업은 나카이의 대하원 청원보다 5일 앞선 1904년 9월 24일 일본 군함 신고호(新高号)가 독도 답사를 위해 울릉도를 출발한 데서 본격화된다. 신고호는 독도가 망루 설치에 적합한 지형이라고 보고했다. 그리고 시마네현 오키도민 나카이 요자부로가 사업의 안정을 도모하기 위해 1904(메이지 37)년 9월 29일 내무·외무·농상무 등 3성 대신에게 '리앙코섬'의 영토 편입 및 10년간의 임대를 청원했다. 그리고 일본 해군은 1904년 11월 13일 군함 대마호(對馬号)에 독도가 무선전신소 설치에 적합한 곳인가를 시찰하도록 명했다. 대마호 선장은 1905년 1월 5일 독도가 지형이 불리하나 망루 설치 후보지로 동도와 서도 몇 개 지점을 제시하는 시찰보고서를 해군성이 제출한다.[74] 두 차례에 걸친 답사에도 불구하고 겨울에는 독도에서 공사가 가능하지 않아 독도의 망루 설치는 미루어지고 있었다.

한편 나카이가 내무성·농상무성·외무성 등 3대신 앞으로 제출한 '량고도 영토 편입 및 대하원(リヤンコ島領土編入並ニ貸下願)'에 대해 일본 정부는 1905년 1월 28일 내각 회의에서 편입하기로 의결하고 시마네현에 지시하여 1905년 2월 22일 시마네현 고시 제40호로써 편입하게 된다.[75] 내무대신이 청의한 '무인도의 소속에 관한 건'을 심사했다. 북위 37도 9분 30초, 동경(東經) 131도 55분, 오키시마로부터 북서쪽으로 85해리 떨어져 있는 이 무인도는 다른 나라가 이 섬을 점유했다고 인정할만한 형적(形迹)이 없고, 재작년에 우리나라 사람 나카이 요자부로라는 이가 어사(漁舍)를 짓고 인부를 옮겨놓고 사냥도구를 갖춰 놓은 뒤 강치 사냥에 착수했으며, 이번에 영토 편입과 대하[76]를 출원했는데 이 기회에 소속과 섬 이름을 확정할 필요가 있는 만큼, 그래서 이 섬을 다케시마(竹島)라고 이름 짓고 지금부터 시마네현 소속 오키시마 도사(島司)의 소관으로 하자는 것이다.

---

73) 김명기(2007), "독도강의", 책과 사람들, p.93.

74) 김명기(2007), "독도강의", 책과 사람들, p.94.

75) 김병렬(2001), "독도논쟁", 다다미디어, pp.139~140.

76) 대하(貸下)는 정부가 경제 발전과 국제 수지 개선 등을 위해, 민간에 융자하도록 금융 기관에 돈을 빌려 줌. 또는 그런 일.

심사해보니, 1903년 이래 나카이 요자부로라는 이가 이 섬에 이주해 어업에 종사한 일은 관계 서류에 의해 명백하므로 국제법상 점령의 사실이 있는 것으로 인정해, 이 섬을 우리나라 소속으로 하고 시마네현 소속 오키시마 도사의 소관으로 삼아도 틀림없다고 생각한다. 그러므로 청의와 같이 각의가 결정함이 가하다고 인정한다는 것이 1905년 1월 28일 열린 일본 내각회의 다케시마(독도) 편입 결정문[77]의 내용이다.

일본은 동해에서 1905년 5월 28일 발트함대를 격파하고 대승을 거두었지만, 러시아의 남아 있는 해군력이 막강해 이에 대비하기 위해 1905년 6월 12일 일본해군성은 군함 교립호(橋立号)에게 독도 망루 설치의 적부를 조사하도록 명했고, 6월 14일 교립호 함장은 동도 정상에 망루 설치 가능성을 보고했다. 독도의 망루는 7월 25일 공사에 착수 8월 19일 준공되었다.[78] 그러나 1905년 9월 5일 포츠머스조약이 조인되고 10월 15일 종전이 실현되자 일본 해군은 울릉도와 독도에 건설한 망루가 불필요하게 되었다. 오히려 망루가 있으므로 전쟁의 필요성 때문에 독도를 편입한 게 아닌가 하는 의구심만 들게 할 뿐이었다. 해군 군령부는 10월 19일 울릉도의 망루들을 철거하도록 명령하였으며, 10월 24일에는 독도의 망루를 철거하였다. 실로 종전 후 9일 만의 일이었다. 이것은 독도가 군사적 목적에 의해 침탈된 것이라는 것을 감추기 위해 시급히 이를 철거하였다는 것을 보여 주는 것이다.[79]

이처럼 망루는 시급히 철거하였지만, 죽변에서 울릉도, 독도를 거쳐 일본의 마쓰에(松江)로 연결한 해저전신선은 1905년 11월 9일 연결공사가 완료되어, 철거하지 않고 그 후에도 계속 활용하였다. 독도의 망루와 해저전신선은 일본의 동해해전 승리에 직접적으로 활용된 것은 아니다. 만약 일본이 어업목적으로 독도를 편입했다면 러일전쟁 후 나카이에게 불하하여 어업활동에 이용하도록 하는 것이 합당하지만, 일본은 이를 나카이에게 불하하지 않고 이용가치가 다한 망루만 즉시 철거하는 조치를 단행했다. 나카이의 대하원 청원 과정도 호리 가즈오(堀 和生) 교수의 '1905년 일본의 죽도(竹島=獨島) 영토 편입'에 따르면 독도 편입이 일본 정부 관료들의 책략에 의해 제국주의 실현을 위해 이루어졌음을 알 수 있다.

호리 가즈오(堀 和生) 교수는 내무관료의 죽도 영토편입 반대에도 불구하고 나카이 요자부로(中井養三郎, 중정양삼랑)가 전년(前年)부터 동도(同島)에서 어업을 개시하였다는 사실을 가지고 '무주지의 선점' 이론 적용을 제안한 것은 어디까지나 겉으로 드러난 이론에

---

77) 김학준(2003), "독도는 우리 땅", 도서출판 해맞이, pp.146~147.
78) 김명기(2007), "독도강의", 책과 사람들, p.94.
79) 김병렬·나이토 세이츄(2006), "한일 전문가가 본 독도", 다다미디어, pp.83~89.

지나지 않는다. 야마자 엔지로(山座圓次郞)가 발언한 바와 같이 러시아 함대에 대항하기 위한 시설이 필요했다는 군사적 이론에 의한 것이다. 즉 죽도의 영토편입은 당시 일본이 전쟁 수행을 위해 조선 각지에서 그 주권을 침해하면서까지 행한 군사조치와 같은 양식의 일이었다. 오직 그것이 어장 독점을 염원하는 한 어민의 움직임을 이용한 것이기 때문에 단순한 점령에 그치지 않고 영토편입의 형식을 빌었던 것에 지나지 않는다. 조선 전토(全土)의 군사점령이 '조선병합'(朝鮮倂合)의 전제조건이었다고 한다면, 이 죽도의 영토편입은 그 조그마한 선행(先行)이었다[80]고 지적한다.

또한 이러한 사실은 독도가 1905년 2월 일제에 침탈당한 약 5년 후 나카이 요자부로가 1910년 직접 작성하여 시마네현에 제출한 이력서와 그 부속문서인 '사업경영개요'(事業經營槪要)에서 그가 독도를 한국 영토로 인지하고 있었고, 독도를 일본 제국주의자들이 침탈하여 일본 영토에 편입한 것임을 잘 밝혀주고 있다.[81]

2) 연합국 전후처리에 대한 불만 표출 대항마

(1) 연합국 일방적 전후처리 불만 표출 및 견제용 패

제2차 세계대전 후의 역사에 대한 일본 우파의 최대 불만은 다른 무엇보다도 도쿄재판에 있다. 이른바 '전범'을 규정한 '평화에 대한 죄'란 자위전쟁이 아닌 전쟁을 개시한 일을 말하는데, 그러한 명목으로 국가의 지도자를 벌하는 일은 '그때까지의 국제법 역사에는 없었다'는 것이다. 그리고 연합군도 전쟁에서 원폭 투하나 도쿄대공습 등 전쟁에서 필요 이상의 엄청난 살상을 저질렀는데도 전후에 그러한 행위가 문제시되는 일이 없었던 것도 이들의 불만 중 하나이다. 그들은 일본이 전쟁에 져서 패자가 되었기 때문에 그러한 문제에 대한 질문이 원천적으로 봉쇄되었다고 생각한다. 또한 승자가 된 연합국은 오로지 '일본의 전쟁이 얼마나 부당한 것이었는지'에 대해서만 선전했고, 이러한 선전이 '일본인들로 하여금 자국의 전쟁에 대한 죄악감을 키우게 했으며, 전후 일본인의 역사관에 영향을 끼쳐', 전후의 일본인들이 '일본은 정의롭지 못한 전쟁을 했다'는 인식을 하게 되었으며, 그에 따른 '일방적 죄의식'을 갖게 되었다는 것이다.[82]

---

80) 임영정 역(2003), "독도 영유권의 일본 측 주장을 반박한 일본인 논문집", 경인문화사, pp.185~192.

81) "독도 영유의 역사와 국제관계"(1997), 독도연구보전협회, p.133.

82) 박유하(2005), "화해를 위해서", 도서출판 뿌리와이파리, pp.26~27.

일본인이 연합국의 전후처리에 대해 어느 정도의 불만을 품고 있었는가 하는 점은 1949년 일본 외무성이 샌프란시스코 평화조약과 관련된 문서로 작성한 할양지(割讓地: 영토의 한 부분을 떼에 다른 나라에 줌)에 관한 경제 및 재정적 사항에 관한 진술에서 잘 나타난다. 그 내용을 간추려 보면 다음과 같다. 첫째는 일본인은 대동아지역에 대한 식민지 착취 정치는 시정할 수 없으며, 각 지역의 경제, 사회, 문화적 향상과 근대화는 전적으로 일본 측의 공헌에 의한 것이다. 둘째는 아시아 지역에서 오랫동안 평화적 생업을 영위하고 있던 일본 국민은 모두 추방되었고, 공유재산(公有財産)뿐만 아니라 평화적으로 축적된 재산까지도 사실상 박탈당하였으며, 이러한 가혹한 조치는 국제 판례상 극히 이례적인 것이다. 셋째는 일본인이 통치하던 식민지역은 모두 당시로서는 국제법과 국제관례상 보통으로 인정된 방식에 의해 취득되어 세계 각국이 오랫동안 일본령으로 승인했던 곳이다. 일본으로서는 이 지역을 방치하는데 별 뜻은 없으나, 과거에 이 지역을 취득하고 보유한 것을 국제적으로 범죄시하여 징벌적 의도로 이 지역의 분리에 관련된 문제를 해결하려는 지도원칙에 찬동할 수 없다고 했다.[83]

연합국에 대한 일본인들의 불만은 많이 내재하여 있었지만, 패전으로 연합군에 의해 실시되고 있던 군정 하에서는 표출하는 데 한계가 있었다. 그렇다고 군정이 요구하는 내용을 모두 수용하면 일본 과도정부의 의사는 무시되어 어떠한 불이익도 고스란히 감수해야 하는 상황이 초래될 수밖에 없었다. 그렇게 되면 우익을 중심으로 한 일본 국민의 불만은 더욱 고조되어 독립된 정부를 수립하더라도 국민의 신뢰를 받기 어려워지고 경우에 따라서는 전후 복구에까지 영향을 미칠 수 있게 된다. 이러한 일련의 우려와 문제를 극복하고 국민의 신뢰를 얻기 위해 정부는 무엇인가 일을 하는 모습을 보여야 하고 연합국의 군정에 대해서도 일방적으로 요구되는 요구사항을 수용하는 수동적인 입장에서 부분적으로나마 제동을 걸며, 제한적이라도 협의할 수 있는 대상을 통한 상황 전환이 필요한데, 이를 위해 일본의 과도정부에서 찾아낸 것이 소련의 남진 정책을 강하게 의식하고 있던 미국에 대해 일본 역할론과 독도에 대한 영유권문제였던 것으로 보인다.

독도 영유권문제는 연합국에게는 그다지 큰 관심사항은 아니었지만, 일본의 입장에서는 연합국과의 협상과정에서 연합국의 일방적인 행동에 대해 최소한 말이라도 붙여 로비도 할 수 있고 다른 부분에 대해 일본에 유리한 조약의 체결과 조기 독립정부수립을 위해 협의하는 도구로 활용되었을 것으로 추정된다. 1952년 4월 28일 샌프란시스코 평화조약

---

83) 김화홍(1996), "독도는 한국 땅". 도서출판 시몬, pp.26~27.

발효로 일본의 주권이 회복되고 자주적인 정부를 수립하자마자 불과 한 달도 지나지 않은 1952년 5월 16일 일본은 시마네현 규칙 제29호로 재빨리 독도를 자신의 영토에 포함시키는 조치를 취했다[84].

만약 일본 정부가 샌프란시스코 평화조약에 대한 불만을 품지 않았다면 이렇게 주권 회복 후 불과 18일 만에 미리 준비하고 기다렸다는 듯이 시마네현 규칙을 발표하지 않았을 것이다. 과거나 현재나 일본 정부는 대외적으로 껄끄러운 문제에 대해서는 실질적으로 모든 것을 배후에서 조종하면서 지방자치단체나 각종 사회단체를 내세워 문제를 일으키고, 그 문제가 표면화되면 짐짓 아무것도 몰랐다는 듯이 나서서 문제를 해결하려 하기보다는 자신들의 주장을 정당화하고 정착시켜 나간다. 정당한 영토편입은 한 번으로 충분한데도 독도를 시마네현 규칙을 통해 다시 편입한 것은 영토편입의 실질적인 조치보다는 한국에 대한 대응과 연합국의 전후처리에 대한 불만을 구체적으로 드러낸 행동이었다. 그럼에도 불구하고 미국은 일본에 대해 별다른 재제조치를 취하지 않았다.

그것은 일본의 로비가 미국에 먹힌 이유도 있지만, 한국전쟁 발발과 소련의 남진정책에 대응하기 위한 미국의 동아시아 및 태평양지역 방위체제 구축에 일본의 역할이 필요함을 인식하고 있었기 때문이었다. 샌프란시스코 평화조약 체결 과정에서 일본은 소련과 쿠릴열도(북방영토), 중국과 대만 처리문제 등이 있었는데도 유독 독도 문제에 집착했던 것은 소련과 중국은 승전 국가였으므로 패전국인 일본의 과도정부 입장에서는 맞설 수 있는 상황이 되지 못했던 반면 한국은 승전 국가에 포함되지 않은 데다 독도를 제2차 세계대전 전인 1905년 시마네현에 편입해 고유영토로 내세울 수 있는 명분이 있었기 때문인 것으로 분석된다.

(2) 일본 내 군국주의자 결집 계기 마련

제2차 세계대전 중인 1940년 일본이 추축국[85]에 참여하는 데 큰 영향을 미쳤고, 1941년 10월 18일부터 1944년 7월 22일까지 일본 내각의 제40대 총리를 역임한 도조 히데키(東條英機, 1884년 12월 30일~1948년 12월 23일, 일본 육군 군인이자 정치인)를 중심으로 한, 소위 말하는 도조 내각에 참여한 정치가와 관리 그리고 참전 일본군 중 상당수는 천황을 비롯한 일본의 영토와 국가 보존을 위해 희생되거나 책임을 지는 모습을 보였다. 그리고

---

84) 김학준(2003), "독도는 우리 땅", 도서출판 해맞이, pp.198~200.
85) 추축국(樞軸國)은 제2차 세계대전 때에 일본·독일·이탈리아 삼국 동맹의 편에 속했던 나라.

전쟁에 참여했음에도 처벌을 받지 않고 은거하거나 군정하의 과도정부에 참여하게 된 인사, 즉 군국주의자[86]들에게 당면한 과제는 일본에 유리한 샌프란시스코 평화조약 체결과 조속한 주권회복을 통한 자주 정부 수립, 영토보존, 전후복구를 통한 재건, 재군비 증강 방안 마련이 당면 과제이자 목표였다.

이를 달성하기 위해서는 샌프란시스코 평화조약이 어떻게든 일본에 유리한 방향으로 체결되도록 노력해야 했고 이를 위한 묘안이 필요했다. 이들은 묘안을 찾는 과정에서 시행착오와 대책회의, 전쟁 중에 핵심적인 역할을 한 사람들을 대상으로 수소문을 통한 만남이 이루어지면서 결집하고 세력을 확장하여 군국주의자들인 자신들이 보수우익이라는 이름의 탈을 쓰고 집단을 형성하게 되었다. 이들에 의해 논의된 여러 사안 중 독도를 하나의 안건으로 한다는데 의견이 모이자 과거 한국과 관련된 업무를 하던 조선총독부와 군부, 외무성, 문부성, 국가 지리원, 국가의 각종 정보기관에 관련된 관리 등이 자연스럽게 접촉하고 상호 연락이 이루어지면서 독도 영유권을 주장할 수 있는 구체적인 방안으로 시마네현의 편입 결정 자료를 찾았을 것으로 분석된다.

그들은 마침내 일련의 시행착오를 거치면서 결국 1905년 1월 28일 일본 정부가 다케시마 영토편입을 각의(閣議)에서 결정했다[87]는 것을 알게 되었을 것이다. 모인 자료를 미국 측에 제시하고 샌프란시스코 평화조약 6차 초안에 반영 독도를 일본 영토에 포함하도록 로비를 했다. 이때 이미 일본은 미국을 설득할 수준의 독도 영유권에 대한 이론적 체계까지 확보하고 미국의 국가 전략적인 측면까지 고려했던 것으로 추정된다. 그것은 시볼드가 미국 국무부에 보낸 독도가 일본 고유의 영토라는 주장을 담은 전문 내용에 그러한 것들이 언급된 것에서도 알 수 있다. 그리고 다른 한편에서는 1950년 한국전쟁이 발발하자 일본에 주재하는 미군을 대상으로 소련의 남진정책에 대응하기 위해서는 동아시아에서 일본의 역할론을 집중적으로 설득하고 로비를 통해 정치고문인 시볼드로 하여금 미국 국무부에 이러한 분위기를 전달하려고 애를 썼던 것으로 보인다.

시볼드는 1950년 8월 25일 자 '일본의 재무장 문제'를 미국 국무부에 건의하였다. "한국전쟁의 견지에서 일본방위부대의 창설에 호의적인 여론 층이 대두하고 있다. 세계정세 변

---

86) 군국주의자(軍國主義者): 군국주의(軍國主義)는 국가의 가장 중요한 목적을 군사력에 의한 대외적 발전에 두고, 전쟁과 그 준비를 위한 정책이나 제도를 국민 생활 속에서 최상위에 두려는 이념 또는 그에 따른 정치 체제. 고대의 로마 제국, 근대의 프로이센 제국, 제2차 세계대전 때의 독일, 이탈리아, 일본 따위가 대표적인 예이다. 군국주의자는 군국(軍國) 주의(主義)를 주장(主張)하거나 실행(實行)하는 사람을 말한다.

87) 임영정 역(2003), "독도 영유권의 일본 측 주장을 반박한 일본인 논문집", 경인문화사, pp.190~193.

화, 임박한 공산주의 세력 침략의 위협, 미국에 지워진 평화보존의 부담, 일본이 무장될 경우의 위험 등을 고려해도, 일본은 부분적으로 무장되어야 한다. 이 견해는 다수 일본인뿐만 아니라 맥아더 장군, 아이셀버거 장군, 월터 리프만 및 윌리엄 커트니 등 인사들도 공감한다. 한반도 사태(Events in Korea)가 일본의 무장해제와 비무장화에 대한 전제를 무효화시켰다. 따라서 대안은 둘이 된다. 하나는 미국이 일본방어 전체를 떠맡거나, 다른 하나는 미국의 일본방어를 돕도록 일본을 끌어들이는 것이다. 후자가 더 좋다는 결론이다." 그는 일본에 새로운 경찰예비대를 확대하여 공습 및 수륙 양면의 공격에 맞설 수 있는 고도의 기동력을 가진 지상병력을 확대할 것과 해양안전순시를 보완하여 줄 무장한 해상보안부대의 창설 및 적극적으로 한정된 전투기부대의 설립을 건의하고 있다. 일본의 많은 인적자원을 최대로 활용하기 위하여 일본의 재무장은 마땅히 기획되어야 한다는 것이었다.[88]

미국과 미군에 일본의 의사를 전달하기 위해 정보를 수집하고 정세를 분석하는 가운데 전범자로 처벌을 받지 않고 은신해 있던 군국주의자들이 결집하면서 오늘날 일본의 보수우익의 형태가 만들어졌다. 이들은 한국전쟁을 계기로 군국주의자인 자신들을 비판해온 핵심 세력이었던 좌파를 공격하고, 1952년에서 1954년까지 외국인을 배척하는 운동을 펼치며, 평화선을 선포한 한국을 비난하는 전국적인 캠페인을 벌이면서 정치주도 세력으로 성장 일본 정국을 장악해 오늘날에 이르고 있다.

3) 1950년 이후 일본의 전략과 분쟁 시나리오

(1) 기본전략

1950년대 이후 일본의 독도에 대한 기본전략은 독도의 분쟁지역화 달성과 새로운 분쟁 요소 발굴까지 6가지 단계로 나누어 구분할 수 있다.

① 1단계: 정치적 활용

일본이 독도의 영유권을 주장한다는 것 자체가 이미 정치적 의도성을 갖고 출발한 것이다. 그리고 현실 정치에서 독도 문제를 정치적으로 활용한 여러 가지 사례가 있지만, 가장 대표적인 것은 1996년 총선거에서 자민당이 '독도(다케시마) 침탈'을 '탈환'이라는 용어로 공약의 하나로 내세웠다는 것을 들 수 있다. 이외에도 일본 정치가들의 독도 영유권

---

88) 나홍주(2007), "독도의용수비대의 독도주둔 활약과 그 국제법적 고찰", 책과 사람들, pp.107~108.

과 관련된 망언은 대부분 그 발언의 배경과 목적을 살펴보면, 일본 국내에 정치적 문제가 발생했을 때 정부와 여당이 안게 되는 부담을 회피하는 수단으로 국민의 관심을 밖으로 돌리기 위한 목적, 한국을 견제 또는 자극을 통한 외교적 책략에 이용, 한국에 대한 영향력 확대를 통한 국제정치적 목적을 달성하기 위해 이루어졌다. 망언하는 사람들은 주로 군국주의자나 그러한 사람들의 후손인 우익인사, 집권 여당, 일본 정부 공무원이라는 점에서 잘 나타나고 있으며, 그들의 의도와 목적에 따라 강도는 달라도 내용은 한국과 한국 국민을 자극하는 것으로 동일하다.

② 2단계: 독도의 분쟁지역화

일본이 독도를 분쟁지역화하려는 시도는 1954년 1월 28일 한국의 평화선 선언에 대한 항의, 독도에 대한 순시선의 접근, 1977년 후쿠다 망언, 일본 극우파의 독도 상륙기도 등을 들 수 있다. 특히 2005년 3월 15일 다케시마의 날 조례 제정과 2008년의 다케시마(독도) 홍보 책자 게재를 통한 외국 홍보 등이 대표적인 사례이다.

③ 3단계: 국제사법재판소 제소

독도 문제를 해결하기 위해 일본이 국제사법재판소 부탁을 통한 해결을 한국 측에 제의한 것은 적게는 4차례 크게 보면 2차례 있었다. 그 첫 번째는 1954(쇼와 29)년 9월 25일, 구상서(口上書: 한국에서는 구술서라고 함)로 다케시마 영유권 문제에 대해 국제사법재판소에 회부할 것을 한국 측에 제안했으나, 같은 해 10월 한국 측은 이 제안을 거부했다. 두 번째는 한일국교 정상화를 위해 1962(쇼와 37)년 3월 일한외상회담 때 고사카 젠타로(小坂善太郎) 외무대신이 최덕신 외무부장관에게 이 문제를 국제사법재판소에 회부할 것을 제안했으나, 한국은 이를 받아들이지 않았다.[89] 그리고 1962년 10월 20일 김종필 중앙정보부장이 도쿄를 방문 일본 오히라 마사요시(大平正芳) 외상과 가진 회담에서 오히라는 독도 문제를 국제사법재판소에 제소하는 데 한국 정부가 응해달라고 요청했다. 이 요청에 대해 김 부장은 한일회담과는 별개의 문제이므로 국교가 정상화된 뒤 시간을 갖고 해결하자고 말했다. 1962년 11월 12일 김종필 중앙정보부장은 오히라 외상과 제2차 회담을 하게 된다. 이 회담에서도 오히라는 국제사법재판소 제소 합의를 끈질기게 요구했으나, 정부 방침에 따라 독도 문제의 논의를 거부해 현재에 이른다.[90]

89) "죽도: 다케시마 문제를 이해하기 위한 10의 포인트"(2008), 일본 외무성.

그 이후 일본은 한국에 국제사법재판소 제소 제의를 하더라도 거절할 것이라는 점을 잘 알기에 공식적으로 국제사법재판소 부탁을 통한 해결을 한국 정부에 해오지는 않고 있는 것으로 알려졌다. 그렇지만 일본의 독도 문제 해결을 위한 방침은 '죽도: 다케시마 문제를 이해하기 위한 10의 포인트'라는 외무성 홍보 책자에서 밝히고 있는 것처럼 여전히 국제사법재판소 제소를 통한 해결방법을 유지하고 있다.

④ 4단계: 공동관리

일본이 독도에 대한 공동관리 의향을 내비친 것은 1960년대 초부터의 일이다. 한일 국교 정상화를 위해 1962년 11월 19일 일본 외무성에서 열린 예비절충 제15차 회의록에서 그 내용이 확인되고 있다. 자민당 외교조사위원회는 두 나라가 독도를 '공유'하는 안과 '공동관리'하는 안을 검토하고 있다고 밝히면서 한국 측의 반응을 탐색했다. 그러나 한국 정부의 거부는 확고했다.[91] 1963년 1월에는 일본의 오노(大野伴睦) 자민당 부총재가 기자 회견에서 독도를 한일 양국의 공유로 하는 제안을 했는데, 이때 시마네현 관계자들이 외무성과 자치성의 두 장관에게 독도는 일본의 영토이니 시마네현으로서는 공유는 절대 반대라는 성명을 냈다.[92]

2004년에는 일본의 국제법학자인 세리타 교수가 논고를 통해 '독도 문제 해결을 위한 방안으로 한국의 정치에서는 독도 문제는 과잉이라고 할 정도로 반일 국가주의 (nationalism)에 이용되어 왔다는 감이 있었다. 독도의 일본 편입이 한국을 일본의 보호국으로 한 1905년 11월 제2차 한일협약 직전이며, 이윽고 일본은 1910년에 한국을 병합해버리고 만다고 하는 역사에 깊이 관련되는 문제이기 때문이다. 그렇지만 우호관계가 깊어지고 있는 지금이야말로 국가주의에 발목 잡히는 일이 없이 냉정하게 역사적 국제법적인 카드를 쌍방이 함께 제시하여 논의를 접근시켜서 미래지향의 공동이용 자연보호구로 함으로써 현상을 인정하면서 일본과 한국의 공동관리 하에 두는 것을 생각해도 좋다'[93]고 독도 문제 해결방안을 제시한 바 있다.

2008년 8월 13일에는 한국해양개발연구원 심포지엄[94] 주제발표를 통해 호사카 유지 교

---

90) 김학준(2003), "독도는 우리 땅", 도서출판 해맞이, pp.207~212.
91) 김학준(2003), "독도는 우리 땅", 도서출판 해맞이, pp.207~212.
92) 박유하(2005), "화해를 위해서", 도서출판 뿌리와이파리, p.190.
93) 박배근 · 이창위(2007), "독도 영유권에 관한 일본 국제법학자의 주장 분석", 한국해양수산개발원, pp.1~95.
94) 심포지엄(symposium)은 한 문제를 두 명 이상이 각기 다른 면에서 고찰한 바를 명쾌하게 설명한 후, 청중 · 사회자 등의 질문에 답변하는 토론의 한 형식.

수가 독도 공동 관리에 대한 일본의 의도를 지적, 한동안 화제가 되기도 했다. 2003년 귀화한 한국인으로 국내 독도 전문가 중 한 사람인 세종대학교 호사카 유지 교수는 "일본은 독도를 자국 영토화 하는 과정에서 발생하는 한국의 반발이나 반응 등에 대해 이미 계산에 넣어 두고 있다. 일본의 속내는 독도를 완전히 자국 영토로 만드는 것이 아니다. 공동관리 수준"이라고 말한 바 있다. 또한 그는 "일본은 국제 여론으로 한국을 압박해 한국과 일본이 독도를 공동 관리하는 쪽으로 몰아갈 것이다. 일본은 이미 공동 관리에 대한 여러 방안을 내놓고 있다. 합의를 통해 독도 주변 수역을 조사할 수 있도록 하는 동시에 해저자원 역시 공동으로 가지자고 할 것"이라고 말했다.[95)

　일본 사회 일각에서 독도의 공동관리 문제가 거론되고 있기는 하지만, 일본 정부가 아직 공식적으로 이를 언급한 일은 알려지지 않고 있다. 한국은 독도를 실효지배하고 있으므로 공동 관리를 해야 할 이유가 없다. 그리고 독도에 대한 일본의 공식적인 문제 해결방식은 국제사법재판소 제소이다. 지금도 분쟁지역화를 통해 국제사법재판소에 제소되도록 하려는 방침에는 변함이 없다. 한국이 이에 응하지 않고 있으므로 일본의 선택 여지는 좁지만, 이러한 한계를 타개하는 방안으로 무력 충돌을 불러일으킬 가능성을 배제하기 어렵다.

　무력적 수단을 동원한 후 국제사법재판소 제소에 응하도록 만들고, 재판에서 유리한 상황이 전개되거나 일본이 승소를 할 경우 한국의 반발과 국제사회의 비난을 피하려고 전략적인 측면에서 일본은 국제사법재판소에 공동 관리를 중재방안으로 요청할 가능성은 있다. 일단 공동 관리에 들어가면 한국의 공식적인 주권 행사는 제한되므로 국제기구나 제삼국에 대해 일본은 일방적인 다케시마 홍보를 진행할 것이고, 독도에서는 한국과의 새로운 마찰을 유발해 일본 영토로 편입시키는 작업을 진행해나갈 것이 뻔하다. 한국은 일본이 독도 영유권을 탈환할 중간과정의 목적으로 공동 관리를 이용할 가능성에 대비하고 경계할 필요가 있다.

⑤ 5단계: 일본 편입

　일본은 1905년 독도를 편입했기 때문에 최근에는 편입이라는 용어를 사용하지 않고 탈환이라는 용어를 많이 사용한다. 1994년 발효된 유엔신해양법 채택 의사를 발표한 일본은 1996년 총선거에서 집권당을 비롯하여 대규모 보수정당들이 '다케시마(독도) 탈환'을 선거공약으로 내세웠다. 그러나 일본 정부에서 다케시마 탈환을 공식으로 사용한 것은 1997

---

95) 뉴스한국 2008. 8. 6.

년 외교백서에서 일본외교 10대 지침의 하나로 '독도 침탈(소위 탈환)'을 설정[96]하면서부터였으며, 이후 시마네현 등에서 공공연하게 사용한다. 이를 위해 1998년 11월 일본 해상 자위대가 '독도'를 무력으로 접수하는 해상훈련을 비밀리에 실시하고, 2008년 2월 한국어, 일본어, 영어 등 3개 국어로 된 죽도(독도) 홍보 책자를 만들어 홈페이지에 게재했으며, 12월에는 10개 국어로 늘리는 등 국외홍보에 열을 올리고 있다. 일본의 행동은 목표설정, 실행을 위한 군사훈련, 국내외 홍보 등 독도 탈환이라는 목표달성을 위해 한 걸음씩 착착 앞으로 나아가고 있다.

⑥ 6단계: 새로운 분쟁요소 발굴

일본이 독도 분쟁을 추구하는 기본적인 목표는 대략 3가지로 요약할 수 있다. 평상시에는 다목적용 정치적 패로 활용, 독도 탈환, 한반도 지역에서 국제정치적인 입지 강화를 통해 한국은 물론 주변 강대국과의 경쟁에서 우위를 점유하는 데 있다. 평화헌법과 일본 국내 반전 세력의 반대여론, 국제적으로 다시 한 번 전범국으로 낙인이 찍힐 수 있다는 점 등 정치적 승리의 불확실성, 세계화를 통한 경제적인 의존도 증가, 미국과 군사동맹으로 자위대를 움직이기 어려운 측면이 있기는 하다. 하지만 일본은 상시로 독도를 공격해 분쟁지역화 할 수 있는 상황인데도 불구하고, 무력을 통한 분쟁유발을 시도하지 않았다는 점은 정치적 활용으로도 충분한 활용가치가 있기 때문이다. 독도를 탈환하면 정치적 활용 가치가 줄어들고 한국과 주변 강대국의 반발이 확대될 것이 확실하므로, 일본은 주변 강대국들의 반발과 비난을 전환하기 위해 어떤 형태든 새로운 분쟁 대상을 만들 것이다. 그들이 목표로 하는 한반도 지역에서 한국은 물론 주변 강대국과의 경쟁에서 우위를 점유하는 최종목표가 아직 달성되지 않았기 때문이다.

일본은 임진왜란 때 청나라 정벌을 위한 길을 내어달라고 했고, 메이지유신 이후에는 정한론을 내세워 조선의 반발을 유도, 침략의 명분을 쌓기 위해 외교사절을 보내면서 일부러 천황이라는 용어를 사용했다. 강화도조약 체결을 위해 강화도 앞바다에 군함을 근접시켜 선공하도록 유도한 바도 있다. 이제까지는 독도 문제에 집중해왔지만, 독도가 아니라도 일본이 한국을 자극할 새로운 분쟁요소는 얼마든지 만들 수 있다. 일본의 목표가 독도 탈환에만 국한되어 있다면 그것으로 끝나겠지만, 일본의 국가목표가 한반도를 일본 방어를 위한 전략적인 관심지역으로 규정하고 있는 이상 독도 문제가 아니라도 분명히 다른 분쟁거

---

96) 신용하(2002), "독도 영유권에 대한 일본주장 비판", 서울대학교출판부, p.212.

리를 만들 것이다. 인접국의 발전과 국력 증강은 사이가 나빠지면 곧바로 위험요소로 바뀔 수 있다는 것을 일본인들은 잘 알고 있으므로 끊임없는 견제 욕구가 발동할 수밖에 없다.

(2) 독도 분쟁 시나리오

일본이 유사시에 자위대의 대응 방침 등을 정한 유사법제를 통과시키는 등 우경화로 치닫고 있는 점도 우려할만한 대목이다. 일본은 평화헌법을 개정해 자위대에 집단적 자위권을 부여하고 유엔안보리 상임이사국 진출 등 '군사대국'을 향해 한 걸음씩 나아가고 있다. 일본의 우경화와 더불어 1990년대 후반 제기된 독도 관련 분쟁 시나리오[97]에 주목할 필요가 있다. 독도분쟁 시나리오는 [표 7－6]에서 보는 바와 같이 7단계로 독도의 무력 충돌 가능성을 거론하고 있다.

일본의 평화헌법 개정, 유엔 안보리 상임이사국 진출 추진 등 우경화 경향과 일본 우익단체의 독도 상륙 등은 2단계에 해당한다. 독도 분쟁 시나리오를 제기한 배진수(裵珍洙) 전 한국군사문제연구소 선임연구원(정치학 박사)은 "독도 분쟁의 심각성 지수는 1946년부터 1985년 발생한 세계 영토분쟁 사례 58건 중 16위에 해당하며, 독도 분쟁 발발 가능성은 한반도 주변 14개 잠재적 분쟁지역 가운데 중국과 일본 간 센카쿠열도 분쟁에 이어 5위이다. 독도에 대한 역사적인 연구 외에도 미일방위협력조약의 변화 등을 유심히 살피며 분쟁 시나리오 등을 대비할 필요가 있다"고 주장했다.[98] '일본의 독도 점령 시나리오' 저자인 황백현 씨도 일본의 독도 점령은 독도가 일본 땅이라는 기록을 남기고 보존(1단계)→독도 한일 공동관리 수역화(2단계)→현행 전쟁포기헌법 개정(3단계)→일본인 독도 불시 상륙(4단계)→국제사법재판소 제소(5단계)→패소국가 불복(6단계)→독도전쟁 발발→전승국 독도 점령에 따른 시나리오에 의해 진행될 것으로 예측했다.[99]

[표 7-6] 단계별 독도 분쟁 시나리오

1단계	2단계	3단계	4단계	5단계	6단계	7단계
명분 축적용 독도 영유권 주장	독도 분쟁화 추진	독도 문제 유엔총회 상정	군사위기 및 유엔 안보리 개입	국제사법재판소 회부	패소국 판결 불복	군사 분쟁

---

97) 시나리오(scenario)는 미리 짜 놓은 계획 또는 안(案).

98) 임재정 외(2005), "간도에서 대마도까지", 동아일보사, pp.152~153.

99) 황백현(2000), "일본의 독도 점령 시나리오", 도서출판 다솔, p.35.

일본이 기본전략에 따라 독도 분쟁을 이끌어갈지 아니면 예상되는 분쟁 시나리오에 따라 독도 분쟁을 이어갈지 정확히 예측하기는 어렵다. 한 가지 확실한 점은 어떠한 방향으로 이끌어가든 일본이 독도에 대한 탐욕을 갖고 분쟁을 지속하는 한 일본은 반드시 독도를 공격할 것이며, 독도 분쟁이 해결되면 새로운 분쟁요소를 만들어 한국에 대한 새로운 도발과 대립각을 세울 것이라는 점이다. 이러한 전망은 일본이 그동안 대화와 타협 평화 공존을 통한 공동의 발전보다는 독도를 한국으로부터 탈환하기 위해 가용한 모든 방법을 동원해왔고, 그것을 정권유지의 방편으로 활용해왔다는 점에 비추어 볼 때 한국에 대한 일본의 저의가 독도 분쟁 해소로 끝난다고 보기 어렵게 만들기 때문이다.

4. 독도 문제 점화원과 가동에너지

1) 일본 정부 독도 문제의 점화와 그 주동자

일본 정부는 1951년 샌프란시스코 평화조약의 성립과정에서 이 조약의 초안 중 영토조항에 독도가 일본 영토로 표기되게 하려고 연합국 측에 전력을 다해서 그들의 의사를 전달하고 로비를 벌였다. 미국 정부, 특히 시볼드(William Sebald)를 상대로 독도(다케시마)의 일본 영토화 작업을 추진한 것은 당시 일본 총리 요시다 시게루((吉田茂)를 필두로 한 일본 정부였으며, 핵심적인 역할을 한 사람은 일본 외무성 조약국에서 실무자로 여기에 가담한 가와카미 겐조[100](川上建三) 사무관이었다.

그는 '죽도(竹島)의 영유(領有)'라는 제목의 정교한 보고서를 제출하여, '죽도 영토화 작업'을 위한 일본 측 국제법적 주장의 이론적 골격을 성안[101](成案)하였다. 나중에 그는 이 보고서를 기초로 '죽도의 역사지리학적 연구'라는 저서를 발간하였다. 객관적인 진리를 추구하는 학자가 아닌, 한 사람의 충성스러운 일본 외무 관료가 '죽도 영토화 작업'이라는 일본 정부 정책을 위해서 저술한 이 책은 지금까지도 여러 일본 학자들이 죽도 영유권을

---

100) 가와카미 겐조(川上建三): 1909년 9월 15일 대북(臺北)에서 출생했다. 1933년 경도제국대학(京都帝國大學) 문학부를 졸업하고 대만(臺灣)에서 한때 교사로 일하다가, 2차 대전 말기에는 참모본부(參謀本部) 대동아성(大同亞省)에 군속으로 근무하였으며, 전후 일본 외무성에 들어가게 된다. 그는 조약국 사무관으로 '죽도(竹島)의 영유(領有)'라는 보고서를 작성하였다. 이 초기의 보고서는 일본의 고문헌과 지도는 물론이고 한국의 조선왕조실록을 상세히 인용한 정교하고 치밀한 것이었다. 1966년 그의 주저인 '죽도의 역사지리학적 연구'를 발간한 후에도 1972년까지 계속 현직 외무 관료로 외무성 조약국에 근무하였고, 소련 공사 등을 역임했다. 퇴직한 후에도 일본 외무성 참여(參與)의 신분으로 일본과 소련 어업교섭의 일본 측 대표로 활약하였으며, 일본에서 독도문제 이외에도 조약문제의 권위자로 알려져 있었다. 1995년 8월 22일 사망하였다. '죽도의 역사지리학적 연구'는 출판사 고금서원(古今書院)에 의해서 1996년에 다시 신장판(新裝版)으로 복간되었다.

101) 성안(成案)은 안을 작성함. 또는 그 안.

학술적으로 주장하면서 국제법적 이론의 원전이 되고 있다. 가와카미 겐조 씨가 정교하게 만들어낸 '죽도 일본 영유권론'의 논거 중에서는 국제법상의 '무주물 선점이론'이 중요한 근거로 제기되고 있는데, 이는 1905년 1월 28일 일본 제국주의 정부 각료회의에서 독도(다케시마)를 일본 영토로 편입시키기로 결정한 사실을 전제로 하는 것이다.[102]

2) 독도 문제의 전위대 시마네현

(1) 다케시마의 날 조례 제정

① 조례 제정의 배경

일본 시마네현은 2005년 3월 16일 '다케시마의 날'(2월 22일)로 조례를 제정했다. 그 목적은 다케시마의 영토권 조기 확립을 위해 현민과 지역, 현이 하나가 되어 추진한다는 것이었다.

② 조례 제정

2005년 3월 16일 오전 일본 시마네현 의회에서 '다케시마(竹島: 독도의 일본식 이름)의 날' 조례안이 가결됐다. 총 38명의 의원 중 결석자 1명과 의장을 제외한 36명이 표결에 참석해 찬성 33명, 반대 2명, 기권 1명으로 통과됐다. 반대한 2명은 민주당 출신의 '현정클럽' 소속의 두 의원이었고, 기권한 1명은 공산당 출신 의원이었다. 다케시마의 날 조례 전문 내용은 [표 7-7]과 같다.

③ 다케시마의 날 조례 제정의 심각성

시마네현의 '다케시마의 날' 조례 제정은 당시 일본 국내외는 물론 한국인들까지 관심을 끌게 한 이례적인 사건으로 세 가지 측면에서 심각한 문제점을 안고 있다. 첫째는 주권국가 대한민국이 실효지배를 하고 있는 영토에 대한 공식적인 도전을 일본이 국내외에 선포했다는 점이며, 둘째는 조례내용에 나타나 있듯이 시마네현이 다케시마의 영토권 조기 확립을 지향하는 운동을 추진하고 국민 여론의 계발을 도모한다는 점이다. 결국 일본 국민이 잊을만하면 독도 문제를 다시 부추기는 역할을 하겠다고 공언한 것으로 볼 수 있다. 셋째는 필요한 시의 정책을 강구하도록 노력한다는 것이다. 이제까지 시책으로 강구

---

102) 김영구(2003), "독도문제의 진실", 법영사, pp.303~305.

[표 7-7] 다케시마의 날 조례 전문

(제1조)	현민. 시정촌 및 현이 하나가 되어 '다케시마'의 영토권 조기 확립을 지향하는 운동을 추진하고, '다케시마' 문제에 대한 국민 여론의 계발을 도모하기 위해 '다케시마의 날'을 지정한다.
(제2조)	'다케시마의 날'은 2월 22일로 한다.
(제3조)	현은 '다케시마의 날'의 취지에 맞춰 필요한 시책을 강구하도록 노력하기로 한다.
(부칙)	조례는 공포한 날부터 시행한다.

된 내용은 박물관 설립 등 여러 가지가 있다. 하지만 현 내의 55개 초·중·고등학교 학생들에게 '다케시마의 날' 제정 취지와 의의 등을 교육할 것을 권고하고 있으며, 이것을 사회문제화시켜 언론이 보도하게 함으로써 전체 일본 국민에게 자신들의 활동을 홍보 전파하는 등 대를 이어 대립과 반목을 조성하고 있다는 점이다. 이를 위해 전담직원을 배치하고 매년 '다케시마의 날' 행사를 개최하고 있으며, 이 행사 전에는 예외 없이 일본인들에게 다케시마에 대한 주의를 환기시키기 위한 홍보에 광분해왔다. 즉 시마네현이 일본 내 독도 문제의 전위대 역할을 자임하겠다는 의지를 거듭 확인하면서 행동으로 표출한 것이 '다케시마의 날' 조례 제정이라 할 수 있다.

(2) 다케시마연구회를 통한 논리 개발

한국이 독도를 실효적으로 지배하고 있는 상황에서 영유권을 조기에 확보하기 위해 일본은 영유권 주장의 객관적인 논리가 필요했다. 이 문제를 해결하기 위해 2005년 6월 시마네현은 영유권 조기 확립 활동의 하나로 '다케시마문제연구회'를 조직한다. 연구회는 좌장인 시모조를 비롯해서 10명의 연구위원으로 구성되었다. 2005년 6월 21일 제1회 연구회를 시작으로 격월제로 2007년 3월 27일과 28일 제13회 연구회 개최 후 공식해산까지의 과정에서 중간보고서와 최종보고서를 작성했다. 그 내용은 주로 다케시마가 일본 영토라는 역사적 권원을 개발했고, 한국 영토로서의 역사적 권원을 부정하는 작업이었다.

그들은 이러한 논리를 보완하기 위해 울릉도 현지를 방문하여 조사했고, 연구회와 성향이 다른 일본인 및 한국인 학자를 초청하여 한국 측의 영유권 논리를 분석하는 데 이용하기도 했다. 이들이 만든 보고서는 이후 시마네현 공보지 포토(photo, 사진) 시마네, 오키 교육위원회 부교재 내 고향 오키, 시마네현 독도자료실 자료는 물론 2006년 6월 16일 일본국회에 제출된 '죽도 영토권의 조기 확립에 관한 청원'이 중의원과 참의원 본회의에서 각각 다수의 찬성으로 채택되는 등 독도 문제를 확산시키는 자료로 활용되고

있다.103)

(3) 다케시마 문제 일본 국내외 확산 추진

2005년 3월 16일 시마네현이 조례로 '다케시마의 날'을 제정한 데 대해 한국이 맹렬히 반발한 것을 계기로 일본에서 독도 문제에 대한 관심이 단번에 고조되었다.104) 그리고 4개월 후 조직한 다케시마(竹島)문제연구회가 2007년 3월 28일 최종보고서를 제출하자 미조구치 지사는 같은 날 시마네현의 입장에서 독도 문제에 대한 향후 사업계획을 발표했다. 첫째는 시마네현 홈페이지는 '가칭 웹(web)연구소'를 3개월 안에 만들어 다케시마문제연구회의 성과와 최신 연구정보, 시마네현의 주장 등을 인터넷상에 공개한다. 둘째는 다케시마 문제에 연구자와 홍보담당자들이 수시로 정보와 의견을 교환할 수 있는 '(가칭)다케시마문제연구회의'를 설치 웹연구소에 협력하고 새로운 연구와 홍보활동에 필요한 연대체제를 만든다. 셋째는 다케시마문제연구회의 성과와 시마네현의 주장을 널리 이해시키기 위한 각종 강연회 등과 '다케시마의 날' 기념사업 등을 관련단체와 연대 추진한다. 넷째는 일본 국회에 독도 문제에 대한 적극적인 활동을 요구한다는 것이었다.

이들 중 상당 부분은 이미 실행되고 있다. 그리고 시마네현은 일본 국회의 새로운 외교교섭 전개, 죽도 문제를 소관 하는 조직의 설치, 학교에서의 죽도교육문제 등 일본 국가 차원에서 구체적인 대응을 중점적으로 요구할 것이라고 밝혔다. 이처럼 시마네현은 독도 문제를 시마네현 차원이 아니라 각종 연대를 통해 일본 전국적으로 확산시키고 있다. 민관합동으로 지자체와 중앙정부가 한 몸으로, 언론과 국민이 일심동체가 되어 독도 탈환을 주장하고 있다.105)

(4) 시마네현의 다케시마 집착이 이루어 놓은 것들

시마네현의 다케시마에 대한 집착이 이루어 놓은 것들은 [그림 7-2], [그림 7-3], [그림 7-4]에서 보는 것처럼 여러 가지가 있다. 다케시마의 문제에 대한 홍보물 '다케시마'(竹島)내용 속에는 '다케시마란?, 하루빨리 영토권 확립을, 역사적으로 보아도 일본의 영토입니다. 국제법에 비추어 보아도 일본의 영토입니다. 다케시마 연표' 등을 영어, 일어, 한

103) 최장근(2008), "독도의 영토학", 대구대학교출판부, pp.188~227.
104) 박병섭 · 나이토 세이추(2008), "독도=다케시마 논쟁", 도서출판 보고사, p.187.
105) 최장근(2008), "독도의 영토학", 대구대학교출판부, pp.229~230.

국어로 소개하고 있다. 그리고 외무성이 작성한 홍보물 속에서는 '다케시마의 10가지 쟁점'을 통해 일본의 독도에 대한 영유권 주장과 독도에 대한 한국 측 주장을 반박하는 내용이 소개되어 있다.

시마네현에서 운영하는 독도 홈페이지106)에 들어가면 '시마네현의 주장(島根の主張) 다케시마는 일본 영토입니다(竹島は日本の領土です!)'. 웹다케시마문제연구소에서는(Web竹島問題研究所とは……) '조사연구성과·보고(調査研究成果·報告), 다케시마 자료 시마네현의 활동(竹島資料室島根の活動), 다케시마문제계발자료(竹島問題啓発資料), 다케시마문제에 관한 연수회·강습회·판넬전(竹島問題に関する研修会·講習会·パネル展), 현 내외동향·보도정보(県内外の動き·報道情報) 그리고 다케시마 문제에 대한 의견' 등 독도와 독도 관련 시마네현의 활동은 물론 한국 정부와 경상북도의 홈페이지 자료에서 한국의 반박문까지 다양한 내용이 수록되어 있다. 홈페이지에 나타난 내용으로 한일 양국 간 활동을 비교하는 데 한계가 있는 것은 사실이지만, 경상북도의 홈페이지 구성 방식과 시마네현의 게시 내용물, 연구 및 업무 진행성과를 비교해 보면 한국의 독도에 대한 관리방식과 수준 그리고 일본의 독도 영유권에 대한 집념과 의도를 다시 한 번 생각하게 한다.

[그림 7-2] 다케시마(죽도=독도)
문제에 대한 홍보물

[시마네현 홈페이지에서 바로 연결(link)되게 하여 놓았음]

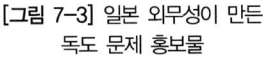

[그림 7-3] 일본 외무성이 만든
독도 문제 홍보물

(竹島資料室がある建物の外観)

[그림 7-4] 시마네현 독도자료실이
있는 건물 외관

---

106) http://www.pref.shimane.lg.jp/soumu/web-takeshima/(시마네현에서 운영하는 독도 홈페이지)

(5) 다케시마의 날 제정에 대한 한일 양국정부 대응

① 한국 정부와 한국 국민의 대응

[표 7-8]에서 보는 바와 같이 2005년 2월 23일 일본 시마네현 의회가 '다케시마의 날' 제정을 위한 조례안을 상정하자 한국 정부의 이규형 외교부 대변인이 "시마네현 조례안 상정은 역사적, 지리적, 국제법적으로 명백한 우리 영토인 독도에 대한 주권 침해 행위"라며, 조례안의 즉각적인 폐기를 촉구한다는 입장을 밝혔다. 경상북도는 자매결연을 한 시마네현과 교류 전면중단을 선언하지만, 서울 한복판에서는 마치 한국 정부를 비웃기라도 하는 듯이, 다카노 도시유키 주한 일본대사가 "독도는 명백한 일본 땅"이라고 말했다. 이에 대해 한국 정부는 당사자인 다카노 도시유키 주한 일본대사는 그냥 두고 대신 우라베 도시나오 주한 일본대사관 총괄공사를 소환하여 강력히 항의한다. 그리고 이 조치가

[표 7-8] 시마네현 다케시마의 날 전후 한일관계 일지

날짜	행사 및 조치 내용
2004년 12월 18일	· 한일 정상회담(일본 이부스키)
2005년 1월 17일	· 한국 정부, 한일협정 관련 문서 5권 공개
2005년 1월 25일	· '한일 우정의 해 2005' 개막행사(도쿄)
2005년 1월 27일	· '한일 우정의 해 2005' 개막행사(서울)
2005년 2월 23일	· 일본 시마네현 의회가 '다케시마의 날' 제정 조례안 상정함. · 이규형 외교부 대변인 "시마네현 조례안 상정은 역사적, 지리적, 국제법적으로 명백한 우리 영토인 독도에 대한 주권 침해 행위" 조례안 즉각 폐기 촉구 · 경상북도는 자매결연 맺은 시마네현과 교류 전면중단 · 다카노 도시유키 주한 일본대사의 "독도는 명백한 일본 땅" 발언 파문
2005년 2월 24일	· 우라베 도시나오 주한 일본대사관 총괄공사를 소환하여 강력 항의
2005년 2월 25일	· 라종일 주일 한국대사가 시마네현 '다케시마의 날' 조례안 관련하여 일본 외무성에 공식 항의함.
2005년 3월 1일	· 노무현 대통령 3·1절 기념사 "과거사 배상" 발언에 대해 고이즈미 준이치로 일본 총리 "노 대통령 연설은 국내용" 발언이라 언급 · 일본 자민당 의원 방한 취소
2005년 3월 4일	· 반기문 외교통상부 장관 방일 무기연기 발표
2005년 3월 6일	· 일본 문부과학성 정무관 "근린제국조항 자학사관 조성" 발언
2005년 3월 7일	· 일본 자민당, 야스쿠니신사 참배 헌법상 보장 방침(일 마이니치신문 보도)
2005년 3월 8일	· 일본 아사히신문 경비행기 독도 상공 진입 시도, 공군 전투기 출격
2005년 3월 9일	· 일본 해경 해상초계기 독도 근접 비행 · 반기문 외교통상부 장관 "독도는 한일관계보다 상위개념" 표명
2005년 3월10일	· 일본 시마네현 의회 총무위 '다케시마의 날' 제정 조례안 가결
2005년 3월16일	· '다케시마의 날 제정 조례안, 시마네현 본회의 통과

출처: 국토해양부, 외교통상부(아젠다넷 정리).

좀 약하다는 생각이 들었든지, 라종일 주일 한국대사가 시마네현의 '다케시마의 날' 조례안 상정과 관련하여 일본 외무성에 공식 항의했다.

며칠 후 노무현 대통령이 3·1절 기념사에서 '과거사 배상' 관련 발언을 하고, 이에 대해 고이즈미 준이치로 일본 총리가 "노 대통령 연설은 국내용" 발언이라며 일축하고 나섰다. 양국이 대립각을 세우면서 일본 자민당 의원은 방한을 취소하고 반기문 외교통상부 장관이 일본 방문 무기 연기를 발표하기에 이른다. 3월 9일에는 반기문 외교통상부 장관이 "독도는 한일관계보다 상위개념"이라고 표명했지만, 일본은 별다른 반응이 없었다. 3월 10일 일본 시마네현 의회 총무위에서 '다케시마의 날' 제정 조례안을 가결했고, 3월 16일 '다케시마의 날' 제정 조례안이 시마네현 본회의를 통과함으로써 다케시마의 날이 공식적으로 지정되었다.

흥사단을 비롯한 여러 단체에서 대일 성명을 발표하고 규탄집회를 했으며, 국민도 반일 감정을 다양한 방법으로 표출했다. 그렇지만 영토주권 침해 행위에 대한 한국 정부의 대응은 성명을 발표하고, 항의하고, 외교통상부 장관의 일본 방문 취소가 일본 정부에 대해 조치를 취한 것의 전부였다. 그 사이에 일본은 자신들이 하고 싶은 행동을 예정대로 진행했다. 이것이 엄연한 한국과 일본이 독도 문제에 대해 대처하는 방식의 차이이고 현실이다. 즉 일본은 국력 우위를 내세워 자신들의 의도를 의지대로 밀고 나가고 한국은 독도 분쟁은 아예 없는 것으로 설정해 스스로 행동을 할 수 없도록 자신을 동여매고 있는데다, 일본을 조정해 나갈 대안도 없으므로 어떻게 하지 못하고 두 눈 멀쩡하게 뜬 채로 일본이 독도의 영유권을 침해하는 것을 지켜보며 항의하고 불쾌한 감정을 표출하는 것으로 끝내야 했다. 그렇지만 이는 한국 정부의 무능 문제라기보다는 직접적인 응징을 행사하면 일본이 의도하는 분쟁에 휘말리고 무력 충돌을 불러올 가능성이 있어 결국 스스로 행동을 절제하면서 항의를 통해 의사를 전달하는 방법을 선택할 수밖에 없기 때문이다.

② 일본 정부의 대응

일본 외무성은 시마네현 의회의 '다케시마(竹島)의 날' 제정 움직임에 대해 외무성 동북아시아과가 2005년 3월 2일 스미타 노부요시(澄田信義) 시마네현 지사와 미야즈미 하지메(宮隅啓) 시마네현 의회의장 앞으로 '다케시마의 날' 제정 조례안 상정 후 한국 내의 반발 등을 설명한 마치무라 노부타카(町村信孝) 외상 명의의 문서를 팩스로 각각 보내 조례안 제정에 신중을 기하여 달라고 요구한 것으로 알려졌다.[107] 이를 두고 일본 언론은 외무성이 시마네현의 다케시마 날 제정을 견제한 것으로 보도했지만, 이는 단순히 한국 정부의 항의에 대비한 그저 모양 갖추기 정도의 요식행위에 지나지 않는다.

일본 정부에 독도 문제를 축소하려는 의지와 진정성이 있었다면, 2008년 외무성이 독도에 대한 홍보물을 제작하고, 그 후 10개국 언어로 재작성하여 전 세계를 대상으로 홍보할 이유가 없다. 일본 내각회의나 외무성의 외상이 아닌 외무성의 동북아시아과가 정식 문서도 아닌 팩시밀리로 그것도 제정하지 말라는 것도 아니고 신중을 기해달라는 내용의 협조문을 보낸 것은 일본 정부가 원하는 것을 시마네현이 나서서 행동하고 있었으므로 실제로는 일본 정부에서 오히려 다케시마의 날 제정을 뒤에서 부추기며 속으로는 쾌재를 부르면서 밖으로는 짐짓 만류하는 듯한 행세를 한 것에 불과하다.

한 달 전인 2005년 1월 25일과 27일 도쿄와 서울에서 각각 한일 우정의 해 행사를 개최해 놓고, 타국이 실효적으로 지배를 하고 있는 영토에 대해 자국의 영토인 것처럼 한국 정부의 반발이 충분히 예견되는데도 다케시마의 날을 제정하는 것은 일본인들의 전형적인 이중적 태도의 단면을 보여주는 것이다.

5. 일본이 결정적일 때마다 내민 숨긴 패는 돈

평화선 철폐를 가져온 1965년의 한일회담과 어업협정 체결에서 여러 가지 명분으로 일본은 유상과 무상을 합쳐 총 5억 불(9천만 불은 어업차관)의 차관을 제공했다. 그리고 1977년 후쿠다 망언과 한국의 200해리 어업전관수역 선포로 한일 양국이 소원한 관계가 유지되고, 교과서 파동이 일어난 1982년 전두환 대통령의 안보차관 40억 달러 도입 후, 독도 전체를 천연기념물 제336호로 지정하여 일반 국민의 독도 입도를 제한했다. 1999년 김대중 정부에서 30억 불을 일본에서 도입한 후 독도는 울릉도와 분리되어 '중간수역'에 포함되었[108]으며, 독도에 민간인 출입이 사실상 봉쇄되는 조치가 이루어졌다.

이렇게 한국과 일본이 독도 문제를 둘러싼 중대한 외교국면이 있을 때마다 한국은 일본에 손을 벌렸고, 일본이 한국에 금전을 제공한 후에는 독도 문제에 대한 국내적 조치가 수반되었다. 실제 일본이 차관을 제공하면서 한국에 독도 문제와 관련된 어떤 것을 요구했는지는 확인하기 어렵다. 당시 양국의 실무를 맡고 정책을 결정한 당국자들은 그 내용

107) 중앙일보 2005. 3. 9.
108) 독도본부(2006), "신한일어업협정은 왜 폐기되어야 하는가?", 우리영토, p.33.

을 알겠지만, 아무도 교섭 이면의 상황에 대해서는 언급하지 않는다. 일본의 요구에 의해 국내에서 어떤 조치가 이루어지더라도 일본은 금전을 독도 문제 해결을 위한 압력수단으로 이용한다는 국제적인 오명을 덮어쓸 수 있으며, 한국 정부나 공무원의 입장에서는 독도 문제를 엉키게 하고 훼손하는 일을 한 것이 국민에게 노출되면 매국노로 몰릴 가능성이 있으므로 극도로 조심스러운 부분이다.

중요한 점은 왜 하필이면 일본의 차관제공과 독도 문제가 계속 연관되고, 특히 한국이 스스로 양보하는 것 같은 조치를 비슷한 시기에 취했는가 하는 점이다. 정부 차원에서 정책을 결정해 발표할 때 그 사안은 꼭 해결해야 하거나 해결하지 않으면 안 되는 첨예한 현안이다. 표면적으로 일본은 요구하지 않는데 한국 내에서 국민이 그렇게 하지 않으면 안 된다고 아우성을 치는 것이 아니라 오히려 국민은 그러한 일들을 하지 말아야 한다고 주장하는데, 국민의 요구를 무시하면서까지 왜 한국 정부는 스스로 그러한 발표들을 했을까? 그 실체를 파헤치려면 전두환 정부, 김영삼 정부와 김대중 정부에서 일련의 발표와 연관된 일을 했던 공직자들을 소환해 조사하면 금방 드러날 일이다. 그런데 정부에서는 그러한 일을 하지도 않고 하려는 의사도 없는 것처럼 보인다.

그럼 왜 한국의 과거 정부는 한국에 도움이 되는 일이 아니라 스스로 불리하게 작용할 수도 있는 일을 했을까? 그 원인은 역시 차관에 있다. 쉬운 말로 한국이 형편이 어려워 일본에 자주 돈을 빌리려고 갔다. 그런데 일본의 당국자들은 안 된다고 딱 잘라 거절하지 않고, 독도 문제로 양국이 대립하고 있어 일본 국민과 보수우익의 여론이 좋지 않다며 난색을 보인다. 그러면 한국의 당국자는 일본의 관계자에게 어떠한 조치를 원하느냐고 묻는다. 이에 대해 일본의 관계자는 한 번에 결정적인 영향을 미칠 수 있는 사안을 요구하면 반발을 할 것이므로 그것을 한국이 스스로 알아서 할 일이라면서도 논란이 되고 있는 현안을 슬쩍 언급하고 넘어간다.

결국 한국은 돈이 아쉽고 빌려야 하므로 스스로 일본이 원하는 것을 정리해 이러한 조처를 하겠다면서 다시 돈을 빌려 달라고 하면 일본은 못 이기는 척하며 돈을 빌려준다. 한국은 시기를 같이해 스스로 정리한 정책을 결정하고 발표한다. 일본의 입장에서는 차관제공은 남는 돈을 빌려주고 이자는 이자대로 받으면서 한국의 여론을 조종하고 독도 문제를 유리하게 이끌어갈 수 있는 근거도 마련하면서 한국 내의 찬성파와 반대파의 대립으로 내부분열까지 획책할 수 있는 다목적 패였다. 그동안 일본은 독도 영유권문제를 풀어가면서 어렵고 생각대로 잘 안 될 때 한국이 아쉬운 소리를 하면 예외 없이 결정적인 패로 내세운 것 역시 돈이었다.

명목상으로는 한국 정부 스스로 결정하고 행동한 것처럼 보이지만, 일본의 간교한 책략에 의해 일본과의 사전 조율에 따라 이루어진 것으로 볼 수밖에 없다. 그렇지 않고서야 한국 정부가 국민이 요구하는 독도 입도를 제한하고 국민이 반대하는 평화선을 철폐하고 중간수역에 독도를 포함할 이유가 없다. 그리고 1997년 김영삼 정부와 어업협상을 논의할 때 양국의 대립이 첨예한 가운데 그해 말 일본의 단기자금에 대한 회수조치가 한국의 국제통화기금(IMF, International Monetary Fund) 구제금융 사건[109]이 발생하는 데 결정적인 역할을 했다는 것은 잘 알려진 사실이다. 차관이 무상으로 그냥 제공되는 것도 아니고, 이자를 받는데 돈을 빌려주면서 덤으로 독도 문제를 걸고넘어져 한국 정부를 곤혹스럽게 만든 것은 경제동물 일본만이 할 수 있는 일이 아닌가 싶다.

돈은 돌고 도는 것이며, 영원한 부자는 없다는 것을 일본 정부와 정치인은 아마 아직은 인정하고 싶지 않은 모양이다. 그러나 세상에 영원한 것은 없다. 만일 일본의 행태가 위에서 짐작하는 대로의 내용이라면 일본은 추후 다시는 차관을 제공하면서 어느 나라를 막론하고 섣부른 책략을 하는 일은 삼가야 할 것이다. 이제는 우리나라의 외환보유액이 증가하여 과거보다는 사정이 많이 좋아졌다. 그러나 미국도 외환위기를 겪는데 아직은 안심할 때가 아니다. 정부는 국가부채와 외환관리에 더욱 철저함을 기해야 한다. 우리가 일본에 손을 벌릴 일이 없어지면 돈을 무기로 사용하는 일본의 외교는 무용지물이 되기 마련이다.

---

109) IMF(International Monetary Fund, 국제통화기금) 구제금융사건은 1997년 12월 3일 대한민국이 외환위기를 겪으며 국제통화기금에 자금지원 양해각서를 체결한 사건이다. IMF 경제 위기, IMF 외환위기, IMF 환란, IMF 관리체제, IMF 시대라고 부르기도 하지만 엄밀히 말하면 IMF라는 명칭 자체가 외환위기의 의미를 담고 있지 않기 때문에 잘못된 표현이다. 당시 대한민국의 대통령인 김영삼은 11월 10일 홍재형 당시 부총리와의 통화 이전까지 외환위기의 심각성조차 모르고 있었다. 이로 인해 대한민국의 경제가 큰 위기를 겪게 되었다. 이를 극복하기 위해서 국제통화기금에서 요구하는 조건들을 수행해야 했으며 이 과정에서 많은 회사들의 부도 및 경영 위기를 초래하였고 대량 해고와 경기 악화로 인해 대한민국의 온 국민이 큰 어려움을 겪었다. 이후 여당이던 신한국당(현 한나라당)은 대선에서 패배하여 정권 교체가 되었다.

당시 태국, 필리핀, 홍콩, 말레이시아, 필리핀, 인도네시아 등 동남아시아의 연쇄적 외환위기 속에 대한민국 정부의 외환관리정책의 미숙과 실패가 IMF 환란의 직접적인 원인이다. 정상적 경제활동을 위한 국가의 외환보유고를 유지 관리하고 책임을 지는 행정 시스템이 제대로 작동하지 않았다. 마치 기업의 부도와 마찬가지로 외환보유고가 하락하여 외환지급불능사태의 위기를 초래하였으며 이로 인해 국가신용도가 하향 조정되었고 원화가치의 환율이 급격히 하락하는 등 연쇄적으로 국제적 경제활동에 막대한 지장을 초래하였다. 과도한 해외 단기차입금. 당시 기업들의 과도한 해외 단기 차입금과 당시 김영삼 정부와 여당인 신한국당의 잘못된 관치 중심의 경제 정책과 불합리한 정치적 판단으로 인해 부실기업이었던 한보와 기아자동차에 대한 처리가 제대로 이루어지지 못했으며 국제적으로 급박하게 움직이는 외환 관리에 실패하였다.

1996년까지 24개의 투자금융회사가 종합금융회사로 전환되었고 이후 30개로 늘어나서 해외업무를 시작하였다. 이들은 외채를 끌어와서 어음교환을 시작하게 되었다. 기업이 부도를 일으키게 되자 외채를 끌어와 어음할인 한 이들 종금사(종합금융회사)들이 연쇄적으로 영향을 받게 되었고 특히 한보와 기아의 12조 원 가량의 대형 부도사태는 위기를 결정적으로 악화시키는 결과를 가져오게 되었다. 1998년 6월 29일 대동, 동남, 동화, 경기, 충청은행 등 5개 퇴출은행을 발표하고, 국민, 주택, 신한, 한미, 하나은행으로 넘어가게 되었다. 이들은 관치 금융의 그늘 아래에서 부실한 경영을 하였으며 이들에게 연관된 작은 관련기업들도 연달아 도산의 위기에 빠지게 되었다. 1998년 8월 11일 부실한 4개 생명보험사가 영업정지를 발표하고, 고려, 국제, 태양, BYC 등이 알리안츠생명, 삼성생명, 대한생명, 교보생명으로 넘어갔다. 이러한 위기의 근본적인 원인은 허술한 관치금융체제, 무능한 정부의 예산 낭비, 대기업들의 분식회계와 과도한 차입 부실 경영 그리고 당시 사회전체에 만연된 경제적 무능력과 부패, 책임의식 실종에 의한 결과였다.

6. 일본의 다케시마 탈환준비 어디까지 와 있나

일본 정부와 자민당은 이미 1997년 다케시마 탈환을 국가 외교정책 목표로 설정한 바 있다. 그들이 말하는 다케시마 탈환준비는 어느 정도 되고 있을까? 독도본부에 기고된 독도문제 바로 알기 연재물 중 '일본은 독도강탈 준비를 마쳤다(2. 일본은 국제사회에서 승리할 준비를 마쳤다)'라는 제하의 기사를 보면 그 실상을 어느 정도 파악할 수 있는데 그 내용을 발췌 정리하면 다음과 같다.

우리는 독도 문제가 터질 때마다 일본의 도발이 미치는 영향과 그 내용에 대하여 종합적이고 체계적인 분석은 하지 않고 한동안 떠들다가 언론보도만 약해지면 없던 일처럼 완전히 잊고 지내는 악습을 수십 년 동안 되풀이해왔다. 그사이에 일본은 치밀하게 계산된 정책을 하나하나 실천하여 독도전쟁에서 유리한 위치에 있는 한국을 이길 수 있는 체계를 서서히 만들었다. 한 때 우리가 완전히 우위를 점하고 있던 독도 문제는 우리가 허송세월하는 사이에 일본의 일방적 우위로 바뀌고 말았다.

독도 문제는 한국과 일본이라는 국가 간 문제이기 때문에 어쩔 수 없이 지구상에 있는 모든 국가와 국제기구, 학술단체 등 모든 조직과 개인이 관여할 수밖에 없다. 일본은 세계 모든 사람이 독도를 일본 영토 다케시마로 알도록 국가기구를 총동원하여 체계적으로 노력해왔다. 일본의 지지 세력이 커지는 만큼 한국은 불리하게 된다. 지금 세계 여론 대결에서 한국과 일본은 이미 비교 자체가 불가능할 정도의 상태가 되었다.

일본이 그동안 해온 일들을 살펴보면 다음과 같다. 첫 번째는 독도가 아니라 다케시마를 인터넷 세상의 표준으로 만들었다. 두 번째는 세계의 국가 지도와 일반 상업지도에 다케시마 표기를 정착시켰다. 세 번째는 여러 나라의 교과서 표기는 독도가 아니라 다케시마가 주류이다. 네 번째는 국제기구를 다케시마 일색으로 만들었다. 다섯 번째는 세계 학술지를 다케시마가 점령했다. 여섯 번째는 전 세계 배의 해도까지 다케시마로 통일시켰다. 일곱 번째는 다케시마를 뒷받침하는 세계 범위의 학자를 양성해왔다. 여덟 번째는 국제적인 충성분자를 양성, 일본의 주장을 지지하고 일본에 충성하는 외국인을 키워서 한국의 독도관련 주장을 반박하고 다케시마 주장을 옹호하게 하는 공작을 추진해왔다. 아홉 번째는 각국 정부의 공식 지지를 이끌어내는 등 독도와 아무런 관계가 없는 각국 정부가 다케시마를 비공개적으로라도 선택하게 하여 국가 차원에서 다케시마가 표준이 되게 하는 작업을 해왔다. 열 번째는 일본이 최근 10년 동안 가장 공들인 작업 중 하나가 바로 안보리 상임이사국 진출이다. 열한 번째는 한국의 독도 여론을 일본이 조종하고 있다. 열두 번째는 한국 사회 내부에 일본 주장을 편드는 엄청난 세력을 만들어 놓았다.

국제사회에 개별 국가의 행위를 총괄하는 기구나 조직은 없다. 그러므로 결국 세계 여러 나라 국민과 국가, 국제단체들이 독도를 어느 나라 영토로 알고 있느냐와 세계적인 국제법 전문가들이 독도에 관해서 어떻게 바라보느냐가 독도의 향배를 결정할 수도 있다. 이를 국제법에서는 '국제사회의 일반적 승인'이라고 한다. 일본이 중앙정부와 모든 재외공관을 총동원하여 독도가 일본 영토 다케시마임을 조용히 그러나 매우 체계적으로 알려왔으며, 지금도 마찬가지다. 오랜 세월 정성을 들여서 심어 놓은 일본의 다케시마 주장이 이제 국제사회의 보편 인식으로 자리를 잡아가고 있다. 독도보다 압도적으로 우월한 국제사회의 다케시마 지지는 일본이 최근 자신감을 가지고 강력하게 시도하는 독도 도발을 뒷받침하고 있다.[110]

독도와 다케시마 표기 문제가 논란의 대상으로 부각된 이후 한국 국민과 네티즌들의 활발한 참여로 이제는 인터넷상에서 Dokdo(독도)로 표시된 전자문서 숫자가 예전보다는 많이 늘어났다. 그러나 국제무대에서 일본의 움직임은 여전하다. 2008년 미국 오리건주의 한국어로 된 운전면허 안내 포스터에 한글로 '독도는 한국 땅'이라는 글씨가 삽화의 장식으로 들어가 있었는데 일본 영사관의 항의로 해당 사이트가 폐쇄된 것을 비롯하여 2008년 7월 미국 의회도서관과 국토지리원의 독도 명칭 변경 소동 등이 이를 입증한다. 2011년 현재도 독도 표기 문제는 여전한 해결과제이다.

7. 2008년 전방위 공세의 목적과 의도 분석

일본의 독도 영유권 도발이 2007년 말 이후 전례를 찾아보기 어려울 정도로 일본의 국토지리원, 외무성, 문부과학성, 방위성 등에 이르기까지 다방면으로 전개되었다. 2007년 12월 일본 언론은 '일본 국토지리원에서 지구 관측위성 다이치와 미국의 상업 위성 자료(date)를 활용하여 독도의 등고선(等高線)이 포함된 정밀 위성지도(2만 5,000분의 1 축척)를 처음 제작했다'고 보도했다. 2008년 2월에는 일본 외무성이 '죽도: 다케시마 문제를 이해하기 위한 10개의 포인트'라는 14쪽 분량의 독도 홍보용 팸플릿을 일어, 영어, 한국어 등 3개 언어로 제작해 3월 8일부터 일본 외무성 홈페이지에 게시했다. 이어 5월에는 일본 문

---

110) 독도본부.

부과학성의 일본 교과서 해설서 독도 명기 방침이 언론에 보도되었다.

7월 14일에는 중학교 역사 교과서 해설서가 문부과학성 검정을 통과하고, 9월 4일에는 방위청이 발간한 국방백서에 독도 영유권 표기 등으로 한국을 계속하여 자극했다. 이렇게 2007년 12월 이후, 특히 2008년에 일본이 독도에 대한 강경정책을 펼친 것은 한국의 새로운 대통령 취임에 따른 새 정부 정책에 대한 반응을 탐색하고, 자민당의 지지도 급락에 대한 정국전환 활용 측면도 있었다. 2009년 8월 30일 중의원 선거에서 자민당은 선거에서 패배해 민주당에 정권을 내주었다. 그러나 일본 민주당도 중의원 선거 공약에 독도가 일본 영토라며 대화를 통해 조기 해결하겠다고 밝혀 그 기조가 유지되고 있다. 미국산 수입 쇠고기 반대 촛불시위로 한국의 내부분열과 한미관계가 경색된 점 등을 파고든 것으로 보인다. 이외에도 2008년 5월 23일 국제사법재판소(ICJ)에서 싱가포르와 말레이시아 간 '페드라 브랑카(싱가포르 지명)/푸라우 바투 푸테(말레이시아 지명)' 도서 영유권 분쟁 관련 판결도 강한 영향을 미친 것으로 분석된다.

이 사건은 아시아 지역의 영유권 분쟁으로는 세 번째, 아시아 지역 도서 영유권 분쟁으로는 두 번째 판결로서 독도와 관련하여 많은 시사점을 내포하고 있다. 판결 내용 중 눈길을 끄는 부분은 재판부에서 양 당사국의 '공식 발간물(official publication)'상의 영유권 관련 기술을 유효하게 고려했다는 점이다. 즉 재판부는 싱가포르의 정부 발간물에서는 '페드라 브랑카 섬'의 등대가 싱가포르 소속 등대 목록에 포함되어 있지만, 말레이시아 정부 발간물의 '등대 목록'에는 이 섬의 등대가 누락되어 있음을 들어 싱가포르에 유리한 판단을 내렸다. 일본 외무성이 2008년 2월 독도 홍보용 책자를 발간한 것이나, 문부과학성이 기존의 검인정 교과서와 비교하면 정부의 공적(公的) 성격이 더욱 강한 '학습지도요령 해설서'에 독도가 일본 영토라고 명시한 것은 국제사법재판소에서 판결할 때 '공식 발간물'에서의 영유권 주장을 중요한 판단기준으로 삼았던 것과 관련된다고 할 수 있다. 일본의 독도 영유권 주장이 그만큼 한 차원 더 높아지게 된 것이다.[111]

---

111) 배진수, "일본의 전방위 독도공세 무얼 노리나", 월간조선(2008년 7월호).

제3절 일본 독도 영유권 논리적 우위 주장 허구성 비판

1. 겁쟁이들이 말하는 일본 논리적 우위 실체 없다

상당수 한국인은 일본의 독도 영유권 주장에 대해 막연하게 일본이 논리적으로 한국보다 훨씬 앞서 있을 것으로 추정하는 경향이 있다. 그 근거로 주로 거론되는 것이 일본의 국제사법재판소 제소 요구, 국제기구나 각국의 행정기관 및 인터넷에서 다케시마 지명 표기 증가와 공인, 다케시마연구회 등을 통해 독도가 자국 영토라는 논리를 개발해온 점 등을 든다.

이러한 주장이 얼마나 타당성이 있을까? 한번 점검해보자. 일본이 독도 영유권을 주장하며 세계를 상대로 공식적으로 내놓은 주장은 2008년 2월 발표된 일본 외무성 홈페이지 독도 홍보책자이다. 그리고 시마네현의 홈페이지 게시물도 포함될 수 있다. 이들 내용 중 1952년 1월 28일 평화선 항의에서 1954년 9월 25일 독도 문제를 국제사법재판소에 회부할 것을 한국에 제의하는 과정에서 나타난 내용과 핵심적인 부분은 크게 차이가 나지 않는다. 이제까지 일본이 논리적으로 한국보다 앞섰을 것이라고 자주 언급하는 사람들이나 여타 일본학자 중에서도 일본 정부가 공식적으로 내놓은 것 이상의 다른 구체적인 자료를 공개한 것은 없다.

국제적인 다케시마 지명표기 증가와 공인은 상당 부분 가시화되어 있는 것은 사실이지만, 지명표기는 그동안 한국 정부가 조용한 외교를 표방하면서 독도 표기를 적극적으로 홍보하지 않은 상태에서 일본의 일방적인 홍보로 이루어진 것이었으나, 몇 년 전부터 반크 등을 통해 이의 시정작업이 추진되고 있다. 국제적인 공인은 여러 가지 방식이 있다. 각 국가나 국제기구가 다케시마라는 지명을 상대적으로 많이 사용하는 부분은 있지만, 그렇다고 너무 과민하게 생각할 부분은 아니다. 한국 정부가 이 부분이 결정적인 요소라고 인식할 때는 상황이 달라진 수 있고 격차도 짧은 시간 내에 줄일 수 있다. 다케시마연구회의 연구결과는 많은 부분이 공개되어 있으며, 한국도 독도연구소에서 논리개발에 나서고 있어 어느 정도 시간이 지나면 해소될 수 있다.

그럼에도 일본이 독도 문제에서 한국보다 앞섰을 것이라는 생각은 독도 문제에 대한 한국 정부의 이해하기 어려운 어정쩡한 정책, 일본의 주도면밀하고 빈틈없는 행정과 끈질긴 영유권 주장을 보면서 막연하게 뭔가가 있으니까 저렇게 물고 늘어지지 안 그러면 저렇게까지는 못하지 않겠느냐는 정도의 추측 때문인 것으로 풀이된다. 결국 일본이 독도 영유권 분쟁에서 한국보다 논리적으로 우위에 있을 것이라는 말은 평가가 쉽지 않고 객관적인 기준이 부재하기 때문에 막연한 추측에 불과하다. 현재로서는 국제사법재판소의 판결이 난 것도 아니고 양국의 주안점이 다르므로 우열의 평가 자체가 전혀 의미가 없을 수도 있다. 따라서 일본이 논리적으로 한국보다 앞설 것이라는 생각은 뚜렷한 실체보다는 자의적 판단에 의해서 비롯된 일부 겁쟁이들이 일본의 억지 주장을 잘못 이해하여 만들어낸 허구에 불과하다.

일본이 장차 무슨 패(card)를 내놓을지 알 수는 없지만, 이미 외무성 홈페이지를 통해 밝힌 내용 속에 핵심적인 사안들이 거의 포함되어 있다. 그러므로 앞으로도 양국의 논리 대결은 그 쟁점에서 크게 벗어나지는 않을 것으로 판단된다. 한국 측이 일본 측 주장의 예봉을 꺾고 논리적 우위를 점유하는 방법도 이미 나와 있다. 무주지를 1905년 시마네현에 편입했다는 일본의 주장을 반박할 수 있도록, 1905년 이전 한국의 실효적 지배, 즉 행정행위 등이 이루어지고 있었다는 근거를 찾아내면 독도의 영토분쟁은 종식될 가능성도 있다. 당연히 이 입증자료는 일본이 인정할 수 있어야 하고 국제적인 공인까지 받은 수 있는 것이면 더욱 좋을 것이다. 다만 한 가지 한국 측이 경계해야 할 것은 그동안 일본 측이 나름대로 연구를 통해 대비책을 마련하고 그에 기초하여 전략과 전술적 대응을 하면서 완급을 조정해온 점을 고려, 그것이 어느 정도 수준인지 파악하고 그에 상응한 대비책을 강구해야 할 필요는 있다. 적을 모르는 상태에서 우리만의 일방적인 대책은 그 핵심이 빗나갔을 때 실전에서 자칫 자신을 스스로 궁지에 몰아넣는 잘못을 초래할 수 있기 때문이다.

지나간 역사를 버리지 않고 한곳에 모아 우리와 우리의 후손들이 이용할 수 있도록 역사자료를 수집, 분류, 정리하는 기관이 문서보관보소이다. 독도를 포함한 우리나라와 관련된 문서를 보관하는 곳은 국내에도 있지만, 외국에도 상당수 존재한다. 그 대표적인 곳이 1935년부터 본격적인 업무를 개시한 미국 국립문서보관소(Nation Archives and Records Administration, NARA), 일본의 방위성 산하 문서보관소, 러시아 블라디보스토크 극동문서보관소, 프랑스 파리 국립문서보관소 등이 있다. 이 가운데 미국 국립문서보관소(NARA)는 1775년 이후 제1차 세계대전 및 제2차 세계대전, 베트남전쟁, 케네디 암살사건, 닉슨 워터게이트사건, 한국전쟁과 해방 전후의 우리와 관련된 자료 등 엄청난 분량의 문서와 1,400만 점의 그림, 300만 점의 영상기록, 200만 점의 녹음기록, 1,500만 점의 지도, 7,600

세트의 컴퓨터자료 등 방대한 자료가 소장되어 있는데, 일본은 2001년경부터 미국 국립문서보관소(NARA)와 자료이용에 관한 약정을 체결하고 연구원들을 파견하여 관련문서를 샅샅이 검색하고 있다고 한다.[112]

　일본이 독도 영유권 논쟁의 논리적 우위를 가졌다면 그것은 연구와 분석을 한국보다 조금 먼저 시작해 한걸음 앞서 나가는 데서 발생하는 의지와 실천, 시간의 차이일 뿐이다. 한국은 2008년 국토해양부에 독도 전담과를 신설하고, 전문적인 연구를 수행할 수 있도록 동북아역사재단에 독도문제연구소를 설립했으며, 본격적인 예산 지원이 시작되었다. 다소 때늦은 감이 없지는 않지만, 학계와 독도 관련 단체, 다른 중앙부처와 정부 산하기관도 가세하고 있으므로 이제 일본과 비슷한 대응체계가 구축된 것으로 보인다. 문제는 얼마나 정교한 기법으로 잘 활용할 수 있는 전략과 전술까지 개발해 내느냐와 그것을 정부가 활용해 일본에 적절하게 대응해 나가느냐에 달렸다. 그동안 한국은 정권이 바뀌면 무엇이든지 새 정부의 입맛에 맞추어 쉽사리 변경하거나 조정해온 경향이 있었다. 그러므로 정부가 구태에서 벗어나지 못하고 정권 안보나 이해를 앞세워 여론은 제대로 수렴도 하지 않고 공들여 만든 전략과 전술적 체계도 무시한 채 후퇴와 실책을 거듭하지 않는다면 실전의 대응과 논리 대결에서도 이제는 일본에 밀릴 이유가 없다.

2. 일본 노림수 시비 통한 한국 실책과 실수 유발

　신한일어업협정은 한국이 일본의 전략과 전술에 말려든 대표적인 사례라 할 수 있다. 앞으로도 일본은 한국을 자극하고 몰아세워 이와 같은 실수를 계속 유발하도록 유도하려 들 것이다. 논거가 부족하고 묘수가 없는 상황에서 사용할 수 있는 가장 효율적인 방법은 상대방을 자극하여 흥분하게 만들고 실수를 유발시키는 부정적인 전략(네거티브 전략[113])을 구사하는 것이다. 독도 영유권분쟁에서 일본도 상당 부분 부정적인 전략을 구사하고 있는 것으로 보인다. 역사적 권원이 부족한 일본의 입장에서는 현재의 불리한 상황을 타개하고 유발된 실책을 파고들어 미래의 권원을 창출해 내기 위해 부정적인 전술의 하나로 끊임없이 한국을 시비하고 자극해왔다. 그동안 일본 영유권 주장의 장벽으로 작용해온 한국의 실효적 지배가 고착되는 것을 방지하여 분쟁지역화를 유지하고 한편으로는 한국

---

112) 정갑용 외(2004), "독도 영유권에 관한 국제법적 쟁점 연구", 한국해양수산개발원, pp.118~119.
113) 네거티브 전략(Negative strategy)은 상대방의 약점을 들추어내는 등 부정적이거나 반감을 살만한 것들을 부각시키는 방법이나 전략.

의 실수와 실책을 유발하여 미래에 영유권을 인정받을 수 있는 근거를 마련하는 것이 그 목적이었다.

이러한 목적이 달성되면 일본이 가장 두려워하는 시마네현 편입 이전 한국의 고유영토라는 논거를 제시하더라도 현재의 분쟁과정을 통해 마련된 근거를 바탕으로 새로운 분쟁을 이어가는 형태로 전략을 바꾸어 본질을 변질시킬 가능성이 크다. 그리고 그러한 준비는 신한일어업협정을 통해 이미 상당 부분 확보된 것으로 보인다. 따라서 한국 측에서는 확고한 전략과 전술을 바탕으로 한 대책을 마련, 더 이상은 일본의 꼼수에 넘어가지 않도록 만반의 준비를 하여야 하겠다.

제8장

잃어버린 해결기회와
남아 있는 해결책

제1절 잃어버린 해결 기회

1. 카이로선언과 연합국 최고사령부지령 제677호

카이로선언과 연합국 최고사령부지령은 독도가 직간접적으로 한국 영토임을 확인해주고 있으므로 임시정부와 미군 군정 등 상당한 시간적 여유와 노력 기회가 있었음에도 독도에 대한 한국 영토 굳히기가 제대로 이루어지지 않았다는 점에서 아쉬움을 갖게 한다.

제2차 세계대전 중 카이로에서 개최된 2차례의 회담을 카이로회담(Cairo conferences)이라고 하는데 한국의 독립과 관련된 제1차 회담이 중요한 의미가 있다. 1943년 11월 22일에서 26일까지 개최된 제1차 회담에서 연합국 지도자인 미국 대통령 루스벨트(Franklin D. Roosevelt)와 영국 총리 처칠(Winston S. Churchill)은 노르망디 상륙작전을 논의했다. 또한 중국 총통 장제스(蔣介石)와 함께 1914년 이래 일본이 점령했던 모든 영토를 빼앗고 한국의 독립보장을 선언했다. 이 선언은 11월 27일 발표되었는데, 이는 제2차 세계대전 중 연합국이 일본 영토문제에 관하여 내린 최초의 공식 성명이었다.

그 주요 내용은 ① 미국, 영국, 중국 3국은 일본에 대해 가차없는 압력을 가한다. ② 3국은 일본의 침략을 저지·응징하나 영토 확장의 의사는 없다. ③ 제1차 세계대전 이후 일본이 얻은 태평양제도의 박탈, 만주, 타이완 등의 중국에 대한 반환, 일체의 점령지역으로부터 일본의 구축(驅逐: 몰아 쫓아냄) 등이다. 또한 한국에 대한 특별조항을 넣어 "한국민이 노예상태에 놓여 있음을 유의하여 앞으로 한국을 자유 독립국으로 할 것을 결의한다"고 명시해 한국의 독립이 처음으로 국제적인 보장을 받은 회담이었다. 이상의 내용은 1945년 7월 독일의 포츠담에서 발표된 포츠담선언으로 이어졌다.[1]

카이로선언이 발표된 때로부터 1년 8개월 정도 지나 제2차 세계대전이 사실상 마무리 단계에 들어선 1945년 7월 16일부터 8월 2일까지 미국과 영국 및 소련은 연합국이 점령한 지역인 독일 베를린 근교의 포츠담(Potsdam)에서 정상회담을 했다. 회담이 진행 중인 7월 26일 중화민국이 참가한 가운데 포츠담선언이 발표되었는데, 이 선언은 제8항에서 카이로선언을 흡수했다.(the terms of the Cairo Declaration shall be carried out.) 그리고 같은 제8항에서 일본의 주권은 혼슈(本州)와 홋카이도(北海島), 규슈(九州), 시코구(西國) 및 연합국이

---

1) 네이트 백과사전.

결정하는 '작은 섬들'(minor islands)에 국한된다고 규정했다.(Japanese sovereignty shall be limited to the islands of Honshu, Kyushu, Shikoku and such minor islands as we determine.)

포츠담선언도 카이로선언과 마찬가지로 연합국의 공동선언일 뿐 일본에 대해 구속력을 갖는 것은 아니었다. 그러나 1945년 8월 15일 일본은 이 선언을 무조건 수락했다. 이어 같은 해 9월 2일 일본 점령군 최고사령관이면서 동시에 태평양지역 연합국 최고사령부 사령관인 맥아더(Douglas MacAthur) 원수 앞에서 무조건 수락을 성문화한 항복문서에 조인함으로써 포츠담선언과 카이로선언 모두를 지켜야 할 의무를 지게 됐다. 항복문서의 관련 조항에는 '우리는 이후 일본 정부와 그 승계자가 포츠담선언의 규정을 성실히 수행할 것을 확약한다'라고 돼 있다. 한국은 1945년 8월 15일 일본의 항복 직후인 9월 2일에 발령된 연합국 최고사령부 일반명령 제1호에 따라 북위 38도선을 경계로 그 이북은 소련군에 의해 그리고 남한은 미군에 의해 각각 분할점령 됐다.[2]

1945년 12월 16일에서 25일까지 모스크바에서 미국, 영국, 소련 등 3개국이 제2차 세계 대전의 전후(戰後)문제 처리를 위해 소집한 외상 회의인 모스크바 3상 회의에서 '5년 이내를 기한으로 하는 4대 강국에 의한 신탁통치의 협정은 한국 임시정부와의 협의를 거쳐 4개국이 심의한 후 제출한다'는 내용이 포함된다. 이로써 한국 내에 국론이 좌익과 우익으로 나누어 찬성파와 반대파가 격돌하며 신탁통치 안에 대한 반대운동이 펼쳐지고 미국과 소련의 대립이 복합적으로 작용한 결과 미소공동위원회를 통한 통일 임시정부의 수립이라는 3상 회의의 결정사항은 실현되지 못했다.

이러한 상황 속에 1946년 1월 29일 연합국 최고사령부지령(Supreme Command Allied Powers Instruction, SCAPIN) 제677호로서 '약간의 주변지역을 정치상 행정상 일본에서 분리하는 데에 관한 각서'(Memorandum for Governmental and Administrative Separation of Certain Outlying Areas from Japan)를 발표하고 일본 정부에 전달했다. 연합국 최고사령부지령 제677호는 일본의 항복문서를 집행하기 위해 일본의 영토와 주권 행사범위를 정의한 것으로 제3조에 독도(Liancourt Roks, 竹島)가 일본 영토로부터 제외됨을 명백히 규정하고 있다.

이 부분을 그대로 인용하면 "이 지령의 목적을 위하여 일본은 일본의 4개 본도(北海島, 本州, 九州, 西國)와 약 1천 개의 더 작은 인접 섬들을 포함한다고 정의된다. (1천 개의 작은 인접 섬들에) 포함되는 것은 대마도 및 북위 30도 이북의 유구제도(琉球諸島)이다. 그리고 제외되는 것은 ① 울릉도, 리앙쿠르암(Liancourt Roks＝獨島＝竹島), 제주도, ② 북위 30도 이

---

2) 김학준(2003), "독도는 우리 땅", 도서출판 해맞이, pp.166~169.

남의 유구제도(口之島 포함), 伊豆, 南方, 小笠原 및 火山(琉黃)群島와 大東諸島, 冲鳥島, 南鳥島, 中之鳥島를 포함한 기타 모든 외부 태평양제도, ③ 쿠릴열도, 치무군도(小品, 勇留, 秋勇留, 志癸, 多樂島 등 포함), 색단도(色丹島) 등이다."

뒤이어 연합국 최고사령부는 1946년 6월 22일 연합국 최고사령부지령(SCAPIN) 제1033호 제3항에서 '일본인의 어업 및 포경업의 허가구역'(통칭 MacAthur Line)을 설정하고 그 b항에서 '일본인의 선박과 승무원은 금후 북위 37도 15분, 동경 131도 53분에 있는 암(독도)의 12해리 이내에 접근하지 못하며, 또한 동도(同島)에 어떠한 접근도 하지 못함'이라고 명시 일본의 독도접근을 금지했다.[3]

1948년 5월 10일에 국제연합(UN) 총회의 결의에 따라 남한에서는 국제연합임시한국위원단의 참관 아래 총선거가 실시됐고, 이 총선거에 따라 1948년 8월 15일 대한민국 정부가 수립됐다. 북한은 국제연합과 무관하게 소련점령군 당국이 동의한 북한 자신들의 절차에 따라 1948녀 10월 10일 조선민주주의인민공화국 정부가 수립됐다. 대한민국 정부는 1948년 12월 12일 국제연합 총회 결의 제195의 3에 따라 승인을 받아 오늘에 이르고 있다.[4]

일련의 기회와 상당한 시간이 있었음에도 당시 임시정부와 독립운동가, 건국에 참여한 정치지도자들이 독도 문제를 다소 소홀히 할 수밖에 없었던 것은 독립 실현, 국토의 분열과 정부 수립 등 더 크고 중요한 현안들이 산적해 있는 데다 영향력을 행사할 수 있는 힘이 부족하여 카이로선언과 포츠담선언, 연합국 최고사령부지령(SCAPIN) 제677호를 너무 믿었던 것으로 보인다. 그 믿음은 샌프란시스코 평화조약 제5차 초안까지는 통용되었지만, 제6차 초안 작성과정에서 일본이 로비를 벌이자 급반전되었다.

2. 샌프란시스코 평화조약과 제1공화국의 노력

1) 샌프란시스코 평화조약

제2차 세계대전의 전쟁상태를 종결하고 국교를 회복하기 위해 일본이 미국, 영국 등 연합국 48개국과 체결한 조약인 샌프란시스코 평화조약(Treaty of Peace with Japan)은 대일평화조약이나 대일강화조약(對日講和條約)이라고도 한다. 1951년 9월 8일 샌프란시스코에서

---

3) 신용하(2003), "한국과 일본의 독도 영유권 논쟁", 한양대학교출판부, pp.31~34.
4) 김학준(2003), "독도는 우리 땅", 도서출판 해맞이, p.169.

서명하여 1952년 4월 28일부터 발효되었다. 전문(前文)과 본문 7장 27개조로 이루어져 있으며 이밖에 몇몇 나라와의 의정서, 국제조약의 가입 및 전사자(戰死者) 분묘에 관한 2가지 단독 선언이 덧붙여져 있다. 영토처리문제에 대해서는 한반도의 독립 승인, 타이완과 펑후제도(澎湖諸島), 지시마열도(千島列島), 남사할린 등에 대한 일본의 모든 권리와 청구권을 포기하고 남태평양 제도의 구 위임통치지역을 미국의 단독 시정권(施政權)으로 신탁통치 한다는 내용의 협정에 승인했으며, 일본의 잠재주권 유지, 안전보장에 대해서는 일본이 국제연합헌장 제51조의 개별적·집단적 자위권을 갖는다는 점을 승인하는 등의 내용을 규정하고 있다.[5]

(1) 독도 관련 영토 조항의 초안

미국 국립문서보관소(United States National Archives and Records Administration Ⅱ, College Park, Maryland, USA)에 소장된 샌프란시스코 평화조약의 영토 초안과 독도와 직접 관련이 있는 문서 중 1951년 9월 8일 샌프란시스코 평화조약이 최종적으로 체결되기 전 기초한 영토 조항을 다룬 19개 초안이 주로 인용 분석되는 것은[6] [표 8－1]과 같다. 이 가운데 특히 한국인의 관심 대상이 되는 것은 독도의 일본 포기를 명시한 1947년 3월 19일의 제1차 초안과 독도를 일본 영토에 포함한 1949년 12월 8일의 제6차 초안 그리고 독도에 대한 언급이 없는 1951년 5월 3일의 초안과 9월 8일에 체결된 샌프란시스코 평화조약 체결 내용이다. 최종적으로 체결된 조약 내용에 독도에 대한 언급이 빠짐으로써 한국과 일본이 각각 유리한 방향으로 자의적으로 해석 독도의 영유권이 자국에 있음을 주장하는 근거로 내세우고 있다.

[표 8-1] 샌프란시스코 평화조약 독도 관련 조항 초안

초안	독도에 대한 영토 처분	조약규정
1947년 3월 19일	일본의 포기	일본은 이로써 한국과 제주도, 거문도, 울릉도와 독도를 포함한, 한국의 모든 해안 소도(小島)들에 대한 모든 권리와 권원을 포기한다.
1947년 8월 5일	일본의 포기	일본은 이로써 한국과 제주도, 거문도, 울릉도와 독도를 포함한, 한국의 모든 해안 도서들에 대한 모든 권리와 권원을 포기한다.
1948년 1월 8일	일본의 포기	일본은 이로써 한국인을 위하여 한국과 제주도, 거문도, 울릉도와 독도를 포함한, 한국의 모든 해안 도서들에 대한 모든 권리와 권원을 포기한다.
1949년 10월 13일	일본의 포기	일본은 이로써 한국인을 위하여 한반도와 제주도, 거문도, 울릉도 및 독도를 포함한, 한국의 해안 도서들에 대한 모든 권리와 권원을 포기한다.

---

5) 네이트 백과사전.

6) 이석우(2007), "동아시아의 영토분쟁과 국제법". 집문당. p.174.

1949년 11월 2일	일본의 포기	일본은 이로써 한국인을 위하여 한국의 본토와 제주도, 거문도, 울릉도와 독도를 포함한, 한국의 모든 해안 도서들에 대한 모든 권리와 권원을 포기한다.
1949년 12월 8일	일본의 영토	일본의 영토는 혼슈, 규슈, 시코쿠 그리고 홋카이도의 네 개 주요 일본의 본도(本島)와 내해의 도서들: 대마도, 독도… 등… 일본해에 위치한, 모든 다른 도서들을 포함한, 모든 부속 소도들로 구성된다.
1949년 12월 19일	한국의 영토	연합국은 한국의 본토와 제주도, 거문도, 울릉도, 독도를 포함한 한국의 모든 해안 도서들에 대한 모든 권리와 권원을 대한민국에 전권으로 부여한다는데 동의한다.
1949년 12월 29일 1950년 1월 3일	일본의 영토	일본의 영토는 혼슈, 규슈, 시코쿠, 그리고 홋카이도의 네 개 주요 일본의 본도(本島)와 내해의 도서들: 대마도, 독도… 등… 일본해에 위치한, 모든 다른 도서들을 포함한, 모든 부속 소도들로 구성된다. 일본은 이로써 한국을 위하여 한국의 본토와 제주도, 거문도, 울릉도 그리고 일본이 권원을 획득했던 한국의 모든 다른 해안도서 및 소도(小島)들에 대한 모든 권리와 권원을 포기한다.
1950년 8월 7일	언급 없음	일본은 한국의 독립을 승인하며, 일본과 한국과의 관계는 1948년 12월 유엔총회에서 채택된 결의에 따른다.
1950년 9월 11일	언급 없음	일본은 한국의 독립을 승인하며, 일본과 한국과의 관계는 한국에 관한 유엔총회와 안전보장이사회의 결의들에 따른다.
1951년 3월 12일 1951년 3월 17일	언급 없음	일본은 한국에 대한 모든 권리, 권원 그리고 청구권을 포기한다.
1951년 4월 7일	일본의 영토	일본의 주권은 북위 30°로부터 북서방향으로…남동방향 그리고 독도에서 혼슈의 해안을 따라 북서 방향으로…선에 의해 구분된 지역 내에 놓인 모든 도서, 부속 소도 및 암초 등에 존속된다. 일본은 이로써 한국에 대한 어떠한 주권의 주장, 모든 권리, 권원 그리고 이해를 포기하며, 한국의 주권과 독립에 관한 유엔의 주도 또는 주도하에 취해질 그런 모든 조치를 인정하고 존중할 의무를 진다.
1951년 5월 3일	언급 없음	일본은 제주도, 거문도, 울릉도를 포함한, 한국에 대한 모든 권리, 권원 그리고 청구권을 포기하며, 한국의 주권 독립에 관해 유엔의 주도 또는 주도하에 취해질 모든 조치를 인정하고 존중하는 데 동의한다.
1951년 6월 14일 1951년 7월 3일 1951년 7월 20일 1951년 8월 13일	언급 없음	일본은 한국의 독립을 승인하고, 제주도, 거문도, 울릉도를 포함한, 한국에 대한 모든 권리, 권원 그리고 청구권을 포기한다.
1951년 9월 8일 샌프란시스코 평화조약 체결 내용	언급 없음	일본은 한국의 독립을 승인하고, 제주도, 거문도, 울릉도 등을 포함한 한국에 대한 모든 권리, 권원, 그리고 청구권을 포기한다.

출처: 이석우(2003). "일본의 영토 분쟁과 샌프란시스코 평화조약". 인하대학교출판부, pp.72~74.

(2) 독도 조항 삭제의 배경

1943년 미국 국무부 산하에 '동아시아 담당 부처 간 지역 위원회'(The Inter-divisional Area Committee on the Far East)가 결성되어 전후 패전 일본의 제반 사항을 논의하는 과정에서 독도의 영토처리 문제는 하나의 중요한 의제로 다루어졌다. 그러나 한국전쟁의 발발 등 냉전시대 동아시아에서 일본의 역할에 대한 제고 등 당시의 정치적인 여건들은 미국으로 하여금 전승국 간의 신속한 교섭 및 일본과의 조약 체결을 정책의 최우선 과제로 인식하게 했다. 그 결과 논란의 여지가 많은 사안은 조약문 자체에서 명시하지 않는 방향으로 문안을 작성하게 된다. 독도와 관련된 사항도 이러한 당시 미국의 정책적인 고려대상에서 벗어나지 않았으며, 최종 조약문에서는 현재 우리가 보는 바와 마찬가지로 '독도' 및 그에 상응하는 어떠한 용어도 언급되지 않게 되었다[7]는 것이 이석우 교수의 분석이다.

결국 미국은 동아시아와 태평양지역에서 소련의 남진정책에 대항하기 위한 방위구상에서 한국과 일본의 역할과 필요성을 각각 인식하고 있었다. 그러나 한국과 일본 양측의 주장과 요구가 상반된 점을 고려하여 어느 한 쪽의 입장을 샌프란시스코 평화조약에 반영하는 것보다는 양측의 요구를 회피 당사국인 한국과 일본이 머리를 맞대고 해결하도록 하는 것이 양측의 비난은 피하면서 미국이 필요로 하는 방위체제 구축을 원활하게 추진하는 방법으로 판단 전략적인 선택을 한 것으로 보인다.

(3) 샌프란시스코 평화조약의 해석

① 한일 양국의 제2조 해석

샌프란시스코 평화조약 제2조에 '일본은 한국의 독립을 승인하고, 제주도, 거문도와 울릉도를 포함하는 한국에 대한 모든 권리·권원 및 청구권을 포기한다'고 명시하고 있어 독도에 대한 언급은 없다.[8] 그럼에도 한국과 일본이 제2조에 대한 해석에서 각각 자국의 영토라고 인정한 것으로 해석해 독도의 영유권을 주장하는 근거로 내세우는 것은 이 조항의 해석 여부에 따라 독도가 한국 영토로 확정되거나 일본 영토로 간주할 수 있는 근거로 작용할 수도 있기 때문이다. 그러므로 이 조항은 독도 문제에 대한 논쟁에서 한국과 일본 양측의 최대 쟁점 중 하나로 한 치의 양보도 없이 대립각을 세우는 부분이다.

② 샌프란시스코 평화조약의 해석

샌프란시스코 평화조약에서 '독도' 및 그에 상응하는 어떤 용어도 언급되지 않은 점에 관해 동 조약에서 독도 영유권 문제에 대해 어떠한 결정을 내렸는지에 대한 해석문제가 요구된다. 조약의 해석에 대해서는 일반적으로 1980년 발효한 '조약법에 관한 비엔나협약'(The Vienna Convention on the Law of Treaty)에 그 관련 규정들이 언급되어 있다. 비엔나

---

7) 이석우(2007), "동아시아의 영토분쟁과 국제법", 집문당, pp.170~173.
8) 나홍주(1996), "일본의 독도 영유권 주장과 국제법상 부당성", 도서출판 금광, p.70.

협약 제31조(해석의 일반규칙)는 '1. 조약은 조약문의 문맥 및 조약의 대상과 목적으로 보아, 그 조약의 문맥에 부여되는 통상적 의미에 따라 성실하게 해석되어야 한다'는 것을 비롯하여 몇 가지 조항이 있다.

샌프란시스코 평화조약의 교섭과정에서 논란 대상이 되었음에도 불구하고, 최종문안에는 '독도' 및 그에 상응하는 어떠한 용어도 언급되지 않은 독도의 경우에는 제32조에 의한 해석방법이 절대적으로 고려되어야 할 필요가 있다. 즉 샌프란시스코 평화조약에서 독도의 영토 처분과 관련한 연합국, 특히 미국의 의사를 분명히 밝히기 위해서는 조약의 초안 및 관련 문건들과 같은 조약의 준비 작업에 근거해 한국의 샌프란시스코 평화조약 비체약국으로서의 지위를 고려한 조약의 제삼자 효력의 문제, 조약의 초안 및 관련 문건들을 해석하는 데 주요한 기능을 하는 내부/외교문서의 증거로서의 가치평가 문제 등 두 가지에 대한 해석이 선행적으로 이루어져야 할 과제[9]라고 이석우 교수는 지적한다.

2) 제1공화국의 노력과 한계

(1) 전쟁과 신생국가의 한계

① 샌프란시스코 평화조약 서명국 참가 무산 배경

일본은 한국이 샌프란시스코 평화조약을 체결할 때 연합국의 지위를 부여받지 못하도록 지속적이고 집요할 정도로 방해공작을 펼쳤다. 일본은 재일조선인 문제를 그 이유로 내세웠다. 일본은 한국이 서명국이 되면 일본 경제는 재건되기 어려울 뿐만 아니라, 다수의 재일조선인 공산주의자들로 인해 사회혼란이 가중될 것이라는 이유를 들었다.[10] 하지만 실질적인 일본의 반대 사유는 그들이 내세운 명목상의 이유와는 달리 갑과 을의 입장 변화에 따른 일본의 자존심 문제도 작용했겠지만, 피식민국이었던 한국의 연합국 참가는 일본의 과거 한국지배에 대한 과도한 배상요구문제 대두와 일본이 저지른 만행이 적나라하게 노출되어 연합국이 일본에 대한 부정적 이미지를 가지면 샌프란시스코 평화조약이 징벌적 성격을 가질 가능성이 있음을 우려한 것으로 보인다.

일본과는 달리 샌프란시스코 평화조약체결에서 연합국 참여를 사실상 결정할 수 있는

---

9) 이석우(2007), "동아시아의 영토분쟁과 국제법", 집문당, pp.165~167.
10) 박진희(2008), "한일회담: 제1공화국의 대일정책과 한일회담 전개과정", 선인, p.87.

위치에 있었던 미국은 한국의 연합국 지위 문제에 대해 여러모로 검토하고 있었다. 미국 국무부 정보조사국 내 극동조사처는 1949년 한국의 참가문제에 대한 보고서를 작성하였다. 이 보고서에 따르면 한국이 일본과의 교전상태였음을 보여주는 증거로 제출된 것들은 신빙성이 없지만, 일본의 식민통치를 장기간 받았다는 점에서 한국의 특수한 이해관계가 있다고 하였다. 만약 한국을 서명국으로 참가시키게 되면, 첫째는 한국은 과도한 배상을 요구함으로써 '징벌조약'을 조장할 것이며, 둘째는 한국의 참가는 북한의 참가요구로 이어질 것이며, 셋째는 북한은 이승만 정부를 친일정부로 비난할 것으로 예측하였다. 반면 한국을 참가시키지 않으면 한국 정부와 국민의 강력한 비난에 직면하게 될 것이므로 한국의 주장을 일부 제출하도록 허용하거나 협의 대상 수준의 참가를 보장하는 방법 등을 마련해야 한다고 권고하고 있다.

샌프란시스코 평화조약 체결과정에서 한국의 일본에 대한 대부분의 이해는 침해되거나 무시되었다. 한국은 미국의 일본 중시정책에 강력히 반발했으나, 다른 한편으로 국가로 존립하려면 일본과의 관계개선을 받아들여야만 했다. 샌프란시스코 평화조약에서 한국 관련 부분은 청구권 문제와 영토문제가 가장 중요한 사안이었다. 이것은 기본적으로 일본의 식민지배에 대한 책임문제에서 연원하는 것으로 한일 양국의 인식 차이가 두드러졌다. 한국은 일본의 식민지배로 주권과 이익을 철저히 침해당하고, 일본은 대한제국 병합은 국제법상 합법적이었다는 이유로 책임을 회피했다. 결국 미국은 한국을 조약 서명국으로 참가시키지 않는 대신 한일회담을 주선하는 것으로 한국에 대한 일정한 책임 부담을 해소하고자 했다.[11]

② 제1공화국의 노력과 한계

샌프란시스코 평화조약 체결은 한국 영토문제가 다루어졌으므로 독도 문제를 원천으로 해결할 수 있는 절호의 기회였다. 그러나 국운이 풍전등화와 같은 전쟁 중인 지극히 열악하고 위급한 상황 속에서 국가 업무처리의 최우선적인 문제는 전쟁 종식을 통한 공산화를 막고 통일을 달성하는 데 있었다. 국력을 제대로 집중시킬 수 없는 어려운 여건임에도 불구하고 이승만 정부는 나름대로 열심히 노력했으나, 연합국의 직위를 얻지는 못했다. 그 결과 독도 문제를 해결할 수 있는 절호의 기회는 한국의 의사와는 달리 연합국의 어정쩡한 협정내용으로 체결되어 오히려 분쟁의 원인이 되고 말았다.

---

11) 박진희(2008), "한일회담: 제1공화국의 대일정책과 한일회담 전개과정", 선인, pp.86~96.

항복문서 시행을 위해 1947년부터 미국을 중심으로 한 연합국들이 전후 일본과의 관계를 정립하기 위하여 강화조약을 작성하게 되는데, 이 조약안에 한국과 일본의 영토 범위를 결정하는 영토조항이 들어 있었다. 1947년 3월 19일 자로 작성된 최초의 조약안에서부터 1949년 11월 2일 자 제5차 초안까지 일본 포기 영토 범위에 독도를 명시함으로써 독도를 한국 영토로 인정하고 있었다.

이러한 내용을 확인한 일본은 당시 주일 정치고문(U. S. Political Adviser for Japan)이었던 시볼드(William J. Sebald)를 통하여 1949년 11월 14일 자 전문으로 '리앙쿠르암에 대한 재고를 권함. 이 섬에 대한 일본의 주장은 오래되었고, 정당한 것으로 여겨짐. 안보적인 고려에서 이 섬에 기상이나 레이더 기지를 고려할 수 있음'이라고 국무부에 건의한다. 그리고 11월 19일에는 '일본이 전에 영유하고 있었던 한국 쪽으로 위치한 섬들의 처리와 관련하여 리앙쿠르암(다케시마)을 제3조(안)에서 일본에 귀속하는 것으로 명시할 것을 건의함. 이 섬에 대한 일본의 주장은 오래되었으며, 정당한 것으로 여겨짐. 이 섬을 한국의 연안에서 떨어진 섬이라고 보기는 어려움. 안보적인 측면에서 이 섬에 기상과 레이더 기지를 설치하는 것이 미국의 국가이익적인 측면에서 고려될 수 있음'이라는 서면의견서를 국무부로 송부했다. 시볼드의 이러한 건의에 의하여 1949년 12월 8일 자 초안에서는 독도를 일

[표 8-2] 샌프란시스코 평화조약 안건에 대한 한국 요구사항

조약 초안	요구주체	요구내용	미국의 회신내용
1951년 3월 잠정초안	한국 정부 (양유찬 주미대사)	(1) 한국은 연합국으로 명시되어야 한다. (2) 한국은 폴란드의 경우처럼 조약에 서명하도록 허용되어야 한다. (3) 일본의 유엔가입은 한국의 경우와 연계되어야 한다. (4) 재일조선인은 연합국민의 지위를 부여받아야 한다. (5) [번호누락] (6) 한국은 태평양방위동맹에 포함되어야 한다. (7) 한일 간 맥아더(어업)라인은 조약에서 보장되어야 한다. (8) 한국은 재일조선인 재산반환에 대해 연합국과 동등한 권리를 가져야 한다. (10) 한국은 국제사법재판소에 참가를 희망한다.	
	대일 강화회의 준비위원회(외무부)	① 샌프란시스코 강화회의에 한국 참가·서명 ② 귀속재산과 대일청구권 문제 ③ 어업문제 ④ 통상문제 ⑤ 재일조선인 문제	

1951년 7월 초안	한국 정부 (1951. 7. 19.)	① 한국을 대일 전쟁에 참가한 교전국으로 인정할 것 ② 일본은 한국에 대하여 정부 소유, 개인 소유를 불문하고 모든 재산요구권을 포기할 것 ③ 한국을 대일평화조약의 조인 국가로 할 것 ④ 한국과 일본 간 어획 수역을 명백히 결정할 것 ⑤ 일본은 대마도, 파랑도, 및 일본해 내의 독도에 대한 요구권을 포기할 것. 이상 3도는 노일전쟁 중 일본이 한국을 점령하기 전에는 한국 소유였음	<양유찬 주미대사와 덜레스 고문의 회담>(1951. 7. 19.) ① 한국은 제2차 세계대전 시 일본과 교전상태가 아니었음. ② 한국은 실제로 제2차 세계대전 시 일본의 간용(肝要)한 부분, 일본군사력에 공헌 ③ 미국은 한국의 독립과 제 이익을 충분히 대표
	대일강화조약 초안수정 국민 총궐기대회 결의 (1951. 7. 30.)	① 1945년 8월 9일 현재 한국 내 일본 및 일본인 재산 일절 포기 ② 재일 한국 및 한국인의 재산은 연합국에 따라 반환 ③ 대일 강화회의에 한국 참가 ④ 대일강화조약 체결할 때 한국의 역사적 사실과 신생국의 육성 발전에 특별 고려	
	변영태 외무장관 기자회견 (1951. 8. 1.)	① 2조: 한국 독립 승인, 제주도, 울릉도, 거문도, 독도 포기 ② 4조: 1945년 8월 9일 이후 한국거주 일본 재산요구권 포기 ③ 대마도, 한국 영토 귀속과 불가 시 유엔 탁치로서 비무장지대로 규정 ④ 신어업협정 체결 시까지 맥아더선 존속	<러스크 극동 담당 국무차관보 회신내용>(1951. 8. 10.) ① 다케시마, 리앙쿠르암으로 알려진 독도는 우리 정보에 따르면 1905년 이래 일본 시마네현 오키섬 관할이었고, 한국은 이의를 제기한 적이 없다. ② 4조는 한국 정부가 잘못 이해했으며, 4조 b항에 한국 요구가 반영되었다. ③ 9조 맥아더라인 존속 요청은 여러 국가의 유사한 이해관계가 얽혀 있기 때문에 수용할 수 없다. ④ 15조 a항에 대한 요청은 한국 국적의 재일조선인 재산은 전시 동안 일본이 몰수하거나 침해하지 않았기 때문에 반환할 수 없다.
	양유찬 주미대사 수정요구서 (1951. 8. 2.)	① 제4조: 일본은 한국 내에 있는 일본 및 그 국민의 자산과 1945년 8월 9일부 혹은 그 이전의 일본 및 그 국민에 의한 한국 및 그 국민에 대한 청구권을 포기한다. ② 제9조: 맥아더라인은 이러한 협정이 체결될 때까지 존속된다. ③ 제21조: 그리고 한국은 이 조약 제2, 9, 12 및 제15조 a항의 이익을 향유한다.	<미국, 한국 정부에 최종안 내용통보>(1951. 8. 13.) ① 귀속재산문제를 규정한 4조 수정 ② 제21조 2항, 4항, 제12조는 한국에도 적용
샌프란시스코 평화조약 중 한국 관련 조항		제2조(a): 일본은 한국의 독립을 승인하고 제주도, 거문도, 울릉도를 포함하는 한국에 대한 모든 권리·권원 및 청구권을 포기한다. 제4조(b): 일본은 제2조 및 제3조에 규정된 지역의 미국 군정에 의하여 또는 그 지령에 의하여 행하여진 일본과 일본 국민의 재산 처리의 효력을 승인한다. 제9조: 일본은 공해에서 어채의 규제 또는 제한과 어업의 보존 및 발전을 규정하는 2개국 간 또는 다수국가 간의 협정 체결을 희망하는 연합국과 조속히 교섭을 개시한다. 제12조: 일본은 각 연합국과 무역, 해운 기타의 통상관계를 안정하고 우호적인 기초 위에 두기 위하여 조약 또는 협정을 체결하기 위한 교섭을 조속히 체결할 용의가 있음을 선언한다. 제21조: 본 조약의 제25조의 규정에 불구하고 중국은 제10조 및 제14조(a)항 2의 이익을 향유할 권리를 가지며, 한국은 본 조약의 제2조, 제4조, 제9조 및 제12조의 이익을 향유할 권리를 가진다.	

출처: 박진희(2008), "한일회담: 제1공화국의 대일정책과 한일회담 전개과정". 선인. pp.81~82.

본의 영토에 포함되는 것으로 기술하게 된다.[12)

이승만 정부는 [표 8-2]에서 보는 바와 같이 여러 차례에 걸쳐 샌프란시스코 평화조약에 한국의 의견과 요구사항을 제시하며 이를 반영시키기 위해 노력하였다. 1950년 10월 일본의 패전으로 인한 우리나라의 승전국 지위확보에 대비, '간도 지방은 우리 영토'라며 일본과 청(淸)이 베이징(北京)에서 체결한 간도협약[13)을 통해 타국의 영토를 자기 마음대로 획정했다고 적고 있는 주일 대표부가 자체적으로 작성한 한 장짜리 필사본 문서를 통해 간도(間島)가 우리 영토라는 자체적인 지침을 마련하고, '우리는 대일강화조약에서 이 실지를 회복하여 유사한 불법조약의 무효를 선언한다'는 전략을 수립했다. 그러나 교전국이 아니고 미국이 한국의 이익을 충분히 대변할 수 있다는 이유로 미국을 비롯한 연합국이 이를 인정하지 않아 전승국 지위획득에 실패했기 때문에 이후 외교교섭에서 활용되지 못한 것으로 알려졌다.[14)

당시 한국은 샌프란시스코 평화조약 초안을 작성할 때 처음에 한국 영토로 분류된 독도가 일본 측의 요청에 의하여 일본 영토로 바뀌었다가 삭제된 경과를 제대로 알지 못하는[15) 등 외교적 역량의 한계를 드러내고 있는 가운데, 독도가 언급되지 않은 채 샌프란시스코 평화조약이 확정되어 체결되었다. 결국 샌프란시스코 평화조약에서 독도 문제가 잘못 처리된 가장 중요한 점은 일본은 독도를 강욕(强慾)에 의해 탈취한 것이 아니라고 주장하는 것 같은 발언과 교섭기회를 얻었던 데 대하여 다른 한편의 당사자인 한국은 직접 발언할 기회를 일절 가지지 못하였다는 사실이다.[16)

---

12) 김병렬 · 나이토 세이츄(2006), "한일 전문가가 본 독도", 다다미디어, pp.123~126.

13) 간도협약(間島協約)은 1909년(융희 3년) 9월 청(淸)나라와 일본이 간도(젠다오)의 영유권 등에 관하여 맺은 조약이다. 청나라는 19세기 말기부터 간도가 자국 영토라고 주장하여 군대까지 투입하고 지방관까지 두었으나, 한국도 그에 강력히 맞서 영토권을 주장하였으므로 간도 영유권 문제는 한 · 청 간의 오랜 계쟁문제(係爭問題)였다. 일제는 1905년(광무 9년) 대한제국의 외교권을 박탈한 뒤 청나라와 간도문제에 관한 교섭을 벌여 오다가 남만주철도 부설권과 푸순(撫順)탄광 채굴권을 얻는 대가로 간도를 청나라에 넘겨주는 협약을 체결하였다. 이 협약은 전문 7조로 되어 있는데, 그 내용은 ① 대한제국과 청국 양국의 국경은 도문강(圖們江: 토문강)으로서 경계를 이루되, 일본 정부는 간도를 청나라의 영토로 인정하는 동시에 청나라는 도문강 이북의 간지(墾地)를 한국민의 잡거(雜居)구역으로 인정하며, ② 잡거구역 내에 거주하는 한국민은 청나라의 법률에 복종하고, 생명 · 재산의 보호와 납세, 기타 일체의 행정상의 처우는 청국민과 같은 대우를 받으며, ③ 청나라는 간도 내에 외국인의 거주 또는 무역지 4개 처를 개방하며, ④ 장래 지린(吉林) · 창춘(長春) 철도를 옌지(延吉) 남쪽까지 연장하여 한국의 회령(會寧) 철도와 연결한다는 것 등이었다. 이것으로 일본은 만주 침략을 위한 기지를 마련하는 동시에, 남만주에서의 이권을 장악하고, 조선통감부 임시간도파출소를 폐쇄하는 대신 일본총영사관을 두어 한국인의 민족적 항쟁운동을 방해하는 공작을 하게 되었다.

14) 연합뉴스 2005. 8. 26.

15) 김병렬 · 나이토 세이츄(2006), "한일 전문가가 본 독도", 다다미디어, pp.128~129.

16) 임영정 역(2003), "독도 영유권의 일본 측 주장을 반박한 일본인 논문집", 경인문화사, pp.83~85.

(2) 평화선(이승만라인) 선포

① 「대한민국 인접해양주권에 관한 대통령 선언」 선포의 배경

선박 및 항해기술의 발전으로 제2차 세계대전 후 원양어선에 의한 조업이 가능해졌다. 그 결과 남의 나라 연안 근처까지 외국선박이 와서 어로작업을 하게 됨에 따라 연안 국가들에게는 인근 해역의 어자원보호문제가 심각하게 대두하였다. 그러나 300년 동안 국제 관례화되어 온 영해 3마일을 전제로 한 항해 자유원칙(Freedom of the seas)은 쉽사리 무너질 수 없었다. 영해 주권론(territorial sovereignty)과 항해 자유원칙은 심각하게 충돌을 가져왔다.

이때 기존의 영해 3마일의 전통과 관례를 깨고 미국 대통령 트루먼(Harry S. Truman)이 1945년 9월 연근해 어족자원보호를 위한 연안국 주권선언, 소위 트루먼선언(The Truman Proclamations)을 하게 되었다. 트루먼 대통령은 연근해 어족자원 보존을 위한 것으로 공해 일정구역에서의 연안어업규제와 대륙붕의 해저 및 그 지하 천연자원에 대한 연안국 주권선언 두 가지 선언을 하였다. 트루먼 대통령의 선언은 즉각 영국의 반대에 부딪혔으나, 곧바로 멕시코가 유사한 선언을 하고, 1946년 아르헨티나, 1947년에는 칠레가 기존의 영해 범위를 훨씬 넘는 200해리 또는 그 이상의 영해 주권선언을 하는 등 남미국가에서 영해 주권선언이 행하여졌다.

이러한 새로운 세계사의 조류에 재빨리 영합하여 대한민국 정부는 1952년 독립국으로서 인접해양에 대한 주권선언, 소위 평화선[17]을 선언하였다.[18] 즉 한반도 주변 수역(水域)에 한국의 주권을 선언한 해양주권선(海洋主權線)인 평화선 선포는 한일 간 어업 부문의 격차 심화, 연합군의 일본 점령 관리 중 일본인의 어업활동을 일정 수역으로 한정했던 '맥아더라인'의 철폐, 세계 각국의 주권적 전관화(主權的專管化) 추세 등의 상황에 대처하기 위해 취해진 것[19]으로 어족자원을 보호하고 필연적으로 발생할 수밖에 없는 한일 간 어업분쟁을 사전에 방지하는 데 그 목적이 있었다.[20]

---

17) 평화선이라는 용어는 이승만 대통령의 1952년 2월 8일 "획정선을 설치하는 주목적이 양국 간의 평화 유지"에 있다는 담화에서 비롯되었다. 이후 한국은 '평화선'이라는 용어를 사용했지만, 일본은 평화선은 국제법상 불법이라 하여 '이(李)라인'이라는 용어를 사용했다. 평화선 선언은 대한민국 인접해양의 주권에 대한 대통령 선언(1952년 1월 18일 국무원 고시 제14호)이다. '대한민국 정부는 국가의 영토인 한반도 및 도서의 해안에 인접한 해붕(海棚)의 상하에 기지(旣知)되고 또는 장래에 발견될 모든 자연자원, 광물 및 수산물을 국가에 가장 이롭게 보호, 보존 및 이용하기 위하여 그 심도여하를 불문하고, 인접 해붕에 대한 국가주권을 보존하며, 또 행사한다' 등의 내용과 함께 해양 경계 간의 경도와 위도를 명시하고 있다. 이 경계선 내의 해양영역에 독도가 한국영해로 포함되어 있다.

18) 나홍주(1996), "일본의 독도 영유권 주장과 국제법상 부당성", 도서출판 금광, pp.45~47.

19) 독도본부.

20) 박진희(2008), "한일회담: 제1공화국의 대일정책과 한일회담 전개과정", 선인, p.125.

② 「대한민국 인접해양주권에 관한 대통령 선언」 선포 의의

1952년 4월 샌프란시스코 평화조약 비준을 앞두고 1952년 1월 18일 한국 정부는 샌프란시스코 평화조약의 효력 발생과 더불어 맥아더라인의 철거를 우려해 해안으로부터 평균 60마일에 달하는 지역에 평화선을 선포했다. 그 명목은 해양 분할의 국제적 경향과 발달한 일본의 어업활동으로부터 영세적인 한국어민을 보호한다는 것이었다. 그 해 4월 한국 정부는 맥아더라인을 침범하는 일본 어선 27척 330명의 선원을 억류했다. 그 이후 1954년에서 1963년 말까지 각종어선 160척, 어부 1,989명을 억류했다. 맥아더라인에 의해 1946년부터는 12해리, 1949년부터는 3해리 이내를 한국의 영해적인 성격으로 규정하였다. 당시는 국제법상 1994년의 국제해양법협약 이전에는 영해 12해리, 접근 수역 12해리, 대륙붕 200해리, 배타적 경제수역 200해리라는 개념이 없었다.[21]

한국 정부의 '대한민국 인접해양주권에 관한 대통령 선언' 선포는 획기적인 조치였지만, 한편으로는 한국과 일본 간 독도 논쟁이 일어나는 원인이 되었다. 그러나 국제사회에 대해 독도의 영유권이 대한민국에 있음을 천명하고, 실효적 지배를 더욱 공고히 하는 계기를 만들었다는 데 그 의의가 있다.

③ 평화선 선언과 독도 분쟁의 공식화

1951년 9월 8일 샌프란시스코 평화조약 체결로 한국 정부와 일본 정부는 독립승인, 재산처리, 어업협정의 체결, 통상항해조약 체결 등의 협의를 위해 한일회담을 할 필요를 느끼게 되었다. 이에 따라 1951년 10월 20일부터 동경에서 열린 '제1차 한일회담' 전반회의를 끝마치고 휴회에 들어간 후 독도 문제가 발생하였으나,[22] 이때만 하더라도 회담의 쟁점으로까지는 발전하지 않았다. 대한민국 정부가 1952년 1월 18일 '인접해양의 주권에 대한 대통령 선언(평화선)'을 발표하자, 열흘 뒤인 1952년 1월 28일 일본은 평화선 안에 포함된 독도(다케시마)가 일본 영토라고 주장하면서 독도를 한국 영토라고 하는 대한민국의 주장을 인정하지 않는다는 내용의 외교문서를 보내왔다. 이것이 독도 영유권 논쟁의 시작이다.

한국 정부는 이에 일본 정부의 항의를 일축하고, 독도가 역사적으로 한국 고유영토일 뿐만 아니라, 2차 세계대전 후 1946년 1월 29일 연합국 최고사령부지령(SCAPIN) 제677호로서 독도를 한국 영토라고 판정하여 한국에 반환했으며, 또 연합국 최고사령부지령 제

---

21) 독도학회(2003), "한국의 독도 영유권 연구사", 독도연구보전협회, pp.329~330.
22) 김명기(1999), "독도의 영유권과 국제법", 투어웨이사, p.87.

1033호에서 독도를 한국 영토로 거듭 재확인했음을 상기하라고 지적하였다. 그 후 한국 정부와 일본 정부 사이에 외교문서를 통한 치열한 논쟁이 전개되었다.[23] 1954년 9월 25일 일본 정부는 평화선 선언은 공해자유의 원칙에 위배되는 것으로 국제법상 무효이고, 샌프란시스코 평화조약의 해석상 일본 영토로 인정되는 독도를 평화선 내에 넣은 것은 일본 영토에 대한 침범으로 독도 문제가 국제법의 영유권에 관한 분쟁이니만큼 양국 정부가 합의하여 이 분쟁을 국제사법재판소에 제소할 것을 제의해왔다.[24]

이에 대해 한국 정부는 평화선을 선포한 것은 미국의 트루먼 대통령이 1945년 9월 28일 '보존수역에 관한 선언'과 '대륙붕의 지하 및 해저의 천연자원에 관한 미합중국 선언'을 한 이래 모든 연안국은 보존수역과 대륙붕을 선언할 수 있다는 국제관행에 따른 것이라며 일본 측의 제의를 일축했다. 독도 영유권문제가 평화선 선포로 발단한 것은 아니지만, 동 선의 선포로 표면화된 것은 사실이다. 그러나 이러한 모든 문제의 발단은 일본이 한국의 근해에서 무차별하게 어족자원을 남획함은 물론, 터무니없이 독도에 대한 영유권을 주장하였기 때문에 발생한 것이다.[25]

3) 미군의 독도 폭격

독도가 폭격연습지로 최초로 지정된 것은 연합국 최고사령부지령(SCAPIN) 제1033호에 의거 일본 어부들의 독도주변 접근을 금지한 미군이 1947년 9월 16일 자 연합국 최고사령부지령(SCAPIN) 제1778호에 의해서였다.[26] 1948년 6월 8일 화요일, 오키나와에서 출격한 미군 폭격기 B29가 독도에 폭탄을 투하[27] 독도에 출어 중이던 한국 어부 30명 가운데 사명 16명, 중경상 6명의 희생자를 낸 사건이 돌발하였다. 한국 정부의 항의에 대하여 미국 제5공군은 연습장으로 지정되지 않았음을 인정하여 사과하였다. 같은 해 8월 15일 정부수립 후, 즉시 경상북도 울릉군 남면 도동 1번지로서 행정력이 미치는 조치를 취하였다.[28]

---

23) 안용복 장군 기념사업회(2004), "수강사지", 태화출판사, pp.149~150.

24) 나홍주(1996), "일본의 독도 영유권 주장과 국제법상 부당성", 도서출판 금광, pp.45~47.

25) 김병렬(1997), "독도(독도자료총람)", 다다미디어, pp.113~114.

26) 김병렬·나이토 세이츄(2006), "한일 전문가가 본 독도", 다다미디어, p.122.

27) 주강현(2005), "적국의 바다 식민의 바다", 웅진씽크빅, p.135.

28) 임영정 역(2003), "독도 영유권의 일본 측 주장을 반박한 일본인 논문집", 경인문화사, pp.83~85.

1951년 7월 6일 연합국 최고사령부지령(SCAPIN) 2160호로 독도를 미군의 해상폭격연습지로 다시 지정한다.[29] 한국 정부는 1952년 1월 18일 일본 정부의 주권 회복을 예측하고 이에 대응하기 위해 해양주권 선언인 이승만라인을 설정, 독도를 실효적으로 지배했다. 동년 7월 26일에는 일미안보조약의 실시를 위한 일미행정협정 제2조에 기초하여 미일합동위원회가 일본 외무성 고시 36호 공시를 통해 독도를 주일미군이 사용할 공군훈련구역으로 지정했다.[30]

9월 15일 오전 11시경 미국 극동사령부 소속 폭격기가 독도를 2차례 선회한 뒤 4개의 폭탄을 투하하고 남쪽으로 날아갔다. 당시 독도에는 20여 명의 선원과 해녀들이 조업을 하고 있었으나 다행히 인명 피해는 없었다. 마침 한국산악회의 제2차 울릉도·독도 학술조사단 일행 36명이 9월 18일 울릉도에 왔는데, 이때의 독도 폭격사건을 듣게 되었다. 이들은 관계 당국에 전문을 보내 이 소식을 전하고 조사단의 안전한 항로를 보장해 달라고 요청하였다. 그런데 이들이 9월 22일 독도로 출발하여 오전 11시경 독도 부근 2킬로미터 해상에 접근하였을 때, 돌연 4대의 폭격기가 나타나 해상에 폭탄을 투하, 결국 상륙을 못하고 화급히 울릉도로 귀환하였다.

그 후 1953년 3월 19일 미일합동위원회 소위원회는 독도를 미국 공군 훈련구역에서 제외시켰으며, 일본 외무성은 1953년 5월 14일 자 고시 28호로 이 내용을 공시했다. 이것을 일본 측은 '미국이 일본령으로 인식한 것'이라고 주장한다. 그러나 한국 정부가 미국 공군 사령관에게 제기한 항의에 응하여, 1953년 2월 27일 미국 공군의 지정 작전구역에서 독도가 제외되었다는 것을 미군 측이 한국 정부에 공식적으로 통고해왔다. 이는 미국이 독도를 한국의 영토로 인정하고 처리한 것임을 잘 나타내준다고 하겠다.[31]

3. 한일회담과 한일어업협정

1) 한국과 일본의 공식 어업관계

(1) 세종의 3포 개항

일본인이 한국 연안에서 어업행위를 할 수 있게 된 것은 조선 침탈을 일삼는 왜구의

---

29) 주강현(2005), "적국의 바다 식민의 바다", 웅진씽크빅, p.135.

30) 임영정 역(2003), "독도 영유권의 일본 측 주장을 반박한 일본인 논문집", 경인문화사, pp.83~85.

31) 주강현(2005), "적국의 바다 식민의 바다", 웅진씽크빅, pp.136~137.

준동을 막기 위해 유화정책의 하나로 1426년 1월 18일 대마도의 좌위문대랑(左衛門大郞)의 요청에 따라 내이포[웅천(熊川), 현재의 진해 내이포(乃而浦), 제포(薺浦)라고도 함]와 부산포 이외에 울산(蔚山)의 염포(鹽浦)에서도 무역을 허가하기로 한[32] 3포 개항 이후부터였던 것으로 보인다. 처음에는 상선 정박과 무역 허용이 주목적이었지만, 왜관이 설치되고 교역량이 늘어나고 거류민이 증가하면서 생업활동도 병행하게 되었다.

그 결과 1510년 4월 8일 경상우도 병마절도사 김석철이 부산포와 제포가 왜구에게 함락되었음을 아뢰는 내용에 '부산포 첨사(釜山浦僉使)는 소금을 만들고 기와를 구우면서 토목(吐木)을 바치라고 독촉하고, 웅천 현감(熊川縣監)은 왜인이 흥리(興利)하는 것을 일절 금하며 왜료(倭料)를 제때에 주지 않고, 제포 첨사(薺浦僉使)는 바다에서 채취(採取)할 때에 사관(射官)을 주지 않고, 또 왜인 4명을 죽였기 때문에 도주(島主)가 병선 수백 척을 나누어 보내어 이곳과 부산포 등의 변장(邊將)과 서로 싸우는 것이다'[33]라고 삼포왜란의 이유가 나온다. 이러한 점으로 미루어 이때의 어업은 대마도 주민 중 3포에 거주하고 있는 왜인들에게만 제한적으로 허용되었던 것으로 보인다. 본토의 일본인이 밀입국하여 어로행위를 한 것과는 개념이 다르다. 일본인들이 비밀리에 밀입국(도항 또는 도해)하여 울릉도 지역에서 어로행위를 시작한 것이 정확히 언제부터였는지는 알 수 없다.

문헌에 따르면 1618년 돗토리번 호우키노쿠니 요나고(鳥取藩伯耆盧朴國米子)의 주민인 오야 진키치(大谷甚吉), 무라카와 이치베(村川市兵衛)는 돗토리번주(藩主)를 통해 막부로부터 울릉도(당시의 '다케시마') 도해(渡海) 면허를 받아 어업을 시작한 이후[34] 17세기에 약 80년간 이루어진 일본인들의 울릉도 잠입어업은 일본이 독도의 고유영토설을 주장하는 근거가 되고 있다. 안용복의 활동으로 1696년 일본 정부에 의해 울릉도 도해금지령이 내려지고 19세기 말에 이르기까지 일본인의 울릉도 잠입어업은 소강상태를 보였다.[35]

(2) 울릉도 지역에서 일본인의 공식적 어업 시작

1882년 울릉도 개척령이 내려지고, 이어 우리 국민의 울릉도 이주가 이루어지기 시작한 것과 거의 비슷한 시기인, 1883년 6월 22일 조일통상장정(朝日通商章程) 체결을 전후해 일본인들의 우리 연안에서의 어족자원 수탈이 시작됐으며, 울릉도 역시 일본 어민들의 이

---

32) 조선왕조실록[세종 31권, 8년(1426 병오/명 선덕(宣德) 1년) 1월 18일(계축) 3번째 기사].
33) 조선왕조실록[중종 11권, 5년(1510 경오/명 정덕(正德) 5년) 4월 8일(계사) 3번째 기사].
34) "죽도-다케시마 문제를 이해하기 위한 10의 포인트"(2008), 일본 외무성.
35) 독도역사찾기운동본부(2003), "독도 영유권 위기 연구", 백사서당, pp.12~14.

주와 어로행위가 본격화 되었다.[36] 그리고 1889년 10월 12일 독판교섭통상사무 민종묵(閔種黙)과 일본 대리공사 곤도 신스케(近藤眞鋤) 사이에 '조일통어장정'(通漁章程)이 체결된 데다 울릉도에 이주한 이주민들은 거의 어업활동을 하지 않아 1910년경까지 울릉도 지역의 어업활동은 거의 일본인이 독점하였다.

2) 한일기본조약과 분쟁해결에 관한 교환공문

한일기본관계조약[37](통칭 한일협정 또는 한일기본조약)은 한국이 독도 문제를 해결할수 있는 또 다른 좋은 기회였다. 1962년 9월 3일 한일 국교정상화를 위한 예비회담 제4차회의에서 일본의 이세키 유지로(伊關佑二郎) 외무성 아시아국장이 독도 문제를 거론했다. 이에 대해 배의환 수석대표는 독도 문제는 한일회담의 의제가 아니므로 국교 정상화 이후에 토의하자고 했다. 동년 10월 20일 김종필 중앙정보부장도 동경을 방문하여 오히라 마사오(大平正芳) 외상이 독도 문제를 국제사법재판소에 제소하자는 요청에 대해 "이 문제는 한일회담과는 별개의 문제이므로 국교가 정상화된 뒤에 시간을 갖고 해결하자"며 이를 일축했고, 1965년 4월 13일 제11차 양측 수석대표 회담에서도 일본 측의 거론에 한국 측이 입장을 굽히지 않았다. '한일기본관계조약'과 부수협정이 서명되던 1965년 6월 22일 아침 사토 에이사쿠(佐藤榮作) 총리의 "독도의 영유권을 일본에 건네지 않으면 조약에 서명하지 않겠다"는 압력도 단호히 거부했다.[38]

협상 당시 대한민국의 입장은 한국의 독도 영유권에 대해 확고부동하고 태도를 단호히해 한일회담에서 거론되는 것조차 강력히 반대했고, 일본은 '독도 문제'를 거론하려는 입장이었다.[39] 따라서 1965년에 조인된 한일협정의 제문서(諸文書) 어디에도 독도를 직접 언급한 것은 전혀 없다. 일본은 독도 문제를 협정문에 명기하거나 그것이 안 되면 미리 만

---

36) 독도역사찾기운동본부(2003), "독도 영유권 위기 연구", 백사서당, pp.12~14.

37) 한일기본조약(韓日基本條約)은 한국과 일본 양국의 일반적 국교관계를 규정한 조약이다. 1965년 6월 22일 한국의 외무장관 이동원(李東元), 한일회담 수석대표 김동조(金東祚)와 일본 외무장관 시이나 에쓰사부로(椎名悦三郎), 수석대표 다카스기 신이치(高杉晋一) 사이에 조인된 '대한민국과 일본국 간의 기본관계에 관한 조약(기본조약)과 이에 부속된 4개의 협정 및 25개의 문서(협정부속서 2, 교환공문 9, 의정서 2, 구술서 4, 합의의사록 4, 토의기록 2, 계약서 2, 왕복서간 1)의 총칭이다. 부속협정은 ① 어업에 관한 협정, ② 재일교포의 법적지위 및 대우에 관한 협정, ③ 재산 및 청구권에 관한 문제의 해결과 경제협력에 관한 협정, ④ 문화재 및 문화협력에 관한 협정 등이다. 조약의 교섭(한일회담)은 14년 동안 우여곡절을 겪었으며, 최종단계에서는 두 나라에서 모두 야당과 학생 등의 강력한 반대운동이 전개되기도 하였다. 제1차 한일회담은 연합군최고사령부 외교국장 시볼드의 중개로 1951년 10월 열린 예비회담을 거쳐, 1952년 2월 15일부터 당시 한국의 이승만(李承晚) 정부와 일본의 요시다 시게루(吉田茂) 내각 사이에 본회담이 시작되었는데 쌍방의 주장이 크게 엇갈려 4월 21일 중단되는 등 우여곡절을 거쳐 체결되었다.

38) 김병렬 · 나이토 세이츄(2006), "한일 전문가가 본 독도", 다다미디어, pp.146~147.

39) 신용하(2002), "독도 영유권에 대한 일본 주장 비판", 서울대학교출판부, p.349.

들어 놓은 안(案)대로 국제사법재판소 제소에 합의한다는 문서를 교환할 생각이었지만, 한국 측은 독도는 검토할 필요도 없이 한국의 고유영토이므로 의제가 될 수 없다고 주장하며 일본 측의 두 가지 방안을 모두 거부했다. 이러한 점에 대해 협정이 체결되고 난 후 국회에서 이동원 외무부장관은 "독도 문제는 분쟁문제가 아니어서 교환 공문의 적용대상이 아니다"라고 답변했다.[40)

그럼에도 독도 문제를 언급할 때 한일기본관계조약이 많이 거론되는 것은 한일기본관계조약 제2조의 '이미 무효'와 '분쟁의 평화적 처리에 관한 교환공문'에 대한 해석 방법에 따라 독도 문제가 이미 종결된 것으로 볼 수도 있고, 조정해나가야 할 대상으로 해석할 수 있기 때문이다.

(1) 한일기본관계조약과 해석

1965년 6월 22일 한국과 일본 양국은 국교를 정상화하기 위해 '한일기본관계조약'을 체결했다. 같은 날 '분쟁의 해결에 관한 공문'도 교환되었다. 한일기본관계조약 제2조에서 '1910년 8월 22일 및 그 이전에 대한제국과 대일본제국 간에 체결된 모든 조약 및 협정이 이미 무효임을 확인한다.' 분쟁의 해결에 관한 공문에서는 '양국 정부는 별도의 합의가 있는 경우를 제외하고는 양국 간의 분쟁은 우선 외교상의 경로를 통하여 해결하는 것으로 하고 이에 의하여 해결할 수 없으면 양국 정부가 합의하는 절차에 따라 조정에 의하여 해결을 도모한다'는 명문을 두고 있다.

동 조약 제2조의 "이미 무효"에 대해 한국과 일본 정부의 해석이 다르다. 한국은 이미 무효는 애초부터 무효를 의미한다. 따라서 '한일합방조약'은 1910년 8월 22일부터 무효라고 해석한다. 이 해석에 의하면 '시마네현 고시 제40호'가 무효면 1910년 이후 1945년까지의 일본에 의한 독도 지배는 불법적인 것으로 된다. 그러나 일본 정부는 이미 무효는 1945년 항복 시점부터 무효라고 해석한다. 이 해석에 의하면 '시마네현 고시 제40호'가 무효라 할지라도 1910년에서 1945년까지 일본에 의한 독도의 지배는 합법적인 것으로 본다.[41)

---

40) "쟁점별 한일 양국입장 비교"(1996), 국회 법제예산실.
41) 김명기(2007), "독도강의", 책과 사람들, pp.132~133.

(2) 분쟁해결에 관한 교환공문

한국 정부는 교환공문의 적용대상에 독도가 지적되어 있지 않은 만큼 독도 문제는 이와 무관하다는 입장이다. 즉 교환공문은 1965년 6월 22일 한일 간에 체결된 5개 조약과 동시에 체결된 만큼, 이들 조약의 해석과 적용에 관하여 양국 간에 발생하는 분쟁만을 적용대상으로 한다고 본다. 반면 일본 측 학자들은 이 교환공문이 주로 독도 문제를 염두에 두고 작성된 것이 확실하다고 보고 있다. 특히 어업협정이나 청구권 협정이 중재재판 등 별도의 분쟁해결 절차를 마련하고 있으므로 분쟁해결에 관한 교환공문은 양국 간의 여타 분쟁 전반을 대상으로 적용되어야 하며, 이에 독도 분쟁이 제외될 이유가 없다고 본다.[42]

좀 더 세부적으로 들어가 분쟁의 해결에 관한 교환공문의 '양국 간의 분쟁'에는 독도에 관한 문제가 포함된 것이냐에 관해 양국 정부의 해석이 대립하고 있다. 이에 대해 한국 정부는 '양국 간의 분쟁'에는 독도에 관한 문제가 포함되어 있지 아니하다고 해석한다. 이 해석에 의하면 독도 문제는 동 조약에 의해 이미 해결된 것이며, 따라서 조정에 의해 해결해야 할 사항이 아닌 것으로 된다. 그러나 일본 정부는 '양국 간의 분쟁'에는 독도에 관한 문제가 포함되어 있다고 해석한다. 이 해석에 의하면 독도 문제는 동 조약에 의해 이미 해결된 것은 아니며, 따라서 조정에 의해 해결해야 할 사항인 것으로 된다.[43]

결국 한일협정문에 독도가 언급되지 않은 것은 당시 협상의 주제가 독도 문제가 아닌 데다 한국 정부가 일본의 국제사법재판소 제소 제의는 거절하면서 쟁점이 되는 것을 회피하고 독도 영유권을 굳히는 전략을 구사한 것으로 보이지만, 이는 궁극적인 독도 문제의 해결방법은 될 수 없다. 일본이 한국 측 입장을 인정하지 않기 때문에 양국이 분쟁해결에 관한 교환공문에서 각기 자국에 유리한 해석을 하고 있다고 볼 수 있다.

3) 일본인 망언의 원조 구보타

국교 정상화를 위한 한일회담 2차 회담 휴회 이후 3차 회담이 재개되기 전까지 한일 간 어업분쟁은 점점 고조되는 양상을 보였다. 특히 그동안 임시로 한일어업분쟁의 경계선 역할을 해오던 클라크라인[44]이 1953년 8월 27일 해제됨으로써 가을 어획기를 앞두고 양

---

42) "독도 영유의 역사와 국제관계"(1997), 독도연구보전협회, pp.185~186.
43) 김명기(2007), "독도강의", 책과 사람들, pp.132~133.

국의 분쟁도 높아질 전망이었다. 이에 일본이 먼저 나서서 외무성은 9월 24일 어업문제를 최우선으로 협의하자며 회담 재개를 요청하는 각서(Aide Memoire)를 전달했다. 한국이 계속 '이승만라인'(평화선)을 근거로 자국 선박을 나포하고 있었으므로 어업문제 해결이 가장 긴급 사안이라고 주장했다. 이를 위해 어업협정 제안을 준비할 것이며, 한국이 동의한다면 양국의 어업단체 대표들을 포함해 협상할 수도 있다고 적극적인 태도를 보였다. 한국은 일본의 성의를 기대하며 회담재개에 동의했다. 이렇게 해서 1953년 10월 6일 3차 한일회담이 개최되었는데, 불과 보름여 만인 10월 21일 결렬되었다. 일본 측 대표 구보타 간이치로(久保田貫一郎)의 발언이 원인이었다.[45]

정부가 공개한 한일회담 외교문서에는 1953년 제3차 회담 때 일본 측 수석대표인 구보타 간이치로(久保田貫一郎)의 망언이 생생하게 기록돼 있다. 이른바 '구보타 발언'으로 불리는 이 망언은 한국의 재산청구권 요구 자체를 인정할 수 없다는 일본 정부의 본심을 대변하는 궤변에 불과했지만, 회담을 4년간 좌초시킨 암초가 됐다. 구보타는 1953년 10월 15일 3차 회담의 재산청구권위원회 2차 회의 석상에서 한국 측 홍진기(洪璡基) 대표와 심한 언쟁을 했다. 홍 대표는 "일본의 재산은 미국 군정의 손으로 법령 33호에 의해 접수됐다. 본래대로 하자면 한국은 36년간의 일본 지배하에서 한국민족이 받은 피해, 예를 들면 애국자의 투옥과 학살, 한국인의 기본적 인권 박탈, 식량의 강제 공출, 노동력의 착취 등에 대한 보상을 요구할 권리를 가지고 있으나 한국 측은 그것을 요구하지 않고 순수한 법률적 청구권만을 제출했다"고 지적했다. 그는 "이러한 사실을 고려하여 우리는 일본 측이 한국에 대한 청구권(역청구권) 주장을 철회할 것을 희망한다"고 촉구했다.

그러자 구보타는 "그렇다면 일본 측도 보상을 요구할 권리가 있다. 왜냐하면 일본은 36년간 벌거숭이산을 푸르게 바꾸었다던가, 철도를 건설한 것, 수전(水田)이 상당히 늘어난 것 등 많은 이익을 한국인에게 주었다"라고 망발을 해댄 것이다. 이에 '한국인은 일본에 점령당하지 않았더라면 스스로 근대국가를 만들었을 것'이라고 홍 대표가 맞서자 구보타는 "일본이 진출하지 않았더라면 한국은 중국이나 러시아에 점령되어 더욱 비참한 상태에

---

44) 클라크라인은 유엔군 사령관 클라크 대장이 설정한 한국방위수역을 말한다. 방위수역(防衛水域, defensive waters)은 특정국가가 작전상의 이유로 자기의 군사적 지배하에 둘 것을 선언한 일정한 해역이다. 방위수역이 선언된 해역에서는 제3국의 선박도 그 선언국가에 의해 수색을 받게 되는 대신, 이적행위(利敵行爲)가 없는 한 그 해역 내에서는 선언국가의 함정이나 항공기에 의해서 보호를 받게 된다. 역사상 방위수역이 선포된 경우가 두 차례 있었다. 그 하나는 1941년 9월 11일 미국의 F. 루스벨트 대통령에 의해서 아이슬란드 이서(以西)의 대서양 수역에 대한 방위수역 선포이고, 또 하나는 6·25 한국전쟁 때인 1952년 9월 27일 주한 유엔(UN)군 사령관 클라크 대장에 의한, 소련국경 남방 19km 지점으로부터 한국의 남방 제도(諸島)와 중국국경 19km까지에 이르는 광범한 한국 주변수역에 대한 방위수역 선포이다. 전자의 경우는 영국과 통상행위를 맺고 있는 제3국의 선박에 대한 독일 군함의 세력을 그 해역에서 배제하는 데 주안을 둔 것이고, 후자의 경우는 UN군의 연락로를 확보하고 한국에 대한 적 게릴라 부대의 잠입이나 밀수품의 반입 등을 방지하는 데 주목적을 둔 것이었다.

45) 박진희(2008), "한일회담: 제1공화국의 대일 정책과 한일회담 전개과정", 선인, p.178.

놓였을 것"이라고 자극하고 나섰다. 한국 대표단은 구보타 발언이 회담의 기본정신을 망각한 망언으로 규정, 다른 분과위원회 출석을 거부한 데 이어 김용식(金溶植) 수석대표가 10월 20~21일 제3, 4차 본회의에서 그의 발언을 5개 항으로 정리해 해명을 요구했다. 그러나 구보타는 자신의 발언을 철회할 의사가 없다고 밝혀 3차 회담은 결렬되고 말았다.[46]

당시의 오카자키(岡崎) 일본 외무장관도 그날의 기자 회견에서 "당연한 것을 당연하게 말했을 뿐이다"라며 구보타 발언을 지지, 이것이 구보타 개인의 발언이 아니라 일본 정부의 입장임을 시사했다. 여기에 대해 한국의 변영태(卞榮泰) 외무 장관은 기자회견에서 "한국을 모욕하는 발언을 공공연하게 하는 것은 그네들 일본인이 한국에 대한 침략 근성을 여전히 청산하지 못하고 있기 때문이다. 그네들은 뒤꽁무니에서 한일합병을 재현시킬 것을 노리고 있다"고 지적했다. 한국의 야당 측도 '구보타 망언은 그들이 제국주의적 야망을 포기하지 않고, 연합국 측의 세계 평화 정책에도 정면 도전하는 것이다'라고 비난했다. 이렇게 쌍방 간의 응수가 이어지며 회담은 중단되었다.[47]

[표 8-3] 구보타 발언을 둘러싼 한일 간 공방내용

	한국이 제시한 구보타 발언 내용	구보타 답변 내용
1	한국이 강화조약 발효 전에 독립한 것은 국제법 위반이다.	· 종래의 국제법 관례로 보아 이례라고 말한 것이다. 따라서 적극적으로 국제법 위반인지 여부에 대한 답변은 보류한다. · 일본이 한국의 독립을 승인한 일자는 대일평화조약 발효일이다.
2	일본이 패전과 동시에 한국거주 일인을 전부 철수시킨 것은 국제법 위반이다.	· 이런 말을 한 일이 절대로 없다. 한국 측 기록을 삭제해 달라
3	일본거주 일본 사유재산 몰수는 국제법 위반이다.	· 점령지에서 관유재산을 몰수하는 것은 별문제나, 사유재산은 존중되어야 한다는 것이 국제법상의 원칙이다. 따라서 주한 미국 군정 법령 33호를 일본 해석대로 하지 않고 한국 해석대로 해석한다면 국제법 위반이다.
4	포츠담회담에 인용된 카이로선언의 '한민족이 노예상태'에 있다는 문구는 전시 흥분상태에서 작성된 것이다.	· 일본이 포츠담회담을 수락한 것은 선언문 문장의 법률적 효과를 수락한 것이다. 따라서 기타의 문구에 관한 해석에는 다른 해석이 생길 수 있다.
5	일본의 한국 식민통치가 한민족에게 은혜를 주었다.	· 이런 문제는 건설적이 아니라 언급하고 싶지 않다. 일본의 한국 통치가 한민족에게 은혜를 베풀었다는 문제에 관하여 긍정도 부정도 할 수 없다.

출처: 박진희(2008), "한일회담: 제1공화국의 대일 정책과 한일회담 전개과정", 선인, p.178(5항의 은혜 부분에 대해 1953년 10월 22일 자 조선일보에 보도된 내용에 따르면 '일본은 조선에서 36년 동안 철도나 항만을 만들고, 산림과 농지를 조성하기도 했다. 그 때문에 많은 해에는 2,000만 엔이나 지출했다. 한국 측이 36년간의 피해를 보상하라고 한다면 조선에 남겨두고 온 일본인 재산의 반환을 요구하겠다. 그리고 당시 일본이 조선으로 가지 않았더라면 중국이나 러시아가 들어왔을 것이다'라고 하였다.)

---

46) 연합뉴스 2005. 8. 26.

47) 한계옥(1998), "망언의 뿌리를 찾아서", 자유포럼, pp.270~271.

[표 8-3]에서 보는 바와 같이 이후 양국은 구보타 발언 내용을 두고 공방을 벌였으며, 일본은 기시 노부스케(岸信介) 총리 때인 1957년 12월 구보타 발언과 역 청구권 주장을 철회했다.[48] 그러나 일본 정부의 철회에도 불구하고 1965년 1월 7일 제7차 한일회담에서 일본 측 수석대표 다카스기 신이치가 기자회견 발언을 통해 '일본의 식민지 지배가 은혜를 입혔다'는 논리로 다시 망언을 했다.[49] 이후 일본의 보수우익 인사들이 한국을 자극할 때 하는 말도 대부분 구보타의 발언과 비슷한 내용이라는 측면에서 볼 때 구보타가 일본인 망언의 원조라고 할 수 있다. 침략을 진출이라고 한 표현 등은 1982년 역사 교과서 개편 내용에 포함되면서 한국과 중국의 반발을 사는 등 파문을 일으켰다. 그 후에도 구로다 가 쓰히로 산케이신문 서울지국장과 이시하라 도쿄도지사 등이 망언의 대를 잇고 있다.

4) 한일어업협정

한일어업협정(韓日漁業協定)은 1965년 6월 한국 정부와 일본 정부 사이에 체결한 어업협정으로 정식명칭은 '대한민국과 일본국 간의 어업에 관한 협정'이다. 제2차 세계대전 후 일본어업의 조업구역은 1945년 9월 27일 이후 맥아더라인 안으로 한정되었는데, 이것이 철폐되기 전인 1952년 1월 18일 이승만(李承晩) 대통령은 '한국 영토 근해의 대륙붕 상부·표면·지하에서 이미 발견되었거나 장래에 발견될 모든 자연자원·광물 및 수산자원을 국가에 가장 이롭게 보호·보존 및 이용하기 위해 그 심도(深度) 여하를 불문하고 이 전해붕(全海棚)에 대한 국가의 주권을 행사한다'는 해양주권선언을 발표하고 이승만라인을 설정하였다. 그 뒤 한일 국교정상화에 즈음하여 기본관계조약 및 다른 관련협정과 함께 약 14년에 걸친 교섭 끝에 한일어업협정이 체결되었다.

협정 주요 내용은 다음과 같다. ① 어업에 관한 수역으로서 12해리까지는 자국의 배타적 관할권을 행사할 수 있다. ② 한국의 관할수역 밖의 주변에 공동규제수역을 설정하고, 이 수역에서는 주요 어업의 어선 규모, 어로기(漁撈期), 최고 출어어선 수, 집어등(集魚燈)의 광도(光度), 총 어획기준량 등이 규제된다. ③ 공동규제수역 외연(外延)인 동경 132° 서쪽으로부터 북위 30° 이북에 공동자원조사 수역을 설치한다. ④ 한일어업공동위원회를 설치하여 어족자원의 과학적인 조사, 규제조치의 권고를 한다. ⑤ 한국 측은 수산업협동조합중

---

48) 연합뉴스 2005. 8. 26.
49) 한계옥(1998), "망언의 뿌리를 찾아서", 자유포럼, pp.270~271.

392 독도 영유권 분쟁 과거 현재 그리고 미래

앙회, 일본 측은 대일본수산회의 두 나라 민간단체로 한일 민간어업협의회를 설치하여 조업질서의 유지와 사고처리에 관한 결정과 실무처리를 담당한다는 것이었다. 그러나 이 어업협정은 1998년 1월 일본 정부의 일방적 파기통보에 따라 새 어업협정을 위한 새로운 교섭을 벌인 끝에 새 한일어업협정이 1998년 9월 타결되고, 1999년 1월 22일 한일 비준서교환으로 발효되었다.[50]

(1) 한일회담과 독도폭파 발언

한일회담과정에서 돌출된 독도폭파 발언은 한일 예비절충 제4차 회의 회의록에 따르면 1962년 9월 3일 오후 일본 외무성 제235호실에서 열린 회의에서 독도 문제를 국제사법재판소에 제소해 해결하려는 일본 측 주장과 요구가 국교정상화 후 별개로 취급하자는 한국 측의 단호한 반대에 부닥치자 일본 측 회담 관계자인 이세키 유지로 아세아국장이 독도를 일본 땅이라고 끝까지 우기면서 "독도는 무가치한 섬이다. 크기는 히비야공원 정도인데 폭발이라도 해서 없애버리면 문제가 없을 것이다"라고 말했다. 즉 독도폭파 발언을 처음 한 것은 일본의 이세키 유지로 국장이었다.

같은 해 11월 13일 오히라 마사요시(大平正芳) 일본 외상과 제2차 김종필·오히라 회담을 마치고 귀국길에 오르던 김종필(金鍾泌) 전 중앙정보부장도 귀국 기자회견을 하네다 공항에서 가지면서 기자들의 질문에 "농담으로는 독도에서 금이 나오는 것도 아니고 갈매기 똥도 없으니 폭파해버리자고 말한 일이 있다"고 했다. 이 한마디가 잘못 전달되어 김 부장은 독도 폭파 발언자라는 오명을 뒤집어쓰게 되었다.[51] 당시 이 발언은 한국 국민을 크게 자극했고, 2005년 8월 한일회담 문서가 공개되기 이전까지 한국사회에서 한일회담이나 독도 문제가 언급될 때마다 심심찮게 사람들의 입에 오르내리곤 했다.

(2) 한일어업협정 체결과 평화선 철폐 논란

한일회담 당시 어업에 관한 논의에서 최대 쟁점은 평화선이었다. 협상과정에서 의견대립이 지속되자 일부러 애매한 표현과 어구를 동원해 자의적 해석이 가능하도록 조문을 만들고, 어업협정 체결의 전제조건으로 평화선 무효선언을 요구하는 일본과 국민의 반발을 의식해 이런 요구를 받아들일 수밖에 없었던 한국은 묘수로 공동규제수역을 설치한

---

50) 독도본부.

51) 연합뉴스 2005. 8. 26.

것이다. 한국은 공동수역을 앞세워 평화선 유지를 주장할 수 있었고, 일본은 평화선이라는 말이 없어졌으니 폐지되었다고 주장할 수 있었다.[52]

어업협정은 어업에 관한 부분이 집중적으로 논의되어야 마땅하지만, 바다에 대한 조업영역과 영해문제 등과 결부되어 결정되므로 오히려 어업문제는 부수적인 사안으로 처리되는 경향이 있다. 그러므로 1965년의 한일어업협정 체결을 어떻게 평가할 것인가 하는 점의 핵심 역시 어획량보다는 바다의 조업영역과 관련된 문제인 평화선을 철폐하고 12해리 어업전관수역을 설치해 양국 간 극심한 마찰의 원인이 되어 온 영해 침범에 따른 어선 나포 문제 등을 매듭지은 것이 독도 영유권문제와 연관 지어 생각할 때 합당한가 하는 점이다.

비판적인 생각을 하는 쪽은 1965년 한일어업협정은 일본의 치밀한 속도 약화 전략에 말려들어 평화선(1952년 1월 18일)을 폐기하는 대신에 울릉도를 '한일 공동규제 수역', 독도를 '공동자원조사 수역'에 분리 귀속시켰다. 이로 말미암아 독도의 부속도서로서의 지위가 약화하기 시작하였다. 1999년 협정은 독도를 중간수역에 포함해 울릉도와 독도의 연계를 단절시키려는 일본의 의도에 말려든 것이다.[53] 한일회담 과정에서 미국은 미국과 소련의 대립이라는 냉전의 시작과 더불어 한일회담의 성사를 위해 일본에 유리하게 지원했다.

1965년 한일회담에서 어업협정은 일본의 어업협력자금 9천만 달러와 연간 어획량 15만 톤으로 압축되면서 평화선은 철폐되었다. 일본은 한국에 대해 평화선 철폐와 영세적인 어업 장비 등 공정성을 고려해서 연안 12해리 밖의 한국 측 어장에 당시 어획량을 규정하는 어업 공동규제조치를 하여 공동규제 수역을 정하여 어획량 및 척수를 제한했다. 공동규제 수역 및 공해에서는 어선의 단속 및 재판 관할권에 관해서는 자국의 어선만을 통제하는 기국주의[54]로 결정했다. 독도 영유권문제에 관해서는 해결을 유보한 상태로 남겨둔 상황이라서 실제로 독도는 한국 측의 실효적 점유 형태로 동해와 독도 문제가 결정되었다.[55]

결국 평화선 철폐로 독도는 공동규제 수역에도 들지 못하고 공해상에 놓이게 됐다. 1965년 어업협정은 독도 영유권문제가 확대 재생산되는 빌미를 제공했고, 그것은 1996년 이후 배타적 경제수역 경계획정협상과 신한일어업협정 협상과정에서 나타났다. 먼저 경계획정을 하고 나중에 어업협상을 체결하고자 했지만, 독도 영유권문제는 큰 걸림돌이 돼

---

52) 박진희(2008), "한일회담: 제1공화국의 대일 정책과 한일회담 전개과정", 선인, pp.322~323.

53) 독도본부(2006), "신한일어업협정 폐기와 금반언 효과에 대하여", 우리영토, p.20.

54) 기국주의(旗國主義)는 공해상의 선박이나 항공기는 국적(國籍)을 가진 국가의 배타적 관할권에 속한다는 국제법상의 원칙이다. 선박이나 항공기는 국적을 가진 국가의 국기를 게양하도록 하고, 그 기국법(旗國法)에 따라 선박이나 항공기에 대한 관할권을 결정하는 원칙을 말한다. 기국주의는 법의 효력에 대한 속지주의(屬地主義)의 특수한 경우라고 할 수 있다.

55) 독도학회(2003), "한국의 독도 영유권 연구사", 독도연구보전협회, pp.330~331.

결국 경계획정을 유보하고 어업협정만 체결[56]하는 배경이 되었다고 주장한다.

1965년의 어업협정에서 평화선을 철폐한 것이 잘못되었다는 비판은 국민 정서에 충실한 것으로 볼 수는 있지만, 1952년 1월 18일의 평화선 선포 내용이 국제법적으로 공인을 받는 것이 아니라는 점을 간과한 것이다. 또한 어업협정을 체결하지 않고 계속 양국의 어선을 나포하면서 발생하는 극심한 마찰과 대립을 해소할 방안이 없는데도 해소방안은 제시하지 않으면서, 국제해양법이 인정하는 내용과 일본의 이의를 반영해 평화선을 철폐한 점을 비난으로 일관하는 것은 합당하지 않다.

이러한 점은 당시 한일회담에 관한 대책회의 중 1963년 8월 6~7일 2, 3차 대책회의 요약문에 드러나 있듯이 외무부장관이 "한일 국교정상화는 현 한국의 경제사정 아래서는 꼭 필요하며 대일문제를 연내에 타결해야 우리에게 이익이다. 일본은 어업문제를 기타 청구권문제 등과 같이 '일괄협상'으로 해결하려 하고 있다. 어업문제의 난점은 전관수역 문제인데 국제 선례에 의하면 국제적으로 인정한 선은 12마일로 돼 있고 1960년 국제해양법회의에서도 12마일 선이 인정되었다. 만일 12마일 이상의 전관수역 확대를 주장하면 국제적 여론을 악화시키고, 특히 미국의 환영을 받지 못한다"[57]고 한 발언 내용 속에 잘 나타나 있다.

물론 대책회의에서 선거와 정치적인 면이 상당히 고려되고 반대하는 부서가 있었던 것은 확실한 것 같다. 그러나 한일회담은 1951년 10월 연합국 최고사령부의 알선으로 예비회담이 시작되고[58] 소련의 남진정책에 맞서 동아시아와 태평양지역의 방위체계에 한국과 일본을 모두 포함하기를 원했던 미국이 양국 간의 조기 국교정상화를 위해 강한 중재 및 압력성 권유를 하고 있는 데다 경제건설을 기치로 내세운 정부입장에서는 일본의 차관이 필요한 상황이었다. 지금의 한국 입장에서 볼 때 그 금액은 푼돈 정도로 생각될 수 있을지 모르겠지만, 당시로써는 많은 돈이고 꼭 필요한 경제건설 자금이었다. 그렇다고 1965년의 한일어업협정이 잘된 것이라고 단정 짓기는 어렵지만, [표 8-4]에서 보는 바와 같이 어선 나포와 억류 등 당시 현안을 해소하기 위해 결단이 이루어진 측면이 있음을 고려할 때, 시대적 여건과 환경을 반영한 평가가 필요하며 거기에 감정요소가 개입되는 것은 바람직하지 못하다.

가지무라 교수가 지적했듯이 "현지 어민 사이에서는 국가의 의지, 영토 문제와 관계없이

---

56) 독도역사찾기운동본부(2003), "독도 영유권 위기 연구". 백사서당, p.14.

57) 연합뉴스 2005. 8. 26.

58) "독도연구"(1996), 한국정신문화연구원, p.41.

[표 8-4] 일본 어선과 어부의 나포 · 억류 통계

(단위: 척, 인)

내용 연도	선박				어부			
	나포		송환	미송환	억류		송환	사망
	한국	일본	일본	일본	한국	일본	일본	일본
1947	9	7	6	1		81	81	0
1948	18	15	10	5		202	202	0
1949	10	14	14	0		154	151	3
1950	9	13	13	0		165	165	0
1951	37	43	42	1		497	497	0
1952		10	5	5		132	131	1
1953		47	2	45		585	584	1
1954	33	34	6	28	444	454	453	2
1955	29	30	1	29	490	498	496	0
1956	18	19	3	15	218	235	235	0
1957	10	12	2	10	98	121	121	0
1958	9	9	0	9	93	93	93	0
1959	9	10	2	8	91	100	100	0
1960	6	6	0	5	49	52	52	0
1961	15	15	11	4	152	152	152	0
1962	15	15	4	11	116	116	116	0
1963	16	16	13	3	127	147	147	0
1964		9	7	1		99	99	0
1965		1	1	0		7	7	0
합계		325 (3척 침몰)	142	180		3,890	3,882	8

출처: 박진희(2008), "한일회담: 제1공화국의 대일 정책과 한일회담 전개과정", 선인, p.153(양국의 통계에는 약간씩 차이가 나며, 한국의 통계가 확인되지 않은 것은 빈칸으로 남겨놓았음)

일본 어선은 3해리 내의 영해에 들어가지 않는 대신에 12해리 이내의 전관수역에서는 자유롭게 조업할 수 있다는 암묵적인 양해가 있었던 것 같다. 그 이후 어업문제에 국한해 말하자면 두 나라의 어선이 출어하는 형식으로 평온한 상태가 계속됐으며, 논쟁도 다시 잠잠해졌다."[59] 한일어업협정 체결로 1977년 후쿠다 망언과 유엔해양법협약에 따른 200해리 어업전관수역 선포로 양국이 다시 격돌하기 전까지 동해상에 평화가 찾아온 것만은 확실하다.

1965년 어업협정 체결 후 1998년 신한일어업협정 체결까지 33년이라는 세월이 흘렀다. 이 정도의 기간은 한 국가의 명운을 바꾸어 놓을 정도의 긴 시간으로 1998년에 체결된 신한일어업협정 내용 중 문제가 있다고 하더라도 그 원인을 1965년의 어업협정에서 찾으려는

59) 김학준(2003), "독도는 우리 땅", 도서출판 해맞이, pp.207~212.

것은 정도를 넘어선 것이다. 한일회담에서 깔끔하게 독도 문제가 해결되지 못한 아쉬움과 한일기본관계조약 내용 등에 상당한 문제점을 내포하고 있는 것은 사실이지만, 그렇다고 하더라도 만약 책임을 묻고 문제가 된 원인을 밝혀야 한다면 그 내용을 구분하여 1998년 신한일어업협정 체결내용에 관한 것은 당시의 정부와 관계자들에게 책임을 물어야 할 일이다. 1998년 신한일어업협정 체결에 간여했던 정부관계자들은 그 잘못을 인정하지 않는데 그보다 33년 전의 어업협정에서 문제가 비롯된 것이라고 비판하는 것은 지나친 것이다.

5) 후쿠다 망언과 1977년 독도주변 12해리 영해 선포

일본은 1977년 1월 1일부터 12해리 영해법과 200해리 어업수역에 관한 잠정 조치법을 시행했으나, 상호주의에 따라 한국해역에는 후자는 적용되지 않았다. 단지 독도주변에는 고유영토론에 따라 12해리 영해를 설정하고, 다음 달인 2월 5일 후쿠다 수상은 일본의 12해리 영해와 200해리 어업전관수역 선포에 즈음하여 "독도는 일본 고유영토"라고 발언했다. 이에 한국 정부는 1977년 2월 7일 "역사적으로나 국제법상으로나 독도는 한국의 고유영토이므로 일본 정부의 영유권 주장이나 관할권 행사를 인정할 수 없다"고 일본 측 발언을 일축하였다. 그리고 한국은 1977년 12월 31일 영해법에 따라 독도 주변을 포함한 영해 12해리를 설정하였다.[60]

6) 1965년 어업협정 이후 환경변화

1965년의 제1차 한일어업협정은 한국의 평화선 선포에 의해 증폭된 양국 간의 어업분쟁을 종식시킨다는 것이었다. 따라서 심각한 어업분쟁을 해결한 구 협정이 다시 양국 간의 어업분쟁 원인으로 등장한 배경에는 기본적으로 어업에 대한 양국의 구조적 변화가 크게 작용했다. 즉 한국은 어업기술이 발달하고 어선 세력의 증가로 말미암아 어업선진국으로 등장하였고, 일본은 조업 비용의 증가로 인해 상대적으로 연근해어업이 위축될 수밖에 없었다.

1982년의 유엔 해양법협약은 영해와 공해라는 종래의 이원적 해양관할 체제를 상당히 복잡한 기능적 해양관할 체제로 바꾸었다. 그중에서도 영해 외측 배타적 경제수역은 천연

---

60) 나홍주(1996), "일본의 독도 영유권 주장과 국제법상 부당성", 도서출판 금광, p.72.

자원에 대한 개발 보존과 같은 경제 활동, 해양환경의 보전이나 해양과학조사 등에 대한 연안국의 주권적 권리와 관할권이 광범위하게 인정되는 중요한 해역으로서, 해안으로부터 200해리에 이르는 넓은 해역을 그 범위로 하고 있다. 따라서 연안국은 배타적 경제수역제도에 의해 넓은 해역에서, 특히 어족자원에 대하여 거의 독점적으로 주권적 권리를 행사할 수 있게 되었다.

한국과 일본이 새로운 어업협상을 시작한 1990년대 후반에는 1965년 체결되었던 한일어업협정 당시와 비교하면 국내외적으로 상황이 여러 가지 변해 있었다. 즉 기본적인 해양관할체제가 영해와 공해의 이원적 구조에서 영해, 경제수역 및 공해의 다원적 구조로 바뀌었다. 공해어업에 대한 국제적인 규제가 강화되어 공해의 자유가 제한되었으며, 동북아지역의 연근해 어족자원도 현저하게 감소하였다. 한일 양국은 신해양법 질서를 받아들여 1996년에 경제수역 관계 법령을 제정하였다. 그러므로 1965년의 어업협상은 이와 같은 동북아지역의 새로운 어업질서에 부응하지 않아 어떠한 형태로든 개정되지 않으면 안 될 상황이었다.

특히 다음과 같은 문제점들이 구체적으로 지적되었다. 첫째는 1965년 체결된 어업협정상 양국이 갖는 12해리 어업전관수역은 그 의미를 상실했다. 둘째는 기존의 어업협정은 존재의의를 갖지 못하였지만, 경제수역제도의 도입으로 말미암아 양국 사이에 공해는 존재하지 않게 되었다. 셋째는 어업공동위원회의 법적 권능이 권고에 그쳤고 그 운영 또한 경직되어 있어서, 협정의 내용이 원활하게 이행되지 못하였다. 넷째는 유엔 해양법협약상 경계왕래어족이나 고도회유성어종의 보존 및 관리문제를 해결하기 위해서는 인접국들과의 협력체제가 불가피한 데다, 기존의 어업협정은 이러한 문제에 대처하기 불가능하였다. 결국 한일 양국은 이러한 1965년 어업협정의 문제점을 해결하고 환경변화를 반영 1998년

[표 8-5] 한국과 일본 간의 신구 어업협정 비교

구 분	1965년 어업협정	1999년 어업협정
협정 근거	· 한일기본관계에 관한 조약	· 유엔(UN)해양법협약
수역 구분 및 관할권	· 어업전관수역: 연안주의 · 공동규제수역: 기국주의	· 영해 · 배타적 경제수역(EEZ): 연안국주의 · 중간수역: 기국주의
어업허가 제도	· (없음) ※ 공동규제수역 출어선 명부 교환	· 상대국 배타적 경제수역 내에서 조업할 때 어업허가 필요
어획량 규제	· 어업전관수역: 입어불가 · 공동규제수역: 총량규제 · 공해: 없음	· 배타적 경제수역: 어선별 할당 · 규제 · 중간수역: 없음 ※ 조업 척수 설정은 양국합의

출처: 정갑용 외(2004), "독도 영유권에 관한 국제법적 쟁점 연구", 한국해양수산개발원, p.82.

9월 새로운 협정 내용에 대하여 최종적으로 합의하였다.[61] 그런데 신한일어업협정은 상당한 문제점을 내포하고 있다. 신구 어업협정을 비교해보면 [표 8-5]와 같다.

4. 신한일어업협정

1998년 11월 28일 일본 가고시마에서 한국과 일본 대표 간에 서명된 '대한민국과 일본국 간의 어업협정'(Agreement on Fisheries between the Republic of Korea and Japan: 1965년의 어업협정과 구분하기 위해 통칭 신한일어업협정이라고 함)을 말한다. 동 협정은 대한민국 헌법 제60조 제1항의 규정에 따라 1999년 1월 6일 국회의 비준동의를 얻어 동년 1월 22일 '조약 제1477호'로 효력을 발생했다. 그런데 이 협정에 대해 김명기 교수는 신한일어업협정은 국회 비준동의를 의결하면서 헌법 제49조와 국회법 제112조 제1항 및 제2항의 규정에 따라 과반수 찬성표결을 거쳐야 함에도 불구하고 그러한 표결 없이 의장이 가결을 선포했고, 동 협정의 합의의사록은 국회의 비준동의를 얻어야 함에도 동 의사록은 국회의 동의를 얻기 위해 국회에 상정조차 되지 않아 국회의 동의를 위한 결의를 거친 바 없으므로, 헌법 제60조 규정을 위반해 헌법위반이 아닌가 하는 문제를 제기한다.[62]

정부 측, 특히 협상을 체결할 당시의 김대중 정부 관계자들과 일부 어용학자들이 한국에 유리하게 체결되었다는 주장에도 불구하고, 신한일어업협정은 이후 협상내용에 대해 끊임없이 논란이 제기되고 있다. 국회의 동의 과정에서도 헌법위반이 제기되는 등 여러 가지 문제를 안고 발효됐다. 신한일어업협정 체결은 독도 문제를 해결할 수 있는 또 한 번의 절호의 기회였으나, 울릉도를 배타적 경제수역(EEZ)의 기점으로 삼고 독도를 중간수역에 위치시킴으로써 오히려 문제를 이전보다 훨씬 어렵게 만들어 놓았다.

1) 신한일어업협정 체결 배경

(1) 유엔해양법협약 도입과 일본 어민 불만 고조
종래에는 일본의 어로기술 발달이 우리나라의 그것에 비하여 현저히 앞서 일본 어선들이 우리나라의 연안 근처까지 와서 조업하는 일이 빈번하였다. 그러나 근래에 들어서는

---

61) 이석우 외(2005), "독도분쟁의 국제법적 이해", 학영사, pp.33~42.
62) 독도역사찾기운동본부(2003), "독도 영유권 위기 연구", 백산서당, pp.35~36.

우리나라 어로기술의 눈부신 발달로 말미암아 우리 어선들이 일본 근해에 가서 조업을 하여 얻는 어획량이 일본의 그것에 비하여 크게 앞서 있었다(상대국 연안에서의 1994~1996년의 연평균어획량이 우리나라는 약 21만 톤인 데 대하여, 일본은 약 11만 톤이었다). 이에 따라 우리나라는 배타적 경제수역체제의 도입으로 1965년 어업협정이 새로운 협정으로 대체되어야 한다는 당위성과 필요성은 인정하면서도 1965년 어업협정의 종료를 서두를 필요는 없다는 입장이었다.

연안 어족자원이 고갈되어 가고 있음을 인식한 일본은 1965년에 체결한 어업협정이 어족자원을 효과적으로 보존하고 관리하기에 불충분하므로 해양법협약 관련 규정에 따라 해양관할권을 확대하고 새로운 어업질서를 형성할 것을 희망하였다. 특히 동해에서 조업하고 있는 일본어민이 속해 있는 지방에서는 200해리 배타적 경제수역을 설정하여 강력한 자원관리형 어업체제에 따른 규제를 가할 것을 주장하였다. 1988년에는 이 지역 6개 지방[도근(島根), 오취(鳥取), 병고(兵庫), 경도(京都), 복정(福井), 석천(石川)]의 어업단체가, 1989년에는 시마네현 서부 7개 어업협동조합 등이 200해리 어업수역을 설정할 것을 결의하는 등 어업수역을 확장하기 위한 분위기가 일본 내에 만연하고 있었다.

더욱이 1996년 일본 의회인 중의원(衆議院)과 참의원(參議院)은 유엔해양법협약과 관련 법안을 심의 의결하면서 '유엔(UN)해양법협약 시행에 수반하는 어업질서의 확립 등에 관한 결의'를 채택, 새로운 한일어업협정과 중일어업협정 체결을 정부에 요구하였다.[63] 한국도 유엔해양법협약 발효에 따라 1996년 경제수역제도를 국내적으로 받아들임으로써 새로운 어업협정 체결은 불가피하게 되었다. 이에 한국과 일본은 기존 어업질서를 재편하기 위해 교섭에 임하였다. 즉 양국은 1996년부터 기존협정의 개정에 대하여 합의하고 필요한 조치를 논의하기 위한 실무자회담을 개최하였다. 그러나 양국의 입장 차이로 말미암아 협상은 순조롭게 진행되지 않았다. 한국은 기본적으로 어업전관수역의 범위를 좁게 하려는 태도를 보인 데 비해 일본은 100해리 가까이 그러한 수역을 넓히려고 하였다.

(2) 일본의 일방적 어업협정 종료 통고

일본은 잠정수역 의안에 대한 합의에도 불구하고 협상이 늦어진다는 이유로, 1997년 말 어업협상이 결렬된 후인 1998년 1월 23일 1965년 한일어업협정의 종료를 한국 측에 일방적으로 통고하게 되었다. 이견을 보인 부분은 전관수역의 범위를 34해리 또는 35해리로 하는

---

63) 박찬호 · 이석용(2006), "독도 영유권과 신한일어업협정", 한국해양수산개발원, pp.6~95.

문제 및 동해에서의 동쪽 한계선을 135도 또는 136도로 하는 문제에 불과했었다.[64] 일본의 일방적 한일어업협정 종결 선언이 표면적으로는 협정 수역의 동쪽 한계를 동경 135도로 고집하는 일본의 주장을 한국이 받아들이지 않았기 때문이라는 것이었다. 그러나 자국 인근 해역에서 조업하는 한국 어선에 의해 어족자원을 부당하게 수탈당하고 있다고 강하게 반발하는 일본어민들의 불만이 일본 정부에 일종의 정치압력으로 작용하였다. 여기에 하시모토 총리의 재정개혁 실패와 극심한 경기침체 등 일본 국내정치 문제를 한국에 대한 강경책으로 돌파하려는 일본의 의도가 있었던 것으로 보는 것이 정확할 것이다.[65]

한국과 일본은 1965년 6월 22일 서명되고 동년 12월 28일 효력을 발생한 '대한민국과 일본국 간의 어업협정'에 따라 동해의 어업질서를 확립하고 유지해왔으나, 제10조 제2항에서 '본 협정은 5년간 효력을 가지며, 이후에는 어느 일방 체약국이 타방 체약국에 본 협정을 종료시킬 의사를 통고하는 날로부터 1년간 효력을 가진다'고 규정하였기 때문에, 어느 일방이라도 협정을 종료시킬 의사가 있는 한 그 효력은 유지될 수 없었다.[66] 그러므로 일본의 협정 종료통고가 국제법적으로 문제가 되는 것은 아니다. 다만 양국 간의 어업협상이 거의 마무리 단계에 이르렀다는 것, 한국 정부가 협정의 개정을 위해 노력하고 있었다는 점을 고려하면 일본의 조치가 양국의 다방면에 걸친 선린관계를 저해했다는 비난을 면하기 어려웠다.

당시 한국은 국제통화기금(IMF, International Monetary Fund) 관리체제에 들어가고 있었고, 새 정부가 출범하기 직전이었기 때문에 일본을 비난하였다. 그리고 한국은 그에 대한 대응조치로 1980년 11월부터 한일 양국에 의해 실시해온 조업 자율규제조치를 즉각 해지하였다.[67] 그렇지만 협정 종료로 한일어업협정의 규정에 따라 1년 후인 1999년 1월 23일부터는 협정 폐기가 효력을 발휘하게 되었다. 한일 두 나라가 어업협정을 맺고 고기잡이를 하려면 1999년 1월 22일까지는 새 한일어업협정을 체결하거나 그렇지 않으면 그 이후는 국제법의 규정 아래에서 고기잡이를 하느냐 하는 선택의 기로에 놓이게 되었다.

일본 정부는 새로운 한일어업협정 체결을 촉구하면서 일본 정부가 주장하는 한일 배타적 경제수역(Exclusive Economic Zone, EEZ) 구획 안쪽 선인 독도와 울릉도 사이의 어느 선을 좌변으로 하고 한국 정부가 주장하는 한일 배타적 경제수역(EEZ) 구획 제안 선인 울릉

---

64) 이석우 외(2005), "독도분쟁의 국제법적 이해", 학영사, pp.37~39.
65) 독도학회(2002), "독도 영유권 연구론집", 독도연구보전협회, pp.106~107.
66) 박찬호·이석용(2006), "독도 영유권과 신한일어업협정", 한국해양수산개발원, p.95.
67) 이석우 외(2005), "독도분쟁의 국제법적 이해", 학영사, pp.37~39.

도와 오키섬 사이의 우변으로 해서 '독도'가 포함된 수역을 '한일 공동관리 수역'으로 설정할 것을 제안하였다.[68] 한일 양측 실무자 대표들의 회담 결과 울릉도 기점 35해리와 오키도 기점 35해리까지를 한일 양국의 배타적 경제수역(EEZ)으로 임시 설정하고 그 중간에 있는 '독도'를 포함한 수역을 '중간수역'으로 설정하였다. 그 결과 '독도'는 '중간수역' 안에 들어가 포함된 것이다.[69]

양국의 의견 차이로 난항을 겪으며, 팽팽한 줄다리기를 하던 어업협상은 1998년 1월 한일어업협정을 일방적으로 파기하는 일에 주역을 맡았으며, 한일 간 어업협상에서 한국에 대해 강경한 주장을 펴온 대표적 인사인 사토오 교오코 자민당 국제 어업문제 특별위원장이 한국을 방문하여 한국 측 대일 보복조치인 어업 자율규제조치의 정지를 해제할 것을 역설하고 돌아간 후 김대중 정부는 1998년 7월 2일 아주 조용히 이 대일 보복조치를 철회하였다. 그 후 어업협상이 급진전하여 결국 '잠정조치 수역' 또는 '한일 공동관리 수역', 한국 측이 '중간수역'이라고 부르는 수역에 한국 영토라는 표시 없이 '독도'를 포함시켜 한국 내에서 끊임없는 사회적 논란이 되고 있는 신한일어업협정 내용이 김대중 대통령의 일본 방문을 며칠 앞둔 1998년 9월 25일 전격적으로 합의되었다. 촛불시위[70]를 유발한 2008년 3월 이명박 대통령이 미국을 방문 부시 대통령과 회담을 앞두고 한미소고기협상이 타결된 것과 유사했다.

2) 신한일어업협정 독도 영해와 영유권 훼손 논란

신한일어업협정은 당연히 어업협정이었으므로 어업에 관한 문제가 주요한 논의의 대

---

68) 신용하(2005), "한국과 일본의 독도 영유권 논쟁" 한양대학교출판부, pp.19~20.

69) 신용하(2002), "독도 영유권에 대한 일본주장 비판", 서울대학교출판부, p.221.

70) 2008년 대한민국의 촛불 시위는 쇠고기 수입재개 협상 내용에 대한 반대 의사를 표시하기 위하여 학생과 시민들의 모임으로 출발한 촛불 시위이다. 첫 집회 때 집회구성원의 60% 이상 차지했던 여고생들의 시작으로 집회가 전개되었다. 100일 이상 집회가 계속되면서 교육 문제, 대운하·공기업 민영화 반대 및 정권퇴진 등으로 쟁점이 정치적으로 점차 확대되었다. 5월 2일 첫 집회가 열린 이후 2개월간 연일 수백~수십만 명이 참가하였으며, 6월 10일을 정점으로 하여 7월 이후에는 주말 집회가 계속되었다. 비폭력을 표방한 평화시위로 과거의 쇠파이프나 화염병 등을 배제하고, 자율적으로 구호를 부르거나 자유 발표를 하였으나, 집회가 끝난 뒤, 도로를 무단 점거하여 청와대로 향하는 과정에서 쇠파이프와 각목을 휘두르며 경찰들과 충돌이 빚어지기도 하였다. 처음에 촛불 집회의 명분을 제공한 것은 자유무역협정(FTA) 협상이었으며, 2008년 4월 19일 데이비드 캠프의 한·미 정상 회담을 하루 앞두고 급격하게 전면 개방을 내용으로 한 한미 쇠고기 2차 협상 타결 소식이었다. 이 타결 안에는 어느 국가도 허용하지 않는 광우병 발생이 잦은 30개월 이상의 쇠고기 연령 제한 해제 및 검역에서 광우병이 발생되어도 수입을 중단할 수 없는 내용이 포함되어 있었고, 이어 2008년 4월 29일 문화방송 PD수첩에서 미국산 소의 위험성을 다룬 1차 방송 '긴급취재, 미국산 쇠고기, 과연 광우병에서 안전한가?'를 방영하였다. 5월 2일 정부에서 전면개방에 따른 미국산 소고기 안전성 기자회견을 하였으나, 어떠한 안전 조치도 내놓지 않았다. 수입 쇠고기의 안전성에 대한 문제로 본격적으로 시작된 촛불 집회는 이어 이명박 정부의 국정 전반에 대한 비판과 퇴진 요구로 확대되었다. 참가자는 초기에 중학생·고등학생이 차지하는 비율이 매우 높았으나, 차츰 대학생, 직장인 등 연령대가 다양해졌다. 6월 들어 참가자가 늘어나고 시위가 장기화되면서 시위대가 청와대 진격을 시도하고 이를 진압하는 과정에서 경찰과 시위대의 물리적 충돌이 발생하는 등 문제가 지적되기도 하였다.

상이었다. 그러나 1994년 발효된 유엔해양법협약이 배경이 되었으므로 200해리 배타적 경제수역(Exclusive Economic Zone, EEZ)제도를 새로 도입하는 문제와 결부되어 있었다. 이론상 배타적 경제수역을 동해에 적용하면 대향국인 한국과 일본 양국에 분할 귀속되어야 하지만, 양국 해안 간의 거리가 400해리가 되지 않기 때문에 신한일어업협정은 바다 한가운데 양국의 배타적 경제수역 경계획정이 겹친 부분을 대상으로 광범위한 중간수역(일본에서는 잠정수역이라 함)을 설치하고 있으며, 제9조 1.에 그 위치에 관한 좌표를 구체적으로 명시하고 있다. 그런데 중요한 점은 이 좌표범위 내에 독도가 포함됨으로써 독도의 도서(Island)로서의 지위를 무시하고, 암석(Rocks)으로 방치한 채 중간수역이라는 애매한 수역 안에 포함시켜 독도 영유권 훼손 논란의 대상이 되고 있다.[71]

일본에서는 신한일어업협정 체결이 성공적 외교로 환영받았으나, 한국에서는 어민과 학계에서 비판과 반발이 거세게 일어났다. 비판 가운데 독도와 관련된 것으로는 ① 독도는 울릉도의 부속도서인데 울릉도는 한국 배타적 경제수역(EEZ)에 포함되고 독도는 울릉도 수역(한국 배타적 경제수역)에서 분리되어 질적으로 다른 중간수역에 포함된 점, ② 중간수역에 들어간 독도에 한국 영토임을 알리는 어떠한 표시도 나타내지 못한 점, ③ 중간수역에 들어간 독도를 일본은 일본 배타적 경제수역의 기점으로 취했는데, 한국은 한국 배타적 경제수역 기점으로 취하지 않은 점, ④ 불필요한 '중간수역'을 만들어서 울릉도와 독도 사이의 131도 40분선을 '중간수역'의 좌변으로 합의하여 일본 배타적 경제수역의 독도 기점 주장 및 울릉도와 독도 사이 양국 배타적 경제수역(EEZ) 획정선 제안을 일부 수용한 것이 아닌지 국제적으로 오해의 소지를 만든 점, ⑤ '중간수역'에 대해 협정문에는 명칭 및 성격의 합의내용이 없이 경도와 위도 위치만 표시한 점 등이 신랄하게 비판되었다.[72]

따라서 신한일어업협정의 최대 논란거리는 어업협정 체결로 우리의 독도에 대한 영유권이 훼손되었는가 하는 것이다. 한편에서는 독도 영유권이 훼손되었다고 주장하고, 다른 한편에서는 어업협정은 어업에 관한 사항만을 다루는 협정으로 영토문제와는 상관없다고 하며, 이를 반박하고 있다. 이렇게 대립이 되는 것은 어업협정과 중간수역에 대한 성격규정이 다르기 때문이다. 설사 신한일어업협정이 어업에 관한 사항만을 다루는 협정이라고 하더라도, 그것이 독도 영유권에는 아무런 영향도 미치지 않느냐 하는 것이다.[73]

71) 독도본부(2007), "어업협정 이대로 가면 독도주권 곧 넘어 간다", 우리영토, pp.10~94.

72) 신용하(2002), "독도 영유권에 대한 일본주장 비판", 서울대학교출판부, p.200.

73) 독도본부(2006), "독도 영유권 문제에 치명적인 약점을 만들어낸 헌법재판소 판결 비판", 우리영토, p.21.

헌법재판소의 판결에도 불구하고 신한일어업협정에 대한 비판은 가라앉지 않고 있으며, 국내 학계에도 여전히 독도가 어업협정상 중간수역에 위치하여 영유권 훼손 여부에 대한 논란이 존재하고 있다. 이해당사자의 입장에서는 자기주장을 가급적 부각시키려는 경향이 있을 수 있다. 그러므로 제삼자적 관점에서 양쪽의 입장을 비교적 객관적으로 정리한 것으로 판단되는 한국해양수산개발원의 '독도 영유권과 신한일어어협정' 연구 내용 중 신한일어업협정과 독도 영유권에 관한 내용을 그대로 인용하면 다음과 같다.

(1) 영유권이 훼손되었다는 주장

① 독도의 영해 훼손

신한일어업협정상 독도는 중간수역 내에 있는데, 독도의 영해도 중간수역이 되어 독도가 영해를 갖는지 갖지 못하는 것인지가 불분명하다는 것이다. 그리하여 다음과 같은 이유로 독도는 영해를 갖지 못하고 중간수역만 가진다고 주장되고 있다. 첫째는 신한일어업협정 제9조 제1항에 규정된 중간수역에서는 부속서 Ⅰ의 제2항 규정을 적용하는데, 이 규정이 적용되지 아니하는 수역인 영해에 대한 규정이 없으므로 중간수역 내에는 영해가 없다. 둘째는 일반 국제법상 모든 도서는 영해를 갖는데, 독도 주변수역이 중간수역이 된다는 것은 한일 간 어업협정에 의한 것으로, 일반법인 전자가 특별법인 후자와 저촉될 때에는 '특별법 우선의 원칙'에 따라 독도는 중간수역만 갖고 영해는 배제된다. 셋째는 신한일어업협정이 한국과 일본의 배타적 경제수역에서 배타적 경제수역이 아닌 중간수역에 동 협정을 적용하는 것과 같이 배타적 경제수역이 아닌 독도의 영해에 동 협정을 적용하는 것은 가능하다. 독도에 영해가 없다는 견해를 주장하는 학자는 독도의 영해 내에서 한국의 법령을 위반하는 일본 어선도 존재하지 않기 때문에 추적권도 존재하지 않는다고 주장한다.

② 독도의 배타적 경제수역 훼손

독도는 도서로서 배타적 경제수역을 갖는데, 신한일어업협정상 독도는 중간수역 내에 있어 다음과 같은 이유로 배타적 경제수역이 부정되고 있다고 주장한다. 첫째는 신한일어업협정은 독도를 중간수역에 둠으로써 독도의 배타적 경제수역에서 일본의 어업권을 인정해 한국의 배타적 어업권이 부정되고 일본의 어업권이 인정되었다. 둘째는 신한일어업협정은 중간수역 내에 편입된 배타적 경제수역 내에서 일본의 해양생산물자원 보존 및 관리 권고권을 인정하여 한국의 배타적 해양생산물자원 및 관리권이 부정되었다. 셋째는 신한일어업협정은 중간수역에서 일본의 해양생산물자원 보존 및 관리 조치권을 인정하여 한국은 배타적 해양생산물자원 및 관리에 필요한 조치권을 행사할 수 없게 되었다는 것이다.

③ 독도의 영유권 훼손

신한일어업협정으로 독도의 영유권이 훼손되었다는 견해가 있는데, 이러한 견해를 취하는 논자들의 주장은 다음과 같이 정리할 수 있다. 첫째는 신한일어업협정에서 독도를 중간수역 내에 있게 함으로써 우리 정부가 한일 간의 독도 영유권문제를 독도 영유권분쟁으로 스스로 묵인한 것이 되어 우리의 독도 영유권이 훼손되었다는 의문이 있다는 것이다. 영유권 문제가 영유권 분쟁으로 발전하면 독도에 대해 한국과 일본 간의 지위가 대등하게 되어 우리의 독도 영유권이 훼손된다. 둘째는 동해 중간수역의 법적인 성격을 공동관리 수역으로 해석하고, 이 수역 내의 자원 공동관리 및 공동개발을 가능하게 하여 독도에 대한 한국의 주권적 관할수역의 배타적 개념이 명시적으로 부인된다. 양국이 합의에 따라 해양생물자원을 함께 관리하기로 했으므로 공동관리 대상이라고 하거나, 동해상 중간수역이 제주도 남부 중간수역에서 취하는 조치의 내용과 동일하므로 실질적으로 공동관리 수역이 된다. 셋째는 어업권이란 주권적 영유권에서 연유되는 것이므로 어업의 문제와 영유권 문제는 본질적으로 연결되어 있어 분리될 수 없다. 어업권이 영역 주권에서 비롯되므로 독도를 중간수역 안에 두고 한일 두 나라의 충돌되는 영유권에서 주장과 어업 문제가 분리될 수 있다고 생각하는 것은 국제법에 대한 무지나 최면성 착각이다. 넷째는 독도 주변 12해리는 일본의 안목으로 보면 다케시마의 영해인 12해리가 되는데, 협정 어디에서도 일본이 이 섬을 자국의 영토인 다케시마로 주장하는 것을 배제하지 않았다. 특히 '이 협정의 어떠한 규정도 어업에 관한 사항 외에 국제법상 문제에 관한 각 체약국의 입장을 해하는 것으로 간주되어서는 아니 된다'는 협정 제15조의 규정은 영유권 문제를 분리한 것이 아니라 양국의 영유권에 관한 입장을 재확인하는 것으로 독도에 대한 영유권 분쟁을 공인하는 것이 된다. 다섯째는 독도는 울릉도의 속도인데, 신한일어업협정에 독도만 중간수역에 포함되어 독도와 울릉도를 국제법상 별개의 도서로 취급하게 되었다. 그리하여 울릉도 속도인 독도의 영유권이 한국에 귀속된다는 소위 속도이론에 따른 독도 영유권 주장의 근거를 상실하게 된다. 국제 판례에서도 독도와 같이 작고 오랫동안 불모의 섬으로 남아 있던 섬의 경우, 이웃하는 큰 섬과의 지리적·역사적·법적 관계를 통해 그 영유권의 귀속주체가 확인되었다고 하면서, 울릉도와 독도를 다른 수역에 놓은 것은 우리의 독도 영유권 주장근거에 치명적인 영향을 미친다. 여섯째는 한국이 배타적 경제수역의 기점으로 독도로 하지 않고 울릉도로 한 것은 한국이 독도 영유권을 포기한 것으로 해석될 여지가 있고, 독도 영유권 귀속문제가 국제재판소에서 다뤄지게 될 때도 일본이 이를 근거로 한국의 독도 영유권을 부인할 가능성이 있다. 일곱째는 신한일어업협정상 독도의 존재는 어느 규정에서도 확인할 수 없는데, 이는 우리 정부가 독도의 섬으로서의 어떠한 법적 지위도 인정하지 않았거나 독도 영유권문제에서 일본의 협상력을 높여 준 결과를 낳았다고 한다.

(2) 영유권 등과 관계없다는 주장

신한일어업협정과 독도 영유권의 관계에 대해 우리 정부의 입장은 명확한데, 신한일어업협정으로 인하여 독도 영유권이 훼손될 소지가 전혀 없으며, 12해리의 독도 영해도 영향을 받지 않는다고 한다. '신한일어업협정은 한국과 일본 양국의 배타적 경제수역에 적용되며, 또한 어업문제만을 다루고 있다. 특히 협정 제15조에서 어업에 관한 사항 외의 국제법상 문제에 관한 각 체약국의 입장을 해하는 것으로 간주되어서는 아니 된다고 명시하여 협정은 독도의 영유권에 영향을 주지 않는다. 그리고 협정에 독도의 이름이나 좌표가 표시되지 않은 것은 독도는 어업협정의 대상이 아니므로 표기할 필요가 없었다. 협정에 독도를 명기하면 일본은 다케시마 명기를 주장하게 되어 오히려 독도의 영유권 훼손 우려가 생길 수 있다. 독도가 중간수역에 있음에도 독도 주변의 영해는 협정의 대상 수역이 아니므로 독도의 영해는 훼손되지 않았다. 그리고 중간수역에서 한국과 일본 양국이 공동으로 관할권을 행사하는 것이 아니므로 독도의 영유권에는 아무런 영향을 미치지 않는다'[74]는 주장이다.

3) 섬·암초 논쟁과 독도의 지위 해석

섬의 영유권과 해양수역 문제가 국제사회의 관심사로 등장하게 된 것은 제3차 유엔해양법회의를 통한 배타적 경제수역(EEZ)제도의 등장과 관련이 있다. 제3차 유엔해양법회의

---

74) 박찬호·이석용(2006), "독도 영유권과 신한일어업협정", 한국해양수산개발원, pp.15~19.

에서 채택된 해양법협약은 연안국들에게 200해리까지 경제수역을 선포할 수 있게 하였는 바, 원칙적으로 국제법상의 섬들도 경제수역을 창설할 수 있게 되기 때문이다.[75] 신한일 어업협정은 한일 양국의 본토와 주요 부속도서(울릉도와 오키섬 등)로부터 35해리까지 배타적 경제수역을 설정하고 있다.

유엔 해양법협약에서도 명시하고 있듯 배타적 경제수역(EEZ)제도는 200해리 이내의 해저와 하층토(대륙붕과 중첩됨), 해중, 상공에 대한 관할권을 모두 포괄하고 연안국은 이 배타적 경제수역에서 주권적 권리 및 관할권을 일정하게 행사할 수 있다.[76] 그러므로 오늘날 각국은 그 크기나 거주가능성에 관계없이 암석이나 소도 주변에도 경제수역을 설치하는 경향이 있다. 해양법협약 제121조 규정에도 불구하고 각 국가의 실행은 경제수역과 대륙붕을 가질 수 있는 섬의 범위를 넓게 인정하는 방향으로 나아가고 있는 것인데, 우리나라 주변의 일본과 중국도 일부 암석 주변에 경제수역을 설치하겠다는 의사를 분명히 밝혔다.[77]

독도는 국내는 물론 외국의 학자들도 섬으로 해석하는 쪽과 암석이라고 주장하는 두 가지 견해가 팽팽하게 맞서고 있다. 이렇게 의견이 엇갈리는 데다 독도에 대한 영유권 논란까지 진행되고 있으므로 실무에 적용하는 데 어려움은 있지만, 그래서 더욱 신중할 필요가 있었다. 그런데도 정부는 신한일어업협정을 체결할 때 잠정적으로 결정된 배타적 경제수역에서 독도를 기점으로 하지 않았다. 이 점이 정부가 독도의 지위를 암석으로 해석한 전제 위에 결정한 것인지는 명확하지 않지만, 중간수역에 포함되었으므로 정부가 암석으로 해석한 것으로 이해할 수 있는 오해의 소지를 만든 것은 확실하다. 이는 협상 전략이라는 측면에서도 지극히 불합리한 선택이었다.

(1) 독도는 섬이다

신용하 교수는 유엔해양법협약의 해석에서 주목할 것은 제121조 3항의 '인간의 거주 또는 그 자체의 경제적 생활을 유지할 수 없는 암석'(Rock which cannot sustain human habitation or economic life of their own)이라고 하여 동사(動詞)가 현재형(cannot sustain)으로 되어 있다는 사실이다. 이것은 이 규정이 '과거'가 아니라 '현재'와 '미래'를 포함함을 의미하는 것이다. 즉 과거에는 '무인도'이거나 '자립적 경제생활'을 할 수 없는 섬이었을지라

---

75) 이석용·박찬호(2007), "제3국학자의 독도관련 입장 분석", 한국해양수산개발원. p.ⅲ.
76) 독도본부(2007), "어업협정 폐기해도 그대로 남는 독도에 대한 일본의 권리문제". 우리영토, p.59
77) 이석용·박찬호(2007), "제3국학자의 독도관련 입장 분석", 한국해양수산개발원. p.ⅵ.

제8장 잃어버린 해결기회와 남아 있는 해결책   407

도 '현재 또는 미래'에 '자립적 생활'을 할 수 있는 '암석'은 배타적 경제수역(EEZ)의 기점으로 취할 수 있다고 해석할 수 있다는 것이다. 이러한 해석에 의하면 '독도'는 충분히 한국 배타적 경제수역의 기점이 될 수 있는 섬이라고 주장한다.

미국 밴더빌트(Vanderbilt)대학의 저명한 국제법 교수이며, 섬의 분류 전문가인 챠니(Jonathan I. Charney) 교수는 '인간의 거주를 유지할 수 없는 암석'(Rock which cannot sustain human habitation)이라는 해석논문을 미국 국제법학회 기관지인 '미국국제법학보'(The American Journal of International Law) 제93권 제4호(1999년 10월)에 발표했는데, 그의 해석을 독도에 적용해 보면 '독도'는 한국 배타적 경제수역(EEZ)의 기점이 되고도 남는 섬임을 알 수 있다.

챠니 교수의 유엔 신해양법 제121조 3항의 해석 요점은 다음과 같다. 첫째는 암석이 과거에는 그러지 못했으나, 현재와 미래에 경제적 기술혁신으로 인해 인간의 거주나 자체의 경제생활이 가능하다면 그 암석은 배타적 경제수역(EEZ)의 기점 또는 기선이 될 수 있다. 둘째는 '인간의 거주'나 '그 자체의 경제적 생활'의 어느 한 쪽만 충족되어도 그 암석은 배타적 경제수역의 기점이 될 수 있다. 셋째는 인간이 항상 거주하지 않아도 그 암석의 지형을 어업을 위하여 정기적으로 이용하거나, 계절적으로 이용하여도 배타적 경제수역의 기점이 될 수 있다.[78] (이하 생략)

독도는 국제법상 엄연한 도서로서 해양법 제121조 3항 '인간거주 가능성' 및 '독자적 경제생활 지속'의 2가지 조건을 모두 갖추고 있다. 독도의용수비대 홍순칠 대장은 1953~1956년 사이 대원 33명과 함께 3년이나 거주했고, 현재 김성도 씨 부부와 경찰대원 40여 명이 엄연히 거주하고 있다. 자체 경제생활의 기준인 식수문제는 표면수이기는 하지만, 서도의 물골에서 물이 나오고 있으며, 김성도 씨 부부는 이 물을 식수로 사용하고 있다.[79]

독도에 상주하는 인원은 동도의 거주 경찰인 독도경비대원 45명, 등대를 관리하는 항로표지관리원 4명, 서도에 사는 김성도 씨 부부, 울릉군 독도관리사무소가 2008년 5월부터 직원을 2명씩 번갈아 파견하는 등 모두 53명으로 늘었다.[80] 경상북도 집계에 따르면 2008년 한 해만 12만 8천5백여 명이 독도를 방문했다. 스스로 독도가 인간거주의 불가능, 자체 경제생활의 지속 불가로 주장하는 오류는 세월이 지나면 국제법상 금반언과 묵인의

---

78) 신용하(2002), "독도 영유권에 대한 일본주장 비판", 서울대학교출판부, pp.215~216.

79) 독도본부(2006), "신한일어업협정 폐기와 금반언 효과에 대하여", 우리영토, pp.17~18.

80) 주강현(2008), "독도견문록", 웅진씽크빅, p.431.

원칙에 따라 독도의 영유권 훼손에 결정적 영향을 끼친다는 것을 인식해야 한다.[81]

(2) '아니다' 독도는 암초다

국제해양법 학자로 동아시아 해양문제에 많은 관심을 기울여 온 미국 하와이대학교의 존 반 다이크(Jon M. Van Dyke) 교수는 해양법협약 제121조 3항에 등장하는 용어는 해양법협약 어느 곳에도 정의되어 있지 않다. 따라서 학자들은 문자 그대로 지질적 특성이 암석이어서 배타적 경제수역과 대륙붕을 갖지 못하는 것인지, 또는 인간의 거주와 독자적인 경제생활을 유지할 수 없는 모든 특성을 지녀야 암석의 범주에 해당하는 것인지에 대해 논쟁을 벌여왔으며, 논란이 있다고 하였다. 그러나 반다이크 교수는 암석의 궁극적인 정의가 무엇이든 간에, 독도가 이 범주에 들어가는 것은 확실할 것으로 보인다고 전제하고, 독도는 그 주위에 12해리 영해를 부여받고 있으나, 인간이 거주하지 않는 섬으로 대륙붕 또는 배타적 경제수역을 갖지 못한다는 주장이다.[82] 그리고 국내학자 중에서도 존 반다이크 교수와 비슷한 주장을 하는 학자들이 상당수 있다.

(3) 어업협정 협상과정에 나타난 일본의 태도

일본 정부는 1996년 2월 20일 독도를 포함한 200해리 배타적 전관수역을 채택하기로 의결하고 국회에 송부했다. 일본 국회는 1996년 5월 200해리 전관수역을 채택하기로 의결하고 '독도'를 일본 배타적 경제수역(EEZ)의 기점으로 취한다고 발표하였다. 그리하여 일본은 200해리가 중첩되는 동해의 경우 일본 배타적 경제수역 구획선은 울릉도와 독도(죽도) 사이에 획정되어야 한다고 주장하였다[83]. 그런데 애초 일본 측이 제시하였던 협정 초안에는 '독도'만이 아니라 울릉도와 함께 일본의 '오키도'도 중간수역에 포함되어 있었다.[84]

협상 과정에서 이 전략을 수정했다. 일본 측은 일본 배타적 경제수역(EEZ) 획정선 주장(울릉도와 독도 사이)을 서변으로 하고 한국 배타적 경제수역(EEZ) 획정선 주장(울릉도와 일본 오키도 사이)을 동변으로 하여 독도를 그 안에 넣은 '한일 공동관리 수역'(잠정조치 수역) 제의에 대해[85] 한국 측이 일본 측 제안을 수정해 해안으로부터 35해리 이내를 각각

---

81) 독도본부(2006), "신한일어업협정 폐기와 금반언 효과에 대하여", 우리영토, p.18.

82) 존 반 다이크(Jon M. Van Dyke)(2008), "독도 영유권에 관한 법적쟁점과 해양경계선", 한국해양수산개발원, pp.96~114.

83) 신용하(2002), "독도 영유권에 대한 일본주장 비판", 서울대학교출판부, pp.212~213.

84) 독도본부(2006), "독도 영유권 문제에 치명적인 약점을 만들어낸 헌법재판소 판결 비판", 우리영토, p.63.

85) 신용하(2002), "독도 영유권에 대한 일본주장 비판", 서울대학교출판부, pp.254~255.

배타적 경제수역으로 간주하여 서변은 동경 131도 40분, 동변은 동경 135도 30분을 구획 기준선으로 하고 독도를 그 안에 넣은 '중간수역'을 설정할 것을 제안하여 합의했다.

그동안 배타적 경제수역의 기점을 독도로 하겠다고 공언해온 일본의 주장이 신한일어업 협정에서 실현된 것인지는 판단하기 어렵지만, 독도가 중간수역에 포함하도록 하는 데는 성공했다고 볼 수 있다. 그리고 일본은 독도보다 크기나 객관적 기준에 훨씬 미달하는 오 키노도리시마에 대해 인공적 건축을 가해 도서라고 무리하게 주장하면서 배타적 경제수역 (EEZ) 기점으로 주장하고 있다.[86) 한국이 독도 문제를 대하는 것과는 너무나 대조적이다.

(4) 어업협정 협상과정에 나타난 한국의 태도

한국 영토인 '독도'를 일본은 일본 배타적 경제수역(EEZ)의 기점으로 취하여 '울릉도와 독도 사이'의 중간선을 한일 배타적 경제수역 구획선으로 제의했는데, 한국 외무부는 당연 히 자기의 영토인 독도와 그 영해를 확고히 수호하기 위해 일본의 배타적 경제수역 기점을 독도로 선언한 것을 부정 비판하고, 한국이 자기 영토인 '독도 기점'을 취하여 대응 선포해 야 독도 영유권이 굳게 지켜지는 것이다. 그런데 한국 정부는 1996년 전반기에는 '독도'를 일본 영토라고 주장하는 일본 측 버릇을 고쳐놓겠다고 말하는 등 단호하게 대응하였다. 그 리고 1996년에 '유엔 신해양법'을 적용하여 200해리 배타적 경제수역(EEZ)을 선포하겠다고 발표하였다. 그 후 한국 배타적 경제수역의 기점을 잡는 문제에 대해 일본 측의 한국인을 내세운 교묘한 로비가 있었는지 독도학회를 비롯한 다수의 관심 있는 학자들이 당연히 '독 도'를 기점으로 취해야 한다는 주장에도 불구하고 한국 정부는 1997년 7월 말 '울릉도를 한국 배타적 경제수역(EEZ)의 기점으로 취한다고 발표하고 양국 배타적 경제수역 구획선 을 한국 울릉도와 일본 오키도(隱岐島)의 중간선을 제의하였다.

일본 배타적 경제수역(EEZ) 획정선 주장(울릉도와 독도 사이)을 서변으로 하고 한국 배 타적 경제수역(EEZ) 획정선 주장(울릉도와 일본 오키도 사이)을 동변으로 하여 독도를 그 안에 넣은 '한일 공동관리 수역'(잠정조치 수역)을 제의하는 일본 측 제의를 수정하여 한 국 측은 해안으로부터 각각 35해리 이내를 각각 배타적 경제수역(EEZ)으로 간주하여 서변 은 동경 131도 40분, 동변은 동경 135도 30분을 구획 기준선으로 하고 독도를 그 안에 넣 은 '중간수역'을 설정할 것을 제안하여 합의되었다.[87) 그리고 신한일어업협정에서 한국

---

86) 독도본부(2006), "신한일어업협정 폐기와 금반언 효과에 대하여", 우리영토, p.18.
87) 신용하(2002), "독도 영유권에 대한 일본주장 비판", 서울대학교출판부, pp.212 ~255.

측은 울릉도와 독도 사이에 배타적 경제수역 기점이 적용되는 중간수역을 인정하여 어업 협상을 타결 지었다. 그 후 국내에서 독도의 배타적 영유권 훼손문제가 끊임없이 제기되고 있다.

배타적 경제수역 기점은 국가 간의 합의 선택사항이 아니라 국가별 선택사항이기 때문에, 지금이라도 한국 배타적 경제수역(EEZ)의 기점을 '독도'로 취하여 선포하면 사태를 수습할 수 있다. 그렇지만 수정조치를 하지 않고 일본의 '독도 기점' 채택을 방치하면 한국의 '독도 영유권'이 훼손당할 것임은 자명한 일이다.[88] 챠니 교수와 일본 정부의 섬 제도에 대한 해석에 어떠한 연관성이 있는지 아니면 일본의 독자적 판단에 의한 것인지 알 수는 없지만, 일본은 독도를 배타적 경제수역(EEZ)의 기점으로 보고 있음이 틀림없다. 한국 정부의 입장은 대체로 반다이크 교수의 입장에 가깝다. 이에 따라 한국 정부가 독도를 두고 스스로 울릉도를 배타적 경제수역 기점으로 내세운 것은 반드시 협상이 아니라도 국민의 안위를 책임지는 정부는 항상 최악의 상황, 상대가 있을 때는 상대방의 주장에 대비할 필요가 있는데도 그러한 모습을 보이지 않았다는 점에서 분명히 문제가 있는 것으로 보인다.

4) 중간수역 논란

잠정조치 수역에 대해 정부는 한일어업협정은 순수한 어업에 관한 협정이다. 그러므로 독도 문제와 전연 관계가 없다. 동해 점정조치 수역은 공해적(公海的) 수역이다. 정부 입장을 반박하는 쪽에서는 한일어업협정은 관할권에 관한 협정이다. 그러므로 독도 문제와 관련되게 된다. 동해 잠정조치 수역도 역시 자원 공동관리 수역[89]이라는 주장이다. 이러한 논란은 독도가 동해 중간수역[90] 내에 위치하고 있는데도 중간수역에 대한 명확한 성격 규정이 이루어지지 않아 중간수역이 독도의 영해에 어떠한 영향을 주는지 분명하지 않기 때문에 발생했다. 즉 중간수역 내에 있는 독도의 영해도 중간수역으로 되어 독도는 영해를 갖지 못하는 것으로 되는지, 아니면 독도의 영해를 그대로 존속하는 것인지가 명백하

88) 신용하(2002), "독도 영유권에 대한 일본주장 비판", 서울대학교출판부, pp.214 ~218.
89) 김영구(2008), "독도, NLL문제의 실증적 정책분석", 다솜출판사, p.417.
90) 중간수역: '중간수역'이라는 말은 우리 정부가 붙인 이름이고, 한일어업협정상에는 명칭이 없다. 일본 측에서는 일반적으로 '잠정수역'이라고 부르기도 하고 '공동관리 수역'이라고 부르는 사람도 있다. 중일어업협정이나 한중어업협정에서는 양국의 관할권이 겹치는 비슷한 수역의 이름이 잠정수역으로 불리는 경우와는 대조적으로 동해의 '중간수역'에서는 명칭조차 붙이지 못했고, 한일 양국이 부르는 이름마저 다르다는 것은 '중간수역'의 성격과 독도와의 관계에서 양국이 미묘하게 다른 이해를 하고 있는 것으로 보인다.

지 않다.[91]

1998년 '신한일어업협정'에서 한일 간에 합의된 '중간수역'은 독도를 포함하고 있는 동해 '중간수역'과 제주도 남부에 설정된 '중간수역'의 두 개가 있지만, 여기서는 동해 중간수역 문제만 다루도록 하겠다. 동해 중간수역에 관련된 합의 내용을 보면 ① 중간수역의 동쪽 한계선은 135-30 E(동경)로 절충되었다.(일본의 주장은 135 E이었으며, 한국의 주장은 136 E이었다.) ② 양국의 전속적 관할수역의 범위는 애초 일본의 주장대로 35해리로 타결되었다.(일본의 주장은 80해리에서 35해리로 접근되었다. 한국의 주장은 애초 24해리에서 34해리까지 절충되었다가 일본의 35해리 주장을 받아들였다.) ③ 중간수역의 북쪽 한계선을 수정하여 대화퇴 왼쪽부분 1/3 정도를 중간수역 범위 안으로 편입시켰다(대화퇴 어장에 관련된 한국 정부의 주장과 체면을 세워주기 위해 일본 총리 오부치 게이코가 절충안을 마련한 것이다). ④ 중간수역의 서쪽 한계선을 신설하고 이것을 131-40 E로 하였다. 이렇게 합의된 동해 중간수역은 1999년 신한일어업협정 제9조 1항에 규정되어 있다.

신한일어업협정에서 이른바 동해 중간수역은 ① 한국과 일본이 '똑같이' 독도로부터 35해리 배타적 관할권범위에 관한 주장을 포기하는 것을 전제로 한 기하학적 조건(geometrical precondition)을 기초로 해서 성립 합의가 가능했다. ② 한국과 일본이 '똑같이' 독도로부터 35해리 전속적 관할수역 범위에 관한 주장을 포기하였다는 것은, 독도를 영토로 보유한 한국이 독도에서 200해리 배타적 경제수역(EEZ)을 기점하지 않았다는 것을 의미한다. ③ 그리하여 한국은 자국의 영토인 독도에서 배타적 경제수역 기점을 포기한 근거를 설명해야만 하게 되었다.

한국 정부는 1999년 한일어업협정으로 말미암아 독도에 대한 한국의 영토 주권이 침해받지 않았다는 것을 강조하기 위해서 '순전히 어업에 관한 협정'이라고 주장하고, 유엔해양법협약 제121조 3항을 원용한 법리로 설명하려 하지만, 국제사회에서 한국의 독도 영유권에 관한 법적 입장을 근본적으로 훼손하는 결과를 가져왔다.[92] 그러나 한국 정부의 홍보자료나 일부 국제법학자들의 주장에 따르면, 동해의 중간수역은 공해적 성격의 수역으로 확정되었으며, 이 중간수역의 성격이 하나의 공동관리 수역으로 낙착되는 것은 성공적으로 배치되었다고 주장한다. 따라서 신한일어업협정 시행으로 독도의 영유권에는 아무런 영향이 있을 수 없다고 강조한다. 그러나 다음과 같은 4가지 사항에 대한 명백한 설명

91) 독도본부(2006), "독도 영유권 문제에 치명적인 약점을 만들어낸 헌법재판소 판결 비판", 우리영토, p.35.
92) 김영구(2008), "독도, NLL문제의 실증적 정책분석", 다솜출판사, pp.19~21.

없이는 위의 '자원 공동관리 수역 배제논리'를 수긍하기 어렵다고 본다. 첫째는 중간수역은 공해적 성격의 수역이 아니다. 둘째는 규제조치에 관한 합의사항을 '권고'하고, 이를 존중하게 함으로써 '자원의 공동관리가 배제될 수 있는가?' 셋째는 주의환기조치 권한의 배제 문제, 넷째는 양적 관리조항의 배제문제[93] 등이다.

2006년 8월 한국 정부는 종래의 방침을 변경하여 자국의 영토인 독도에서 배타적 경제수역(EEZ) 관할 범위를 기점하겠다고 천명하였으나, 영토 주권에 관련한 일관성을 결여한 법적 주장을 하고 있는 것으로 기록됨으로써, 단순히 이제부터 자국의 영토인 독도에서 배타적 경제수역 관할 범위를 기점하겠다고 하는 입장변경의 발표만으로 기왕에 이미 훼손된 한국 정부의 독도 영유권에 관련된 입장이 완전히 치유될 수는 없다. 그리고 더구나 자국의 영토인 독도에서 배타적 경제수역 관할 범위를 기점하겠다는 의지를 관철하려면, 1999년 신한일어업협정에서 일본과 합의된 중간수역 기점의 전제가 독도 기점의 입장 변경으로 당연히 변경되었으므로 이 협정을 즉시 종결시켜야 하는데, 한국은 그러한 조치를 취하지 않고 있다. 그러므로 신한일어업협정이 그대로 존속하는 한 한국의 독도 영유권에 관련된 법적 입장은 결정적으로 훼손된 채로 남아 있게 된다.[94]

중간수역은 잠정적인 것이긴 하지만, 정부의 주장이 합당한 것이라면 수정이 없어야 한다. 그러나 국민의 강력한 비판이 상당 부분 반영돼 배타적 경제수역의 기점을 독도로 하겠다고 변경한 것은 결국 정부 스스로 신한일어업협정에서 중간수역 설정에 잘못이 있었음을 시인하는 것과 같다. 신한일어업협정에서 독도의 영유권을 인정받거나 중간수역 범위에서 제외해야 했는데도 별도의 언급도 없이 중간수역에 포함되도록 한 것은 분명히 논란의 소지가 있는 것으로 보인다. 진리를 추구하는 학자들은 이 부분에 대한 문제점을 충분히 지적할 필요가 있다. 그래야 추후 같은 잘못을 예방할 수 있기 때문이다. 그러나 대륙붕경계협정 등이 있는 데다 한국 정부가 독도에 대한 영해 12해리를 적절하게 관리하고 있는 점, 일본의 역이용 등을 고려해 독도에 대한 배타적 영유권을 훼손했는지에 대해서는 신중한 표현과 접근이 요구된다.

---

93) 독도본부(2007), "어업협정 폐기해도 그대로 남는 독도에 대한 일본의 권리문제", 우리영토, p.36.
94) 김영구(2008), "독도, NLL문제의 실증적 정책분석", 다솜출판사, p.22.

5) 배타적 경제수역 경계획정과 기점 설정문제

배타적 경제수역(EEZ)은 유엔총회에서 1982년 12월 10일 채택되고 1994년 11월 16일 발효된 '해양법에 관한 국제연합협약'(통칭 유엔해양법협약)[95] 제57조에 의거 영토(도서포함)의 연안기선으로부터 기산하여 200해리 범위 내에 선포되며, 협소수역의 경우 그 외향한계선은 인접 또는 대향국과 합의에 따라 결정하게 되는 수역이다.[96] 배타적 경제수역에서 연안국은 해저의 상부수역, 해저 및 그 하층토 층의 생물이나 무생물 등 천연자원의 탐사, 개발, 보존과 관리를 목적으로 하는 주권적 권리와 해수와 해류 및 해풍을 이용한 에너지생산과 같은 이 수역의 경제적 개발과 탐사를 위한 그 밖의 활동에 관한 주권적 권리 그리고 인공섬, 시설 및 구조물의 절차와 사용, 해양과학조사, 해양환경의 보호와 보전에 관한 관할권 이외 협약에 규정된 그 밖의 권리와 의무를 가진다.

추적권(right of hot pursuit)은 연안국의 권한 있는 당국이 연안국의 내수·영해·배타적 경제수역 또는 대륙붕에서 연안국의 법령을 위반하였다고 믿을 만한 외국선박을 관할수역으로부터 공해까지 추적하여 나포하거나 나포 후에 재판을 위해 연안국에 인치[97]할 수 있는 연안국의 권리를 말한다.[98] 유엔해양법협약에 의하여 배타적 경제수역에서의 권리나 관할권이 연안국이나 다른 국가에 귀속되지 아니하고 또한 연안국과 다른 국가 간 이해관계를 둘러싼 마찰이 발생할 경우, 그 마찰은 당사자의 이익과 국제사회 전체의 이익의 중요성을 각각 고려하면서 형평성에 입각하여 모든 관련 상황에 비추어 해결한다고 규정하고 있다. 그동안 한국과 일본은 배타적 경제수역 경계 획정을 위해 몇 차례 협상하였으나, 동해상 대한민국의 배타적 경제수역(EEZ) 외향한계선은 아직 일본과 합의에 도달하지 못하여 협정을 체결하지 않았다. 현재는 1999년 1월 발효된 신한일어업협정에서 잠정적으로 합의한 내용에 의해 관리를 하고 있다.

우리가 배타적 경제수역 설정을 위한 기점에 지대한 관심을 두는 이유는 이 기점을 어디로 하느냐에 따라 우리가 자유롭게 어업활동을 하고 해양생물자원을 관리할 수 있는 바다의 영역이 줄어들거나 늘어날 수 있기 때문이다. 현재 한국과 일본의 배타적 경제수역 기점 설정에서 초미의 관심사가 되는 것은 기점을 한국 측에서는 울릉도 동변으로 잡

---

95) 김학준(2003), "독도는 우리땅", 도서출판 해맞이, p.214.
96) 독도본부(2006), "신한일어업협정은 왜 폐기되어야 하는가?", 우리영토, p.54.
97) 인치(引致)는 사람을 강제로 끌어내거나 끌어 들임.
98) 독도학회(2002), "독도 영유권 연구론집", 독도연구보전협회, p.243.

을 것이냐 아니면 독도 동변으로 할 것이냐 하는 것이며, 일본도 오킴섬 서변으로 할 것이냐 독도 서변으로 할 것이냐 하는 점이다. 한국 측은 독도를 우리가 실효지배하고 있으므로 당연히 독도의 동변으로 해야 함에도 신한일어업협정을 체결할 때는 그렇게 하지 않았다.

일본은 오키섬 서변으로 해야 함에도 독도의 서변을 기점으로 한다고 밝혔으며, 신한일어업협정 체결 과정에서 당시 정부는 한국 측 기점을 울릉도 동변으로 한다고 밝혔다. 이렇게 배타적 경계수역의 기점이 논란 대상이 된 근본적인 원인은 유엔해양법협약이다. 만약 200해리를 확보할 수 있는 여지가 있을 때에는 문제가 되지 않지만, 한국과 일본과 같이 연안국과 연안국 사이의 해양거리가 400해리가 되지 못할 때는 문제가 된다. 이런 때 유엔해양법협약은 제74조에서 경계획정에 관하여 규정하고 있는데, 이에 의하면 인접국가 또는 마주 보는 국가 간의 경제수역을 위한 경계획정은 국제사법법원 규약 제38조에 언급된 국제법을 기초로 형평의 원칙에 따라 합의로 결정하게 되어 있다.[99]

유엔해양법협약에서 배타적 경제수역 기점 설정을 위한 기준이 있음에도 독도를 섬으로 볼 것인가 아니면 암석으로 볼 것인가 하는 점에 대한 결론이 나지 않은 상황에서 한국 정부 스스로 일본을 의식해 독도 동변 배타적 경제수역 기점을 포기한 것은 주권국가로서 해야 할 일이 아님에도 불구하고 신한일어업협정에서는 그러한 행동을 했다. 일본이 도전한다고 신경이 쓰여 주권을 제대로 행사하지 못한다면 일본의 도전은 더욱 가속화될 것이다. 그러면 그때마다 우리는 주권행사를 포기하거나 우리 영해나 영토 일부를 내주어야 할지도 모른다. 우리에게 다른 나라에 내어주어야 할 땅은 단 한 뼘도 없다. 앞으로 우리가 해야 할 일은 현재의 우리 영토를 다른 나라에 내어 주는 것이 아니라 우리의 고토를 모두 회복하는 일이다.

6) 어업협정 체결 후 나타난 이해하기 어려운 현상

1999년 1월 신한일어업협정 발효 이후 2006년 4월 한국이 국제수로기구(IHO, The International Hydrographic Organization)에 독도 해저지명(18개 해산) 등록을 추진하자 일본이 이를 견제·저지하기 위해 독도주변 수역에서 수로 측량을 시도해 한일 간 외교적 충돌이 촉발된 바 있으며, 결국 당시에는 독도 해저지명의 국제수로국 등록이 일본의 반대

---

99) 김병렬(김병렬), "독도논쟁", 다다미디어, 2001, pp.66~67.

로 무산되었다.[100]

울릉도와 독도 사이를 운항하는 여객선에 2007년 6월 13일 오전 11시쯤 일본 순시선이 바짝 접근하는 바람에 여객선에 타고 있던 210명의 관광객이 잔뜩 불안해하는 사태가 벌어졌다. 동해해경 등에 따르면 이날 오전 7시 30분쯤 울릉도에서 독도로 출발한 삼봉호가 높은 파도로 독도에 접안하지 못한 채 독도에서 13마일 떨어진 공해상에서 회항하던 중 갑자기 일본 보안청 소속 순시선(저팬코스트)이 나타나 불과 20여m까지 근접하는 등 충돌 직전까지 가는 상황이 발생했다는 것이다.

이에 독도경비대의 무전연락을 받고 이날 오전 11시 15분쯤 동해해경 소속 경비함정 5001함이 긴급 출동해 일본 순시선과 5분여간 대치했다. 해경은 삼봉호 측에 안내방송으로 속도를 늦추도록 유도했으며, 삼봉호도 해경의 지시에 따라 속도를 늦췄다. 시동을 끄기도 하고 방향을 바꾸는 등 한때 긴장감이 감돌았으나 곧 일본 순시선이 돌아가면서 상황은 종료됐다. 해경의 한 관계자는 "2006년 4월에도 비슷한 지점에서 독도 여객선이 일본 순시선을 만난 적이 있는 등 일본 측이 수시로 독도 주변을 순시하고 있는 것으로 안다"고 말했다.[101]

또한 2007년 7월 5일에는 한국 해양조사선이 하루 동안 독도 가까운 바다에서 해조류 조사를 실시한 것에 대해, 일본은 같은 날 이를 인정할 수 없다는 입장을 취하였다. 일본 보안청 순시선은 울릉도와 독도의 중간선에 기다리고 있다가 "일본의 배타적 경계수역에서 일본 정부의 허가 없이 조사하는 행위는 인정할 수 없다. 즉각 퇴거하라"는 방송을 일본말과 한국말, 영어로 되풀이 경고방송(자막까지 동원)을 했다.[102]

독도의 영해가 중간수역과 상관없이 한국의 고유영토라는 정부의 주장에도 일본 정부와 순시선이 이같이 행동하는 것은 독도 영해를 인정하지 않으려는 도전이다. 신한일어업협정 내용 중 많은 부분이 어업협정을 위한 잠정적인 것이기는 하지만, 배타적 경제수역에 대한 내용으로 구성되어 있고 국내에서 상당수 학자가 비판하고 지적한 것처럼 일본도 신한일어업협정이 단순한 어업협정이 아닌 배타적 경제수역을 어느 정도 획정했고 중간수역을 공동관리 수역으로 해석하기 때문에 취할 수 있는 행동으로 풀이된다. 일본의 이러한 행동은 신한일어업협정 15조에 근거하고 있는 것으로 보여 우려가 현실화된 측면이 있다.

---

100) 독도본부(2007), "어업협정 이대로 가면 독도주권 곧 넘어 간다", 우리영토, pp.27~29.
101) 매일신문사 2007. 6. 14.
102) 독도본부(2007), "어업협정 이대로 가면 독도주권 곧 넘어 간다", 우리영토, pp.27~29.

7) 헌법재판소 판결

　　헌법재판소는 신한일어업협정으로 말미암아 헌법상 보장된 국민의 기본권이 침해되었다고 주장하는 사람들이 '대한민국과 일본국 간의 어업에 관한 협정비준 등 위헌확인'을 청구한 헌법소원 1999년 1월 22일 동 조약 발효 이후 모두 4차례(헌법재판소 결정 사건 99 헌 마 139, 99 헌 마 142, 99 헌 마 156, 99 헌 마 160병합) 헌법재판소에 제출하였는데, 헌법재판소는 4사건을 병합 심리한 결과 2001년 3월 21일 상기 심판청구 중 일부는 각하하고 다른 일부는 기각하는 결정을 했다.[103]

　　헌법재판소는 신한일어업협정과 독도 영유권의 관련성에 대해 다음과 같이 판시하였다. "이 사건 협정은 배타적 경제수역을 직접 규정한 것이 아닐 뿐만 아니라 배타적 경제수역이 설정된다 하더라도 영해를 제외한 수역을 의미하며, 이러한 점들은 이 사건 협정에서의 이른바 중간수역에 대해서도 동일하다고 할 것이므로 독도가 중간수역에 속해 있다고 할지라도 독도의 영유권 문제나 영해 문제와는 직접적인 관련을 가지지 아니한 것임은 명백하다 할 것이다."

　　또 헌법재판소에 제출된 외교통상부 주장은 다음과 같다. "이 사건 협정은 배타적 경제수역의 경계획정이 미결된 상태에서 우선 잠정적인 어업체계를 수리하기 위하여 체결된 것이므로 독도의 영유권 문제와는 무관하다. 또한 이 사건 협정은 영해 이원의 배타적 수역만을 대상으로 하므로 독도가 동해 중간수역에 위치해 있다 하더라도 독도와 그 영해는 중간수역에서 제외되므로 그 지위에는 아무런 영향을 받지 아니한다. 또한 헌법 제3조는 국민 개개인에게 영토에 관한 권리를 부여하지 않기 때문에, 이 사건 협정으로 인하여 헌법이 보장하는 독도에 대한 영유권이 침해될 소지가 없다."[104]

　　이러한 헌법재판소 판결에 대하여 정부 측은 당연한 결과라는 반응을 보였지만, 비판하는 쪽에서는 신한일어업협정의 적용대상은 어업에 관한 사항이 아니고 양국의 배타적 경제수역이다. 한일어업공동위원회에 의한 독도 인근 수역권에 대한 명백한 훼손이다. 헌법재판소의 결정은 국제법상 독도의 도서로서의 지위를 무시하고 암석의 지위로 전락시킨 것을 옹호하는 것이다. 멩끼에 에끄레오(1953년) 사건에서 영토문제와 어업문제는 별개라는 주장은 잘못된 해석이다. 헌법재판소의 결정은 신한일어업협정에서 독도의 속도로서의 지위를

---

103) 독도역사찾기운동본부(2003), "독도 영유권 위기 연구", 백산서당, pp.36~37.
104) 독도본부(2006), "독도 영유권 문제에 치명적인 약점을 만들어낸 헌법재판소 판결 비판", 우리영토, pp.11~12.

약화시키는 결과를 초래한다. 그러므로 헌법재판소가 신한일어업협정이 영유권과 무관하고 '어업에 관한 협정'이라는 결정을 내린 것은 명백하게 잘못되었다는 논거[105]가 제시되기도 했다. 헌법재판소 판결 이후 정부 측과 신한일어업협정을 옹호하는 쪽에서는 신한일어업협정이 독도 영유권을 훼손하지 않았다는 근거인 것처럼 인용하기도 하지만, 중요한 점은 헌법재판소가 내린 결정은 국내 판결이기 때문에 대한민국과 대한민국 국민 간의 관계에서는 최종효력을 갖지만, 한국과 일본 간에는 국제법상의 효력을 갖지 않는다.[106]

즉 만약 장래에 어떠한 계기로 국제사법재판소에서 신한일어업협정이 독도의 영유권을 훼손했다는 판결을 내린다면 그것은 그대로 국제사회에 효력을 발생할 수도 있다. 그리고 헌법재판소가 신한일어업협정을 헌법소원 청구인들이 주장한 배타적 영유권 훼손을 인정하는 판결을 내리면 국가기관이 신한일어업협정에서 독도 영유권을 훼손했다는 점을 공식적으로 인정하는 심각한 문제가 발생하게 되므로 어쩔 수 없이 정부의 입장을 거의 원안 그대로 수용한 판결을 할 수밖에 없는 상황도 반영되었을 것으로 보이기 때문에 헌법재판소의 판결 내용으로는 국제법상 신한일어업협정이 독도의 영유권을 훼손하고 있는 것인지, 훼손하지 않았는지 단정하기 어렵다.

8) 한국 일본에 일방적으로 양보한 협상

정부는 그동안 여러 차례 신한일어업협정이 한국에 유리하게 체결된 협정이라는 점을 강조해왔다. 그 근거는 주로 한국과 일본의 초기 조업 어획할당량을 근거로 한 것으로 보인다. 그러나 정부의 주장과는 달리 일본 측 배타적 경제수역(EEZ)에서 한국 어선의 입어를 확보하기 위한 협상과정에서 한국 측은 협상기술의 미숙과 준비의 불철저로 인해 '쌍끌이 어업' 등 현실적으로 일본 측 수역에서 수행돼 온 어종을 협상대상에서 누락하는 등 기본적인 실책을 거듭해 이 협정에 대한 한국 수산계의 강력한 반발을 초래하고, 독도 문제와 관련된 비판적 견해와 더불어 국민 일반에게 한일어업협정은 대단히 문제가 있는 협정이라는 부정적 인식을 심어준 바 있다.[107]

헌법재판소 판결문에 따르면 배타적 경제수역으로 간주하는 수역에 대해서 1999년도

---

105) 독도본부(2006), "독도 영유권 문제에 치명적인 약점을 만들어낸 헌법재판소 판결 비판", 우리영토, pp.13~20.

106) 독도본부(2006), "독도 영유권 문제에 치명적인 약점을 만들어낸 헌법재판소 판결 비판", 우리영토, p.27.

107) 독도역사찾기운동본부(2003), "독도 영유권 위기 연구", 백산서당, p.122.

일본 어선의 우리나라 배타적 경제수역 내 입어조건은 오징어 채낚기 등 15개 업종 어선 1,601척, 조업 어획할당량 93,772톤, 2000년도에도 15개 업종 어선 1,601척, 조업 어획할당량 93,772톤이었다. 이에 비해 1999년도 우리 어선의 일본 배타적 경제수역 내 입어조건은 명태 저인망(trawl) 등 14개 업종, 어선 1,704척, 조업 어획할당량은 149,218톤이었으며, 2000년도에는 17개 업종, 1,639척, 130,197톤이었다. 그런데 이 사건 협정을 체결한 후 한일 양국은 각국의 배타적 경제수역에서 자국 어민이 취득했던 과거의 조업실적(한국: 연평균 21만 톤, 일본 연평균 11만 톤)을 인정하여 한일 간 어획량 격차를 단계적으로 축소해서 3년 후에는 등량(한일 각 10만 톤)으로 조정하기로 합의하였다.

이에 따라서 북해도와 서일본수역 등 일본의 배타적 경제수역에 출어·조업하고 있던 우리 어선들의 조업어장이 축소되고 3년 내에 일본 어획량인 10만 톤 수준으로 우리 어획량을 감축해야 하므로 우리 어선의 감척이 불가피하게 되어 이에 따른 어업손실이 발생하게 되었다. 그리하여 우리나라 정부는 1999년 9월 7일 '어업협정 체결에 따른 어업인 등의 지원 및 수산발전특별법'을 제정하여 이 사건 협정으로 인하여 어업활동에 제한을 받는 어업인 등에게 지원금을 지급하고 수산업 발전을 위한 제반 정책을 실시했다. 그러나 이와 같은 어획량 감축에 따른 어민들의 손실은 이 사건 협정에 의하여 초래되었다기보다는 해양법협약의 성립·발효에 의한 세계 해양법질서의 변화에 기인한 것이다.[108]

협정발효 이후 양국은 배타적 경제수역(EEZ)의 상호 입어조건 협상과 병행해 중간수역에서의 어업규제 문제도 아울러 협상했다. 그러나 한국 측은 일본 측 수역에서의 입어조건 합의에만 몰두해 일본 측이 집요하게 제기한 이 중간수역에서의 어업규제 요구 중 일부 내용에 '긍정적 입장을 표명'했다. 그리하여 일본 측은 중간수역에서의 자원관리 조치 중 일정한 규제내용을 한일 간에 이미 합의된 것으로 주장한다.

한국 측이 협상의 우선적 목표로 삼아 추진해온, 일본 배타적 경제수역(EEZ) 내에서의 한국 어선 조업은 입어 어선의 조업등록과 보고 등에 관한 까다로운 절차와 조건 등으로 인해 다수의 한국 어선이 일본수역 입어를 실제로 포기한 상태이며, 모처럼 어렵게 타결해 확보한 일본수역 입어 어획량 15만 톤의 일부(1999년 말 현재 18.3%)만이 소진되고 있을 뿐이었다. 일본수역 입어에 관한 등록 및 보고 등 까다로운 조건과 절차를 간편하게 하려는 한국 측의 요구와 주장은 자원관리와 조업질서 유지라는 명분을 내걸고 완고하게 거절하는 일본의 강한 태도 앞에서 아무런 실효를 거두지 못하고 있으며, 따라서 그동안

108) 박찬호·이석용(2006), "독도 영유권과 신한일어업협정", 한국해양수산개발원, pp.97~98.

한국이 여러 가지 희생을 치르고 얻어낸 일본 측 수역에서의 조업 가능 할당량에 관해 일본과 이미 합의된 내용은 실제로 아무 의미가 없게 됐다. 그러므로 결과적으로 볼 때, 일본 측은 애초 그들 일본 측 수역에서 한국 어선의 조업을 완전히 축출·배격하려던 소기의 목적을 실질적으로 달성한 셈이다.[109]

[표 8-6]에서 보는 바와 같이 신한일어업협정 체결 후 양국 모두 합의된 입어 할당량의 최고 36%를 넘지 못하는 저조한 어획 실적을 보였다. 그러므로 정부 측에서 한국이 일본보다 많은 입어 할당량을 배정받았으므로 유리한 협정이었다는 주장은 전혀 의미가 없다. 오히려 합의된 입어 할당량은 실제 조업 실적을 바탕으로 합의한 것이기는 하지만, 그 조업범위는 신한일어업협정으로 대폭 줄어들었다. 양측이 어획량을 부풀려 협상에 임한 것으로 추정된다. 입어 할당량을 한국과 일본에 차이를 둔 것 자체가 실현 가능성이 없음에도 불구하고 일부러 한국의 입장을 세워주기 위해 모양을 만든 것이 아닌가 하는 의혹을 품게 한다. 만일 그렇지 않았다면 신한일어업협정 체결 후 곧바로 어획량이 5분의 1수준으로 줄어든 현상을 설명할 방법이 없다.

그나마 초기에 입어 할당량이 조금 많이 배정되어 차등을 두었던 것도 2002년부터는 어족자원 보호를 위해 같은 수준으로 바뀌었다. 조업 수역을 중간수역으로 대폭 제한하는 신한일어업협정 체결로 한국은 북해도와 서일본수역 등 일본의 많은 지역에 출어를 포기

[표 8-6] 신한일어업협정에 의한 EEZ 조업 실적

연차	연도	감축 비율에 의한 한국 입어 할당기준(톤)	한국 어선			일본 어선		
			실제 합의된 입어 할당량(톤)	실제 어획량		실제 합의된 입어 할당량(톤)	실제 어획량	
				톤	%		톤	%
1	1999	15만	149,218	27,335	18.3	93,778	22,117	23.6
2	2000	12만	125,197	31,422	24.1	93,778	7,293	7.8
3	2001	9만	99,773	23,839	23.9	93,778	16,193	17.3
4	2002	6만	89,773	28,879	32.2	89,778	19,669	21.9
5	2003	3만	80,000	28,104	35.1	80,000	13,158	16.4
6	2004	0	70,000	20,669	29.5	70,000	25,032	35.8
7	2005		67,000	20,306	30.3	67,000	9,640	14.4
8	2006		63,500			63,500		
9	2007		60,500			60,500		

출처: 김영구(2008), "독도, NLL 문제의 실증적 정책분석", 다솜출판사, p.180.

---

109) 독도역사찾기운동본부(2003), "독도 영유권 위기 연구", 백산서당, pp.122~123.

하는 피해가 발생하자 '어업협정 체결에 따른 어업인 등의 지원 및 수산발전특별법'을 제정하여 보상을 시행하고 어선 감척을 진행한 바 있다. 그러나 일본은 자국 해역 중 중간수역에서 빠지는 배타적 경제수역 부분에서 독점적으로 어업활동을 전개할 수 있게 되었으며, 한국 해역에서 출어를 못해 피해를 본 것도 거의 없다. 즉 한국은 줄어든 어획량을 보충할 길이 없어 어선을 감축할 수밖에 없었지만, 일본은 중간수역에서 제외되는 자국의 배타적 경제수역에서 조업해 보충할 수 있으므로 결국 신한일어업협정은 어업 측면에서 볼 때 일본이 원하는 대로 거의 모두 들어준 일방적으로 한국이 양보한 어업협정이었다고 볼 수밖에 없다.

9) 일본의 전략적 정책변경

1996년 이후 일본은 직선기선의 선포, 한국 어선의 나포 그리고 200해리 경제수역 제도의 도입에 즈음해서 독도로부터 관할범위를 가산하겠다는 의도를 공표하는 등 강경조치를 취해왔다. 그런 일본이 신한일어업협정 체결 후 갑자기 태도를 유연하게 바꾸는 등 전략적 정책변경을 하였다. 한국의 상당수 학자가 주장하는 것처럼, 만약 일본이 중간수역 안에서 자원의 공동 관리를 목표로 해 그것을 관철했다고 하면 일본은 그 이익을 실현하는 것이 당연한 일이다. 그런데 의외로 그런 면에서 보면 일본의 행동은 조용했다.

그 이유에 대해 한국해양대학교 김영구 교수는 두 가지 측면에서 설명한다. 첫째는 일본이 중간수역 안에서 자원의 공동 관리를 관철시켰다고 하면 신한일어업협정은 한국 국민의 여론에 의하여 즉시 폐기될 수밖에 없으므로 신한일어업협정의 조기 폐기를 회피하기 위해서 변경되었다. 둘째는 신한일어업협정은 합의 내용의 논리적 구조상, 독도에 대한 한일 간의 영유권 분쟁 존재를 전제로 하고 있다. 독도의 영유권에 관한 한국과 일본의 지위를 동일한 것으로 간주하여 합의되었다. 그리고 법적 논리상 독도에 대한 일본의 불법적이고 부당한 영토주장을 묵인하는 기본적인 전제를 열어 놓았으므로 독도 영유권 문제에 관한 법적 입지는 이미 충분히 강화되었다. 일본의 격상(格上)된 법률상 입지를 유지하기 위하여 일본이 입장을 유연한 태도로 바꾸었다는 것이다.[110]

---

110) 김영구(2008), "독도, NLL문제의 실증적 정책분석", 다솜출판사, pp.171~174.

10) 한국의 배타적 경제수역 기점 전략 변경

지난 2006년 4월 일본이 동해에서 한국의 배타적 경제수역 범위 안에서 수로 측량을 개시하겠다고 제의함으로써 야기된 양국 간의 충돌사태를 계기로 해서, 한국은 독도 문제에 관한 일본의 공격적인 주장에 대한 종래의 소극적인 대응 태세를 변경하여, 2006년 6월 12일 한일 간 재개된 경계획정협상에서 "한국은 앞으로 배타적 경제수역 범위의 기점을 독도로부터 기산하겠다"는 중요한 입장 변경을 일본에 천명하였다. 그러나 이러한 입장 변경이 그동안 한국 정부가 취해 오던 소극적인 무대응 정책(keep quiet policy)을 전면적으로 수정한 것으로 보이지는 않는다. 독도에서 배타적 경제수역(EEZ)을 기점으로 하기로 하였다고 하면 당연히 한국 정부는 신한일어업협정을 종결시키거나 또는 그 중요한 내용에 대해 수정을 추진하는 것이 합당하다. 그러나 한국 정부는 그 어느 것도 시도하지 않고 있다.

종합적으로 판단컨대 한국 정부는 독도에 대한 일본의 공격적인 영토 주장에 대해서 아직도 조용한 외교 정책을 유지하는 것이 현재로서는 가장 현명한 방침이라고 생각하고 있으며, 1999년 체결된 신한일어업협정은 설사 법 이론적으로 약간의 문제가 있다고 하더라도 현실적으로는 일본과의 관계를 현상유지 하는 것이 바람직하다고 판단하고 이것을 그대로 존속하기로 방침을 정한 것 같다. 이러한 한국 정부의 태도는 양국 간의 대결을 심화시키지 않기 위한 외교적 자제로 보인다.

한국과 일본의 국가적 발전을 위해서 그리고 국제사회의 진정한 평화와 안정을 위해서 한일 간의 상호 존중과 신뢰를 기초로 한 참된 동반자 관계의 성립이 절실히 요구되고 있다. 그런데 이 두 나라 간의 상호 존중과 신뢰 관계를 완성하는 데 있어서 일찍부터 독도 문제가 중대한 장애가 되어오고 있다. 독도 문제는 지리적으로 인접국이며, 상호 우호 협력 관계를 유지해야 할 우방이기도 한 한국과 일본 두 나라의 관계를 어렵게 하는 심각한 과제이다.

경제적, 정치적 측면에서 일본과의 우호관계는 한국의 국익 신장을 위해서 대단히 중요한 요건이 되는 경우가 많다. 독도 문제에서 되도록 대결적인 국면을 피해 가려고 하는 한국 정부의 정치적인 배려가 언제나 주로 일본과의 우호관계를 손상하지 않으려고 하는 우려와 분별에서 비롯되고 있다는 것은 자명한 일이다. 일본 측에서 보더라도 이러한 정치적 고려는 거의 비슷하게 작용하고 있다고 본다. 그러나 이러한 양국의 신중한 외교적 자제에도 불구하고 한일 양국이 독도에 관해서 공격적인 영토권 주장을 서로 유지하여 대립하고 있는 상황은 하나도 변하지 않고 있다.[111]

11) 울릉도와 독도 기점 배타적 경제수역 차이

해양경계를 획정할 때 한국의 독도, 일본의 도리시마와 단죠군도, 중국의 둥다오 등 3국의 암석을 기점으로 설정할 때와 모두 무시할 때 각국이 취할 수 있는 해양면적에서 상당한 차이가 난다. 독도를 기점으로 설정해 중간선으로 경계획정을 하면 울릉도를 기점으로 할 때보다 동해 수역에서 약 21,190㎢의 수역이 한국 측에 들어온다. 그리고 문제가 되고 있는 3국이 모든 지형지물을 기점으로 설정하지 않는 경우 한국의 배타적 경계수역의 면적은 약 474,332㎢에 이른다. 반대로 이들 모두를 기점으로 사용할 경우 한국 측의 수역은 약 495,355㎢의 넓이가 된다.

이처럼 독도를 기점으로 사용하는 동시에 일본의 도리시마와 단죠군도, 중국의 둥다오를 역시 기점으로 인정해줄 때 한국이 동해에서 얻는 해양면적은 약 21,190㎢이고 동중국해에서 잃는 부분이 약 17,390㎢로서 이 둘의 면적 차이를 구해보면 약 3,800㎢의 수역을 더 확보하게 된다.[112] 그러나 섬과 암석에 대한 해석은 각 암석에 따라 각기 달리 적용될 수 있으므로 한국이 독도 기점을 스스로 포기하면 동해에서 21,190㎢의 바다를 잃고, 동중국해에서 일본과 중국의 암석이 섬으로 인정받아 배타적 경제수역을 확보하게 된다면, 한국은 여기서도 배타적 경제수역 17,390㎢를 잃게 되므로 한국이 잃게 되는 배타적 경제수역은 총 38,580㎢, 한국 바다의 7.8%를 잃게 되는 셈이다. 우리가 독도를 배타적 경제수역 기점으로 하고 독도를 지켜야 하는 이유가 여기에도 있다.

12) 신한일어업협정 협상 결과 비판과 10가지 문제점

한국과 일본이 체결한 어업협정은 두 가지가 있다. 1965년 6월 22일 서명되고 동년 12월 28일 효력을 발생한 '대한민국과 일본국 간의 어업협정'은 1998년 9월 24일 최종 타결되고(10월 8일 양쪽 수석대표 가서명, 11월 28일 서명), 1999년 1월 22일 비준서 교환으로

111) 김영구(2008), "독도, NLL문제의 실증적 정책분석", 다솜출판사, pp.345~347.
112) 정갑용 외(2004), "독도 영유권에 관한 국제법적 쟁점 연구", 한국해양수산개발원, p.22.

발효되었다.[113] '대한민국과 일본국 간의 어업협정'(Agreement on Fisheries between the Republic of Korea and Japan)이다. 1965년에 체결된 한일어업협정과 혼동을 피하기 위하여 1999년 1월에 발효된 '대한민국과 일본국 간의 어업협정'은 신한일어업협정이라고 한다. 어업협정은 당연히 어업에 관한 내용이어야 마땅하다. 그런데 신한일어업협정 체결 이후 독도에 대한 영유권 훼손문제가 끊임없이 제기되고 있다.

그것은 잠정적으로 설정한 배타적 경제수역과 중간수역 때문에 발생하게 되었다. 그러므로 신한일어업협정의 최대 논란거리는 어업협정 체결로 우리의 독도에 대한 영유권이 훼손되었는가 하는 점이다. 한편에서는 독도의 영유권이 훼손되었다고 주장하고, 다른 한편에서는 어업협정은 어업에 관한 사항만을 다루는 협정으로 영토문제와는 상관없다며, 이에 반박하고 있다. 이렇게 양쪽 주장이 대립하는 것은 어업협정과 중간수역에 대한 성격 규정이 다르기 때문이다. 양측의 주장 중 어느 쪽이 맞는지 정확하게 판단하는 것은 용이하지 않다. 이것은 국가 간 외교문서 내용에 대한 판단기관의 부재문제도 있지만, 국내적 인식과 이해, 해석은 물론 일본이 그것을 어떻게 해석하고 받아들이느냐 하는 문제가 결부되는 미묘한 문제다. 그러므로 한국 내에서의 주장이나 입장정리와 함께 협정 체결 이후 상대국인 일본의 행동도 아주 중요하다.

1999년 1월 신한일어업협정이 발효된 이후 일본은 독도 영유권을 넘보는 행태를 노골화하고 있다. 다케시마 지도 작성 및 국제사회에 광범위한 배포, 인터넷 온라인상이나 지도 등에서의 다케시마/독도 병기, 니혼시도가이(日本土道會) 등 일본 극우단체 회원의 독도 상륙기도, 주한 일본대사의 "독도는 일본 땅"이라는 망언, 주일 한국 대사관 앞에서 다케시마 영유권 주장 시위 등이 대표적인 예라 할 수 있다. 2006년 4월 중순경에는 일본 해상보안청 소속 선박이 독도 주변의 우리 측 배타적 경제수역(EEZ)에서 수로 측량을 추진하다가 한일 간의 차관급 외교 협상에 따라 중단하는 일도 벌어졌다. 일본의 독도 분쟁지역화가 더욱 극심해지고 있는 것이다.[114]

일본의 이러한 일련의 행동이 중간수역 설정에 따라 독도 영유권이 훼손된 것으로 판단한 것인지, 아니면 기존에 일본이 주장해온 독도 영유권 주장의 연장선상에서 취한 행동인지 명확하지 않다. 신한일어업협정 체결 이후 일본의 행태를 보면 독도 영유권이 훼손된 것으로 받아들이는 것처럼 느껴지지만, 한국 정부의 생각이 다를 경우 일본의 행태

---

113) 김영구(2008), "독도, NLL문제의 실증적 정책분석", 다솜출판사, p.161.
114) 독도본부(2006), "신한일어업협정은 왜 폐기되어야 하는가?", 우리영토, p.26.

가 그대로 통용되는 것은 아니기 때문이다. 이행을 강제하는 기관이 부재하므로 외교 문제는 해석과 인식에 따라 동상이몽의 다른 해석이 어느 정도 가능한 것이 현실이다. 심지어는 패전 후 체결한 강화조약도 그 내용 이행이 제대로 되지 않은 일도 있다. 그러나 신한일어업협정은 협상이라는 측면에서 분석해 볼 때 여러 가지 문제점이 노출되었다. 신한일어업협정의 협상 내용을 분석해보면 다음과 같은 문제점이 있음을 알 수 있다.

◆ 협상을 하고 난 후 고유 목적 이외의 부분에서 새로운 형태의 논란이 유발된다는 것은 그 협상이 잘된 것으로 보기 어렵다. 안목을 갖고 일을 제대로 하는 사람은 미래의 발전적인 변화를 수반하도록 해야 한다. 영토주권수호는 어업 분쟁 조정, 어업을 위한 수역확대, 한일관계보다도 더 높은 차원의 사안이다.[115] 독도는 역사적, 지리적, 국제법상 및 실효적 지배상 대한민국의 영토이다. 그런데 1999년 발효된 신한일어업협정상 '독도와 그 영해'가 동 협정상 소위 '협정수역'에 반영되지 못함으로써 그 영토주권 훼손문제가 대두하였다.[116] 이처럼 어업 문제는 영유권에 부수적인 문제인데도 어업협상으로 영유권 논란이 일게 하였다는 것은 크게 잘못되었다. 어업질서 유지라는 부수적인 작은 문제를 해결하려다가 영유권에 대한 논란을 가중시킨 것은 분명히 잘못된 협상이다.

◆ 신한일어업협정은 협상의 주목적인 어업협정을 체결할 때 일본이 도전해온 독도의 영유권문제는 일본으로 하여금 한국 영토라는 것을 인정하도록 하는 것이 가장 좋은 방법이었다. 그것이 어려우면 어업협정의 범위에서 제외하면 된다. 그런데 신한일어업협정은 상책과 중책을 모두 버리고 한국에 부담될 것이 확실한 하책인 중간수역 내에 포함했다.

신한일어업협정에는 '중간수역'이라는 명칭 없이 경도와 위도로 표시되고, 그 안에 포함된 '독도'에는 어떠한 표시도 하지 않았다. 신한일어업협정에서 독도를 한국 영토로 표시 없이 중간수역에 넣은 결과는 ① 독도가 울릉도의 수역에서 분리되어 질적으로 전혀 다른 '중간수역'으로 들어가 버렸고, ② 중간수역 속의 '독도'에 대해 일본은 자기 배타적 경제수역(EEZ) 기점으로 취했는데 한국은 자기 배타적 경제수역(EEZ) 기점으로 취하지 않았으며, ③ 불필요한 중간수역을 만들어 그 좌변을 울릉도와 독도 사이의 선에 합의한 결과 그것이 일본의 배타적 경제수역 주장선을 한국이 수용 반영한 것이 아닌가 하는 국제사회의 오해의 소지를 만들었고, ④ 중간수역에 들어가 있는 독도에 대해 아무런 한국 영유의 표시도 하지 않아, 일본은 '독도'와 그 영해를 일본 영토·영해라고 주장 해석하고

---

115) 독도본부(2006), "신한일어업협정 폐기와 금반언 효과에 대하여", 우리영토, p.63.
116) 독도본부(2006), "무시(무대응) 독도를 넘겨주는 가장 손쉬운 방법", 우리영토, p.83.

한국은 변함없는 한국 영토·영해라고 설명하고 있으며, ⑤ 중간수역에 대해 명칭과 성격 합의도 없이 경도와 위도로만 표시한 후 한국 외무부는 국민에게 중간수역은 공해(公海)적 성격을 가진 수역이라고 설명하고 있는데, 일본 정부는 '잠정조치 수역', '한일 공동관리 수역'이라고 설명하고 있는 것이다. 그리하여 신한일어업협정은 한국의 독도 영유권을 빼앗기지는 않았지만, 훼손당한 위치에 떨어지게 한 실책을 범하였다고 관찰된다.[117]

중간수역은 양국 어민들에게 각각 조업할 수 있는 어장의 폭을 넓혀 주기 위한 것으로 의무적으로 만들어야 하는 사항은 아니었다. 만약 독도 영유권 훼손문제가 대두하지 않으면 중간수역은 크게 문제가 되지 않을 수도 있다. 그렇지만 한국이 실효지배를 하고 있는데도 독도를 인정받지 않고 중간수역 범위에 포함시켰으면서 영유권과 중간수역의 문제는 별개라고 하는 한국 정부의 해석은 잘못된 것이다. 일본이 독도의 영해 12해리가 중간수역에 포함된 것으로 해석한다면 당연히 그렇게 되는 것이다. 그러므로 독도를 한국 영토로 인정하게 하지 못하더라도 중간수역에 포함시키지 않으면 당연히 논란거리가 없어질 텐데도 그렇게 만들었다. 결국 불필요한 문제를 한국 정부 스스로 만들었다. 일본은 그러한 문제를 피해 가기 위해 중국 및 대만과 다투고 있는 센카쿠(소각)열도를 일중어업협정에서 중간수역에 넣지 않았다.[118] 논란의 소지를 스스로 만들어 놓고 한국에 유리한 협상이었다고 설명하거나 잘못이 없다고 주장하는 것은 당시 김대중 정부의 억지에 불과하다.

◆ 신한일어업협정 15조는 법의 명료성의 원칙을 벗어나 자의적 해석이 가능하다. 신한일어업협정 제15조는 '이 협정의 어떠한 규정도 어업에 관한 사항 외의 국제법상 문제에 관한 각 체약국의 입장을 해하는 것으로 간주되어서는 아니 된다'고 규정하고 있다. 협정 제15조는 분쟁해결에서 협상과 합의의 기법으로 사용되는 이른바 분리조항(分離條項, disclaimer clause)이라고 말할 수 있다. 타협되거나 양보할 수 없는 중요하고 예민한 문제와 기술적 타협이 가능한 문제를 일단 분리하여 후자에 관한 합의를 도출하기 위해 이러한 분리조항을 사용한다.[119] 본래 신한일어업협정이 독도 영유권문제와 무관하다는 점을 포함해서 한일 간의 주요 국제법상 쟁점에 대한 한국의 기존 입장에 영향이 없음을 강조하기 위한 조항으로 고안된 것이었다.[120] 그런데 이 조항 때문에 신한일어업협정과 중간수역의 성격 등에 대한 해석에 문제가 발생한다.

117) 신용하(2002), "독도 영유권에 대한 일본주장 비판", 서울대학교출판부, pp.254~255.

118) "독도연구보전활동"(2004), 독도연구보전협회, p.99.

119) 김영구(2006), "독도 영토 주권의 위기", 다솜출판사. p.91.

120) 독도본부(2007), "어업협정 폐기해도 그대로 남는 독도에 대한 일본의 권리문제", 우리영토, p.57.

법률은 유추해석[121]과 확장해석[122] 등 여러 가지 해석이 가능하다. 법조문이 모두 명명백백할 수는 없다 하더라도 명료성의 원칙은 어느 분야에나 통용되는 일반적인 것이다. 법률에서 문구와 용어는 이해하기 쉽도록 간단하고 명료하게 표시되어야 한다는 명료성의 원칙(principle of clearity)은 문구 그대로 해석하도록 비엔나협약[123]에서도 규정하고 있다. 만일 신한일어업협정 제15조가 현재와 같은 모호한 형태가 아닌 어업에 관한 문제로 국한한다는 정도의 표현만 담았어도 영토문제는 별개가 되므로 독도의 영유권 훼손문제는 거의 발생하지 않았을 것이다. 그런데 명료하지 않아 해석에 따라 그 의미가 달라질 수 있기 때문에 법의 기본원칙인 명료성의 원칙을 위반하고 있다.

한국 정부는 배타적 경제수역의 경계획정이 미결된 상태에서 우선 잠정적인 어업체제를 수립하기 위하여 체결된 것이므로 독도의 영유권문제와는 무관하다. 또한 이 협정은 영해 이원의 배타적 경제수역만을 대상으로 하므로 독도가 동해 중간수역 안에 위치하고 있다 하더라도 독도와 그 영해는 중간수역에서 제외되므로 그 지위에는 아무런 영향을 받지 아니한다고[124] 주장한다. 한국 정부의 입장에서는 그렇게 주장할 수 있다. 협정문에서 어업 외의 각 체약국의 입장을 해하는 것으로 간주되어서는 아니 된다고 규정하고 있기 때문이다. 반대로 일본이 제15조에 의해 독도해역을 공동이용 및 관리수역으로 해석한다면 그 또한 해하는 것으로 간주되어서는 아니 되므로 그렇게 해석이 가능해진다.

그러므로 분리조항의 내용이 애초 의도와는 달리 잘못 규정되어 결과적으로 어업협정과 한국의 독도 영유권문제 양자를 분리하기는커녕 오히려 독도(다케시마) 영유권 주장을 한국의 독도 영유권 주장과 등가의 가치 수준으로 승격시키는 중대한 잘못을 저질렀다. 그 이유는 '이 협정의 어떠한 규정도 어업에 관한 사항 외의 국제법상 문제, 특히 다케시마(독도) 영유권문제에 관한 일본의 입장을 해하는 것으로 간주되어서는 안 된다'는 법률적 주장(영구적 청구)이 가능하게 되었고, 아울러 이 같은 법률적 주장과 해석론이 신한일어업협정이라는 국제협정에 의해 한국의 그것과 동등한 가치를 갖는 것으로 '법적 보장'을 받았기 때문이다. 따라서 이 조항은 독도 영유권에 대한 '분쟁 존재'를 묵인 또는 간접

---

121) 유추해석(analogical interpretation, 類推解釋)은 법의 해석방법의 하나로서 어떤 사항에 대하여 직접 규정한 법 규정이 없을 때 그와 비슷한 사항에 대하여 규정한 조항을 적용하여 해석하는 방법이다.

122) 확장해석(擴張解釋)은 법규의 자구(字句)의 의미를 그 입법취지에 비추어 보통의 일반적인 의미보다 넓게 해석하는 일이다.

123) 조약법에 관한 비엔나협약(Vienna Convention on the Law of Treaties)은 1969년 5월 22일 오스트리아의 빈에서 채택된 조약법에 관한 국제협약이다. 조약이란 명칭 여하를 불문하고 국제법 주체들이 법적 구속력을 받도록 체결한 국제법의 규율을 받는 국제협정이다. 1969년 조약법에 관한 비엔나협약에 따르면 조약이란 단일의 문서에 또는 둘 또는 그 이상의 관련 문서에 구현되고 있는가에 관계없이 또한 그 특정의 명칭에 관계없이, 서면 형식으로 국가 간에 체결되며, 또한 국제법에 의하여 규율되는 국제적 합의를 정의한다.

124) 박찬호 · 이석용(2006), "독도 영유권과 신한일어업협정", 한국해양수산개발원, pp.78~79.

규정한 조항이라고 할 수 있다[125])는 것이 제성호 중앙대학교 법대 교수의 지적이다.

나홍주 전 독도조사연구학회 회장은 '신한일어업협정 폐기와 금반언 원칙 무효화 방안에 대한 대책 연구'에서 신한일어업협정은 조약법에 관한 비엔나협약 제31조에 따라 해석한다면 독도의 '육지'는 물바다(수역)가 되고 있고, 그 영해는 '공동이용 및 관리 수역'이 되어 있는 것을 부정하기 어렵다.[126] 어업협정은 국제법적 효력을 가지므로 그 조문을 구성하는 문구는 명료성의 원칙에 따라 간결하고 명확하게 표현되어야 함에도 불구하고 해석 여지와 책임을 회피하려는 공무원의 관행에 젖은 태도가 결국 문구 조절과정에서 문제를 만든 것으로 보인다. 제1조에서 이 협정은 다음에 "어업에 국한된 또는 관한" 배타적 경제수역이라는 문구로 어휘 두 개만 삽입하든지 아니면, 제15조에서 "어업에 관한 사항에만 적용된다"고 간략하게 표현했어도 오늘날과 같은 논란은 없었을 것이다. 우리는 어업협정을 체결했다는 주장이나 제목에 '어업협정'이라는 문구가 들어가 있는 것과 협정문의 내용 조문 속에 특정한 용어가 표기되는 것은 판단기준 측면에서 현저한 차이가 난다.

◆ 어업협정이 아닌 사실상 배타적 경계수역 경계획정 논란, 외교관계의 기본 소양이 되는 어휘선택과 표현, 문구 조정에 문제가 있다. 신한일어업협정 제1조 "이 협정은 대한민국의 배타적 경제수역과 일본국의 배타적 경계수역(이하 '협정수역'이라 한다)에 적용된다"고 명문 규정을 두고 있다. 제2조 각 체약국은 호혜의 원칙에 따라 이 협정 및 자국의 관계 법령에 따라 자국의 배타적 경제수역에서 타방 체약국 국민과 어선이 어획하는 것을 허가한다. 제3조 1. 각 체약국은 자국의 배타적 경제수역에서의 타방 체약국 국민과 어선의 어획이 인정되는 어종·어획할당량·조업구역 및 기타 조업에 관한 구체적인 조건을 매년 결정하고 이 결정을 타방 체약국에 서면으로 통보한다.(이하 생략)<부속서 I >1. 양 체약국은 배타적 경제수역의 조속한 경계획정을 위하여 성의를 가지고 계속 교섭한다.[127]

이처럼 신한일어업협정에서 설정하고 있는 배타적 경제수역은 잠정적인 것이며, 추후 배타적 경제수역의 조속한 경계획정을 위해 노력한다고 명시되어 있음에도 어업협정 체결이 아닌 사실상의 배타적 경제수역 경계획정이라는 논란이 이는 것은 제1조부터 시작

---

125) 독도본부(2007), "어업협정 폐기해도 그대로 남는 독도에 대한 일본의 권리문제", 우리영토, pp.14~16.

126) 독도본부(2006), "신한일어업협정 폐기와 금반언 효과에 대하여", 우리영토, pp.56~57.

127) 이석용·박찬호(2007), "제3국학자의 독도관련 입장 분석", 한국해양수산개발원, pp.79~89.

하여 대부분의 조문이 배타적 경제수역 설정에 관한 내용이고 어업에 관한 것은 일부 내용에 지나지 않기 때문이다. 신한일어업협정의 성격을 두고 정부 측에선 신한일어업협정의 명칭과 전문 및 제15조의 규정을 들어 어업에 관한 사항만을 다룬 협정이라고 한다. 그러므로 영토문제인 독도 영유권문제와는 하등 관계가 없다는 주장이다. 하지만 신한일어업협정은 순전히 어업에 관한 사항만을 다루고 있는 것이 아니라고 해석할 수 있다.

그 이유는 첫째는 협정 제1조에서는 신한일어업협정의 대상 수역을 한일 양국의 배타적 경제수역(exclusive economic zone)이라 규정하고 있다. 이는 1965년 한일어업협정에서 규정하고 있는 '어업에 관하여 배타적 관할권을 행사하는 수역'(어업에 관한 수역), 즉 어업전관수역이나 배타적 어업수역이라 한 것과는 다르다. 둘째는 협정 제7조와 부속서 Ⅱ에서는 동남부 중간수역을 제외한 자국 측의 협정수역을 배타적 어업수역이나 어업전관수역이라 하지 않고 배타적 경제수역법의 적용을 받는 배타적 경제수역으로 간주한다고 규정하고 있다. 셋째는 경계를 획정하지 못한 동해 중간수역(2항)과 제주도 남부 중간수역(3항)과 관련된 규정이 있는 부속서 Ⅰ에는 '양 체약국의 배타적 경제수역의 조속한 경계획정을 위하여 성의를 가지고 계속 교섭한다'(제1항)는 규정도 함께 있다. 이 규정은 배타적 경제수역의 경계를 획정하지 못한 중간수역을 염두에 둔 규정으로 해석되며, 어업협정보다는 오히려 배타적 경제수역 경계획정을 위한 잠정약정에나 규정될 수 있는 내용이라 하겠다. 넷째는 현재의 실무상 신한일어업협정상 중간수역을 제외한 자국 측 협정수역(배타적 경제수역)에서는 양 당사국의 '배타적 경제수역법' 및 '배타적 경제수역관련법'이 적용되고 있다.

이렇게 볼 때, 신한일어업협정은 실제로는 한일 배타적 경제수역 경계협정이 체결될 때까지 잠정적으로 한일 양국의 배타적 경제수역법 및 관련법이 어느 수역범위까지 적용되는가 하는 적용 수역 범위와 한계를 나타내는 협정의 성격도 갖고 있다고 해석할 수 있다. 또한 배제조항이라고 하는 제15조에 의해 이처럼 해석하더라도 주장 당사국의 입장을 해하는 것으로 간주되지 않는다. 따라서 신한일어업협정은 단순히 어업에 관한 사항만을 다루는 것이라 보기는 어렵다.[128]

사람이 사용하는 언어는 잘 정리되면 심금을 울리기도 하고 역사적 근원을 가질 때면 수 천 년을 갈 수도 있으며, 두고두고 회자되기도 한다. 그러므로 외교문서의 언어 표현은 일반인들과는 달리 어감까지 고려할 필요가 있다. 특히 조약이나 협정을 체결할 때는 결

---

128) 독도역사찾기운동본부(2003), "독도 영유권 위기 연구", 백산서당, pp.15~17.

과 발표에 앞서 반드시 발표문에 대한 사전 조절이나 조율을 하는 것이 관행으로 굳어져 있다. 특히 협정문은 경우에 따라 국가 간의 교역 전반에 영향을 미칠 수 있는 사안으로 작용할 수도 있다. 그런데 한국 외교의 무능력함과 실력이 부족함은 어제오늘의 일이 아니다. 하나의 협정문이나 몇 자의 오류 문제가 아닌 전반적인 협정문에서 적게는 수십 곳 많게는 수백 곳에서 관행적인 오류가 있는 것으로 드러났다. 2011년 자유무역협정(FTA, free trade agreement) 국회 비준 동의한 처리 과정에서 문제 된 한국과 유럽연합(EU) 자유무역협정(FTA)의 번역 오류는 모두 207건이[129]었으며, 한국과 미국 자유무역협정(FTA)을 비롯한 다른 협정문에도 오류가 있는 것으로 나타나 책임론까지 대두한 번역 오류 소동이 이를 입증한다.

용어의 선택과 어감 및 뜻의 미묘한 차이를 나타내는 과정을 역대 문화방송(MBC) 뉴스데스크의 일본왕실 보도를 통해 나타난 내용을 중심으로 살펴보면 다음과 같다. 일본의 과거 한국 강점에 대한 사과의 변천 과정을 살펴보면 유감, 반성, 사과 등 비교적 직접적인 표현과 고통을 안겨준 시대가 있었다는 등의 간접적인 여러 가지 어휘가 등장한다. 1965년 국교 수립 후 1980년대까지 일본의 공식표현은 가해자와 피해자를 구별하지 않고 단지 '유감'이라는 표현이 주류를 이루었다.

1984년 전두환 대통령과의 만찬에서도 히로히토 천황은 한국의 식민지배에 대해 '유감'이라 표현한 것 외에는 직접적인 사과는 하지 않았다. 그러던 것이 1990년 노태우 대통령의 방일 때 아키히토 일왕은 가해자가 일본임을 처음으로 인정했으며, 1992년 1월 16일 미야자와 총리가 방한 '다시 한 번 귀국 국민께 반성과 사과의 말씀을 드리고자 한다'는 좀 더 구체적인 사과표현을 했다. 1994년 3월 24일에는 일본 궁성에서 김영삼 대통령 내외를 위한 만찬 진행 장소에서 아키히토 일왕은 '깊은 반성'이라는 표현으로 한일 과거사에 분명한 사죄의 뜻을 표명한 바 있으며, 1998년 10월 7일 김대중 대통령이 일본을 국빈 방문했을 때에도 아키히토 국왕은 만찬에서 '일본이 한국에 큰 고통을 안겨준 시대가 있었다. 역사적으로 한국은 일본의 문화양산에 지대한 공헌을 했다'고 발언한 것으로 나타났다.

위의 내용은 일본 총리와 왕가의 사과표현을 중심으로 구성한 것이지만, 이들 내용을 정리하면 일본이 한국의 과거 강점에 대한 사과의 수준을 유감에서 진정한 사과의 의미가 어느 정도 담긴 표현을 하기까지 50년이라는 세월이 걸렸다. 진정한 사과라면 행동이

---

129) YTN 2011. 4. 4.

수반되는 것이 마땅하다. 1970년 겨울, 폴란드를 방문한 독일의 빌리 브란트 총리는 비가 내리는 가운데 바르샤바 케토 희생자 추모비에 헌화하기 위해 무릎을 꿇은 것과 너무나 대조적이다.

일반적인 외교용어로 사용되는 사과의 우리말 표현에는 5가지가 있다. 마음에 둠, 잊지 않고 새겨 둔다는 의미의 유의(留意), 마음에 남아 있는 섭섭한 느낌이나 언짢은 마음을 뜻하는 유감(遺憾), 자기의 언행이나 생각 따위의 잘잘못이나 옳고 그름을 깨닫기 위해 자신을 스스로 돌이켜 살핀다는 뜻인 반성(反省), 잘못에 대해 용서를 빈다는 뜻인 사과(謝過,), 자신이 지은 죄에 대해 용서를 빈다는 뜻의 사죄(謝罪) 등이 있다. 이 가운데 주로 사용되는 것은 유감이고 반성이나 사과, 사죄는 잘 사용되지 않는다. 그리고 개인 간, 특히 손아랫사람이 손윗사람에 대해 잘못을 저질렀을 때는 '죄송하다'와 '용서'라는 단어도 널리 사용되고 있다. 친구나 동료 간에 쓰이는 '미안하다'는 말도 있지만, 이들 말들은 제각기 의미와 어감이 달라 사용하는 문장이나 내용에 따라 느낌에 많은 차이를 보인다. 이렇게 같은 사과를 하더라도 어떠한 용어를 선택하느냐에 따라 우리 측의 입장은 물론 상대방의 행동변화까지 불러올 수 있게 된다.

어휘의 선택과 표현의 중요성에 대해 신한일어업협정에서도 다시 한 번 깨닫게 해주는 대목이 있는데 제15조가 바로 그것이다. 만일 한국의 입장을 반영하기 위해 고안된 것이라면 더욱 신중하게 선택해 도움이 되도록 했어야 마땅하다. 현상의 발표문에서 언어 선택은 그 협상 결과를 전혀 달라지게 만들어 놓을 수도 있으므로 신중에 신중을 기해야 한다. 일반적으로 어업협정은 고기잡이에만 관련되고 영토문제와는 관련이 없다. 그런데 1999년의 신한일어업협정은 제1조에서 '이 협정은 대한민국의 배타적 경제수역(EEZ)과 일본국의 배타적 경제수역(이하 협정수역이라 한다)에 적용한다'고 규정하여 배타적 경제수역과 그를 통한 영토문제에 영향을 끼치게 하여 놓은 실책을 범하였다. 신한일어업협정을 고기잡이만이 아니라 먼저 배타적 경제수역에 적용하도록 해 놓고, 배타적 경제수역의 기점·기선 문제를 통해 영토문제에 관련되도록 만들어 놓았기 때문에 문제가 있으며, 협정 관계자들은 자기의 실책을 호도하기 위해 고기잡이에만 국한했다고 거짓 설명을 하고 있는 것이다.[130)]

종합적으로 볼 때 신한일어업협정의 법적 성격은, 구체적인 어업에 관한 합의는 합의의정서와 양국 간의 교환각서에서 대체적인 것을 정한 것 이외에 이 협약의 본문 중에 합

---

130) 신용하(2002), "독도 영유권에 대한 일본주장 비판", 서울대학교출판부, pp.252 ~253.

의된 것은 없다. 오히려 이 조약은 제7조~제9조를 중심적 조항으로 삼아, 배타적 경제수역 경계와 잠정적 합의수역의 지리적 범위를 규정하고 있으므로 '어업에 관한 협정'이라기보다는 '관할권에 관한 협정'이라고 보아야 한다. 즉 다시 말해서 이 협정은 200해리 배타적 경제수역에 관련된, '해양관할권에 관한 합의'이다. 그리고 독도를 포함한 해역에서 해양 관할권 합의는 필연적으로 독도에 관한 한국의 배타적 영토 주권에 연관될 수밖에 없다는 것이 김영구 교수의 주장이다.[131]

◆ 중간수역을 설정할 때 독도의 동변을 기점으로 선택하지 않아 정부 스스로 독도의 섬 지위에 대한 포기 의혹과 해석의 논란을 가중시켰다. 신한일어업협정은 그 교섭 과정에서 이미 논란을 불러일으켰지만, 체결과 발효를 계기로 특히 한국 사회에서 격론을 불러일으켰다. 그 격론의 초점은 독도에 맞춰졌다.[132] 유엔해양법협약에서 암석과 섬으로 구분하는 기준 중 암석은 '민간 거주 또는 독자적인 경제생활을 지속할 수 없는 것'으로 정의하고 있다. 섬이면 배타적 경제수역의 기점이 되지만, 암석이면 해당하지 않는다. 독도는 일반적으로 암석으로 인식돼 왔다. 그런데 최근 과학과 기술의 발달로 인간 거주환경이 확장되어 1982년부터 독도에 주민등록을 하고 1가구가 거주하고 있다.

이것으로 독도를 섬이라고 단정하기는 어렵지만, 한국 정부가 마음만 먹으면 민간 거주 또는 독자적인 경제생활이 가능하도록 섬의 지위를 부여하는 것은 불가능한 일이 아니다. 그러므로 학계에서도 독도가 섬이냐 아니냐를 두고 논란이 있다. 일반적으로 국가 간의 조약이나 국제법원의 판례에 의하면 섬의 지위를 갖는 것이라고 하더라도 해안에서 멀리 떨어져 있는 섬으로 영유권 분쟁이 있는 섬들도 대부분 그 섬의 영유권문제와 관계없이 영해를 가질 수는 있으나, 경제수역이나 대륙붕은 가지지 못하며 경계획정을 할 때 아무런 효과도 가지지 못하는 것으로 되어 왔다.[133]

신한일어업협정에서 양국 간의 잠정적인 합의수역인 이른바 중간수역이 지금과 같은 모양으로 획정(劃定)되어 합의될 수 있었던 것은, 이 어업협정의 양 당사국인 한국과 일본이 '똑같이' 독도로부터 35해리 배타적 관할범위에 관한 주장을 포기하는 것을 전제로 한 기하학적 조건을 기초로 해서만 가능했던 것이다.[134] 울릉도와 독도 중간선을 배타적 경제수역(EEZ) 기점으로 삼자는 일본의 주장은 독도가 일본의 영토라는 전제하에 출발한 것

131) 김영구(2006), "독도 영토 주권의 위기", 다솜출판사, p.90.
132) 김학준(2003), "독도는 우리 땅", 도서출판 해맞이, pp.216~217.
133) 김병렬(2001), "독도논쟁", 다다미디어, pp.69~73.
134) 김영구(2006), "독도 영토 주권의 위기", 다솜출판사, p.59.

으로서 국제법적으로 우리가 받아들일 수 없다.[135] 한국 정부는 독도를 무인·불모의 고도로서 '인간이 거주할 수 없고 독자적으로 경제활동을 유지할 수 없는 암석'이므로 그 자체의 배타적 경제수역을 갖지 못한다고 보기로 한 것이다. 한국의 이러한 입장이 독도 영유권과 관련된 곤란한 문제를 회피하고 일본과의 어업협정 합의를 용이하게 도출시키려는 편의적 고려에서 나왔다는 것은 자명하다.[136]

미국 뉴욕주 변호사인 벤저민 시벳(Benjamin K. Sibbet)은 1998년에 발행된 '독도냐 다케시마냐?: 일본과 한국 간의 영토 분쟁'(원제목 및 출처: 'Tokdo or Takeshima? The Territorial Dispute, -Between Japan And The Republic of Korea-)이라는 논문에서 리앙쿠르(독도, 다케시마)가 1982년 유엔해양법협약 제121조에 규정되어 있는 최대 범위 해양수역을 가질 수 있을 것으로는 보이지 않는다. 이 문제가 명확해지려면, 리앙쿠르가 인간 거주와 경제생활이 가능한 섬인지 아니면 암석인지에 대한 리앙쿠르 영유 국가의 명확한 입장 표명이 있어야 할 것이다. 아직 국제사회가 인간거주 가능성이나 경제생활의 정의에 대해 명확하게 합의를 이루지 못하고 있는 상황에서 명확히 자신의 입장을 밝힌다는 것은 지극히 어려운 것이다.

현재 제121조 3항에 내재하여 있는 애매함을 해소할 어떤 공식적인 기준도 존재하지 않는다. 리앙쿠르의 영유 국가는 섬으로서의 조건을 충족시키기 위해 이루어지는 연안국가로부터 외부지원이 유엔해양법협약상 금지되어 있지 않다고 주장하려고 할 것이다. 유엔해양법협약은 인간의 거주 가능성이나 경제생활에 대한 명확한 정의를 제공하고 있지 못하다. 그 때문에 최종적으로 영토주권을 취득한 국가는 일정한 수준의 경제적 개발행위를 거론하며 리앙쿠르가 어민과 해양경찰의 생활을 지탱해주었다고 주장하려 할 것이다. 그럼에도 불구하고 리앙쿠르가 제121조에 규정된 행정관할권을 창출할 수 있다는 한국의 주장을 입증하기란 실로 어려울 것이라고 주장했다.[137]

유엔해양법상 애매함이 있고 행정관할권을 창출할 수 있다는 주장을 입증하기 어렵더라도 최대한 노력은 해 보아야 한다. 독도는 서도와 동도 외에 89개의 부속도서로 구성된 187,554㎡나 되는 넓은 면적의 섬으로, 엄청난 수산자원은 물론 전략적 요충지로서 그 가치는 돈으로 환산할 수 없을 정도다. 독도가 엄연한 우리 영토임에도 그동안 정부는 그

135) 독도본부(2006), "신한일어업협정 폐기와 금반언 효과에 대하여", 우리영토, p.19.
136) 독도역사찾기운동본부(2003), "독도 영유권 위기 연구", 백산서당, p.105.
137) 김병준(2005), "독도논문번역선Ⅱ", 동북아의 평화를 위한 바른역사정립기획단, pp.259~261.

보존 및 방어대책에 미온적이었다.

그렇지만 일본은 동경만 남쪽 1,700㎞ 태평양상에 있는 하나의 바윗덩어리에 불과한 오키노도리섬(沖ノ鳥島)을 영토화하기 위해 1989년부터 무려 285억 엔이란 막대한 예산을 투입해 인공섬을 축조, 그 주위에 12마일 선을 획정했다. 이에 따라 대마도보다 넓은 영해 확장은 물론 이에 덧붙여 일본 전체 영토에 필적하는 40만㎢의 경제수역을 확보함으로써 귀중한 해양자원을 독차지하게 되었다. 오키노도리는 원래 만조(밀물) 때는 북쪽의 북로암(1.5평 정도의 넓이)과 동쪽으로 동로암(0.5평 정도)이란 두 개의 암초만이 불과 70㎝ 정도 나타나는 작은 바윗덩어리에 지나지 않았다. 그런데 일본은 이 두 개의 바위를 중심으로 직경 50㎝의 원형으로 된 철제 방파제 블록 9,900개를 만조 때보다 20배나 높게 올려 쌓아 그 안을 모두 콘크리트로 물이 못 들어오게 막았다. 블록 한 개의 무게가 3.5톤이고, 사용된 콘크리트만 6,200톤이나 소비됐다. 이 대역사의 해양 토목공사로 인공 섬이 된 오키노도리섬에 대해 일본 정부는 해저에 매장된 망간, 철 등 광물자원과 엄청난 경제수역 내의 수산자원을 계산한다면, 미국이 알래스카주를 매입한 이상의 효과가 있을 것으로 호언장담하면서 어깨를 으스대고 있다.[138] 일본이 오키노도리섬에 대해 쏟는 정성에 비교하면 한국 정부의 독도에 대한 행동은 너무 보잘것없다고 하겠다.

아직 독도가 섬인지 암석인지 결론이 나지 않았지만, 세계 각국이 해양영토 확보를 위해 독도의 수십 분의 일에 해당하는 암석도 배타적 경제수역을 주장하기 위해 노력을 기울이는 점을 고려하면 신한일어업협정이 잠정적인 것이고 추후 본 협상이 남아 있다고 하더라도 독도 동변을 배타적 경제수역의 기점으로 선택하지 않은 한국 정부의 태도는 이해하기 어렵다. 협상 전략이라는 관점에서 볼 때 양보는 합의 도출을 쉽게 하거나 새로운 이익과 교환될 수 있는 성격을 가지므로 지극히 중요한데도 스스로 다음 협상에 걸림돌이 되게 한 셈이 되었다.

◆ 협상은 문제의 해소라는 명분과 적절한 실리가 있어야 한다. 그런데 신한일어업협정은 명분도 실리도 없고 새로운 분쟁의 불씨만 만들었다. 신한일어업협정 체결 당시부터 한국 정부의 주장은 일본수역에서 더 많은 고기를 잡을 수 있도록 배정되었으므로 한국 측에 유리한 협상이라는 입장을 고수했다. 헌법재판소에 제시한 의견에서도 정부는 신한일어업협정으로 인하여 어민들이 조업하던 조건의 어장 일부가 축소된 것은 사실이나, 이는 국제연합해양법협약 하에서 연안국의 권리가 강화됨에 따른 불가피한 상황이므로 이

138) 독도역사찾기운동본부(2003), "독도 영유권 위기 연구", 백산서당, pp.217~218.

협정을 1965년 구 한일어업협정과 단순히 비교 평가하는 것은 부당하고, 이 협정이 체결되지 아니하였을 경우와 비교 평가하는 것이 타당하다. 그런데 무협정 상태 하에서라면 중간선 일원의 일본 측 배타적 경제수역에서는 우리 어선이 모두 철수하여야 하였을 것이나, 이 협정 발효 후 첫해에 15만 톤의 어획량을 확보하여 일본수역에서 우리 어민이 지속적으로 조업할 수 있도록 하는 등의 조치를 취하였는바 이는 과거 1994년에서 1996년까지 연평균어획량 21만 톤과 대비하여 볼 때 감소한 어획량은 6만 톤 정도로 우리나라 전체 수산물 생산량 약 2% 정도의 양[139]이라고 밝혔다.

1999년에서 2001년까지 3년 동안 한국이 일본보다 좀 더 많은 어획량을 배정받은 것은 사실이지만, 실제 조업에서는 배정양의 32% 이하 밖에 어획이 이루어지지 않아 어획량 배정 자체가 전혀 의미가 없고 오히려 국민을 기만한 측면이 있는데다, 2002년 이후에는 어족자원 보호를 위해 같은 양을 어획하도록 조정하고 있으므로 만일 대화퇴어장 등 일본 측 해역이 중간수역에 조금 많이 포함되었다고 하더라도 큰 의미가 없다. 배타적 경제수역 설정에 따라 어쩔 수 없이 어업협정을 체결했다고는 하지만, 중간수역을 벗어난 지역의 일본 측 배타적 경제수역에 대한 한국 어선의 접근이 봉쇄되어 일본 측은 그 지역에서 조업을 보충할 수 있어 손해 볼 것이 없다. 그러나 한국 측은 조업 해역이 줄어들어 어선 감척과 어획량 감소에 대한 어민 보상을 시행한 바 있다. 그리고 한일 간에는 아직도 여전히 배타적 경제수역 침범을 둘러싸고 어선 나포와 신경전이 벌어지고 있다. 결국 한국의 입장에서 볼 때 명분도 실리도 아무것도 없고 독도 영유권 훼손 논란과 분쟁 불씨만 만들었다.

◆ 협상의 전략과 전술은 물론 이론에 밀렸다. 협상을 성공적으로 이끌기 위해서는 사전에 치밀한 준비와 협상 과정 및 방법에 대한 연구, 실무 협상 진행과정에서의 상황 진행에 따른 탁월한 정세판단 능력과 빈틈없는 대응 그리고 정확히 우리가 취할 점은 무엇이고 상대국에게 내어 줄 것은 무엇인지 그 범위를 명확히 파악해 상대국에게 내어주는 것도 양보하거나 내어 주는 것인 줄 알고 내어 주어야 한다. 그래야 협상이 끝나 논란에 휘말렸을 때 충분히 설명하고 국민을 납득시킬 수 있게 된다.

한국 정부는 1996년 1월 '유엔 신해양법'을 채택하여 200해리 배타적 경제수역(EEZ)을 선포하겠다고 발표하였다. 일본이 제의한 대로 '영유권 문제와 어업문제를 별개로 분리하여 해결하자.' 1996년 2월 일본의 배타적 경제수역(EEZ)은 '타케시마(竹島)로부터 기점 할

139) 박찬호 · 이석용(2006), "독도 영유권과 신한일어업협정", 한국해양수산개발원, pp.78~79.

것이다'라는 일본 측 주장에 대해 김영삼 대통령이 일본의 독도에 대한 망언은 "버르장머리를 가르쳐 놓아야 한다"[140]고 말하는 등 한국 정부 수뇌는 1996년 전반기에는 독도를 일본 영토라고 주장하는 일본에 단호하게 대응하였다. 그러나 그 후 한국의 배타적 경제수역(EEZ)의 기점을 잡는 문제에 대해 한국 정부는 1997년 7월 말경에 '울릉도'를 한국 배타적 경제수역(EEZ)의 기점으로 취한다고 발표하고 양국 배타적 경제수역 구획선을 한국 울릉도와 일본 오키섬(隱岐島)의 중간선을 제의하였다. 일본 정부는 이미 1996년 5월에 한국 영토인 '독도'를 일본 배타적 경제수역(EEZ)의 기점으로 취한다고 발표했는데 반해, 한국 외무부는 그 1년 2개월 후 한국 배타적 경제수역(EEZ)의 기점을 '독도'가 아닌 '울릉도'로 취했던 것이다. 국민과 학계는 이에 경악하였고, 한국 외무부에 대한 불신이 팽배하기 시작하였다.[141]

우리 정부가 스스로 유엔해양법협약에 따라 무인도인 독도를 제외하고 울릉도와 오키섬의 중간선에서 배타적 경제수역(EEZ)을 확정하자는 잠정안을 제시한 것은 도저히 납득이 가지 않는다. 아무리 상황이 어려워도 독도 문제는 영유권 및 역사 왜곡을 바로 잡는 주권문제이자 동시에 역사를 다루는 근본적인 문제이기에 향후 근시안적인 일 처리라는 비판을 면할 수 없다.[142] 중간수역은 우리의 독도에 대한 계속적·평화적 지배에 악영향을 끼쳤다. 또한 협정상 독도가 어떠한 배타적 지위도 인정받지 못했음은 독도에 대한 우리의 실제적이고도 충분한 지배를 훼손케 하였다. 이를 볼 때 신한일어업협정의 체결이 우리의 실효적 지배에 부정적인 영향을 끼쳤음을 부인할 수 없다[143]는 것이 이장희 교수의 주장이다.

원래 협상은 상호 이해 교환이다. 신한일어업협정에서도 협상과정을 통해 양측의 의견에 대해 상당한 조율이 이루어졌다. 한국 정부는 일본 측이 한국 측에 더 많은 해역에서 조업하도록 양보한 점은 뚜렷하고 이를 근거로 협상이 잘된 것이라는 주장을 하지만, 한국 측이 일본 측에 내어준 것은 독도가 중간수역에 포함되도록 한 것으로 볼 수 있는데, 그것을 한국 정부에서 부정함으로써 무엇을 일본 측에 내주었는지 잘 드러나지 않는다. 물론 양측이 의견을 조율하면서 협상내용 중 일부를 일본 측에 양보한 것으로 언급할 가능성이 크다. 그렇게 본다면 일본 측이 불리한 협상을 한 것이 된다. 그런데 한국 측의 입

---

140) 김영구(2008), "독도, NLL문제의 실증적 정책분석", 다솜출판사, pp.449~450.

141) 신용하(2005), "한국과 일본의 독도 영유권 논쟁", 한양대학교출판부, pp.18~19.

142) 독도본부(2006), "국민을 속이고 독도 넘기려는 흉계: 외교부 해수부 어업협정 발표문 평석", 우리영토, p.15.

143) 독도본부(2006), "신한일어업협정 폐기와 금반언 효과에 대하여", 우리영토, p.21.

장에서는 여전히 과거부터 고기를 잡아오던 지역을 협상을 통해 설정된 중간수역에서 고기 잡는 것 외에 달라진 것이 별로 없는데, 일본 측은 순시선이 언제든지 독도해역에 드나들고 독도해역에 대한 해양조사까지 관여한다. 이는 한국과 일본 양국 간 신한일어업협정 결과에 대한 이해와 해석의 방법이 다르기 때문이다.

한국은 주로 김대중 정부 관계자와 지지자들만 어업협상을 잘했다고 생각하는 반면, 일본은 어업협상뿐만 아니라 독도지역에 대한 영유권과 주변해역에 대한 관리 부분까지 포함되었다고 생각하는 차이에서 비롯된다. 한국 측에서 조업지역을 기준으로 생각할 때 한국 측이 협상을 유리하게 한 것으로 생각하지만, 일본의 입장에서는 그동안 독도에 대한 국내법적 근거를 마련하고 한국과 대등한 관계를 유지할 수 있는 오랜 숙원을 해결하는 쾌거를 이룬 협상이 되므로 잃은 것은 아무것도 없고 얻은 것만 있는 아주 유리한 협상을 한 결과가 되는 것이다. 결국 한국이 양보했다고 생각지 않는 것을 일본은 취했다고 생각하는 것은 역으로 해석하면 한국은 무엇을 내어 주고 양보하는지도 모르고 내어 준 결과가 되므로 이론에서 크게 밀렸다는 것이 더욱 확실해진다.

이러한 상황에 대해 독도 문제 전문가 중 한 사람으로 귀화 한국인인 호사카 유지(保坂祐二, Hosaka Yuji) 교수는 지난 1998년 11월에 체결한 신한일어업협정 당시에도 한국 정부가 일본의 논리에 밀렸던 만큼, 지금도 일본의 논리를 극복할 수 없다면 협정을 다시 체결한다고 해도 결과는 똑같을 수 있다[144]고 지적한 바 있다. 신한일어업협정 개정 필요성을 주장하는 상당수 국내 다른 전문가들의 생각도 호사카 유지 교수와 비슷하다.

◆ 협상 상대국의 의도와 핵심을 정확하게 파악하지 못했다. 일본은 1996년 총선거에서 자민당이 '독도(죽도) 침탈'을 '탈환' 공약의 하나로 내세웠으며, 1997년도 '외교백서'에서 일본외교의 10대 지침의 하나로 '독도 침탈(소위 탈환)'을 설정하였다.[145] 김영삼 정부 시절 신한일어업협정의 교섭 당시만 하더라도 한일 양국은 독도, 울릉도뿐만 아니라 일본의 오키섬을 포함하는 상당히 광대한 해역을 일종의 공해적인 성격의 공동규제수역 같은 것을 대상으로 논의하였는데, 한국이 금융위기로 협상력이 떨어지자 일본 측이 독도만을 분리해 내고자 유독 독도만을 중간수역에 포함하는 협상안을 제시하여 우리 측 고위층을 압박하였다.[146]

144) 뉴스한국 2008. 8. 6.

145) 신용하(2002), "독도 영유권에 대한 일본주장 비판", 서울대학교출판부, p.212.

146) 독도본부(2006), "국민을 속이고 독도 넘기려는 흉계: 외교부 해수부 어업협정 발표문 평서", 우리영토, p.15.

협상의 결정권을 쥔 자들은 협상의 전문성이 결여된 기본이 안 되어 있는 사람들이었다. 적어도 협상 진행과정에서 양보는 명확하고 의도적이어야 하는데 일부 조정이 있기는 하였으나, 독도를 노린 일본의 의도도 모르고 고기 몇 마리에만 관심을 둬 국제법적으로 무엇이 문제가 될지 제대로 파악하지 못하고, 국민의 우려도 귀담아들으려 하지 않았다. 한국은 고기 몇 마리에 관심을 뒀지만, 일본은 독도 영유권을 확보, 바다를 원천적으로 가지려 했는데 그러한 의도도 모르고 한국의 실책을 노린 일본의 꼼수에 말려들었다.

◆ 협상 진행 중 결과에 대한 분석과 예측이 제대로 이루어지지 않았다. 만약 진행 중인 협상에 대한 중간점검이나 분석이 정확하게 이루어졌더라면 추후 논란의 대상이 될 문제가 어획량이 아니라 독도 문제라는 것을 알았어야 했다. 중간분석이 이루어졌고 독도 문제의 훼손을 방지하려고 노력했다고 하더라도 그 분석은 형식으로 이루어진 것으로밖에 볼 수 없다.

◆ 책임 있는 위치에 있는 정치인이나 고위공무원은 한국에 유리한 협상이었다는 말 외에는 할 수가 없게 되어 있다. 원래 협상이란 정상적으로 이루어지면 양 당사자의 적절한 양보와 타협이 필요하다. 이는 양보에 대해 국민이 이해하고 불가피성을 인정하면 별다른 논란이 되지 않지만, 그렇지 않으면 두고두고 문제가 되는데 신한일어업협정도 마찬가지다. 영토문제는 정권이나 시대를 초월한다. 당시 정부에 동조하는 자들이 문제가 없다고 말한다고 하여 문제가 없게 되는 것이 아니며, 결과가 우리에게 이익이 된다고 주장한다고 그렇게 되는 것이 아니다. 특히 영토에 관한 문제는 당시 정권은 물론 후대에까지 문제가 되지 말아야 한다.

그럼 왜 한국 정부는 한국에 유리하게 협정이 체결되었다고 말할 수밖에 없는가? 그것은 책임을 회피할 수 있는 가장 현실적이고 적절한 방법이며, 동시에 일본 주장을 배격하는 방법이기 때문이다. 중간수역 설정 자체가 결론적으로 일본의 다케시마 영유권을 인정한 것으로 볼 수 있다. 공동관리 수역은 한일 양국 어느 쪽도 배타적 관할권을 주장할 수 없는 수역이다. 독도와 그 영해를 포함한 공동관리 수역의 서쪽 경계선에 대해 신한일어업협정이 규정한 것은 처음부터 일본의 다케시마 영유권 주장을 인정하는 결과를 가져올 수 있다. 그러므로 1999년 신한일어업협정에서 공동관리 수역 설정이 독도 영유권훼손이라는 것을 규명하면 자연스럽게 일본의 다케시마 영유권 주장을 규명하는 결과로 되기 때문이다.[147] 따라서 실제 협상이 잘못되었다고 하더라도 그 사실을 한국 정부가 인정하

---

147) 독도본부(2007), "어업협정 이대로 가면 독도주권 곧 넘어간다", 우리영토, pp.53~54.

면 일본의 독도에 대한 영유권 주장을 인정하는 직접적인 근거로 작용하는 상황이 발생할 수 있다. 결국 지나간 잘못을 고치지는 못하더라도 더 큰 잘못을 만들지 않기 위해 한국 정부의 책임 있는 정치인이나 관료는 한국에 유리한 협상이었다는 말 외에는 할 수가 없게 되어 있는 것이다. 헌법재판소의 2001년 3월 21일 판결도 정부의 입장과 맥락을 같이한다는 점에 주목할 필요가 있다.

만약 이제까지 위에서 분석한 것과 같이 신한일어업협정이 잘못 체결되었다고 하더라도 독도의 영유권이 바로 일본으로 넘어가는 것은 아니므로 한국인들은 너무 비관적으로 생각할 필요는 없다. 바람직한 방법은 아니지만, 극한 상황에서는 신뢰를 훼손하고 손해를 입는 것을 감수하면 협정 파기를 선언할 수 있으며, 1978년에 발효된 한일 대륙붕경계협정은 50년의 유효기간을 갖고 2028년까지 지속된다. 어업협정으로서의 성격과 배타적 경제수역 경계협정으로서의 성격도 갖고 있는 신한일어업협정의 성격으로 보아 일단 고비만 넘으면 특별한 문제가 없는 한 2028년 대륙붕경계협정의 효력이 만료할 때까지 지속할 가능성이 있다.[148] 과거는 흘러갔고 돌이킬 수도 없다. 그러므로 지나간 일에 설령 잘못이 있었다고 하더라도 그것에 얽매이기보다는 충분히 반성하고 이를 교훈 삼아 연구 분석을 통해 대책을 세우고 앞으로는 실책이 나오지 않도록 하는 것이 더욱 중요하다.

13) 협정 폐기 논란과 법질서 유지 및 개정 방향

(1) 정부 동조 신한일어업협정 파기반대 학자견해

우리 사회에 신한일어업협정의 폐기에 대해서는 문제가 있으므로 폐기해야 한다는 주장과 문제가 없기 때문에 폐기하지 말아야 한다는 두 가지의 뚜렷한 목소리가 있다. 정부는 신한일어업협정이 어업협정으로 독도의 영유권과는 무관하다며 협정파기 반대 입장을 분명히 하고 있다. 그러나 정부는 신한일어업협정에 문제가 있다고 지적하는 측의 주장에 대해 귀를 기울여야 한다. 그들이 주장에 그치고 정부에 끝까지 협상 파기나 재협상을 요구하지 않는 것은 자신들의 주장이 잘못되었기 때문이 아니라 일본의 독도 분쟁화 전략에 말려들지 않도록 하려는 절제된 행동을 통해 정부가 문제를 재인식하도록 하는 데 있기 때문이다. 신한일어업협정 지지자들의 주장 역시 일본의 독도 분쟁화 의도에 말려들지 않기 위함이지 맹목적으로 정부에 동조하려는 것은 아니다. 신한일어업협정 폐기 반대 견

---

148) 독도본부(2007), "어업협정 이대로 가면 독도주권 곧 넘어간다", 우리영토, pp.54~56.

해는 2005년 4월 5일 대한국제법학회 전·현직 회장을 포함한 40여 명의 국제법학자들이 발표한 '독도 영유권과 신한일어업협정에 대한 우리의 견해'에 잘 나타나 있다. 신한일어업협정에 대한 균형 감각 함양을 위해 한국해양수산개발원에서 발행된 '독도 영유권과 신한일어업협정' 부록으로 첨부된 내용을 그대로 인용하면 다음과 같다.

독도 영유권과 신한일어업협정에 대한 우리의 견해

최근 독도 문제가 불거진 후 뜻밖에도 신한일어업협정이 독도 영유권을 훼손하고 있으며, 따라서 협정은 폐기되어야 한다는 일부 목소리가 있다. 이는 조상으로부터 물려받은 국토에 관련된 문제이고 어민의 생계와 직결된 중대사이기에, 이 땅에서 태어나 국제법 연구에 전념하고 고등교육에 헌신하고 있는 우리는 이를 외면할 수 없어서 다음과 같은 의견을 밝힌다.

다음

1. 우리는 독도가 국제법적으로나 역사적으로나 우리의 고유영토임을 확신한다. 독도는 한일 간 국제법상 분쟁 대상이 아니다.
2. 우리는 신한일어업협정에 의해 독도 영유권이 훼손된 바가 전무함을 확신한다. 그 이유는 다음과 같다.
   가. 이 협정은 영토문제가 아닌 어업문제만을 다루는 협정이기 때문이다.
   나. 이 협정이 독도 영유권을 포함한 그 밖의 국제법상 문제를 다루는 것이 아님은 협정 제15조에 분명하게 규정돼 있다.
   다. 독도가 중간수역에 있다는 주장이 있으나 협정상 중간수역이란 말은 없으며, 설명의 편의상 이 용어를 쓴다고 해도 독도가 중간수역에 들어가 있는 것이 아니라 독도와 그 영해를 제외한 부분이 중간수역이다.
   라. 이 같은 해석은 '멩끼에 및 에끄레오'(Minquiers and Ecrehos)에 대한 1953년 11월 17일의 국제사법재판소 판결에 의해서도 확인되고 있다. 국제사법재판소는 이 판결에서 섬의 주변에 공동어업 수역이 설정돼 있다고 해서 섬의 영유권에 영향을 주는 것이 아니라는 견해를 밝혔다.
   마. 우리 헌법재판소도 2001년 3월 21일 자 신한일어업협정에 관한 헌법소원 판결에서 이 협정이 독도 영유권, 영해 및 배타적 경제수역에 영향을 주는 것이 아니라고 판결한 바 있다.
3. 우리는 신한일어업협정이 어떠한 이유로도 폐기되어서는 안 됨을 확신한다. 왜냐하면 이 협정에 의해 한일 간 어업분규가 종식되고 어업질서가 원활히 유지돼 왔으며, 이른바 중간수역 및 일본 측 수역에서 우리 어민이 안정적으로 조업하고 있기 때문이다.[149]

(2) 신한일어업협정을 폐기할 때 법질서 유지 방향

어업협정은 배타적 경제수역 내에서의 어업질서 유지와 어족자원 관리 등에 주목적이

---

149) 박찬호·이석용(2006), "독도 영유권과 신한일어업협정", 한국해양수산개발원, pp.62~63.

있으므로 양국이 합의로 운영하는 것이 가장 바람직하다. 그러나 부득이 신한일어업협정이 내포하고 있는 문제점을 해소하기 위해 폐기하게 된다면 법질서 유지를 위한 기본적인 대책 마련 방안은 동 협정을 대체하는 새로운 협정 체제를 정립할 것인가, 아니면 협정 체제 없는 일반법 체제로 귀일할 것인가를 결정해야 하는 문제가 발생한다. 이때 '한일어업협정'을 폐기한 후 한일 간 배타적 경제수역의 법질서 유지를 위해서는 다음과 같은 활용 가능한 방안을 고려해 볼 수 있다. ① 무협정 방안, ② 개정 어업협정 체결 방안, ③ 배타적 경제수역 경계협정 체결 방안 등 세 가지 방안이 검토될 수 있다. 무협정 방안은 한일어업협정을 폐기한 후 한일 간 특별협정이 없는 방안을 뜻하며, 일반협정(해양법협약)도 없는 법적 진공상태의 방안을 말하는 것이 아니다. 개정 어업협정 체결 방안은 한일어업협정을 개정하는 협정을 체결하는 방안이다. 배타적 경제수역 경계획정협정 체결 방안은 한일 간 중첩된 배타적 경제수역의 경계를 획정하는 새로운 협정을 체결하는 방안[150]으로 각각의 장단점이 있기 때문에 동해의 어업질서를 유지하고 한국의 국익에 도움이 되는 방향으로 결정하면 될 것이다.

(3) 신한일어업협정의 개정 방향

신한일어업협정은 개정될 수 없는가? 그것은 아니다. 정상적인 절차에 따라 언제든지 개정이 가능하다. 문제는 상대 당사국인 일본의 동의를 얼마만큼 자연스럽게 도출해 내느냐에 있고 경우에 따라서는 일본이 개정을 요구해 올 수도 있다. 그리고 당장 개정되지 않더라도 추후 언젠가는 개정이나 대체 어업협정을 체결할 때 실책을 방지하기 위해 미리 개정 방안과 내용에 대해 검토를 해보는 것도 의미가 있다.

1998년 11월 28일에 서명되고 1999년 1월 23일에 효력을 발생한 '대한민국과 일본국 간의 어업협정'은 조약 제1477호에 의해 이 협정은 발효 후 3년간 효력기간이 지나는 2002년 1월 23일 이후에 체약국은 협정의 종료를 상대국에 통고(제16조)할 수 있고, 통고 후에는 6개월까지 그 효력을 가진다. 협정 종료에 관한 의사표시가 없는 한 동 협정은 계속해서 효력을 갖게 된다. 신한일어업협정 종료로 우려되는 것은 무협정상태에 대한 것이다. 무협정상태가 되면, 한국과 일본 양국의 배타적 경제수역법과 배타적 경제수역 관련법의 충돌이 불가피하게 일어날 것이다. 이 경우에는 특별법인 신한일어업협정의 공백을 일반법 관계에 있는 유엔(UN)해양법협약이 적용돼 협약상의 분쟁해결 절차에 따라 분쟁해결

---

150) 독도본부(2007), "바른 한·일어업협정안", 우리영토, p.15.

을 도모해야 할 것이다.

협정의 개폐와 관련된 대책으로는 다음과 같은 다섯 가지 방안을 상정해 볼 수 있다. 첫째는 독도의 해양법상 섬으로서의 지위를 살린 배타적 경제수역을 체결하고 필요에 따라 부속서나 어업협정을 체결하는 방안이다. 둘째는 최종적인 배타적 경제수역 경계협정의 체결이 어려우면, 신한일어업협정에서 배타적 경제수역 경계획정이나 독도 영유권에 영향을 미치는 요소들을 제거해 새로운 한일어업협정과 유엔(UN)해양법협약 제74조 3항에 규정된 것과 같이 배타적 경제수역에 관한 잠정협정을 각각 체결하는 방안이다. 셋째는 현재의 신한일어업협정의 틀을 그대로 유지하되, 독도 영유권에 영향을 미치는 조항을 개정하는 방법이다. 넷째는 신한일어업협정은 그대로 두고, 독도 영유권문제에 영향을 미치는 규정에 대한 해석을 명확히 하는 해석의정서를 체결하는 방법이다.[151] 다섯째는 일본에 신한일어업협정의 파기를 통보하고 새로운 어업협정 체결을 위한 협상을 하는 방법도 있다. 마지막 방법은 일본이 신한일어업협정에 근거해 독도의 영유권을 주장하는 경우 등 협정을 파기할만한 명분이 있을 때는 검토될 수 있지만, 명분이 약한 상태에서의 일방적인 파기는 경우에 따라 한국이 그동안 지향해온 조용한 외교를 수포로 돌리고 독도를 분쟁지역이 되게 하려는 일본에 빌미를 제공할 수도 있으므로 바람직한 방법으로 보기는 어렵다.

일본이 신한일어업협정의 부분적인 개정에 응해올 때는 독도 영유권 훼손부분을 보완하기 위해 제1조에서 '어업에 관한'이라는 문구를 삽입하거나 제15조에서 '어업에 국한해서 적용한다'는 것으로 문구 조정 등을 통해 어업에 국한되어 효력을 갖는다는 내용이 되도록 하면, 한국사회에서 크게 논란이 돼온 어업협정이 아니라 사실상 배타적 경제수역을 체결한 협정이라는 주장, 동해 중간수역 설정에 따른 독도의 영유권 훼손 논란 등 상당부분을 피해 갈 수 있을 것으로 보인다. 그렇지만 자칫하면 한국이 독도의 영유권을 스스로 훼손하고 있다는 것을 인정하는 결과를 가져올 가능성도 있으므로 신중하게 접근해야 한다. 신한일어업협정 개정을 시도하다가 한국 스스로 독도 영유권이 훼손되었다는 것을 일본에 인정하는 결과가 되면 독도 영유권 행사에 타격을 입을 수 있기 때문이다.

어업협정은 양국이 합의로 체결되었고, 앞으로도 그렇게 해야 하므로 일본이 개정을 원하지 않는데 한국이 개정의 필요를 느낀다고 쉽게 해결할 수 있는 부분은 아니다. 최악의 상황에서는 일방적으로 파기를 통보할 수 있을지라도 일본에 새로운 협정 체결을 강

---

151) 독도역사찾기운동본부(2003), "독도 영유권 위기 연구", 백산서당, pp.29~59.

요할 수는 없다. 따라서 일본과 한국이 모두 신한일어업협정의 개정 필요를 느낄 때, 즉 배타적 경제수역 경계획정을 통해 재조정이나 재협상을 통한 새로운 어업협정을 체결할 때 신한일어업협정에 내재하여 있는 불합리한 점들을 바로 잡는 것이 가장 바람직하며, 개정 방향은 독도에 대한 대한민국의 배타적 영유권을 훼손시키지 않는 것을 전제로 한 내용의 어업협정이라야 한다.

신한일어업협정은 '독도와 그 영해'에 대한 한국의 영토주권이 정당하게 반영되었다고 볼 수 없는 문제가 있기는 하지만, 그 어업협정이 발효된 이후 시행과정에서 우리 정부 관계부서가 실제로 그 영토주권을 수호하는데 철저함을 기해왔다고 볼 수 있다. 또한 우리 측이 기회 있을 때마다 동 영토주권 수호를 강조하여왔다. 이러한 제반 여건에 비추어 볼 때 한일어업협정이 폐기(종료)되더라도, 그로 말미암아 국제법상 금반언 원칙에 저촉될 우려는 없을 것으로 판단된다. 따라서 동 어업협정 하에서는 우리의 기존 행태를 일관되게 유지해 나가야 할 것이다.[152]

제2절 남아 있는 해결 가능성

1. 가장 바람직한 방안 일본 한국 실효지배 인정

일본이 독도의 영유권이 한국에 있음을 인정하는 방식은 일본 국민이 평화공존을 위해 분쟁을 조장하는 의원 등 정치인을 퇴출시키고 집권당과 정부가 사전 협의를 통해 발의하고 국회의 동의를 거쳐 일본 정부가 공식발표를 하는 방법이 정상적인 절차이다. 발표는 절차상의 마지막 부분에 해당하는 요식행위이므로 실제로는 일본 국민과 정부가 독도 문제를 해결할 의향이 있는가 하는 점이 더 중요하다. 그런데 현재까지 일본 정부나 집권당이 보여 준 모습은 모두 독도에 대한 한국의 영유권을 인정하지 않는 것은 물론 오히려 일본에 영유권이 있다며 끊임없이 분란을 일으키고 있어 독도가 한국 영토라는 것을 일본 정부 스스로 인정하는 일은 기대하기 어려울 것으로 보인다.

---

152) 독도본부(2006), "신한일어업협정 폐기와 금반언 효과에 대하여", 우리영토, p.62.

실현 가능성이 아주 낮기는 하지만, 일본 국민과 정부, 집권당의 변화를 이끌어내는 방법이 전혀 없는 것은 아니다. 일본은 천황이 있는 나라이고 그 제도를 바치고 있는 세력들이 보수우익이다. 그리고 보수우익이 만든 정당들이 집권해왔다. 집권당을 이끌고 있는 보수우익 인사들이 한국과 일본의 협력적인 동반자 관계 설정을 통한 공동의 발전을 정책방안으로 선택해 결단을 내리면 독도 영유권이 한국에 있음을 인정하는 것이 불가능한 것도 아니다. 이러한 대승적 차원의 결단을 내리기 위해서는 동기부여가 필요한데, 그 동기는 전후 역학관계상 일본 황실이 만들 수도 있다. 황실이 한일관계는 물론 세계 평화와 공존공영을 위해 화해중개를 할 의사가 있으면 실행될 수도 있는 일이다.

일본 황실은 직전의 2대, 즉 메이지 천황과 히로히토 천황이 정복전쟁을 통해 일본인은 물론 아시아인들 나아가 세계인들에게 씻을 수 없는 피해와 과오를 남겼다. 1990년 11월 12일 아키히토 천황 즉위에 158개국 대표를 초청한 초호화 즉위식이 이루어졌는데, 이때 도쿄를 비롯한 일본 곳곳에서는 즉위 반대시위와 방화, 폭발 미수사건이 발생했다. 이는 아직도 상당수 일본 국민이 일본 황실의 잘못을 기억하고 있다는 증거이며, 앞으로도 피해자들이 받은 아픈 상처와 쓰라린 기억은 인류의 역사가 존재하는 한 대를 이어 지속할 가능성이 크다.

2001년 12월 23일 아키히토 천황은 "칸무 천황의 생모가 백제 무령왕의 자손이라는 속일본기의 기록에서 개인적으로도 한국과 인연을 느끼고 있다"며 그동안 금기시되어온 '일본 황실은 백제 핏줄'이라는 것을 공개적으로 언급한 바 있다. 그리고 2005년 6월 27일과 28일 아키히토(明仁) 천황은 많은 수행원을 대동하여 종전 60주년을 기념하면서 사이판을 방문했다[153)는데, 이때 예정에 없던 한국 위령탑을 참배하기도 했다.

정치적 행위에 지나지 않았는지, 선조의 잘못을 사죄해야 하겠다는 마음이 한순간의 행동으로 나타난 것인지는 알 수 없지만, 진정한 사과도 없이 이 정도의 행동으로 전쟁을 일으켜 많은 사람이 희생되고 도탄에 빠지게 한 죗값을 결코 씻을 수는 없다. 만약 일본 황실이 영원히 뭇사람들의 손가락질이나 지탄의 대상이 되는 오명을 벗어나 일본 국민과 세계인들로부터 존경받는 황실로 거듭나기 위해서는 뭔가 인류의 평화와 발전에 필요한 노력을 하는 모습을 보일 필요가 있다. 그러한 일을 할 수 있는 가장 좋은 방법의 하나가 독도의 영유권이 한국에 있음을 일본 정부가 인정하도록 황실이 노력하는 것이다.

현재 일본의 국가 통치체계상 황실이나 천황이 직접 정치에 관여할 수는 없지만, 독도

---

153) 주강현(2005), "적국의 바다 식민의 바다", 웅진씽크빅, p.307.

문제의 원만한 해결을 통한 한국과 일본의 평화공존과 건전한 미래 발전을 위해 황실의 입장이나 의사를 발표하는 것이 문제 될 것은 없다. 그리고 실제 그것이 일본 정부나 집권당에 의해 받아들여지지 않더라도 일본인의 잦은 망언과 망발을 통한 양국 간의 불화와 마찰 완화에 일정부분 기여할 수 있으며, 황실의 이미지 개선에도 큰 도움이 될 것이 틀림없다. 앞으로도 전범자의 후손으로서 불명예를 안고 살 것인가 아니면, 인류평화에 도움이 되는 새로운 황실의 면모를 보일 기회로 활용해 나갈 것인가 하는 것은 황실의 선택에 달렸다.

2. 한국, 영유권 문제 버금가는 이익 일본에 제공

상대가 있는 분쟁의 발생에 대응하는 방법은 대체로 세 가지 정도가 있다. 첫째는 분쟁의 원인이 무엇이든 우리의 기준이 아닌 상대방의 입장을 고려하여 해결 대안을 만들어가는 방법은 상대방과 대화와 협상을 위해 문제 해결의 당사자로 인정하는 것이다. 둘째는 대화나 토의 상대가 안 되는 것으로 인식할 때는 상대방을 인정하지 않고 무시하며 일방적인 행동이나 정책을 밀고 나가는 것이다. 셋째는 대결, 실력행사, 시위와 전쟁 같은 힘과 무력에 의존한 해결방법도 있다.

상호 우호와 통상의 증진, 국민을 불안하게 만들지 않고 평화적으로 문제를 해결하는 방법에는 상대방을 인정하고 대화를 통해 문제를 풀어나가는 협상이 가장 합리적인 방법이다. 물론 대화와 협상을 하려는 우리의 방침이 확고하더라도 항상 우리 의사대로 성사되는 것은 아니므로 낙관할 수만은 없는 일이다. 그렇지만 상대방이 대화와 협상에 응할 만한 유인책을 제공해 동기를 부여한다면 때로는 좋은 결과를 도출시킬 수도 있을 것이다. 문제는 우리가 상대방에게 내어 줄 만한 유인책이 있느냐에 달려 있다. 1987년 호주의 지리학자인 프레스코트(J. R. V. Prescott)는 일본이 해양경계에 대한 보상을 대가로 독도에 대한 영유권 주장 철회를 고려할 가능성이 있다고 말한 바 있다.[154]

일본의 유인책에 대해 일본 도쿄대 와다 하루키(和田春樹) 명예교수는 2008년 8월 29일 국회 귀빈식당에서 '바다와 경제 국회포럼'과 '아시아평화와 번영' 주최로 열린 '독도 문제 해결, 어떻게 할 것인가'라는 토론회에 앞서 배포한 주제발표문을 통해 "외교는 50 대 50, 쌍방 타협(give and take: 상대에게 이익을 주고, 자기도 상대로부터 이익을 얻음)의 관

---

154) 존 반 다이크(Jon M. Van Dyke)(2008), "독도 영유권에 관한 법적쟁점과 해양경계선", 한국해양수산개발원, p.120.

계일 수밖에 없다"며, 독도 문제와 관련, "일본이 독도를 한국령으로 인정한다면 (한국은) 시마네(島根)현 어민이 독도 주변에서 어업 할 권리를 확실히 보장해야 한다. 한국인에게 독도는 일본과 토의할 대상도 아니겠지만, 일본이 '동북아의 평화와 안정을 함께 구현해 갈 동반자'라고 본다면 독도를 한국령이라고 인정하는 것이 일본을 위한 일이고, 한일 협력을 위한 일이기도 하다며 일본인을 설득하는 것 이외에 길은 없다"고 지적한 바 있다. 문제 해결을 위해 "학자, 전문가부터 시작해 각계각층이 토론을 해야 하고 양국 텔레비전(TV)에서 시민 토론을 하는 것도 좋다. 경상북도와 시마네현민의 토론도 바람직하다"며 한일 간 국민토론을 하자고 제안하기도 했다.[155]

와다 하루키(和田春樹) 명예교수가 제안한 독도 영유권 분쟁방안은 대화와 설득, 협상을 통한 해결방안이 포함된 긍정적인 방법으로 검토해 볼 만한 가치가 있다. 한국 정부가 일본에 독도 영토권을 인정받는 것을 전제로 일본의 시마네(島根)현 어민이 독도 주변에서 어업 할 권리를 보장해주는 것에 대해 한국 국민을 어떻게 설득하느냐 하는 문제도 있기는 하지만, 협상으로 독도 영유권 문제와 한일어업협정 문제가 동시에 타결된다면 고기 몇 마리 잡아가도록 하는 것은 문제 될 것이 없다. 그러나 일본이 독도 문제 해결을 전제로 무리한 억지 요구를 한다면 한국이 협상 유인책으로 내놓을 것은 아무것도 없다.

미국 중앙워싱턴대학교(Central Washington University) 정치학 교수인 마이클 A. 로니어스(Michael A. Launius) 교수가 '독도 영유권 분쟁을 둘러싼 정치학'이라는 논문에서 일본의 상황과는 달리, 한국 정부가 영유권 문제에서 양보하는 것은 눈에 띄는 국내외적인 요인들 때문에 불가능하다고[156] 지적한 것처럼, 그 어떠한 대가의 제공은 물론 독도가 협상 대상이 되는 것 자체부터 국민은 결사적으로 반대할 것이 분명하다. 일본이 스스로 협상을 통해 독도 문제를 해결하려는 자세를 보이지도 않고 있지만, 한국에서 내어 줄 것이 마땅하지 않다. 그러므로 협상이 좋은 해결 방법이기는 하지만, 그 실현 가능성은 크지 않은 것으로 보인다.

3. 국제사회의 중재

이제까지 세계적으로 영토분쟁이 발생한 413건의 사례 중 제삼자의 개입에 의해 분쟁

---

155) 연합뉴스 2008. 8. 29.
156) "독도 영유권과 영해와 해양주권"(1998). 독도연구보전협회. p.74.

이 종결된 사례가 69건에 이르므로 독도에 대한 제삼자의 영토분쟁 해결 가능성도 전혀 배제할 수는 없다. 하지만 독도 문제는 한국의 고유영토인 데다 현재 실효지배를 하고 있어 한국인 그 누구도 일본에 독도를 넘겨주는 것을 인정하지 않을 것이므로 독도가 일본의 영토가 되는 중재는 한국인에게는 의미가 없는 일이다. 따라서 제삼자에 의한 분쟁 종결은 한국의 실효지배를 일본이 인정하는 것, 즉 일본이 독도에 대한 영유권 주장을 포기하는 것이 전제되어야 하므로 제삼자가 개입하더라도 문제 해결을 기대하기 어렵다.

여러 가지 여건과 제반 상황을 고려할 때 만약 국제사회에서 독도 문제를 중재한다면 전후 사정을 가장 잘 아는 미국이 가장 유력하다. 하지만 미국은 한국과 일본의 관계, 특히 일본에 대한 한국인의 감정과 독도에 대한 애착을 잘 알고 있으며 각각 이해관계가 있다. 그러므로 어느 한 쪽을 지지하거나 선택하는 것으로 비칠 수 있는 분쟁 중재로 양국 중 어느 한 나라와 관계를 껄끄럽게 만드는 것은 미국의 국익에 도움이 되지 않으므로 중재에 나서야 할 이유가 없다. 이제까지 중립적인 입장을 유지해온 것도 그 때문이다.

4. 국제사법재판소 제소 분쟁 마찰 더 심화시킨다

1) 한국 승소, 일본 우익인사들 인정하지 않는다

한국과 일본 간의 독도 문제는 도서 자체에 대한 영유권 문제와 도서주변 수역의 해양경계획정 문제를 동시에 안고 있는 전형적인 도서 분쟁이기도 하지만, 과거사와 연관된 감정문제도 결부되어 있다. 일본 정부는 1954년 9월 25일 자로 한국 정부에 송부한 구술서에서 독도 문제는 국제법의 기본원칙 해석과 관련된 영유권 분쟁이므로 이를 국제재판에 회부하는 것이 유일 형평(衡平) 한 해결방안이라고 전제하고, 한일 양국의 합의로 가장 공정하고 권위 있는 기관이라고 할 수 있는 국제사법재판소에 이 사건을 회부하자고 제의하였다. 그러면 일본 정부는 어떠한 판결이 내려지든 이에 복종할 예정이라고 약속하였다. 이 같은 일본 정부의 입장은 1954년 10월 21일 자 구술서에서도 재차 강조되었으며, 일본 학자들로부터도 지지를 받고 있다. 특히 국제사법재판소 회부 제의는 1952년 이후 독도를 실제 지배하고 있는 한국 측의 권원이 확실히 저지하는 법적 기능을 할 것으로 평가하고 있다.[157]

---

157) "독도 영유의 역사와 국제관계"(1997), 독도연구보전협회, p.185.

독도 문제는 한일 양국 간의 특수한 역사로 말미암아 복잡한 양상을 보이고 있다. 독도는 오늘날 많은 다른 나라의 도서 분쟁에서 보듯이 오직 주변수역의 해양자원에 대한 관할권 확보를 위한 국가 간 분쟁에서 비롯된 것은 아니다. 외국학자들도 지적하듯이 독도 문제는 단순히 국제법적인 논리만 가지고는 풀어나가는 데 한계가 있다. 독도에는 한일 양국의 복잡했던 역사와 그러한 역사에 대한 양국 국민의 인식 그리고 이와 연계된 민족 감정 문제가 얽혀 있는[158] 복합적인 문제이다.

국제사법재판소가 유엔해양법협약이나 국제법의 기준에 따라 독도 문제를 판결할 수 있을지는 몰라도 한국과 일본이 안고 있는 과거사와 관련된 민족적인 문제는 판결로 해결될 수 있는 사항이 아니다. 결국 국제사법재판소에서 아무리 명료한 판결을 하더라도 그것은 한국 국민과 일본 우익 모두를 납득시킬 수 있는 판결이 될 수 없다는 점이다. 이에 대해 일본 출신의 국제분쟁 중재전문가인 아카시 야스시 전 유엔 사무차장도 2008년 8월 29일 자 중앙일보 기고를 통해 독도 문제에 대해 '법률적 접근은 독도 해법이 될 수 없다'는 기사를 통해 자신의 입장을 발표한 바 있다.

아카시 야스시 전 유엔 사무차장은 "독도의 영유권문제는 한국과 일본 간의 역사적 특수성을 갖고 있어 법률에 의한 판결이 나더라도 한국은 물론 일본도 이를 인정하지 않을 것이기 때문에 근본적인 해결방안이 될 수 없다는 것을 의미한다. 한국은 독도가 울릉도 부속 섬으로 신라시대 이후 지배해왔고 현재도 실효적으로 지배하고 있는데, 국제사법재판소를 통해 법률적으로 한국의 영토가 아니라는 판결이 나온다면 그것을 당연한 일이라고 받아들일 한국인 많지 않을 것이다. 일본도 한국 땅이라고 판결이 난다고 받아들일 리가 없다"고 주장했다.[159]

결국 독도 문제의 가장 원만한 해결 방법은 독도 문제와 동시에 양국의 과거사까지 청산되어야 진정한 해결이 이루어질 수 있다. 그런데 일본은 아직도 자국 내에서 과거사 문제 청산을 위한 실마리를 제대로 찾지 못하고 있다. 이러한 상태에서 일본 정부가 국제사법재판소에서 패소하고, 구술서를 통해 스스로 공언한 바와 같이 아니면 국제적인 여론에 밀려 국제사법재판소의 판결을 받아들이더라도 그동안 독도 문제와 한일관계를 대립과 마찰로 이끌며 지속적으로 악화시키는데 주역을 맡아온 일본 정부 우익인사들이 이를 수용하려 하지 않을 것이다. 그러므로 과거사 문제에 대한 일본 내에서의 입장 정리가 사회

---

158) 이석용ㆍ박찬호(2007), "제3국학자의 독도관련 입장 분석", 한국해양수산개발원, p.2.
159) 중앙일보 2008. 8. 19.

적 공인을 받지 못하고 진정성이 없는 상태에서 이루어지는 독도 문제의 국제사법재판소에 의한 판결은 자발적인 수용이라기보다는 외압에 의한 강제적 수용으로 양국 국민의 불만을 고조시켜 새로운 긴장이나 분쟁 조성의 원인으로 작용할 가능성이 있다. 특히 일본이 패소하면 그 가능성은 훨씬 크다.

2) 일본 승소, 한국인 격렬한 반발 판결 거부한다

영유권 문제로 아르헨티나와 영국 사이에 일어난 포클랜드전쟁(Falkland Islands War)은 1982년 4월 2일 아르헨티나가 장기간에 걸친 영국과의 협상을 포기하고 포클랜드제도 공격으로 시작된 전쟁이었지만, 6월 20일 영국군이 사우스샌드위치 섬을 점령함으로써 포클랜드전쟁은 종결되었다. 포클랜드전쟁은 결국 전쟁에서 완패로 신임을 잃은 아르헨티나의 군사정권이 1983년 민간정부로 대체되는[160] 결과를 가져왔다는 점에서 우리에게 시사(示唆)하는 바가 크다.

미국 중앙워싱턴대학교(Central Washington University) 정치학 교수인 마이클 A. 로니어스(Michael A. Launius) 교수는 '독도 영유권 분쟁을 둘러싼 정치학'이라는 논문에서 "한국의 어떤 정부도 이 문제를 공정한 국제사법재판소나 다른 국제기구에 제소하거나 조정을 위해 위탁하는 데 동의하지 못할 것 같다. 처음에는 그것이 가능하다고 말할 수 있겠지만, 만약 불리한 결정이 내려지면 그것은 대다수의 한국 국민에게 정치적으로 받아들여지지 않을 것이며, 선거로 선출된 정치인들의 생명이 끝나는 것을 의미한다. 독도 문제와 같은 분쟁은 다른 지역에서 추구되는 일반적인 법적, 외교적 수단으로는 해결되지 않을 것이다. 왜냐하면 동아시아 지역의 국가들 사이에서 형성되고 있는 특별한 일련의 국제관계 때문"[161]이라고 분석했다.

독도 분쟁의 미래 상황이 무력 충돌로까지 이어질지 예단할 수는 없지만, 한국은 일본에 대한 쓰라린 과거의 경험이 있으며, 지금도 이 상처는 과거사 청산문제로 한국사회의 단합과 성장을 저해하는 요소로 작용하고 있다. 만일 독도의 영유권을 전쟁을 통해 다시 일본에 빼앗기면 한국 국민은 절대 이를 간과하지 않을 것이며, 인정하려 들지도 않을 것이 틀림없다. 국제사법재판소를 통한 패소도 마찬가지다. 어떤 방법으로든 일본이 독도의

---

160) 네이트 백과사전.

161) "독도 영유권과 영해와 해양주권"(1998), 독도연구보전협회, p.74.

영유권을 가져간다면 한국 국민은 분연히 일어나 정부에 대한 책임을 물을 것이고, 독도를 온몸으로 지키려는 상황이 전개될 것이 틀림없다.

　정부가 독도를 잃으면 국민의 정부에 대한 신뢰가 추락하여 독도 영유권을 일본에 넘겨주지 않으려는 국민을 진정시키고 막을 수 있는 명분과 신뢰, 지도력을 상실하기 때문에 사회는 큰 혼란에 빠지고 결국에는 영토를 수호하지 못하고 잃은 것에 대한 책임을 물어 대통령에 대한 탄핵 추진을 비롯하여 정권 퇴진운동이 발생하는 등 걷잡을 수 없는 상황에 빠져들 가능성까지 배제할 수 없다. 그리고 그 가능성은 국민의 주권침해에 대한 분노가 사회 전체를 뒤흔들어 놓은 함성으로 터져 나온 2008년 5월에서 7월 초 한미쇠고기 협상 타결 반대 촛불시위에서 보듯이 일부 시위대 및 야당 정치인의 대통령 탄핵 언급에서 충분히 예견되는 일이다.

　독도 문제 전문가 중 한 사람인 호사카 유지 교수도 "현재 한국이 독도를 실효지배하고 있는 만큼 일본이 자국 영토화하려고 하면 전쟁이 발생할 수 있으며, 만약 독도 문제가 국제사법재판소로 가서 일본이 승리한다고 하더라도 한국이 이를 인정하지 않을 것"[162]이라고 전망한다.

5. 동반자적 경제 공동체 추진

　독도 문제를 해결해 나가는 데 있어 가장 바람직한 방법인 한국과 일본의 화해와 협력을 통한 방법이 현재로서는 큰 진전을 보지 못하고 있다. 간접적인 방법은 직접적인 방법에 비해 장시간이 소요되고 그 효과도 예단할 수는 없지만, 긴장과 대립 완화라는 측면에서는 상당한 효력을 발휘할 수도 있다. 이 간접적인 방법 중에 가장 대표적인 방법이 경제협력 확대 방안이다. 현재도 상당 부분 한국과 일본 간 경제협력이 이루어지고 있기는 하지만, 독도 문제의 긴장을 완화할 단계까지는 이르지 못하고 있는 상태다. 그렇지만 지역화가 강화되는 세계경제의 추세에 대응하면서 독도 문제를 해결하기 위해 현재 아시아 제국들이 논의하고 있는 아세안(ASEAN) 10개국과 한·중·일 3국을 하나의 단일 경제권으로 묶는 아시아경제공동체 설립도 좋은 해법이 될 수 있을 것으로 보인다.

　아시아경제공동체 설립은 국제화와 세계화의 가속화와 더불어 한국과 일본은 물론 주변지역 국가 간에 경제에 대한 일정수준 이상의 상호 의존성과 교류 증대는 긴장이나 분

---

162) 뉴스한국 2008. 8. 6.

쟁을 완화하는데 상당 부분 기여할 수 있다. 그렇지만 경제공동체로는 국가 간의 분쟁해결에 한계가 있으므로 한 단계 더 진전된 긴장 완화의 방법은 유럽연합(EU)과 같이 경제적 통합은 물론 집단방위체제의 구축이 있을 수 있으며, 최종적으로는 통합국가를 형성하는 방법이다. 그러나 아시아 제국은 민족을 달리하고 국가의 규모와 역량에 상당한 차이가 나므로 자칫 잘못하면 특정국가에 흡수 통합될 가능성을 배제할 수 없다. 그러므로 통합국가 형성까지는 어렵더라도 경제통합과 집단방위체제 구축의 단계까지는 고려해볼 수 있을 것으로 생각한다. 각국의 노력도 활발하다. 동남아시아국가연합[163](ASEAN, 아세안)은 그동안 나름대로 운영되어 왔지만, 이들만으로 세계시장의 한 축을 담당하기에는 부족하다는 인식이 확산하면서 아세안+한·중·일을 단일시장으로 하는 동북아시아 경제권 구상과 협력방안이 활발하게 거론되고 있다.

지역공동체의 목적 가운데 매우 중요한 한 가지는 바로 위기관리이다. 아세안을 중심으로 지역공동체 논의가 본격화된 계기도 1997년 외환금융위기였다. 그 이후 아시아 핫머니[164] 감시체제 필요성이 꾸준히 제기되어 왔다. 동아시아는 높은 경상수지 흑자와 많은 외환을 보유하고 있지만, 지역 내에 제대로 된 국가 간 매개체가 없어 보유외환은 미국이나 유럽의 채권에 투자되고 있어 국제금융시장에서는 가장 취약한 지역이다. 1996년 아시아유럽정상회의(ASEM, Asia-Europe Meeting) 출범으로 동남아시아뿐만 아니라 동북아시아까지 포함한 동아시아협력체제 결성 필요성이 대두하였다. 세계화 및 지역화가 강화되는 추세에서 동남아국가연합(ASEAN) 국가들은 유럽과의 협상과정에서 동아시아라는 정체성을 체감하게 되었다. 특히 1997년 동아시아 금융위기 당시 국제통화기금(IMF)의 구제금융 정책과 아시아태평양경제협력체(APEC)의 대응 부재에 불만을 품게 되어 한·중·일 등 동북아시아 국가들과의 공동협력을 더욱 절감하게 되었다.

동남아시아 국가들로 구성된 아세안도 지역 내 경제성장 한계를 극복하기 위하여 역외

---

163) 동남아시아국가연합(南—國家聯合, Association of South-East Asian Nations)은 동남아시아의 지역협력기구이다. 아세안(ASEAN)으로 약칭된다. 1961년 창설된 동남아시아연합(ASA)의 발전적 해체에 따라 1967년 8월 8일 설립되었다. 설립 당시 회원국은 필리핀, 말레이시아, 싱가포르, 인도네시아, 타이 등 5개국이었으나, 1984년의 브루나이에 이어 1995년 베트남이 정식으로 가입하고, 그 후 라오스, 미얀마, 캄보디아가 가입하여 아세안은 10개국으로 늘어났다. 이 기구는 동남아시아 지역의 경제적·사회적 기반 확립과 각 분야에서의 평화적이며 진보적인 생활수준의 향상을 목적으로 한다. 한편 본래의 목적인 경제협력 측면에서는 상호보완적이라기보다는 경쟁 관계에 있는 회원들 사이이기 때문에 실질적인 성과를 이루어내지 못하고 있다. 해마다 보고서를 발행하고 한 달에 2번 '아세안 뉴스레터'(ASEAN Newsletter)를 간행한다. 사무국은 인도네시아의 자카르타에 있다.

164) 핫머니(hot money)는 투기적 이익을 찾아 국제금융시장을 이동하는 단기 부동자금(浮動資金)이다. 유럽의 금리가 미국의 금리보다 높은 경우에, 미국에서의 예금을 런던의 예금으로 이체함으로써 차익을 얻는 투기적 자본의 국제간 이동과, 국내 정치정세의 불안이나 통화불안 등을 피할 목적(자본도피)으로 이루어지는 것이 있다. 1930년대에 가장 활발해서 국제환시장을 교란시켰다. 제2차 세계대전 후로는 각국이 모두 엄격한 외국환관리를 하여 핫머니의 이동은 적어졌는데, 근래에는 외환관리의 자유화 경향에 따라 유러달러 등의 핫머니가 국제금융시장에서 주목을 받고 있다. 핫머니의 특징은, 자금이동이 일시에 대량으로 이루어진다는 점과, 자금이 유동적 성격을 띤다는 점 등이다.

동북아 국가들과의 협력 필요성이 대두하여, 1997년 12월 쿠알라룸푸르에서 아세안 창설 30주년 기념 비공식 아세안 정상회의 때 한·중·일 3개국 정상을 최초로 동시에 초청하였으며, 이후 매년 3개국을 초청하고 있다. 아세안+3은 동북아 동남아를 포괄하는 동아시아 지역협력 증진에 대한 의견을 교환하는 회의이다. 초기에는 주로 경제 분야 협력문제를 논의하였으나, 최근에는 국제테러 등 비경제적 문제까지 논의 범위를 확대하고 있다. 또한 아세안+3은 정상회의 외에도 협력과정의 제도화를 위해 다른 협력 체제를 병행하고 있다. 2000년부터 정상회의뿐만 아니라 재무, 환경, 관광 등 9개 분야에서 아세안+3 장관회의를 운영하고 있고, 2002년에는 아세안+3 국장회의를 발족하여 아세안+3 정상회의 후속조치 등의 업무를 지원하고 있다.

유럽연합(EU)의 공동외교·안보정책의 주요원칙은 1992년 마스트리히트조약165)에 의해 공식화되었으며, 1997년 암스테르담조약을 거치면서 공동외교·안보정책 강화를 모색하고 있다. 공동외교·안보정책의 하나로 유럽연합은 유럽안보방위정책을 도입하였다. 여기에는 인도주의 및 구조임무, 평화유지, 위기관리 및 평화구축 등의 임무와 신속대응군 편성이 포함되어 있다.166)

원래 안보는 인간이 추구하고 있는 핵심가치의 하나이다. 나아가 안보라는 가치를 누리는 주체에 따라 개인 안보, 국가안보, 지역안보, 세계안보 등 다양하게 정의될 수 있다. 다만 국가가 합법적 폭력의 수단을 독점해온 근대 국민국가 시대에 안보는 주로 국가 차원에서 이해되고 논의되어왔다. 국가안보는 잠재적 적국의 침략 의도를 무력을 통해 저지하고 처벌해야 한다는 군사력 위주의 안보관이 지배적이었다. 그러나 냉전을 거치면서 안보개념이 일련의 변천을 겪었다. 곧 안보의 상호의존성을 인정하는 공동안보, 군사적 안보를 넘어서는 포괄적 안보, 나아가 이상을 감싸 안되 안보 위협을 사전에 차단하는 예방외교를 추구하는 보다 적극적인 협력안보의 개념이 그것이다.

무정부적 국제질서 속에서 한 나라의 안보추구는 곧 다른 나라의 안보불안을 가져오고, 다른 나라의 대응적 안보추구로 말미암아 자국의 안보불안을 가져오는 악순환, 즉 안보딜레마(dilemma, 진퇴양난)를 초래한다. 그러므로 안보라는 가치는 관련 행위자 간에 상호

---

165) 마스트리히트조약(Mastricht Treaty, Mastricht 條約)은 유럽공동체가 시장 통합을 넘어 정치·경제적 통합체로 결합하기 위한 터전이 된 1992년의 조약을 말한다. 네덜란드의 마스트리히트에 유럽 공동체(EC) 정상들이 모여 가조인한 데서 이름을 땄다. 마스트리히트 조약은 1992년 2월 유럽 공동체 외무장관회의에서 정식 조인되었으며 각국의 비준을 거쳐 1993년 10월 독일 의회의 비준을 마지막으로 11월부터 발효되었다. 이에 따라 유럽 공동체는 유럽연합(EU)으로 명칭을 바꾸었다. 마스트리히트 조약은 유럽중앙은행 창설과 단일 통화 사용의 경제·통화동맹(EMU), 노동 조건 통일의 사회 부문, 공동 방위정책, 유럽시민권 규정 등 네 가지의 핵심 내용을 담고 있다.

166) 김재환(2005), "동북아공동체", 집문당, pp.49~195.

의존적이라는 인식이 등장한 것이다. 공동안보의 개념은 '적과의 공존'을 추구한 유럽안보협력회의의 개념적 기초를 이루었고, 냉전 종식 이후 협력안보로 확대되었다.

현재 세계체제는 마치 상호 배타적이고 모순적인 것처럼 보이는 두 개의 흐름이 서로 역동성을 강화하는 양상으로 발전하고 있다. 그 흐름 중의 하나는 시장의 외연적 확대와 시장 논리의 심화로 나타나는 세계화[167](globalization) 현상이며, 또 다른 하나는 일정한 지역적 범위 내에서 지리적 접근성, 문화적 동질성, 경제적 상호보완성 등에 기초하여 역내 국가 간 협력을 극대화하려는 지역주의[168](regionalism)라 할 것이다. 이러한 세계적 추세에 따라 동북아에서도 지역주의는 이제 거부할 수 없는 대세가 되어가고 있다. 아세안+3국 정상회의를 통해 공식적인 대화 경로를 확보한 한·중·일 3국은 정례적인 정상외교를 통해 역내 다자간 협력을 강화할 수 있는 기반을 마련했다.[169]

동아시아의 공동체 형성을 막는 가장 큰 장애요인은 두 가지이다. 첫째는 아직 냉전 중이라는 사실이다. 동아시아에서 이러한 냉전의 분위기는 북한 핵 문제를 통해 지속적으로 표출되고 있다. 둘째는 동아시아 각국은 동아시아 공동체라는 형식이 필요하다는 점은 모두 인정하고 있지만, 그 내용을 자국의 욕망과 이해관계를 투사해서 채우고자 하므로 동아시아 공동체 실현을 더디게 하고 있는 것으로 여겨진다.

그렇지만 21세기에 들어선 오늘날 역사적 선택으로 다시 동아시아를 말하는 이유는 무엇인가? 세계화와 국민국가 사이에 처해 있는 현실의 딜레마가 동아시아를 다시 하나의 화두로 떠오르게 하는 것은 아닐까? 세계화가 우리에게 국민국가의 경계를 넘어선 열린 사고와 행동을 요구한다면, 동아시아란 이러한 세계화의 도전에 대한 신지역주의적 응전이다. 물론 현실적으로 한·중·일 3국은 각기 동아시아 또는 동북아 공동체에 대한 서로 다른 입장을 가질 수 있다. 하지만 20세기에 서구적 근대화에 대한 대항주체로서 발견된

---

167) 세계화(世界化) 또는 전 지구화(globalization)는 국제 사회에서 상호 의존성이 증가함에 따라 세계가 단일한 체제로 나아가고 있음을 가리키는 말이다. 각 민족국가의 경계가 약화되고 세계사회가 경제를 중심으로 통합해 가는 현상으로 전 세계가 하나로 연결되고, 그 속에서 상호 의존성이 심화됨을 뜻한다. 그동안 달랐던 사회가 전 세계적으로 서로 밀접한 관계를 갖는 연속적인 과정을 일컫는다. 이 과정은 경제적, 과학기술적, 사회문화적, 정치권력과 맞물려 있다. 세계화 과정의 기원에 대해서는 두 가지 상반된 의견이 있다. 근대화와 함께 시작되었다는 견해가 있는 반면, 인류의 역사 시작부터 세계화가 진행되었다는 견해도 있다. 세계화의 과정은 일반적으로 경제적인 관계를 일컫는 경우가 많지만, 최근에는 문화적인 측면의 세계화에 대한 논의가 활발하다. 경제 강대국 중심의 세계 재편이라는 비판도 있다.

168) 지역주의(地域主義, regionalism)는 지역의 특수성을 바탕으로 하여 지역의 자주성을 유지하면서 그 연대·협력을 촉진하려는 입장이다. 보편주의에 상대되는 말이다. 국제사회의 조직화를 추진함에 있어서 보편주의자가 오늘의 세계는 하나이며 세계는 점점 더 좁아지고 있어서 국제문제의 해결은 세계적 관점에서 도모하지 않으면 안 된다고 주장하는 데 대하여, 지역주의자는 국제기구의 실효성을 지탱하는 것은 지역 특유의 연대의식과 공통의 이익과 일체감 때문이라고 주장한다. 경제적·사회적 협력분야에서는 유럽공동체 등의 지역통합기구가 생겨 보편주의와 지역주의의 상호보완성을 보여주고 있으나, 평화유지의 분야에서는 세계적 평화기구와 지역적 안전보장기구 사이에 대립이나 충돌이 발생할 가능성이 있으므로 양자 간의 관계조정을 도모할 필요가 있다.

169) 한국동북아지식인연대(2004), "동북아공동체를 향하여", 동아일보사, pp.121~276.

동아시아를 다시 21세기에 서구주도의 세계화에 대항하기 위한 지역적 정체성으로 부활시킬 필요가 있다는 점에 대해서는 한·중·일 3국의 많은 지식인과 정치가들이 공감대를 형성한다.[170]

동남아시아국가연합(ASEAN, 아세안) 10개 회원국 정상들은 2007년 1월 13일 필리핀 세부(Cebu)에서 열린 12차 정상회의에서 2015년까지 아세안경제공동체(AEC)를 발족하는 헌장(憲章) 마련에 합의했다. 이 경우, 인구 5억 3,000만 명에 7,370억 달러 규모의 경제력을 갖춘 동남아 경제 블록[171](bloc)이 가동하게 된다. 아세안경제공동체는 회원국 내부의 자유로운 교역과 투자 유치를 위해 모든 규제와 장벽을 철폐한 경제공동체로 유럽연합(EU)과 거의 동일하다. 차이점은 단일 통화를 갖지 않는다는 것이다. 이에 앞서 아세안 10개국 경제장관들은 2006년 8월, 2015년까지 83개 서비스 분야 중 의료·정보통신 등 70개 분야에서 자국 사업자에 대한 보호 조치와 시장 접근 제한 조치를 폐지하기로 합의했다. 또 2008년 8월부터는 10개 회원국 간 무비자(visa) 입국을 개시했고, 2010년까지 역내 모든 관세를 제로(zero)화하기로 했다.

쌀 수출 세계 1위국인 태국이 2006년 베트남과 쌀 생산 판매 및 가격 안정에 협력하기로 합의하고, 태국, 말레이시아, 인도네시아 등은 최근 천연고무를 공동조달 하는 '국제고무 컨소시엄[172]' 회사를 세우는 등 역내 통합 움직임은 이미 가시화했다. 아세안 정상들은 2007년 1월 13일 채택한 '아세안공동체 설립에 관한 헌장'에서 회원국들의 의무와 준수사항 외에 헌장을 위반한 국가에 대한 축출 등 강력한 제재를 명문화, 실질적인 통합 의지를 분명히 했다. 또 하나 주목되는 것은 중국과 일본의 경쟁적인 대(對)아세안 '러브콜[173]', 특히 중국은 2007년 1월 14일 아세안 정상들과 '자유무역지대 서비스 무역협정'에 서명, 중국과 아세안 자유무역협정(FTA, free trade agreement) 구축 진행계획을 공고하게 다졌다. 그리고 중국과 아세안은 완전 자유무역지대를 만들기 위해 2005년 7월부터 7,445여 종의 상품 관세를 낮추거나 폐지했다.[174]

한국도 1991년 산업연구원에서 동북아시아 경제권구상과 협력방안을 연구하고 연구보고서를 출판하는 등 상당히 오래전부터 준비해 오고 있으며, 2008년 9월에는 아시아지역

---

170) 김기봉(2006), "역사를 통한 동아시아 공동체 만들기", 도서출판 푸른역사, pp.90~143.

171) 블록(bloc)은 정치·경제상의 이익을 꾀하여 제휴한 국민·단체 등의 집단.

172) 컨소시엄(consortium)은 대규모 개발 사업의 추진이나 대량의 자금 수요에 대응하기 위해 국제적으로 은행이나 기업이 공동으로 참가하여 형성하는 차관단 또는 융자단.

173) 러브콜(Love call)은 개인이나 단체를 영입하기 위해 좀 더 좋은 조건을 내세워 유인하는 것을 비유적으로 이르는 말.

174) 조선일보 2007. 1. 15.

통합체인 '아시아경제공동체' 형성을 목표로 아시아경제공동체재단이 창립총회를 열고 발족해 있는 상태다. 일본의 대표적 경제단체인 게이단렌(經團連)도 2007년 10월 동남아국 가연합(아세안)에 한국, 중국, 일본, 인도, 호주, 뉴질랜드 등 6개국을 묶는 경제공동체를 창설하자고 제안했다. 해양 협력이나 경제위기가 발생할 때 긴급 자금을 지원할 통화기금 설립 등 공동의 목적을 아우른 '공동체 헌장'을 책정하거나 민관합동 검토회의체 등을 설 치할 것을 건의했다. 그리고 전·현직 정상과 정부 고위 관계자들이 참석해 강연과 토론 기회를 갖는 '아시아의 미래' 국제포럼에서도 아시아지역 경제공동체 설립을 위한 논의 가 여러 차례 이루어져 왔다.

아직 아세안+3을 중심으로 하는 동아시아공동체 설립을 위한 구체적인 내용이 확정된 것은 아니지만, 2008년 9월 촉발된 국제금융위기를 계기로 한층 가속화될 것으로 보인다. 동아시아공동체 설립은 평화공존과 공동번영이 바탕이 될 것이므로 독도 문제를 자연스 럽게 대화와 협상을 통해 해결하거나 정치쟁점화 하는 것을 막을 수 있는 좋은 방안이기 는 하지만, 현재로서는 갈 길이 너무 멀다.

6. 정치적 고려를 통한 묵인과 현상유지

독도 문제 해결에서 일본 스스로 한국의 영유권을 인정하는 것도 싫고, 협상, 중재, 재 판, 경제공동체 구성을 통한 제삼의 해결방법도 통하지 않을 때는 정치적 고려를 통한 묵 인으로 현상을 유지하는 방법도 있다. 물론 궁극적인 해결방법이 아닌 데다 일본이 응고 나 고착화를 우려해 다시 도전하면 언제든지 분쟁상황으로 회귀할 수 있으므로 그 실효 성에는 한계가 있다. 그렇지만 정치적 고려를 통한 묵인은 쌍방이 다 같이 자기의 주장을 철회하지 않으면서 또한 동시에 자국민의 영토적 감정에 상처를 주지 않고, 실질적으로는 얻은 것도 없고, 잃은 것도 없는 현상유지의 방법이다.

일본은 이제까지 한국에 대하여 전쟁상태에 들어가는 것은 원치 않지만, 독도의 현상 을 인정하지도 않는 모든 법적 방법을 다하고 있다. 즉 사실상 현상의 진행을 억지로 타 파하지는 않더라도 사실의 규범력을 중요시하여 최소한 이른바 위법행위로부터 권리가 발생한다는 사태만은 초래되지 않도록 가능한 모든 조치와 수단을 강구하고 있는 것이다. 그러한 가능한 수단으로서 외교적 항의와 국제사법재판소에 부탁을 들고 있으며, 사법재 판 또는 중재재판의 제안과 결부된 항의는 독도가 한국 영토로 굳어지는 것을 방지하는 가치를 장기간 보유하는 것으로 믿고 있다.[175] 하지만 비슷한 행동을 여러 번 되풀이 한다고 반드시 증거 능력이 높아지는 것도 아니다. 그러므로 정치적 고려를 통한 묵인이 분쟁의 심화를 적정수준에서 절제하는 형태로 나타나는 현상유지는 불가능한 것은 아니다.

실행에 대단한 정치적 결단을 하지 않더라도 그저 최고지도자가 일부러 나서서 분란을 크게 일으키는 일을 하지 않고 상대방을 자극하는 발언을 자제하는 것으로도 분쟁이 강화되거나 확대되는 것을 막는 일차적인 접근이 가능하다는 점에서 그 실현 가능성은 상당히 크다. 문제는 이제까지 도전을 지속해온 일본의 지도자가 스스로 양국의 협력을 통한 공동의 발전과 평화공존 측면에서 이러한 조치를 하는 것이 제일 나은 방법이지만, 한국도 그러한 여건이 조성되도록 나름대로 명분을 제공하는 방안을 강구하고 노력할 필요가 있다.

미국 중앙워싱턴대학교(Central Washington University) 정치학 교수인 마이클 A. 로니어스(Michael A. Launius) 교수는 '독도 영유권 분쟁을 둘러싼 정치학'이라는 논문에서 일본과 한국이 독도에 대한 영유권을 계속 주장하는 한, 양국 간의 관계가 단절되는 것을 피하려고 양국이 취할 수 있는 최선의 방책은, 양측이 모두 최종적인 결단을 무기한 보류하는 전략이다. 그 추동력은 광범위한 공통의 이해관계와 호혜적인 경제관계 등에서 나올 수 있다[176]고 분석했다.

7. 두 일본인이 주장하는 독도 해법

1) 세리타 교수의 제안

독도 문제의 평화적인 해결을 위한 일본의 국제법학자인 세리타 겐타로(芹田 健太郎) 교수의 제안은 일본 국내에서 큰 관심을 끌었으며, 한국 쪽에서도 지대한 관심을 나타내어 그를 초빙 학술회의를 개최하기도 했다. 세리타(芹田) 교수가 독도 문제 해결 방안으로 2006년도 논고를 통해 주장한 내용을 요약하면 다음과 같다.

남은 방법은 일본이 일방적으로 국제사법재판소에 제소하는 것이다. 그러나 현재의 일본에는 이 방법을 취할 의사가 있다고 생각되지 않으며, 정치적으로는 일방적 부탁을 해서는

---

175) 이한기(1996), "한국의 영토", 서울대학교출판부, pp.306~307.
176) "독도 영유권과 영해와 해양주권"(1998), 독도연구보전협회, p.76.

안 되는 것으로 생각한다. 현재의 한일관계는 군이 상대방 국가를 비방하려고 하는 그런 관계는 전혀 아니다. 더욱이 냉전 시대에조차도 우호국이었으며, 잠재적 적대관계는 없다. 일본은 법적으로 처리하여 달라고 요구하고 있지만, 한국은 법률론에 응하지 않고 있다. 법적인 논의는 한국 정부도 한국 국민도 자기의 장래를 위하여 철저하게 해보아야 한다.

독도가 한국인의 입장에서 일본의 식민지지배 시작의 상징이라고 한다면, 새로운 독도를 성숙한 한국과 일본의 협력관계 상징으로 전환하지 않으면 안 된다. 한일 양국 국민으로부터 이 독도 문제의 가시를 뽑아내는 데는, 일본이 대담한 타개책을 제안하는 수밖에 없다. 일본인이 한국인과 화해의 표시로, 일본이 독도를 한국에 양도 또는 포기하고 한국의 독도에 대한 주권을 인정함과 동시에 동해에서의 어족자원의 보전을 위하여 한국과 일본이 각각 자원관리를 추진할 수 있도록 울릉도와 오키제도를 기점으로 하여 배타적 경제수역의 경계획정을 한다. 그리고 독도는 자연에 돌려주어 자연보호구로서 12해리의 어업금지 수역을 설치하고 모든 국가의 과학자에게 개방한다. 한국과 일본은 이러한 조약을 체결하는 것은 어떤가.

새로운 조약에서는 우선, '평양선언'이나 '전후 60주년 수상담화'와 같이 솔직하게 한국 국민에 대하여 반성과 마음으로부터의 사과의 감정을 표명하자. 그리고 그 표시로서 첫째로 장래의 세대를 위하여 일본은 독도를 한국에 양도 또는 포기하고 독도에 대한 한국의 주권을 인정함과 동시에, 둘째로 한국은 울릉도와 오키제도를 기점으로 하여 상호 간의 배타적 경제수역의 경계획정을 할 것을 약속한다. 셋째로 동아시아 환경협력의 상징으로서 한국은 독도를 자연보호구로 할 것을 약속하고 모든 국가의 과학자에게 개방한다. 그리고 넷째로 한일 양국과 양국 국민은 동북아시아, 나아가서는 아시아와 세계의 평화와 번영을 위하여 손을 맞잡고 협력할 것을 맹세한다.

이러한 제안에는 한국과 일본 쌍방으로부터 반발이 있을 것이다. 그러나 서로 미래에 한 번 걸어 봐도 괜찮지 않겠는가. 그러한 시기가 되었다. 즉 '일본이 독도를 한국에 양도 또는 포기하고 한국의 독도에 대한 주권을 인정'한 위에서, 한국은 독도를 자연보호구로 만들어 모든 국가의 과학자에게 개방한다는 것이다. 이러한 제안에는 한일 양국의 우호관계 중요성에 비추어 독도의 경제적 가치는 그리 크지 않다는 분석이 배경이 되어 있다. 일본 국제법학자로서는 대단히 용기를 발휘한 제안이라고 생각되며, 한국으로서도 충분히 환영할만한 제안으로 보인다. 이러한 제안에 대한 지지와 수용이 확산할 수 있도록 하는 방안이 검토되고 연구될 필요가 있으며, 한국 측에서도 그에 상응하는 진전된 해결책

이 제시될 필요가 있다.[177]

세리타 겐타로(芹田 健太郞) 교수가 주장한 평화적 해결방안의 요지는 한국의 독도 영토 주권을 일본이 먼저 인정하라. 독도주변 12해리를 자연보호구역으로 설정, 어로금지, 전 세계 학자들에게 학문적 활동에만 개방한다. 한일 간의 배타적 경제수역(EEZ) 경계는 울릉도와 오키섬의 중간선으로 한다는 세 가지이다. 이에 대해 김영구 교수는 법리상으로 독도에 대한 한국의 영토주권을 정면으로 인정하는 주장이라고 볼 수 없다. 독도에 대한 일본의 영토권 주장을 법리적으로 명백히 부정하는 논리도 아니다. 배타적 경제수역 경계 획정에 있어서 독도의 가치를 완전히 무시하는 것을 조건으로, 일본이 한국의 영역 주권을 인정하는 것이라면, 이는 영토주권의 절대성에 반한다며 수용해서는 안 될 것이라고 지적한다.[178]

대화와 타협을 통한 해결방안이라는 점에서 볼 때 세리타 교수의 제안은 비교적 현실적인 독도 문제의 해결방안임은 틀림없다. 그러나 이 안에 대한 한국인과 일본 정부의 수용 가능성은 작다. 일본 정부가 독도 문제 해결 의사가 있으면 다른 방법으로도 얼마든지 가능하다. 그런데 아직 그런 의사는 보이지 않는다.

2) 아세아문제연구소 좌등정인 연구원의 해법

일본 아세아문제연구소 좌등정인(佐藤正人) 연구원은 '세계사 근현대사에 있어서의 독도'라는 논문에서 '독도 문제'는 한국 및 북한과 일본 간의 '영토 문제'가 아니다. 그것은 국민국가 일본의 타 지역·타국 침략의 문제이고, 제국주의 제국이 침략으로 말미암아 영토·식민지를 확장해온 세계현대사의 문제라고 규정한다. 그러므로 '독도 문제'는 일본 정부가 '러일전쟁이 진행되었을 때 독도를 점령하였다는 역사적 사실을 인정하고 독도 재점령 책동을 그만둔다면 평화적으로 해결된다. 그것을 위해, 특히 일본인 근현대사 연구자는 동아시아 근현대사와 세계근현대사 속에서 독도의 역사를 더욱더 실증적으로 연구하고 역사의 진실을 많은 일본 민중들에게 알려주어야 한다[179]는 주장이다. 김영구 교수도 독도 문제를 해결하는 근본적이고 실질적인 방도(方途)는 독도 문제가 일본의 왜곡

177) 박배근·이창위(2007), "독도 영유권에 관한 일본 국제법학자의 주장 분석", 한국해양수산개발원, pp.90~93.

178) 김영구(2008), "독도, NLL문제의 실증적 정책분석", 다솜출판사, pp.482~483.

179) "독도 영유권과 영해와 해양주권"(1998), 독도연구보전협회, pp.12~30.

된 역사인식에서 연유된 문제이며, 동북아지역에 명확하고 기속력 있는 규범적 역사인식을 확립함으로써만 독도에 대한 일본의 부당한 영토권 주장은 배제(排除), 시정(是正)될 수 있다[180]고 하였다.

8. 양국 공동연구를 통한 문제 해결 접근

독도 문제를 원만하게 풀어낼 수 있는 또 다른 방법으로는 한국과 일본의 역사학자들이 공동연구를 진행하는 것도 하나의 해법이 될 수 있다. 한국과 일본은 2001년 일본의 역사 교과서 왜곡사태를 계기로 양국 정상 간 합의에 따라 2002년 양국의 역사학자들로 구성된 한일역사공동연구위원회를 출범시켰다. 한일역사공동연구위원회는 한일 간 쟁점이었던 임나일본부설에 대한 연구를 통해, 그동안 일본 측 학자들이 주로 주장해온 임나일본부설, 즉 4세기에 일본이 한반도에 진출해 백제와 신라, 가야 등을 지배했다는 설은 일부 타당치 않다는 의견에 상당 부분 접근한 것으로 알려졌다.

독도 영유권 문제에 대해 한국 측 학자들은 역사공동연구위원회 틀 안에서 공동연구도 가능하다며 영유권 문제를 논의해 보자는 입장이지만, 일본 측은 정치적 문제이므로 논의할 사안이 아니라며 반대해 입장차를 좁히지 못하고 있는 상태다. 2008년 12월 20일 도쿄에서 개최된 한일역사공동연구위원회 합동토론회 기자회견에서 일본 측 위원장인 도리우미 야스시(鳥海靖) 도쿄대 명예교수는 독도 영유권 문제와 관련해 "(위원회에서) 양국 정부 간의 현안을 논의하는 것은 안 된다"고 일본 측 입장을 밝혔다. [181]

한일역사공동연구위원회는 양국 정상의 합의에 따라 설립되었다는 점을 고려할 때 학문적인 차원에서 자유롭게 토론하며 논쟁을 벌일 수 있는 데다 양국이 주장하는 고유영토에 대한 진실 규명과 접근을 통해 해법을 제시할 수 있는 좋은 계기가 될 수 있다. 오히려 현안이 되는 독도 문제는 공동연구를 위한 좋은 연구과제가 될 수 있을 것으로 보인다. 물론 연구를 진행해야 하는 학자들 입장에서는 현안이므로 상당한 부담으로 작용하겠지만, 아직 제대로 논의조차 되지 못하고 있는 점은 안타까운 일이다. 독도 문제를 평화적이고 합리적인 방법으로 해결을 원한다면 국제사법재판소 제소에 앞서 학자들로 하여금 진실을 규명하도록 하는 것이 바람직한 방법인데도 일본 학자들이 독도 문제에 대한 공동

---

180) 김영구(2008), "독도, NLL문제의 실증적 정책분석", 다솜출판사, p.488.
181) 세계일보 2008. 12. 21.

연구과제 선정을 위한 논의를 회피하려고 하는 것은 일본 정부의 정치적 목적을 충분히 파악하고 있는 데다 일본 정부가 이를 원하지 않는 것으로 받아들이기 때문으로 보인다.

당사자가 해결을 못 하는 분쟁은 재판을 통해 해결하는 것도 한 가지 방법임에는 틀림이 없다. 그러나 재판과정 중에 중재제도를 운영하는 것은 재판을 통한 해결보다는 양측의 대화와 타협을 통한 해결이 바람직하다는 판단이 작용하기 때문이다. 일본 정부도 중재제도의 목적을 잘 안다. 국제사법재판소를 통한 재판은 원하면서도 이제까지 대화와 타협을 하려는 의지를 내보이지 않는 것은 독도 문제의 조속한 해결보다는 현상유지와 단계적인 강화를 통한 완급조절로 일본 국내 정치와 국가 전략적인 목적을 달성하는 데 도움이 되고 활용가치가 아주 큰 것으로 생각하기 때문으로 분석된다.

9. 독도 문제의 가장 확실한 해법 평형상태 유지

일본의 영토 분쟁에서 독도 문제는 중국을 상대로 한 센카쿠열도(조어도) 분쟁이나, 러시아를 상대로 하는 북방영토(쿠릴열도) 분쟁에서 보이는 행동과는 상당한 차이가 있다. 다른 분쟁에서는 독도 문제와 같이 협박에 가까운 수준의 노골적이고 잦은 망언과 망발을 일삼지는 않는다. 그 이유는 무엇인가? 그것은 한국과 일본의 양자 역학관계에서 일본의 반응력이 한국 측의 반응력보다 커 평형이 이루어지지 않고 있기 때문이다. 가령 러시아는 경제력은 일본보다 훨씬 떨어지지만, 군사력이나 군사·우주과학기술 등의 면에서는 일본보다 훨씬 앞서 있으므로 전체적으로 볼 때 어느 정도 힘의 평형이 이루어진다. 특히 군사적인 면에서는 장기간 러시아가 우위를 점해왔으므로 일본의 행동은 일본 내에서는 요란한 소리를 내어도 러시아를 극적으로 자극하지 못하고 절제하는 모습으로 나타난다.

중국도 세계 2위의 경제 대국이 된데다 핵무기를 보유하고 있으며, 문화와 스포츠 등 여러 분야에서 저력과 실력을 보여 왔다. 성장잠재력도 무시할 수 없는 데다 일본이 역사적으로 중국을 완전히 굴복시킨 바가 없는 대국으로 일본과 역시 평형을 이루고 있는 것으로 볼 수 있다. 여기다 일본은 센카쿠열도를 방어해야 하는 입장이므로 중국의 공격에 더욱 조심스러운 입장을 취할 수밖에 없다. 힘의 평형에도 불구하고 양국의 민족문제와 과거사 문제, 자존심 문제가 때로는 센카쿠열도 분쟁의 촉매제로 작용해 대립이나 마찰을 가열시키지만, 직접적인 공격은 양측 모두 대응할 수 있는 역량을 갖추고 있으므로 표면적으로 나타나는 격렬한 모습이 어느 수준에 이르면 양국 모두 충돌을 회피하는 자세로 전환되기 때문에 무력 충돌의 가능성이 낮은 편이다.

독도 문제에서 마주 대하고 있는 한국과 일본의 위치는 현재까지는 일본의 경제력, 과학 및 군사 기술력이 한국을 앞서고 있으므로 일본이 한국을 의식하고 극적인 반발반응을 유도하기 위해 하는 것이든 아니면 자국 내에서 국내용으로 말을 하거나 행동을 하는 것이든 이에 자극을 받고 반응을 나타내는 한국은 그것을 수용해 안정 상태에 이르기까지 격렬한 감정적 반응이 일어난다. 과거사와 일본에 대한 피해의식이 촉매로 작용하기 때문이다. 그리고 한국 측의 발언이나 행동은 분쟁을 원하지 않는 특성상 반응력이 크지 않아 일본에 그 영향력이 미칠 때, 때로는 무시되고 때로는 그에 상응하는 반응을 하는 수준의 반격을 하는 정도로 양국 관계가 안정 상태로 되어 갈 때까지 대립은 되지만, 반응력은 상대적으로 작다.

쉽게 말하면 파문이 크지 않고 양국 간의 대립이나 마찰도 일본 측이 수용하는 방법이나 처리하는 방식에 따라 달라진다. 이러한 현상은 한국과 일본의 국력이 평형상태에 도달하지 못한 불안정한 상태에 있기 때문이다. 그러므로 반응력이 큰 일본의 민족우월주의가 한국과 일본 사이에서 부분적으로 통용되고 한국인이나 한국에 대한 비하 발언으로 나타난다고 할 수 있다. 그러면 이러한 불안정한 양국 관계를 평형상태로 만들어 독도 문제를 해결할 수 있는 방법은 무엇인가? 그것은 한국의 국력과 역량을 일본 수준의 그것과 동등한 수준으로 향상하는 방법밖에 없다. 그러면 일본 정부나 일본인이 한국을 무시하려고 해도 무시할 수도 없고, 자신들이 우월하다고 우쭐댄다고 해도 통용되지 않기 때문이다.

독도 문제는 이러한 한일 간의 역학관계 속에서 가장 민감한 부분으로 자리하고 있으므로 단순한 독도 수호대책이나 무력으로는 결코 해결할 수 없다. 따라서 독도 문제를 근본적으로 해결하는 방법은 한국이 일본과 동등수준의 국력을 배양하고, 그 역량을 일본인 스스로 인정하게 하는 일이다. 이러한 해법은 독일과 프랑스를 비롯한 유럽의 여러 나라가 역사적 은원의 관계에 있으면서도 영토분쟁을 극복하고 유럽 통합을 이루어낼 수 있었던 바탕이 되었다. 각국이 상대국과 국력의 평형을 유지하거나, 타국과 평형관계에 있지는 않더라도 주변 국가의 영향이나 지원, 보조에 의해 상대국의 일방적인 힘의 우위를 견제할 수 있는 지역 전체의 안정과 평형에 도달했기 때문에 가능했다.

한국과 일본 간 국력에 어느 정도 차이가 나더라도 이른 시일 내에 양국이 평형에 도달하는 방법은 두 가지 접근 방법이 있다. 첫째는 한국이 일본을 극복할 수 있다는 자신감을 갖는 것, 그것이 무력이든, 경제력이든, 문화 등 어떤 특정한 부분에서 일본을 능가하는 무엇인가의 능력을 갖추고 그것을 일본에 내어 보임으로서 일본이 한국을 만만하게 보고 쉽게 무시하거나 비하하는 행동 및 압력을 행사하면 스스로 손해를 볼 수 있다는 인식을 하게 하는 방법이다. 이러한 변화의 가능성을 가장 뚜렷하게 보여 준 것 중 한 가지가 삼성전자가 반도체 분야에서 앞서기 시작했을 때 일본이 한국의 반도체 생산기술 수준이 진일보했음을 인정한 태도와 모습에서 느낄 수 있다. 비슷한 모습은 한류나, 바둑, 음악 등 스포츠, 문화, 예술분야를 중심으로 일본인들이 한국을 인정하고 좋아하는 사례가 되고 있으며, 경제 분야에서는 조선과 철강 분야에서 한 때 일본인들이 한국은 절대 일본 수준을 따라올 수 없을 것이라고 장담하던 모습들이 이제는 대등한 수준에서의 경쟁상대로 인식하는 형태로 꿰고 그 역량을 인정하면서 그러한 분야에 대한 태도가 과거와는 다른 모습을 보여주는 부분이 점차 늘어나고 있다. 그러므로 꼭 일본을 의식하지 않더라도 한국인 스스로 세계 최고가 될 수 있다는 자신감은 한국의 국력을 증강하는 원동력이 될 수 있으므로 인력양성을 지속해 세계가 이를 인정하게 하여 나가는 것이 중요하다. 둘째는 일본이 한국에 외관상 우위를 보이고 있는 부분에 대한 시정 조치를 취하는 것, 즉 한국이 일본에 비해 다소 뒤떨어져 있는 부분을 보강해 대등한 수준을 갖도록 해 평형을 맞추는 방법이다. 현재 한국이 가장 시급히 시정해야 할 부분은 세 가지 정도가 있다. 애니메이션 수입 등 한일 무역역조 개선, 학문분야에서의 노벨상 수상자 배출, 엔화 차관 중지 등이다. 즉 우리가 교역에서 수익을 더 많이 내고 돈을 빌리는 것이 아니라 빌려주고 우리의 학문이 더 앞서 가면 일본이 한국을 얕볼 이유가 전혀 없다. 이러한 부분에 대한 시정이 이루어져 노력이 결실을 보면, 적어도 가시적으로는 한국과 일본의 관계가 평형상태에 도달되어 새로운 한일관계가 조성되고 양국 공동의 발전과 협력을 이루어 낼 수 있는 지평이 열릴 것이다. 그러면 독도 문제는 자연적으로 해결될 수밖에 없다. 그렇지 못하고 한국과 일본의 국력이 현저하게 차이가 나는 상태에서의 해결은 국력의 우위에 있는 쪽에서 언제든지 다른 부분에서 문제를 유발할 수 있으므로 결코 원천적인 해결이 될 수 없다. 결국 독도 문제의 해결은 독도 자체에 대한 방비책으로는 해결될 수 없는 이유가 여기에 있으며, 한국의 국력 신장과 역량제고만이 가장 원천적인 해결책이 되는 것이다. 일본이 스스로 변화하지 않으면 우리가 변화하게 하면 된다. 변화를 주도하는 쪽은 반드시 미래를 선도하게 되어 있다. 우리가 한일관계를 주도적으로 선도해 나갈 것인가 아니면 일본에 언제까지나 끌려 다닐 것인가 하는 점은 한국과 한국인의 선택과 노력에 달렸다. 세상에서 누구도 한국과 한국인이 세계 최고가 되지 말라고 말하지 않았다.

한국이 세계 최고 강국이 되면 아무도 쉽게 시비를 하지 못할 것이다.

제3절 분쟁과 갈등 해소를 위한 방안

토마스(Thomas)는 갈등 당사자가 어떻게 인지하는가를 분석하여 갈등관리의 전략수립에 유용한 모형을 제시한 상황적응론적 갈등관리 요소에는 경쟁, 회피, 조정, 타협, 협조의 다섯 가지 방법이 있다. 문제의 조속한 해결을 위해서는 협조, 타협, 조정 등이 바람직하지만, 영토문제는 이러한 요소를 통한 해결이 용이하지 않다. 독도 문제는 한국은 일반적으로 냉담, 무관심으로 나타나고 갈등이 존재하지 않는다는 것이 아니라 취급하지 않기로 한 것으로 갈등이 잠재된 형태인 회피적 입장을 취하고, 일본은 필요하다면 남을 희생해서라도 자기의 관심을 충족시키려는 행동으로 고도의 경쟁적이고 비협조적인 지향성인 경쟁을 추구하고 있다.[182]

[표 8-7]에서 보는 바와 같이 갈등 해소를 위한 유형은 여러 가지가 있다. 사람들 간에 장기간의 일관된 협력은 일반적으로 상호신뢰를 높이지만, 불일치, 대결, 갈등의 악화 등이 일어나는 집단에서는 상호신뢰가 확보되기 어렵다. 사람들이 서로 신뢰할 수 없는 경우에는 그들은 종종 그들 자신의 이익을 방어하기 위하여 경쟁한다. 그렇지만 그러한 경쟁은 장기적으로 보아 자기패배(self-defeating)로 이어진다. 그것은 불신이 불신과 경쟁의

[표 8-7] 갈등 해소의 공통적인 유형

유형	유사한 용어	내용 설명
강요	승리/패배: 강요, 도전	한 당사자가 다른 당사자의 입장을 받아들이도록 강요받음
철수	도피, 후퇴	한 당사자가 회피하고 떠남
무행동	회피, 기다리면서 두고 봄	하나 또는 두 당사자가 거의 대응하지 않음
굴복	달래기: 패배/승리: 양보	한 당사자가 그의 요구를 철회함
타협	패배/패배: 상호양보	당사자들은 그들 입장의 중간 어느 수치를 찾음
문제 해결	승리/승리: 통합적 협상	당사자는 갈등의 원천을 찾고 해결책에 동의함

출처: 선우영준(2007), "고려와 조선국 시대의 독도", 학영사, p.132.

---

182) 신중식 외(2003), "교육지도성 및 인간관계론", 한국교육행정학회, p.422

순환을 시작시키기 때문이다. 현재 한국과 일본 사이가 이렇다고 볼 수 있[183]으며, 한일 간의 갈등과 긴장을 해소하기 위한 실질적인 방도에는 '독도 문제의 진실'을 한국과 일본, 양 당사국의 국민과 국제사회의 제삼자적 입장에 있는 여러 법 주체들에게 이해(理解)시키는 일이다.

그 구체적인 방법으로는 첫째는 전문 학술 서적 및 지도 등 독도 문제와 관련된 자료 발간, 성실하고 진솔한 내용을 담아서 호소력 있는 홍보자료를 만들어 일본과 국제사회 전반에 배포한다. 둘째는 독도 영유권문제를 주제로 국제학술회의 등을 통해, 특히 한일 학자 간의 진지한 의견 교환될 수 있도록 연구 활동과 각종 학술행사를 정부가 지원할 수도 있다. 독도가 한국 영토라고 하는 실체적 진실을 설명하는 데 있어서 한국 측은 역사적인 증거에 있어서나, 법 이론의 일관성과 합리성에서 일본보다 우위에 있다. 그리고 일본의 과거 한일관계에 대한 역사적 인식과 역사 교과서 왜곡문제들도 사실상 독도 영유권문제와 동일 선상에 놓여 있는 본질적인 과제들이다. 이러한 과제들에 관하여 일본 국민 사이에 엄연히 존재하고 있는 현격한 인식의 격차를 해소하기 위한 현명하고 진지한 노력이 한국 정부 측으로부터 주도적으로 시도돼야 한다.[184]

---

183) 선우영준(2007), "고려와 조선국 시대의 독도", 학영사, p.133
184) 김영구(2006), "독도 영토 주권의 위기", 다솜출판사, pp.32~33.

제9장

독도 영유권 분쟁의 미래

제1절 해결에 대한 낙관론

1. 제국주의 시대와 현재 국제정세의 차이

1) 19세기 제국주의

19세기 약 100년 동안, 특히 서구인들이 군사력을 동원해 아시아와 아프리카 등에 식민지 건설을 통해 자국에 제품원료를 공급할 나라와 제품을 팔아야 할 시장을 차지하기 위해 벌인 세력 다툼을 제국주의[1]라 한다. 16세기 이후 18세기까지 유럽인들이 세계에 진출한 것을 '구제국주의'라고 하고, 19세기의 국외 진출은 '신제국주의'라고 구분하기도 한다.[2] 일본 제국주의는 1894년 2월 15일 발생한 동학란(고부민란)을 틈타 청일전쟁을 도발함으로써 그들이 이미 오래전에 계획해 놓은 청사진을 따라 대륙 침략의 첫걸음을 내디뎠다.

아시아에 있어 제국주의 시대의 개막을 알린 이 청일전쟁은 청이 무력함을 드러냄으로써 제국주의 열강에 중국 분할을 열어준 획기적인 사건이었다. 그렇지만 청일전쟁의 진정한 원인을 한마디로 말한다면 일본의 대륙침략 야욕에 있었다고 말할 수밖에 없다. 대륙 침략을 위한 그들의 청사진이 이미 일찍부터 마련되어 있었다면 다양한 원인론은 결국 부수적인 의미이거나 개전을 가능하게 한 구실 또는 여건에 불과한 것이다. 일본의 학자 중에서도 '메이지유신 이래 일본의 일관된 대외 팽창의 역사적 경향으로 청일전쟁은 일본 역사상 필연적으로 일어날 수밖에 없었고, 그것이 1894년(8월 1일 일본이 청에 선전포고)이라는 특정한 시기에 발발한 것은 개전할 수 있는 좋은 구실이 그때 비로소 나타났기 때문'이라고 주장한다.[3]

오늘날 한반도를 둘러싼 동아시아의 국제정세가 19세기 정세와 비교할 때 상당한 차이가 나는 것은 사실이다. 주변 강대국들이 여전히 한반도 지역에서 영향력 확대를 통한 자국의 이익 추구에 혈안이 되어 있는 점은 변함이 없지만, 과거의 원료 조달이나 식민지 건설을 통한 영토 확장을 추구한 방식과는 다르다. 그렇지만 한국은 여전히 동아시아 정

---

1) 제국주의: 특정한 국가가 자본주의 발전에 따른 시장의 필요성 때문에 다른 나라를 침략하여 정치·경제적으로 지배하려는 충동이나 정책.
2) 청솔역사교육연구회(1999), "이야기 세계사", 청솔출판사, pp.257~258.
3) 최문형(2002), "한국을 둘러싼 제국주의 열강의 각축", 지식산업사, pp.98~95.

세를 주도적으로 선도할 수 있는 국력을 갖추지 못하고 있으며, 주변 강국들의 힘의 균형이 앞으로 어떻게 변할지 장담하기 어렵다. 19세기 말의 상황과 비교해 가장 현저하게 달라진 것이 있다면, 그것은 한국과 한국인이다. 오늘날의 한국인은 할 수 있다는 자신감을 느끼고 있으며 도전을 통해 성취와 발전을 이루고 있다. 그러나 여전히 자주국방의 단계에까지는 이르지 못하고 주변 강국의 힘에 억눌려 있어 더 많은 노력을 통한 국력 증강이 필요하다.

무력 충돌이 발생하는 것은 기존에 형성되어 있는 정치·경제·군사적인 문제에 의한 국제질서의 변화가 초래하는 경우가 많다. 핵을 보유한다고 전쟁이 일어나지 않는 것도 아니다. 지금이라도 일본이 망동을 해 군사대국화를 적극적으로 추구하고 침략에 나선다면 과거와 같은 불행을 당하지 말라는 법이 없다. 따라서 오늘날 한반도를 둘러싼 동아시아의 장래에 대해 오늘을 사는 우리가 기댈 수 있는 것은 우리 자신의 힘과 역량밖에는 아무것도 없다. 우리를 안도하게 할 수 있는 것은 19세기와 달라진 주변여건이나 환경이 아니라 한국이 국력을 증강해 스스로 질서를 유지하고 정리해 나갈 역량을 구비하느냐 그렇지 못하느냐에 달렸다. 상황의 전개에 따른 변수와 변화과정에서 때로는 현실적인 긍정이나 부정적인 측면이 그대로 지속할 수도 있고, 정반대의 상황으로 바뀌어 나타날 수도 있으므로 시대와 국제적인 정세변화를 읽고 능동적으로 대처하지 못하면 불행을 자초할 수도 있다. 즉 국력을 신장해 패권을 장악하면 질서 창출자가 되지만, 분열하고 국력이 쇠락하면 19세기 말과 같은 어려움을 다시 당할 수 있다는 점을 염두에 둘 필요가 있다.

2) 세계화와 제국주의 변형 진화

20세기에 일어났던 가장 중요한 변화들 가운데 하나가 세계화다. 세계화(globalization)란 국가들 사이 교환의 증대를 의미하는 국제화(internationalization)와는 차원이 다른 우리 삶의 일반, 곧 정치, 경제, 사회 그리고 문화가 국민국가의 국경을 넘어서 전 세계적인 차원에서 유기적으로 작동하여 이것이 우리 삶의 기본적인 조건을 이루는 것이다. 근대에는 지구를 하나의 시간과 공간으로 재구성했던 자본주의 세계체계가 제국주의를 낳았다. 그에 비해 공식적인 식민지는 사라지고 '지역적 지식'이 재평가받는 탈근대에서 세계화는 네그리와 하트의 말대로 '탈중심'적이고 '탈영토적' 제국을 생성했다. 근대와 탈근대의 관계처럼 제국주의와 세계화는 연속과 단절을 내재한다.

마르크스가 '공산당 선언'에서 말했듯이, 자신의 모습대로 세계를 창조하고자 했던 부르주아지(bourgeoisie: 자본가 계급)는 모든 민족에게 부르주아(bourgeois: 자본가 계급에 속하는 사람) 생산양식을 강요하는 속성을 가진다. 그 때문에 근대에서는 제국주의 방식으로 그리고 탈근대에서는 세계화의 전략으로 지구를 통일하고자 했다. 요컨대 세계화 시대에서 제국주의는 현상적으로는 소멸한 것처럼 보이지만, 본질적으로는 새로운 형태로 변형을 이뤄 존재함으로써 여전히 힘을 발휘하고 있다.[4] 그렇지만 세계화는 시장경제 이념의 승리로부터 인간문제가 정치적 고려에서 분리되어 인도주의적 문제가 국경 없는 상황에 이르게 됐고, 고도의 상호의존적인 경제는 국제협력을 장려하고 전쟁을 억제한다. 경제통합지역에서는 상호의존성이 지금까지 편협하게 주장되어 온 국가의 안보를 국제적 안보개념으로 대치시키게 된다.[5]

세계화는 필연적으로 교류와 협력 증진이 바탕이 되므로 지역분쟁을 어느 정도 예방하는 효과가 있다. 그러나 오늘날 변형된 제국주의는 다국적기업과 거대기업의 출현을 통한 민족과 국가 개념의 잠식, 표준(standard)과 규범(code)을 통한 표준화는 경제권과 문화권의 확대라는 방식으로 이루어지고 있다. 세계화 과정에서 우리가 과거의 우리 것을 지키고 유지할 수 있는 상황에서 새로운 것을 받아들여 접목하고 새로운 문화를 스스로 창출해 나갈 시간적 여유와 여력이 있을 때는 문제가 되지 않지만, 우리 스스로 자존 하는 능력을 잃은 상태에서 경제권과 문화권의 확대로 일방적인 주입이 강요되는 것은 '영토 확장'의 개념으로 보아야 한다. 종속이 불가피하게 되기 때문이다.

고대 로마가 인접 국가들을 무력을 앞세워 자국에 복속시키고 황제를 중심으로 한 로마문화에 동화되도록 함으로써 해체된 민족과 국가들이 상당수에 이르렀다는 것은 역사적 사실이다. 우리가 주도하는 경제와 문화의 확대는 우리의 위상이 최고조에 있다는 것을 의미하지만, 우리는 스스로 발언할 기회도 얻지 못하고 일방적으로 수용을 강요당하기만 하는 경제와 문화수준으로는 제국주의의 영토 확장 개념이 진화 발달한 몇몇 초강대국 중심의 체제 개편은 표준화를 앞세운 세계화라는 그럴듯한 명목으로 약소국가의 정체성을 크게 훼손하고 사라지게 할 수도 있다. 세계화가 공존 공영하는 방향으로 나아가지 않고 몇몇 강대국의 전유물로 전락해 일방적으로 강요되는 세계화의 결과는 약소국이나 약소민족에게는 종속을 강요하고 자존이 없는 비극을 안겨주기도 한다.

---

4) 김기봉(2006), "역사를 통한 동아시아 공동체 만들기", 도서출판 푸른역사, pp.48~49.
5) 윤정석(1998), "일본의 국가전략: 21세기를 맞으며", 도서출판 오름, p.34.

중국이 오늘날 다민족 국가를 지향하면서도 세계중심 국가로 도약하기 위해 중화사상[6)]으로 내부 결속을 다지며 소수민족의 독립을 막고 있는 것도 중국의 입장에서는 희극일지 몰라도 복속된 민족과 주변국의 입장에서 볼 때는 국력과 문화의 우위가 낳은 비극이다. 중국화사상을 외치는 중국 속에서 티베트(Tibet)를 비롯한 여러 소수민족이 독립을 갈구하는 이유가 바로 여기에 있다. 서북공정에 이어 중국이 벌이고 있는 동북공정은 바로 우리 한반도를 겨냥하고 있음을 간과해서는 안 된다.

2. 반전·반핵 평화주의 이미지 와해 우려

이제까지 나타난 독도 영유권에 관한 일본의 도발에 대한 한국 측의 일반적인 분석은 '일본이 영유권 주장을 하지 않으면 독도를 실효적으로 지배하고 있는 한국 영토로 굳어진다. 이것을 방지하기 위해 일본은 끊임없이 영유권을 주장한다'는 것이 공통된 견해인 것 같다. 한편으로 생각하면 그럴듯한 것처럼 느껴지기도 하지만, 이것만으로는 일본의 행동을 모두 설명하고 이해하기는 어렵다. 즉 부분적으로는 그렇게 볼 수 있지만, 전체적인 측면의 이해에는 많이 부족하므로 위의 분석은 너무 편협한 생각이다.

가령 일본이 독도에 대한 영유권을 주장하는 데 있어 한 해에 몇 회를 주장하면 그 주장이 효력이 있고, 몇 회 이하이면 효력이 발생하지 않는다는 객관적인 근거는 없다. 그러므로 단순하게 독도에 대한 영유권 주장에 대한 효력을 유지하기 위한 행동이라면 한국을 많이 자극하지 않고 몇 년에 한 번씩 주장을 한다고 하더라도 그 주장의 효력이 없어지는 것은 아니므로 그렇게 하면 된다. 하지만 그동안 일본이 보여 온 독도 영유권 주장은 일본의 자의적이고 주관적인 판단에 의해 이루어지므로 회수나 주장의 강도가 수시로 바뀌어 왔다.

물론 영유권을 계속 주장하면 분쟁지역화 하는 분위기 조성에는 어느 정도 도움이 되겠지만, 영유권 주장만 되풀이한다고 크게 달라질 것이 없는데도 이렇게 비슷한 주장을

---

6) 중화사상(中華思想, Sinocentrism)이란, 중국이 자국의 문화와 국토를 자랑스러워하며 타민족을 배척하는 사상이다. 여기서의 '중화'는 세계의 중심의 우수한 나라라는 뜻이며, 그 밖의 나라는 오랑캐로 여기어 천시한다. 따라서 화이사상(華夷思想)이라고도 한다. 이 사상은 춘추전국시대부터 진(秦)·한(漢) 시대에 걸쳐 형성되었다. 특히 한대(漢代)의 공양학(公羊學)에서 두드러졌다. 한족의 문화 전통을 지키겠다는 취지에서 불교를 배척하고 유교 사상을 강화하였는데, 이것이 바로 주자학(朱子學)이다. 중국은 주변민족을 동이, 북적, 남만 등으로 부르며 무시하는 경향을 띠었다. 그 후 만주족(滿洲)이 중국을 통치하며 청나라가 건국되었고 반만사상(反滿思想)이 재연되었다. 또한 서양 제국과의 외교 교섭을 가지려 하지 않았기 때문에 서양 문화의 수용을 저해하였다. 그러나 차츰 서양 문화의 가치를 인식하게 되었고, 왕조체제의 붕괴와 함께 기존의 중화사상은 사라졌다. 그러나 20세기 이래로 중국 내부에서 다수의 한족과 지배받는 나머지 소수민족이 갈등 관계에 놓이자, 때때로 한족 사이에서 중화사상과 같은 것이 발현되기도 하였다. 이것이 티베트인의 반중국 시위 등을 유발하는 데 일정 부분 역할을 하였다. 하지만 20세기 국제 정세에 맞게 중화사상을 유화하고 개방적으로 받아들이려는 움직임이 일어나고 있다.

되풀이하는 것은 일본에 무엇인가 실익이 있기 때문이다. 아니 오히려 독도의 영유권을 확보하는 것보다 장기적이고 전략적인 측면에서 활용가치와 이익이 더 큰 것으로 보아야 한다. 문제는 그 활용가치와 이익이 무엇인가 하는 것이다. 아마도 일본이 추구하는 독도 문제의 활용가치는 긴장관계 조성을 통해 일본 정부가 추구하려는 초강대국 실현을 위해 요구되는 국제무대에서의 역할 증대를 위한 군비증강과 정권 유지, 국민의 단합을 통한 국가발전을 추구하는 데 있는 것으로 보인다. 여기에 한국에 영향력을 행사할 수 있는 이 보다 더 좋은 패가 없으므로 독도 문제를 당연히 포기하지 않고 빠른 해결도 바라지 않는 것이다.

1954년 11월 자위대가 발족하였다. 국권회복을 기하여 자유방위체제를 수립하면서 자위대가 결성된 것이다. 물론 아시아 대륙의 공산화에 대비하는 전략적 차원이 크게 작용했다. 그리고 1976년 처음으로 '국방백서'를 발간하면서 일본 방위의 세 가지 주요 내용(국방의 기본 방침)을 천명하였다. 첫째는 국민 한 사람 한 사람이 침략에 저항하는 의사와 기개를 갖는 것이고, 둘째는 헌법에 정해진 대로 최소한의 필요 방위력을 유지하고, 셋째는 미일 안보조약의 견지를 표명하였다. 1994년 판 방위백서에서도 분명히 '국방의 기본방침' 외에도 군사대국이 되지 않는다는 것을 처음으로 명시하고 있다.

미국과 일본의 동맹관계에서 오는 일본의 군사력에 대한 한계뿐만 아니라 일본은 국내 정치에서도 군사력에 대한 명백한 한계가 규정되어 있다. 전후 일본의 평화주의 정신은 제복에 대한 문민통제제도, 비핵 3원칙 등 군사력에 대한 일방적 억제정책을 실현하고 있다. 아직도 평화주의적인 흐름이 강하지만, 최근에 와서는 방위력 또는 군사력에 대한 국내 정치적 논의는 이제는 금기로 남아 있지 않다. 적어도 경제력에 상응하는 힘의 보유를 일반적으로 받아들이는 추세에 있다. 평화헌법 제9조에서 상설군대의 보유를 금하고 국제분쟁 해결수단으로 군사력을 사용할 수 없도록 규정하고 있으며, 군사력의 일정수준을 정하여 군비의 상한선을 두고 일본 정부가 자발적인 억제를 해왔다. 국제연합헌장, 샌프란시스코 평화조약, 그리고 미일안보조약과 이에 따르는 모든 합의구조는 일본의 자발적이고 자유로운 군비증강을 억제하는 체제를 이루었다. 물론 일본 국민의 의식에서 비롯한 국내 정치적 상황이 자발적 억제를 하도록 요구하기도 하지만, 결국은 전후 처리 과정에서 일본이 맛보게 된 패전의 유산이 일본을 어떤 한계 내에 묶어두었다.[7]

그럼에도 일본이 이미 세계적인 군사대국화 되어 있다는 것은 이미 잘 알려진 사실이

---

7) 윤정석(1998), "일본의 국가전략: 21세기를 맞으며", 도서출판 오름, pp.161~174.

다. 독도 문제를 단기적이고 극적으로 해결하는 방법 중 하나는 군사력을 앞세운 기습공격을 통해 무력으로 점령하는 것이다. 가장 손쉽고 간단한 해결방법이 있는데도 일본이 수십 년을 끌며 신경전을 펼치며 무력을 행사하지 않는 이유는 무엇인가? 여기에는 여러 가지 요인이 있지만, 가장 대표적인 이유 중 한 가지는 제2차 세계대전 이후 일본 정부가 지향해온 반전, 반핵의 평화공존을 추구해온 정책 훼손 문제가 있다. 그동안 비용과 공을 들이며 선전해온 반전(反戰)과 반핵(反核)을 주창하는 평화국가 일본의 이미지가 깨어지면 전범국가라는 낙인이 찍히므로 그들의 입지(立地)가 좋아질 리 없고 중진국이나 후진국에 원조라는 방식으로 돈을 뿌려 얻은 지지가 도리어 두려움과 경계심으로 바뀔 수 있기 때문이다.

그동안 일본의 평화국가 이미지 보존 노력은 일본이 무력을 앞세워 독도를 점령하지 않도록 하는데 상당한 역할을 한 것으로 볼 수 있다. 그러나 도발적인 행위는 계속해왔으므로 앞으로 언제까지 무력사용을 자제하는 행동에 의존하여 대응할지는 예측하기 어렵다. 일본은 한국이 독도를 실효적으로 지배하고 있는 데다 이론적 근거가 약한 점을 보완 스스로 운신할 기회는 물론 자연스럽게 행동을 유발하기 위한 근거를 만들어 제삼국이 볼 때 일본이 무리수를 두는 것이 아니라 자국의 영토권을 수호하기 위해 그럴 만하다는 정도의 인식을 갖게 하려고 노력해왔다. 가급적이면 다양한 방법으로 그 근거를 만들어야 하므로 표면적으로는 한국인들이 볼 때 왜 저런 일까지 하는 것일까 할 정도로 많이 우회하는 것으로 보인다.

치밀하게 차근차근 진행되는 일본의 이러한 분쟁화 준비 행동에 대해 한국 측에서는 그동안 무시로 일관해왔지만, 일본 내부에서 볼 때는 가장 합리적이고 효율적인 행동이라는 확신 아래 진행했을 것이 틀림없다. 이것이 제삼국과 국제기구를 통한 다케시마와 일본해 표기 확산을 위한 홍보의 실체였고, 2006년 한국 측의 국제수로기구 독도 해저 지명 등록을 무산시키는데도 그 위력을 발휘했다고 볼 수 있다. 이러한 사실은 호사카 유지(保坂祐二) 세종대 교수가 "일본은 국제법과 해양법을 면밀히 연구, 제삼자가 보면 일본의 행동이 절대 나쁘지 않다는 결론을 내리도록 계획을 세웠다"고 말한 주장에서도 어느 정도 확인이 가능하다.

3. 한일 양국 군사력 증강과 차등균형

중국의 시사잡지인 중국신문주간은 2008년 8월 11일 날짜 최신호에 '독도 분쟁 배후의 군사역량'이란 기사를 통해 일본이 군사적으로 한국보다 우위에 있음에도 일본이 국제정세 등을 고려해 섣불리 군사 행동에 나서지 못할 것이므로 한국이 계속하여 독도를 점유할 수 있을 것으로 전망했다. 이 잡지는 '종합적 군사력에서 우위에 있는 일본이 한국의 소홀한 틈을 타 독도의 경비대를 공격함으로써 독도를 손에 넣는 것은 크게 어려운 일이 아니다'라면서도 '이럴 경우 한일 간 독도를 둘러싼 장기적인 군사 대치가 불가피한 데다 러시아 등 주변 열강이 이를 빌미로 개입할 가능성이 있어 일본은 큰 곤경에 빠질 것'이라고 내다봤다.

이 잡지는 군사력이 낙후된 필리핀이 주변 섬을 장기간 지배하고 있는 것도 이런 이유라고 설명했다. 또한 한국과 일본 모두와 동맹을 맺고 있는 미국의 태도 역시 일본이 섣불리 군사 행동에 나서지 못하는 이유라고 잡지는 분석했다. 미국이 한일 중 한쪽을 지지하면 지지를 받는 나라가 독도를 차지할 가능성이 크지만, 미국은 이곳에서 무력 충돌을 바라지 않는데다 독도 문제를 현재와 같이 보류해 두기를 원하기 때문에 일본이 쉽게 무력 행동에 나서지 못할 것이라는 설명이다. 이 잡지는 양국의 군사력을 분석한 결과, 공군은 한국과 일본이 큰 차이가 없지만, 해군의 역량은 일본이 크게 우세하다면서 종합적으로는 일본의 군사력이 더 강하다고 평가했다.[8]

중국신문주간은 자신들의 주관적 판단과 수집된 정보를 바탕으로 작성한 것이어서 독도 문제를 둘러싼 한국과 일본의 상황을 명확하게 객관적으로 평가했다는 근거는 없다. 하지만 같은 동아시아권에 있으면서 한국, 일본 모두와 밀접한 관계를 갖고 있는 제삼국인 중국 내에서 분석과 전망이 이루어졌다는 점에서는 상당한 의미가 있다. 전쟁의 승패가 항상 군사력에 따라 결정되는 것은 아니지만, 대치 상태에 있거나 분쟁이 발생하는 국가 간에 군사력이 어느 정도 균형을 이루면, 공격하는 쪽도 막대한 피해를 수반할 수 있으므로 직접적인 공격이 쉽지 않아 군사력 자체가 평화공존을 유지하는 가장 실질적인 효과를 발휘하는데 기여한다는 것은 부인하기 어렵다.

2003년에 발간된 국방대학원 교수를 역임한 이선호 교수의 '독도수호를 위한 해상전략 대안'에 따르면 "독도의 영유권분쟁에서 양국이 직접 대결할 수 있는 한국 해군력은 일본

---

8) 연합뉴스 2008. 8. 11.

[표 9-1] 2008년 국방 예산 상위 10개국
(단위: 10억 달러)

국가	예산
미국	696.30
영국	79.27
프랑스	65.74
중국	58.07
일본	48.10
독일	43.55
사우디아라비아	38.32
러시아	36.73
이탈리아	31.40
한국	28.30

출처: 군사정보지(제인스 인더스트리)

해상자위대의 해군력에 비해 지나치게 낙후돼 있으므로 질과 양 공히 상대가 안 될 정도로 열세를 면치 못하고 있는 것으로 나타났다. 그리고 현재 제한된 영해를 지키기에도 벅차며, 북한도 신경을 써야 하므로 독도와 대한해협에 12해리 영해를 적용하거나 접속수역이나 200해리 경제수역을 통제하게 되면 이에 효과적으로 대응할 함정세력이 부족한 상황이다. 따라서 독도 문제와 관련해서 일본과 해상에서 무력 대결을 한다는 것은 중과부적으로 생각할 수 없는 일이며, 외교적으로 또는 국제사법 재판절차를 통해서도 일본이 우세한 국력으로 유리한 고지를 선점할 가능성이 농후하다. 일본이 남의 땅을 자기 땅이라고 생떼를 쓰면서 국제사법재판을 해서 시비를 가리자는 정도로 뻔뻔스럽게 도발하고 있는 현실은 주변국에 대한 심각한 물리적 위협임이 틀림없기 때문에, 그 대응처방으로 유사시 일전을 불사할 결의를 하고 치안수단이 아닌 군사작전 수단으로 실효적 지배를 물리적으로 재확인함은 너무나 당연한 것이다"[9]라고 했다.

세계 여러 나라 가운데 일본 정부는 이미 다섯 번째로 군사비를 많이 쓰는 나라가 되었다. 최첨단 장비를 포함하여 상당한 수준의 장비로 무장된 일본은 군사적으로 충분히 방위할 수 있는 나라가 되었다. 병력은 17만~18만 명이지만, 이 병력의 편성구조가 대부분 장교와 기간 사병으로 구성되어 있기 때문에 유사시에는 적어도 수십만 명의 대군으로 편성하는데 어려움이 없다. 어떻게 보면 전쟁을 하지 않는 나라로서는 군사적으로 대국이 이미 된 셈이다. 그러면서도 공식적으로 또는 비공식적으로 일본 정부는 군사대국이 되지 않는다고 아시아의 주변국에 선언하고 있다.[10] [표 9-1]에서 보는 바와 같이 북한 핵개발로 조성된 안보 위기 속에 동북아 군비경쟁이 확대일로다. 중국은 경제성장을 바탕으로 매년 증가율 두 자리 수로 국방예산을 늘려가고 있다. 일본도 미사일방어(MD)체제[11] 도

---

9) 독도역사찾기운동본부(2003), "독도 영유권 위기 연구", 백산서당, pp.219~224.

10) 윤정석(1998), "일본의 국가전략: 21세기를 맞으며", 도서출판 오름, p.174.

11) 미사일방어 또는 미사일방어체제(MD, Missile Defense)는 미국 본토가 대륙간 탄도미사일로부터 공격을 받을 경우 고성능 요격미사일을 발사해 요격함으로써 미국 본토 전체를 방어한다는 미국의 미사일 방어 전략이다. 미사일 방어(MD, Missile Defense)는 공격해오는 미사일

입 등 군사력 증강의 호기로 삼고 있다. 일본은 최근 지대공 패트리엇미사일(PAC3)을 이용한 첫 지대공 미사일방어 시험에 성공하는 등 2010년 말까지 10조 원을 들여 미사일방어 체제 구축을 마무리한다는 계획을 세우기도 했다. 첨단전력 국산화 등을 위해 2008년 지출한 일본의 국방비는 50조 원에 달했다. 20년 동안 두 자리 수로 국방비를 늘려온 중국의 2008년 국방 예산은 공식 발표로만 70조 원에 가까웠다. 5년마다 국방비가 거의 두 배씩 늘었고 2007년 처음 일본을 제치고 국방비 지출 규모로 세계 4위에 올랐다.

기동성 높은 고체연료추진방식의 신형 대륙간탄도미사일(DF31), 사정거리 8,000㎞에 이르는 신형 잠수함발사탄도미사일(JL2) 등 전략 핵 능력을 크게 향상할 수 있는 신형 무기 개발도 속속 진행 중이다. 군사정보지 '제인스 인더스트리'에 따르면 2008년 국방 예산 상위 10개국에는 중국, 일본과 함께 전력 첨단화를 목표로 국방개혁을 진행 중인 한국이 포함되었다.[12]

군사력은 현재의 상태를 평가하는 방법과 전시 상황으로 전환될 때 나타날 수 있는 잠재전력으로 평가할 수 있다. 한국과 일본은 현실적인 군사력의 차이도 존재하지만, 일본이 군비 확충을 제한하는 평화헌법을 철폐하고 본격적인 군비경쟁에 돌입하거나 재무장 강화에 나서면 국가 예산규모와 경제력을 고려할 때 한국의 군사력과 격차는 더 벌어질 가능성이 크다. 한국과 일본의 군사력은 계속 증강되고 있으며, 양국 간의 군사력도 변화하고 있지만, 방위비 예산 차이의 폭을 줄이는 데는 시간이 필요하다. 육군에서 군인 수는 한국이 우위를 점유하고 있지만, 무기체계와 방위산업 등 무기 생산기술력에는 일본이 우위를 점유 전체적인 군사력에서도 상당한 차이를 보이고 있는 것이 현실이다.

군사력의 증강과 유지는 곧 국민의 부담으로 작용한다. 전쟁의 억제력도 중요하지만, 국민에게 무리한 군비부담을 지우는 것도 크게 바람직하지 않다. 따라서 일본과 중국 등 주변 국가들을 염두에 두고 끊임없이 국력을 증강하고 이를 바탕으로 한국의 규모에 적합하게 단계적으로 군사력을 증강하고 유지하면 된다. 우리 한국은 경제성장에 따라 그러한 작업을 차근차근 진행하고 있다. 동등한 수준이 아닌 어느 정도 차등화된 수준의 균형을 유

들을 탐지, 추적, 요격, 파괴하는 무기 시스템 또는 무기 개발 프로그램 또는 기술을 일컫는 용어지만, 아직 의미가 확정된 용어가 아니기에, 정확한 뜻은 바뀔 수 있다. 미국에서 처음 이 용어가 등장했을 당시의 뜻은 '핵탄두를 갖춘 대륙간탄도미사일 방어'를 의미했으며, 현재도 종종 이 뜻으로 쓰이고 있다. 그러나 지금은 단거리 재래식 전술(Tactical) 또는 전역(Theater) 미사일들에 대한 방어도 포함하는 뜻으로 사용된다. 가장 자주 쓰이는 의미로, 탄도탄 요격 미사일로 방어하는 것을 의미한다. 그러나 요격미사일로 방어하는 것만은 아니며 대표적으로 항공기 탑재 레이저가 개발 중인 것으로 알려져 있다. 역사적으로, 미사일 방어는 대공 시스템의 일부분이었다. 역사적으로 미국의 미사일 방어책임은 미국 육군에 있었다. 그러나 최근에는 미국 해군과 공군도 자체적으로 미사일 요격 시스템을 개발 중이다. 하지만 이제는 미국에 국한되지 않고 미사일 방어를 하려는 보편적인 용어로 사용된다.

12) 한국일보 2008. 9. 26.

지하는 방향으로 관리해 역습할 수 있는 역량을 갖추면 일본도 쉽게 움직이기 어렵다.

현대전이 과거 전쟁과 같을 수는 없지만, 공성전에서 공격자는 방어자의 3배의 병력으로 공격해야 한다거나 란체스터 법칙[13]이 아니라도 타국을 원정하여 공격해야 하는 공격자에게는 원정에 따른 보급 문제와 미숙한 지형 등 여러 가지 어려움이 수반되므로 상당한 군사력의 차이가 있어야 가능하다. 군사력 차이의 범위에 대한 관리가 잘되면 적절한 차등균형을 통해서도 방어할 수 있다. 오늘날 한국과 일본의 군사력은 무력 충돌을 어느 정도 억제할 수 있는 차등균형 범위 내에 있으며, 한국은 일본의 무력 도발을 억제할 수 있는 능력이 있다. 그러나 방심하면 안 된다. 차등균형이 전쟁억제를 보장하는 것은 아니다.

4. 일본의 무력행사를 제한하는 5가지 요소

1) 유엔에 의한 제한과 개입

국제연합헌장은 원칙적으로 가맹국이 개별적으로 무력행사 또는 국제연합의 목적과 배치되는 기타의 행동을 하는 것을 금하고 있다(제2조 제1항). 헌장은 지금까지 의미의 전쟁은 물론이고, 전쟁에 이르지 않는 무력행사와 국제연합의 제1 목적인 국제평화와 안전 유지(제1조, 제2조)에 배치되는 위협, 평화의 파괴, 침략행위 등을 금지하고 있다(제2조 제4항). 그러나 국제연합에서 가맹국의 개별적인 무력행사가 예외적으로 인정되는 것은 오로지 자위권의 행사인 경우에 한한다. 헌장은 이를 명문으로 규정하였다(제51조). 그러나 헌장은 자위권 남용을 방지하기 위해 이에 대한 통제를 규정하고 있는 한편, 자위권의 실질적인 보장을 위해 개별적인 자위권 이외에 집단적 자위권을 인정하고 있다. 이는 일반적·집단적 안전보장기구인 국제연합이 인정하는 개별 국가에 의한 무력행사 금지의 중대한 예외이다. 국제연합에 의해 취해지는 강제조치(제7장), 구 적국에 대한 특별조치(제53조)는 헌장에 허용된 무력행사나 이는 국제연합 자신의 조치이며, 가맹국의 개별적인 무력행사와는 구별된다.

일본의 자위대 병력이 독도에 대한 무력 공격을 하는 것은 '국제연합헌장'을 명백히 위

---

13) 란체스터 법칙(Lanchester's laws)은 피해자와 가해자 서로 간의 상대적인 힘을 계산하는 수학적인 공식으로, 이 공식은 군사력 쪽에 관련이 깊다. 이 란체스터 방정식은 공격자와 방어자 간의 힘을 A와 D라는 시간에 기반에 둔 함수로 나타내어 기술하는 미분방정식이다. 1916년, 제1차 세계 대전 중에, 프레더릭 란체스터는 상대방의 힘의 관계를 보여주는 미분방정식을 고안하였다. 이 방정식 중에서 많이 알려진 방정식은 란체스터의 선형 법칙(Lanchester's Linear Law, 현대이전 전투)과 란체스터의 제곱 법칙(Lanchester's Square Law, 소화기같이 장거리의 무기를 사용하는 현대전투)이 있다.

반하는 것[14])으로 되기 때문에 일본은 유엔의 제재를 피하기 어려울 것이다. 그러나 중요한 점은 국제분쟁을 해결하기 위한 유엔의 존속과 국제연합헌장에 따른 유엔평화유지군의 파견에도 불구하고 지구상에는 분쟁이 끊임없이 계속되고 있다는 점이다. 즉 유엔의 노력에는 한계가 있을 수밖에 없다. 우리가 스스로 국력을 키우고 일본의 제한적인 또는 전면적인 공격에 대비해야 하는 이유가 여기에 있다.

2) 한일 양국에 대한 미국의 견제 조정기능

미국이 지금까지 지속적으로 일본과 한국과의 안보협력 체제를 유지할 수 있었던 것은 지난날 일본의 패전과 한국전쟁의 유산, 즉 일본은 1951년 미일안전보장조약[15])과 1978년의 '미일방위협력을 위한 지침'에 근거를 두고 있으며, 한국은 1953년 한미상호방위조약[16])을 근거로 미군이 한반도에 주둔하고 있기 때문이다. 동시에 아시아 각국과 체결한 상호방위조약을 근거로 미국은 태평양 기지를 체계적으로 유지하고 있다. 미국과 일본 간의 안보체계는 군사적인 것만이 아니라 이를 통한 우호관계와 정책조정 및 협력이라는 정치적 의의와 성격을 지니고 있으며, 따라서 일본의 외교에서 미국과 일본 중심의 기초를 이루게 된다는 것이다. 이는 한국도 마찬가지다. 이와 같은 정치적 효과로서 미국과 일본의 안보조약과 미국과 한국의 안보조약은 동아시아지역의 평화와 안정을 확립하는 데 기여해왔다.[17])

---

14) 김명기(1999), "독도의 영유권과 국제법", 투어웨이사, pp.160~170.

15) 미일안전보장조약(美日安全保障條約)은 미국과 일본과의 군사동맹을 규정한 조약이다. 1951년 9월 8일 체결된 '미합중국과 일본의 안전보장조약' 구조약과 1960년 6월 20일 개정된 '미합중국과 일본의 상호협력 및 안전보장조약' 신조약이 있다. 전후(戰後) 일본이 패전국으로서 평화조약을 체결할 때 그 평화조약 제3장 C항에 의거하여 일본은 국제연합헌장 제51조에 기한 개별적 또는 집단적인 안보체제에 가입할 수 있게 용인되었으며 그에 따라 일본은 미국과의 군사동맹조약의 당사국이 될 수 있었다. 1951년 체결된 미일안전보장조약에서는 미군의 주둔을 규정하고 일본 내의 기지를 제3국에 대여할 경우 미국의 동의권을 필요로 한다는 것을 비롯하여 일본에 대규모 내란이나 소요가 발생하여 일본 정부의 요청이 있거나 일본에 대한 외부로부터의 공격이 있을 때 미군이 출동할 수 있도록 되어 있어 사실상 불평등조약이었다. 그러나 1960년 신조약에서는 일본 국내의 정치적 소요(騷擾)에 대한 미군의 개입가능성과 일본이 제3국에 기지를 대여할 경우 미국의 동의권을 필요로 한다는 조항이 삭제되었다. 이 조약의 유효기간은 10년이었으나 1971년 자동연장조약을 원용(援用)함으로써 현재까지도 유효하며, 폐기의사를 통고하여 1년 후에 폐기되기 전에는 반(半)영구적으로 그 효력을 지니게 되었다. 결국 일본은 이 조약에 의거하여 자국의 안보비용을 미국에 전가시킴으로써 경제개발에 전념할 수 있었다.

16) 한미상호방위조약(韓美相互防衛條約)은 1953년 10월 1일 체결되고 1954년 11월 18일 조약 제34호로 발효된 한국과 미국 간의 상호방위조약이다. 정식명칭은 '대한민국과 미합중국간의 상호방위조약'이다. 전문과 본문 6조 및 부속문서로 구성된 이 조약의 주요내용은 다음과 같다. ① 당사국 중 일국의 정치적 독립 또는 안전이 외부의 무력공격에 의하여 위협받고 있다고 인정될 경우 언제든지 양국은 서로 협의한다. ② 각 당사국은 상대 당사국에 대한 무력공격을 자국의 평화와 안전을 위태롭게 하는 것이라고 인정하고, 공동의 위험에 대처하기 위하여 각자의 헌법상의 절차에 따라 행동한다. ③ 이에 따라 미국은 자국의 육·해·공군을 대한민국 영토 내와 그 부근에 배비(配備)할 수 있는 권리를 갖고 대한민국은 이를 허락한다. ④ 이 조약은 어느 한 당사국이 상대 당사국에게 1년 전에 미리 폐기 통고하기 이전까지 무기한 유효하다. 이 조약은 1953년 7월 27일 휴전협정 이후 한·미 양국이 한반도의 군사적 긴장상황에 공동대처하기 위하여 체결하였다. 이 조약에 따라 한반도에 무력충돌이 발생할 경우 미국은 국제연합의 토의와 결정을 거치지 않고도 즉각 개입할 수 있다.

17) 윤정석(1998), "일본의 국가전략: 21세기를 맞으며", 도서출판 오름, pp.194~195.

미국은 한국에 대해 한미상호방위조약을 체결해 미군을 주둔시키고 있으며, 동시에 일본에도 미일안전보장조약을 체결해 미군을 주둔시키고 있다. 미국은 양국에 핵우산을 제공하는 대신 핵무기와 장거리유도병기 개발을 강력하게 억제하고 있다. 만일 독도에 일본 자위대의 침공이 이루어져 한국과 일본이 전시상황으로 치닫게 되면 미국은 명목상으로는 일본에 진주하는 미군과 한국에 진주하는 미군이 자동으로 격돌해야 하는 특이한 상황이 빚어질 수 있다. 결국 어떤 형태로든 미국은 양국의 충돌에 영향을 받게 될 것이므로 독도 문제의 무력에 의한 해결은 바라지 않을 수밖에 없다. 만약 무력 충돌이 발생하면 자동으로 개입하여 조정기능을 발휘해 중재하려고 할 것이다.

1998년 5월에 조사한 미국 군사문제 전문가의 견해를 보면, 독도의 영유권에 관해서 한국(62%), 일본(18%), 한일 간에 독도 문제로 갈등과 마찰이 발생할 때 미국의 바람직한 조치로서 외교적 중재/조정(48%), 양국에 조언/권고(28%), 독도의 무력 분쟁이 발생할 때 미국의 바람직한 입장에 대해서는 중립(43%), 조정자 역할(57%), 현재 당면한 독도 문제에 대한 바람직한 조치방안으로서는 현행대로 한국 유지(48%), 국제사법재판소에 제소하여 국제적으로 해결(36%), 공동관리(11%)의 형태로 나타났다. 즉 미국은 한국 영토라는 인식이 강하고, 분쟁이 발생하면 중립 입장에서 조정자 역할을 해야 하고, 해결방안으로서는 현행유지나 중재재판이 바람직하다는 인식을 갖고 있는 것으로 나타났다.[18] 여러 가지 상황을 고려할 때 미국군의 주둔이 독도에 대한 일본 자위대의 무력 도발을 방지하는 역할을 하고 있는 것으로 볼 수 있다. 따라서 한국의 군사전문가 중에는 일본이 독도를 공격한다면 그 시기는 한국의 전시작전권 환수[19] 직후인 2016년이 될 것으로 관측하기도 한다.

3) 장거리 유도탄과 핵무기 보유

과거의 전쟁은 대부분 일차적으로 국경에서 무력(武力) 충돌이 시작되고, 그 후 반드시 아군이 적국의 영해나 영공, 영토에 진입해야 개전할 수 있었지만, 오늘날은 전쟁의 양상이 바뀌었다. 장거리 공격용 병기를 보유하고 있으면, 곧바로 자국에서 직접 상대국의 지

---

18) 최장근(2008), "독도의 영토학", 대구대학교출판부, pp.104~105.

19) 대한민국의 전시작전권 환수는 한미연합사령부가 행사하도록 되어 있는 전시작전권을 대한민국 국군으로 환수하는 것을 말한다. 2006년 8월, 노무현 대통령이 전시작전권을 환수하기로 방침을 정하자, 한나라당과 군 원로 등 보수진영의 반대로 논쟁이 있었으나, 2009년 10월 22일 한미안보연구회 국제회의(SCM)에서 당초 2012년 4월 12일자 환수를 재확인하였다. 그러나 2010년 6월 27일, 이명박 대통령과 미국 오바마 대통령은 전시작전권 환수를 2015년 12월로 연기하기로 합의하였다. 대신 다시 연기는 없는 것으로 하였다.

휘부와 핵심 군사시설을 타격 치명적으로 파괴하거나 무력화(無力化)시킬 수 있다. 그것뿐이 아니다. 공중 급유를 하면 웬만한 지역은 아침에 출근하듯이 출격하여 목표지점을 공격하고 저녁때 퇴근하듯이 귀환할 수 있는 시대가 되었다. 일본이 위성발사용 로켓제작 기술을 보유하고 있지만, 아직 한국과 일본은 양국을 모두 사정거리에 넣을 수 있는 장거리 유도탄과 핵무기는 보유하고 있지 않다. 하지만 양국은 원자력 강국으로 핵무기는 적어도 180일 이내에 이를 개발할 수 있는 체계가 거의 갖추어져 있는 상태다. 여기에 이미 일본 전역을 사정거리에 넣을 수 있는 미사일과 핵무기를 보유하고 있는 것으로 알려진 북한의 대응도 주목된다. 그러므로 한국과 일본의 무력충돌이 발생할 경우 최종결과는 쉽게 예측하기 어렵다. 이렇게 군사과학과 무기의 발전은 일본이 독도를 섣불리 공격하지 못하게 하는 이유 중 한 가지에 들어간다.

4) 세계화를 통한 세계시장의 단일화 추세

국제화(internationalization)는 물건, 돈, 정보, 사람 또는 이들 전체로서의 문화 등이 국경을 넘어 왕래하는 것이 늘어나는 현상이다. 이와 같은 국가 간의 교류가 증대하는 것은 사실상 경제성장이 지속하고 있는 나라들 사이에서 일어나게 되며, 일반적으로 상호의존관계(interdependence)가 깊어지는 현상을 초래하는데, 이제는 이것이 세계경제사회에서 하나의 커다란 흐름이 되고 있다. 객관적으로 진행되고 있는 현상으로서 국제화에 따른 여러 가지 변화는 타국으로 시장을 확대하고 국가의 상호의존성을 높인다. 국제화에 따라 필연적으로 진행되는 상호침투가 지나치면 외국 것의 과다현상이 문화마찰을 유발하여 반드시 유익하다고만은 할 수 없는 일들도 생길 수 있다. 따라서 극단적인 국내 혼란이 생기지 않도록 상황을 통제하면서 상호침투가 일어나도록 하는 것이 중요하다. 세계화 (globalization)는 한 나라의 경제가 국제화를 통해 세계의 사회·경제체제에 통합되어 가면서 상호의존성과 상호침투성이 국제화 단계에서 한층 더 깊어가는 것을 말한다.[20]

2008년 리먼 브러더스 사태를 계기로 촉발된 국제금융위기는 선진 8개국 정상회의로 대처가 되지 않아 세계 20여 개국의 정상을 비롯한 사실상 세계 주요 국가가 모두 나서 공조하고 있는 상태라는 것은 잘 알려진 사실이다. 이미 세계경제는 특정한 국가의 문제가 아닌 세계 전체의 문제가 되었다. 교통, 운송, 통신시설의 발달을 바탕으로 확대된 교

---

20) 윤정석(1998), "일본의 국가전략: 21세기를 맞으며", 도서출판 오름, pp.22~25.

류는 세계화를 더욱 가속화해 세계시장을 하나로 만들어 놓았다. 그러므로 한 지역에서 분쟁이나 문제가 발생하면 다른 나라들도 도미노[21]와 같이 동시에 영향을 받는 상황이 발생한다. 세계시장의 일원인 한국과 일본도 예외는 아니다.

한국의 경제와 일본의 경제는 서로 상당 부분 상호 협력과 교류로 얽혀 있어, 어느 한 쪽이 심각한 타격을 받으면 상대국도 동시에 상당한 영향을 받을 수밖에 없는 구도가 형성되어 가고 있다. 따라서 상대국에 가하는 잘못된 행동은 곧바로 자신을 타격하는 일로 되돌아올 수밖에 없으므로 그러한 위험에 대한 감수를 고려하지 않는 공격은 있을 수 없다. 일본이 독도를 공격하기 어려운 또 하나의 이유이다. 그러나 이러한 경제적인 이유가 일본이나 세계경제가 급격하게 변화할 때도 유효할지는 의문이다.

5) 정치적 승리에 대한 불확실성

전쟁은 전장에서 승리한다고 모두 승리가 되는 것이 아니다. 때로는 전장이나 교전 국가에 대한 승리보다 정치적인 승리가 더 중요한 요소로 작용할 수도 있다. 일본은 아마 청일전쟁에서 그것을 뼈저리게 느꼈을 것이 확실하다. 즉 전쟁에서의 승리는 국제사회의 인정이 수반되어야 진정한 승리로 귀착될 수 있다는 것이다. 세계 다른 여러 나라가 처리 결과나 내용을 인정하도록 하는 것은 정치적인 승리를 의미한다. 청일전쟁 당시 조선에는 수교를 맺은 미국, 영국, 독일, 러시아 등 서구의 제국주의 열강들이 이미 들어와 저마다 권익 신장을 획책하고 있었다. 이러한 열강들 사이의 대립 속에서 그들의 의향을 무시하고 각국의 이해관계를 고려함이 없이는 대한제국에서 전쟁을 벌일 수 없었다. 이로 말미암아 일본의 대륙 정책이 그 첫걸음부터 차질을 빚을 수밖에 없었던 것이다. 따라서 청일전쟁은 시종 열강의 제약 속에서 진행되었다.

먼저 청이 조선 정부의 요청에 따라 1894년 2월 15일 발생한 동학란(고부민란) 진압을 위해 3,000명의 병력을 아산만으로 파견하자, 일본은 전쟁 도발을 위해 공사관 및 거류민 보호를 내세우며 1만 3,800명의 군대를 동학란과 무관한 인천에 상륙시켰다. 압도적으로 우세한 병력으로 처음부터 청의 기세를 눌러놓았지만, 일본은 즉각 전단(戰端: 싸움을 하게 된 실마리)을 열지 못했다. 일본은 톈진조약에 따라 청나라가 1894년 6월 6일 일본에 병력의 파한을 통고한 뒤에도 거의 50일이 지난 7월 25일 비로소 군사행동으로 돌입할 수

---

21) 도미노(domino)는 어떤 사태가 원인이 되어 주변으로 비슷한 사태가 확산되는 일.

있었다. 이는 일본이 더 이상은 열강의 간섭을 걱정할 필요가 없다고 최종 판단한 7월 초순부터도 20여 일이나 지난 날짜였다. 8월 1일 일본은 청에 선전포고를 하고 청일전쟁이 발발한다. 그들이 개전에 얼마나 신중을 기했는지를 극명하게 보여주는 대목이다.[22] 그리고 청일전쟁에 승리하고도 일본은 러시아를 비롯한 열강들의 개입으로 조선에서 원하는 것을 제대로 획득하지 못했다.

일본의 평화헌법 제9조는 일본의 교전권 자체를 부인하고 있고 군사력의 보유와 그 행사를 금지하고 있지만, 이미 일본은 세계 유수의 군사 강국이다. 군사력은 최고의 정치적 수단이지만, 마지막 수단이기도 하다. 외교적인 모든 교섭이 완전히 결렬되고 국제사회의 간섭도 한계에 도달하고 군사력의 사용 이외에 다른 수단이 전혀 없을 때 군사력을 사용하게 된다. 전투의 승리가 정치적인 승리로 이어진다는 보장이 없다면 군사력의 사용은 뼈저린 후회만 남기는 어리석은 행위가 되기 때문이다.

독도처럼 매우 작고 육지에서 멀리 떨어져 있는 곳은 소수의 병력과 제한된 공격으로도 비교적 점령이 용이하다. 독도 자체를 놓고 볼 때 한국의 방어망도 강한 것으로 보기 어렵다. 일본이 이러한 상황을 이용해 독도를 공격할 경우 국제사회가 일본의 행위를 정당한 것으로 인정해준다면 독도 분쟁은 일거에 끝나고 일본의 완전한 승리로 귀결될 수도 있다. 그러나 일본의 군사행위가 일본의 계산대로 돌아가지 않고 대한민국 영토에 대한 침략으로 규정된다면 일본이 그동안 독도에 대하여 들인 모든 공은 없었던 일로 되고 독도는 대한민국의 확고부동한 영토로 국제사회의 공인을 얻게 된다.

일본이 노리던 유엔안보리 상임이사국 진출도 막히고 세계 평화를 교란하는 침략망둥이로 몰려 모든 국제사회의 비웃음과 제재를 감수해야 하는 망둥이 신세로 전락하게 된다. 일본의 모든 꿈은 그것으로 끝나 버린다. 일본을 함정에 빠뜨릴 기회를 노리던 경쟁관계에 있는 주변 강국들이 묵시적으로 동의했던 태도를 바꿔 시비를 건다면 일본은 결정적으로 패착 국면으로 몰린다. 이런 위험성 때문에 강한 군대가 있지만, 일본은 설불리 군사력 사용을 하지 못한다.[23]

---

22) 최문형(2002), "한국을 둘러싼 제국주의 열강의 각축", 지식산업사, pp.98~99.
23) 독도본부.

제2절 일본 독도 정책의 한계와 독도 공격

1. 독도 정책에 대한 한계 군사력 사용에 대한 유혹

일본은 말과 행동이 다르고, 보이는 모습과 보이지 않는 모습이 다를 수 있는 나라다. 자국의 이익을 위해서는 아무렇지도 않게 침략을 진출로 바꾸는 일을 서슴지 않으며, 자신들의 그러한 행동을 정당화시켜왔다. 독도 문제에서도 마찬가지다. 일본은 직접적인 무력 충돌 외에 가용 방법을 모두 동원해 결사적으로 국제적인 분쟁지역으로 만들려고 노력해왔다. 분쟁이 시작된 이후 많은 세월이 흘렀지만, 일본은 여전히 국제사법재판소를 통한 해결을 지향하고 있으며, 한국은 이러한 일본의 책략에 맞서 조용한 외교를 표방하며, 분쟁이 존재하지 않는다는 자세를 유지하고 있다.

외국에서 다케시마라는 표기를 좀 더 많이 사용하는 것이 일본 국민에게 얼마만 한 위안이 되는지 알 수는 없지만, 결국 일본이 지향해온 독도에 대한 지속적인 영유권 주장과 외교를 통한 분쟁 지역화 추구의 실효성에는 한계가 드러나고 있다고 해야 할 것이다. 역사적으로 볼 때 하나의 외교 문제를 처리하기 위해 과거에 30년에서 40년씩 걸려 해결한 사례들이 있는 등 끈질긴 면이 있기는 하지만, 일본 혼자서 각본을 쓰고 연출하며 주연을 맡아 진행하는 연극에 한국의 억지 조연 출연 요구도 제대로 통하지 않고, 심사위원 겸 단역을 해주기를 원하는 국제기구와 각국의 반응도 시큰둥한 데다, 관중인 일본 국민이 언제까지 인내심을 갖고 이러한 지루하고 따분한 연극을 보아줄지는 의문이다.

그렇다고 이제까지 이어온 연극을 이제 와서 그만두려고 하니 달리 얻은 것도 없고 체면은 말이 아니다. 더 진행하려고 해도 흥도 안 나고, 소장학자와 소신 있는 사람들의 비판 목소리는 하나 둘 늘어가면서 실효성에 대한 의구심이 고조되고 있다. 이러한 패배적인 분위기를 한방에 급반전시켜 줄 수 있는 무력으로 독도를 접수하고 싶은 마음이 굴뚝 같다. 그동안 숱한 충동에도 평화헌법과 다시 전범 국가라는 낙인이 찍히지 않을까 하는 우려 때문에 국제사회의 여론이 신경 쓰이기는 하지만, 증강된 군사력을 사용하고 싶은 유혹과 갈등은 점점 더 커지고 있다.

그동안 일본은 동해를 일본해로 만들고 독도의 영유권 확보를 위해 사소한 문제에까지 신경을 곤두세우며 치밀하고 체계적인 대응과 준비를 하는 등 갖은 방법을 동원해왔다. 때로는 한국이나 한국인이 인식하지 못하도록 은밀하게 때로는 공개적으로 문제를 제기했다가 양국 간에 긴장감이 감돌고 한국과 한국 국민의 발발이 강해지면 왜 그렇게 감정적인 행동을 하는지 이해가 되지 않는다며 한걸음 물러서며 한동안 잠잠한 모습을 보인다. 그러다가 어느 날 불쑥 또 독도 문제를 거론하며 불편한 관계를 조성한다. 이러한 일본의 독도 정책에 대한 전략은 2008년 7월 후쿠다 총리의 갑작스러운 여름휴가에서 잘 나타난다.

일본의 요미우리신문은 2008년 7월 9일 일본 홋카이도 도야코에서 열린 G8[24] 확대정상회담 당시 후쿠다 총리가 이명박 대통령에게 "일본 학습지도요령 해설서에 독도를 일본 땅이라고 표기하겠다"고 통보했고 이에 대해 이 대통령이 "지금은 곤란하다. 기다려 달라"고 말했다고 보도해 한국과 일본 간에 크게 논란이 되었다. 이에 따라 일본 외무성의 고다마 가즈오 보도관이 7월 15일 오후 정례브리핑을 통해 "정상회담 논의 사항에 대해 구체적인 내용을 밝히는 것은 삼가고 싶으나 보도된 것 같은 논의가 이뤄진 사실이 없다"고 밝히고, 이명박 대통령이 G8 회의 당시 후쿠다 총리에게 새 학습지도요령 해설서의 독도 영유권 명기와 관련 "지금은 곤란하다. 기다려 달라"고 말했다[25]는 요미우리신문의 보도에 대해 공식 부인함으로써 일단락되었다.

당시 한국의 일각에서는 요미우리의 보도 내용을 두고 이명박 대통령에 대한 탄핵까지 거론되는 상황이었는데, 일본의 후쿠다 총리는 15일 갑작스러운 휴가를 발표하고 16일부터 휴가를 떠났다. 일본 내에서는 국내문제를 휴가의 이유로 들었지만, 한국 정부가 일본 학습지도요령 해설서의 독도 영유권 명기에 대한 대응 조처에 본격 착수, 우선 권철현 주일대사를 '업무 협의차 일시 귀국'이라는 형식을 띤 실질적으로는 '본국 소환'으로 15일 밤 김포공항을 통해 귀국하는 등 한국과 한국 국민의 반발이 들끓자 예정에도 없던 휴가를 가고 다른 한편에서는 일본 언론이 한국을 비판 자극하는 전술적 행동이 일본 정책의 전형적이라 할 수 있을 것이다.

아무리 좋은 연극도 혼자서 연출해 낼 수 있는 행동에는 한계가 있기 마련이다. 아직은 일본인들이 우익이 장악하고 있는 일본 정부의 일방적인 연극을 잘 보아주고 들어주고

---

24) 주요 8개국 정상회담(통칭 G8, 지에이트, Group of Eight)은 독일, 러시아, 미국, 영국, 이탈리아, 일본, 캐나다, 프랑스 등 세계 정치와 경제를 주도하는 주요 8개국의 모임이다. 매년 정상들이 모여 정치와 경제 문제에 대한 회의를 연다. 1975년 프랑스가 G6 정상회의를 창설했다. 미국, 프랑스, 서독, 영국, 이탈리아, 일본 등 서방 선진 6개국의 모임으로 출범하였으며, 그 다음해 캐나다가 추가되어 서방 선진 7개국 정상회담(G7)으로 매년 개최되었다. 1990년대 이후 냉전 구도 해체로 세계에서 가장 큰 나라인 러시아가 옵서버 형식으로 참가하기 시작하였고, 1997년 이후 러시아가 정식 멤버가 되면서 세계 주요 8개국의 모임으로 불리고 있다. 모임의 의장은 각 나라가 해마다 돌아가면서 맡으며, 의장국에서 정상회담을 개최한다. 2008년, 제34회 G8 정상회담은 일본의 도야코에서 7월 7일~9일 3일간 열렸으며, 2009년 제35회 G8 정상회담은 이탈리아의 라퀼라에서 열렸다. 2010년 회의는 캐나다 헌츠빌에서 개최되었다.

25) 머니투데이 2008. 7. 15.

재미있어하며 박수갈채(拍手喝采)를 보내고 관심도 보이는 것 같다. 그러나 이러한 지지와 관심은 오래가지는 못할 것이다. 머지않아 혼자서 하는 연극은 반드시 한계를 드러낼 것이고, 그때까지는 일본은 세계 각국이 자신들의 입장을 지지한다고 믿게 되겠지만, 바뀔 것은 아무것도 없다. 한국은 국재사법재판소에 독도 영유권문제 제소를 원하지 않는다. 일본과 친한 사람이나 국가 관계자는 일본인들이 있는 자리나 일본이 듣고 싶어 하는 말을 해줄 것이다. '우리나라에서 출판하는 지도에는 일본해와 다케시마라고 표기하고 있으며, 우리는 일본의 입장에 공감한다'고 말이다. 그러나 그들은 한국과 유대를 할 때는 한국에도 같은 말을 할 것이고, 여전히 독도는 한국이 실효적으로 지배하고 있다. 독도 문제를 거론한 후 많은 세월이 흘렀지만, 양국의 입장만 확인했을 뿐 일본 정책의 실효성에는 한계가 드러나고 있다.

그동안 일본이 연출하고 주연을 맡아 진행해온 한바탕의 마당놀이에 대해 중립적 지식인으로 알려진 경제・사회 평론가인 오마에 겐이치(大前硏一) 씨가 2008년 일본 정부가 (독도에 대한 한국의) 현실적인 '실효지배'를 추인하는 것을 독도 문제의 해결책으로 제시해 관심을 끌기도 했다. 2008년 8월 20일 오마에 겐이치 씨는 그동안 역사와 영토, 국제정치의 대부분 사안에서 일본 극우 강경론자의 입장을 대변해온 출판사 쇼가쿠칸(小學館)이 발행하는 일본의 극우 성향 잡지인 시사주간지 '사피오(SAPIO)'를 통해 "시마네(島根)현이 '다케시마의 날'을 만든다고 해도, 문부과학성이 학습지도요령 해설서에 '다케시마'를 포함한다고 해도 의미가 없다. 일부러 (일본) 교과서에 (다케시마가) '일본의 영토'라고 쓰는 것 자체가 몹시 어리석은 일"이라고 지적했다.[26]

일본 국민이 정부의 다케시마(독도) 정책에 대한 불만이 고조되면 의구심이 커지는 것에 비례하여 일본 정부는 초조해 하며 독도 영유권문제에 대해 일본 국민에게 실증적인 내용을 보여주기 위한 행동을 가시화하려 들 것이다. 일본은 그동안 자국이 하는 연극에 시비를 통해 한국을 조연으로 끌어들이고 홍보를 통해 세계 각국과 국제기구를 끌어들여 심사위원 겸 단역을 맡기고 일본 국민을 관중으로 불러 모으려고 애를 썼다. 그렇지만 이는 별다른 효과를 거두지 못했다. 결국 일본 혼자서 연출하고 주연, 조연을 모두 맡아 해온 연극의 실효성에 대한 비판이 고조되고 말만으로 안 된다는 것을 느끼면 그때부터는 행동으로 옮길 것이 분명하다. 이때가 일본이 독도에 대한 국부적인 공격을 시도하는 시작 시점이 될 가능성이 크다.

---

26) 조선일보 2008. 8. 29.

2. 일본 독도 국부적 공격 반드시 시도한다

1) 일본이 공격시기라고 착각할 상황 상존

(1) 질서 변화와 군비확장

국제질서는 계속해서 변화하고 지금도 지구상에 전쟁은 끊임없이 일어나고 있으며, 미국은 결코 한국의 안보를 영구적으로 책임지지 않는다. 어떤 분쟁이 지속하는 기간에는 국가의 의사결정자들은 반드시 협상 또는 분쟁의 타결에 관한 반복적인 선택을 하게 된다. 즉 첫째는 군사력에 의한 강요적 합력의 행사, 둘째는 현상 유지, 셋째는 갈등의 회피에 대해 선택을 하는 것이다. 따라서 독도 분쟁이 평화적으로 해소되지 않는다면, 장차 어느 시기에는 무력충돌의 가능성도 완전히 배제할 수는 없다. 니키쉬(Larry A. Nikisch)는 향후 20년 사이에 증강될 해군력으로 말미암아 일본이 한국과 일본 사이의 수역에서 해군력의 지배를 이룰 것이며, 이 경우 독도를 무력으로 점령할 가능성이 어느 정도 현실화될 수도 있다고 내다보았다.[27]

동아시아에서 질서가 해체되거나 재편성될 때마다 한반도에서는 전쟁이 일어났다. 고대의 신라와 당나라 간의 나당전쟁과 중세의 대몽전쟁, 근세의 임진왜란과 병자호란 그리고 근대의 청일전쟁과 현대의 한국전쟁처럼 한반도가 전쟁의 한복판이 되곤 했다. 이런 역사의 악순환 고리로부터 우리는 이제 벗어날 길을 모색해야 한다.[28] 그것은 오직 한국이 동아시아의 패권(覇權)을 차지하는 길밖에 없다.

(2) 일본 경제의 급속한 악화

일본이 독도를 공격할 가능성이 가장 큰 시점은 일본 경제의 급속한 악화기이다. 일본 국내의 정치 사회적인 혼란을 극복하는 방편으로 국민의 정부에 대한 불만을 외부로 돌리기 위해서도 독도 침략 가능성이 있지만, 그보다는 일본 경제가 급속하게 악화하여 실업률이 증가하고 인플레이션[29]이 발생, 경기가 극도로 어려워지면 일본 정부는 제반 문제를 해결하기 위해 병력을 대폭 늘리는 등 군비 증강으로 정책을 전환할 가능성을 배제

---

27) 선우영준(2007), "고려와 조선국 시대의 독도", 학영사, pp.24~27.

28) 김기봉(2006), "역사를 통한 동아시아 공동체 만들기", 도서출판 푸른역사, p.14.

29) 인플레이션(inflation)은 사회 통화 수요량에 대해 통화량이 상대적으로 팽창하여 화폐 가치가 떨어지고 물가가 올라가며 실질 소득이 줄어드는 경제 현상. [준말]인플레.

하기 어렵다. 일본의 군비 증강은 항상 그 제1 공격목표는 한반도가 될 수밖에 없다. 일본 경제는 이미 정점을 찍었다. 어느 정도 정점 부근의 현상유지가 가능할지 알 수는 없으나 여러 분야에서 쇠퇴 조짐이 나타나고 있다. 세계 2위의 경제 대국 자리도 중국에 내어주었다. 언제 일본 경제에 급속한 악화 현상이 발생할지 예측하기 어렵지만, 한국은 일본 경제의 흐름을 주의 깊게 지켜볼 필요가 있다. 일본은 이미 언제든지 독도를 공격할 수 있는 국내외적인 명분을 충분히 쌓아 놓았다.

(3) 미국 7함대 일본 철수 왜구적인 팽창정책 시동

인간 삶에서 영원한 것은 아무것도 없다. 2008년 9월 리먼 브러더스[30] 파산을 계기로 촉발된 미국에서 시작된 국제금융위기는 미국이 예전 같지 않음을 보여주었다. 아메리카 온라인(AOL, America Online, Inc.)의 머니 앤 파이낸스 웹 사이트인 데일리 파이낸스는 2010년 11월 9일 전문가들을 대상으로 조사한 '곧 터질 것 같은 10가지 시장 거품'을 소개했다. 10가지 시장 거품은 금, 중국 부동산, 대체에너지, 곡물 등 상품, 주가가 너무 많이 오른 애플(Apple)사, 소셜 네트워킹, 신흥국 주식, 중소 정보기술(information technology, IT) 기업, 미국 달러화, 미국 국채 등이다. 미국 달러화는 2010년 들어 유로화 대비 10% 평가 절하됐지만, 여전히 거품 영역 안에 있다. 외국인이 주식과 미국 국채 등 미국 자산 매입을 중단하면 달러화 거품은 터질 수밖에 없다는 우려가 나오고 있다. 미국 정부가 13조 7,000억 달러의 부채를 갚을 길이 없으므로 외국인들은 결국 미국이 발행하는 국채를 더는 사지 않을 것으로 전망된다. 아일랜드와 그리스처럼 미국 정부가 국채를 팔지 못하게 되는 순간 거품은 터지기 마련이다.[31]

가장 안전한 자산으로 여겨졌던 미국 국채가 '투자부적격(junk)' 등급으로 강등될 위기에 처했다. 이에 따라 신용평가사들은 경고 신호를 내놓고 있고 미국에 돈을 빌려줬던 채권국들은 국채를 던지고 있다. 심지어 미국 내 최대 국채펀드운용사조차 미국 국채를 팔고 다른 나라 채권으로 갈아타라는 투자권고를 내놓을 정도다. 국제 신용평가사 피치는 2011년 6월 8일 "미국 정부가 8월 초까지 정부 채무 한도를 늘리지 않으면 재무부 채권이

---

30) 리먼 브러더스 홀딩스(Lehman Brothers Holdings Inc.)는 1850년에 생긴 다각화된 국제 금융 회사였다. 투자은행, 증권과 채권 판매, 연구 및 거래, 투자관리, 사모투자, 프라이빗 뱅킹(PB: 자산관리) 등에 관여하고 있고 미국 국채 시장의 주 딜러이기도 하다. 주요 자회사로는 Lehman Brothers Inc., Neuberger Berman Inc., Aurora Loan Services, Inc., SIB Mortgage Corporation, Lehman Brothers Bank, FSB, the Crossroads Group 등이 있다. 세계본사는 미국 뉴욕 시에 자리 잡고 있고, 런던과 도쿄에는 지역 본사가 있으며, 세계 곳곳에 지사를 두고 있다. 미국 동부 시간으로 2008년 9월 15일, 약 6천억 달러($613 billion)에 이르는 부채를 감당하지 못하고 파산 신청을 했다.

31) 뉴데일리 2010. 11. 10.

정크로 분류될 수 있다. 미국이 일시적인 채무상환 불이행(default) 사태에 빠질 수 있다"고 경고했다. 세계 최대 채권운용업체 핌코의 빌 그로스 최고투자책임자(CIO)도 같은 날 시카고의 한 콘퍼런스(conference, 회의)에 참석해 "이미 실질금리가 마이너스 상태이기 때문에 미 국채 시장에 진입해선 안 된다. 미 국채보다는 독일, 멕시코, 캐나다 등의 국채가 더 매력적"이라고 밝혔다.[32]

미국이 일본 요코스카항에 있는 7함대[33] 기지를 일본 내의 기지 이전 요구와 미국의 재정 악화나 경제력 약화로 만일 괌이나 하와이로 옮기는 상황이 벌어지면 동아시아에 위치하고 있는 일본과 한국은 자력으로 중국과 러시아에 맞설 수 있는 군비를 갖추어야 하는 상황이 발생한다. 이때 한국은 중국과 러시아는 물론 일본에 대한 전쟁 억제 능력을 동시에 갖추지 못하는 상황이 발생하고 과거와 같이 일본에서 왜구적인 침탈이나 팽창정책이 시작되면 언제든지 독도가 공격목표가 될 가능성이 있다. 물론 오늘날의 관점에서는 이런 일들이 쉽게 발생하지 않겠지만, 국가 경영은 백년대계에 따라 진행되어야 한다는 점을 고려할 때 한국은 장기적인 관점에서 주변국들의 상황변화에 능동적으로 대응할 수 있는 체계를 갖출 필요가 있다.

2) 일본의 전쟁방식은 기습, 선전포고는 요식행위

14~15세기, 그러니까 여말선초에 고려와 조선을 혹독하게 괴롭혔던 왜구[34]들은 일본 마쓰우라(松浦)지방을 비롯한 기타큐슈(北九州)의 포구와 섬을 근거지로 하던 어민과 지방 영주에게 소속된 군인들이었다. 기후도 나쁜데다가 거듭된 전란으로 식량 부족에 시달린 어민들은 한반도까지 나가 조운선이나 창고 등을 습격하고 약탈하였다.[35] 임진년(1592년) 4월 13일 부산진에 당도한 왜군은 아무런 거리낌 없이 파죽지세로 밀어붙여 조선의 국왕인 선조를 의주까지 밀어냈다.[36]

1894년 6월 23일 선전포고에 앞서 풍도(豊島) 앞바다에서 일본 해군의 기습공격에 의해

---

32) MK뉴스 2011. 6. 9.

33) 미국 제7함대(U. S. 7th Fleet)는 일본 요코스카에 위치한 미국 해군의 영구적으로 배치된 함대이다. 일본과 한국에서 가까우며 미국 태평양 함대에 속해 있다. 전진 배치된 미국의 함대 중 가장 크다. 50~60척의 배, 350대의 비행기, 6만 명의 해군과 해병대 요원이 있다. 18척이 일본과 괌에 전진 배치되어 있다.

34) 왜구(倭寇)는 13~16세기에 중국과 우리나라의 근해(近海)를 무대로 약탈을 일삼던 일본 해적.

35) 주강현(2005), "적국의 바다 식민의 바다", 웅진씽크빅, p.181.

36) 주강현(2005), "적국의 바다 식민의 바다", 웅진씽크빅, p.353.

청일전쟁이 시작되었다. 이어 27일 성환, 아산에서 선발대인 오오시마(大島) 혼성여단이 거의 동수인 3,000여 명의 청국 군대를 패퇴시키며, 육상전투를 시작하였다. 대본영[37]은 먼저 제5사단 이어서 제3사단을 조선으로 이동시켰다. 이에 맞서 청국군도 조선으로 병력을 이동시켰다.[38] 일본이 기선(機先)을 잡은 가운데 양국은 8월 1일(음력 7월 1일) 선전포고를 하고 본격적인 청일전쟁이 시작되었다. 청일전쟁을 승리로 이끈 일본 정부와 군부는 1903년 12월 러시아에 대한 개전 방침을 결정한다.[39] 참모본부는 압록강 이남의 작전으로 조선의 군사적 점령에 완벽을 기하는 것을 한도로 하는 제1기 작전과 압록강 이북 만주에서의 작전인 제2기 작전으로 구분하여 대러시아 작전계획을 입안하였다. 1904년 2월 5일 대러 국교단절 및 공격명령이 전문으로 하달되면서 근위·제2·제12 등 3개 사단으로 조선을 점령하도록 작전명령을 받은 제1군 사령관 구로키 다메모토(黑木爲楨) 대장은 제23여단장 기고시 야스쓰나(木越安綱) 소장에게 선발대로 인천에 상륙한 후 신속히 서울로 진주하여 조선 왕실과 정부를 장악하라고 임무를 준다.[40]

선전포고를 하기 이전인 2월 8일 오후 4시 20분 인천항에 진입한 우류 소토키치 소장 지휘하의 순양함 6척과 어뢰정 8척은 인천항에 정박하고 있던 러시아 순양함과 포함을 간단히 제압한 후 제23여단 병력 2,200명을 철야로 상륙시킨다. 제23여단의 상륙이 끝나자 9일 12시 시한부로 러시아 함대의 퇴항(退港)을 명령한 후 이들 함정이 인천항 밖으로 나오자 이를 격침한다. 제23여단은 2개 대대를 인천항 경비부대로 남겨두고 9일 오후 1시까지 2개 대대를 서울로 이동시켜 대궐을 포위하도록 한 후 3시 30분에 일본공사 하야시 곤스케(林權助)가 고종을 알현하고 러일전쟁에서 대일협력을 요구한다.[41] 일단 유리한 고지를 선점한 다음 이틀 후인 2월 10일 일본은 러시아에 대해 선전포고를 했다.[42] 태평양 전쟁도 1941년 12월 7일 일요일 일본이 미국 하와이 진주만(Pearl Harbor) 해군기지를 기습 공격[43]하면서 시작되었다.

---

37) 대본영(大本營, 일본어: だいほんえい, 영어: Imperial General Headquarters)은 전시(戰時) 중 또는 사변(事變) 중에 설치된 일본 제국 육군 및 해군의 최고 통수 기관이다. 천황의 명령(봉칙 명령, 奉勅命令)을 대본영 명령[대본영 육군부 명령(大陸命), 대본영 해군부 명령(大海令)]으로 발하는 최고 사령부로서의 기능을 가지는 기관이다. 청일전쟁과 러일전쟁에도 설치되었으나 특히 잘 알려진 때는 태평양 전쟁 당시의 대본영이다. 태평양 전쟁 종전 후 해산되었다. 중일전쟁 때 전시 외(外)에도 설치, 존속될 수 있도록 고쳐져 태평양전쟁 종전까지 존속할 수 있었다.

38) 김병렬(2006), "일본군부의 독도침탈사", 동북아의 평화를 위한 바른역사정립기획단, p.40.

39) 김병렬·나이토세이츄(2006), "한일 전문가 본 독도", 다다미디어, p.62.

40) 주강현(2005), "적국의 바다 식민의 바다", 웅진씽크빅, p.317.

41) 김병렬(2006), "일본군부의 독도침탈사", 동북아의 평화를 위한 바른역사정립기획단, pp.56~58.

42) 김명기(2007), "독도강의", 책과 사람들, p.93.

43) 주강현(2005), "적국의 바다 식민의 바다", 웅진씽크빅, p.317.

일본이 애용하는 기습전쟁의 실체는 왜구의 침탈(侵奪: 침범하여 빼앗음)에서 비롯된 것이라 볼 수 있다. 자원이 부족한 섬나라에서 굶어 죽지 않고, 태평양에 빠져 죽지 않고, 내란도 치르지 않으면서 필요한 것을 취하는 손쉬운 방법은 인접국가의 침탈밖에 없다. 선전포고를 통해 전투나 침탈 또는 전쟁에 돌입하면 이기기 어렵고 이기더라도 큰 피해를 감수해야 한다. 그러므로 일단 기습을 통한 선제공격을 하여 기선을 제압하는 소기의 목적이 달성 되면 철수를 하거나 예상과는 달리 적이 허약하다는 판단이 서면 전면공격을 시작하기 위해 선전포고를 하는 모양을 만든다. 전쟁이 끝나고 나면 일본은 책임이 전혀 없고 교전국이 일본으로 하여금 전쟁을 할 수밖에 없도록 원인을 제공했으며, 일본이 전쟁에서 승리해 강점하거나 식민지 지배를 통해 취한 이익은 당연하다. 학살이나 학대는 전쟁 중에 일부 일어날 수 있는 일로 피해국의 주장과 일본의 생각은 다르다며 논란이 있다는 궤변을 늘어놓고 책임을 회피하면서 이견이 있는 부분에 대해서는 연구를 해보아야 하겠다고 꽁무니를 감추면서 사실을 왜곡하는 일로 일관해왔다. 세상에 가장 이기적인 나라의 전형이다.

일본이 시작한 전쟁방식은 언제나 하나같이 기습으로 시작되었고 사전 선전포고란 없었다. 일본이 독도에 대한 공격을 감행한다면, 그것은 이미 만반의 준비가 끝났다는 것을 의미한다. 그리고 공격방식은 그들이 종래에 해 오던 방식처럼 어느 날 갑작스러운 기습이 될 것이 틀림없다. 일본은 끊임없이 주변국을 침탈해왔으므로 방심하면 언제든 당할 수 있다. 그러므로 되치기[44]를 할 수 있도록 일본의 기습 방식을 연구하고 그것을 효과적으로 격퇴하기 위한 준비가 사전에 되어 있어야 한다. 이것은 국가에서 명령하지 않더라도 사관학교, 합동참모본부와 해군 차원에서 대비가 필요하다. 대통령의 요구가 없어도 한국군이나 주요 지휘관은 언제든지 우리 국토를 효과적으로 방어할 방안을 연구해 마련하고 있어야 한다.

3) 공격과 침탈을 위한 준비는 이미 끝났다

일본이 설마 독도를 공격해 무력으로 점령하기야 하겠나? 괜히 긁어 부스럼 만들듯이 양국 관계를 무력 충돌로 몰아가게 하는 잘못을 범해서는 안 된다는 우려를 하는 사람들이 있을 수 있다. 평화공존이 지속하고 있는 상황에서 전쟁이나 무력 충돌 운운하는 것

---

44) 되치기는 씨름이나 유도 등에서, 상대편의 공격을 막다가 공격해 오는 그 힘을 역이용하여 되받아치는 공격 기술.

자체가 불순하다고 생각할 수도 있지만, 그것은 생각하기에 달렸다. 역사적으로 일본은 끊임없이 주변국을 침탈해왔으므로 방심하면 언제든 당할 수 있다. 일본이 독도에 대해 끝까지 영유권을 포기하지 않는다면, 결국 가야할 길의 종국은 무력을 통한 해결이 될 것이다. 그러나 일본의 무력행사 여부는 일본 자체의 의사도 중요하지만, 한국이 일본의 무력에 대항할 능력과 태세를 갖추었느냐 하는 것이 더욱 중요한 요소로 작용할 수 있다. 무력 충돌을 우려하는 것은 그러한 일이 발생하지 않도록 사전에 대비를 충분히 해 평화를 확보하기 위함이지 전쟁을 부추기고자 하는 것이 아니다. 즉 한국이 가만히 있는 일본을 먼저 공격하자는 것이 아니라 우리나라를 더욱 잘 지키자는 것이다.

작가 김경진은 신동아 2008년 9월호에 "군사전문작가 김경진의 한일 독도전쟁 시나리오"를 게재한 일이 있다. 시나리오의 내용은 일본 극우단체원들이 시마네현 사카이에서 출발해 오키섬을 거쳐 독도에 상륙하는 것으로부터 시작된다. 독도에 상륙한 일본의 극우단체원들은 한국의 독도경비대에 체포 호송과정에서 양국 간의 대치와 충돌이 전쟁으로 발전한다. 해전이 끝난 직후 한국은 규슈에 상륙하려 하자 일본은 막을 방법이 없었으나, 미국이 개입해 중재에 나선다. 결국 한국 해병대가 대마도에서 퇴각하는 조건으로 일본은 막대한 배상금을 한국에 물고, 해상세력이 재건되는 날까지 일본 호위함과 순시선들은 독도에 감히 얼씬하지도 못했다는 것으로 이 시나리오는 끝을 맺는다.

작가는 독도를 둘러싸고 한일 양국 간의 갈등이 정점에 달한 2008년 여름, '누구도 전쟁을 바라지는 않는다 해도 극단적인 상황을 짚어보는 작업은 그래서 의미가 있다. 가까운 시일 안에 독도에서 무력분쟁이 발생할 가능성은 지극히 낮지만, 우려되는 상황의 발전을 가정하여 시나리오 작업을 하게 되었다'는 집필 동기를 뚜렷하게 밝히고 있다.[45] 그럼 한국에서 일본의 무력행사나 충돌을 우려하는 사람들은 아무런 근거도 없이 양국의 대립을 심화시킬 목적으로 의견을 발표하고 글을 쓰는가 하면 그것은 아니다. 일본에서 이미 그러한 일을 예견할 수 있는 행동이나 시위를 상당 부분 실행에 옮기고 있기 때문이다.

1998년 11월 일본 방위성 통합막료회의가 육해공 자위대에 의한 통합부대를 편성, 모 국가에 점령된 동해의 '어느 섬'(독도)을 탈환하는 시나리오를 준비하고 훈련에 들어갔다. 애초 훈련 명칭은 '섬의 탈환작전'이었으나, 주변국을 자극한다는 신중론이 대두해 훈련탈환을 끝낸 섬에 조용히 진출하는 '양육 작전'으로 변경 시행됐다. 이 훈련은 동해 쪽에 적당한 섬이 없어 태평양상의 이오지마를 훈련장으로 선택, 공정부대를 투하하고 무장 부대가

---

45) "군사전문작가 김경진의 한·일 독도전쟁 시나리오", 신동아(2008년 9월호).

수송함에서 상륙하고, 호위함이 잠수함을 발견 공격하는 대잠전(對潛戰) 훈련이 예정대로 추진되고 대함(對艦)·대지(對地) 공격이 가능한 전투기(F4)가 방공전에 참여하는 등 부분적으로는 상륙훈련과 다름없는 훈련으로 적을 제압하는 본격적인 상륙훈련을 추진했다.[46]

일본은 무력사용의 준비로 지난 1998년 미일방위조약 40개 가이드라인[47]에 합의하여 '한반도 유사시'에는 한반도의 동해, 남해, 서해, 동중국해에서 미국 해군을 도와 일본 해군이 해상경찰권을 가지며 작전을 할 수 있도록 미국 측에 동의를 얻었다. 일본은 이때를 '절호의 기회'로 간주하여 '독도'를 무력으로 '접수'(침탈)하려고 준비하고 있는 것으로 관찰된다.[48] 1950년에 발생한 한국전쟁 기간 중에도 일본은 독도를 강점하기 위해 공격한 일이 있었다.

4) 일본 독도 공격 시행, 우발적 충돌 가장한 유인책

일본은 1952년에서 1954년까지 독도에 대한 여러 차례 도발을 가맹했다. 어민들의 독도 상륙, 시마네현 오키도 소재 수산 고교의 실습선인 다이센마루의 독도 영해 침범, 경비정, 제8 해상보안청 소속 오키호(P9) 등을 통해 도발한 후, 1954년 9월 25일 독도 문제를 국제사법법원에 제소하여 판결을 구하자는 제의를 한국에 한다. 그러면서도 한편으로는 같은 해 1954년 11월 21일 해상 보안청 소속 함정(P9, P10, P16호) 3척과 한쪽 날개에 6개씩의 폭탄을 단 비행기를 독도에 출격시켰지만, 독도의용수비대의 반격으로 퇴각했다.[49]

일부 극우단체들은 1959년 9월 초에도 돌격대(30명)를 편성하여 상륙을 기도하기도 하였고, 같은 달 28일 3척의 철선을 이용하여 150명이 독도를 탈취하려고 기도한 적도 있다. 이것이 끝이 아니었다. [표 9-2]에서 보는 바와 같이 1977년 이후 일본 순시선, 어선, 항공기의 독도 영해침범사례 등을 보더라도 일본은 단순한 지상 항의의 정도를 넘어서고 있음을 알 수 있다. 그리고 1980년대 말부터는 순시선의 출현회수가 점차 증가추세에 있으며, 1988년 소련군 정찰기가 독도 상공을 비행할 때 자위대 항공기를 긴급 발진시키고 소련 당국에 영공 침범을 공식적으로 엄중히 항의하기도 하였다.[50]

---

46) "독도연구보전활동"(2004), 독도연구보존협회, p.46.

47) 가이드라인(guideline)은 정부가 어떤 부문에 대한 정책을 뒷받침하기 위하여 설정한 규제의 범위. 강요하지는 않지만 자주적으로 지키는 것이 요청되는 목표치(目標值).

48) 신용하(2005), "한국과 일본의 독도 영유권 논쟁", 한양대학교출판부, p.20.

49) 김병렬(2001), "독도논쟁", 다다미디어, pp.144~145.

50) 독도학회(2002), "독도 영유권 연구론집", 독도연구보전협회, pp.170~171.

[표 9-2] 일본 독도 영해 침범 사례(1977~1995년)

날짜	침범내용	날짜	침범내용
1977. 6. 8.	항공기 1대, 어선 6척	1984. 8. 27.	어선 1척
1977. 6. 19.	항공기 1대, 어선 2척	1985. 6. 11.	어선 1척
1978. 5. 15.	항공기 1대, 어선 14척	1985. 6. 23.	어선 1척
1978. 8. 29.	순시선 1척	1986. 11. 28.	순시선 1척
1978. 9. 3.	항공기 1대	1989. 11. 5.	어선 1척
1981. 8. 25.	순시선 1척	1989. 11. 26.	순시선 1척
1981. 9. 10.	어선 1척	1991. 11. 22.	순시선 1척
1982. 5. 16.	어선 1척	1992. 2. 14.	순시선 1척
1982. 9. 25.	어선 1척	1994. 2. 11.	순시선 1척
1982. 10. 28.	순시선 1척	1995. 10. 26.	
계	총 41회: 항공기 4대, 순시선 8척, 어선 29척		

출처: 한국군사문제연구원, "한국군사" 제3호, 1996년 8월, 「독도와 관련된 주요사건일지」, p.117.

신한일어업협정상 불안정한 독도의 지위는 일본 국내사회의 우경화 등 국내 정치경제 상황의 변화에 따라 이용될 소지가 많다. 즉 일본 선박이 어업협정상 보장된 해양생물자원의 보존·관리를 이유로 협정상 어떠한 배타적 어업수역도 표시돼 있지 않은 독도로 진입해 올 경우, 협정상 이를 배제할 어떠한 주권적 권리도 우리에겐 없다. 따라서 1999년 6월 서해 북방한계선[51](the Northern Limited Line, NLL)문제로 남·북한 간에 무력충돌이 있었던 것처럼, 독도 주변수역에서도 한국과 일본 간에 이와 유사한 형태의 무력적 충돌이 재현될 우려도 있다.[52]

신한일어업협정에서 인정하고 있는 일본 어선의 조업관리를 맹목으로 한 동해상의 순시선 배치는 상시로 이루어지고 있으므로 순시선이나 순시선의 지원을 받는 어선을 가장한 침투 선박을 통한 독도에 대한 일본의 공격은 마음만 먹으면 언제든지 가능한 상태이다. 그런데도 일본이 독도를 당장 공격하지 않는 것은 일본에 공격의사가 없는 것이 아니냐고 생각할 수도 있지만, 그것은 아니다. 무력 충돌은 초기의 기습공격으로 고지를 점령했다고 끝나는 것이 아니므로 일본이 고려하는 것은 기습공격 후 한국의 대응과 국제사

---

51) 북방한계선(NLL, northern limit line)은 1953년 정전 직후 클라크 주한 유엔군 사령관이 북한과 협의 없이 일방적으로 설정한 해상경계선이다. 1953년 7월 27일 이루어진 정전협정에서는 남북한 간 육상경계선만 설정하고 해양경계선은 설정하지 않았다. 그런데 당시 주한 유엔군 사령관이던 클라크(Mark Wayne Clark)가 정전협정 직후 북한과의 협의 없이 일방적으로 설정하고 북한에 공식 통보도 하지 않은 해양의 한계선이다. 영문 머리글자를 따서 NLL로도 부른다. 육상의 북방한계선은 본래 휴전 당시 남북 양측이 대치해 있던 군사분계선에서 북쪽으로 2km 물러난 지역에 설정된 북측의 한계선으로, 남쪽의 남방한계선과 마찬가지로 이 선(線)의 남쪽 2km 구역 안에는 출입이 통제된다. 즉 남북 양측의 한계선 밖 4km 이내에는 출입이 통제되는 완충지대로서, 이 공간이 바로 비무장지대(DMZ)다. 그러나 군사 전력상 상대국을 감시하기 쉬운 장소로 각종 시설들을 이동시키면서 남측과 북측 한계선 안의 '전초(前哨)'인 '휴전선 감시 초소(Guard Post, GP)' 사이의 거리가 가까운 곳은 800m밖에 되지 않는 곳도 있다.

52) 독도역사찾기운동본부(2003), "독도 영유권 귀기 연구", 백산서당, p.28.

회의 일본에 대한 이미지 변화를 고려해 전투에 의한 승리뿐만 아니라 정치적인 승리까지 확신할 수 있는 시기를 저울질하고 있다. 즉 일본의 이미지를 실추시키지 않고 국제적으로 명분을 인정받을 수 있게 되기까지 가능한 한 모든 명분을 쌓고 적절한 시기가 도래하면 그때 공격한다는 것이다. 그리고 일본 국내에 심각한 경제난이나 정치적인 대혼란 등이 발생하면 이를 타개하는 방안으로 우발적 충돌을 가장한 무력충돌을 유인하는 방향으로 나타날 가능성도 있다.

그 유인책은 대략 6가지 정도로 예상해 볼 수 있으며, 다음과 같다. 첫째는 일본 극우단체회원들의 독도 상륙과 압송 과정에서의 충돌, 둘째는 일방적인 해양조사선의 독도주변지역에 대한 생태조사나 수로 측정 강행, 셋째는 한국의 생태조사 등 독도 수호 활동에 대한 항의와 시위, 넷째는 독도 12해리 영해 지점을 넘나들며 조업을 통한 마찰 유도, 다섯째는 일본 어선이 대규모 선단을 형성 독도 주변에 대한 의도적인 어로행위, 여섯째는 상대적으로 방어가 취약한 서도에 대한 기습 점거 등을 들 수 있다. 한국 정부는 동도뿐만 아니라 서도에 일본인의 강하나 상륙에 대비한 대책도 있어야 한다. 자칫 잘못하면 침략을 위한 월경은 일본이 시작하고 공격은 한국이 한 것으로 다른 나라로부터 오해받을 수 있고, 실제로 일본은 그렇게 되도록 유도할 것이다. 그러므로 해상이나 영공에서 미리 일본인의 상륙을 막아야 한다. 독도에 대한 일본의 무력에 의한 분쟁 유발은 방법이 문제가 아니라 일본이 선택하는 시기와 의지에 달려 있다. 이외에 다른 방법도 얼마든지 있을 수 있다. 그것이 어떠한 형태가 되던 일본이 의도적으로 무력 충돌을 유발했을 때 반드시 자위대에 의한 2차 무력시위를 수반할 것이라는 점은 확실하다.

현재로서는 일본이 독도에 대한 무력시위를 시행에 옮긴다면 가장 유력한 방법은 국제적인 비난을 피하려고 일본 정부가 배후에서 계획하고 지원하는 자위대나 해상보안청 소속의 국가기관 요원이 민간인을 가장하거나 극우 세력을 동원한 공격이 될 것이다. 당연히 장비도 민간에서 어선이나 헬리콥터 등을 자체 제작한 것처럼 보이도록 위장하겠지만, 실제로는 일본 정부의 지원으로 특별 제작한 첨단 병기를 사용할 것이 거의 확실하다.

2004년 5월 5일 독도로부터 약 150km 떨어진 오키(隱岐)제도(독도까지 3시간 소요거리)에 도착한 일본 극우단체 '니혼시도카이(日本土道會)' 회원 4명이 약 5톤 규모의 소형선박을 타고 시마네(島根)현 에토모항을 출항 오키제도에 도착, 이곳에서 머물며 독도를 향해 출항할 기회를 노리고 있다[53]고 말해 한때 한국 정부를 긴장시켰다. 일본 내에서는 우익

---

53) "독도연구보전활동"(2004), 독도연구보존협회, p.85.

단체인 시도카이(士道會)가 독도 상륙을 시도하는 것을 일종의 돌출행동으로 보는 분석이 일반적이지만, 이들의 행동은 한국 정부에게는 독도 영해 진입 차단이라는 대책을 세우고 대응해야 하는 실질적인 행동을 요구하게 된다.

일본의 극우 폭력집단이 중무장한 해상특공대를 조직해 강습(强襲)을 감행해 독도가 유린당하거나 확전이 되는 것에 대비해둘 필요가 있다. 도서방어 개념에 의한 동도와 서도 양 섬을 연결하는 진지편성, 조기경보시설, 해안방어포대 및 긴급한 병력 및 장비·보급품 저장을 위한 요새를 반드시 구축해야 한다. 그리고 본토에서 직접 항공기 또는 함정지원을 받으려면 시간적으로 상당한 어려움이 있고 대응이 지연되는 점을 고려해 울릉도에서 해군과 공군의 지원을 받을 수 있도록 중간 지원기지로 개발 독도 방어요원들이 일정 기간 생존하며 방어할 수 있도록 요새진지를 건설해야[54] 한다. 최소한 독도에 파견된 전투경찰이나 군부대가 자력으로 적어도 12시간은 일본의 공격을 막고 전투할 수 있는 병기와 체제를 갖추지 않으면 일본의 책략에 말려들 가능성이 크다.

일본은 이미 독도 접수 훈련을 시행한 사례가 있고 군비를 계속 증강해왔으므로 자위대 파견 등을 통한 직접적인 공격도 전혀 일어나지 않을 것이라고 장담은 할 수 없다. 일본은 그동안 세계 2위의 경제력과 미국 7함대를 능가하는 막강한 해군력에 미국을 추격하는 수준의 군사 기술력을 배경으로 느긋한 자세로 억지주장을 굽히지 않고 있다. 지금이라도 만약 일본이 중무장한 해상특공대를 조직해 강습을 감행한다면, 소총 등 현재의 개인화기만 휴대한 채 모양새만 갖추고 있는 해양경찰력으로는 유린당할 수밖에 없다.[55]

유엔의 역할, 한국과 일본에 대한 미국의 견제와 조정기능, 세계화, 장거리 유도탄과 핵무기 보유 등으로 일본의 자위대에 의한 독도의 직접 공격 가능성은 작다. 그렇지만 독도에 대한 공격은 제한 전쟁이고 속전속결로 진행될 가능성이 크다. 일본이 그동안 진행해온 전쟁은 기본적으로 기습을 바탕으로 하고 있으므로 만약의 사태에 대한 대비는 필요하다. 독도를 기습 점거할 때 한국이 반격하기 전에 유엔을 통해 분쟁지역임을 선언하고 중재나 조정을 요청할 가능성이 크다. 만일 일본이 유엔 안전보장이사회 이사국으로 진출한 후 무력을 사용할 경우, 2009년 초 이스라엘이 하마스[56]를 공격했을 때 미국의 반대로

---

54) 독도역사찾기운동본부(2003), "독도 영유권 위기 연구", 백산서당, pp.227~231.

55) 독도역사찾기운동본부(2003), "독도 영유권 위기 연구", 백산서당, pp.218~227.

56) 하마스(Hamas)는 이슬람 저항 운동 단체 겸 정당이다. 이스라엘에 대한 무장 투쟁으로 널리 알려져 있다. 팔레스타인의 대 이스라엘 무장 항쟁인 '제1차 인티파다'가 일어난 1987년에 팔레스타인 민중들의 행복을 깨뜨린 이스라엘의 차별과 폭력을 경험한 민중지식인들인 아흐메디 야신 등이 결성했다. 초기에는 요르단 강 서안과 가자 지구를 계속 통치하려는 이스라엘을 완전히 몰아내고 팔레스타인 전역에 이슬람 국가를 세우는 것을 목표로 했다. 이러한 투쟁 방향은 2006년 2월에 있었던 팔레스타인 자치정부 총선거에서 유권자의 지지를 받아

유엔의 이스라엘에 대한 제재가 무산된 것처럼 유엔의 역할이 단순한 무력시위 중단 촉구와 평화적인 해결노력을 호소하는 수준으로 그쳐 무기력한 상황이 발생하면, 다른 국제사회의 도움을 받기 어려우므로 독도를 사수하기 위해서는 한국 자력에 의한 방어책이 갖추어져 있어야 한다.

5) 일본의 공격 시기

호사카 유지(保坂祐二) 세종대 교수는 2006년 4월 21일 '일본 해양탐사 계획의 역사적 본질'이라는 제목의 글을 통해 당시 일본의 수로탐사 계획과 관련, "치밀한 계산 하에 실시되는 행동"이라고 밝혔다. 그는 조선 개국의 계기가 된 1875년 강화도 사건과 최근 일본이 벌이고 있는 도발적 행위를 비교하는 방식으로 일본의 의도 및 역사적 배경 등을 분석했다. '무사(武士)의 나라 일본은 도발의 천재'라고 주장한 그는 "일본은 전쟁을 일으킬 때 무사의 논리인 손자병법에 따르는 사고방식으로 계획을 세운다"며 '전쟁 전 상대를 이겨놓고 있어야 한다', '이기기 위해 상대를 철저히 사전 연구한다' 등 일본의 두 가지 철칙을 소개했다.

그는 우선 강화도 사건에 대해 "일본은 1873년 고종 친정체제가 출범하면서 대원군이 사실상 실각한 조선의 변화를 알아보고 '고종의 조선'은 파고 들어갈 틈이 있다고 판단한 것"이라며 "또한 조선이 먼저 발포하게 만들어 '측량하러 간 일본 선박을 공격했다'고 호소하는 외교전에 돌입, 국제적인 압력으로 조선을 개항시키겠다는 전략이었다"고 밝혔다. 그는 "모두 일본이 계산했던 그대로였다. 결국 평화적인 일본 선박에 발포했다는 이유로 국제적인 비난이 조선에 집중됐고, 조선은 이에 굴복해 1876년 2월 일본과 강화도조약57)

큰 압승을 하도록 하였다. 이스라엘군의 거주와 이전의 자유 제한 등으로 인권을 억압받던 팔레스타인 민중의 불만이 이스라엘에 반대하는 하마스에 대한 지지로 표현된 것이다.

57) 강화도조약(江華島條約)은 정식 명칭은 조일수호조규(朝日修好條規)이며 병자수호조약(丙子修好條約)이라고도 한다. 1865년 왕정복고에 의해 천황친정체제를 마련하고 급속한 근대화운동인 메이지유신(明治維新)을 단행하여 근대국가로의 발전을 기하게 된 일본은 근대적 국교관계를 맺고자 조선에 교섭해왔다. 그러나 조선은 국서의 서식이 종래와 다르고 대마도주 무네 씨(宗氏)의 직함이 다르다고 하여 국서의 접수를 거부하였다. 그러나 대원군의 쇄국정책에 맞서 개화론자들은 부국강병을 위해서 개화사상을 도입하고 문호를 개방하여 대외통상을 해야 한다고 주장하였다. 이즈음 조선은 흥선대원군이 하야하고, 한편으로 청나라가 조선에 대해 프랑스·미국과의 국교를 권고하고 있었으며, 일본의 대만정벌의 소식도 전해져 조선의 대일본정책의 전환을 촉구하는 내재적 영향력이 자라고 있었다. 이러한 시세에 편승한 일본은 조선 현지의 사정을 정탐하고 무력시위에 의한 국교촉진의 방안을 건의하는 모리야마 시게루(森山茂)의 권고를 받아들여 측량을 빙자하여 군함 운요호(雲揚號)를 조선 근해에 파견하여 부산에서 영흥만(永興灣)에 이르는 동해안 일대의 해로측량과 아울러 함포(艦砲)시위를 벌였다. 또한 운요호를 강화도 앞바다에 재차 출동시켜 초지진(草芝鎭)의 수비병들이 발포하는 사태를 유발하게 하였다. 1876년 정한론(征韓論)이 대두되던 일본 정부에서는 전권대신(全權大臣) 일행을 조선에 파견하여 운요호의 포격에 대하여 힐문함과 아울러 개항을 강요하였다. 마침내 1876년 2월 27일 강화 연무당(鍊武堂)에서 전권대신 신헌(申櫶)과 특명전권판리대신(特命全權辦理大臣) 구로다(黑田淸隆) 사이에 12조로 된 조일수호조규를 체결하였다.

을 맺었다"고 역사를 되짚었다.58)

　무력 충돌이나 전쟁이 발생하는 원인은 상황에 따라 양측 모두가 원인을 제공할 수 있지만, 의도적인 공격은 전쟁을 시작하는 쪽의 정세판단에 따라 시작된다. 일본이 독도를 공격한다면 전투에서의 승리방안뿐만 아니라 국내외의 정치적 승리와 사후 수습대책까지 마련하고 전쟁이 시작되기 전에 이미 승리가 확정된 상태에서 공격이라는 요식행위를 통해 사전에 계획했던 대로의 결과가 나오게 할 가능성이 크다. 만일 그렇지 못한 상태에서 감정적 판단에 의한 도발은 국제사회에서 일본을 전범국으로 확실하게 재인식하게 만드는 계기를 제공해 일본 자신에게 치명적인 타격을 안겨줄 것이 확실하다. 그러므로 만약에 일본이 독도를 공격한다면 그 시기는 우발적인 충돌도 배제할 수는 없지만, 일반적으로 독도와 한국의 방어태세에 대한 대비는 물론 국제적인 정치적 승리까지를 확신할 때가 될 것으로 보인다.

　그 시기를 좀 더 구체적으로 살펴보면, 첫째는 한국이 독도에 대한 일본의 도발에 대하여 승인이나 묵인을 계속하여 그 사례가 쌓여 일본이 밀어붙이기만 하면 결정적으로 유리한 입장에 선다고 판단할 때, 둘째는 한국이 독도 영토주권에 대하여 일본의 권리가 보장되는 국가행위를 하고 일본이 얻은 권리들이 응고되었을 때, 셋째는 한국 스스로 독도를 소홀하게 생각하고 그 권리를 포기하거나 무시하는 행위가 계속되어 독도에 대한 주권이 매우 취약해졌을 때, 넷째는 다케시마(독도)에 대한 일반 일본 국민 여론이 일본 정부 주장에 대부분 동조하고 국제사회의 일반적 승인이 무르익었을 때, 즉 세계가 독도를 일본 영토 다케시마로 인정하고 한국이 독도를 불법 점거한 것으로 세계 여론이 인정할 때 일본의 무력사용은 정당한 영토회복이 된다. 다섯째는 일본이 유엔 안전보장이사회 상임이사국으로 진출하여 국제정치적 결정권을 행사할 수 있고 그럴만한 결정적인 계기가 마련되었을 때, 여섯째는 중국, 러시아, 미국, 유럽 등 세계적인 군사 강국들의 분명한 동의를 얻었을 때, 일곱째는 국제법에 의한 해결의 길이 모두 막혀 달리 선택의 여지가 없다고 보일 때이다.59) 여덟째는 한국의 경제가 붕괴하고 정부와 정치가 그 기능을 잃고 공무원은 부패하며 국민은 도탄에 빠지고 군대 기강이 흐트러져 명령체계가 제대로 가동할 수 없을 때, 아홉째는 일본의 급격한 경제 붕괴로 대량해고에 따른 실업이 심각한 사회문제로 발전하여 일본 국민에게 식량과 물자를 제대로 공급하기 어려운 상황에 빠졌을 때 등으로 예상할 수 있다.

---

58) 연합뉴스 2006. 4. 21.

59) 독도본부.

특히 위에서 제시된 내용이나 시기가 중첩되는 것이 많을 때는 그 시기가 당겨질 가능성이 크다. 그러나 한국이 정치, 경제, 사회가 안정적인 체제를 유지하고 군사력이 정비되어 있어 있고 국민이 단결력을 발휘할 때는 스스로 방어 능력이 구비되므로 일본이나 국제사회의 변화도 일본으로 하여금 쉽게 공격을 행동으로 실행해 옮기지 못하도록 할 것이며, 설령 무력시위를 해온다고 하더라도 쳐부수고 제압하면 되므로 문제 될 것이 없다. 결국 일본이 무력시위를 하고 하지 않고는 한국에 달렸다.

3. 일본 독도 공격에 대한 양국 전문가 분석

1) 다카이 사부로, 일본 독도 쉽게 점령할 수 있다

조선일보 보도에 따르면, 일본 육상자위대 간부학교 교관 출신의 군사전문가이자 군사 분야 언론종사자(journalist)인 다카이 사부로(高井三郎)는 군사 관련 월간지인 '군사연구'(軍事研究) 2009년 3월호에서, 양국의 무기체계와 부대배치 현황·주변 정세 등을 토대로 "일본이 독도를 공격한다면? 쉽게 점령할 수 있다. 한국이 이에 맞서 대마도를 공격한다면? 일본이 방어하기 곤란하다"는 결론을 내렸다고 전했다.

시뮬레이션[60](simulation: 모의실험)의 전제는 기습이다. 먼저 일본의 독도 공격으로 시설 폭격에는 규슈(九州)나 혼슈(本州)에서 발진하는 지원전투기(F-2[61]기, 3기)면 충분하다. 이와 함께 출격하는 전투기(F-15J) 40기는 한국 공군의 반격을 방어하고, 전자전기 4기는 한국군의 정보 전력을 봉쇄한다. 폭격이 끝나면 특수부대가 잠수함을 통해 상륙한다. 한국군의 전력을 고려할 때 큰 어려움 없이 작전완료가 가능하다. 후속 방어도 가능하다. 일본은 이후 국제사회에서 "독도가 원래 일본 땅이라 '탈환작전'은 정당하다"고 주장한다. 그러나 다카이 사부로는 한국이 이후 대마도를 공격해 '정치적 교환'을 노릴 가능성이 있다고 주장했다.

한국군은 무장헬기(AH-1)로 대마도의 자위대 주둔 시설을 파괴하고, 동시에 수송헬기(CH-47) 5기에 분승한 특수부대원들이 공항을 접수한다. 또 한국의 전투기(F-16)는 서

---

60) 시뮬레이션(simulation)은 어떤 현상 따위를 예측·해석하기 위하여 실제와 같은 모형을 만들어, 모의적으로 실험하여 그 결과로써 해결 방법을 연구하는 일.

61) 미쓰비시 F-2(Mitsubishi F-2)는 F-1 지원전투기의 후계기로서 개발된 일본 항공자위대의 지원전투기이다.

(西)일본 일대의 해군기지, 미사일 기지, 레이더 시설을 폭격한다. 그 직후 포항과 진해의 해병대 600여 명과 탱크 70여 대가 대마도에 상륙한다. 일본의 많은 전문가는 한일 양국의 해군력 등을 고려할 때 한국의 대마도 공격은 불가능하다고 주장한다. 그러나 사부로는 제공(制空) 전투기와 지상 공격기 분야에서 한국이 우세하고, 특히 육상전력은 한국이 절대적 우세여서 한국의 기습을 막아내기가 쉽지 않다고 주장했다. 가상현실이지만, 자위대의 두뇌에 해당하는 간부학교 교관 출신의 분석이라는 점에서 간과하기 어렵다.[62]

그동안 일본이 독도를 지속적으로 자극해왔으므로 대다수의 한국 국민은 대마도를 점령할 수 있는 역량을 한국군이 보유하기를 바랄 것이다. 그렇지만 여기서 반드시 짚어보고 넘어가야 할 점은 일본의 많은 전문가가 양국의 해군력을 비교할 때 한국의 대마도 공격은 우세나 열세가 아닌 불가능하다고 주장하는 데 반해 다카이 사부로(高井三郎)는 일본이 독도를 점령할 때 한국이 전투기와 우수한 육상전력으로 대마도를 점령해 정치적 교환을 요구할 것으로 결론을 내리고 있다. 문제는 다카이 사부로가 왜 이런 분석을 내놓았느냐 하는 점이다. 이것을 다카이 사부로만이 할 수 있는 독특한 분석인지 아니면 일본의 취약지역인 대마도 방어를 공고히 하도록 유도하기 위한 것이나 공격을 위한 전진기지화하도록 유도하려는 의도, 한 단계 더 나아가서 책략까지를 포함하는 것인지 분석해 볼 필요가 있다.

그동안 진행된 독도 문제를 중심으로 나타난 여러 가지 상황을 고려하면 다카이 사부로의 분석은 다각적인 성격을 가진 것으로 보인다. 다카이 사부로의 기고문은 일본 정부에 독도를 공격하기 위해서는 대마도에 대한 방어책이 있어야 한다는 점, 육상자위대와 항공자위대의 보완이 필요하다는 점, 해상자위대의 재배치 등 한국의 역습에 대한 사전 대비, 확전까지를 포함하여 정치적 타결까지를 고려한 준비를 한 후 독도를 공격해야 할 것이라는 주문을 하고 있다는 것으로 분석된다.

현대전은 흔히 국경이 없다고 말하기도 한다. 그만큼 전자병기가 발전해 있기 때문이다. 그렇지만 아무리 현대전이라 하더라도 여전히 최종 점령은 육군이 이루어낸다는 점을 육상자위대 간부학교 교관 출신의 군사전문가인 다카이 사부로가 모를 리 없다. 국경지역에 대한 방어책 없이 자국의 영토가 점령되고 자국민이 유린당하도록 그대로 두면서 전쟁을 시작한다는 것은 상식적으로 말이 안 되는 행동이다. 그리고 반대로 전쟁을 하지 않더라도 국경지역에 대한 군비를 증강하는 행동은 인접국가에 그 자체가 바로 위협의 대

---

62) 조선일보 2009. 2. 19.

상이 된다. 일본은 이미 임진왜란 때 대마도를 병참 및 공격 전진기지로 활용했다.

전쟁은 아무나 쉽게 거론해서는 안 되는 중차대한 일이다. 다카이 사부로의 기고문 내용을 일본의 공격적 성향을 드러낸 우려로 받아들여야 할지 아니면 한 개인의 단순한 주장에 지나지 않는 이야기 정도로 취급해야 할지 판단하기는 쉽지 않다. 그러나 2011년 3월 31일 일본의 마쓰모토 다케아키(松本剛明) 외무상이 외교방위위원회에서 자민당의 사토 마사히사(佐藤正久) 의원의 질문에 대한 답변 형식을 빌려 독도(다케시마)가 일본 땅인만큼 독도에 대한 타국의 미사일 공격은 일본에 대한 공격[63]이라는 견해를 밝히기도 했다. 일본 내에서 독도와 연관 지어 공격이나 전쟁을 언급하는 일이 많아진다는 것은 실제 공격 가능성도 그만큼 가까워지고 있다는 것을 의미한다고 보아야 할 것이다. 이런 때 한 가지 확실한 것은 우려가 우려로 끝나느냐 아니면 상대의 공격 태세가 실제 공격으로 이어지느냐의 여부는 우리의 준비와 대응이 큰 변수로 작용한다는 것을 기억해 둘 필요가 있다.

2) 2016년 4월 10일, 독도가 일본에 점령된다

일본의 독도 공격은 한미연합사령부 해체 뒤 기습 점거 후 영유권 주장 가능성이 있다. 이지스 구축함 등의 인근배치를 완료하고 군의 독도 주둔도 서둘러야 한다. 뉴데일리에 소개된 일본 독도 공격 시나리오는 다음과 같다.

"2016년 4월 10일 오전 9시, 일본 내각은 한국 정부에 '일본 영토인 다케시마(竹島)의 회복을 위해 군사력을 동원한다'고 통보한다. 그리고 같은 시간 독도와 인접한 일본의 마이주루 지방대(해역함대)에서는 7,000톤급 이지스 구축함 여러 척과 3,000~5,000톤급 호위함들이 위용을 자랑하며 일제히 독도를 향해 전속력으로 항진한다. 상공에는 일본 항공자위대의 심신 스텔스기(F-3) 편대들이 이들 함대를 호위하는 한편 대한민국 공군의 기동을 견제한다. 심신 스텔스기(F-3)는 2014년 3월 개발을 마치고 2016년 초부터 실전 배치된 '스텔스기[64] 잡는 스텔스기'로 알려진 괴물이다. 일본의 전격 통보와 기습공격을 함께 받

---

63) MK뉴스 2011. 4. 1.

64) 스텔스기(stealth aircraft): 스텔스는 '은밀하게 조용히 이루어지는 일'이라는 뜻을 가지고 있다. 문자 그대로 적게 발견되지 않는 비행기로, 놀랄 만한 기술의 성과라고 할 수 있다. 그러나 이 비행기가 '보이지 않는' 것은 레이더에 대한 능력을 의미한다. 페라이트(ferrite)계 등의 전파흡수제를 바르기도 하고, 레이더 단면적을 작게 설계함으로써 레이더에 전혀 포착되지 않도록 되어 있다. 미국에서는 F-117 전투기·정찰기와 B-2 폭격기가 해당된다. F-117은 길이 17.8m, 너비 8.9m, 높이 3.6m에 F-18과 같은 제트기관이 사용되었다. F-117 나이트호크는 레이더의 반사면적을 극도로 줄이는 형태를 가지고 있으며 또한 기체 전체에 전파 흡수제가 칠해져 레이더에 탐지가 되지 않으며 배기가스를 냉각시켜 방출함으로써 적의 적외선 탐지도 막을 수 있다. 그러나 이론적으로 스텔스기를 장거리에서 탐지하는 여러

은 한국 정부는 우왕좌왕한다. 독도에는 소수의 경찰 경비 병력만 존재할 뿐이다. 동해 북방을 지키는 해군은 북한과의 대치로 발이 묶이고, 인근 기지에는 이렇다 할만한 함정도 없는 형편이다. 눈 깜짝할 사이에 독도를 제압한 일본은 독도가 자국 영토임을 선포하고, 준비했던 각종 자료를 국제사법재판소에 제출한다. 이날을 위해 일본은 오래전부터 매년 1~2월경 외교문서를 우리 정부에 보내면서 독도 영유권을 주장해왔다. 장차 독도에 분쟁이 발생하여 국제사법재판소에 갈 때를 대비하여 공식적인 문서로 남기기 위해서다. 2005년부터는 8~9월에 나오는 '방위백서'에 영유권을 주장해왔다. 이 모든 것은 일본이 독도를 침탈하기 위한 작업으로 이뤄져 왔다. 한국과 함께 일본과도 방위조약을 맺은 미국은 손 놓고 볼 수밖에 없는 입장이다. 한반도에서의 전시작전지위권은 지난 2015년 12월 한미연합사의 해체로 한국군에 가 있다. 미국으로서는 개입하려 해도 할 수 있는 명목이 없다."

"있을 수 없는 일로만 여겨지는 일본의 독도 침탈이 상상만은 아니다." 김성만(전 해군작전사령관, 예비역 중장)이 다시 한 번 독도 방어의 중요성을 강조하고 나섰다. 김 제독은 최근 코나스넷(Korea National Security Net: 인터넷 보수언론)에 발표한 글을 통해 '독도에 대한 실질적인 방어병력 배치'를 정부에 주문했다. 해전 및 인근 중국과 일본 등의 해군력에 정통한 김 제독은 그동안 기회가 있을 때마다 독도에 함정과 초계기, 잠수함 등을 배치해야 한다고 강조해왔다.

이명박 대통령이 2011년 4월 1일 "독도는 우리 땅이다. 천지개벽을 두 번 하더라도 우리 땅이다. 우리가 실효적 지배를 하고 있다. 실효적인 지배를 강화하는 일을 계속해 나갈 것이다"라고 말한 바 있다. 김황식 국무총리도 4월 7일 국회에서 "지금 현실적으로 여러 가지 종합 상황을 고려할 때 경찰이 관할하는 정도로 충분하다는 생각을 하고 있지만, 장기적으로 군대가 가야 하는 게 아니냐는 주장도 있고 그런 점에 대해서는 전략적이고 장기적으로 검토하겠다"고 밝혔다. 그러나 김성만 제독은 "우리 정부가 독도에 군 배치를 수차례 검토해왔지만, 탁상공론에 그치고 핵심적인 내용은 없었다"고 비판했다. 우리 정부는 독도방어에 대한 근본적인 대책을 차일피일 미루고 있다는 지적이다.

김성만 제독은 "군사전문가들은 한미연합사령부가 2015년 12월에 해체되면 이후에 일본이 무력으로 도발할 것으로 예상하고 있다"고 소개했다. 그 시점 이후 한국의 방위체제는 한미연합방위(한미 공동방위 무한책임)에서 한국주도방위(미국은 지원)로 변경되기 때

가지 방법이 알려져 있다. 중국의 청두 J-20 스텔스 전투기 개발에 대응하여, 2011년 일본 방위청은 MIMO(다중의 입출력이 가능한 안테나 시스템을 이르는 말이다. MIMO(Multiple Input Multiple Output)는 다중의 입출력이 가능한 안테나 시스템을 말한다.)와 레이더와 적외선 복합센서를 전국에 구축하여 스텔스기 방어망을 구축할 계획이라고 보도되었다.

문이라는 것이다. 그는 "일본은 이미 수년 전부터 독도 인근의 해·공군기지에 첨단전력을 배치했다. 이지스 구축함과 호위함 수척 등이 마이주루 지방대(해역함대)에 추가로 배치되어 있다. 독도 군(軍) 주둔문제를 장기과제로 검토할 여유가 없다. 독도 주변해역을 방어하기 위해서는 4,000톤급 이상의 대형 구축함 2척 이상과 잠수함과 해상초계기를 상시 배치해야 한다. 이와 함께 공군기의 초계비행도 상시로 이루어져야 한다. 지금 우리 해군과 공군은 대북감시에도 전력이 부족한 실정이다. 과학기지와 방파제보다 군함과 항공기 확보가 독도 방어에 가장 시급하다. 일본이 2011년 8월 방위백서에 또다시 '독도 영유권'을 명기한다면 바로 대통령의 독도 방문과 해병대의 독도 주둔을 실행에 옮겨야 할 것"이라고 강조했다.[65]

김성만 전 해군 작전사령관은 독도가 일본에 점령당할 수 있다는 직접적인 언급은 피했지만, 간접적으로 일본의 움직임과 전력 증강을 들고 우려를 표하는 동시에 대책을 제시하며, 한국의 미흡한 대비 태세에 대한 보완 필요성을 역설하고 있다. 문제가 예상되는데도 대비책을 마련하지 않고 설마 그런 일이 일어나겠느냐 하는 안이한 생각을 하고 있으면 결국 문제가 터졌을 때는 대가를 치를 수밖에 없다. 독도 문제는 단순한 독도 문제만이 아니다. 일본이 독도를 공격하여 점령하면 울릉도와 본토를 공격하지 않을 것이라고 누가 장담할 수 있겠는가? 임진왜란도 설마 하다가 터졌다.

그동안 정부는 독도에 경찰을 상주시켜 우리 영토임을 천명해왔다. 하지만 일본의 영유권 주장이 수그러들지 않자 2011년 4월 7일 국회 대정부 질문에서 김황식 국무총리가 "독도에 군부대 주둔을 검토할 가치가 있다"고 밝히는 등 정부가 2005년부터 현대중공업에서 건조 중인 대잠무기에 유도탄 방어 무기도 탑재하는 2,300t급 차기 호위함의 울릉도 배치를 검토하기로 한 것은 독도의 영유권을 주장하는 일본과 잠수함을 이용한 북한의 침투에 군이 직접 대비하고 독도 영유권에 대한 확고한 의지를 보여주겠다는 것이다. 울릉도에 해군 전진기지를 건설하면 1시간 35분 이내에 대응이 가능하다. 실제 군이 돌발 상황을 가정해 실험한 모의실험에서 우리 군은 일본보다 1시간가량 늦게 독도 해역에 도착하는 것으로 나타났다. 울릉도 사동항은 군함이 정박할 수 없어 가장 가까운 경북 울진 죽변항이나 동해항에서 해군 함정이 출발하면 4시간 이상 소요되기 때문이다. 하지만 일본은 오키섬에서는 2시간 50분, 시마네현 에토모항에서는 3시간 18분 등 우리 해군보다 1시간 이상 일찍 도착할 수 있다.[66]

65) 뉴데일리 2011. 4. 10.

독도를 지키는 방법은 여러 가지가 있다. 물론 독도에 해병대를 주둔시키고 울릉도와 독도해역에 함정을 배치하는 것은 필요하다. 그것은 상시로 해야 할 일이고 일본의 독도 공격에 더욱 적극적으로 대처하기 위해서는 육·해·공군 특수부대와 해병의 일본 원자력 발전소 침투 습격과 폭파 훈련, 전파 및 전산망 교란 부대 육성, 기구를 이용한 생물학전과 화학전 전문 부대 육성은 큰 예산을 투입하지 않고도 활용이 가능하므로 우리 군은 이 부분에 대해 검토해 볼 필요가 있다.

4. 일본이 선택 가능한 제3 해결책 유엔총회 상정

한국이 현재 독도를 실효적으로 지배하고 있다. 이는 영토분쟁에서 상당히 유리한 입장으로 작용할 수 있는 것은 사실이다. 하지만 일본이 이를 인정하지 않고 도전으로 분쟁 상태가 지속하는 한 한국의 영토로 고착되는 것은 아니다. 현대의 영토분쟁은 국제사법재판소 제소와 판결에 의해 처리되는 것이 늘어나고 있다. 그러나 유엔총회나 안전보장이사회 의안으로 상정되면 국제적인 분쟁지역이 되어 일본이 바라는 국제사법재판소를 통한 해결을 촉구하는 압력으로 작용할 가능성이 있으므로 경계해야 할 일이다. 한국이 관할권의 부존재를 다툴 때 일본은 국제연합헌장 제33조 제2항에 의거 독도의 영유권 분쟁의 해결을 안전보장이사회에 제의할 수 있다.[67] 일본의 독도 문제에 대한 유엔 의안 상정 가능성은 월간 조선 2008년 7월호에 게재된 배진수(裵珍洙) 동북아역사재단 제3연구실장의 기고문에 잘 분석되어 있는 것으로 보인다.

일본은 1950년대 초부터 독도 문제의 국제사법재판소(ICJ) 회부를 주장해왔다. 국제사법재판소 회부는 분쟁당사국인 양국의 합의 제소를 전제로 하므로 한국이 이에 동의하지 않는 한 일본은 다른 수단을 강구할 수밖에 없다. 첫째는 일본은 적절한 시점이 되면 독도 문제를 유엔총회에 상정할 가능성이 있다. 도서 영유권 분쟁 당사국 중 어느 일국이 국제사법재판소 회부를 거부할 때, 이 문제를 유엔총회에 상정시킨 선례(先例)가 있다. 프랑스와 마다가스카르 간의 모잠비크 해협 4개 도서 분쟁(1979년), 아프리카 나미비아와 남아공(南阿共) 간의 펭귄제도 도서 분쟁(1980년), 영국과 아르헨티나 간 포클랜드 도서 분쟁(1965년) 등이 그것이다.

---

66) 서울신문 2011. 4. 20.
67) 김명기(2007), "독도강의", 책과 사람들, p.173.

이들 사건은 모두 유엔총회의 안건으로 상정됐고, 안건 상정국의 주장대로 '양 당사국의 영유권 분쟁 평화적 해결 노력'을 촉구하는 총회 결의안이 채택됐다. 물론 유엔총회 결의는 구속력이 약하기 때문에 실효를 거두지는 못할 것이다. 둘째는 유엔총회를 통한 문제 해결 시도가 성과를 거두지 못할 경우, 유엔 안전보장이사회(안보리)를 통한 시도가 예상된다. 독도에서 양국 간에 고의적 혹은 우발적 위기상황이 조성되면, 일본은 이 문제가 유엔 안보리에 상정되도록 유도할 것이다. 향후 일본의 유엔 안보리 상임이사국 진출 여부에 따라 그 가능성은 더 커질 수도 있다.

1976년 터키와 그리스 간에 해양조사 탐사선 진입을 둘러싸고 에게해 도서 분쟁이 일어났다. 이 문제는 유엔 안보리로 회부됐다. 유엔 안보리에서는 '분쟁의 평화적 해결을 위해 양국이 이 문제를 국제사법재판소(ICJ)에 합의 제소할 것'을 권고하는 결의안을 채택했다. 독도를 둘러싸고 위기 상황이 야기될 경우 유엔 안보리는 양국 간 사태 악화를 방지하는 한편, 한일 양국에 독도 문제를 국제사법재판소에 회부하도록 권고할 가능성이 있다. 물론 에게해 도서 분쟁 당시 터키가 그랬던 것처럼 한국도 유엔 안보리의 국제사법재판소 합의 제소 권고를 거부할 수 있다. 그러나 이 경우 '한국이 분쟁의 평화적 해결을 촉구하는 국제 여론을 거부한다'는 인상을 줄 수 있으므로 한국은 어려운 입장에 처하게 될 우려가 크다.

만약 유엔 안보리에서 '한일 간 국제사법재판소(ICJ) 합의 제소 권고 결의안'이 채택될 경우, 국제 여론에 이끌려 국제사법재판소에 독도 문제가 회부될 가능성도 완전히 배제할 수는 없다. 2000년 이후 카타르와 바레인 간 하와 도서 분쟁(2001년), 싱가포르와 말레이시아 간 페드라 브랑카 도서 분쟁(2008년) 등 여러 건의 영토분쟁이 국제사법재판소 판결을 통해 해결됐다. 우리는 이런 추세를 주목할 필요가 있다.[68] 독도 문제와 관련하여 만약의 경우 예상되는 우발사태 유형뿐만 아니라 유엔 등 국제 공론화와 국제분쟁화될 경우까지도 염두에 둔 대책 마련에 지혜와 슬기를 모아야 하는 이유가 바로 여기에 있다.

---

68) 배진수, "일본의 전방위 독도공세 무얼 노리나", 월간조선(2008년 7월호).

제3절 분쟁, 앞으로도 계속 진행될 수밖에 없다

1. 양국 정치가 · 역사학자 매국노 되지 않으려 한다

일본 산케이(産經)신문과 후지뉴스 네트워크가 2008년 8월 2일과 3일 양 일간에 걸쳐 전국의 성인 남녀 1천 명을 대상으로 공동 실시한 여론조사 결과에 따르면 독도를 '일본의 영토로 생각한다'는 응답이 전체의 73.7%에 달하고, 40, 50대 남성과 50대 여성은 80%가 넘었으며 '일본 정부가 더 강하게 영유권을 주장해야 한다고 생각한다'는 답변도 75.0%로 높았다고 한다.[69]

만약 한국에서 독도의 영유권에 대한 여론 조사를 한다면 그 설문 대상에 따라 결과가 다르겠지만, 국민을 대상으로 무작위로 설문한다고 하더라도 독도가 한국 땅이라고 대답하는 사람들이 아마 95% 정도는 나오지 않을까 싶다. 물론 학식이 있고 사회문제에 대한 관심이 많은 사람을 대상으로 하면 당연히 100%가 나올 것이 틀림없다. 이는 추측일 뿐 아직 국내에서 독도의 영유권에 대한 설문조사가 이루어졌다는 말을 들은 바 없으며, 그런 조사 결과를 보지도 못했다. 당연히 우리의 고유영토이고 현재 실효적으로 지배하고 있기 때문에 설문조사를 할 필요를 못 느꼈을 것으로 생각한다.

중요한 점은 한국과 일본 양국 국민이 모두 독도가 자국영토라고 생각하고 주장하는 사람이 대다수를 차지하며 정부 또한 국민과 같은 입장을 취하는데, 독도가 자국의 영토가 아니라고 주장할 정치가나 학자는 많지 않을 것이다. 여기에 독도 문제 해법의 어려움이 있다. 특히 정치가는 정치활동이나 정책을 통하여 여론을 선도하며 갈등을 해소하고, 학자는 양심에 따라 학문적 진리를 추구한다. 그럼에도 이제까지 한국의 학자 중 독도가 일본 영토라고 말하는 사람을 보지 못했으며, 일본의 주장에 설득력이 있다고 동조하는 모습을 본 기억도 없다. 하나같이 일본의 주장이 잘못되었거나 문제가 있다는 주장을 해왔다. 일본은 일부 학자와 사회운동가 등이 양심에 따라 독도가 한국 영토라고 주장한 때도 있지만, 그들의 주장도 개인적인 견해 발표로 보인다.

시마네대 나이토 세이추(內藤正中) 명예교수는 '시마네현의 100년' 등 지방사 연구를 바탕으로 10년 넘게 일본의 독도 영유권 주장의 허구성을 규명해왔다. 심지어 시마네현이

---

69) 연합뉴스 2008. 8. 5.

독도의 날을 선포하는 소란 속에서도 '독도는 한국 땅'임을 주장하는 칼럼70)을 신문에 기고하기도 했다. 그는 "제2차 세계대전 이전 일본 기록에는 독도가 한국 땅임을 뒷받침하는 자료가 많으며 에도(江戶) 시대의 어민들도 독도를 조선 땅으로 인식했다"고 지적했다. 2006년 출판한 저서 '사적 검증 다케시마 · 독도'(공저)에서도 1905년 일본의 독도 편입 과정의 문제점을 상세히 기술했다. 가령 일본의 독도 편입은 1904년 9월 어민 나카이 요자부로(中井養三郞)가 독도 근해에서 강치잡이 어업권을 독점할 목적으로 독도 임대를 청원하려 했으나 일본 정부가 이를 '무주지(無主地) 영토 편입 청원'으로 바꾸게 함으로써 이뤄졌다는 것이다.

호리 가즈오(堀和生) 교토대 교수는 1987년 '1905년 일본의 독도 영토 편입'이라는 논문을 통해 일본이 독도 영유권을 주장하는 근거를 조목조목 반박했다. 그는 "조선 문헌에 독도가 등장하는 것이 일본 측보다 200년 정도 이르며 그 문헌이 조선의 정사(正史) 지리지라는 것 자체가 독도에 대한 국가(조선)의 영유 의식을 보인 것"이라고 지적했다. 특히 1696년 조일(朝日) 양국 정부의 교섭에 따라 에도 막부가 울릉도가 조선령임을 정식 승인했으며, 1877년 당시 일본 메이지(明治) 정부의 최고 국가기관인 태정관이 '울릉도와 독도는 일본과는 관계없는 섬'이라고 내린 공문서도 발견해 한국 측의 독도 관련 연구에 힘을 보태줬다. 또 1894년과 1899년 판 일본 해군의 '조선수로지' 등 일본 측 자료를 볼 때도 일본 영토설은 근거가 없다고 밝혔다. "1905년 독도 편입은 당시 황금어장 독점을 노렸던 시마네 어민들과 전략적 요충지를 확보하려는 일본 정부의 이해관계가 맞아떨어져 조선 점령에 앞선 전주곡의 형태로 이뤄졌다"는 게 그의 결론이다.

이 밖에 국제관계학을 전공한 쓰다주쿠대 다카사키 소지(高崎宗司) 교수는 아예 "독도는 한국에 넘기는 게 바람직하다"는 주장을 했다.71) 시민운동가로 태평양전쟁 피해자 전후 보상운동 관련 법정투쟁운동을 주도하고 있는 야마모토 나오요시 씨는 2008년 8월 30일 부산 중구 광복동 소극장 실천무대에서 대안문화네트워크 주최로 열린 독도 영유권 문제를 주제로 한 한일포럼에서 '독도 문제에 대한 우리들의 입장'이라는 발제문을 통해 "일본은 1905년 2월 22일 시마네현 고시에서 독도를 시마네현에 편입시킨 것을 근대국가로서 독도를 영유하겠다는 의사를 유효하게 나타낸 것이라고 주장하고 있지만, 이는 사실상 조선의 외교권이 박탈된 상황에서 강행된 것"이라고 지적했다. 또한 야마모토 씨는

---

70) 칼럼(column)은 신문 · 잡지 등에서, 시사 문제 · 사회 풍속 등을 짧게 평하는 특별기고 또는 그 기고란.

71) 동아일보 2008. 7. 19.

"일본 정부가 1905년 독도를 시마네현에 일방적으로 편입시킨 것은 '약취'이며 일본은 폭력과 탐욕으로 약취한 모든 지역에서 축출돼야 한다는 카이로선언에 따라 일본의 독도 영유권 주장은 무효"라고 강조했다.[72]

전 가나가와(神奈川) 현립대학 경제학부의 교수였으며, 지금은 고인이 된 가지무라 히데키(梶村秀樹) 교수는 독도가 한국 땅임을 인정한 소수의 일본 사람들 가운데 대표적인 사람이었다. 한국의 역사에 밝았던 이 석학은 '조선연구' 1978년 9월호에 발표한 논문 '다케시마(竹島: 죽도)=독도 문제와 일본국가'에서 독도가 한국의 땅이 명백한데도 일본이 자기 땅이라고 우기는 것은 침략주의적인 근성의 발로라고 비판, 일본의 극우분자들로부터 폭행의 위협을 받기도 했다.[73] 그런데 학자들과는 달리 현실 정치와 여론을 주도하는 양국의 정치가 중에 독도가 자국의 영토가 아니라고 말하는 사람은 거의 보지 못한 것 같다. 물론 한국의 입장에서 볼 때 고유의 영토인 데다 현재 실효적으로 지배하고 있으므로 일본 주장에 동조하는 것은 마치 독도를 일본에 내 주어야 한다는 말처럼 들릴 수 있기 때문에 그러한 주장이나 말을 입에 담는 순간 매국노로 취급받을 것이 자명하다.

일본도 한국 정도는 아니지만, 정부와 국민이 독도를 자국의 영토라고 주장하고 있으므로 정부의 공식적인 발표에 앞서 정치가나 학자가 공개적으로 독도가 한국 영토라고 주장하면 보수우익으로부터 상당한 압력을 받을 가능성이 크다. 그동안 학자의 양심에 따라 독도가 한국 영토라고 주장한 몇몇 교수가 실제 우익으로부터 협박을 받았다고 증언한 바 있다. 그러므로 일본 정부나 국가기관에서 공인으로 활동하거나 공식적으로 입장을 표명하는 자리에서 독도가 한국의 영토라는 점에 동조하는 사람은 거의 없다. 독도가 한국의 영토라고 주장하는 것까지는 아니라도 평온한 해결을 위해서는 분쟁을 부추기는 행동은 자제할 필요가 있다. 그런데도 양국의 공동발전과 화해, 협력을 위해 노력해야 할 일본의 정치가들은 독도 분쟁을 줄기차게 부추기고 선동해왔다. 도이 류이치 중의원의 독도 관련 파문은 정치인이 여론에 반하는 행동을 했을 때 어떤 일을 겪는지를 보여주는 대표적인 사례이다.

2011년 2월 27일 일본 민주당 도이 류이치(72세) 중의원이 한국 국회의원들과 함께 일본 정부의 독도 영유권 주장에 반대하는 공동 선언문에 서명한 것이 뒤늦게 알려졌다. 도이 의원의 서명을 두고 산케이신문을 포함해 교도통신과 지지통신, 요미우리신문 등 일본 대표 언론은 그의 행위가 적절하지 못했다며 연일 공세를 퍼부었고, 정치인들 역시 부정

---

72) 연합뉴스 2008. 8. 29.
73) 김학준(2003), "독도는 우리 땅", 도서출판 해맞이, p.23.

적인 반응을 표출하는 등 일본 내부에서 비난이 빗발쳤다. 반발 여론이 높아지자 국회윤리심사회 회장직을 사임한 도이 의원은 "독도와 위안부, 역사 교과서와 관련한 한국의 입장을 이해해야 한국과 더욱 가까워질 수 있다"며 당시 선언문 서명에 대해 설명하는 한편 "개인적으로는 다케시마는 일본 영토라고 생각한다"고 말한 것으로 알려졌다.[74]

독도 문제가 장기화하는 이유가 여기에 있다. 앞으로는 학자들, 특히 일본의 양식 있는 더 많은 학자가 정부의 눈치를 보지 않고 학문적 양심에 따라 진실을 당당하게 밝혀야 하고 일본의 정치가들도 변화하는 세계적인 추세에 맞추어 화해와 협력의 자세로 돌아서 독도 문제를 원만하게 해결하도록 노력해야 한다. 만일 일본 학자들이 볼 때 다케시마가 일본 것이라고 확실한 근거를 밝히면서 주장하는 것은 괜찮다. 그러나 어설프게 정부나 우익의 눈치를 보며 그들의 입맛에 맞추기 위한 목적으로 어정쩡한 주장을 글로 발표해 한일관계를 어렵게 만드는 일은 하지 말아야 한다.

2. 일본 외교 특성과 방위백서 독도 포함이 갖는 의미

일본 외교의 특징은 여러 가지가 있겠지만, 우리가 관심을 둬야 할 부분은 끈질김과 힘의 외교가 결부되어 수행된다는 점이다. 강화도조약 이후 일본은 외교적 또는 국가적 목표를 수립한 이후 그 목표를 달성하기 위해 정상적인 외교절차를 통해 달성되지 않으면 무력을 동원한 힘의 논리로 풀어왔다. 그것이 100년 전에는 주로 전쟁을 통해 성취하는 방법에 의존했다면, 오늘날은 경제력과 로비를 통해 풀어나가는 방법으로 전환되었을 뿐이다. 그런데 일본이 군사대국화하면서 다시 군사력을 활용할 움직임을 보인다. 아직은 초기 단계이지만, 평화헌법에도 불구하고 이미 군사대국화를 달성했다. 제한적이기는 하지만, 국제평화 기여를 명분으로 국경을 넘어 평화유지군으로 국외 파병이 시작되었다. 한 번 물꼬가 트이면 둑이 무너지는 것은 시간문제다.

일본 외교의 끈질김은 수십 년간 한 가지 목표를 이루기 위해 정책변경 없이 행해짐에 있다. 일례로 1854년 미국 페리 제독의 강압에 의해 맺어진 치외법권[75]을 대등한 관계로 바꾸기 위해 노력한 결과 영국과는 청일전쟁이 일어나기 전인 1894년 7월 영국이 먼저 일본과 조약개정에 동의하고 치외법권을 폐지하였다(시행 1899년). 이 조약이 '일영통상항

---

74) 뉴스한국 2011. 3. 10.
75) 치외법권(治外法權)은 다른 나라의 영토 안에 있으면서 그 나라 통치권의 지배를 받지 아니하는 국제법상의 권리.

해조약'(日英通商航海條約)으로 영국이 이처럼 일본의 조약개정에 응한 이유는 일본을 움직여 러시아의 남진정책을 저지하려는 간계가 숨어 있었다. 이를 위해 영국은 러일전쟁 중 일본을 적극적으로 도왔다. 영국과 조약개정을 이루고 먼저 청일전쟁에서 일본이 승리하자, 미국도 치외법권 철폐에 대한 조약개정에 응해주었다. 그러나 경제발전에 필요한 관세자주권은 러일전쟁 승리 후 7년이 지난 1911년 2월 미국과 '개정일미통상항해조약'(改正日米通商航海條約)을 맺어 평등한 조약으로 대체 관세자주화를 이루었다.[76]

이처럼 일본은 외교에서 한 가지 목표를 이루기 위해 끈질긴 노력을 기울인다는 점이 매우 특이하며, 한국 정부가 가장 주의할 점이다. 그런데 일본이 독도 문제를 과거에는 외무성에서만 다루던 것을 외교적 수완과 경제력을 통한 압력으로는 달성이 어려운 것으로 판단했는지, 2000년대 이후 방위성이 본격적으로 가세하면서 무력을 수반한 힘의 외교로 풀어나가려는 경향을 보이기 시작했다. 일본의 우경화 군사대국화는 2003년 6월 6일 통과된 유사법제[77](有事法制) 3개 법안이 동년 6월 13일부터 시행됨으로써 더욱 확실해졌다. 일본의 진보적인 시민단체들은 이 유사법제가 과거 일제 강점기 때의 '국가총동원법'을 연상시키는 '전쟁준비 법률'이라며 반대하고 있으나, 이들의 목소리도 우익단체들의 목소리에 뒤덮인 상태이다.[78] 독도에 관한 문제가 대단히 '위험하고 불행한 사태'로 진전될 수 있는 조짐 중 하나이다. 이러한 조짐은 여러 가지로 설명될 수 있다.

1997년 9월 3일 합의되어 발표된 미국과 일본 간에 개정된 '방위협력지침'(New Guide Line)은 앞으로 일본이 동북아 지역안보의 주도적 지위를 미국으로부터 인계받는 국가가 될 것이며, 필연적으로 한국에 대한 일본의 정치적 군사적 영향력은 갈수록 강력해진다고 보아야 할 상황이 되어 있다. 2001년 9월 11일 뉴욕 테러를 계기로 일본은 이미 상당한 군사력을 중동에 파견해 놓고 있으며, 2003년 '무력공격 사태 법안' 등 3개 법안, 소위 유사법제(有事法制) 관련 법안이 일본 국회에서 통과됨으로써 일본은 이제 군사대국(軍事大國)으로 국제사회에서 능동적인 군사적 활동을 할 수 있는 실질적인 국내법적 기반을 마련하게 되었다. 이는 지난 19세기와 20세기에 걸쳐, 일본 제국이 범한 침략전쟁의 책임을 제대로 반성하거나 사죄한 일이 없는 현대 일본국이 평화헌법(平和憲法)을 사실상 사문화(死文化)하고, 2차 세계대전 이후 일본에 가해져 있던 가시적 제한들을 하나씩 스스로 해

---

76) 장팔현(2005), "일본 역사와 외교", 도서출판 아진, p.256.
77) 유사법제: 2003년 통과된 법률로 ① 무력공격사태 대처법, ② 자위대법(개정), ③ 안전보장회의 설치법(개정) 등 3개 법률로 연립여당과 야당인 민주, 자유당이 수정 합의를 거쳐 마련한 것이다.
78) 장팔현(2005), "일본 역사와 외교", 도서출판 아진, p.331.

제시켜 왔다는 것을 의미한다.[79]

일본이 사실상 주축이 된 대규모 국제 해상 군사훈련이 도쿄만 내 요코스카(橫須賀)·요코하마(橫濱)항과 도쿄 남쪽 이즈(伊豆)열도의 오지마(大島) 사이 해역에서 2007년 10월 13일부터 15일까지 사흘간 열렸다. 이 훈련은 9·11테러 이후 미국이 주도해온 대량살상무기 확산 방지구상[80](PSI)에 따라 이루어졌다. 2007년 훈련에는 미국, 일본과 함께 호주, 뉴질랜드, 싱가포르, 프랑스, 영국 등 7개국이 참가했다. 일본은 2004년에 이어 두 번째로 장소와 장비를 제공할 정도로 대량살상무기 확산 방지구상을 주도하고 있다. 미국은 스페인의 협조로 2002년 12월 스커드 미사일 15기를 싣고 예멘으로 향하던 북한 화물선 서산호를 공해상에서 차단한 것을 계기로 2003년부터 대량살상무기 확산 방지구상을 출범시켰다. 일본은 해상자위대가 함정 5척과 해상초계기(P3C) 2대를 동원한 것은 물론, 해상보안청과 경찰의 인력·장비까지 투입했다. P3C는 해상에서 일반 함정과 잠수함을 정탐할 수 있다. 그뿐만 아니라 공중자위대가 운영하는 공중조기경보통제기(AWACS)도 1대 투입해 실전을 방불케 하는 대규모 훈련을 벌였다.[81]

2008년 9월 1일 일본 방위성은 무료 동영상 공유 사이트인 유튜브(YouTube)에 홍보채널(http://jp.youtube.com/modchannel)을 개설했다. 방위성 유튜브 채널(channel: 방송전파의 통신로)에는 ▲인도양에서의 해상자위대 활동 ▲인도양 파견 부대 지휘관과 방위성 장관과의 화상회담 ▲테러전쟁에 관한 방위성 장관의 훈시 등 모두 5개의 동영상이 올라와 있었다. 또한 이 사이트에는 문부성의 유튜브 사이트도 연결해 놓았다. 방위백서를 통해 '독도 침탈' 야욕을 드러내 물의를 일으킨 방위성은 북한이 핵개발을 하는 등 주변국이 군사력을 강화하고 있다며 군사 대국의 필요성을 강조하고 있다. 최근엔 항공자위대가 미사일 방어(MD)체제의 주요 장비인 패트리엇 미사일로 표적 미사일을 격추하는 실험을 성공리에 마치며 일본의 탄도미사일 대처능력을 과시하기도 했다.

---

79) 김영구(2003), "독도문제의 진실", 법영사, p.307.

80) 대량살상무기 확산방지구상(PSI, Proliferation Security Initiative)은 2003년 6월 미국 부시 대통령이 제안하여 미국 주도로 추진되고 있는 것으로, 테러와의 전쟁을 위해 불법 무기나 미사일 기술을 실은 항공기나 선박을 압수·수색할 수 있도록 하자는 것이다. 대량살상무기(WMD: Weapons of Mass Destruction)는 핵이나 미사일·생화학무기 등 많은 사람을 희생시킬 수 있는 전략무기를 일컫는 말이다. 대량살상무기 확산방지구상(PSI)은 미국과 다른 국가들이 불법무기나 미사일 기술 등을 운반하는 의심스러운 비행기와 선박 등을 수색할 수 있도록 허용하는 내용을 담고 있다. 부시 대통령은 2003년 6월 1일 G8(서방선진 7개국+러시아) 정상회담 참여국들에게 PSI에 대한 협조를 요청한 것을 시작으로 주변국들의 동참을 요구하고 있다. 2003년 6월 스페인 마드리드에서 미국, 영국, 호주, 프랑스, 독일, 이탈리아, 일본, 네덜란드, 폴란드, 포르투갈, 스페인 등 11개국이 참가한 가운데 발족했으며, 이후 대량살상무기 해상압수 훈련이 가입국과 참관국의 참여 속에 실시되고 있다. 현재 PSI 참가국은 노르웨이, 싱가포르, 러시아가 추가 가입하여 14개국이며, 70여 개국이 훈련 및 참관을 하고 있다. 그러나 PSI는 국제법상의 '공해 통항의 자유'를 위협하는 초법적인 구상이기 때문에 반대의 목소리도 높다.

81) 중앙일보 2007. 9. 19.

방위성은 앞으로 유튜브에서 자위대의 활약상뿐만 아니라 군사력 증강의 정당성을 적극적으로 홍보할 것으로 보인다.[82] 그리고 일본 정부는 2005년 방위백서에서 '우리나라 고유영토인 북방영토와 다케시마(竹島)의 영토 문제가 여전히 미해결 상태로 존재하고 있다'고 명기한 이후 매년 이 내용을 유지해왔으며, 2008년 9월 5일에도 각료회의 의결을 거쳐 '2008년도 방위백서'에서도 독도가 일본 영토라는 주장을 4년 연속해 포함시켰다.[83]

방위백서에서 독도를 일본 영토로 포함하는 것은 독도 문제에 대한 일본의 무력행사 가능성을 염두에 둔 행동이라는 데에 심각성이 있으며, 한국의 대비가 요구되는 부분이다. 무력 충돌은 국가와 국가 간의 분쟁에서 최종적인 해결방법이다. 일본이 엄연한 한국의 영토를 방위백서에서 자국의 영토로 표기한다는 것은 일본 국내는 물론 세계에 독도가 일본 영토라는 것을 알려놓고 충돌을 유도 자위대를 동원할 때 한국과의 문제가 아닌 자국 영토에 대한 자위권을 발동한 것으로 국제사회에 호도할 수 있는 상황을 만들어 나가기 위한 사전 포석이라고 볼 수 있다.[84]

센카쿠열도와 독도, 북방도서 등 영토분쟁을 하고 있는 일본의 태도는 상대에 따라 전략을 달리하며 상반된 주장과 행동도 서슴지 않으므로 예측을 불허한다. 일본의 국가 이익을 위해서라면 타국은 고려의 대상이 되지 않을 수도 있다. 독도 문제를 비롯한 일본 외교의 한반도에 대한 정책은 큰 줄기 면에서 바뀐 적이 없으며, 앞으로도 그럴 것이기에 한국은 더욱 철저한 준비가 필요하고 일본연구가 절실히 요구되는 것이다.[85]

3. 동해 공동 자원개발 추구

일본이 독도 문제를 장기적으로 끌고 가는 이유는 궁극적으로는 독도 탈환에 있지만, 탈환하지 못하더라도 실리를 추구한다면 그동안 일본의 노력이 헛되지 않게 된다. 그러면 일본이 노리는 실리는 무엇일까? 그것은 경제적인 측면에서의 조업수역 및 어획량 확보, 에너지 측면에서 해저자원의 공동개발, 일본 본토방어를 고려한 군사적 측면에서의 전초기지 구축 등 크게 3가지로 압축된다. 이 가운데 경제적인 부문에서의 어업문제는 신한일어업협정 체결로 이미 실현되었다. 남은 것은 공동자원개발과 군사적 측면인데, 군사적

---

82) 경향신문 2008. 9. 29.
83) 조선일보 2008. 9. 2.
84) 배진수, "일본의 전방위 독도공세 무얼 노리나", 월간조선(2008년 7월호).
85) 장팔현(2005), "일본 역사와 외교", 도서출판 아진, p.257.

510 독도 영유권 분쟁 과거 현재 그리고 미래

측면은 독도를 탈환해야 가능하므로 가장 늦은 달성 목표가 될 것이다.

　2009년 1월 6일 요미우리(讀賣)신문이 일본 정부는 해저자원 개발 대상 지역 및 시기, 방식 등을 담은 '해양 에너지·광물자원 개발계획' 초안 작성을 최근 완료했다고 보도한 내용이 공동 자원개발을 노리고 진행되는 포석이라는 것을 잘 설명해주고 있다. 일본 정부는 해저자원 개발을 국가의 장기 전략목표로 설정하고 2009년부터 10년간에 걸쳐 조사 활동을 벌이기로 했다. 개발 대상은 메탄 하이드레이트, 석유, 천연가스 등 에너지 자원과 하이브리드차[86] 생산에 쓰이는 레어 어스(rare earth: 희토류 원소), 코발트 리치 크러스트[87] 같은 희귀금속들이다. 일본 정부는 동해에서도 탐사선 '시겐(資源)'을 이용해 약 6만 ㎢에 걸친 해역에 대해 자원 분포상태를 조사하고 유망 지점에서 바닥을 뚫는 시굴 조사까지 계획하고 있다. 만약 일본 정부가 한일 간 배타적 경제수역(EEZ) 획정 협상이 난항을 겪고 있는 상황에서 우리 측 배타적 경제수역에서 탐사 활동을 벌이면 충돌은 불가피하므로 독도주변 해역을 둘러싼 분쟁이 본격화할 가능성이 커진다.[88]

　중립적 지식인으로 알려진 경제·사회 평론가인 오마에 겐이치(大前研一) 씨는 "영토는 당사자 간 대화나 유엔의 중개로 (실효지배를 못 한 당사자가) 가져간 경우가 없다. 유일한 수단인 전쟁은 (독도 문제의 해결 방법으로서) 수지에 맞지 않는다는 것을 누구나 알고 있다"고 강조했다. 그는 (이런 상황에서) "독도에 대해 (교과서에 기술하는 식으로) 멀리서 으르렁거리는 것은 꼴불견이다. (불필요한 마찰을 지양하고) 어업과 해저 자원을 공동 개발하는 교섭을 진행해야 한다"[89]고 주장한 바 있다.

　동중국해의 에너지 자원 매장량은 유엔 산하기관의 탐사 결과 한반도 서남쪽 동중국해(東中國海) 대륙붕에는 석유 1,000억 배럴(barrel), 천연가스 175～210조 규빅피트(cubic feet)로 추정된다. 중국은 1992년 북부광구 개발을 시작으로 평호(平湖) 등 현재 6개의 석유와 가스개발 유정을 보유하고 있으며, 일본은 시라카바(白樺)등 5개의 유정을 보유하고 있다.[90] 그런데 2008년 5월 후진타오 주석과 후쿠다 총리는 동중국해를 '중(中)·일(日) 간의 화해와 협력의 바다'로 선언했다. 동중국해에서 벌어진 중국과 일본 간 석유전쟁을 화해

---

86) 하이브리드차(Hybrid car)는 서로 다른 두 개의 동력원을 사용하는 자동차를 말하고 주로 내연기관(엔진)과 전기모터(배터리)를 함께 사용한다. 시동을 걸거나 가속할 때는 엔진과 모터가 함께 작동하며 감속할 때는 구동력(驅動力)에서 얻어진 에너지로 배터리를 충전하게 된다. 이처럼 하이브리드차는 모터를 함께 사용하므로 가솔린차에 비해 연비가 높고 배출가스가 적어 친환경차로 불린다.

87) 코발트 리치 크러스트(cobalt rich crust)는 수심(水深) 800～2,000미터 정도의 해저에 있는, 코발트를 많이 함유한 자생 광물.

88) 조선일보 2009. 1. 7.

89) 조선일보 2008. 8. 29.

90) 김영구(2008), "독도, NLL문제의 실증적 정책분석", 다솜출판사, pp.469～470.

로 풀겠다는 것이며, 결과적으로 동중국해의 자원 경쟁에서 한국을 배제한다는 것이었다. 이 합의를 바탕으로 2008년 6월 17일 중국과 일본은 동중국해 가스전 공동개발 합의문을 발표했다. 이 합의를 와해시키지 못하면 한국은 동중국해의 해양영토를 영원히 잃게 될 것이다. 중국과 일본의 동중국해 가스전 공동개발을 허용하면 한국은 동중국해에 설정한 대륙붕 제7광구와 '한일 간 대륙붕 공동개발구역'도 포기해야 할 판[91]이라고 김영구 교수는 지적한다.

일본이 오늘날 동중국해의 공동자원 개발권을 확보한 데는 센카쿠열도 분쟁과 관련이 있다. 일본의 입장에서 볼 때 영토분쟁을 통해 인류의 영원한 미해결 과제인 자원 확보에 기여되는 측면이 있다고 인식하는 한 일본은 독도 탈환을 그만두려고 하지 않을 것이다. 최종 탐사도 끝나기 전에 동해에 6억 톤의 가스 하이트레이트가 매장되어 있다는 한국 정부의 어설픈 발표는 일본이 에너지 분야에 대해 실리를 추구하겠다는 의지를 더욱 강화시켜준 측면이 있다. 즉 일본으로 하여금 그동안 동해 해저자원에 대해 놓친 부분은 없는지 반성하게 하였고, 2009년 초 요미우리신문이 보도한 '해양 에너지·광물자원 개발계획'으로 나타난 것으로 보인다.

4. 병적 해양영토 확장 집착 제국주의의 변형

직접적인 영토 획득이나 다른 지역에서 정치적·경제적 통제력을 얻어 세력이나 지배권을 확장시키려는 국가정책 또는 관행을 제국주의(帝國主義, imperialism)라고 한다. 제국주의는 영토의 규모가 큰 것이 부국강병과 세계질서를 선도하는 강대국 건설에 도움이 된다는 개념에 따라 행해지는 식민국가 건설을 통한 국가 차원의 영토 확장에 대한 욕망을 가장 단적으로 나타내는 말이다. 제2차 세계대전 후 유엔의 창설과 이데올로기에 의한 냉전 시대[92]를 거치면서 한동안 잠잠하던 영토에 대한 국가적인 욕망이 유엔 해양법 발효와 대륙붕에서 잇따라 석유가 발견되거나 매장 가능성이 제기되면서 더 많은 영해를 확보하기 위한 노력이 치열하게 진행되고 있다. 특히 일본의 해양 영토 확장의 꿈은 태평

---

91) 월간조선(2008년 9월호).

92) 냉전(冷戰, Cold War) 또는 냉전 시대는 제2차 세계 대전 이후 1940년대 중반부터 1990년대 초까지 미국과 소비에트 연방을 비롯한 양측 동맹국 사이에서 갈등, 긴장, 경쟁 상태가 이어진 대립 시기를 말한다. 냉전이라는 표현은 버나드 바루크가 1947년에 트루먼 독트린에 관한 논쟁 중 이 말을 써서 유명해졌는데, 이것은 무기를 들고 싸운다는 의미의 전쟁(hot war 열전)과 다르다. 당시에 냉전 주축 국가의 군대가 직접 서로 충돌한 적은 없었으나, 두 세력은 군사 동맹, 재래식 군대의 전략적 배치, 핵무기, 군비 경쟁, 첩보전, 대리전(proxy war), 선전, 그리고 우주 진출과 같은 기술 개발 경쟁의 양상을 보이며 서로 대립하였다.

양에 면해 있는 동쪽바다를 제외하고는 병적일 정도로 유난하다. 일각에서는 상상을 초월하는 것으로 표현하기도 하는데 그 대표적인 사례를 보여 주는 것이 오키노도리시마(沖/鳥島)이다. 여기에서는 만화에서나 나올 법한 일이 벌어지고 있다.

도쿄(東京)에서 남쪽으로 1,740Km 떨어져 있는 오키노도리시마(沖/鳥島)를 '섬'으로 유지하기 위해 일본 정부는 무진 애를 쓰고 있다. 일본 정부는 두 개의 바위 주변에 철제블록을 이용, 지름 50m의 원형 벽을 쌓아 올리고 그 내부에 콘크리트를 부어 파도에 깎이는 것을 막았다. 또 크기를 키우기 위해 특수 배양한 산호초를 이식하기도 했다. 일본 정부는 이곳이 자국 영토임을 밝히는 영구 표지판을 설치하고, 행정구역상 도쿄도가 속해 있는 오가사와라(小笠原)제도의 부속 도서라고 주장하고 있다. 2004년부터 오키노도리시마 일대는 물론 오가사와라제도 등 65만㎢의 해역을 대상으로 조사선을 파견해 해저의 지질과 지하 구조를 정밀 조사해왔다.[93]

일본이 사방으로 꿈꾸고 있는 영해 확장은 가는 곳마다 분쟁이 유발되고 있다. 남서쪽으로 조어도(釣魚島=센카쿠열도)의 점유(중국, 대만과 분쟁 중), 북동쪽으로 러시아가 점유한 쿠릴열도(북방영토) 반환운동, 남쪽 태평양상의 오키노도리시마(沖/鳥島)와 같은 인공섬, 그리고 서쪽의 동해상에 있는 독도에 대한 영유권 주장(현재로서는 분쟁지역화 하는 것이 목표)을 하고 있다. 이 4극(極)을 연결하면 일본 본토의 몇 배에 달하는 세계에서 다섯 번째로 큰 영해를 보유하는 국가가 된다.

이들 영해 밑에 있는 해저자원이 언제 어떻게 개발될지 아직은 알 수 없지만, 영토를 보존하고 넓히려는 것은 제국주의 시대에 벌어진 식민지 확보 경쟁에만 국한되는 것이 아니다. 어떤 방법으로든 국토를 넓혀서 국가의 자원을 보다 풍부하게 하려는 욕심은 여전한 것이고 여기에는 어떤 국가든 예외가 없다. 일본은 섬나라로 해양의 중요성과 가치를 오래전부터 잘 알고 있는 나라이다. 유엔해양법협약 발효를 계기로 주변 국가 모두와 분쟁을 일으키면서까지 해양영토 확장에 병적으로 집착하는 이유는 자원 확보에도 있지만, 세계 패권을 향한 군국주의나 변형된 제국주의의 한 형태가 해양영토 확장으로 나타나고 있는 것이다.

---

93) 주간조선, 2016호(2008. 8. 4.).

5. 독도 일본 서해안 국가방어 최적의 요충지

영토의 범위는 국가방어는 물론 미래 자원전쟁에서 배타적 권한을 갖기 때문에 아주 중요하다. 특히 수도에서 최대한 원거리에 국경이 위치하는 것이 전략적으로 유리하다. 독도를 일본이 확보하면 일본 서해안 쪽에서 시작되거나 접근하는 공격을 방어할 수 있는 최적의 요충지이다. 일본 입장에서는 독도를 확보하는 것과 그렇지 않은 것은 군사적인 측면에서 볼 때 엄청난 차이가 있다. 아무리 전자 정밀병기가 발전해도 군사기지로 활용할 수 있는 거점이 있으면 작전을 전개하는데 절대적으로 유리하다. 독도를 확보하게 되면 일본은 원활한 서해 방어는 물론 어장의 확보와 해저자원까지 갖게 되므로 탐나지 않을 수 없다.

6. 독도 분쟁 해결되면 다른 문제 들고 나올 것이다

인본주의를 옹호하는 심리학자인 매슬로우(Maslow)는 욕구체계이론(need hierarchy theory)에서 인간은 삶의 의미와 만족을 주는 일련의 선천적 욕구들에 의해서 동기화된다. 인간은 한 가지 욕구를 충족하게 되면, 다른 욕구의 만족을 요구하기 때문에 오랫동안 만족상태에 있는 것이 거의 불가능하며, 항상 결핍상태에 빠지게 된다고 한다. 인간은 특정한 욕구가 어느 정도 충족되면 다른 욕구를 충족하기 위해 노력하게 된다고 하였다.94)

개인과 국가의 욕구체계에는 차이가 있다. 그러나 인간의 근본적인 속성은 크게 다를 것이 없다. 시마네현이나 오키도 어민은 신한일어업협정으로 독도해역에서 조업하는 데 문제가 없다. 그런데도 그들이 독도 문제에 전위대 역할을 하는 것은 탐욕이고 군국주의자들의 앞잡이를 자처하는 것이다. 한반도와 관련하여 일본이 추구하는 여러 가지 목표를 생각해 볼 때, 한반도의 전략적 위치가 일본의 세계적 역할에 크게 영향을 주고 있다. 이는 반드시 지정학적 입장에서뿐만 아니라 세계질서의 구조적 특성이라는 측면에서도 지난 100여 년 동안 일본이 대외정책을 수립하는 과정에서 여러 차례 논의되었다.

한반도는 섬나라인 일본과 아시아 대륙 사이에서 가교 역할을 하고 있어 예로부터 대륙과 해양 사이의 교통로가 되기도 하였다. 한반도를 중심으로 한 동북아의 국제정치구조는 중국, 러시아, 미국 그리고 일본 등 주변 국가들의 이해에 따라 변화되어 왔으며, 그러

---

94) 박병량(2003), "학급경영", 학지사, p.160.

한 상황은 지금도 계속되고 있다. 이와 같은 지정학적이고도 국제정치의 권력구조에 바탕해 일어나는 상황은 일본이 한반도 정책을 수립하는데 아시아 대륙에 대한 정책구상, 태평양을 중심으로 하는 서양세력에 대한 정책구상 등 두 가지 기본적인 전략적 고려를 하게 하였다.[95]

이렇게 일본의 방위와 국제정치적인 영향력 행사 등 전략적인 측면에서 한반도의 중요성을 일본이 계속 인식하는 것, 즉 안전욕구가 작용하는 한 어떠한 형태로든 한국에 대한 영향력을 발휘할 수 있는 사안을 가져가려고 할 것이다. 그럼에도 불구하고 오늘날 일본은 미국이나, 중국, 러시아와는 달리 동북아시아와 한반도를 중심으로 형성되는 국제정치 상황에서 일본이 주도적으로 입지를 관리할만한 위치를 차지하지 못하고 있다. 여기에 일본의 고민이 있다. 일본 입장에서는 한반도와 관련된 사안은 아주 중요한데 북한 경수로 사업[96] 등 각종 대북지원에는 항상 일정한 역할 분담을 하면서도 실제 상황이 전개되는 과정에서는 어정쩡한 상황에 부닥치기 일쑤다.

중국과 러시아는 통일을 향해 나아가는 한국과 북한에 국경 문제 등 직간접적인 연관을 하고 있고, 미국은 한국의 방위를 위해 미군을 주둔시키고 있지만, 일본은 이렇다 할만한 영향력을 행사할 수 있는 것이 없다. 북한의 군비증강에 대해 미국과 한국의 협조를 통해 공조를 취하고 있지만, 만족할만한 수준은 못된다. 그동안 한국과는 차관제공 등 경제적인 부분의 협조와 독도 문제를 양축으로 하여 반목과 협력 관계의 순환을 통해 양국의 관계를 유지 발전시켜왔다. 그러나 한국의 발전으로 일본의 경제적인 영향력은 전환기를 맞고 있다.

경제적인 영향력도 줄어들고 독도 문제도 해결되면 일본 자신이 중요한 요소로 여기고 있는 한반도를 중심으로 한 전략적 문제에 대해 더욱 소외될 가능성이 있기 때문에 일본은 영향력 행사를 위해 새로운 도구의 필요성을 느끼게 될 것이다. 즉 독도 문제가 해결된다고 하더라도 일본 입장에서는 한국을 자극하고 관계를 조종해나갈 무엇인가가 필요하다. 그러므로 분명히 다른 문제를 들고 나올 것이다. 그것을 통해 한반도에서의 영향력

---

95) 윤정석(1998), "일본의 국가전략: 21세기를 맞으며", 도서출판 오름, pp.227~228.

96) 북한 경수로사업은 1994년 10월 제네바에서 체결된 미국과 북한 간의 합의문 이행을 위해 북한에 '한국형 경수로' 2기를 건설하는 사업이다. 1994년 북미 제네바 협정을 통해 미국은 북한의 핵동결 조치에 대한 대가로 에너지난을 해결할 수 있도록 매년 200만kW 전기를 생산할 수 있는 경수로 2기를 건설해주고 완공 때까지 매년 중유 50만t을 공급해주기로 북한과 합의했다. 그리고 1995년에 경수로 건설을 추진하기 위한 한국, 미국, 일본 3개국이 뉴욕에서 한반도에너지 개발기구(KEDO)가 정식 출범하였다. 1997년 KEDO(Korean Peninsula Energy Development Organization, 한반도에너지개발기구) 이사회에 유럽연합(EU)이 가입해 이사국은 한국, 미국, 일본, EU이다. 경수로 건설에 드는 총비용(46억 달러로 추정)의 70%를 원화로 한국이 부담하며, 일본이 정액으로 10억 달러(약 20% 정도)를 부담한다. 나머지 10%는 유럽연합(EU) 몫으로 8,000만 달러를 부담하고 미국은 중유비용 및 KEDO소요 재원을 지원하기로 했다. 이해 당사국 간 이견으로 KEDO는 2006년 6월 1일 대북 경수로 지원사업 중단을 공식 선언했다.

행사를 지속하려 할 것이 확실하다. 일본이 한반도 지역에서 영향력 밖으로 밀려나는 것은 주변 강국과의 역학관계에서 밀려 국제정치무대에서 경쟁력을 상실하는 것을 의미하므로 결사적으로 그러한 상황이 전개되는 것을 막으려고 할 것이 틀림없다.

제10장

독도, 어떻게 지킬 것인가

제1절 사색의 시간

1. 한국인이 많이 하는 독도 문제 관련 착각 6가지

한국인이 일반적으로 독도 문제에 관해 많이 하는 착각은 여섯 가지로 요약할 수 있다. 그것은 첫째는 일본은 독도를 무력으로 직접 공격하지 않는다. 미래의 변화는 아무도 예측할 수 없다. 그러나 과거의 행적을 참고하면 미래를 내다볼 수 있다. 청국 침략을 위한 길을 내어 달라는 엉뚱한 명분을 만들어 시작한 임진왜란이나 정한론을 앞세운 일본의 조선 공략, 청일전쟁과 러일전쟁, 태평양전쟁에서 보여준 일본의 모습은 모두 기습공격 후 선전포고였다. 우리가 사전에 대비하지 못하고 일본이 독도를 공격하지 않는다고 생각하면, 그것은 일본으로 하여금 기습공격을 하게 만드는 가장 중요한 원인으로 작용할 것이 확실하다. 그리고 미국이나 유엔이 있으므로 일본의 독도 공격이 쉽지 않을 것으로 생각하는 사람들도 있는 것 같다. 그런 부분이 없는 것은 아니지만, 인간이 살고 있는 세상은 환경과 역학관계가 수시로 변화하고 미국과 유엔이 건재한데도 오늘날 국제적인 분쟁은 끊이지 않는다. 자주 국방력을 갖지 못하는 국가는 언제든지 타국의 침략을 당할 수 있다. 둘째는 조용한 외교를 하는 것이 능사다. 한국 정부에서 조용한 외교가 일본이 의도하는 분쟁에 휘말리지 않기 위한 방법이라는 주장이 여전히 힘을 발휘하는 것 같다. 하지만 이보다 어리석은 원칙도 없다. 원칙이 있다는 것은 중요한 의미가 있지만, 상황과 여건이 변화하는데 하나의 방법만 고정하여 대응하는 것은 스스로 운신 폭을 제한하는 일이다. 무슨 일이든 상대가 있을 때는 상대의 대응방식과 행동양식에 따라 변화하는 상황을 반영하여 그때그때 적절한 대응을 하는 것이 중요하다. 셋째는 실효지배 강화가 좋은 방책이다. 한국 정부와 국민 중에는 마치 독도에 시설공사를 하고 과학기지를 건설하면 실효지배가 강화되는 것으로 생각하는 사람들이 있다. 그러나 이러한 시설물 구축을 통한 실효지배 강화가 독도를 지켜주지는 않는다. 그러므로 시설물은 우리가 필요한 것만 하면 된다. 넷째는 한국이 이론과 논리, 역사적인 근원 면에서 일본보다 앞선다. 한국이 실제 이론과 논리, 역사적 근원에서 앞선다는 것을 세계인들을 대상으로 확신시킬 수 없다면, 이러한 생각을 하는 것은 바람직하지 않다. 우리의 주장에 타인들이 공감할 때 실질적인 가치가 발휘되고 인정된다는 점을 염두에 두어야 할 필요가 있다. 우리는 앞으로도 더 많은 것을 공부하고 연구해야 한다. 다섯째는 정부를 믿고 맡기면 된다. 국가를 지키는 것은 정부와 국민이 합심해야 하는 일이다. 정치인과 정부, 공무원이 국민을 대표해서 맡은바 직분에 충실해야 하지만, 국민은 정부가 제대로 일을 하도록 이끌어가는 주권자라는 사실을 잊어서는 안 된다. 여섯째는 독도 영유권 확보가 일본의 최종 목표다. 시마네현이 왜 전위대 역할을 하는가? 그들은 일본이 영유권을 확보하더라도 독도에 와서 살 것이 아니다. 고기잡이가 목적이라면 지금도 독도 근해에서 조업하는 데 문제가 없다. 그런데 전위대 역할을 한다. 이것은 시마네현에도 우익에 속하는 군국주의자들이 있기도 하지만, 일본 정부의 앞잡이 노릇을 자청하고 있는 것이다. 그들의 목표가 독도 영유권 확보로 끝나겠는가? 아니다. 과거 피난과 이민으로 나라를 이룬 일본인에게 있어 한반도는 조상 대대로 고향으로 돌아가고 싶고 필요한 것을 받아 가거나 뜯어가고 그립고 좋으면서도 자신들이 원하는 대로 하고 싶은 마음이 있는데도 쉽게 어떻게 할 수 없는 애증이 공존하는 어머니의 품과 같은 곳이다. 이러한 특유한 생각이 비뚤어진 행동이 되어 시비로 나타난다.

그럼 일본의 공격에 맞서 우리가 독도를 지키는 방법은 무엇인가? 그것은 이론과 논리, 역사적 근원에서 앞서고 일본보다 더 많이 아는 것, 경제 성장을 바탕으로 한 국력 증강, 국민의 지속적인 관심과 노력이다.

2. 실효지배의 중요성과 한계

언론에서는 여러 가지 문제점을 진단할 수 있고, 국민도 각자 자신의 관점에서 다양한 생각을 말하거나 노력을 할 수 있다. 문제는 그것이 위력을 발휘하고 국가이익에 도움이 되기 위해서는 체계적이어야 한다는 것이다. 독도를 지키는 방법에 대해 한 언론은 『최대 무기는 '독도 실효지배 강화'이고 독도에 정부가 대형 구조물 설치를 추진하는 것은 고육지책의 '극약처방'이라는 표현까지 사용했다. 정부가 2011년 3월 30일 일본의 중학교 교과서 검정 결과에 대해 그동안 말로 해오던 일상적인 항의에 더해 독도에 대한 실효적 지배를 상징하는 이벤트[1]를 행동에 옮길 계획이다. 이를 위해 정부는 국무총리실 주재로 외교통상부, 교육과학기술부, 국토해양부, 동북아역사재단 등이 참석한 가운데 열린 독도영토관리단 회의에서 독도 종합해양과학기지 건설에 박차를 가하고, 독도경비대 시설을 정비, 확충하고 독도체험관, 독도교육홍보관 및 독도 해양기상관측 부이(buoy) 설치운영 등

---

1) 이벤트(event)는 불특정의 사람들을 모아 놓고 개최하는 행사.

신규 사업을 추진하기로 했다[2]』고 보도했다. 그리고 상당수의 한국인이 실효지배가 독도를 지키는 좋은 방책인 것으로 생각하는 경향이 있다. 이러한 생각을 대변해주는 것이 신용하 교수가 주장한 독도 영유권 수호 대책이다.

한국의 독도 영유권 수호 대책에 대해 신용하 교수는 다음의 6가지를 제시했다. 첫째는 한국의 배타적 경제수역(EEZ) 기점을 '독도'로 잡아 시급히 선언해야 한다. 둘째는 '중간수역'을 하루속히 폐기 수정할 준비를 해야 한다. 셋째는 한국과 일본의 배타적 경제수역(EEZ) 획정선의 참으로 진실 된 구획은 '독도'와 '오키도'의 중간선임을 잘 인식하고 이를 정책으로 입안해서 실천하는 일관된 정책이어야 한다. 넷째는 독도를 굳게 지키기 위해서는 독도를 개발하여 10~20호의 주민이 상주하는 새 동리 또는 새 해양도시를 조성 국민의 일상 생활권으로 만들 필요가 절실하다. 동도와 서도 사이는 약 200m의 거리인데 그 거리의 약 3분의 2의 수심은 채 2m도 안 된다. 동도와 서도 사이에 철교를 놓으면, 동도와 서도 사이에 흩어져 있는 다수의 암초 위에 인공 지반을 만들어 해상의 유스호스텔[3]과 현대건물들을 건립하고, 용출수를 개발함과 동시에 해수 담수로 만드는 최신설비 및 발전시설(풍력, 화력 등), 각종 현대적 시설을 설치할 필요가 있다. 그리하여 ① 독도를 울릉도와 한국 연안 어민들의 어업 전진기로, ② 독도와 울릉도를 묶어서 하나의 국내와 국제적 관광지구로, ③ 국제관광지와 함께 해양기상관측소, 해양수산연구소 등 연구실험 기관 설치지구 및 해양수산관계 국제회의 행사지역으로, ④ 한국의 초·중·고·대학교 학생들의 훈련장·야영장·교육장으로 개발하면 독도 수호·보전에 매우 큰 역할을 할 것이다. 다섯째는 한국 외무부의 구성과 정책을 개혁해야 한다. 여섯째는 독도 수호에 충분한 해군력 증강이 절실하게 필요하다.[4]

이외에 독도에 대한 실효적 지배 강화에 관해 국민은 독도의 동도와 서도 사이에 유스호스텔을 건설하여 민간인이 거주하고 청소년 국토 순례 훈련장으로 이용하는 방안을 비롯하여 독도개발법을 입법하여 선착장 시설, 어민시설 등을 확충하고 전기통신 중계 기지를 설치하는 등 독도를 적극적으로 개발할 것, 독도에 군대와 경찰을 함께 주둔시키고 독도 해상방어훈련의 규모를 확대할 것, 독도 입도 허가제를 폐지하거나 신고제로 전환함으로써 입도 인원을 늘릴 것, 독도의 지형과 생태계를 조사하고 해저지질을 탐사하며, 해저

---

2) 경향신문 2011. 3. 30.

3) 유스호스텔(youth hostel)은 여행하는 청소년의 건전한 여행 활동을 위한 비영리적인 국제적 숙박 시설.

4) 신용하(2002), "독도 영유권에 대한 일본주장 비판", 서울대학교출판부, pp.360~362.

지명을 한국어로 표기하고 국제수로기구에 그것을 등록할 것, 독도 주변에서 어로 활동을 규제하는 법을 마련할 것, 독도에 대한 해군, 공군과 해양경찰의 순찰활동을 확대하고 강화할 것 등 실로 다양한 방안을 제시하고 있다.

위에서 열거한 내용 중에는 이미 시행된 것도 있고 아직 시행되지 않은 것도 있다. 문제는 이미 시행된 것에 의해 한국의 실효적 지배가 공고한 것이 되었다고 한다면 그것은 반가운 일이다. 그리고 아직 시행되지 않은 것을 시행하는 추가적인 조치로 말미암아 독도에 대한 한국의 영유권을 의심 없이 확고한 것으로 만드는 것으로 이어진다면 그러한 조치를 취하는 것은 상당한 의미가 있다. 그러나 국제법적 관점에서 보면 이러한 일들이 실효적 점유로 얼마나 인정될 수 있을지, 그것이 영유권의 강화라고 하는 법적 효과를 낳을 수 있을지는 좀 더 검토가 필요하다.

왜냐하면 국제법의 분야에서는 분쟁이 발생하고 난 이후 자신의 법적인 지위를 개선하고 분쟁 해결에서 자신에게 유리한 증거를 축적하기 위하여 이루어진 행위에 대해서는 아무런 법적인 효과를 인정하지 않아야 한다는 요청과 이론이 존재하기 때문이다. 정의와 형평의 견지에서 요청되는 것으로 이러한 요청을 이론화한 것이 이른바 '결정적 기일'(Critical Date)의 이론이다. 결정적 기일의 개념은 독도의 영유권을 강화하기 위한 한국의 노력이 가지는 법적 의미를 이해하고 평가하는데 중요할 뿐만 아니라 독도와 관련하여 발생할 수 있는 법적 상황에 대한 대비를 위해서도 중요하다.[5] 결정적 기일로 한국이 해양주권선언을 한 1952년 1월 18일, 일본 시마네현이 다케시마(독도)를 편입하고 고시를 공포한 1905년 2월 22일 등 여러 가지가 검토될 수 있다.

오늘날 많은 한국인은 독도를 위해 자신이 무엇인가 기여하기를 원하고 정부도 적절한 대응을 해주기 바란다. 그렇지만 우리가 하고자 하는 일들이 추후 어떠한 법적 효과를 발휘할지 충분히 검토하고 행동할 필요가 있다. 이를테면 관리와 보존, 활용차원에서의 활동과 법적 효력을 갖는 활동내용을 냉정하게 구분해 관리해야 한다. 신용하 교수가 제시한 안은 나름대로 충분한 의미가 있다. 그리고 한국 정부의 정책에 상당 부분 반영된 것으로 보인다. 실효지배가 중요한 이유는 그 지역에서의 생업이나 활동을 지원하고 국민의 삶에 편익을 제공하여 자유로운 활용이 가능하도록 더 좋은 생활 여건을 조성한다는 점이다. 이것은 영토를 지키는 중요한 방법이다. 그러나 그것으로는 한계가 있다. 궁극적으로 국가를 지키는 것은 공권력, 특히 경제력을 바탕으로 한 국방력 또는 총체적인 국력이

5) 박배근·박성욱(2006), "독도 영유권과 '결정적 기일'에 관한 연구", 한국해양수산개발원, pp.2~3.

다. 우리가 일본의 독도 위협을 억제할 수 있는 가장 현실적이고 효과적인 방법은 일본 전역을 공격할 수 있는 미사일과 핵을 개발하는 것이다. 그런데 이것을 미국이 막고 있다.

3. 말 대 행동 대응전략

2011년 3월 17일과 21일 러시아 전투기가 쿠릴열도(일본명: 북방영토) 쪽으로 두 차례나 비행했다. 하지만 일본은 항의조차 제대로 못 했다. 이런 '무대응'에는 이유가 있다. 러시아가 실효지배하고 있는 쿠릴열도에 대해 '말'을 늘어놓을수록 몇 배의 '행동'이 되돌아온다는 학습효과를 갖고 있기 때문이다. 2010년 말부터 일본 총리와 각료들이 "북방영토는 우리 땅"이라며 영유권 주장 수위를 높이자 러시아는 대통령이 이곳을 방문한 데 이어 초음속 순항미사일과 공격용 헬기를 배치하겠다고 밝혔다. 일본은 더 큰 보복조치가 두려워 아무 말도 못 했다.

이런 '행동 우선'은 일본도 마찬가지다. 실효지배 중인 센카쿠열도(중국명: 댜오위다오)를 둘러싸고 2010년 중국과 분쟁이 벌어지자 홋카이도 자위대 일부를 오키나와로 이동시켜 센카쿠 방위력을 키우겠다고 발표했다. 쿠릴열도와 센카쿠열도의 공통점을 꼽자면 실효지배하지 못하는 쪽은 '말'로, 실효지배하고 있는 나라는 '행동'으로 대응한다는 점이다. 유독 독도에서만 한국과 일본이 '말 대 말'로 주고받는다. 그 결과 독도가 분쟁지역이라는 오해를 국제사회에 심어주고 세계인의 이목까지 집중시키는 역효과를 낳았다. 바로 일본이 노리는 바다.

러시아가 쿠릴열도와 관련해 일본에, 일본이 센카쿠와 관련해 중국에 '너희 땅이라고 교과서에 쓰지 말아 달라.' '영유권 표현을 살살 해 달라'고 부탁하는 일은 없다. 그러나 우리는 일본에 '사전 협조요청'이란 이름 아래 수십 년간 그렇게 해왔다. 그러는 동안 일본의 독도 영유권 주장은 점점 강해졌다. 그때마다 우리는 '사후 항의'로 반짝 들끓다 식기를 반복해왔다.

일본 관가엔 '교과서에 독도 영유권 표현을 강화해도 한국은 대사 불러 항의하고 대변인 성명 발표하고 국회에서 잠시 떠들다 끝난다'는 말이 나돈다고 한다. 교과서 검정결과를 발표한 2011년 3월 30일에도 일본 정부는 "한일관계에 지장이 없을 것"이라며 느긋해 했다. 한국이 그렇게 만만한 모양이다. 우리 외교관들은 이런 현실을 뻔히 알면서도 "왜 사전에 막지 못했느냐?"는 국회의원과 여론의 질타가 두려워 일본 외무성을 전전하며 '사전 협조요청'을 해왔다. 한 외교관은 '지금처럼 하면 100년이 지나도 마찬가지다. 외무성에 갈 때마다 자존심 상한다'고 말했다. 독도에 관한 한 그동안 일본이 기침하면 우린 감기에 걸리는 식이었다. 이제는 우리가 기침하면 일본이 경기(驚氣) 들도록 해야 한다. 말대 행동 전략으로 '도발할수록 손해'라는 학습효과를 심어줘야 한다.[6]

　　누가 만들어 냈는지는 모르겠지만, '조용한 외교'라는 말은 허구에 불과하다. 조용한 외교를 한다고 대응을 안 하는 것도 아니기 때문이다. 그런데도 이상한 말을 지어내어 한국의 운신을 제한하는 것을 더는 용납해서는 안 된다. 적이나 상대가 있을 때는 상대의 행동과 준비 그리고 변화되는 상황에 따른 대응이 필요하다. 말로 대응해야 할 것을 행동으로 대응하거나 행동으로 대응해야 할 것을 말로 대응하는 것은 잘못된 것이다. 그리고 상대가 말로 하더라도 행동으로 대응해야 효과가 높을 때는 그렇게 해야 한다. 그렇다고 행동에 한계가 있는데 말로만 대응한다며 행동을 강요하는 것도 문제가 있다. 변화되는 상황에 따라 말과 행동을 적절하게 선택하여 구분해 대응하는 것이 바람직하다. 그러나 어떠한 형태가 되던 시비하면 반드시 불이익이 돌아간다는 학습효과를 심어 주는 것은 아주 중요하다. 득실은 따져서 행동해야 하겠지만, 한국이 그렇게 할 수단이나 방법이 없다고 생각하는 멍청한 정치인이나 외교관은 그 자리에 두어서는 안 된다.

4. 평화공존 우리 스스로 보장하는 것이다

　　인류는 공존공영(共存共榮)하는 방법을 몰라서 대립하고 마찰을 빚는 것만도 아니다. 평화 5원칙[7]이 있는데도 평화공존[8]이 안 되는 것은 모두 이기주의와 탐욕 때문이다. 우리는 평화를 원하지만, 상대가 시비하고 공격해온다면 그것을 피하려고 한다고 해결되지 않는다. 우리가 군대를 유지하는 것은 언제든지 우리의 안전을 위협하는 세력으로부터 국가와 국민을 수호하기 위해서다. 때로는 침략 국가들과 전쟁도 불사하겠다는 각오와 결연한 의지가 있어야 한다. 하지만 군대의 육성과 유지가 궁극적으로 전쟁을 하는 것이 목적은

---

6) 동아일보 2011. 3. 31.

7) 평화 5원칙(平和五原則, five principles of peace)은 1954년 6월에 공포된 중국대표 저우언라이(周恩來)와 인도대표 J. 네루의 공동성명 속에서 중국 · 인도 양국의 우호적인 국가관계의 기초로서 확인된 5개 원칙이다. 평화적 공존의 5원칙이라고도 한다. 그 내용은 영토 · 주권의 상호존중, 불침략, 내정불간섭, 평등 · 호혜, 평화적 공존 등의 5개 원칙이다. 원래 이 5원칙은 1954년 4월에 체결된 중국 · 인도 양국 간의 티베트에 관한 협정 전문에 포함되어 있었던 것인데, 인도차이나전쟁 해결을 위한 제네바회의가 난항 중이었던 이 시점에서 동서 간의 냉전과 식민주의전쟁 등을 종식시키고, 세계평화를 강화하기 위해서는 새로운 국제관계 원칙의 확립이 필요하다는 두 나라 수뇌의 희망이 재확인되고, 세계를 향하여 제창되었다.

8) 평화공존(平和共存)은 사회 체제가 다른 자본주의 국가와 사회주의 국가가 평화적으로 공존할 수 있다는 이론 및 정책.

아니므로 이론이나 논리적 대결, 경제적 대결, 문화적 대결 등 모든 부문에서의 침략과 공격에 대응할 수 있는 체계를 갖추어야 한다. 평화공존은 상대가 보장하는 것이 아니라 우리 스스로 보장하는 것이다. 우리가 국력이 약하고 상대보다 많이 알지 못할 때의 평화는 언제든지 강자에게 짓밟힐 수 있다는 것을 염두에 두어야 한다.

독도 영유권을 주장하는 일본의 진심은 8월 15일에 야스쿠니신사를 참배하는 고이즈미 전 일본 총리의 계산된 행동처럼 일본 국민의 우경화를 촉발하여 정치적 영향력을 유지하려는 일본 정치인들의 집요한 의지의 산물일 뿐이다. 독도 문제는 일본의 시대착오적 팽창주의, 우파적 국가우월주의에 기초한 잘못된 역사적 인식에서 나온 분쟁이다.[9]

한국 정부와 한국인도 인내를 갖고 독도 문제를 평화적인 방법으로 풀려고 노력해야 하겠지만, 일본에 있어 독도 문제 해결은 세계 지도국가로서의 위상을 제대로 정립하느냐 하지 못하느냐 하는 결정적인 요소가 될 수밖에 없다. 인접국가에 끊임없이 시비하고 역사를 왜곡하는 편향된 정책과 철학으로는 일본 국민은 물론 세계인들로부터 세계사를 주도하는 지도국가로 인정받을 수 없을 것임이 틀림없다. 국민을 대립과 갈등, 전쟁으로 이끄는 사람은 제대로 된 지도자가 아니다. 그런데 일본에 그런 저급한 사람이 너무 많다. 독도 문제의 해결은 한국을 위한 길이기도 하지만 궁극적으로는 일본을 위한 길임을 주지하고, 일본은 이제 스스로 그 해답을 내놓아야 할 때가 되었다.

제2절 한국이 나아가야 할 길과 자세

1. 뭉치면 살고 흩어지면 죽는다

1) 관심 · 국익우선 · 협동

국민이 국가와 영토를 지키는 방법은 여러 가지가 있지만, 가장 중요한 것은 관심과 인내, 노력, 협동이다. 세상 모든 일은 관심에서 시작되고 관심 속에서 이루어진다. 일한 후에 나타나는 성과나 결과는 노력도 필요하지만, 시간을 요할 때는 인내하지 않으면 안 된

---

9) 김영구(2008), "독도, NLL문제의 실증적 정책분석", 다솜출판사. pp.437~452.

다. 그리고 협동할 때 개개인 힘의 합력보다 더 큰 힘을 발휘할 수 있다. 독도 영토 분쟁에서 가장 우려되는 부분이 있다면 그것은 한국 내에 있는 분열을 획책하는 소수의 이기주의자이다. 1876년(고종 13년) 강화도조약(江華島條約) 이후 1910년 8월 22일 한일병합조약(韓日倂合條約)을 통해 일본이 대한제국을 합방하기까지 그리고 일제 강점기를 거쳐 1945년 8월 15일 광복하기까지 역사의 고비마다 국가와 국민의 이익보다는 개인의 이익과 영달을 위해 국익에 반하고 민족을 해하는 친일 행위를 한 사람들이 적지 않았다. 그리고 외세를 이용하여 정권을 유지하거나 획득하려 했던 사람들도 마찬가지이다. 오늘날에도 그러한 사람들이 없는 것이 아니다.

우리가 내부에서 분열하고 허점을 보일 때마다 열강은 가차 없이 이를 자국에 유리하게 이용했음을 잊지 말아야 한다. 그리고 우리에게는 100년 전이나 오늘날이나 상대에 대한 정확한 정보도 없이 사태를 우리에게 유리하게만 해석하려는 경향이 있다. 최악의 사태를 상정하거나 만일에 대한 대비책이 없다는 것이다. 전쟁은 돈으로 막아지는 것도 아니고 몇 시간의 회담이나 문서 교환으로 막아지는 것은 더욱 아니다. 힘이 있어야만 막을 수 있다. 국력의 증강만이 전쟁 방지도 가능하고 열강의 규제로부터 자유로워질 수 있음을 역사는 알려주고 있다. '역사는 과거와 현재의 끊임없는 대화이다.' 역사의 교훈을 다시 한 번 가슴 깊이 되새겨야겠다.[10]

우리의 역사가 증명해주듯이 우리 민족은 위기극복에 뛰어난 잠재력이 있다. 우리의 생존과 번영은 주변의 여건이 아니라 우리 자신의 노력과 능력에 의해 좌우된다. 우리 민족이 겪은 모든 국난은 민관이 합심하고 단결할 때 극복되었다. 국민이 단결하는 데는 정부와 정치인들의 행동과 노력이 아주 중요하다. 국가경영에서 정책수립이나 집행과정에서 시행착오를 최소화하고 정치, 행정, 사법행위의 객관성 및 투명성을 확보하여 민주성을 보장하고 과거의 행위를 객관적으로 평가할 수 있는 능력도 배양해야 한다. 이제는 국익에 반하는 행위를 하는 자들이 어설프게 그것을 숨길 수 있도록 두어서는 안 된다. 독도를 지키기 위해 국민이 해야 할 일은 관심을 두고 인내하며 노력하고 협동하는 것이다. 뭉치면 살고 흩어지면 죽는다.

---

10) 최문형(2002), "한국을 둘러싼 제국주의 열강의 각축", 지식산업사, p.298.

2) 목숨을 건 수호와 일상 활용

국민이 나라와 영토를 지키는 대표적인 방법은 두 가지가 있다. 국난이나 위기가 닥쳤을 때는 목숨을 걸고 지키고 보호해야 하며, 평상시에는 삶의 터전으로 그것을 이용하는 것이다. 황희와 태종에 의해 결정된 조선의 잘못된 공도정책이 오늘날 독도 문제의 근원인 된 것은 일상적인 활용을 차단했기 때문이다. 국민이 살지 않는 땅은 진정한 우리 땅이 되기 어렵다. 이런 점에 비추어 볼 때 이승만 대통령의 용기 있는 행동은 물론 안용복의 활동과 독도의용수비대의 활약, 최종덕, 김성도 씨 부부의 독도 거주는 대단한 의미가 있다. 우리 역사 속에는 독도를 지키기 위해 노력해온 많은 분이 있었다. 때로는 목숨을 내걸고 온몸으로 맞서기도 했다. 그분들이 그렇게 용기 있는 행동을 할 수 있었던 것은 오직 내 나라 내 땅을 지키겠다는 굳은 각오와 의지의 발로에서였다. 오늘날도 수많은 국민이 독도를 지키기 위해 노력한다. 이렇게 국민의 관심과 노력이 지속하는 한 독도는 영원히 우리 땅이다. 영토 수호에서 최고의 무기는 국민의 관심과 노력이다.

(1) 안용복

안타깝게도 안용복(安龍福)이 언제 태어났고, 언제 어떻게 죽었는지 그 어떤 문헌에서도 찾아볼 수 없다. 그의 본관이 어디인지 알 수도 없고, 그의 직계 후손이라고 나서는 집안도 없다. 그럴 수밖에 없었다고 이해가 되는 것이, 안용복은 서울 사는 오충추(吳忠秋)의 사노(私奴)였기 때문이다. 그가 어떤 배경에서 남의 집의 노비가 되었는지 알 수 없다. 우리가 그의 출생과 성장에 관해 알 수 있는 것은 그가 부산 동래에서 태어났으며, 오늘날 부산광역시 좌천동에 해당하는 부산 좌자천(佐自川) 1리 14통 3호에서 성장했다는 사실이다. 이 사실은 그의 뒷날 행적과 관련해 중요한 의미가 있다.

안용복과 거의 같은 시대의 인물인 실학자 성호(星湖) 이익(李瀷)은 21대 왕 영조 16년인 1740년경 간행된 자신의 저서 성호사설에서 '안용복은 일찍부터 왜관(倭館)을 출입하면서 일본 말을 익혔다'고 썼는데, 좌천동 이웃에 왜관이 있었음을 미루어 이익의 그 기록은 정확한 것이라고 하겠다. 이렇게 안용복은 어린 시절부터 왜관에서 습득한 일본말로 뒷날 일본 사람들을 상대로 담판했을 것이다. 안용복의 원래 직업은 경상좌도 수군절도사 관하 좌수영(左水營)에서 전선의 노를 젓는 수졸(水卒)이었다. 그때 용어로는 능로군(能櫓軍)이었다.

오늘날의 부산광역시 수영구(水營區)에 있던 좌수영은 낙동강 동쪽에서 경주 지역까지의 동남해안을 방어하는 책임을 지고 있었다. 따라서 안용복은 동해안 해역에 밝았을 것이며, 이러한 배경에서 그는 수졸을 그만둔 뒤에 울산의 어부들과 함께 울릉도 일대로 고기잡이에 나섰던 것으로 보인다.[11] 울릉도에서 고기잡이하다가 일본인과 마주친 것이 원인이 된 안용복의 도일 활동은 조선 정부로 하여금 독도에 대해 관심을 두게 하여 수토정책을 시행하는 계기가 되고, 일본 막부 정권에서 독도가 조선 영토라는 것을 인정하는 문서를 남기게 했다.

(2) 홍순칠과 독도의용수비대

일본이 한국전쟁 중 우리 행정력의 공백기를 틈타 독도에 '日本領'(일본령)이라는 한자 표지를 세웠다. 이에 대항 독도를 수호하기 위해 설립된 독도의용수비대는 원산전투에서 상처를 입고 명예 전역한 전역 군인으로 국군에 대한 작전 지휘권을 갖고 있는 국제연합군사령관이 일본과의 관계를 고려하여 독도의 수비를 위해 국군을 독도에 배치하지 않을 것이라는 군사적 식견을 갖고 있었던 홍순칠 대장의 애국적 긍지와 행동으로 이루어졌다.[12] 1953년 울릉도 출신 전역 군인들이 상사 출신인 홍순칠을 대장으로 하여 '우리 시대 마지막 의병'의 기치를 내걸게 된 것이다. 울릉도 주민 홍순칠은 울릉도 경찰서장으로부터 지원받은 박격포, 중기관총, M1[엠원 소총, M1 rifle, 세계 최초의 군용 반자동 소총으로 미국의 매사추세츠주(州) 스프링필드 병기창의 기사 개런드(John Cantius Garand)가 개발] 등 빈약한 장비를 갖추고 울릉도에 거주하는 전역군인들을 이끌고 독도의용수비대를 결성하여 독도에 주둔하였다. 현재 독도의 동도 바위에 새겨진 '한국령'은 1954년 5월 18일 홍순칠이 이끄는 독도의용수비대가 남긴 것이다.[13]

1952년 8월 20일 울릉군청 공회당에서 재향군인회 울릉연합회 결성식이 개최되었다. 동 결성식에서 울릉군연합분회 초대회장으로 선출된 홍순칠(洪淳七)은 취임연설에서 독도의용수비대 창설을 발의하면서 '독도 사수'를 역설하였다. 그 결과 의병(義兵)지원자 50명을 그 자리에서 규합할 수 있었다. 그리고 동 의병지원자회의에서 홍순칠 재향군인회연합분회 회장이 독도의용수비대 대장으로 선출되었다. 독도의용수비대는 대장과 그의 예하 부대로 제1전투대, 제2전투대, 지원대, 예비대 그리고 대장의 개인 참모로 대장부관과 보

---

11) 김학준(2003), "독도는 우리 땅", 도서출판 해맞이, pp.83~84.

12) 김명기(2007), "독도강의", 책과 사람들, pp.186~187.

13) 국토해양부, 우리 땅 독도.

급주임으로 조직되었다. 일본인들이 독도에 불법 침입하여 우리 어민들에게 행패를 부리고 조업을 방해하는 등 사태가 악화되자 독도의용수비대 제1진 15명은 1953년 4월 20일 독도에 상륙하여 국기게양대를 설치하고 21일 아침부터 국기게양식을 거행함으로써 한국의 독도에 대한 실효적 지배를 세계만방에 공시한 것이다.[14]

그 후 증원된 독도의용수비대의 제1차 발포는 1953년 5월 28일 독도 해안 150m 정도까지 접근해온 1천 톤급 일본 경비정을 M1 공포 3발로 돌려보냈다. 제2차 발포는 6월 25일 일본깃발을 휘날리며 독도의용수비대 막사 앞을 통과한 일본 순시선에 기관총 20발을 발사 일본 순시선이 동쪽으로 퇴각했다. 제3차 발포는 1954년 8월 23일 일본 제8해상보안청 소속 순시선 '오키호'(PS9)가 동도로 접근하는 것을 기관총을 발사 후미 쪽에 수발이 맞은 순시선은 진로를 바꾸어 도망갔다. 제4차 발포는 1954년 11월 21일 해 뜰 무렵 독도에 접근하는 1천 톤급 일본함정(PS9, PS10, PS16) 3척과 한쪽 날개에 6개씩의 폭탄을 단 비행기가 독도에 총격을 가하는 가운데 독도의용수비대가 박격포를 발사 PS9함에 명중하고 PS10에는 중기관포로 치명상을 입혀 퇴각시켰다. 그 후에도 독도의용수비대는 독도를 실질적으로 경비하다가 1956년 12월 25일 국립경찰에 그 임무를 인계할 때까지 3년 8개월 동안 독도를 경비했다.[15]

독도의용수비대의 독도 점유 의의는 독도의용수비대의 점유에 의한 실효적 지배로 독도에 대한 일본의 실효적 지배 여지를 주지 아니했으며, 오늘날 독도에 대한 실효적 지배를 가능하게 하는 한국의 독도 실효적 지배의 기초를 제공했다. 그리고 한국의 독도에 대한 시효취득과 역사적 응고 취득의 요건인 실효적 지배를 충족하게 하여 시효취득과 역사적 응고 취득의 새로운 권원의 기초가 되고 있다는 점이다.[16] 1956년 12월 해산 당시 독도의용수비대의 조직과 명단은 다음과 같다.

수비대장 홍순칠, 부대장 황영문, 제1전대장 서기종, 대원 김재두·최부업·조상달·김용근·하자진·김현수·이형우·김장호·양봉준, 제2전대장 정원도, 대원 김영복·김수봉·이상국·이규현·김경호·허신도·김영호, 후방지원대장 김병렬, 대원 정재덕·한상룡·박영희, 교육대장 유원식, 대원 오일환·고성달, 보급주임 김인갑, 보좌 구용복, 보급선장 정이권, 기관장 안학율, 갑판장 이필영·정현권[17]

14) 나홍주(2007), "독도의용수비대의 독도주둔 활약과 그 국제법적 고찰", 책과 사람들, pp.33~41.

15) 김병렬(2001), "독도논쟁" 다다미디어, pp.144~145.

16) 김명기(2007), "독도강의", 책과 사람들, pp.186~187.

17) 국토해양부, 우리 땅 독도.

(3) 최종덕과 김성도 씨 부부

최종덕은 1965년 3월 울릉도 주민으로 도동 어촌계 1종 공동어장 수산물 채취를 위해 독도에 들어가 거주하면서 어로 활동을 벌였다. 1980년 일본이 독도 영유권을 다시 주장하고 나오자 "단 한 명이라도 우리 주민이 독도에 살고 있다는 증거를 남기겠다"며, 1981년 10월 독도를 주소로 주민등록에 등재하였다. 그는 독도에 수중 창고를 마련하고 전복 수정법, 특수어망을 개발하고, 서도 중간분지에 물골이라는 샘물을 발굴하는 등 많은 노력을 쏟으며 살다가 1987년 9월에 독도에서 생을 마쳤다.[18] 최종덕 외에도 독도에 거주했던 여러 사람이 있었지만, 현재는 1991년 11월 17일 이후부터 김성도·김신열 부부 1세대 2명이 울릉읍 독도리 20번지에서 살면서 어로 활동에 종사하고 있다.

2. 일본보다 더 많이 알아야 한다

우리 배달겨레는 100% 독도가 우리 땅이라고 믿는 데 반해, 일본 사람들은 99%가 자기네 땅이라고 주장하고 1% 정도의 사람들만이 한국 땅임을 인정한다.[19] 호사카 유지 교수는 "독도를 한국인끼리만 내 땅이라고 외치고 있으면 메아리로 돌아오기만 하고 밖으로는 나가지 않는다. 넓게는 일본 내에서도 독도가 한국 영토라고 주장해주는 지식인들이 나오게 만들어야 한다. 또한 국제사회에서도 한국 측 주장을 확인시켜 주는 목소리가 있도록 만들어야 한다"고 했다.

손자병법 모공편에서는 "적을 알고 나를 알면 백 번 싸워도 위태하지 않고(知彼知己 百戰不殆, 지피지기백전불태), 적을 알지 못하고 나를 알면 한 번 이기고 한 번 지며(不知彼而知己 一勝一負, 부지피이지기 일승일부), 적을 알지 못하고 나도 알지 못하면 싸울 때마다 반드시 패한다(不知彼不知己 每戰必敗, 부지피부지기 매전필패)[20]"고 하였다. 그러므로 우리가 독도 문제를 해결하기 위해서는 일본보다 더 많이 알아야 한다. 이론과 논리 면에서도 앞서야 하겠지만, 우리 자신과 일본에 대해서도 일본보다 더 많이 알아야 한다. 그리고 우리의 장단점은 물론 행동과 대응, 해결방법까지도 알아야 한다. 특히 우리 스스로 무슨 잘못을 하고 있는지 아는 것은 아주 중요하다. 이를 위해서는 더 많은 연구와 노력이 요구된다.

---

18) 국토해양부, 우리 땅 독도.

19) 김학준(2003), "독도는 우리 땅", 도서출판 해맞이, p.23.

20) 박일봉 역저(2002), "손자병법", 육문사, p.60.

미래에 대한 안목도 필요하다. 이제 우리는 독도 문제와 일본을 넘어 세계사의 선도국가가 될 수 있도록 더 앞을 보아야 한다. 어느 시대를 막론하고 기존 국제 질서가 해체되거나 재편성될 때마다 전쟁이 일어났다. 우리가 역사와 민족 관념에 지나치게 사로잡혀 매몰될 때, 우리의 역사와 민족의 범위는 지역을 국한하기 때문에 우리 자신을 스스로 가두는 감옥 같은 것이 될 수 있지만, 우리 민족의 활동지역은 또한 우리에게 세계를 행해 도약할 수 있는 발판이 되기도 한다. '우물 안의 개구리'처럼 민족이나 과거사에 매달려 한국과 일본의 문제를 바라보는 협소한 시각[21]으로는 결코 세계사의 주역이 될 수 없다.

3. 자주 국방력 없이는 국가 미래 민족 안위도 없다

정부군의 무력(無力)화는 침략의 제1 전제조건이다. 공식적으로 대한제국의 군대는 1907년 8월 1일부터 9월 3일 사이에 해산된 것으로 알려졌다. 하지만 일본 주차군은 이미 그 이전부터 대한제국 군대의 무력(無力)화를 위해 전력을 다하면서 일부 군대를 임의로 해산하기도 하였다. 군대의 무력화를 위해 가장 좋은 방법은 친일 군대를 창설하거나 기존 군대 내에 친일세력을 부식(扶植: 뿌리를 박아 심음)하는 것이다. 1881년 공병소위 호리모토 레이조(堀本禮造)에 의한 별기군 창설이 대표적이다.[22]

고종은 1898년 6월 육·해군 친총을 천명한 이래 육군 증설과 해군 정제(定制)에 관한 조칙을 잇달아 내리고 친위 각대 편제를 개정하였으며, 무관학교(武官學校) 창설, 원수부(元帥府) 설치 등 군비증강에 상당한 노력을 기울였다. 신무기·군함 도입에 막대한 비용을 썼을 뿐 아니라 1903년 3월에는 징병제 실시 계획을 발표할 만큼 군비증강을 황제 권력 보위(保衛)에 최대 관건으로 생각하였다. 그럼에도 불구하고 일제의 군부고문 파견과 대규모 병력 파견을 통한 군비 축소로 1904년 5월 파악된 대한제국의 실제 군인 수는 16,000여 명(같은 시기 러일전쟁에 동원된 일본 병력 110만)이었다.[23]

일본은 1904년 9월 24일, 1905년 2월 22일 두 차례에 걸쳐 대한제국 군부 관제를 개편하도록 한 후 각급 부대별로 일본인 고문 또는 고문보좌관을 두도록 했다. 하지만 군대 무력(無力)화의 최종적인 단계는 군대 해산이다. 1904년 6월 주차군 참모장 사이토 리키사

---

21) 김기봉(2006), "역사를 통한 동아시아 공동체 만들기", 도서출판 푸른역사, p.14.
22) 김병렬(2006), "일본군부의 독도침탈사", 동북아의 평화를 위한 바른역사정립기획단, pp.67~69.
23) 서영희(2005), "대한제국 정치사 연구", 서울대학교출판부, pp.357~360.

브로 중좌는 '조선에서의 군사적 경영 요령'이라는 안을 본국 정부에 건의했다. 근위병을 제외한 모든 대한제국군을 해산하여 일본의 무력에 의존하지 않으면 자위를 할 수 없도록 해야 한다는 계획이었다. 이 계획에 의거 9월 24일 군부관제(軍部官制)를 공포한다. 이 군부관제는 1900년 3월 20일 자 원수부관제(元帥部官制)를 폐지하는 것이다. 이처럼 원수부를 폐지하는 것은 노즈 시즈타케(野津鎭武) 중좌가 대한제국 정부 군사고문으로 취임은 하였지만, 실제 군부대신은 군부 유학생 관계, 병기·탄약 관리와 군 공사 관계, 군 경리 관계만 관할할 수 있을 뿐이었다. 군사와 관련된 모든 권한, 즉 군정과 군령에 관한 모든 권한은 황제를 대원수로, 태자를 원수로 하면서 태자 밑에 장관 4명, 영관 4명, 부관 15명으로 조직되어 있는 원수부에서 행하고 있었다.

교활한 노즈(野津)는 대한제국군 포병정위 어담(魚潭)을 앞세워 우회전술을 구상, 결국 그의 흉계대로 1904년 제1차 군제개혁을 단행했던 것이다. 이러한 군제 개혁이 원수부의 권한을 빼앗기 위한 것이었다는 것은 어담이 인정하고 있다. 이처럼 군권의 일체가 원수부에서 군부로 넘어갔다는 것은 군부대신 고문인 노즈(野津)가 군권 전체를 장악했다는 것을 의미하는 것이다. 일본 주차군 사령관은 이러한 배경을 이용하여 북청에 주둔하고 있던 대한제국군 진위 제5연대 제2대대와 종성의 제3대대를 해산하고 전체 부대원을 최대한 중죄로 처벌하도록 허수아비 군부대신 이윤용에게 압력을 가하였다. 이들이 러시아군에 협조하였다는 것이 이유였다. 결국 고문관 노즈(野津)에 의해 좌지우지되던 군부는 12월 1일 자로 제2대대장 심횡택과 제3대대장 김명환 참령을 면직하고 12월 7일부로 두 대대를 해산하였다.[24]

뒤이어 1905년 4월과 1907년 4월 2단계에 걸쳐 대대적인 감축을 실시한 결과 해산 당시 한국군은 시위보병 2개 연대 약 3,600여 명, 기병, 포병, 공병, 치중병 약 400명, 지방군대 8개 대대(수원, 청주, 대구, 광주, 원주, 해주, 안주, 북청 등 8개소) 약 4,800명, 도합 8,800여 명에 불과했다. 1907년 7월 31일 순종으로부터 얻은 군대 해산의 조칙을 다음날인 1907년 8월 1일 오전 7시 군부대신 이병무(李秉武)가 일본군 사령관 관저인 대관정(大觀亭)에 시위대 각 대장을 소집하고 해산 조칙을 전달하였다. 이렇게 대한제국 군대는 중앙군인 시위대(侍衛隊) 해산을 시작으로 지방군대 해산으로 이어졌다.

해산과정에서 일부 충돌이 빚어지기도 했지만, 한 달 후인 9월 3일경에는 대한제국 군대의 해산이 마무리되었다. 일부는 국내에서 의병활동을 하기도 했으나 일본의 토벌작전

---

24) 김병렬(2006), "일본군부의 독도침탈사", 동북아의 평화를 위한 바른역사정립기획단, pp.67~69.

으로 만주 등지로 이동 독립군으로 전환되기도 했다. 군대 해산 이후 친위 보병 1대대, 기병 1중대와 무관학교 업무 등을 관장하며 명목만 유지해 오던 군부(軍部)도 1909년 7월 30일 칙령 제68호로 폐지됨으로써 대한제국 군대는 완전히 해체되었다.[25] 군대가 없는 대한제국은 1910년 8월 22일 한일합방 조약이 맺어지고 29일 조약이 공포됨으로써 국권을 상실했다. 국가의 미래와 민족의 안위에 대한 관리가 모두 일본 제국주의로 넘어가 치욕의 36년을 보내야 했다. 시대는 변했지만, 자국의 안위를 지킬 수 있는 군대를 가지지 못한 나라와 민족은 지금도 여전히 다른 나라나 민족에 편입되어 갈라지고 찢기고 수모를 당하고 핍박받는 생활을 하며 설움을 겪고 있다.

우리 사회 일각에서 실효지배가 독도를 지키는 묘안이라도 되는 것처럼 말하는 사람들이 많지만, 그것은 너무나 안이한 생각이다. 국가와 국민을 수호하는 보루는 국방력이다. 우리가 독도를 지킬 수 있는 가장 좋은 방법은 경제력을 바탕으로 한 국력을 증강하여 일본보다 우위에 서는 것이고, 다음은 국방력 증강이다. 당장 우리가 핵무기를 개발하고 그것을 탑재하여 일본 전역을 공격할 수 있는 장거리 미사일을 보유한다면 일본은 결코 한국을 만만하게 보지 못할 것이다.

군인과 군대는 국가가 부를 때 언제든지 제일선에 서야 하고 국가 안보를 유지하는 방안을 내놓고 실제 영토를 수호해야 하는 것이 주어진 사명이다. 이제는 일본의 눈치 보며 행동해야 할 단계를 넘어섰다. 우리가 전쟁까지를 대비해야 하는 것은 전쟁을 억제하고 도발하면 반격을 통해 잘못된 행동에 대한 대가를 치러야 한다는 것을 가르쳐 주기 위함이다. 자국 영토를 방어하지 못하는 국가는 자주 국가가 아니다. 미국은 일본이 독도를 공격하더라도 독도를 지켜주지 않는다. 우리가 사는 이 땅을 지켜야 할 사람은 대대로 살아야 할 우리 국민이다.

4. 궁극적 해결책 일본보다 더 큰 국력 갖는 것

우리가 중요하게 관심을 두고 보아야 할 것은 하나의 사건이나 개인적인 행동이 아니다. 전체적인 사건의 흐름이다. 일본의 독도 문제에 대한 정책적 기조는 침략행위의 일관성 유지와 확대일로를 걷고 있다는 점이다. 이것은 심각한 문제다. 이미 분쟁 실행을 통한 국제사법재판소 회부 직전 단계에 와 있다. 한국이 독도를 불법 점거하고 있다고 억지를 부리고

---

25) 서영희(2005), "대한제국 정치사 연구", 서울대학교출판부, pp.357~360.

얼버무리기는 했지만, 독도에 미사일공격이 있었으면 방어를 하겠다는 말까지 언급했다.

머피의 법칙[26]처럼 안 좋은 일에 대한 우려는 현실로 나타나는 경향이 있다. 국가도 마찬가지다. 특히 국력이 약하고 내분이 있을 때는 더욱 그렇다. 평범한 사람은 누구나 전쟁을 싫어하지만, 전쟁을 부르는 것은 안이함과 무관심, 분열이다. 전쟁은 충분한 준비가 되어 있을 때는 잘 일어나지 않는다. 일어난다고 하여도 대항력을 발휘하면 되므로 국가가 위험이 빠지는 일은 많지 않다. 일본의 독도에 대한 모험은 이제 마지막 단계에 거의 이른 느낌이 든다.

강자의 농담은 스스로 철회할 때는 그것으로 끝나지만, 강자의 농담이 약자에게는 결코 단순한 농담이 될 수 없다. 그런데 일본은 이미 농담의 단계를 훨씬 넘어섰다. 정치가들의 발언 강도도 그렇지만 교과서에 한국이 불법으로 독도를 점거하고 있다고 표기하고 가르치고 있다. 일본 정치인 스스로 무능력하고 무기력한 존재임을 숨기기 위해 끊임없이 대결구도를 획책한다. 하지만 한국에 대응 방안이 없는 것은 아니다. 여러 가지 방안이 있지만, 한국이 독도 문제를 궁극적으로 해결하는 방법은 한국의 국력을 일본의 국력을 능가하는 것으로 증강하는 일이다. 우리가 힘이 셀 때 일본은 독도 문제를 다시는 시비하지 못할 것이다. 설령 한다고 하더라도 적절하게 대응하여 제압하면 된다.

제3절 일본이 나아가야 할 길과 선택

일본이 독도 문제를 일으키며 끊임없이 도발하고 한국을 자극하는 것은 이익이 있기 때문이다. 그것은 한국의 성장 견제, 외교 활용, 일본 국내 정치문제 해결, 군비증강 명분 축적, 일본 우익의 내부 결속 강화 등 여러 가지를 들 수 있다. 그러나 이것은 일본 국민이 바라는 것이 아니라 탐욕을 가진 정치가들이 그들의 정권 유지와 창출을 목적으로 활

---

26) 머피의 법칙(Murphy's law)은 '잘못되는 것은 원래 그런 것'이라는 뜻으로 일이 좀처럼 풀리지 않는 상황을 가리키는 일종의 경험 법칙을 말한다. 미국 에드워드 공군기지에 근무 중이던 머피 2세(Edward Aloysius Murphy, Jr., 1918~1990)가 1949년에 발견했다. 당시 미 공군에서는 조종사들에게 급감속 실험을 했는데, 이는 전극봉을 이용해 가속된 신체가 갑자기 정지될 때의 신체 상태를 측정하는 것이었다. 이 실험 도중 전극봉의 연결이 잘못되어 문제를 일으켰다. 이를 디자인한 머피 대위는 "어떤 일을 하는 데는 두세 가지 방법이 있고, 그중 한 가지 방법이 재앙을 초래할 수 있다면 꼭 누군가가 그 방법을 쓴다"고 말했다. 그 후 영국 애스턴 대학의 매튜(Robert Matthews) 교수는 '잘못된 가능성'을 확률·조합·고체역학 등을 총동원해 이 법칙을 탐색해 본 결과 "우주 만물은 우리에게 적대적이다"라고 결론지었다. 이 법칙의 반대는 '샐리의 법칙(Shalley's law)'이다.

용하는 이익에 불과하다. 평범한 일본 국민이 바라는 것은 인접국과 대립과 갈등, 전쟁이 아니라 평화공존과 우호증진을 통한 국가와 국민의 안전 확보와 삶의 질 향상이다.

그동안 일본의 정치가들은 경제력이나 군사력 같은 힘을 바탕으로 한 억지를 앞세워 독도 문제를 우선 먹기 단 곶감으로 생각하여 다양하게 활용해왔다. 우선은 일본 국내 군국주의자들의 결속용이나 정치적인 지도력(leadership) 부재에 의해 발생하는 정부나 여당에 대한 비난 여론을 회피하기 위해 관심을 외부 다른 나라로 돌릴 수는 있다. 그러나 이러한 행동이 계속 쌓이면 일본은 국제적으로 상종하기 어려운 나라, 문제아로 낙인찍힐 것이 분명하다. 신뢰는 하루아침에 없어질 수도 있지만, 더 무서운 것은 작은 신뢰를 끊임없이 잃었을 때 그것이 누적되어 나타나는 결과는 아무도 되돌릴 수 없다. 일본은 자신들이 치밀하다고 생각하고 점진적으로 추진하는 영토 분쟁 행위에 비례하여 국제사회의 신뢰를 잃고 있다는 것을 간과하고 있다. 그러나 결정적인 신뢰 상실의 상황이 되었을 때 그동안 비현실적인 호전적 신뢰 실추 행위를 일삼은 일본의 관료와 정치인들은 아무도 책임을 지지 않을 것이다. 각 개인에게는 아주 조금의 책임이 있었기 때문이다. 하지만 일본 국가와 국민은 국제사회로부터 잃은 신뢰만큼의 대가를 반드시 치르게 될 것이 틀림없다.

오늘날의 대한민국은 조선이나 대한제국이 아니다. 한국인들은 도전정신이 충만하고 패기에 차있으며 성취를 통하여 자신감이 고조되고 있다. 하면 된다는 생각으로 중단 없는 전진을 계속하여 이미 선진국 진입단계에 들어섰다. 일본의 독도에 대한 어떠한 공격에도 주눅이 들지도 않지만, 주눅이 들 필요도 없다. 한국이 역습할 방법은 얼마든지 있다. 정규전과 비정규전 등 이에는 이로 대응하면 된다. 일본이 독도를 공격하고 상륙하면 군대가 나설 필요도 없다. 어선 몇 척이면 충분하다. 기구를 이용한 화생방전으로 반격하면 된다.

만약 우리 군대가 나서야 한다면 시시하게 대마도를 점령해 독도와 교환하는 것 같은 작전을 할 필요가 없다. 동경과 오사카 등을 동시에 강타할 수 있도록 동부 인근 지역이나 서부지역의 원자력 발전소를 타격 또는 점령하여 방사능이 누출되도록 하면 된다. 주요 무기를 특정 원자력 발전소에 집중하는 방법과 점령하여 폭파하는 방법 등 공격 방법은 여러 가지가 있다. 그리고 원자력 발전소 공격은 반드시 콘크리트 구조물 속의 원자로가 아니라도 괜찮다. 비상발전기를 비롯한 전력 공급 장치 파괴를 통한 전원공급 차단과 냉각수 공급 장치를 파괴하고 시간만 벌면 나머지는 원자로가 다 알아서 일본 전역에 방사능을 유포시켜 자위대를 제압해준다.

이외에도 동경가스 저장시설, 동경 지하철, 석유저장기지, 항만, 공항, 신칸센, 증권거래

소와 은행 등 경제를 마비시키는 국가기관시설을 공격하는 방법도 있지만, 전쟁을 선동하는 것이 목적이 아니므로 더는 언급하지 않는다. 현재로서는 한국이 가만히 있는 일본에 의도적으로 공격할 일은 없을 것이다. 그러나 분명한 것은 일본은 아무리 막으려 해도 편서풍은 막을 수 없으며, 일본 스스로 제2차 세계대전 당시 활동한 731부대나 일본 제국주의가 경복궁에 낭인을 보내 침입할 때 좋은 학습 자료를 많이 제공해주었다. 한국인은 누구나 농사용 비닐과 화생방 무기나 핵폐기물만 있으면 일본에 직접 상륙하지 않고도 기구로도 얼마든지 공격할 수 있다. 그리고 굳이 한국이 나서지 않아도 된다. 일본 정부에 불만을 느끼는 중국인과 러시아 그리고 일본 국민은 얼마든지 많으며, 동경에 식수를 공급하는 정수장에 이물질을 투입할 위치정보는 위성 서비스, 바람의 방향을 알 수 있는 자료는 일본 기상청 발표 자료, 공업용 포르말린 등의 화공약품, 비닐, 타이머, 카메라는 일본 국내에서 일본기업들이 생산한 제품을 얼마든지 살 수 있다. 하지만 한국은 선량한 민간인이 피해를 당하는 이러한 공격보다는 우익의 구심점인 일본 황실과 양국의 전쟁을 선동하고 망언을 일삼으며 대결과 갈등을 유발한 주요 정치인 활동지와 거주지 그리고 시마네현을 공격목표로 삼아 사람이 살 수 없는 핵 오염지역으로 만들기 위해 핵폐기물을 공중 폭발을 통해 대대적으로 투하하여 죽음의 땅으로 만들면 된다.

일본이 끝내 독도를 공격하여 일본 정부의 불만세력이나 한국의 역습을 받는다면, 그것은 모두 전쟁을 부추기는 잘못된 생각과 행동을 일삼은 일본의 정치인과 우익, 언론, 시마네현의 책임이다. 이제 일본 국민은 평화와 공존공영의 길로 나아갈지 스스로 파멸의 길로 나아갈지 선택해야 할 때가 되었다. 그 결정은 일본 국민에게 달렸다. 국가와 국민을 위태롭게 만드는 도박을 계속하며 한국과 일본의 대립과 갈등, 전쟁을 부추기는 일본 정치인과 공무원을 그대로 방치하면 그 대가는 반드시 일본 국민이 치르게 된다는 점을 염두에 둘 필요가 있다. 평화와 우호는 스스로 만들어 가는 것이다.

후쿠시마 원전사고와 관련 일본 정부가 일본 국민에게 숨기고 잘못된 정보를 공개한 것은 일본 국민이 그렇게 만든 것이다. 그동안 독도 문제와 교과서 왜곡 등 이웃 나라에 대해 수십 년간 일본 정부, 우익 정치인, 공무원의 잘못된 행동에 대해 사회정의 차원에서 분노하지 않고 묵인한 결과 이제는 일본 국민에게까지도 사실을 숨기거나 왜곡해도 된다는 인식이 형성되었기 때문이다. 그런 의미에서 본다면 "우리 애가 반듯한 역사를 배운 국제인이 되기를 바랄 뿐입니다"라며, 극우 교과서 채택 저지에 나선 요코하마시(市) 엄마들의 '역사교과서 투쟁'은 단단히 용기 있는 행동이다.

참고문헌

서적 및 논문

강진령 · 유형근 공저(2000), "집단 괴롭힘", 학지사, pp.99~100.

김광억(2004), "종합결과보고서(평화와 번영의 동북아 문화공동체 형성을 위한 정책연구)", 통일연구원, pp.35~70.

김규론 외(2008), "협력과 갈등의 동북아 에너지 안보", 인간사랑, p.19.

김기봉(2006), "역사를 통한 동아시아 공동체 만들기", 도서출판 푸른역사, pp.14~143.

김명기(1999), "독도의 영유권과 국제법", 투어웨이사, pp.75~170.

김명기(2007), "독도강의", 책과 사람들, pp.13~213.

김병렬(1997), "독도(독도자료총람)", 다다미디어, pp.113~114.

김병렬(2001), "독도논쟁", 다다미디어, pp.66~414.

김병렬(2006), "일본군부의 독도침탈사", 동북아의 평화를 위한 바른역사정립기획단, pp.40~69.

김병렬 · 나이토 세이츄(2006), "한일 전문가가 본 독도", 다다미디어, pp.59~147.

김병렬 외(2005), "독도자료집 I", 동북아의 평화를 위한 바른역사정립기획단, pp.25~747.

김병준(2005), "독도논문번역선 II", 동북아의 평화를 위한 바른역사정립기획단, pp.54~261.

김영구(2003), "독도문제의 진실", 법영사, pp.21~313.

김영구(2006), "독도 영토 주권의 위기", 다솜출판사, pp.19~91.

김영구(2008), "독도, NLL문제의 실증적 정책분석", 다솜출판사, pp.19~494.

김영구 · 하용선(1996), "한국외교사연구", 나남출판사, pp.185~196.1

김재환(2005), "동북아공동체", 집문당, pp.49~195.

김학준(2003), "독도는 우리 땅", 도서출판 해맞이, pp.23~217.

김화홍(1996), "독도는 한국 땅", 도서출판 시몬, pp.26~27.

나이토우 세이추우 저, 권오엽 · 권정 편주(2011), "일본은 독도(죽도)를 이렇게 말한다", 한국학술정보, pp.241~244.

나홍주(1996), "일본의 독도 영유권 주장과 국제법상 부당성", 도서출판 금광, pp.45~72.

나홍주(2000), "독도의 영유권에 관한 국제법적 연구", 법서출판사, pp.113~115.

나홍주(2007), "독도의용수비대의 독도주둔 활약과 그 국제법적 고찰", 책과 사람들, pp.33~108.

나홍주(2008), "역대정부의 독도정책 고찰", pp.1~45.

박배근 · 박성욱(2006), "독도 영유권과 '결정적 기일'에 관한 연구", 한국해양수산개발원, pp.2~77.

박배근 · 이창위(2007), "독도 영유권에 관한 일본 국제법학자의 주장 분석", 한국해양수산개발원, pp.1~95.

박병량(2003), "학급경영", 학지사, p.160.

박병섭 · 나이토 세이추(2008), "독도=다케시마 논쟁", 도서출판 보고사, pp.30~283.

박유하(2005), "화해를 위해서", 도서출판 뿌리와이파리, pp.20~190.

박일봉 역저(2002), "손자병법", 육문사, p.60.

박진희(2008), "한일회담: 제1공화국의 대일정책과 한일회담 전개과정", 선인, pp.25~323.

박찬호 · 이석용(2006), "독도 영유권과 신한일어업협정", 한국해양수산개발원, pp.6~98.

배진수 · 윤지훈(2008), "세계의 영토분쟁 DB와 식민침탈사례", 동북아역사재단, pp.1~166.

서영희(2005), "대한제국 정치사 연구", 서울대학교출판부, pp.357~360.

선우영준(2007), "고려와 조선국 시대의 독도", 학영사, pp.24~133.

송병기(2000), "울릉도와 독도", 단국대학교출판부, pp.23~50.

송병기(2004), "독도 영유권 자료선", 한림대학교출판부, pp.222~224.

신용하(1996), "독도, 보배로운 우리영토", 지식산업사, pp.47~137.

신용하(2002), "독도 영유권에 대한 일본주장 비판", 서울대학교출판부, pp.200~362.

신용하(2005), "한국과 일본의 독도 영유권 논쟁", 한양대학교출판부, pp.15~154.

신중식 외(2003), "교육지도성 및 인간관계론", 한국교육행정학회, pp.316~422.

우경윤(2006), "청소년을 위한 세계사 [동양편]", 두리미디어, p.301.

윤정석(1998), "일본의 국가전략: 21세기를 맞으며", 도서출판 오름, pp.17~228.

이근우 외(2008), "19세기 동북아 4개국의 도서 분쟁과 해양경계", 동북아역사재단, pp.79~264.

이도상(2003), "일제의 역사침략 120년", 경인문화사, pp.198~324.

이상태(2007), "사료가 증명하는 독도는 한국 땅", 경세원, pp.233.

이석용(2007), "국제해양분쟁해결", 한남대학교출판부 <글누리>, pp.29~99.

이석용 · 박찬호(2007), "제3국학자의 독도관련 입장 분석", 한국해양수산개발원, pp.1~89.

이석우(2003), "일본의 영토 분쟁과 샌프란시스코 평화조약", 인하대학교출판부, pp.33~74.

이석우(2007), "동아시아의 영토분쟁과 국제법", 집문당, pp.70~221.

이석우 외(2005), "독도분쟁의 국제법적 이해", 학영사, pp.32~259.

이장희(2006), "유끼노 문서의 부작용에 대한 우리의 대응방안", 독도본부, pp.2~3.

이장희(2006), "유끼노 문서의 부작용에 대한 우리의 대응방안", 독도본부 제6회 학술토론회 자료, pp.18~19.

이진명(1998), "독도, 지리상의 재발견", 삼인, pp.27~85.

이한기(1996), "한국의 영토", 서울대학교출판부, pp.60~307.

임영정 역(2003), "독도 영유권의 일본 측 주장을 반박한 일본인 논문집", 경인문화사, pp.62~193.

임재청 외(2005), "간도에서 대마도까지", 동아일보사, pp.132~205.

장팔현(2005), "일본 역사와 외교", 도서출판 아진, pp.34~331.

전홍신 · 김형택(2006), "에너지 · 연소 · 환경", 한티미디어, pp.102~103.

정갑용 외(2004), "독도 영유권에 관한 국제법적 쟁점 연구", 한국해양수산개발원, pp.2~119.

정운혁 · 노태익(2006), "에너지의 기초", 동아대학교출판부, pp.267~268.

조영일 역(2004), "산업생태학", 도서출판 한산, pp.60~66.

존 반 다이크(Jon M. Van Dyke)(2008), "독도 영유권에 관한 법적쟁점과 해양경계선", 한국해양수산개발원, pp.96~120.

주강현(2008), "독도견문록", 웅진씽크빅, pp.117~431.

주강현(2005), "적국의 바다 식민의 바다", 웅진씽크빅, pp.135~508.

최문형(2002), "한국을 둘러싼 제국주의 열강의 각축", 지식산업사, pp.98~298.

최장근(2008), "독도의 영토학", 대구대학교출판부, pp.7~287.

한계옥(1998), "망언의 뿌리를 찾아서", 자유포럼, pp.270~271.

황백현(2000), "일본의 독도 점령 시나리오", 도서출판 다솔, pp.35~75.

William Glasser 저, 김인자 역(2005), "좋은 학교", 한국심리상담연구소, pp.60~61.

"과학으로 지키는 독도", 과학동아(2008년 9월호), pp.51~53.

"국제지명표준화 관점에서 바라본 독도표기문제 및 대응방안"(2008), 국회입법조사처, pp.1~17.

"독도연구"(1996), 한국정신문화연구원, pp.16~34.

"독도연구보전활동"(2004), 독도연구보전협회, pp.3~85.

"독도 영유권과 영해와 해양주권"(1998), 독도연구보전협회, pp.12~76.

"독도 영유의 역사와 국제관계"(1997), 독도연구보전협회, pp.133~186.

"울릉군지"(2007), 울릉군청, pp.60~208.

"쟁점별 한일 양국입장 비교"(1996), 국회 법제예산실.

"죽도: 다케시마 문제를 이해하기 위한 10의 포인트"(2008), 일본 외무성.

국립중앙박물관(2006), "가고 싶은 우리 땅, 독도", 통천문화사, pp.10~160.

독도본부(2006), "국민을 속이고 독도 넘기려는 흉계: 외교부 해수부 어업협정 발표문 평서", 우리영토, p.15.

독도본부(2006), "독도 영유권 문제에 치명적인 약점을 만들어낸 헌법재판소 판결 비판", 우리영토, pp.11~63.

독도본부(2006), "독도위기 묵인으로 이끄는 매국 논리들과 그 비판", 우리영토, pp.17~167.

독도본부(2006), "멩끼에 에끄레오 케이스는 신한일어업협정과는 아무런 관계가 없는 사례", 우리영토, pp.11~36.

독도본부(2006), "무시(무대응) 독도를 넘겨주는 가장 손쉬운 방법", 우리영토, pp.11~86.

독도본부(2006), "신한일어업협정은 왜 폐기되어야 하는가?", 우리영토, pp.26~54.

독도본부(2006), "신한일어업협정 폐기와 금반언 효과에 대하여", 우리영토, pp.12~63.

독도본부(2007), "바른 한·일어업협정안", 우리영토, p.15.

독도본부(2007), "어업협정 이대로 가면 독도주권 곧 넘어 간다", 우리영토, pp.10~102.

독도본부(2007), "어업협정 폐기해도 그대로 남는 독도에 대한 일본의 권리문제", 우리영토, pp.14~59.

독도역사찾기운동본부(2003), "독도 영유권 위기 연구", 백산서당, pp.12~247.

독도역사찾기운동본부(2003), "독도는 한국 땅인가", 백산서당, pp.19~218.

독도학회(2002), "독도 영유권 연구론집", 독도연구보전협회, pp.91~243.

독도학회(2003), "한국의 독도 영유권 연구사", 독도연구보전협회, pp.46~331.

동북아역사재단(2008), "독도와 시민사회", 동북아역사재단, pp.51~158.

민족문화연구소(2005), "울릉도 독도의 종합적 연구", 영남대학교출판부, pp.167~168.

안용복장군 기념사업회(2004), "수강사지", 태화출판사, pp.149~150.

일본학교육협의회(2002), "일본의 이해", 태학사, pp.141~158.

청솔역사교육연구회(1999), "이야기 세계사", 청솔출판사, pp.257~258.

한국근대사학회(2008), "한국근대사강의", 도서출판 한울, pp.168.

한국동북아지식인연대, "동북아공동체를 향하여", 동아일보사, 2004년, pp.121~276.

한국정신문화연구원(1996), "독도연구", 한국정신문화연구원, pp.31~41.

한일관계사연구회(1996), "독도와 대마도", 지성의 샘, pp.50~228.

한일관계사학회(1998), "한국과 일본, 왜곡과 콤플렉스의 역사 2 정치·경제·군사편", 자작나무, pp.35~87.

행정기관

경상북도
국토해양부
해양경찰청

법률

독도의 지속가능한 이용에 관한 법률
헌법

언론기관

경향신문
노컷뉴스
뉴데일리
뉴스한국
뉴시스
동아일보
매일경제
매일신문사
머니투데이
서울신문
세계일보
신동아
아시아투데이
연합뉴스

연합인포맥스
월간조선
이데일리
조선일보
주간조선
중앙일보
한겨레
한국일보
한국정책방송(KTV)
헤럴드경제
MBC
MBN
MK뉴스
YTN

사전

네이버 용어사전
참고문헌 539
네이버 지식사전
네이트 백과사전

브리태니커 백과
위키백과
한국사기초사전
doopedia 두산백과

기타

남북한의 천연기념물
독도본부
블로그 조선닷컴 이선호
세계일보 블로그 독도사랑
시마네현에서 운영하는 독도 홈페이지
아젠다넷

조선왕조실록
한국학중앙연구원, 디지털울릉문화대전
한국학중앙연구원, 한국역대인물
종합정보시스템
가스하이드레이트 개발사업단

색인

이진호

　귀뚜라미그룹 기술아이디어 경진대회 동상 수상
　(가정용 가스보일러 연도 폐가스 누출방지용 이음장치)
　한국가스신문사 퇴사
　한중씨아이티 품질보증팀장 퇴사
　대구대학교 불어불문학과 졸업
　한국방송광고공사 광고교육원 매체과정 수료
　부산대학교 지방자치 및 NGO과정 수료
　부산대학교 환경대학원(환경공학 전공) 졸업
　현) 교육, 부정부패, 행정개혁, 리더십, 정치,
　　　사회갈등문제 연구・저술가

『부정부패의 원인과 대책』, 『현명한 부모의 자녀교육』, 『한국사회 대립과 갈등 진단』, 『한국 공교육 위기 실체와 해법』
「X지향 설계를 통해 청정생산 달성을 위한 초저온저장탱크에 대한 LCA 적용」(환경공학석사학위 논문)

초판인쇄 | 2011년 7월 20일
초판발행 | 2011년 7월 20일

지 은 이 | 이진호
펴 낸 이 | 채종준
펴 낸 곳 | 한국학술정보㈜
주　　소 | 경기도 파주시 교하읍 문발리 파주출판문화정보산업단지 513-5
전　　화 | 031) 908-3181(대표)
팩　　스 | 031) 908-3189
홈페이지 | http://ebook.kstudy.com
E-mail | 출판사업부 publish@kstudy.com
등　　록 | 제일산-115호(2000. 6. 19)

ISBN　　978-89-268-2393-4 93330 (Paper Book)
　　　　　978-89-268-2394-1 98330 (e-Book)

내일을여는지식 ■ 은 시대와 시대의 지식을 이어 갑니다.

이 책은 한국학술정보(주)와 저작자의 지적 재산으로서 무단 전재와 복제를 금합니다.
책에 대한 더 나은 생각, 끊임없는 고민, 독자를 생각하는 마음으로 보다 좋은 책을 만들어갑니다.